中国社会治理智库丛书·民俗学系列编委会

主编　萧放

编委　刘魁立　朝戈金　周　星　高丙中　吕　微
　　　叶　涛　巴莫·曲布嫫　尹虎彬　万建中
　　　杨利慧　安德明　陈连山　陈泳超　郑土有
　　　户晓辉　张举文　刘晓春　张士闪　朱　霞
　　　萧　放　黄　涛　林继富　施爱东

目 录

导言：现代民俗学的视野与方向 ... 1

第一单元 民俗主义与德国民俗学 ... 29

论当代民俗主义 ... 〔德〕汉斯·莫泽 31

民俗主义作为民俗学研究的问题 ... 〔德〕汉斯·莫泽 62

关于民俗主义批评的批评 ... 〔德〕赫尔曼·鲍辛格 97

民俗主义 ... 〔德〕赫尔曼·鲍辛格 112

民俗—民俗保护—民俗主义
　　——趋势、疑点与提问 ... 〔德〕海尔曼·斯特洛巴赫 118

民俗主义再检省 ... 〔美〕古提斯·史密什 168

民俗主义与德国民俗学 ... 王霄冰 189

第二单元 民俗主义在日本 ... 203

从民俗主义看今日的民俗文化
　　——来自德国民俗学的视野 ... 〔日〕河野真 205

民俗文化的现在——从民俗主义思考现代社会 ... 〔日〕河野真 222

普遍存在的民俗文化 ... 〔日〕河野真 233

节祭和舞蹈的地域文化——地方博览会和民俗主义 ... 〔日〕八木康幸 244

民艺与民俗——作为审美对象的民俗文化......〔日〕滨田琢司 269
乡土玩具的视野——爱好者们的"乡土"......〔日〕香川雅信 280
丧葬礼仪与民俗主义......〔日〕山田慎也 289
民俗学与观光......〔日〕川森博司 300
民俗主义：日本民俗学的理论探索与实践
　——以《日本民俗学》"民俗主义"专号为例......〔日〕西村真志叶 315
日本现代民俗学的"第三条路"
　——文化保护政策、民俗主义及公共民俗学......〔日〕菅丰 333

第三单元　民俗主义在中国......353

民俗主义的兴起、普及以及影响......〔日〕西村真志叶　岳永逸 355
"民俗主义"概念的含义、应用及其对当代中国民俗学
　建设的意义......杨利慧 367
民俗主义的时代——民俗主义理论研究综述......於芳 379
"民俗主义"及其差异化的实践......王杰文 395
中国民俗学：从民俗主义出发去往何方？......于霄冰 422
创意与"变脸"：创意产业中民俗主义现象阐释......刘爱华　艾亚玮 442
"农家乐"与民俗主义......周星 458
民俗主义视野下的信阳民歌......胡慧 480
浙江绍兴大禹祭祀文化的民俗主义考察......杨曼 498
民俗主义在当代中国......周星 513

第四单元　民俗主义与本真性......565

伪民俗的制造......〔美〕阿兰·邓迪斯 567
关于伪民俗和民俗主义的备忘录
　——以美国民俗学的讨论为中心......〔日〕八木康幸 581

文化政治学：民俗学的新走向？
　　——兼论钟敬文先生的"民俗文化学" .... 王杰文　604
民俗学与本真性 .... 〔美〕瑞吉娜·本迪克丝　622
从体验到表征——科学探寻本真性的开端 .... 〔美〕瑞吉娜·本迪克丝　643
文化本真性：从本质论到建构论
　　——"遗产主义"时代的观念启蒙 .... 刘晓春　673
民俗文化的遗产化、本真性和传承主体问题
　　——以浙江衢州"九华立春祭"为中心的考察 .... 王霄冰　705

第五单元　公共民俗学 725

美国公共民俗学：历史、问题和挑战 .... 〔美〕罗伯特·巴龙　727
误分为二：民俗学的学院派与应用派
　　..................... 〔美〕芭芭拉·克什布拉特-吉布利特　748
想象公共民俗 .... 〔美〕黛布拉·科迪斯　767
美国公共民俗学对中国非物质文化遗产保护的启示 .... 黄龙光　798
公共民俗学的可能性 .... 〔日〕菅丰　810
非物质文化遗产保护运动和中国民俗学
　　——"公共民俗学"在中国的可能性与危险性 .... 周星　848
"一国"的文化共享：《中国年俗》的民俗国家化过程探究 .... 宋颖　869

第六单元　追问现代社会的日常生活 891

现代日常生活的诞生
　　——以1962年度厚生白皮书为中心 .... 〔日〕岩本通弥　893
追问"理所当然"
　　——北京市高层集合住宅的生活及生活世界的变迁 .... 王杰文　913
生活革命、乡愁与中国民俗学 .... 周星　940

再问民俗学"生活世界"概念的理所当然......户晓辉　974
中国民俗学的新时代：开创公民日常生活的文化科学......高丙中　987
追问现代社会的日常生活——东亚民俗学者的新探索......周星　1002

编著译者简介......1017
后记·鸣谢......1020

导言：现代民俗学的视野与方向

选编本书的初衷

民俗学是现代人文及社会科学的重要部门之一，但它在几乎所有国家，都是和母语、国粹、浪漫主义、民族精神、传统文化相联系的，并因此构成各自国家内部文化民族主义的基石，成为其文化自豪感的源泉。或许正是由于这个缘故，民俗学同时又总被认为是没有理论的，例如，在中国，民俗学经常被文化人类学、社会学、历史学等近邻兄弟学科目为只有学科建构，没有理论建树。一般来说，民俗学作为民族国家的学问，经常会因为囿于或满足、陶醉于民族主义的意识形态而较少有动力去追求超然和具有普世性的理论，或许也可以说，民俗学在各个民族国家的文化—学术体系内滋生和成长，较难形成自由质疑和批评的学术氛围，较难形成有效和大面积的国际学术交流，自然也就难以形成世界范围内共享的概念和理论。或者各国的民俗学即便多少形成了一些理论性思考，诸如美国民俗学的表演理论、柳田国男的"方言周圈论"等，除少数情形之外，往往也大都是在各自国家内部被消化；当它主要是和各自国家内部的文化政策、民族主义以及社会情势相结合时，这些理论自然也就较难对其他文化圈的民俗文化事象有多少解释力。

20世纪60年代，德国民俗学提出"民俗主义"的概念，试图用它来描述现代社会里更为多样化的民俗文化现象，这个概念难得地引起了各国民俗学者的关注，并先后影响到欧洲其他国家，进而也传播到美国，扩展其影响力到日本和中国，现在，它已成为为数不多的国际民俗学界可以通约的关键词之一。民俗主义的概念及其相关的学术讨论之所以值得重视，是因为它较好地揭示了现代社会中无数民俗文化事象的常态，就此而论，民俗主义概念可以说是民俗学对现代社会的一种对应。20世纪五六十年代以前，世界范围的和平、发展与全球化，当然还有各国现代化的进程，促使在几乎所有国家和地区均出现了大面积的文化商品化和产业化的趋势，市民社会和消费主义，还有现代媒体与大众文化等，均把传统民俗学视为对象的那些范畴几乎全都裹挟了进来，日益形成了全新的民俗文化的事象群，它们不再只是民众日常生活于其中并为人们提供人生意义的民俗，它们还直接就是人们消费之物和鉴赏之物。长期以来，从事建构民族国家之神圣性和自豪感的传统民俗学，当面对普通百姓的现代日常生活与消费民俗的各种活动时，无法采用既有的概念和研究范式做出及时和有效的应对，于是，它在各国均相继陷入到学科存废的危机状态。

由于民俗主义这一概念及其相关的学术讨论揭示了现代社会中民俗文化事象的基本常态，因此，它便成为以德国为首的各国民俗学迈向现代民俗学的一个重要契机。无数脱离了原先的母体、时空文脉和意义、功能的民俗或其碎片，得以在全新的社会状况之下和新的文化脉络之中被消费、展示、演出、利用，被重组、再编、混搭和自由组合，并因此具备了全新的意义、功能、目的以及价值。由此产生的民俗文化现象，便是民俗主义。在现代社会，包括很多貌似传统的事象，也不再具备其原有的意义和功能，而是和现代社会的科技生活彼此渗透，在现代社会的日常生活中重新被赋予新的位置，获得了新的功能和意义。承认、正视和接受民俗主义现象的常态化，在某种意义上，也正是各国现代民俗学的起点。借由对民俗主义概念和相关问题的深入探讨，各国民俗学均在不同程度上实现了转型或转向。

中国民俗学也是伴随着近代民族国家的发展成长起来的，它曾经"眼光向下"，发现了人民和他们的创作，为中国知识界带来了变革；它也曾历经阶级革命的、科学主义的、民族主义的以及现代化的等各种意识形态的洗礼，如今仍在国家的文化建设事业中发挥着举足轻重的作用。改革开放三十多年来，中国社会及文化的发展日新月异，城市化、市场经济、互联网和全球化日甚一日地改变着中国。毫无疑问，各种形态的民俗主义现象在中国也是无所不在地大面积发生，不断地形塑着当代中国社会的民众日常生活和民俗文化形貌。中国民俗学以其现有的理念、范畴和学术话语体系，以及分析研究的框架等，在面对如此巨变而又富于多样性的现实状况感到捉襟见肘，实在不足为奇。民俗学是沉溺于乡愁、持续地礼赞传统、固守本质主义的信念，自言自语地反复陈述地方、族群或民族国家的文化荣耀，满足于在民族国家的学问这一框架之内的自我复制与建构，还是直面现实的中国当下这个充满生机与活力的、公民大众的以及由消费生活所主导的社会，积极地关照和回应亿万民众在其日常生活中的各种文化实践？中国民俗学正在纠结于成长为现代民俗学的诸多烦恼。

因此，本书以民俗主义为线索，试图整合国际民俗学的相关学术资源，并将其以主题相对集中的方式提供给中国民俗学界的同事和朋友，以及关心现当代中国社会及文化相关诸问题的读者，以助力于中国民俗学的现代转型。但在中国宣扬和普及民俗主义的概念及其研究视角，并不是目的。我们的目的是推动中国民俗学拓展自己的国际化视野，并促使它正视中国当代社会及文化的各种鲜活的现实，亦即无所不在、无时不在的"民俗主义化"的社会文化常态，唯有如此，中国民俗学的升级换代并成长为不再一味地朝后看，而是真正地朝当下看的现代民俗学，才有可能。我们认为，中国的现代民俗学在具备国际化视野的同时，还应该持续不断地积累本土民俗学的学术研究实践，而这样的学术研究实践正好可以从对民俗主义现象的研究起步，进而摸索中国现代民俗学在不久的未来所应迈进的朝向。这便是我们选编本书的初衷。

本书共分为六个单元，依次为民俗主义与德国民俗学、民俗主义在日本、民俗主义在中国、民俗主义与本真性、公共民俗学、追问现代社会的日常生活。

民俗主义与德国民俗学

第一单元"民俗主义和德国民俗学",由7篇论文组成,简要介绍德国民俗学对民俗主义的界定及相关讨论的经过与成果。

汉斯·莫泽分别于1962年和1964年发表的两篇描述性论文,在德国民俗学界率先集中地指出了民俗主义现象的大面积存在及其意义,其重要性不言而喻。《论当代民俗主义》描述了德国以及欧洲多国,甚至还涉及亚洲、北美等地区,在艺术、文化政策、旅游等领域以及各种商业形式中对民俗的广泛应用。莫泽对此类"应用民俗学"采用了更为简短、实用的称谓,即"民俗主义"(Folklorismus)来概括。他给民俗主义的定义是:不断增长的对"民间"的兴趣,并在实践上满足和加强这个兴趣,包括对尚存的传统形式朝一定方向上培育,自主独立或人为地改变其形式,美化或夸大,然后在缺少真实本体之处,用民间传统予以补充,如此自由创造的目的是为社会提供一个真实和伪造的混合体。出于各种目的对传统的越位,内含着发明和创造的民间印记;二手民俗的传播和演示等,明确体现在民俗主义的各种典型例证之中。莫泽虽然提及艺术的,特别是音乐的民俗主义,但他集中观察的却是在旅游产业影响下和由于大众传媒的需求而促成的民俗主义。虽然莫泽对民俗主义的关注,在某种意义上,为德国民俗学确立现代取向奠定了基础,但他却倾向于认为,民俗主义的兴盛覆盖和窒息了尚存的真正的民俗,并将危及民俗学这一学科,为此,他强调民俗学应该注重资料研究和资料考证的必要性。《民俗主义作为民俗学研究的问题》是其1962年论文获得热烈反响之后进一步展开描述的论文。莫泽此文特别提出民俗学者在田野调查中遇到的困境:连以前那些值得信赖的老人,现在也不能确定他们提供的资料是来自"可靠"的口头传承,还是随便来自其他渠道。这意味着民俗学者已经无法避免在田野工作中遭遇民俗主义。莫泽进一步说明了民俗成分的利用和滥用所存在的多种形式,并把它们归结在中性的民俗主义概念之中。莫泽认为，就民俗主义现象进行专门研究对民俗学很有意义。同时，还有必要将民俗主义视为跨时代的现象，将其作为传统构成的重要因素来认识和评价。他指出，如果民俗学要走出浪漫的构想，想对过去和现在的民间文化获得真实的认识，那么，它对传统的研究就不应忽视民俗主义的发展轨迹。

赫尔曼·鲍辛格是促使莫泽的民俗主义概念得以普及，并促使有关民俗主义的学术讨论真正具备了民俗学学术价值的德国民俗学家。在《关于民俗主义批评的批评》一文中，鲍辛格批评了对于民俗主义采取沉默的蔑视态度，他通过若干案例导出一些有关民俗主义的推论，这些推论极大提升了民俗主义相关讨论的学术性。例如，把民俗主义定义为是对昔日民俗的应用；所谓第一手和第二手的传统常常相互交织；不应简单地认为所有民俗主义都倾向于商业化；应该从个案中进行调查，以研究民俗主义表现的功能；现有的民俗主义批评常常只看到一个方面，无视由于视角不同而感受到的功能差异；民俗主义是角色期待的产物；反对民俗主义、追求"本来的民间文化"，就将进入自闭的圈子，但其中仍不可避免地存在着民俗主义的发展；民俗主义和民俗主义批评在很大程度上是一致的。这些推论简洁而又一针见血。鲍辛格认为，对于民俗主义这个概念的贬义性使用和对其商业化背景的想象，会从整体上妨碍民俗学家对民俗主义现象的形式和功能进行深入探究。《民俗主义》是鲍辛格于1984年为《童话百科全书》写的词条，其中对民俗主义给出了新的定义：在一个与其原初语境相异的语境中使用民俗（Folklore）的素材和风格元素。鲍辛格分析了民俗主义概念的历史和多义性，归纳了由莫泽发起的民俗主义相关讨论所主要涉及的问题，诸如常被当事人所征用的"真实"范畴的可疑性；民俗学对民俗主义的贡献；民俗主义在政治上的可被利用性等。鲍辛格认为，民俗主义不是一个分析性的，而是一个带有批判意味的描述性概念，它首先带有启发性的价值。

东德民俗学者海尔曼·斯特洛巴赫发表于1982年的长篇论文《民俗—民俗保护—民俗主义——趋势、疑点与提问》，可被视为东德民俗学者对西德民俗学中有关民俗主义讨论的正面回应。斯特洛巴赫认为，社会主义的文化实践要求将人类有史以来所有内涵着民主的、人道的和进步性要素的文化遗产均予以批判性的融受和生产性的内化，通过将其嵌入及形塑于社会主义文化的发展过程来铸就社会主义的生活方式。这个过程同时就是"民俗保护"，目的在于丰富当今的文化实践和满足人民"自我实现"的需求。作者主张对民俗主义概念的使用，不能脱离文化过程所处的具体社会环境，但他也试图在更为广阔的社会、历史、文化及意识形态背景下去理解民俗主义概念及相关问题。他强调指出，以民间文化传统的展演为基本特征的民俗主义并非最近才有的现象，而是文化史的常态。他批评鲍辛格虽然正确地描述了民俗主义在西方的"产业"背景，却未能对垄断资本主义作为一种经济—社会制度展开批评，因此也就无法明确揭示商业利用民间传承乃是资本利用的结果。斯特洛巴赫对于民俗主义讨论中一个默然潜在的认知，亦即将民俗文化的所谓原生和次生姿态的存在及其相互对立视为出发点进行了深刻的批评。他倾向于认为，民俗主义概念有明显的歧义性，因而也具有明显的局限性，它难以概括民俗主义非常多样性的表现方式。

美国学者古提斯·史密什发表于 1999 年的论文《民俗主义再检省》，重新检讨了民俗主义概念的历史及其内涵的多义性，考察了民俗主义的多种定义，拓展了民俗主义的讨论。作者没有局限于西方学术界通常依据莫泽和赫尔曼·鲍辛格的解说，而是引述国际文献把民俗主义概念的缘起追溯到 20 世纪 30 年代苏联的苏维埃民俗学。在承认苏联民俗学者将民俗主义视为民俗的适应、再生产与变迁过程这一定义的理论性意义的基础上，比较了东西方民俗主义概念的异同，指出西方学者通常将民俗主义与商业语境相联系，而苏联东欧学者则多将民俗主义与政府主导的文化项目相联系。古提斯·史密什的贡献在于将民俗主义与民族国家的民族主义，以及各族群的认同相联系，认为民俗主义这一术语能够从功能上加以定义，因为它显示了对民俗的有目的的运用，如使之成为族群、区域或民族（国家）文化的象征等，就此而论，民俗主义的历史恰恰触及到民俗学的学术根源，因此，这个术语对于民俗学来说是不可缺少的关键词。

王霄冰的论文《民俗主义与德国民俗学》应被视为本单元的总结。论文对莫泽的问题提起、鲍辛格的理论贡献以及此后德国民俗学界有关民俗主义相关讨论的诸多进展，包括东德学者的批评等，进行了颇为系统的梳理，线条清晰而又简洁明了。作者尤其强调了民俗主义概念及其相关学术讨论对于德国民俗学的现代转型与学科发展所产生的重大而又积极的影响，以及对于当代中国民俗学所可能具有的参鉴价值。

民俗主义在日本

第二单元"民俗主义在日本"，由10篇论文组成。

20世纪90年代初，德国民俗学有关民俗主义概念的讨论经由河野真等民俗学者的努力被介绍到日本，随即引起了广泛关注。在某种意义上，这是由于日本民俗学既有的概念、理论和方法已经无法应对和解释当今日本现代社会中各种复杂而又丰富的民俗文化现象。所以，民俗主义提供的视角和思路自然受到欢迎，并很快被部分民俗学家应用于他们的个案研究实践。2003年日本民俗学会机关刊物《日本民俗学》推出"民俗主义"研究专号，收录了14篇或介绍欧美民俗主义研究成果，或采用民俗主义视角研究现代日本社会各种民俗主义事象的论文，堪称是日本民俗学有关民俗主义研究的一个阶段性的总结。为此次民俗主义研究专号提供支持的是2001—2004年由岩本通弥教授主持的大型国家课题："文化政策、传统文化产业与民俗主义：活用'民俗文化'和振兴地方的相关问题"。从该课题的最终报告书可知，其由"关于文化政策与文化行政"、"文化遗产产业与观光"、"在地的逻辑与民俗主义"、"民俗学关于'文化'诸问题的探讨"等主题构成，反映了日本民俗学的民俗主义研究成果已经具备相当的广度与深度。本单元分别译自民俗主义研究专号及河野真等民俗学家的研究论述，力争较为全面地反映日本民俗学这方面的研究状况。

《从民俗主义看今日的民俗文化——来自德国民俗学的视野》，是河野真向日本民俗学界介绍德国民俗主义概念及相关讨论的重要论文之一。论文深入浅出地解说了战后德国民俗学发生的重大变迁，尤其是它在从专门关注传统农村社会到具备研究现代社会的能力的过程中实现的"起飞"，以及民俗主义在这一过程中具有的意义。他有的放矢地针对日本的现状，通过解说民俗主义的理念来批评日本民俗学对现实生活中随处可见的民俗主义现象的熟视无睹。河野真指出，正是因为在思考我们身边世界的实际状况时，民俗主义概念具有高度的有效性，所以，才想把它介绍到日本。他列举大量事例，包括节日行事、民俗艺能、民俗文化遗产、博物馆和资料馆、民俗性要素的商品，以及保护方言运动、"故乡祭"和文化政策等，认为所有这些现象均能从民俗主义的概念来予以理解。

　　河野真的《民俗文化的现在——从民俗主义思考现代社会》一文，从民俗主义的概念出发，对现代日本社会颇为典型的两个具体事例详加分析，指出现代社会的各种事象既有包含民俗要素的，也有不包含民俗要素的，但民俗学家往往只限于关注前者，倾向于把它们抽取出来予以特别重视，但在区分包含或不包含民俗要素的事物时却没有明确的根据，这样的区分也未必符合现代社会的实际。河野真指出，民俗学家应该意识到在含有与不含有民俗要素的现象之间并不存在决定性的界限。河野真的另一篇论文《普遍存在的民俗文化》，则突出强调了民俗主义现象的"无所不在"。他指出，民俗按照以前的方式继续存续，这在现实中是不可能的，甚至我们将其设想为"真民俗"的理念本身就十分勉强；促使民俗不再是民俗，促使它具备新的意义和功能，亦即民俗主义情形的，正是一般的社会状况，因此，民俗主义无处不在，这种情形要求研究者将导致民俗必然发生变质的诸多社会要素均纳入视野。他通过在中国云南省的旅行体验，具体说明了民俗主义在中国也是无所不在。

　　八木康幸的长篇论文《节祭和舞蹈的地域文化——地方博览会和民俗主义》是一项实证研究讨论的是：在一个地方博览会的舞台展演中，各个村镇地方的传统节祭和民俗艺术究竟发生了哪些变化？作者通过详尽的资料和事象描述，分析了在舞台化过程中发生的各种民俗主义属性的变化。和少数坚持不能

"易地"举办的选择形成鲜明对比,大多数展演无一例外地脱离了曾经的传承母体而为各种集团和社会力量所操作。八木康幸认为,民俗主义的概念在把握类似现象时具有有效性;他的民俗主义定义是指对于民俗文化的确认、保守、修正、取舍、改变、应用、复原、模仿、捏造等各种广泛的反应所滋生的现象。通过对民俗文化的舞台化和客体化之基本事实的把握,八木认为,从所有这些被舞台化的展演中均难以发现所谓的真实,但也都不是赝品,而是存在着从传统性的、被认为是本真的东西,到追求传统而新近创作之物的一系列广泛的连锁。

滨田琢司的论文《民艺与民俗——作为审美对象的民俗文化》,集中讨论了日本民艺运动和"民艺热"与民俗主义的关系。他指出,民艺运动致力于从民众日用的生活用品中发现美,被视为民艺品的器物经历了审美功能的转换过程,变成审美对象,也就意味着它已被赋予和此前不同的功能,意味着它被从其原初的语境中切割开来,又被重新定位为具有审美性的商品。这也可以说是民俗主义的一种形态,因此,应该将发生了功能变迁的器物和由此创造出来的器物,也视为民俗文化的存在方式之一来理解。

香川雅信的论文《乡土玩具的视野——爱好者们的"乡土"》,提出了"作为民俗主义的乡土玩具"这一表述。日本的"乡土玩具"范畴既包括一些从江户时代存续下来的玩具,也有不少是近些年才被创造出来的玩具(所谓"创生玩具"),其中包括基于柳田国男的《远野物语》而创作的一系列"人形"。显然,它们作为"二手"民俗文化的继承和演出,可被视为民俗主义的典型事例。作者集中探讨了民俗学者和爱好者们对"乡土"和"乡土玩具"的不同观念:在民俗学者看来,只有那些未曾经过现代人加工的"自然"、"纯粹"之物才具有价值;但对于爱好者们而言,只要能够与其有关"理想的过去"的记忆或印象相吻合,即便是新近创制的玩具,也可被视为是"乡土"的玩具,并列入搜集的对象范围。所以,基于个人趣味的爱好者们对"乡土"之物的欲望,是与现代的民俗主义相通的。

山田慎也在其题为《丧葬礼仪与民俗主义》的论文中,从民俗主义视点看待和分析当今日本都市社会的丧葬礼仪，明确指出当今日本依赖于葬仪产业的丧葬礼仪，其实是将历来的民俗加以商业化改造而形成的。以往的"民俗"被当作商品开发的素材而截取，再以仪式化方式将其作为一种服务而开发出来。但这类商品并不是业者单独的开发，而是和消费者一起共同建构的仪式。作者对日本葬仪产业中一些已被客体化的"民俗"的事例，包括葬具的种类、送葬行列的顺序，以及部分仪式的细节和对于它们的说辞等，进行了详细和具体的分析，认为民俗主义视点在理解这类葬仪现代化的动向时具有非常重要的意义。

川森博司的论文《民俗学与观光》，就日本民俗学的观光研究整理出两种思路：一是承认并正面肯定在旅游场景下当地人的文化实践，认为它可以促使传统文化实现再生产，人们不仅可以通过利用和重构地域传统文化获得经济效益，还能促成地域的认同；二是认为观光化会促使相关的传统文化出现划一化和标准化等问题，当地社区居民的生活也会受到影响，甚或形成社区内的分化。作者认为这两种思路的观光研究对于现代民俗学都有价值，重要的是应该促成它们彼此之间的对话。在对一些研究案例进行分析之后，川森博司指出，民俗主义概念有助于研究者对观光场景所见之文化民族主义（例如，国家的逻辑支配了将民俗文化作为观光资源予以利用的方式等）进行批评，也有助于研究者将当地居民的意识、基层地方政府的意向以及国家的企图等相互间复杂纠葛的状况，作为现代民俗学的具有建设性的研究对象。

成功地穿行于中国和日本之间的自由民俗学者西村真志叶题为《民俗主义：日本民俗学的理论探索与实践》的论文，以《日本民俗学》的"民俗主义"专号为例，概要介绍了日本民俗学对海外民俗主义理论的介绍、汲取和消化，以及日本民俗学者的本土研究案例。这篇论文并不是要对日本民俗学的民俗主义研究成果进行系统、全面的梳理，它用中文发表，是写给中国读者的，旨在向中国民俗学介绍一些来自日本民俗学的涉及民俗主义相关问题的理论探索和本土研究实践，以便中国民俗学能够有所借鉴。

菅丰在其长篇论文《日本现代民俗学的'第三条路'——文化保护政策、民俗主义及公共民俗学》中尖锐地指出，日本民俗学与民俗文化保护政策相互纠葛却又较少自觉，其方法论以本质主义为特点，并以超时代继承的假设为前提，试图从民俗文化中抽象出本国、本民族的精神或优秀的本质。作者认为，20 世纪 90 年代从德国民俗学引进日本的民俗主义，实际上是 20 世纪 60 年代以来世界范围内人文社会科学领域针对本质主义而兴起的建构主义思潮的一个支流。近年来，日本民俗学出现了一批从民俗主义视角尝试进行文化政策批评的学者，并致力于促成民俗学朝向生活学或经验主义文化学的方向转换，努力推进民俗主义范畴在日本民俗学中的常识化。菅丰认为，本质主义民俗观依然在日本民俗学界根深蒂固，民俗主义视角的批评没有达到预期成果，因为从外部展开批评却对文化政策采取不干预的姿态于事无补。所以，他试图为日本民俗学提示第三条可能的道路，亦即为进一步深化民俗主义批评，应该以民俗学的知识和见解为基础，创建直接参与地方文化的保护及活用之实践活动的民俗学——"新公共民俗学"。菅丰的思路可被理解为日本年轻一代民俗学者，在经历过民俗主义的研究积累之后，旨在为日本民俗学探索未来走向的一种最新的尝试。

民俗主义在中国

大约比日本民俗学晚 10 年左右，民俗主义的概念和研究视角终于也被引进中国民俗学的学术领域，它同样也引起了颇为广泛的关注。中国民俗学在短短十多年间，同样是积极地汲取有关民俗主义的海外研究成果，并尝试运用民俗主义的概念和研究视角审视中国境内形态各异的民俗主义现象。第三单元"民俗主义在中国"由 10 篇论文组成，大概可以反映中国民俗学的民俗主义相关研究在当前的实际状况。

西村真志叶和岳永逸合作发表于 2004 年的论文《民俗主义的兴起、普及以及影响》，是最早明确论述民俗主义问题的中文学术文献。论文从民俗主义概念兴起的背景和民俗主义与"伪民俗"的关系入手，介绍了欧美民俗学中的民俗主义问题，描述了日本民俗学在民俗主义研究方面取得的成绩。作者指出，民俗主义的概念和视角让民俗学者意识到研究对象的复杂性，从而有利于学科的反思。这篇论文也是针对中国民俗学领域的读者撰写的，虽然当时的中国民俗学尚不很了解民俗主义的概念和理论，但在中国的社会现实、经济改革、文化政策、旅游开发和民俗学研究本身等很多方面，均事实上存在并不断发生着各种形态的民俗主义现象，中国民俗学的很多研究也已经涉及近似的话题。作者希望用民俗主义的理念冲击中国民俗学者仍然固守的一些传统观念，促使民俗学正视当今社会现实，以便在对各类民俗事象的研究中实现新的突破。

杨利慧为 2007 年《民间文化论坛》的"民俗主义"专题研究提交的论文是《"民俗主义"概念的涵义、应用及其对当代中国民俗学建设的意义》，她针对目前国内民俗学界存在的问题，对民俗主义概念的涵义做了进一步梳理，指出民俗主义并非当下的一种时新理论，不能盲目搬用。同时也对民俗主义现象的个案研究做了介绍，并阐明了开展有关民俗主义的讨论对当代中国民俗学学科建设的意义。作者认为，有关民俗主义的讨论，某种程度上正可充任当代中国民俗学转型的媒介。它能够拓宽民俗学者的视野，促使研究者从"真"与"假"的僵化教条中、从对遗留物的溯源性研究中解放出来，摆脱总是"向后看"、总是倾向于从过去的传统中寻求本真性的局限，睁开眼睛认真看待身边的现实世界，从而拓宽民俗学的研究领域，推动民俗学与其他社会科学更好地对话，加强民俗学与当代社会之间的联系。

於芳在《民俗主义的时代——民俗主义理论研究综述》一文中指出，德国、美国和日本对民俗主义现象的研究都兴起自相似的社会背景，亦即社会状况的改变导致民俗主义现象的产生，民俗主义已经成为当今广泛存在的社会现象，我们已经处于民俗主义时代。民俗主义概念之所以能在世界范围内迅速普及，是因为它是在各个文化圈的民俗发生质变、民俗的生存环境出现全球规模的均质化过程当中产生的。它促使民俗学者的眼光由对民俗文化的历史性、文学性研究，转向了现代社会之民俗文化的多样性上，由此唤起民俗学者对民俗传统的再认识，进而颠覆了之前民俗学认为的诸如传统连续性、稳定的共同体以及由此产生且被维系的民俗等前提，使得民俗学者认识到把握动态文化过程的必要性。

王杰文在题为《"民俗主义"及其差异化的实践》的论文中指出,民俗主义曾经是国际民俗学领域的关键词,围绕它的学术争论直接推动了国际民俗学的范式转型。虽然民俗主义在欧美民俗学界已经落潮,但对转型中的中国社会以及中国民俗学研究而言,情况正好相反,尚处于方兴未艾的局面。王杰文认为,把民俗主义定义为"二手"的传统或"在其初始语境之外的民俗"似乎太过宽泛与简略,把民俗主义消减为商业开发或政治操纵似乎也太粗率。通过广泛涉猎各主要国家的民俗主义及相关讨论,他认为由于不同国家各自的历史与现实环境不同,其在面对自身传统文化时采取的态度也不尽一致,因此,民俗主义及其相关研究自然也就呈现出国际性的差异;对此种差异的揭示有助于反思当前民俗主义相关话语的霸权。作者描述了民俗主义在国际视野中的大致图景,倾向于对民俗主义作功能性定义,亦即对作为民族的、地域的或国族的文化象征之民俗的有意识应用。他主张民俗学可以有多种考察民俗主义相关现象的路径或研究取向,但无论哪一种路径或取向,都需要在具体事件中展开研究,也都需要对自身的"在场"保持自觉。

王霄冰在题为《中国民俗学:从民俗主义出发去往何方?》的论文中,从自身在学术实践中遭遇的困扰出发提出问题:民俗学者如何在介入民俗主义场景时做到既能服务社会又不会丧失自身的学术立场?为此,她追溯了德国民俗学史有关民俗主义概念的讨论及其与民俗学完成现代转型之历程的关系,在参照德国经验的同时,指出中国民俗学目前面临的问题多少也有一些与20世纪五六十年代的德国民俗学颇为相似之处,亦即面临着社会转型期人们日常生活发生急剧变化的时代性课题;改革开放以来出现的形形色色的民俗主义现象已经渗透到了中国人社会生活的各个领域,也对中国民俗学的学术分析与阐释能力提出了极大的挑战。在这种情形下,与其站在外部批评旅游业和商业界对民俗元素的滥用,不如以民俗学者的身份真正介入其中。

刘爱华和艾亚玮发现,若从民俗主义视角去审视长期以来并不属于民俗学研究范畴的创意产业,民俗学也是能够对它有所作为的。《创意与"变脸":创意产业中民俗主义现象阐释》一文，对中国民俗学面对创意产业中的民俗主义现象时的反应迟钝提出批评。作者指出，在影视作品、动漫作品、电脑游戏、涉及民俗旅游的地方印象制作，以及广告创意等很多方面，均有民俗文化元素不断被采用、选择、剪辑和重构的民俗主义现象存在，对此应该予以积极评价。创意产业中的民俗主义现象，当然不是民俗文化本身，而是民俗文化的微妙"变脸"。它虽是一种民俗虚像，但民俗主义的存在又不能完全脱离民俗文化，而是在生活真实基础上的民俗文化审美化和艺术化。作者认为，在国家大力发展创意产业的时代潮流下，民俗学者应积极涉足创意产业领域，把民俗文化与创意产业联系起来进行研究，这在某种程度上也是民俗学发挥学术优势，参与国家事务、融入主流社会与主流学术的重要契机。

《"农家乐"与民俗主义》探讨了当前中国普遍兴起的一种乡村旅游形式，及与之相关的民俗主义现象。周星在这篇论文中，首先分析了近几十年来城市化大背景下中国社会对乡村生活与民俗文化的再认知，指出"农家乐"看起来简单，其实是一种被多种力量形塑的旅游模式，而正是在全国各地多种多样的"农家乐"在地实践当中，产生了灵活变通的民俗主义。作者认为，虽然有学者认为"农家乐"比"民俗旅游"较为低级和简单，但其实它们之间并没有本质性的差异，而且，在民俗主义的属性上，它们也都是如出一辙。

胡慧的《民俗主义视野下的信阳民歌》，是根据田野调查而对信阳民歌的现状所进行的一项实证性研究。笔者清晰地分析了传统民歌难以为继的状态和原因，同时分别对文化馆（长）、歌舞团、"民歌村"、"赛歌园"以及村民歌手们各自的主体性和民歌实践进行了仔细的描述。她指出，经过改编和借助于现代媒体的民歌、走向舞台的民歌，其实更受观众欢迎。她认为，信阳民歌作为国家级非物质文化遗产，在其传承和发展的过程中，应该借助政府、学者及当地民众的力量，适当创新以使之更好地适应当代社会的发展。对于不断被"发明"和重构出来的传统，没必要苛求什么是"真民俗"，什么是"假民俗"，因为从民俗主义的视角看，探讨此种真假没有意义；而一味追求民歌的原汁原味，最终并不会有助于它的传承和发展。

杨曼在《浙江绍兴大禹祭祀文化的民俗主义考察》一文中，对绍兴大禹陵的族祭、民祭和官祭分别进行了描述，以此为基础，指出绍兴"大禹文化"是在新的社会和文化环境中，由国家与地方利用传统的民俗文化资源而新近创造出来的，是作为民族、地区或国家的文化象征而被有意识地应用的产物。作为民族、国家、地区之象征的"大禹"和"大禹文化"，依托当地的"大禹陵风景区"在当代被重构出来，同时具有了商业性和文化性的功能，形成了商业建构与文化建构的双重建构模式。作者认为，政府在开发大禹陵的过程中，国家话语明显强势，主导了大禹祭祀文化的形式及意义，而有意无意地忽视了当地民众或相关群体的利益；由于以守陵人身份居住在禹陵村的姒姓家族等民间的声音处于失语状态，遂使当地自称大禹后裔一族的利益受到了一定的影响。

《民俗主义现象在当代中国》是一篇研究报告。周星认为在"民俗主义"这一译语中，可以内涵两层意思：一是指民俗主义现象，二是指民俗学的民俗主义研究视角。报告对改革开放以来当代中国的民俗主义现象进行了扫描式概观，分别对国家权力和政治意识形态影响下的民俗主义、商业化背景下的民俗主义、依托大众媒体的民俗主义、文学和艺术创作中的民俗主义、学校教育及博物馆等公共机关的民俗主义，以及学术（民俗学、民间文学）研究导致的民俗主义等，进行了简要的提示。这虽然不是基于严密逻辑的分类，但也凸现出当代中国民俗主义现象的突出特点，亦即国家权力和政治意识形态的渗透无所不在，在其影响下的民俗主义占据了最大的比例。文章接着对中国民俗学引进、介绍民俗主义概念及其研究视角，并积极地予以消化和借鉴的过程进行了描述，对中国民俗学者截至目前采用民俗主义研究视角对相关事象展开学术研究取得的成果进行了综述性点评，指出已在四个方面取得了重要的进展：推动民俗学的理念更新，丰富了对民俗学基本学理及学科建设问题的探讨；在神话、民间文学等传统性课题领域取得新突破；在一些曾被视为边缘的课题领域获得好的成绩；拓展了一些以往几乎不被民俗学视为研究对象的新领域。最后文章指出，和民俗主义现象在当代中国的广泛、深入而又无所不在的重要程度相比较，民俗主义研究视角在中国民俗学今后的学术发展中当有广阔的拓展空间。

民俗主义与本真性

　　民俗主义的概念及相关问题之所以能够在各国民俗学界均引起强烈反响，是因为它和民俗学的核心理念，亦即对于"本真性"的追求密切相关。民俗主义和本真性看起来像是一组悖论，但其实它们之间有着非常内在的关联。第四单元由7篇论文构成，主题便是"民俗主义与本真性"。

　　甚至比莫泽提示民俗主义的概念还要更早，美国民俗学家道尔森在1950年就曾关注到类似现象，但他把人们对口承文学的改编、杜撰和纂修等人工经手之后的作品称为"伪民俗"，并一生致力于批评、抵制和揭露它。对伪民俗的批评促使美国民俗学逐渐形成了学院派与应用派的分野，两者之间的和解事实上经历了漫长的过程，直至公共民俗学做出巨大贡献，以及学院派民俗学有了深刻反思和包括经由民俗主义之类的冲击而促成的变革发生。

　　阿兰·邓迪斯《伪民俗的制造》一文发表于1985年，该文对道尔森的批评贴切而又有力。作者将世界范围内已被视为文学经典的文献，如苏格兰的《莪相诗集》、德国格林兄弟的《儿童与家庭故事集》及芬兰民族史诗《卡勒瓦拉》作为案例，逐一揭示它们各自的形成过程，证明其都是"打着地道的民间传说旗号，假造和合成出来的"伪民俗范例。邓迪斯对这些伪民俗的解释是，其产生与民族主义相关联，源于文化自卑情结；也因此，民俗与伪民俗也是相连的。他指出，此类伪民俗在世界范围内具有普遍性，也具有广阔的历史背景和重要的意义，民俗学家无法阻挡人们相信伪民俗就是民俗，因此，与其单纯地谴责它，不如从民俗学的立场和方法去研究它。

　　八木康幸的"备忘录"对我们理解欧洲民俗主义的概念与思潮和美国涉及"伪民俗"的讨论之间的合流很有帮助。在题为《关于伪民俗和民俗主义的备忘录——以美国民俗学的讨论为中心》的论文中，他清晰地梳理了民俗主义概念和伪民俗概念的相互交集。在意识到德国民俗学相关讨论的同时，作者对东欧各国和苏联的民俗主义研究动向格外重视，进而对美国民俗学中有关伪民俗的概念和学术思想谱系作了整理，从而在更宽阔的视野背景下对民俗主义予以定位和评价。针对美国民俗学的相关讨论，八木指出伪民俗这一概念具有价值取向，其中内含着真假对立的二元论式本质主义的理念，故具有明显的局限性，并促使美国民俗学长期分裂为学院派与应用派；而民俗主义概念及相关讨论却在美国民俗学两大派的和解过程中发挥了重要的媒介作用。

王杰文的论文《文化政治学：民俗学的新走向？——兼论钟敬文先生的"民俗文化学"》，紧扣民俗学的基本问题，对美国民俗学研究范式的变迁进行了较系统的梳理，指出经过激烈论争，美国民俗学的研究对象得以拓宽，大多数民俗学家倾向于支持民俗学应该是文化政治学的研究；而都市民俗、工业化与旅游民俗、大众传媒与民俗，以及民俗学与民族主义、意识形态及政治的关系等，逐渐成为现代美国民俗研究的主要范畴。以此为基础，他进而将文化政治学与钟敬文提出的"民俗文化学"展开比较，讨论了中国民俗学发展的新走向。王杰文认为，钟敬文所提倡的民俗文化学，其研究对象是"知识"（Lore）而不是"民众"（Folk），这恰是西方民俗学力求超越的研究范式；但是，钟敬文明确提示民俗文化学是"现在学"，这是在了解了西方民俗学的民俗主义、伪民俗等概念及相关讨论之后，提出的学科体系。其中对"上层与下层"、"传统与现代"、"真实与伪造"、"都市与乡村"、"民与俗"、"文本与情境"等矛盾范畴，均予以兼顾和综合，这些在西方民俗学领域属于水火难容的概念与理论体系，在中国民俗学中却可相安无事。钟先生提出的民俗文化学包容了众多的研究范式，而文化政治学范式只是其中之一。

1997 年，美国威斯康星大学出版社出版了瑞吉娜·本迪克丝的民俗学专著《探求本真性：民俗研究的形成》（*In Search of Authenticity: The Formation of Folklore Stydies*），它被邓迪斯评论为"一部全世界民俗学家都希望阅读的理论力作"。该书绪论和第二章现在分别由李扬和薛泽闻翻译为中文，以飨读者。

《民俗学与本真性》一文，便是该书的绪论部分。本迪克丝在此对她的课题意识做了清晰说明，亦即这项研究的目的在于将对本真性的热望引导到个案研究领域。她解释说对此问题的学术兴趣，源于她作为一个民俗学家的"成年"之季，碰巧赶上社会科学和人文科学转入对知识体系进行批判性检验和反省的时期。她认为，对本真性的概念、历史及围绕它的哲学探讨等方面进行探索，可以成为构建民俗本真性学科史的途径。长期以来，本真性和民俗学之间存在着复杂而又密切的关系，包括在学科、政治以及学者自我的愿望等在内，民俗学曾被当成寻求本真性的载体，它也将本真性作为自身学科合法性的依据。本迪克丝指出，最有影响力的现代政治运动是民族主义，但其根本观念便来自本真性，而民俗学假借本土文化的发现和再发现，自浪漫主义时期以来一直在为民族主义运动提供服务。在《从体验到表征——科学探寻本真性的开端》（亦即该书第二章）一文中，本迪克丝对19世纪德国早期民俗学史上本真性理念的形成、发展和变迁展开了专题性探讨，经过细密的文献引证，揭示了从浪漫主义热情朝向采用"科学方法"的学术事业过渡的过程中，本真性曾被视为可经证实的实体。她的研究展示了早期运用科学方法确认本真性的诸多努力，其对于民俗学学科自我意识的形成非常重要。她将格林兄弟和卡尔·拉赫曼予以比较，描述了两种对本真性的追求：不具名的"民间"或大众本真性和个人的、作者的本真性，格林兄弟致力于揭示和理解前者，卡尔·拉赫曼则致力于后者。本迪克丝最后指出，本真性的概念曾对德国的语言、文学、历史和民俗领域的学科发展发挥过非常重要的作用，尤其是在欧洲推行民族国家化的时代背景下，它给予历史和本族语言的独特性以合法地位，并使传说的"民间"材料成为建构本真语言和文学的源泉。

刘晓春在其长篇论文《文化本真性：从本质论到建构论——"遗产主义"时代的观念启蒙》中指出，本真性的观念建立在西方哲学有关现实、再现以及知识的认识论基础之上。通过对思想史的梳理，作者指出从16世纪地理大发现开始的文化"发现"到20世纪初人类学民族志的文化表述，以本质主义为特点，均宣称能够客观、真实以及全面地再现文化；但20世纪60年代以来，人类学民族志表述的文化逐渐被视为是现实的社会建构，由此文化本真性的观念就从本质论转向了建构论。这种转向对中国当下"遗产主义"时代的启示在于：由于参与者的主体性、语境时效性等诸多因素，文化遗产的本真性标准很可能遮蔽文化本身的历史性，反而阻碍文化的传承发展，扼杀文化的生命力。本真的文化不是那些被表述的碎片、静止的社会事实，而是由当地人感受、体验、实践着的、具有历史性的日常生活。刘晓春认为，当遗产主义时代的民俗学认识到民俗学自身的知识生产与民族文化的共同知识之间具有复杂的相互建构关系，文化遗产又是通过特殊的民俗学技艺生产出来的共同知识，那么，当前保护的文化遗产就是"遗产化"的文化，某种意义上，民俗学也因此会被"遗产化"。长期以来，探求本真性成为民俗学的主导范式，但在建构本真性的民俗学知识生产过程遭到解构的情形下，民俗学面对当下多元、异质、流动的现实图景，必须尝试超越探求本真性的学术范式。

王霄冰提供了一个非物质文化遗产的典型案例。她在其论文《民俗文化的遗产化、本真性和传承主体问题——以浙江衢州"九华立春祭"为中心的考察》中指出，生活中自由自在地生存的民俗，一旦成为非物质文化遗产，就必然会受到官方和媒体等外力的影响，变得官方化、商业化，表演的色彩也会强化。至于"遗产化"之后的民俗文化能否本真和活态地传承，关键在于是否存在一个实实在在的传承主体。在浙江衢州"九华立春祭"的民俗活动中，虽然也有官方介入，或多或少地为地方政治所利用，但其情形与德国学者批评的"民俗主义"现象尚不能同日而语，这是因为截至目前，它的传承主体并未发生转移，村民们主体性地实在拥有着他们的这个传统，虽然它其实是一个新创的传统。

公共民俗学

经由对民俗之真伪困扰的超越，学院派和应用派民俗学的和解，促使美国民俗学确立了其公共性和实践性的特点，公共民俗学正好可以反映这一方向。第五单元的主题为"公共民俗学"，由7篇分别涉及美国、日本和中国的论文组成。

　　罗伯特·巴龙的《美国公共民俗学：历史、问题和挑战》一文，系统介绍了美国公共民俗学的历史、它所面临的问题和挑战，以及公共民俗学和应用民俗学的区别等。巴龙指出，公共民俗学是指民俗在新的社会语境之下，在民俗发生的社区内外的实际展现和应用，它需要在与传统被展现的社区成员之间的对话和合作中进行。公共民俗学家拒绝应用民俗学家对待社区的"自上而下"的态度，认为民俗学家不应将某种特殊的意识形态强加于社区。公共民俗学虽然受到将民俗及其传统承载者客体化的批评，但它为跨越文化边界地展示社区传统提供了有效的技术和概念工具。他认为，公共民俗学家意识到自己作为外来者，亦即"文化经纪人"干预了社区的生活和制度，对于被展示的传统有不可避免的影响。因此，必须深刻反思此类干预的后果。但那种批评公共民俗学将文化客体化的观点，忽视了当代民俗学家使社区成员以自我的视角展示其文化的努力。

　　另一位美国民俗学家芭芭拉·克什布拉特-吉布利特的论文《误分为二：民俗学的学院派与应用派》，基于20世纪后半叶美国应用民俗学与公共民俗领域发展的事实与问题，探讨了纯学术与应用派两分法划分的错误，从倡议、表述、艺术和批评话语等角度指出应该如何看待传统与文化遗产，并揭示了应用派与学院派民俗学之间有结合并进的相互需求。作者认为，大众化和商业化越来越成为值得研究的普遍现象，公共部门的民俗学或应用民俗学具有为整个学科提供批评视角的潜力。民俗学应该认真检省自身在本质上无法回避的实践性，因为民俗学本身不会也不可能超越意识形态、国家政治倾向、经济热点等。作者用较大篇幅讨论了民俗学与民间艺术史学分别定义的"民间工艺"和"民间艺术"的差异，认为民俗学者强调文化语境及当地分类的重要性，这恰好是公共民俗学项目的显著特征。

　　黛布拉·科迪斯是一位实践派的美国公共民俗学家，他创建的"费城民俗项目"在美国公共民俗学的理论和实践等方面颇有建树。在《想象公共民俗》一文中，他将公共民俗视为一种广义的民主文化参与，而不仅仅是在大学校园之外，以节日、展览、纪录片等媒介方式来展现的不同于主流学术模式的活动。作者聚焦于实践，亦即公共民俗学的工作是在做什么，这样的工作允许做什么。通过介绍多位著名的公共民俗学实践者的工作，他从公共民俗的诸多头绪中最终辨析出公共利益民俗的理念：致力于发挥平民百姓的实践及其权利与能力，将其包括在他们的艺术与文化中；同时，这也是抵制和反对各种社会及文化不公的抗争方式。作者指出，公共民俗就是民俗在公共语境中、为了公众利益的实践；公共民俗实践的核心在于公共民俗能够激发公众做什么，以及怎么去运作。在这里，民俗是一种持久的可更新的资源，一种构建群体的机制，也是社区生活的必需。

曾在 2014 年美国史密森尼民俗生活节的"中国：传统与生活的艺术"主题展演上担任双语解说人（bilingual presenter）的黄龙光博士可谓有感而发，他在《美国公共民俗学对中国非物质文化遗产保护的启示》一文中，归纳了美国公共民俗学有可能为中国民俗学参与非物质文化遗产保护工作的文化实践提供借鉴的一些要点，诸如，民俗传统在其社区内外的新框架、新语境之下的表征和运用实践，通常通过传统承载者和民俗学家的通力协作来完成，等等。作者认为，一贯强调"经世致用"的中国民俗学明显地带有应用的倾向，这种学科的特点和优势，使它与非物质文化遗产保护工作有了很多交集，但中国民俗学有必要在警惕不被行政权力同化的同时，反思自身和民间社会的民俗文化传承者之间的距离感、不平等，以及可能发生的对于专业知识的滥用及学术话语霸权。

菅丰的论文探讨了在日本发展"公共民俗学的可能性"。在他的同名文章中，他首先提示了日本民俗学有关实践性课题的分歧，对消极应对实践的倾向提出批评；其次，他整理了多种学术领域均迈向"公共性"的时代性动态，认为民俗学当然有必要正视自身应该具备的"公共性"。作者认为，日本也和美国一样，以民俗学为专业的很多研究者是在博物馆、地方公共团体、教育机构等公共部门开展活动，日本也存在有关文化遗产和无形文化遗产的文化政策，以及由地域振兴所代表的将民俗作为文化资源予以应用的各种实践，但是，从研究者主体性地、有意识地、自觉和积极地去表象、应用和实践这一公共民俗学的观点出发，上述活动并未得到认真检讨。作者期待，有可能在日本发展起来的公共民俗学，是让所有民俗学研究者均可参与的一种民俗学的"方向性"，它不是基于特定立场的民俗学，而是超越隐蔽性的立场断裂，使所有知晓、学习、理解民俗的人均可参与的民俗学。在对此种公共民俗学的方法路径设定了一些具体场景之后，菅丰提出了自己对公共民俗学的定义：公共民俗学是民俗学的一个方向，致力于对异质立场的理解和超越，促使多样性主体间的协作互动，自觉到文化所有权和表象行为之权威性等困难的存在，进而取得表象的合法性，介入对象人们的社会及文化，为他们的幸福而将其地域、地域文化甚至地域的人们客体化，并以某种形式参与对他们的支持。公共民俗学是对有关上述活动的自我和他者实践及研究所进行的反思性和适应性的重构。

周星认为，中国民俗学参与非物质文化遗产保护运动的各种学术实践，具有公共民俗学的属性。他在《非物质文化遗产保护运动和中国民俗学——"公共民俗学"在中国的可能性与危险性》一文中指出，对非物质文化遗产相关问题的实践性和应用性研究，将促使民俗学在中国成长为一门能够对国家文化政策、对非物质文化遗产行政、对现代中国社会的多种文化事象及问题展开基于学理的解释、揭示、评论和批评的具有公共性的学问。但在中国并不适宜在原本就有高度应用属性的民俗学之外另行建构"公共民俗学"。民俗学作为一门科学只应是纯学术的，至于其实践性，其对现实的介入、参与和社会贡献，均应基于切实的资料积累和严谨的田野调查，并在学术研究的基础之上展开。根据民俗学的实践性和公共性原则，不妨将民俗学对非物质文化遗产保护运动的参与等社会性学术实践定义为中国式的公共民俗学，但同时，也应对其学术有可能被行政权力同化的危险性保持高度警惕。

宋颖的论文提供了一个具有典型性的个案研究。在《"一国"的文化共享：〈中国年俗〉的民俗国家化过程探究》中，她探讨了中国最大和最具影响力的媒体中央电视台在其大型纪录片《中国年俗》里，对各地的春节习俗加以择取和采撷，进而使之成为在国家名义下实现民族认同和文化认同的共享、共有的材料，并对其进行了重新编排、组合和表象的这一"民俗国家化"的过程。作为该电视节目的撰稿人之一和民俗顾问，宋颖的参与可被视为是民俗学家对公共民俗的一种实践。基于对该节目的分析，她指出在"民俗国家化"的过程中得以建构和转化的主要有：一是从祭祖到祭神完成了血缘、亲缘、地缘等多重关系的融合和想象；二是从团圆到团结主题的转化，完成了家国同构；三是基于画面效果和收视率的考虑，民俗作为生活细节的审美内涵得以突出。正是这些新的表象，使得春节民俗成为民众在民族与国家的名义下所进行的文化实践。

追问现代社会的日常生活

不同国家的民俗学在反思其学科史，并经由民俗主义等相关讨论的洗礼而迈向现代民俗学的过程中，逐渐摸索着学科发展的新方向，其中对现代社会的日常生活或生活文化、对生活者主体的日常生活实践的研究，已经成为重要的取向之一。因此，我们设定第六单元的主题为"追问现代社会的日常生活"，它由6篇论文组成。

岩本通弥曾经强烈质疑将"民俗"而不是日常生活作为研究对象的民俗学，在题为《现代日常生活的诞生——以1962年度厚生白皮书为中心》的论文中，他从现代民俗学的立场出发，具体地提示了研究现代社会之日常生活的一种方法。他是从都市生活变化的角度，以经济高度成长期的"生活革命"为对象，把握现代都市社会中普通日本人"日常"生活的形成过程。作者集中分析了1962年度日本政府公布的《厚生白皮书》，以及通过其他渠道获得的大量统计数据，描述了现代日本人"日常"（模式化集合住宅里清洁卫生的生活）的变化轨迹。作者讨论的大多数事实或现象，都是普通日本人曾经经验或眼下每天都要体验，但却对其熟视无睹或以为是理所当然、不言而喻的现象。论文提示了现代民俗学之方法论和资料论的开放性，他指出现代的日常生活每天都在发生变化，每一件理所当然的事或周遭琐碎的事物都各有其历史（意义或功能的变化）。民俗学存在的意义和基本理念，正是为了更好地改善人们的生活而对这些"理所当然"予以深刻的思考。

周星在《生活革命、乡愁与中国民俗学》一文中指出，当代中国社会已经和正在发生着深刻的生活革命，亦即"现代都市型生活方式"的大面积普及，而当下弥漫全国的乡愁情绪正是由不可逆转的生活革命所引发的。作者对中国知识界过度礼赞传统、耽溺乡愁，以及在抢救、保护和传承等话语表象中将乡愁审美化的趋势进行了一些必要的批评，以促请民俗学界同仁明确自身更为重要的学术使命，亦即直面现代中国社会的日常生活及其变革的历程，描述和研究无数普通的生活者是如何建构各自全新的现代日常生活并在其中获得人生的意义。

王杰文的论文是基于一项实证性调查的研究成果，试图回应现代民俗学应该如何研究当代日常生活的问题。《追问"理所当然"——北京市高层集合住宅的生活及生活世界的变迁》，是从新的现代民俗学对民众日常生活的研究视角出发，探讨了北京市高层集合住宅里居民的生活世界，尤其是居民们的居住模式。论文指出，住宅设计与社区规划会"模塑"人们的居住模式，促使他们"自然而然"地形成一些"惯习"；但具有反思与创造性的居民们又会借助于他们的文化传统和理念，不断"创造"新的生活方式，并表演某种"新生活"。作者聚焦于住宅内的陈设与布置，在细致描述的基础之上，有很多意味深长的"发现"。作者清醒地意识到这样的描述具有静态性，而生活世界里那些看起来的"理所当然"实际充满了流动性。现代民俗学以大都市的高层集合住宅里居民的生活世界为研究对象，这在问题意识与研究方法上，都还处于探索与尝试阶段，此论文在这方面堪称是中国现代民俗学研究非常重要的收获。

户晓辉的论文《再问民俗学"生活世界"概念的理所当然》，试图再考民俗学者们理解的"生活世界"这一工作概念的理所当然，并追问它的前提。作者指出，"生活世界"这个哲学概念为德国民俗学转向日常生活研究提供了重要启发，但德国民俗学在接受该概念时，忽视了它的哲学含义及其对科学主义和实证主义的批判功能，轻易把它等同或替换为"日常生活"。虽然这在一定程度上也能拓展民俗学研究的领域，却也会给民俗学带来重大损失，亦即丧失认识生活世界的可能性。户晓辉对胡塞尔的"生活世界"概念做了详细解说，认为只要承认民俗是生活世界中特定的实践行为，就不能用实证科学的方式来对待并研究民俗实践，因为这只能导致对实践主体的人格、精神以及责任能力和自由能力的忽视或遮蔽。他指出，"生活世界"概念的引进不仅使民俗学转向当前的日常生活，更要求以往的实证民俗学转向实践民俗学，因为民俗学的生活世界不是由民俗事象构成的静态世界，而是由民俗实践创造并建构起来的动态世界，亦即一个民俗实践的世界。在生活世界的民俗实践中，"文化"概念得到进一步扩展，它不再仅仅是习俗和流传意义上的传统，也不仅仅是教育和特权意义上的精华，而是在广义上指人们遵循特定规则的思维活动、解释活动和行为活动的实践。文化是人们遵循特定规则的实践，作为文化学的民俗学实际上也是遵循特定规则的实践。生活世界的民俗学本来就应该是实践民俗学。

一直以来持续不断地为中国民俗学提供新理念的高丙中在其论文《中国民俗学的新时代：开创公民日常生活的文化科学》中认为，当下的中国民俗学已然完成了一系列理论转向和方法更新，并正在发展成为一门关于公民日常生活的文化研究的学科，相较以前的文史性遗留物研究，它已进入一个新时代。在这个新时代，民俗学研究对象的"民"从特殊人群向普遍公民的转化具有应然性，同时这也是中国民俗学可以达到的前景。由此，中国民俗学就从文人的好古之学、猎奇之学转为现代国家经世济时的基础学科。上述转变还包括从肯定民俗的历史文化价值到肯定民俗的现实文化价值，从肯定"俗"脱离"民"的价值到肯定"俗"对于"民"的价值；在理论上以及在经验研究中，让日常生活恢复理所当然的属性，恢复知识界、思想界和公众对日常生活之理所当然的认识，亦即实现从传统社会日常生活的理所当然到现代社会日常生活的理所当然的转化。作者指出，民俗是公民作为群体的日常生活，也是现代社会基本的公共文化。公民的日常生活经由调查与书写就是文化，民俗学正是如此开展公民日常生活研究的文化科学。

《追问现代社会的日常生活——东亚民俗学者的新探索》是一篇综述，介绍了近年一项正在进行中的由日本、中国和韩国部分民俗学者共同参与的国际合作课题。作者认为，东亚三国都在经济起飞之后相继实现了或正在实现着"生活革命"，分别确立了各自的现代日常生活；与此同时，三国的民俗学也都需要面对学科的现代转型，以便回答各国涉及现代社会日常生活文化的各种问题。综述介绍了三国民俗学者已经取得的成果，以及他们相互间逐渐达成的一些学术共识。

结语：民俗学与现代中国社会

现代民俗学在不同的国家各有其发展轨迹和方向，但它们无一例外都是瞄准和聚焦于当下的现代社会。在德国是借助"生活世界"的概念，重新"发现"日常生活，进而发展出对当代社会的经验文化学研究（当然，还有诸如区域社会的文化史、社会文化变迁的经验研究等）；在美国是发展出了民俗生活、文化政治学和公共民俗学；在日本是相继出现了建构能够应对市民社会的民俗学，以及提倡新的公共民俗学，或是回归当下的日常，追问现代社会之日常的"理所当然"等诸多动向；在中国也同样是基于对民俗学史和民俗学基本问题的深刻反思，相继出现了民俗文化学、文化遗产学、社会科学化、建构现代社会公民日常生活的文化科学等各种新的尝试。至少就中国的现状而言，目前对于民俗学未来发展方向的各种探讨仍在摸索之中。本书旨在整合国际民俗学的学术资源，试图通过和各国民俗学界共享民俗学的思想成果，以助推中国民俗学的上述探讨能在扩展国际学术视野的过程中进一步得到深化。

本书6个单元共有42位学者（含译者）在47篇论文（或研究报告及学术综述）中，分别从各自的学术立场出发，深入讨论了民俗主义、本真性、公共民俗学和现代社会的日常生活等相关的民俗学问题。本书编者承认中国民俗学已经或正在发生着许多重大的变革，同时也深感它的现代转型尚未完成，并且也只是刚刚才开始探索新的方向。在参鉴多国民俗学家的学术研究成就和经验的基础之上，事实上提示了两个可能的方向：公共民俗学和现代社会日常生活的文化研究。当然，由于现代民俗学在中国所面临的研究对象是如此的庞大、丰富和复杂，它完全不应被局限于上述两个可能的方向，而是可以有更多的选择和探讨。而且，上述两个可能的方向也未必是相互排他的，而是有可能相互间融会贯通，例如，在公共民俗学的思路中，民俗学的公共性、实践性可望得到充分的发挥，同时也应兼顾民众日生活实践的意义；在现代社会之日常生活的文化研究中，当然也会有公共性、实践性和学术性的结合。现代民俗学的无论哪一种思路和方向，都需要关照到以下几点：

1. 对生活者（承载者、消费者、实践者、各种形态和身份的"民"）的主体性的尊重，对其日常生活和文化实践的尊重，以及对他们的利益、创造力和反思能力的尊重。

2. 对研究者自身的立场、理念、概念工具和方法论等的经常性检省，以及对研究者自身和作为研究对象的生活者（"民"）及其生活实践和创造性行为（"俗"）之间的关系，有自觉地意愿和能力去进行反思。

3. 孜孜不倦地追求建立在上述两点基础之上的公共利益（公众利益民俗）最大化。

由此，现代民俗学能够介入文化行政和文化遗产的保护事业，承接相关的文化项目，对文化政策进行批评，对民俗主义事象和日常生活展开评论，并且把这视为是它对现代社会做出应对、做出贡献的路径，由此展现自身的公共性、实践性（应用性）与学术性。在现代民俗学的立场看来，民俗（或文化）的承载者们有动机也有能力去维系自己的生活与文化，民俗学者对于他们在其日常生活中的各种文化实践所进行研究取得的成果，如何能够在成为学术财富的同时，也能够"还原"给他们及其生活，这应该是一个非常重要的课题。

现代民俗学要求民俗学者对现代社会拥有深刻的认识，包括已经在相当程度上被鲍辛格所揭示的"科学技术世界"中生活文化的形态，"传统"在现代社会以民俗主义的方式得以延续或扩展的意义，等等。现代社会的大量生产、大量消费导致商品在日常生活中的无所不在，科学技术（电脑和信息技术）对生活世界的彻底渗透导致它在日常生活中无所不在，生活者不断建构意义的需求导致民俗主义在日常生活中的无处不在。虽然民俗主义经常是对过往的民俗或传统要素的改良、挪用、重构等，但它本质上是现代社会的当下行为，归根到底，它是民俗或传统在现代社会或是与现代社会的关系之中而存续，某种意义上，它也是现代日常生活的一个难以忽视的侧面。因此，关于现代中国社会里各种民俗主义事象的讨论，必然就涉及民俗学如何面对现代社会，民俗学如何介入现代日常生活，民俗学如何对当下的各种社会及文化问题保持敏感，如何对现代社会的多元文化和多样性的日常生活形态展开独具本学科特色的研究等诸多重要的问题。

本书以民俗主义为线索，为路径、为"敲门砖"，是想由此敲开现代民俗学在中国登堂入室的大门。虽然，当前的非物质文化遗产保护运动为中国民俗学提供了空前的机遇，但民俗学者们仍有太多的观念、方法有待反思，也有太多的学术实践问题有待探索。我们相信，民俗主义的研究视角有助于中国民俗学的反思和内省。在这个过程中，民俗主义的概念及其相关的学术讨论远不是我们可以肤浅地予以对应或随意绕得过去的。或许未来的民俗学者在厌倦了民俗主义这个概念时会换一个词或新创别的概念，但它所描述的那些事象依然会无所不在。无论现代的科技世界多么发达，人们的日常生活世界仍旧会是民俗、生活方式和民俗主义充盈的世界，因此，它们能够构成民俗学永远而又广阔的研究对象。我们相信，如果中国的现代民俗学持续地积累对于民俗主义相关事象的实证性研究的成果，它就能够自然和直接地面对现时当下中国民众的生活，而不再只是把经过"挑选"、分类而形成的"民俗"视为唯一的研究对象，民俗学也因此会在中国能有更多的机会和更为广阔的前景。

周星、王霄冰

2015 年 10 月 1 日

第一单元

民俗主义与德国民俗学

论当代民俗主义*

〔德〕汉斯·莫泽（Hans Moser）

在1891年新的《民俗学协会杂志》出版和初步确定其任务之前，卡尔·魏侯德（Karl Weinhold）在即将被取代的最后一期《民族心理学和语言学杂志》上发表了一篇宣言式的论文《民俗学应该做什么》[①]。他认为，收集和论述所有种类的民间传承已经成为"一种人们喜爱的事情"，所以，那些对此情有独钟者不用费力和不需要真才实学便可轻易成为"饱学之士"。"那些自称民俗学家的人"已经成立了"国际性学会"——"被认为是时髦玩法"，用不同的语言出版杂志。在迄今为止提供的资料中，魏侯德几乎没有发现什么好的东西，因为他要求的标准很高："属于民俗学的领域要比民俗学家们所想象的多，必须熟悉历史学和语言学、人类学和心理学、历史法律学、国民经济史、科技史、自然史、文学史和艺术史，并且首先对此要有自然而清晰的理解。"在论文结尾，他再次对有争议的问题强调这一要求：这个广阔的领域"要求认真严肃的研究，许多'民俗学家'对这种苛求感到可笑，并讥讽地予以反驳"。那些以"令人作呕的

---

* 本文由简涛译自汉斯·莫泽（Hans Moser）：《论当代民俗主义》（"Vom Folklorismus in unserer Zeit"），《民俗学杂志》（*Zeitschrift für Volkskunde*）第58卷，1962年，第177—209页。

① 《民俗学杂志》第20卷，柏林1890年，第1页起。新刊于格哈德·卢茨（Gerhard Lutz）《民俗学——关于它的问题的历史手册》（*Volkskunde. Ein Handbuch zur Geschichte ihrer Probleme*），柏林1958年，第38页起。

傲慢"充当批评家的人和"无礼挑剔、假装博学多识的先生们应该至少离德国民俗学远远的"。

魏候德攻击的对象主要存在于盎格鲁-撒克逊世界。1846 年英国人汤姆斯（Thoms）建议把 Folklore 作为民俗学的专业名称，1878 年在伦敦成立了"民俗学会"（Folk-Lore-Society），此后学会期刊也以 Folklore 命名。但在那里实际开展的却是人类学、民族学、史前史和比较宗教学。对这个领域一知半解，缺少扎实的研究方法，把这个领域的概念和想法在其他文化领域任意使用，漠视历史的发展，赞同模糊的起源假说，将民间文化的后期形式置于虚构的本义之上进行牵强附会的解释，所有这些情形都阻碍了民俗学作为一个独立学科的发展，这绝不只是发生在英国人和美国人那里，这种情形在今天比 70 年前更为清晰可见。如果魏候德致力于适应具有历史成长的民间文化整体的研究，并且对此要求具有大量的基础知识和"首先要有自然而清晰的理解"，那么，他也悄然无声地涉及了自己的同胞，因为他不想公然冒犯他们，而是试图为达到更高的目标争取他们。他的要求更多的是反对那些对文化世界的某些片段以感情或口味而确定的肤浅偏爱，特别是节日习俗、服饰和民间艺术中那些五光十色的刺激物，反对对那些假想的美好古代的浪漫热衷，反对试图从夸大的个别事象出发重构理想的古代世界。相对于这一切，魏候德在他的新杂志"导言"中说的话依然适合："民俗学只有通过精确的研究和正确的方法才能提升为科学，才能远离民俗学者易于陷入的浅薄涉猎的危险。"①

在整个德语区普遍认同 Volkskunde 作为民俗学的学科名称，而不是 Folklore，卡尔·魏候德对此起到了决定性作用②；虽然他高水准的辨别标准在其原则性上没有得到普遍的体现，但却已经暗含其中。在他的倡议下，这个

---

① 参见 Zs. d. Ver. f. Vk. 第 1 期，1891 年，第 2 页。格哈德·卢茨认为（第 38 页），魏候德这里说"在他去年发表的关于民俗学的研究领域和任务的论文中已经提出"是不对的。这是两篇完全不同的论文。

② 古斯塔夫·迈耶（Gustav Mayer）发表在《慕尼黑汇报》（Allgemeine Zeitung，1883 年第 26 期）和《语言学和民俗学评论研究》（Essays und Studien zur Sprachgeschichte und Volkskunde，柏林 1885 年）的论文，题目使用德语名称，但在论文里和小标题却经常使用 Folklore 一词，甚至标示为阳性。

德语名称能够何时、何地以及需要多久才能够真正成为学术精英意义上的专业术语，这里不予谈论。这里必须指出的只是，正值人们把"德国民俗学"（Deutsche Volkskunde）特别大写的时候，在短暂的"千年帝国"时期[①]，人们其实对此最不了解。那时在国际学科领域还能坚持住，但在自己国家的学术圈子里很难在使用 Volkskunde 时在括号内注明 Folkloristik，在确定新教席时没有注意到专业强化的迫切需要，人们在此还可以看到丧失名声的后果。赫尔曼·鲍辛格作为学科代言人对它也提出了抗议和订正。

但现在要对这个解释另辟蹊径和重新评价也是出于这个事实，几个民俗学概念如 Folklore、folkloristisch 和 Folkloristik，近来在一些重要领域，如文化出版和宣传中异乎寻常地使用，因此很流行，正如人们今天喜欢说的，变得普遍通行了。它们五光十色的意义和很不相同的用法只是顺便被注意到。[②] 在民俗学领域中出现新的"时髦玩法"的原因在于，民俗学作为一个新大陆被重新发现，可以在许多领域如艺术、文化政策中使用，但首先是运用在商业领域。

其实现在这种情况，人们可以把这种民俗学的运用称为"应用民俗学"（Folkloristik），使之适应于"民俗学"（Volkskunde），这两词尽管偶尔使用，界限不很清晰，但从这里可以区分它们的功能和意图。更简短和更实用的名称是"民俗主义"（Folklorismus）。这是一个覆盖面很宽的总称。包括两个方面：其一，不断扩展的对当代文明的否定和不断增长的对"民间"的兴趣，首先是关于民间物的保留，在这里生活具有或者显现出独特的样式、初始形态、力量和色彩。其二，尤其在实践方面，满足和加强这个兴趣，如果有必要就唤醒这个兴趣。在大多数情况下，这是在运用民俗学精华的吸引力传播"民间传统"。这存在着许多可能性，对尚存的真正的传统形式在一定的方向上进行培育，但

---

① 指希特勒统治时期。——译者
② 下面的摘录来自非学术性的资料。关于使用 Folklore 这个概念的一个特别奇特的证据是《南德意志报》于 1960 年 6 月 25—26 日刊登的讽刺性杂文《文化出口的竞争》。文章说，深受欢迎的旅游纪念品如带有八音钟的德国啤酒杯，目前在日本也生产。下面接着说："不仅仅是德国的民俗学受到日本竞争的伤害"，因为日本近年来也为加拿大生产图腾柱和爱斯基摩雕刻品。

也会使它们的生存领域消亡，自主独立地或者人为地改变形式，美化或者夸大，然后在缺少真实本体的地方，用民间传统进行补充，进行自由创造，目的是最终为今天很宽松的出版物提供一个真实和伪造的混合体。在二手民俗的传播和演示中明确体现出，人们应该怎样理解民俗主义这个概念。它还没形成一个精确的定义。如果必要的话，只要事先展示一下能够体现它的形式的典型例证，就可在诸多有争议的概念中再加入一个新概念，这比较容易办到。

现代新闻学在通常对民间世界及其传统否定或嘲笑的同时，也发现了它们值得大声惊呼的价值，在那里不容忽视的是在现代艺术和鲜活的"民俗学"（Folklore）之间存在着直接的联系。它们存在于音乐、绘画[①]之中，如果陌生的诺贝尔奖获得者值得欣赏的话，也存在于文学作品中。

这只需接近"音乐民俗学"的宣传这一个部分就足够了，因为它以前和现在都很受重视，还因为它以另外的方式扮演了以下重要的角色。一个具有标准意义的例子是贝拉·巴托克（Béla Bartók），他把这个概念运用到自己的作曲中，并且常年十分积极和具有学术系统性地搜集和编辑民间音乐。[②]这些都

[①] 这里将以围绕弗兰茨·马科（Franz Marc）和瓦斯里·康定斯基（Wassily Kandinsky）的慕尼黑绘画圈子为例证强调这种关联。他们在 20 世纪初追求质朴和幼稚的新风尚，除了外来艺术，还搜集巴伐利亚的玻璃画和瓷板画以及俄罗斯的平板画，刊印在他们的节目单小册子《蓝色骑兵》里（注：1912 年在慕尼黑成立的表现派画家协会），并从它们的起源中获得启发。比较：路德维希·格劳布《表现主义与民间艺术》，载《民俗学杂志》第 55 卷，1959 年，第 24 页起。在这个艺术圈子中，作为海关职员的业余画家亨利·卢梭也颇得好评。在当今的业余画家中，一般认为"民俗主义之作"一部分表现在形式上，一部分表现在主题上。奥托·比巴尔伊-美林（Otto Bibalyi-Merin）：《幼稚的世界图画（以及封面：幼稚的绘画）》，科隆 1959 年，在第 32 页谈道：新墨西哥一位业余画家的作品是"民俗主义和教会的民间传统"的堆砌；在第 147 页斯洛伐克的"赫莱宾尼的农民学校"，它的颜色运用使人想起斯洛伐克的民俗，其一位成员运用"快活的民俗色彩描绘农民日常生活的画面"。这个限定的微观世界的形象和气氛是共同的，如果采用现年 75 岁的马克·夏加尔（Marc Chagall）的话说，他把家乡和犹太贫民区的民俗以及哈西德派的神秘主义融为一体。《慕尼黑水星》（Münchener Merkur），1962 年 7 月 6 日。

[②] 在一个发行量很大的简装书《克里斯托弗的角落》（Christoph Ecke）第 1 卷（汉堡 1959 年）中，反复提及古典音乐。他在第 43 页指出："他征服了整个欧洲、小亚细亚和北非，总共收集和出版了 7000 来自农民传统的民俗主题和民间乐调"。他的早期创作"带有民俗的印记，可从外部感知。后来便和他之前的穆绍格斯基（Mussorgsky）一样，把民间乐调加入到他的曲谱之中，根据自己的理念进行改变和发展，或者把自己的原创通过它们的形态进行表达"。

是通过知名的马扎尔人对同时代音乐的演出而使民间传统和个人创作得以结合和为人们所认可，也使得对其他民族的音乐给以新的评价，同时返回来对已被超越的早年的音乐有所助益。从俄罗斯人格林卡（Glinka）到年轻的斯特拉文斯基（Strawinski）、亚美尼亚人卡恰图彦（Khatchaturian）、捷克人斯美塔那（Smetana）和德沃夏克（Dvorak）、挪威人格里格（Grieg）、芬兰人西贝抑斯（Sibelius）、西班牙人法雅（de Falla）和阿尔贝尼兹（Albeniz），他们几乎没有任何作品不受到民间音乐极其富有成效的感染力的影响。

值得注意的是，由于 Folklore 是外来术语，因而多用于论述外国民间音乐。人们也常常谈及巴伐利亚民俗学的影响，例如对威纳尔·埃克（Werner Egk）的《格奥基卡》（*Georgica*）和卡尔·奥尔夫（Carl Orff）的影响，但这里较少地涉及音乐，而较多地涉及他的舞台资料的选择和他的巴伐利亚独特的语言结构。关于海顿（Haydn）、莫扎特（Mozart）或者布鲁克纳（Bruckner），也不再说是受民间音乐的影响，而是说受民俗成分的影响。当巴赫（Bach）的同时代人解释他对康塔塔喜爱的时候，存在着一种奇谈怪论，认为它是"来源于赞美诗乐调、民歌和当时还存活的民俗"[①]。

以艺术为重心的民俗主义形式的产生是由于对原有的或者加工过的俄罗斯民歌的传播，有时是与舞蹈表演相联系，通过四处漂泊的道考萨肯（Donkosaken）的流亡合唱团及其后继者而实现的。这个多年来成就非凡而大名远扬的榜样，在其他国家也催生了巡回旅游演唱团，其中也有青年合唱团如"迅拜格童话歌手"。阿尔卑斯地区古老的流动演唱传统，在这个时代已经消失和被遗忘很久了。

唱片工业通过其丰厚的盈利，显示了它在这个领域里的纯商业性的利益。在比勒费尔德出版的《目录》中，每期都保留了内容广博的"民俗学"栏目。在 1962 年 3 月最后一期出版的《目录》中，还含有长达 8 页的双栏小开本的《非德语的民俗学》，其中收录了世界各地的民间音乐（真实程度不同）。在专

---

① 《克里斯托弗的角落》第 3 卷，汉堡的莱贝科 1962 年，第 44 页。

业一点的"民俗学"栏目里，大多数还有不容忽视的民间歌曲和家乡歌曲，以及来自所有德语国家的民间器乐曲。这里有由优秀乐队和真正的民间艺人所演出的纯正的民间音乐。据称存在一个由内行组成的增长强劲的顾客群体。同时还存在一个巨大的对所有粗俗乐曲种类进行加工和模仿的群体。销售统计表示，其规模与各不相同的充满活力的需求相适应。现在二者的边界模糊不清，因为有价值的东西在主管专家毫不知觉或者明确反对的情况下，为了保持吸引力而被吸收进趣味庸俗的大型收集项目之中。

从"音乐民俗学"到"舞蹈民俗学"的过渡只不过是迈出了一小步，但它却是通向进一步蓬勃发展的起点。这个发展又是首先在俄罗斯人那里实现的，出于对标题音乐和芭蕾音乐的偏爱，以及通过双重意义上的民俗的芭蕾，即作为来自民间生活的舞蹈演出和作为民间叙事传承成分的表达而对古典的芭蕾保留剧目进行补充。[1]这种舞蹈、服装和至少具有暗示作用的舞蹈环境的积聚产生了舞蹈表演剧，而它们又对组织、导演和社团产生了需求。

1937年，在莫斯科出现了第一个国家民间舞蹈团，后来通过以文化宣传为目的的国外巡演而成为闻名遐迩的穆塞耶夫芭蕾舞团。在其榜样作用的带动下，战前在一些苏联加盟共和国就存在的协会一类的组织紧密跟进，战后许多欧洲国家和欧洲以外的国家也都追随其后。南斯拉夫居于领先地位开个是完全出于巧合，早在1945年，学生们就在萨格勒布组织民间舞蹈和演唱团，并以斯拉夫神话中的女神拉岛的名字命名；到1949年，这个演出团已经达到专业水准，并于1950年首次到国外巡回演出。[2]两年之后，在邻国出现了竞争对手"希

---

[1] 比较霍斯特·库格勒（Horst Koegler）的莫斯科大剧院芭蕾舞团（=伦勃朗舞台和电影系列16），柏林1959年；霍斯特·库格勒：《气质和精湛技艺——与东部舞蹈艺术相遇》（Temperament und Virtuosität. Begegnung mit östlicher Tanzkunst），《维斯特曼月刊》（Westermanns Monatshefte）第100期，不伦瑞克1959年，第23页起。

[2] 《南德意志报》1961年11月24日，这里述及该团体的产生："早在战争结束的几天之后，一些年轻人，其中大多数是大学生，在萨格勒布集会并成立了一个维护多种艺术的协会，其中也有民俗学。这个民间艺术协会其后几年在当地比赛中取得了很大成就。"《南德意志报》1961年11月29日对此进行了报道。

腊国家芭蕾舞团"。①1960年，来自22个国家的民间演出团汇集在巴黎国家剧院，其中以"菲律宾舞蹈节演出团"最有价值。②1962年初，德国演出团的节目单报道了其产生过程和前景，这对其他演出团也具有典型意义。

1920年，在菲律宾群岛上掀起了民俗学热。发起人是菲律宾大学的校长焦格·巴古道博士、马来亚体育学院院长弗兰塞斯卡·雷耶斯·阿奎诺女士和菲律宾女子大学的成员。他们全力以赴，致力于保存民间舞蹈、音乐和古老的民间风俗。学生们举办晚间报告会，并与体育表演相结合组织民间舞蹈比赛。在菲律宾独立（1946年）之后，女子大学于1954年首次派团出国，赴巴基斯坦演出。

这些演出反映了这个国家的文化所受到的"至今仍然清晰可辨"的三种影响，即"古老的原始文化、阿拉伯马来文化和西班牙欧洲文化的影响"。战争舞蹈、丧葬舞蹈、胜利舞蹈、婚庆舞蹈和收获节舞蹈，在非基督教的山区民众中都属于有生命力的习俗。"菲律宾节"展示了自16世纪以来古老习俗和西班牙外来习俗相结合的多种舞蹈形式。此外，还有伊斯兰教少数民族演出的穆斯林组曲。在结束时，还表演了马来式、中国式、印度式和美国式的令人印象深刻的表演性舞蹈。

这些剧团和南斯拉夫的剧团一样是在学术圈子里产生的，他们倾向于强调实用的民俗保护，致力于建立在专门的，首先是历史的基础之上的严肃的演出。实际上他们是以简单而完美的形式取得了庄重而富有魅力的效果。

严肃的态度和专职的经纪人在其他剧团的宣传性演出中也不乏其例。墨西哥福克勒里克芭蕾舞团成立于1954年，创建人和团长色努拉·阿玛丽阿·海南登茨（Senora Amalia Hernandez）女士于1961年对慕尼黑的媒体介绍说，她在大学里学的是音乐和民俗学，立志于对她所研究的印第安人和西班牙的舞蹈和

---

① 《南德意志报》1961年11月22、23、25日。
② 节目单第5页。还可参见弗兰茨·福森（Frantz Vossen）：《原始舞蹈和海外舞蹈在巴黎国家大剧院的胜利》，《南德意志报》1961年5月24日。报道发表在《南德意志报》1962年3月16、22日。

礼俗进行生动的展示①，还有来自前西班牙时代的阿茨泰克提仪式舞蹈，对此同样需要进行历史的重构。根据媒体报道，加勒比狂想曲的发起人和明星卡塔琳娜·冬哈姆（Katherine Dunham）在完成芝加哥大学的"民族志和民俗学"专业的学业之后，继续担任"教师和科学研究工作者"。在她丰富多彩的演出节目单里，人们可以对"冬哈姆民俗学"有所了解。她有着鲜明的风格，这是"程式化的适合于舞台演出的民俗学"，但"在民间艺术的策划上，首先取决于是谁把这些材料程式化了"。在这种情况下，民俗化是通过与出身和教育有密切联系的人才而实现的，因为她能够"直接从原材料进行创造"。从民间艺术中选取主要的因素，与原始的、自然的、土生土长的艺术相结合，实现"在一定程度上共同的艺术品"的创作，迄今为止还没有民俗学为我们带来这样的成果。通过经理人和媒体可以获知，这种顶级艺术品在许多剧团都很需要。由欧尔嘎·斯克弗兰（Olga Skovran）领导的南斯拉夫国家芭蕾舞团已经存在 8 年，贝尔格莱德的广告牌和报纸广告都标明这是"世界上最好的民俗芭蕾舞团"，并且注明由 50 名表演者展示 1000 套服装，在这里可以展现"南斯拉夫民俗的丰富多彩"的绚丽全景。②

对乡间所有形式的民间传承和延续，对来自敬神的古老信仰形式进行推介，这种趋势是相当普遍的，几乎没有发生什么变化。一个由经过专业训练的道拉·斯特拉投（Dora Straton）女士所领导的前来参加访问演出的希腊剧团被称为"世界上最好的芭蕾舞团"，1957 年在慕尼黑以"来自荷马时代的舞蹈"为大标题而广为人知。③1961 年登台演出的南斯拉夫拉道剧团的演出被描述为"远古时代的圆圈舞蹈"，"在这个舞蹈里可以看到古老的来自青铜器时代的圆圈舞的基本形式"。④

通过广告和媒体报道，还可以看到许多关于民间传统的描述。这本来是为

---

① 《南德意志报》1961 年 5 月 24、26 日，1961 年 6 月 2 日。
② 《南德意志报》1960 年 11 月 14、18 日，1962 年 3 月 2 日。
③ 《南德意志报》1957 年 10 月 23 日。
④ 《南德意志报》1961 年 11 月 29 日。

了提高演出活动的吸引力，或者从微不足道的残余资料中整理出来的。热情而勤苦的组织者们在竭力寻找和利用文字和图片资料，这几乎毋庸置疑。在不同国度里，他们对研究成果的运用有所不同。但出自幼稚的半专业水准和业余爱好者之手，被魏候德称为"民俗学家先生"之手的二手资料却占据了半壁江山。

这些带有历史特色的舞蹈并不像人们所说的和所相信的那样古老，另一方面，许多被认为仍然存活着的民间传统，它们之中的很多已经不复存在，而成为历史。在世界各地，凡是印象深刻的演出都是如此，但在发源国它们不再是来自人们自己的生活，很明显它们不是为自己而产生。

来自世界各地的报道显示，原始文化屈服于现代文明，古老的信仰和习俗在剧烈的宣传启蒙运动中消退，但另一方面，随之而来的是神化了的民俗保存趋于成熟。在非洲，政治的、经济的、文化的变迁相互交织，正如1960年在巴黎"杜芒戏剧节"所显示的，由法国导演指导的不同民族的剧团，在世界各地的城市中展示的是他们古老的习俗。

在从一国到另一国旅行的专业的舞蹈、歌唱、音乐和艺术工作者组成的庞大的剧团之外，在许多国家还有数量众多的业余剧团，他们装备了令人印象深刻的古老服装、乐器和道具。他们在家乡和传统保护运动中成长起来，首先是在家乡的演出活动中为保存习俗和服饰而奋斗。近来，他们的流动性也很强。国际民俗舞蹈节吸引了这种乐于旅游的青年团体，大型的服装节吸引了具有传统主义的年龄大的人群。即使是浪漫城市如尼斯（最近于1962年7月）也在娱乐性演出季节中举办"民俗节"，不论什么团体，也不管来自何地，只要有时间和兴趣，都可以参加演出。人们到处举办各种庆祝和纪念活动，外国团队也可以参加。如果他们能为这里的绚丽画卷增添光彩，他们总会受到欢迎。

例如在慕尼黑，1958年举办了纪念建城800周年的庆祝活动，借此举办了"欧洲歌舞节"，有来自七个国家的演出团体参加，并由来自印度尼西亚的由学生组成的民俗演出团打头阵。[①] 1959年，来自萨沃茵和巴伐利亚的"民俗演出

---

① 《南德意志报》1958年8月21日。

团"在德意志博物馆大礼堂的"民族联合民俗节"演出。①1961年举办"荷兰周"时，在同一地点举办了"低地人和高地人"的项目，共有250个舞蹈家和歌唱家穿着各自的特色服装参加演出，构成了"以友谊为题的民俗之夜"。② 此后不久，由萨尔法特科的"基督教职工协会"组织了"法兰西-巴伐利亚民俗之夜"，演出了两地"丰富多彩的民俗节目"。报纸总是采用"场地爆满，人潮如涌"这样的字眼来报道。

"民间的民俗"这个字眼出现得越来越频繁，尤其是在与风俗习惯有关的地方。在1962年慕尼黑狂欢节游行预演时，"除了其他团体，还有来自格拉扫、因斯布鲁克和萨茨堡、派森堡和埃博拜科的团队。他们主要是带着具有民俗特色的面具走过大街"③。这也意味着它以民间风俗的形式，而绝不能作为"有趣好玩"来谈，但是这在民俗主义领域内属于一种误解。就像这里和前面提到的大型演出，从主办方来讲也存在着问题，这在后面还要谈到。

现在，那些给人们带来欢乐的节日形式用它们五光十色的时间节奏对黯淡无光的日常世界施加影响，至今并没有出现反对意见。从民俗学的观点来看不容忽视的是，这些呈现出十分美好和无比快乐外观的"民间文化物"，其大部分在各国与土地、传统和功能相联系的风俗中都已经不复存在，而是大多数存在于以民俗主义为目的的风俗现象之中，由协会团体来培植，由文化政策使团来传送，由广告来颁布，由今天在许多国家扮演重要角色的旅游业来树立和推广，使那些地方打上一定的民间形式的烙印，并将以此验证人们所相信的想象图景。

如果说起荷兰这个国家和人民，人们首先想到的是一望无际的郁金香原野、坚固而舒适的房屋、纵横交错的运河，还有鱼市场和爱达姆奶酪，以及拖沓着木鞋子的民众、戴着暴民帽的妇女、穿着哈伦裤的男人，还有"沙皇与木匠"的舞蹈。人们可以在慕尼黑的节日活动中看到这些活泼可爱的舞蹈家和演唱

---

① 《南德意志报》1959年10月19日。
② 《南德意志报》1961年5月29日。
③ 《南德意志报》1962年2月6日。

家。如果旅游团去玛肯和沃林丹，那么，"在任何时候都可以一饱眼福，看到身穿传统服饰的居民"，正如报纸上报道的那样，"为了取悦于旅游行业，演出一个短小的喜剧，就像巴黎的酒馆演出阿帕奇舞蹈一样"（《南德意志报》1956年6月6日）。为了反对这种想象图景的片面和局限的错误，不久前在荷兰编辑出版了一份十分精美的小型图册《服饰之国荷兰：过去和现在》，提供了真实正确的现实状况。①

近年来，属于旅游业广告词语的"民俗主义"，目前在许多国家变成了旅游公司和旅游说明书的关键词汇。在这个词语之下，每个人都可以期待着加入自己想象的内容。于是，经常出现这样的广告如威尼斯及其丽岛，其他还有社会的、体育的和民俗的活动。十分相似的还有"西茨林的夏天"、"国际艺术民俗体育节"，在"西茨林的春天"广告热潮中了打出"阳光—艺术—民俗—历史"等口号。一个邀请人们参加"总是春天"的大型旅游活动运用这样的词语吸引游客："卡那里岛、摩洛哥是那样美丽、迷人、有趣，远远超出你的梦想！蓝色的天空、明媚的阳光、奇异的民俗，还有悠闲舒适的海上游览……"1958年在杜塞尔道夫举行的第32届世界旅游业大会上，人们把摩洛哥誉为未来的旅游王国，在另一个广告中称它"带有原汁原味的习俗"，是两千年之久的王国城市，有300个物美价廉的旅馆和长达1000公里的海滩。他们提供以下具有吸引力的服务项目，如"在池塘、河流和海上垂钓，赌场—民俗和服装节—朝圣—赛艇"。

同时，对采用何种表述和何种形式来介绍陌生民俗也作为中心议题进行了讨论。无论怎样，近几年每年都在布鲁塞尔举行"国际旅游和民俗电影周"。问题只是，这里的经验是否对旅游业经理们的广告心理学方法有所助益。

南斯拉夫旅游协会的工作值得注意。他们编辑了长达32页的小册子《南斯拉夫民俗》，以十分恰当的形式帮助人们去正确地理解这个国家的农民民间风俗，整体性地理解关于"房屋类型、手工艺（包括不同类型的民间艺术）、

---

① 德文特尔（J. O. Deventer）是荷兰阿恩海姆露天博物馆传统服饰部主任，曾写过这方面的出色论文。

乐器）（也涉及舞蹈）、服装、生活与工作（接下来是节日习俗）"。在有关章节中也论述了历史发展、当地传统的外来影响和在新时期的变迁等。它附有61张图片，其中一半是彩色图片，包括漂亮的风俗画、精美的照片以及来自科学出版物十分精确的素描。某个慕尼黑旅行社为三个星期的"穿越整个南斯拉夫的研究型旅游"打出的口号是"拜占庭式的建筑和民俗学"，但如果谁以此种方式得到这个信息并亲身参加了这次活动，除了看到其他少量迷人景象之外，获得的更多的是肤浅的印象，而不是全面的具有吸引力的民俗。

但是，令人愉悦的特例主要是由于南斯拉夫近期以来和在一定范围之内成为旅游国家所针对的还只是单独的和小型的旅游团体，他们对乡间和民俗感兴趣。对于那些对民俗旅游有着大量需求的有组织的大众旅游，这个国家以及民俗文化十分丰富的巴尔干大部分地区几乎都没有参与其中。人们只是考虑有充足资金的外国游客，他们对一个旅游企业有着明显的支撑力。在这个以自己的传统为自豪的国家，人们把海岛上的由老旧房舍所组成的渔村开发为"度假天堂"。1961年9月1日的《南德意志报》刊登了一幅照片，配有这样的文字："南斯拉夫最现代，但也是最昂贵的旅游业产品，靠近阿德里亚海岸的中世纪海盗之岛思菲惕思代法诺在经过多年的筹备之后正式开放。岛上的居民已经迁居大陆，现有大约100所15世纪以来的石结构房屋被改建为200多所高档宾馆房间，带有空调、电话、热水、餐厅和酒吧，价格为每天19马克至37马克，既有欧洲现代的舒适，又有中世纪的城堡格调。"或多或少姗姗来迟的民众是否参与其中，无聊的假绅士们是否在穿着新制作的旧式服装的舞蹈和习俗中表演，意大利人是否也作为强有力的组成部分加入到这些庆祝性的和体育性的活动中来，这些都需要拭目以待。

作为职业的民俗主义是怎样通过旅游而产生的呢？通过我们地球的两端可以提供一个实例。一篇新闻报道（1961年12月27日《南德意志报》）的题目是"阿伊努人是北海道的吸引力。正在走向消亡的日本原住民乐意接受好奇的旅游者的拍照"。这是个日本北方海岛有15000人口的族群。政府把他们从山中接出来，大力推进建立艺术工场，把以前的狩猎和捕鱼作为新的经济来源。

现在，他们出售从前具有神圣意义的"民间艺术品"，并为了金钱而同意对他们化妆后的形象拍照。"阿伊努人的年轻一代通过结识西方文明而丧失了他们先辈的宗教和社会情感"。在主要居住地白老，一位老年头领显然是在为旅游者而修建的老祖屋前做关于这个族群的演讲。在所有的旅游景点都可见到同样的画面："一对长着大胡子的阿伊努人、纪念品商店、木雕、拴着链子的熊（原来的神圣动物）、图腾形体，或许还有一座阿伊努人茅舍。"这个靠它的过去维持生存的民族完全堕落了，没有人在真诚地工作，他们通过旅游而获得的不菲的收入被换成酒喝掉了。

另外一个报道（1961年12月27日《南德意志报》）的标题为"名为司炉的头人依靠小费而生存"。这里说的是加拿大的印第安人，他们的主要收入（除了国家资助以外）同样是靠旅游。在一些由破旧木屋和旅游纪念品商店组成的贫穷村子里，由穿戴破旧、面容悲戚的人们为外来的旅游者表演"战舞"。有几个部落好一些（与平均情况相比），主要是在阿尔拜塔、劳肯山区和在著名的邦弗国家公园，这都是全国性的旅游中心。那里的"旅游业印第安人"所做的表演为他们带来很多的收入，使他们足以过上真正的好日子。

这些传说般的值得自豪的印第安事物（根据最新研究根本不存在）和带着浪漫光环以及由高贵和血腥混合而成的"野蛮西方"，正如在电影中展现的那样，只存在于迪士尼乐园的模仿的艺术造型之中，只存在于普兰特先生在新罕布什尔州充满创意的名为"云中宫殿"的童话风光之中。① 它们在这里和那里为企业家、旅游业和照相业带来了上百万的经济收入。这里所打下的发挥到极致的民俗主义的烙印今天在世界各地随处可见。

但是，这里必须要说明的是，"时间显示"的表述只是与它的形式和多种多样的应用可能性有关。民俗主义自身并不是在我们的时代才形成。

民间习俗的传统和功能成分在它们原来的地区之外被利用，民间文化的主题在其他社会阶层被随意模仿，出于各种目的所发明和创造的带有民间印记的

---

① 《南德意志报》1959年8月10日。

成分对于传统的越位，这一切正如它们所显现的，很久以来就存在于所有的早期文化之中。对此以后还要做进一步研究。这里只限于在具有可靠资料来源的时间段和选取德国高地地区，对一些古老的形式的发展历程进行考察，以便探究它们怎样在 19 世纪就为现代民俗主义打下了基础。

这取决于这些事物的性质，各种民俗表演集中于声光效果、歌唱、舞蹈、民间和时尚戏剧。在封闭性的群体中也同样已经存在主动的或被动的参与者。在戏剧中已经很清楚，在乐器演奏中同样存在自我限制。这种群体舞蹈也有它的观众，至少还有不允许参与的未成年少年，以及没有能力再参与的老年人在观看。此外，一直存在已经对外公布的表演性舞蹈。那种关于全民集体唱自己民歌的浪漫想象，既没有被证实，也没有可能性。毕竟在古代并不是人人都这样歌唱而不相互干扰。

来自巴伐利亚的关于民间演唱的诸多档案资料[1]，涉及的几乎总是小型演出团队，偶尔也有个体男女歌手，他们的歌唱多与其他事情无关，而与乞讨食品有关，尤其是农村雇工、短工和手艺人，他们更是为了乞讨东西而歌唱。他们尽可能努力扩展他们的活动范围，是可以理解的，因为这样可以促使他们在失去家乡的时候，寻求其他的收入来源。这早在 1300 年就已经有案可稽，发生在郊区的修道院和一些的地方，或者在更偏远的地带。许多小组在圣诞节前后冬季农闲的时候就上路了。对于某些职业来说，如矿工、泥瓦工、船员，这是一种规律性的副业。从 15 世纪末开始，在个别地区就有其他样式的团队表演，如狂欢节的假面舞会、成队列的圆舞和剑舞，以及宗教和世俗主题的戏剧，这在修道院、城市和市场的登记簿档案中多有见证。

乞讨习俗中的音乐、歌唱和舞蹈也具有很强的个性化。在 1203 年至 1204 年帕桑主教沃夫戈尔的旅游账单中已有记载。[2] 从 15 世纪直至 20 世纪在这些场合下的民间表演依然可见，其中也有儿童。阿尔高地区的欧波斯特村的野人

---

[1] 资料来自巴伐利亚州民俗学部研究档案，现在属于巴伐利亚科学院巴伐利亚地方史民俗学研究所。
[2] 伊格纳茨·V. 岑格勒（Ignaz V. Zingerle）：《艾琳布莱希教堂旅游账单，帕桑主教，阿奎勒纳族长》，海勃罗恩 1877 年。

舞有着久远的历史，而且很晚还存在，如1811年在特利尔选帝侯的夏宫，1820年在波登湖城市林道和康斯坦茨以及瑞士进行了表演。①

另外，民俗表演有时也应王宫的要求成为"娱乐"节目，特别是手工业行会的舞蹈。这些在十六七世纪为人喜爱的、只是因表演队列而异的节日庆祝舞蹈也从本地民间生活中吸收了场景和分组规则，并且能够被真正的民众所排演。在不久前，弗里德里希·席波（Friedrich Sieber）基于大量来自德莱斯顿的图片资料对此做了详尽说明。②这在慕尼黑和朗德思胡特以及奥古斯堡的账簿中都有显示。从17世纪中叶开始，农民婚礼被王室和贵族家庭所模仿。1727年，一个由农村雇工所表演的乡村圣灵降临节的习俗活动"桑特立格"被吸收进入"女士旋转骑马"的贵族娱乐活动中。③在18世纪末，巴伐利亚选帝侯让人表演农村节日中的活动，例如农村孩子的爬树和女子泼水比赛。④1781年他造访拜希特斯加登的矿山，身着矿工服装，参加矿工乐队的演奏，他沉醉于"八至十岁的小姑娘身穿阿尔卑斯地区服装的表演。每人拿着装满贝希特斯加登制品的篮子"，这是很有名的样式多样的木制玩具，她们以此作为礼物送给当地的农场主。⑤这是民俗服装的证据，表明当时人们普遍的日益增长的兴趣。1842年，由于巴伐利亚王子的婚礼有35对来自不同地区的新婚夫妇被邀请参加慕尼黑的十月啤酒节，他们必须穿各自家乡地区的精确到细枝

---

① 直到1892年和1897年在奥伯斯特道夫才得以证实，这或许是出于节庆客人卡尔·万侯德的兴趣。对照卡尔·万侯德的《奥伯斯特道夫的野人舞蹈》，《民俗学协会杂志》1897年第7期。此后普遍出现的表演与一种十分古老的信仰习俗相关，这在论证上似乎还有问题。

② 弗里德里希·席波（Friedrich Sieber）：《从德累斯顿图像资料看巴洛克节日装置中的民众和民俗主题》（Volk und volkstümliche Mutiv im Festwerk des Barocks, dargestellt an Dresdner Bildquellen），柏林1960年。鲁道夫·万侯德（Rudolf Weinhold）：《撒克逊人发明的农具》（Darstellungen bäuerlichen Arbeitsgerätes in den kursächsischen Invention），《德国民俗学年鉴》（Dt. Jb. F. VK），1960年，第187页起。

③ 对照汉斯·莫泽（Hans Moser）：《图像资料的发现》（Bildquellenfunde），《巴伐利亚民俗学年鉴》（Bayer. Jb. F. Vk），1961年，第172页。

④ 奥古斯特·克鲁克洪（August Kluckhohn）选自劳伦茨·维斯滕雷德（Lorenz Westenrieder）遗著《大事记和日记》（Denkwürdigkeiten und Tagebücher），慕尼黑1882年，第45页。

⑤ 《慕尼黑资讯》（München Intelligenzblatt），1781年，第342页。

末节的真正乡土服装。这说明，那时候在一些地区为新做传统服装而寻找旧的式样已经很难了。①

在此期间，阿尔卑斯山地区的演唱团体已经开始在远方寻找新的发展。早在1777年的哥廷根，奥古斯汀·布尔格（August Bürger）就把来自提劳尔地区的男男女女称为歌手。②19世纪20年代来自慈乐塔的莱娜五姊妹产生了轰动效应③，她们唱红了大半个欧洲，然后又于1839年至1843年在美国演唱。她们走到哪里，哪里就掌声雷动。这也带动了提劳尔地区以及萨茨堡和斯丹马科的其他演唱团体争相效仿。此间也有人批评她们是半真半假的民间演出，只是为了迎合听众趣味。1829年初，安德雷亚斯·史迈勒（Johann Andreas Schmeller）在慕尼黑的日记里写道："来自慈乐塔地区弗根村的莱娜五姊妹身着英格兰民族服装演唱忧岱恩和上帝拯救国王的歌曲。"④海涅在巴黎看到过来自提劳尔地区的演出，感受到在这些带有痛楚不适的山里人身上显现出外观和行为的矛盾。路德维希·斯陶伯（Ludwig Steub）在1846年抱怨这种歪曲性的改动，如他所知，民歌由未成年的阿尔卑斯歌手演唱在那时候就很普遍，例如在莱比锡有四名来自提劳尔地区的孩子被追捕。⑤1837年在慕尼黑的澳登举办的"机械—物理展示会"上现身的"斯戴瑞阿尔卑斯歌手身着真正的斯戴瑞民族服饰，能

---

① 《王储1842年慕尼黑婚礼的服饰队列》（„Der Trachtenaufzug zur Kronprinzenhochzeit in München 1842"），《上法尔茨地区》（Die Oberpfalz）第46期，卡尔门茨1958年，第35页起。关于巴伐利亚宫廷的民间服饰风俗，还可参见鲍尔·爱恩斯特·拉特米勒（Paul Ernst Rattelmüller）：《威滕巴赫人的服饰》（„Die Wittesbacher in der Tracht"），《美丽家乡》（Schöne Heimat）第49期，慕尼黑1960年，第207页起。
② 鲍尔·莱维（Paul Levy）：《民歌术语的历史》（Geschichte des Begriffes Volkslied）（= Acta Germanica 7, 3），柏林1911年，第56页。
③ 约瑟夫·雷格勒（Josef Ringler）：《关于提劳尔民族歌手的历史》（„Zur Geschichte des Tiroler Nationalsängertums"），《提劳尔家乡资讯》（Tiroler Heimatblatt）第30期，因斯布鲁克1955年，第63页起。
④ 约翰·安德雷亚斯·史迈勒（Johann Andreas Schmeller）：《日记1801—1852年》（Tagbücher 1801-1852），鲍尔·卢浮（Paul Ruf）编辑，第2卷，慕尼黑1956年，第70页。
⑤ 路德维希·斯陶伯（Ludwig Steub）：《在提劳尔的三个夏天》（Drei Sommer in Tirol），第1卷，斯图加特1871年，第213、235页，第252页起。

歌善舞"，但他们却来自维也纳。①德语地区的阿尔卑斯歌手也向外扩展传播。1846年在慕尼黑举办了"来自皮里乃恩的歌手"演出会。②

从这个世纪下半叶起，巴伐利亚地区的击鞋舞团体对这种民俗输出做出了巨大贡献。在1861年民俗节期间，在慕尼黑娱乐酒馆"极乐世界"里除了演出许多其他节目之外，"来自米斯巴赫地区的八对当地人"还演出了"山地民族舞蹈"。在次日的报纸上写道："这些精干的男女青年在演出中惊人地表演了最原汁原味的击鞋舞"。他们获得出乎意料的成功，人群掌声雷动，他们随即回到自己的家乡③，但他们很快又回来，其他人也接踵而来。第二年，同一个团组又参加了"莱恩地区米勒精度击鞋舞"演出队④。米斯巴赫歌手们作为"第一个巴伐利亚的击鞋舞协会"继续四处巡回演出。1880年，他们甚至引起国王路德维希二世的注意。⑤

在击鞋舞首演三年之后出现了农民戏剧。它与农村的乡土民间戏剧没有关系，既不是由农民创建，也不是主要由农民演出和为农民演出。在它的岔路口上旅游起了作用。1889年在嘎米施成立了一个戏剧协会，其目的"主要是在夏天无聊的夜晚为外地的旅游者提供消遣"。⑥这个"农民剧团"的名字也是从农民世界里获得素材。他们在慕尼黑剧院演出路德维希·冈豪弗、马科思米良·斯密特等人的巴伐利亚民间戏剧获得巨大成功。宫廷演员康拉德·德莱赫帮助夏沃·泰劳法尔在旅游胜地斯里塞建立剧院，这是此类剧院中最有名的一个，实际上它也提供十分出色的演出，而不是堕落为粗俗的农

---

① *Die Bayerische Landbötin*，慕尼黑1837年，第825页；在第848页也称之为"非常受欢迎的维也纳自然歌手"，曾在"天堂"公园演出。在第1236页推介"斯戴瑞的阿尔卑斯歌手马克斯·考沙科"，他曾和来自雷根堡的两位筝演奏者在一个咖啡馆演出。
② 史迈勒（J. A. Schmeller），*Die Bayerische Landbötin*，慕尼黑1837年，第443页。
③ 瓦尔特·克吕科（Walter F. Kloeck）：《在女主人那里是圆球食品》（„Beim Damenwirt ist Knödelball"），《南德意志报》1961年1月17日。
④ 瓦尔特·克吕科：《一百年前的这一天》，《南德意志报》1962年2月6日。
⑤ 拍摄于1866年和1880年，刊于《美丽家乡》（*Schönere Heimat*）1955年第44期。
⑥ 汉斯·莫泽（Hans Moser）：《过去150年来巴伐利亚的民间戏剧》（"Die letzten 150 Jahre altbayerischen Volksschauspiels"），《巴伐利亚家乡资讯》（*Bayer. Heimatsch*），1932年第28期，第17页。

民滑稽剧的套路。在"斯里塞农民剧团"成立的 1892 年，它就第一次到突尔尼，甚至随即去美国演出。此后它又到了诸多欧洲国家。这个剧团成为许多其他剧团的榜样，其中不乏非巴伐利亚地区的蹩脚演员和问题多多的人凑合在一起，大大降低了艺术水准。这里有一个罕见的例外，同样在 1892 年成立的帕肯克协的农民剧场严正声明，"只提供给本地演员，而决不允许外地剧团在此演出"[1]。

对于不同社会阶层关于民间成分的模仿只需提供些许证明即已足够。人们可以回想一下 15 世纪市民的狂欢节戏剧，不是因为它对农民的蔑视而无休止地经常引入农民的氛围，而是因为一些农民节日戏剧模仿上演，就像奈德哈特戏剧中的农民舞蹈，或者具有共同农民背景的拉犁习俗。在古老的巴伐利亚小城和萨茨堡地区出现了"农民戏剧"，这在 1612 年曾经被禁止，由于资料不足，还不能确定是什么种类。直到十六七世纪，社会上层的参与者所在的每一个剧团都具有民俗主题，演出带有显著的民俗特色的种类，如宫廷式的"农民婚礼"和"酒馆"。[2] 侯爵新婚夫妇的贵族客人来自许多公国，也有欧洲之外的国家，如果他们身着民族服装，那么，这在一定程度上说就不是民俗服装。在慕尼黑

---

[1] 《南德意志报》1952 年秋。

[2] 参见约瑟夫·玛丽亚·迈耶（Josef Maria Mayer）:《慕尼黑城市指南》(*Münchener Stadtbuch*)，慕尼黑 1868 年，第 470 页；亨利·席梦思费尔德（Henry Simonsfeld）:《选帝侯菲迪纳德·玛丽亚治下的巴伐利亚宫廷面具节日》(,,Maskenfeste am bayerischen Hofe unter Kurfürst Ferdinand Maria"),《巴伐利亚》(*Das Bayerland*) 1894 年第 5 期；安通·岛勒尔（Anton Dörrer）:《民众命运》(*Zillertaler Volksschicksale*)，因斯布鲁克 1953 年，第 27 页起；莱奥庖德·克莱岑巴赫（Leopold Kretzenbacher）:《农民婚礼和击鞋舞——论斯坦因马柯地区民俗演出的文化史》(,,Bauerhochzeit' und ,Knappentanz'. Zur Kulturgeschichte der volkskundlichen Festspiele in Steiermark"),《奥地利民俗杂志》(Österr. Zs. F Vk) 1953 年第 7 期；汉斯·考门达（Hans Commenda）:《多瑙河畔林茨城的民俗》(*Volkskunde der Stadt Linz an der Dobau*) 第 1 卷，林茨 1958 年，第 163 页起；雅考波·蔡德勒（Jakob Zeidler）:《论十六七世纪和十八世纪维也纳宫廷的节日和经济》(,,Über Feste und Wirtschaften an Wiener Hof während des 16., 17. Und 18. Jahrhunderts"),《白十字协会年刊》(*Jb. D. Ges. vom Weißen Kreuz*)，维也纳 1890 年；维迈尔·弗莱斯布尔（Werner Fleischbauer）:《斯图加特海饶柯家族的狂欢节和化装舞会》(,,Fasnacht und Maskerade am Stuttgarter Herzogshof"),《斯瓦本家乡资讯》(*Schwäb Heimat*) 1953 年第 4 期；斯波尔（F. Sieber）,《斯瓦本家乡资讯》(*Schwäb Heimat*) 1953 年第 4 期，第 14 页等。

宫廷风俗的发展中，人们一直模仿农村的习俗形式。1719 年，参与者只是穿巴伐利亚的服装，用木盘子和陶碗吃饭，用石罐喝水，坐在简单的木凳上，围着盖有麻布桌布的木板桌子，以小提琴、风笛娱乐。婚礼司仪和新娘男宾出现，他们用"他们的农村熟语"为大家取乐。根据农民习俗，紧接其后的是新娘一方的宾客分送礼物，在喜筵之后是司仪的答谢致辞。人们为新娘跳起处女花环舞，然后新娘被偷走，新郎必须赎回新娘。①

从 18 世纪中期到后期，戴面具的学生雪橇队接受这种创新而成为狂欢节期间的娱乐活动。②他们的节目完全按照民间主题的表演来制订。在节日游行队列中除了文学传统形象之外，还有民间习俗中的面具类型，表现了古老的冬夏之争的论辩戏和圣灵降临节节日习俗的形象。为人喜爱的贝希特嘎登的玩具，在慕尼黑新年市场上可看到全部玩偶，在由民间俗语中组成的语言艺术形式中也有涉及。人们在 110 个雪橇上建造城市和乡村生活的并列对比，其中也有受人喜爱的农民婚礼。

它们很快也在乡间被仿效和流行，一份 1833 年的旅游报告这样描述了萨茨卡莫古特的狂欢节："总是很多年轻人聚集在一起，表演完整而巨大的戴面具的农民婚礼。"③在这个世纪末，慕尼黑居民陶醉于农民戏剧的娱乐形式。1883 年的《汇报》对三个交际面广阔的活动进行了报道。④其中一个是歌唱协会的面具节。这是在星桑豪任举办的大型的欧洲歌唱协会节，主要特色是身着巴伐利亚和体劳斯的服装。另一个是赈济洪灾的山区化装舞会，最后一个是宫廷剧院的艺术家面具节，在这里表现了南体劳斯农民的游行队列，这在画家弗兰茨·德弗莱格（Franz Defregger）的作品关于麦兰讷·萨尔特讷（Meraner Saltner）的

---

① 迈耶（J. M. Mayer），《斯瓦本家乡资讯》（Schwäb Heimat）1953 年第 4 期，第 471 页起。
② 《巴伐利亚国家图书馆概览》（„Programmheften, Bayerische Staatsbibliothek"），《慕尼黑 1780 年资讯》（Intelligenzblatt 1780），第 57 页起。卡尔·冯·莱茵哈德斯杜莫（Karl von Reinhardstöttner）：《巴伐利亚学生的狂欢节雪橇》（„Fasching-Schlittenfahren bayerischer Studenten"），《巴伐利亚历史研究》（Forsch. Zur Gesch. Bayerns）第 7 期，柏林 1899 年，第 57 页起。
③ 阿道夫·冯·沙登（Adolph von Schaden）：《南巴伐利亚旅游手册》，慕尼黑 1833，第 108 页。
④ 《汇报》，慕尼黑 1883 年，第 26、28、30 期的增刊。

服装里得到体现。此外，在同一年的报纸中也使用了"柏林的萨隆体劳乐"的描述。这一切都发生在同一年。这一年约瑟夫·佛格（Josef Vogel）呼吁对民间服装进行保护，第一个巴伐利亚山区服装协会成立。这个协会在 1886 年得到路德维希二世的认可，并且成为现在实力雄厚的服装协会的前身。造成市民服装热和城市中"农民舞会"热的前提是铁路的修建使旅游业得以迅速发展。它同时对有组织地进行家乡和民间文化保护也产生了积极的影响。

与协会类似的私人性质的民间传统保护组织在 50 年前就已经出现了。此举意义重大，因为它们出自巴伐利亚官廷，所以在上等社会对此感兴趣的人形成了一个相当广的圈子。但首先是因为它们通向民间自己的创造，其来自民众，后来被勇敢的搜集家作为真正的民间传承记录下来。这个圈子的发起人和骨干是巴伐利亚的海尔草克·马克斯（Herzogs Max），他是一个出色的猎人和登山家，在许多方面和更有名的埃茨海草克·约翰很相似，他出门在外一直有意地身着家乡的服装，特别喜爱民间音乐、民歌和民谣。[1]他在 1837 年认识了古筝演奏家、奥地利人约翰·派茨码亚，把他请到慕尼黑，拜他为师。[2] 夏天他在他的避暑地，冬天在慕尼黑的官殿，举办民间音乐晚会，有时候也在农舍举办舞会，模仿农民接受小费。他自己也创作民间音乐。1875 年，一个慕尼黑的作者在瑞士的阿盆才拉地区寻找被描述的多而美的服装和民间舞蹈没有成功，但最后他至少见到了一个女古筝演奏家。他希望她演奏"真正的阿盆才拉山地乐曲"，但是他听到的却是海尔草克·马克斯的农村华尔兹舞曲。[3] 在其他地方，

---

[1] 阿纳塔·托马（Annette Thoma）：《海尔草克·马克斯在巴伐利亚与民间音乐》（„Herzog Max in Bayern und die Volksmusik"），《歌手乐手报》（Sänger- und Musikantenzeitung）1959 年第 2 期；阿劳斯·德莱耶（Alois Dreyer）、路德维希·斯道博（Ludwig Steub），刊于《作为国家历史的上巴伐利亚档案》（Oberbayr. Arch. F. vaterländ. Geschichte）第 60 期，慕尼黑 1916 年，第 35 页。

[2] 卡尔·克利尔（Karl M. Klier）：《阿尔卑斯地区的民间乐器》（Volkstümliche Musikinstumente in den Alpen），Kassel-Basel 1950 年，第 87 页起。

[3] 奥托·福莱海尔·冯·佛德孟道夫（Otto Freiherr von Vöderndorff）：《一个老慕尼黑人的叙说》（Harmlose Plaudereien eines alten Münchners），慕尼黑 1892 年，第 78 页起。

他谱写的一支曲子也已经被编进了民间音乐。①

矿物学家弗兰茨·冯·考拜尔（Franz von Kobell）是海草克的好朋友，他在他的专业里并不像他作为老巴伐利亚和上普法尔茨的方言诗歌创始人那样有名。除了其他作品之外，他还创作了大量的逗乐短歌和格言短语，并于1845年出版和广泛传播。约翰·迈耶（John Meier）可以证实，数目众多的在老巴伐利亚、斯瓦本、萨尔茨堡、提老里、斯戴里、凯恩体、毕美和佛格塔地区民众口头流传的四行诗是来自弗兰茨·考拜尔，其他的还来自奥地利方言诗人易格纳茨·弗兰茨·卡斯特利（Ignaz Franz Castelli）和弗兰茨·斯戴茨哈默（Franz Stelzhammer）。②模仿对逗乐短歌这个种类产生了重大影响，在此民间色情歌谣的粗俗被幽默、坦率和恰切所取代。

在1830年出版了由画家纽劳特（Neureuther）插图的"拜里山地歌谣"③，与他的堂兄弟有着共同兴趣的国王马克斯二世（König Max II）下令出版由弗兰茨·冯·考拜尔编纂的民间流传和个人创作的歌谣《高地巴伐利亚歌谣》，并下令在妇女、猎人和青年农民中广为散发。④

在慕尼黑市民和艺术家协会中，以这种方式混合的"民间诗歌"以及常常显得幼稚的方言诗歌深受喜爱。逗趣取乐的大多数戏剧性的殉难和坟墓诗句也产生于此。对此没有确切证据，但它们至今被认为是土生土长的巴伐利亚人面对死亡的典型的民间幽默。

此外，许多民间社团利用狂欢节、五一节和夏至等节日举办生动活泼的社交活动。这些充满市民欢乐的节日吸取了各种各样的民俗装饰物，这些装饰品来自农村传承以及各地的外来成员。国王的工作人员和其他头面人物都参加了

---

① 马克斯·堡姆（Max Böhm）：《试析弗朗科——上普法尔茨民歌的旋律》（„Versuch der Analyse einer fränkisch-oberpfälzischen Schlumperliedla-Melodie"），《巴伐利亚年鉴》（*Bayer. Jb.*），1962年。
② 约翰·迈耶（John Meier）：《德国的艺术歌曲与民间歌曲》（*Kunstlied und Volkslied in Deutschland*），哈勒1906年，第45页起。早在1800年逗乐短歌就已经流行。
③ 史文勒（J. A. Schmeller）：《巴伐利亚辞典》（*Bayerisches Wörterbuch*）第2卷，第587页。
④ 约翰·迈耶（John Meier），《德国的艺术歌曲与民间歌曲》（*Kunstlied und Volkslied in Deutschland*），哈勒1906年，第48页。

巴伐利亚民俗协会。通过官方关于都市节日的报道，激励和启发了周边的小城市和广大乡村的协会团体。

这些历史资料表明，各种形式的民俗主义在以前也存在。而与此相关联的总是民俗表演中的娱乐和逗趣，它们主要的区别在于功能。在下层民众那里，它们多是与社会关系相联系。在上层社会，可能出于社会政治考量、赶时髦、教育功能和民间文化维护等原因。

如果从民众的"民俗"来看，那么就出现了季节性的、与宗教节日和经济节日相关的各种活动，而与除此之外的其他规矩如"拜谒"关系不大。民众展示的是当地存在的风俗习惯。这与在 19 世纪产品出口中发展起来的的商业用途有所不同。那时候，风险和盈利还是由歌唱团、剧团和掌控他们的相关私营机构来承担。

我们时代的民俗主义与以前大不相同。它首先体现出的特点是，初始取决于商业利益，却紧紧镶嵌在旅游业和休闲业这两个非常重要的经济领域之中。[①]因此变成了一个与公众、国家和社区利益相关的要素。从技术方面来看，通过大众媒体进行推广具有无限的可能性，对忙碌时代的精神和口味同样也提供了滥用的可能性。必须经常地、在任何时间任何地点都能够提供，在此必须满足公众口味的需求，而这常常和在其他地区一样，只不过是满足经理人和经纪人的平庸口味而已。这种情况必须予以注意和防止。巴伐利亚是以它的上巴伐利亚和阿尔高的阿尔卑斯山区特色而成为联邦德国最大的旅游区，背负着一个已经成为国际知名形象的思想，产生了许多事例，其中不乏怪异之例。

这并不是反对旅游行业，如果没有旅游开发，今天的矿区就失去了生存能

[①] 旅游的意义甚至也显示在学术研究之中。慕尼黑大学建立了一个"德国旅游业经济史研究所"（Deutsches Wirtschaftliches Institut für Fremdenverkehr），从 1953 年开始，由"旅游业教学与科研"部门编辑出版《旅游业年鉴》等书刊。同时，广告经济学和广告心理学成为独立学科。在 1951 年的汉堡广告学大会的标题是"广告超越国界"，一位来自巴黎的广告专家和经济地理学家做了题为"文化广告的现状"的讲演，引用了歌德、尼采和格林兄弟与现代广告方法相反的秀美词句。

力。在经济不发达的下巴伐利亚边境林区，旅游业也是重要财源。① 这一地区自从 20 世纪 50 年代初首先与柏林然后与莱茵地区签订"大众和社会旅游"的协议以来，人们逐步了解这个前所未知的事物，不断增长的人口迁入使这些贫困地区产生了极大的活力。在保登迈斯这个小地方，住宿者从 1950 年的 2476 人上升到 1957 年的 120000 人，现在人们开玩笑称这里是"新柏林"。游客感到这里价格格外便宜，服务特别好，风景又非常优美，但是他们思念的是"有趣的巴伐利亚"。家乡之夜和服装节也有这样的效果。有一个市长报告说："古筝晚会和民歌晚会，尤其是击鞋舞晚会对旅游者最具有吸引力。来自柏林的游客到处都是那样热切地要求表演击鞋舞，为了竞争客源，一些地区必须以最快的速度配备巴伐利亚舞蹈师。连服装协会的成立在我们这里也呈现出前所未有的繁荣。"（1957 年 10 月 4 日《南德意志报》）一位年青的柏林女游客说，即使在巴伐利亚的森林里也有各类嘈杂热闹的娱乐集会。

在西德最早的旅游区阿尔高，旅游业获得强劲的发展。在伊门斯达特则定期举办"巴伐利亚球"活动。一个勤勉的组织者，同时也作为来访者的司仪和房屋护卫，强调说，近期只是表演民间舞蹈，所有演出都是"原汁原味，没有掺假"。晚会上摇响牛铃，要求大家脱下夹克，解去领带，以便更轻松舒适。服装协会在新服装表演时演奏音乐、唱民歌和跳击鞋舞。晚会的第一个高潮是狂野的盖斯布阿姆舞蹈。1957 年 7 月 21—22 日《南德意志报》这样描述演出："四个小伙砰然挥鞭，相互扑来，撕扯衬衣，然后围着一头山羊一拥而上，共同挤奶，举碗痛饮。此时露天舞台掌声雷动。观众被古朴粗犷的阿尔高人强烈感染。"一位来自莱茵地区的妇女请求给她一块撕碎的衬衣留作纪念。另外两个高潮主要是由来自武腾拜格和莱茵地区的观众掀起。这个被认为"最可能古老原始"的演出引进了"来宾参与"。"七名男宾被当地姑娘邀请。他们必须把长裤的裤腿卷到膝盖以上，然后再放下来。紧接着立即举行颁奖"，每个参

---

① 旅游业对这个贫困地区的促进，参见《南德意志报》1955 年 11 月 25 日、1956 年 8 月 8 日、1957 年 10 月 10 日。

与者都可获得一张作为当地宣传品的奖状。与此相对的或许是从德国风趣电影的幽默受到启发，特意挑选出的机警的男士们与休假女来宾之间的"瓦德尔比赛"①。一个由当地人和外地人组成的评委会对最好的瓦德尔颁奖。参与者都站在椅子上，一块幕布挡住他们，只看到弯小腿的舞蹈动作。这个评比的获胜者也会获得奖状。在伊门斯达特，在举行赶牛仪式之后，还举办了"拜格勒球"舞蹈，制奶酪者展示他们经过整个夏天生长的胡须，并且评奖。②最英俊的带胡须者成为"胡须王"。各种报纸每年刊登几乎相同的图片。图片上或者是胸前别着大号数字的拥挤的人群，他们以强烈的手势和做鬼脸向评奖人推荐自己，或者刊登优胜者前三名的照片，以很大的牛铃作为奖品，英勇的施瓦本人在巴伐利亚却成为身穿带有精致刺绣皮裤的当地穿裤人。从汉斯·乔治·瓦克纳戈（Hans Georg Wackernagel）对古老英勇的山民民族研究中得知，从浪漫主义时期理想化的制作奶酪到民俗表演中的滑稽模仿是一条漫长的路，每下愈况。

那些大型服装和风俗维护协会在许多所谓的家乡活动中把货真价实的风俗降格为哗众取宠和逗笑取乐，在服装队的出场表演中为了休闲的目的而造成"荣誉礼服"的滥用。③与此相对的今天的副产品肯定有它的道理。但现在出现的对此说不的声音不仅来自反对旅游行业这些要求的批驳，而且也来自与此有关的协会。在理想主义和物质利益之间产生了矛盾，意见不能统一。这种现象自身也在发展，家乡保护运动不情愿地被卷入其中，不能自拔，还有地方企业家的工作压力也是有增无减。服装之父康拉德·阿德迈尔博士必须看到，民俗主义在他巴伐利亚的家乡慈姆高格外繁盛。

据一家媒体报道（1958 年 8 月 21 日《南德意志报》），在格拉扫村舞厅的广告牌上写道："每个星期四为您演出布阿姆歌舞"。招徕对象是来萨瑙旅游的游客，他们可以免费入场。这里的小伙子享有盛名，他们为古老的传统感到自

---

① 瓦德尔是一种弯小腿的舞蹈动作。
② 报道和图片参见《南德意志报》1957 年 10 月 2 日，1959 年第 232、237 页，以及 1961 年 10 月 5 日。
③ 几年来，对旅游娱乐场和其他的家乡晚会的抗议声音频出现于这些协会的集会和研讨会上，在协会刊物上也时有所见。

豪。他们的父辈在 20 世纪 30 年代曾经在艾黎可·沙雷尔的歌舞剧《沃夫冈湖边的白马酒店》中参加了演出。先是在慕尼黑，然后巡回演出，甚至到过澳大利亚。现在的"布阿姆"巡游始于 1950 年。他们最深刻的印象是，"当他们在伦敦跳拍打舞时被热烈的掌声所淹没，一位英国农场主邀请他们到他的农庄做客，因为他在巴伐利亚休假时学过拍打舞。他们在汉诺威博览会上的啤酒棚里创造气氛，吸引游客。在巴黎，当姑娘们表演巴伐利亚旋转舞时获得阿拉伯国王和公主的拍掌叫好。"据称他们现在将要进入一个美国夜总会，但是他们对下一步的行动还不太明确。这个地区性服装协会在这次巡演中看到好的迹象，官方的家乡维护缺乏好的品位，但当地旅行社负责人以这些显著的成就做了一个出色的广告："数目众多的英国人和法国人来到这里现场观看拍打舞。"

一个典型的例子是在旅游建设中的村子鲁泡顶[①]，1933 年由"图罗帕"的创始人发现，在 1959 年以 59000 名度假游客和 694000 个住宿之夜的骄人成绩成为德国团体旅游和几十万个人游客的旅游目的地冠军。发现者所给出的解决方案是，每天都有欢快热闹的群体娱乐活动，并且在每个图罗帕专车到达之后马上开始。身穿制服的乐队演奏吹奏乐《风趣的伐木布阿姆》乐曲，俨然是专业的巴伐利亚仪仗队演奏"闻名于世"的欢迎曲。此后两个服装协会提供不间断的消闲娱乐，经常每周在两个大厅同时举办家乡晚会。当地的度假区负责人报告说："我们当然是要展示巴伐利亚的农民生活，诸如收割舞、绕圈舞和拍打舞[②]，我们还经常表演完整的戏剧剧目。"这些年之所以能够取得并保持的晚会和其他活动的成就，是因为他们把巴伐利亚家乡故事、农民戏剧和悲切的山地幽默丝毫不差地展示出来。在这些旅游中心地带创建了乌托邦王国，这里只有酒馆、舞池、幽会窗台和有趣的山区草场，使那些从日常生活和工作中解脱出来的度假者们参与和模仿这些活动。如果他们联想到一个老电影的名字《戴罪

[①] 这个地区在媒体上经常出现，几个重要的报道参见《南德意志报》1958 年 5 月 23 日、1959 年 12 月 11 日、1960 年 12 月 29 日、1962 年 8 月 18—19 日。
[②] 这是不可避免的，由服装协会艰难斗争的打耳光舞蹈不是来自古老传统的舞蹈形式，而是通过旅游的踢鞋舞蹈演员带来的，但出现于何时何地，还不能确定。

的村庄》，显然更是会充满刺激。

　　有关巴伐利亚的刻板印象经常地但是错误地作为对所有巴伐利亚人的印象，它通过巴伐利亚大城市中的酒馆、巴伐利亚协会传播到全世界，对巴伐利亚之外的旅游区产生了吸引力。一个来自巴伐利亚北部的旅行社在科隆散发有关游乐活动的广告这样写道："那里绽开阿尔卑斯玫瑰，一幅有趣的来自巴伐利亚山区的组联画。"这里也包含了巴伐利亚对分崩离析和伤感情调的媚俗风气。相反，巴伐利亚的家乡护卫者提出抗议，同时把瑞士服装协会对由瑞士旅游中心支持的在纽约表演的《瑞士回响》的抗议公布于众。[1]

　　德国第二个著名的旅游区是莱茵河地区及其城堡废墟，浪漫的风景与城堡废墟交相映衬。这里举办带有浓郁民俗风情的葡萄酒节，在拜恩卡斯特还有古老的游行队列和焰火，喷葡萄酒的城市水井，人们在大街上载歌载舞[2]，当然还有莱茵河地区的狂欢节。商贸界和旅游界采取了一切热烈的节日庆典措施，其规模之大，足以危及整个莱茵地区的罗曼蒂克。1961年，一个新闻宣传运动以邋遢笨拙的服装反对夏季狂欢节，特别是发起了反对成为习惯模式象征的茅草房的活动。但似乎没有取得真正的成功。[3] 极其活跃的是民俗事象的出口，输出莱茵河狂欢节的11人理事会和模拟法庭，将其带入整个巴伐利亚和萨尔茨堡地区古老的狂欢节习俗之中。[4] 在歌曲中询问为什么莱茵河的蓝天白云这样美丽的莱茵民歌，在山区也在传唱，其摇摆动作在慕尼黑啤酒节的帐篷里随处可见。

　　最近的两个会议，一个是在慕尼黑－弗莱兴郊区举办的，题目是"教会和

---

[1] 阿道夫·罗特：《抗议》，《美丽的家乡》（Schönere Heimat）1959年第48期。附录中有广告全文，并做了很好的评论。
[2] 一个瑞典旅行社在1954年8月1日的公告中说，在拜恩卡斯特参加过葡萄酒节旅游的游客都认为，以威尔登而出名的拜恩卡斯特充满耀眼的美丽和肆无忌惮的欢悦。
[3] 参见《狂欢节旅游娱乐》和与此相关的反对措施，《南德意志报》1957年5月10—11日。
[4] 赫尔曼·诺格鲍尔（Hermann Neugebauer）和艾伯哈德·佛兰茨（Eberhard Franz）：《狂欢节与狂欢》，《歌手和音乐家报》（Sänger- und Musikantenzeitung）1962年第5期。在施瓦本地区狂欢节习俗中也可见到来自莱茵河地区的影响。在1962年5月5—6日，海曼·诺格鲍尔所召集和领导的狂欢节研讨会上，也对最新的形式变迁进行了探讨。对此，马丁·沙佛（Martin Scharfe）（图宾根）在康斯坦茨和斯岛卡赫的134地点进行了调查。

旅游"，另一个是图城基督教学院举办的，题目是"休假道德"，内容基本一致，而今天在巴伐利亚出现的是"旧的文化事象和风俗只是作为吸引旅游的伪造残留物"①。如果复活节期间在特劳斯泰因的池姆湖和斯达富湖乘坐游船，或者在巴德图尔茨乘坐马车，许多读者认为这些报道是夸张。这时仍然存在着与传统和宗教相关联的习俗。但这些风俗也提前在报纸、广告牌以及在旅游公司的活动计划表上被广为宣传。②那些为好奇所驱使而特意前来观赏、拍照和录像的民众把这个画面推向高潮。我们不能简单地说，这些活动只是为了外地旅游者而举办的，但是怀疑论者提出，如果没有这些为当地带来收入的外地旅游者，以及很多勉强被动员起来行动的大量参与者，这些习俗是否能以同样规模继续存在？可以肯定的是，电台、电视和周末节目所唤起的公众兴趣对大量新习俗的引入或者旧习俗的恢复产生了影响。首先是通过这些因素唤醒当地的组织天才，这远远超出了意义深远的民俗演练的既定目标。

在1953—1954年冬天，年纪尚轻的上巴伐利亚的肯辛伊恩村的服装协会主席表演了一场类似驱傩的派西腾表演，他自己提供木刻面具和爬行用具，在此之前当地人都见证过这种活动。③第一年人们还能在报纸上读到报道，人们认为即使在冬季也可提供不同于日常生活的有吸引力的事物。由于年复一年的重复，媒体上出现雷同的图片和报道，现在则越来越多地说这是对具有原始形式的古老舞蹈的驱鬼习俗值得称道的保护。在协会提供的资讯中有着惊险动人的评论。有一次这样说道："究其原因，冬季驱鬼无异于古老的夏日驱鬼，在中间站立的是妇女。如果与因卡斯或者类似的亚洲的带有驱鬼的信仰行为相比，即可确定它们之间的相似。"（《南德意志报》1956年12月14日）活动的

---

① 关于大众旅游和度假活动问题的讨论，参见《南德意志报》1960年11月12日、1961年4月20日、1962年2月23日。相反，因斯布鲁克主教认为，"神圣的国度提老尔已经变成娱乐的国度"，参见《南德意志报》1961年11月4—5日。

② 慕尼黑和上巴伐利亚旅游协会希望在他们的旅游项目日历上记满报名、定期的家乡晚会和民俗节日庆祝活动。此外，在他们1962年2月9日的群发信件中写道："小型活动对与民俗有关的事物也感兴趣，例如树立五朔节花柱、约翰纳斯篝火等。"

③ 《南德意志报》1954年12月2日、1956年12月14日、1961年6月6日、1961年12月2—3、5日。

组织者以巨大的树根为原料制作成艺术性很强的带有太阳形状的鬼头面具在驱鬼活动中佩戴。阿尔卑斯山区的太阳面具至今只在路易斯·特林科斯战前的电影《失去的儿子》中得以展现。它是充满想象力的导演的发明，正如他的其他电影令人印象深刻。

另外还有一个复兴的事例，同时显示出，在一个好的开端之后的短期之内将会发生什么情况。在阿尔高，人们以瑞士为榜样重新演奏此地早年影响深远的阿尔卑斯号角。根据家乡守护者以斯瓦本为榜样所做的规定，表演只能在阿尔姆牧场，而不能在旅游项目或者家乡活动项目中进行，尽管这些场合充满诱惑力。① 现在出现了一个上巴伐利亚茨姆高的制耙者，他熟知怎样加工各种木料，并产生了制造阿尔卑斯号角的念头。② 报纸上已经报道，这种当地有名的乐器在消失二百年之后又成功地重新出现，在此之前在这个地区已经很久没有人见到它了。这次成功使制作者鼓起勇气又制造了四件每件四米长的阿尔卑斯号角，并且于 1960 年进献给拜瑙的教堂。

这四个阿尔卑斯号角四处演出，在那些希望获得特殊效果的民俗表演中频频出现。当牧师认为山上出现危险征兆的时候，当举行阿尔卑斯盛大祝福的时候，就吹响这种号角乐器。1961 年下半年在海伦西姆湖王宫举办的路德维希国王二世的纪念庆典上（《南德意志报》7 月 1 日），在慕尼黑举办的德国联邦射击仪式总统站立之处（《南德意志报》7 月 17 日），在慕尼黑救世主地下厅举办的法国-巴伐利亚晚会上（《南德意志报》9 月 26 日）和在柏林议会大厦举办的来自巴伐利亚的"七十人民俗考察"中都进行了表演。每一次都要为这个器物的滥用寻找一个神圣的借口。现在跟随其后还有一个特别形式的王牌。超级制

---

① 米歇尔·布赖德尔（Michel Bredl）：《阿尔高又维护它的阿尔卑号角》（„Das Allgäu pflegt sein Alphorn wieder"），《歌手和音乐家报》（Sänger- und Musikantenzeitung）1959 年第 2 期。B-T.：《亨德琅的阿尔卑号手》(„Alphornbläser in Hindelang")，《歌手和音乐家报》(Sänger- und Musikantenzeitung) 1961 年第 4 期。《南德意志报》1961 年 11 月 3 日、1961 年 12 月 9—10 日。

② 卡尔·M. 科里尔（Karl M. Klier）：《赤慕湖畔的阿尔卑号角》(„Das Alphorn am Chimsee")，《奥地利民俗歌曲年刊》（Jahresbuch des Österr. Volksliedwerkes）1960 年第 9 期。《高地家乡报》（Oberländer Heimat-Bote）1961 年 7 月 1 日。本文之外的其他媒体报道：《南德意志报》1959 年 12 月 30 日、1960 年 1 月 4 日、1960 年 1 月 9—10 日、1960 年 2 月 10 日、1960 年 5 月 24 日、1960 年 7 月 28 日。

耙者再次制造了一个阿尔卑斯号角，它长达十米，是世界之最。但是对于山地旅行很不方便。这个号角也进献给了教会，用缆车运到卡盆望德。它必须由三个人同时吹，一名记者认为这还不够，而作为第四人加入吹奏。这是只在特殊场合下出现的情况。

　　同样，出自民俗学意愿的新的引进也常常由荒谬的、无意义的和愚蠢的浓厚兴趣所陪伴，这种符合当时时代精神的典型例子也是层出不穷。在此必须放弃，就像放弃许多其他事物一样，最好是看看纪念品行业是怎样为民俗主义服务的，阿尔卑斯地区的服装怎样成为民俗主义样板，并且登陆美国，成为民俗主义时尚，受到电影明星的青睐，面具、还愿牌、内玻璃画、铁牌等民俗收藏热是怎样兴起来的，并席卷全国，各种民俗艺术的仿制品蔚然成为一个新的产业。①

　　对于当代民俗研究来说，民俗主义现象不是临时的无足轻重的时代征象。它在许多方面具有极其强大的影响。其原因首先在于，民俗成分在片面的和错误的观念指导下进行展现和传播，影响的范围十分广大，用利绅·米勒的诸多摘录难以概括。一个有力的证据是，位于波恩的外交部曾在1961年和位于慕尼黑的歌德学院就当前人们评价很高的民俗事项联系输出国外事宜。② 在这个外国民俗合奏取得巨大成功之后，这些机构的人们不再小觑旅游的文化政治意义，尤其是在那些具有政治激情的地方。德国外交部亚非文化事务局解释说："东

---

① 阿劳伊斯·柏格曼（Alois Bergmann）：《作为纪念品的还愿板、内玻璃画和铁制艺术品的模仿》（*Imitationen von Votivtafeln, Hinterglasbildern und Eisenvotiven als Souvenirs*）；克莱门斯·布纳（Clemens Böhne）：《铁制艺术品的仿制》（*Fälschungen von Eisenvotiven*）；库特·弗雷斯勒（Kurt Frischler）：《推新出陈——一个以"古旧"为欺骗手段的好生意》（*Aus neu mach alt-ein gutes Geschäft. Betrug mit , Antiquitäten*）。
② 《南德意志报》1961年9月30日、1961年10月1日、1961年11月22日。第一次服装团体的旅游。1957年在马德里召开的旅游业大会取得显著成效之后，埃塞俄比亚航空公司邀请26个人前去访问（《南德意志报》1958年11月18日），此后一个在那里生活的德国人对这些来访者在不同俱乐部的活动进行了报道，他们怎样跟着吹奏乐摇摆唱歌，曾在德国学习的当地人怎样戴着狮子鬃毛和长矛表演当地的战争舞蹈，还有巴伐利亚的舞蹈，人们担心会把窗玻璃挤碎。在那之后，德国大使馆还接待了外交部文化处的团体，目的在于对其他民族近距离展示德国风俗（《南德意志报》1959年1月3—4日）。

欧集团国家认识到，以他们的民俗和民间艺术在亚洲国家可以获得发自内心的赞同，而不是必须谈论共产主义。"现在德国人也采取类似的方法，与近东、中东、印度以及北非建立经济联系。人们环顾德国，寻找有什么适合于这样的旅游，他们发现在上巴伐利亚旅游可以找到这类东西。现在组成了一个剧团：一对在哑舞剧出现的踢鞋舞演员，一位巴伐利亚国家歌剧院的芭蕾舞女，两位柏林男舞蹈演员，一位慕尼黑普拉茨的女歌星，一位古筝演员，一位成为百万富翁的约德尔歌手，一位牛铃交响乐团的乐手，几位职业演员，共同演出典型的农民剧，最后由巴伐利亚广播电台的喇叭队演奏莫扎特和阿尔卑斯民间音乐压轴。后来出版的舞台摄影可以显示这个家乡晚会的俗态。最近几周这个乐团与文化主管人员一起飞往其他地区，在18个城市演出并取得辉煌成就。当他们返回之后，服装协会和家乡保护者提出抗议，反对进入这种令人难以理解的活动误区，因为在这场战役中又输给了东方。一位熟知俄罗斯民间芭蕾艺术的专家写道："过去几年，东欧集团国家对民俗研究所取得的成就，远远超出所有西方国家在这个领域所做出的努力。"① 政府主管部门"对民俗研究也很有兴趣，不仅在精神上，而且在财政上给以支持，并且以令人惊讶的慷慨对乐团的组建提供经费，使民俗研究的成果得以运用到实践中去"②，其成果是具有高度艺术水准的演出。而在我们这里不是这样，我们只是演出那些在娱乐中心流行的、品位不高却迎合大众口味的节目。

其次，民俗主义蓬勃兴盛，四处扩展，覆盖和窒息了尚且存在的真正的民俗。它正如肯泡利忧心忡忡地挑选和培训的歌唱和音乐团组，现在十分专业地充斥电台、电视、录音带和唱片，他们地位高，收入好，自我感觉不错。它创造了一个新的民间类型：哪里有针对外来者的从内到外持续进行的民俗粉饰，哪里就会丧失真正的民俗，由于夸张的原因会出现职业的和业余的表演者。人

---

① 阿道夫·罗特（Adolf Roth）：《业余和专业或者打耳光舞者》，《美丽的家乡》（*Schönere Heimat*）1962年第51期，《南德意志报》1961年11月2日、1961年11月7日。
② 霍斯特·库格勒（Horst Koegler），《气质和精湛技艺——与东部舞蹈艺术相遇》，《维斯特曼月刊》（*Westermanns Monatshefte*）第100期，不伦瑞克1959年，第30页。

们可以在嘎密史帕藤科信的火车站看到，以前是单个的村落原住民，现在作为绘画和摄影模特，出现在人群中。此外，民俗主义培育出新旧民俗传统的以逐利为导向的组织者，他们超出了健康的家乡维护的界限，对专业一知半解，到处发现和占有被遗忘的事物，甚至还想自己创造。他们也将危及民俗学学科。在新的专业文献中，这些各种各样的创造已经得到认可，并且从中产生了针对传统和继承的错误的解决办法。没有人知道，在一个漫长或者短暂的时期内，驱傩面具及其活动是否还能保持同样深远的意义，就像 40 年前通过一个可以证实的事例产生并且一直被引用的鹿角面具。

出于许多原因值得十分精确地去追寻大大小小的民俗主义先生们今天在做什么，令人深思的是，以前的民俗土壤已经被民俗主义的夹层穿透。在此我们再次提醒资料研究和资料考证的必要性，并且表明卡尔·魏候德对此提出的要求在今天和以后都仍然是有效的。

民俗主义作为民俗学研究的问题[*]

〔德〕汉斯·莫泽（Hans Moser）

在慕尼黑，一位知名的日耳曼学者见证了一种滑稽可笑的传承方式。还是在"二战"前，这位学者有一次去上巴伐利亚的前阿尔卑斯地区体验节日习俗。当然，他已经从文献中了解到了这个习俗，也已经讲授过这方面的课程，现在他很想知道这个地区的居民对这个习俗有什么认识，为什么去实行它，它有多久的历史，以及其他类似的问题。他正想着询问，有个灰胡子当地人站在他身旁，他十分质朴，典型地表现出这个地区人们的气质，于是调查就从他开始。这位学者就像经常做的那样，用当地方言小心翼翼地巧妙提问，他也预料不会有特别富有启发性的结果，对方多是用方言给予令人费解的回答："是啊，俺这里有这个风俗"，或者"这是我们的老风俗，从我爷爷时候就有"。很久以来，这类无所助益的回答已经令他习以为常。但是这次却不是这样。这位被询问的当地人用宽容的眼光看着这位天真幼稚的外地人，然后用高人一等的语气说："是的，您知道，这要从民俗主义的角度来判断！"在这不同寻常的语句之后，跟随着评论性的解释，其形式就像地方报纸报道古老习俗的意义和生命力一样。

---

[*] 本文由简涛译自汉斯·莫泽（Hans Moser）:《民俗主义作为民俗学研究的问题》(„Der Folklorismus als Forschungsproblem der Volkskunde")，《黑森州民俗学学刊》(*Hessische Blätter Für Volkskunde*) 1964 年 55 期。由于本文注释太长，翻译时注释有节略。

这位学者有些吃惊地为所获得的有关知识致谢,并取消了这一天的其他访问。

　　这个故事的滑稽点在于一个老百姓出乎意料地使用"民俗主义"这个术语,并幼稚可笑地直接将其与他深信不疑的习俗相联系。当然,这里的"民俗主义"不是让我们对构建的和娱乐的所谓民俗与历史发展的民间民俗进行区别的那种意义上的术语。① 访问围绕的这个民俗事项自身与当地传统相联系,无论是根据它的传承人还是根据它的形式,显然都不是民俗主义的产物。这个故事在本文中的重要意义在于这个被询问的人跳出事物本身来判断,并且用听来的或者读来的学术性知识或者看起来是学术性的知识来回答。这不是偶然的孤立事件。它证实了赫尔曼·鲍辛格所讲的近年民间文化的典型特征,即它"非常强烈地受到有关民众研究以及民众文化研究的影响",以及"平民百姓现在也意识到他们的传承文化是传承文化"。②

　　从关于我的民俗主义论文的大量文章和谈论中可以看出,主要是那些商业化的民俗主义的例证突出而活跃,而且早就很受欢迎。这种形式的表演在这里只是边缘话题。而那些不愿且不能受此限制的研究,则要对所有手头事例进行记录,从其他方面发现有意义的必须进行讨论的问题,而较少考虑多层次的复杂的"民俗主义"的外部表现,尤其是对人们自己并非完全没有参与它的产生的那些习俗,人们仍直接或者间接感受到它的影响。人们同样基于已经被提及的通俗民俗学知识和误解的传播,热心地有意识地参与应用意义上的民俗学。对此我将作为重点进行详细论述。

　　民俗学知识的回归与具有民间教育倾向的大众启蒙出版物有关。它的发展与晚期浪漫主义休闲文学中的农村故事相关联,然后是地方性的家乡出版物的产生,最终通过大众媒体,首先是通过广播和电视进行传播,旅游业的中介作用也不容低估。对民间风俗,今天不能只是用"民俗主义"来评判,它们实际上从内到外都充满了民俗主义化蜕变的危险。

---

① 　Hans Moser, „Vom Folklorismus in unserer Zeit", *Zeitschrift für Volkskunde*, 58(1962), S.177-209.
② 　Hermann Bausinger, *Volkskultur in der technischen Welt*, Stuttgart 1961, S.107 , 111.

最明显和最经常展现的，也是最常记述的最典型事例是公众的民间风俗领域。列入这个风俗范畴的还有民间音乐和民间舞蹈，以及今天只是作为装饰使用的民间服饰。但这些发展也出现在其他领域，如民间信仰和民间故事的传承，长期以来，民间的文化人对此敬而远之，不屑一顾，但是今天他们对此却多有兴趣浓厚，乐在其中。[1] 在这个转化过程中改变得最少的是农业生产领域，因为它们长久以来与具有稳定因素、自然形成的经营方式和劳动工具密切相关。[2]

田野调查在许多地区越来越有问题，因为它们一直追求结果反馈，而不是针对现实来进行。连以前那些值得信赖的老人现在我们也不能确定他们提供的资料是来自可靠的口头传承还是随便来自其他渠道。许多老人自豪地宣称他们不仅了解身边的小世界，而且还读过许多书。年轻人则能够熟练运用他们读来的知识，甚至能达到出神入化的地步。30年前，我在上巴伐利亚茵塔河边的科佛斯凡尔德做德国民俗地图调查时第一次察觉这个现象。我不仅询问我认为值得信赖的老年人，也询问我在戏剧协会认识的年轻人所有可能的话题。我做了一个实验，以测试我的提问方法，我故意设置了一些诡秘问题，他们正如我预期的那样回答。我揭穿了他们的真相，他们立刻笑着承认，并讲述了不久前给一个渴求故事的北德游客瞎编故事的经过，使那游客很是高兴了一番。[3]

对可靠性值得怀疑的还有农村地区的家乡作家、家乡诗人和乐于写作的爱乡人，因为他们几乎毫无例外地参与了文字上的民俗主义的培植。当然，他们了解与其共同生活的民众，但是当他们写作的时候，他们乐于把所有的东西都

---

[1] 根据奥斯卡·冯·查博斯基（Oskar von Zaborsky）关于变迁的个人体验，这也适合于巴伐利亚林区。今天即使古老的鬼魂信仰和鬼怪故事也能为旅游业服务，这在驱傩习俗流行的地区已经得到证实。退休校长奥托·库格尔（Otto Högl）先生在关于搜身鬼怪的传说故事集里说："在1955年，茵采尔的怪异形象的拟人化由树根、树枝和青苔等多种原始搜身鬼怪中转化而成，并传播到下亚琛地区。其创意来自布莱斯劳的威海姆文理中学的艺术老师。"布鲁诺·茨威纳（Bruno Zwiener），他从1945年起在茵采尔居住。在校长指导下，学生们曾经制作搜身鬼怪，这些形象受到夏日来宾的青睐。
[2] 昆特·魏格曼（Günter Wiegelmann）博士（波恩）在讲演之后告诉我，农业技术和农具发展变化的滞后性显而易见。
[3] 著名的巴伐利亚民间诗人卡尔·施蒂勒（Karl Stieler）在1868年到1885年之间经常整星期与山民同吃同住。参见 Karl Stieler, *Bilder aus Bayern / Ausgewählte Schriften*, Stuttgart 1908, S. 53。

掺入其中，诸如煽情的和夸张的内容，就像农民小说和农民戏剧所提供的情节。他们特别容易屈服于这种诱惑，把真实的民众生活与想象的古老神奇的民间知识相糅合。这些知识多来自家中所藏的过时的老书，而这些老书常常比那些严肃的学术著作流传得更为久远。这些家乡民俗学者往往十分勤奋，产量很高，并经常接受地方报刊编辑的约稿，他们把事实和想象掺和一起，有着广大的读者群。此外，由于专业人员也常常把这些家乡文学和民俗文献的作者们作为宝贵的调查对象，因此他们提供的信息能够作为资料来源被采纳而进入严肃的学术文献。通过这种方式完成反方向的第二次回归，这在研究工作中还很少被注意到，更没有进行必要的批评。

通俗民俗学通过许多途径得以传播和接收，获得现实意义和影响，这应归功于应用民俗学组织者们的大力推动。一些大的联合会和无数的地方协会十分真诚和极其热心地保留地方性服装，保持19世纪晚期那个发展阶段的样式，或者有目的地对服装进行创新和引进，保护民歌、民间音乐和民间舞蹈，对那些被认为古老的习俗则不仅保护现有的遗存，而且还经常人为地进行重构。十几年来，到处都抱怨传统的习俗消失了，但是今天出现了相反的发展趋势，强有力的支持反而令人不安。在家乡保护者、家乡协会理事会、教师和其他的家乡爱好者之中有许多理想主义者，他们深信自己致力于崇高的事业，在传承"父辈宝贵的遗产"，实则力不从心，言过其实。这里并不缺少天才的组织者、推动者和管理者，他们为报刊提供文章和图片，在电台、电视台的话筒前侃侃而谈。即使还没有掺入唾手可得的经济利益，但是很快不可避免地会产生意图和结果的冲突，出于美好愿望却导致护理性民俗主义的致命结果。由于这种民俗主义建立在很多不同的因素之上，出现的问题比以纯粹商业利益为主导的民俗主义更为复杂。

一个典型的事例是在上巴伐利亚的科佛斯凡尔德新出现的驱傩游行或者驱傩舞蹈，我在1962年的那篇论文中以报纸资料为基础对其进行了评述。[①]这个

---

① Hans Moser, „Vom Folklorismus in unserer Zeit ", *Zeitschrift Für Volkskunde*, 58(1962), S. 204f.

事例值得在这里进一步详细解析。我已经和这个活动的发起人、组织者和宣传者谈过，对其有价值的重要细节进行了解，看它今天是怎样构成的。引人注意的是关于这个新习俗起源的历史，尽管还没有十年的时间，但是对它的记述各有不同，甚至部分地相互抵触。这个事例很有教育意义，也显示了今天田野调查的问题。尽管人们对习俗发明的现实有着共同的积极的想法，但其描述却有意地各不相同，因为报告人根据接收对象的不同——这些对象或者是报刊记者，或者是官方的家乡保护机构，或者是学术性的研究者——而变换讲述内容，因为他想到的是无论对哪一个接收者都要唤起最有利的印象。对此我们要进行确定，这对提升我们的研究方法是必要的。这里必须强调指出，我们这样做并不是怀疑他们的诚实，也不是嘲笑一些地方出于好心而引进民俗主义的典型形式。

一位记者在 1962 年 12 月对最新举办的科佛斯凡尔德的驱傩游行进行了图文报道，他于三年前曾写过关于戏剧史的博士论文。[1] 他写了这个习俗中人物形象的短篇报道，与其他报道相比，看起来他对这个习俗比举办者更了解，他的报道包含了新的内容，并且把它和几乎完全消失的传统相联系。在引进这个习俗时，引入者一方面咨询老年人，另一方面运用民俗学的研究成果。我还请求这位记者给我讲述这个风俗，尤其是建立过程中的准备工作。他说他自己也没有参与提供咨询，而只是以报道人的身份采访过这次活动的领导者，即当地服装协会的会长。当地没有流传下来的材料，所咨询的老人来自周围的村庄，"这个习俗的研究工作是由当地相关的家乡保护者承担的"。具体细节将由作者写文章在报纸上发表[2]，不久确实发表了。他以描述习俗的过程开始：在降临节期间的星期六和星期天，当夜幕降临的时候，大约 25 名年轻人手举火把，面带狞狞的木刻面具，在附近的树林里聚集，然后戴上女巫、公羊等可怕面具，抽着鞭子，向村子里追逐奔跑。他们在住家房屋前停下，伴着木鼓和笛子用方言

---

[1] *Sänger- und Musikantenzeitung*, Jg. 5, München 1962, Heft 6.
[2] *Oberbayerisches Volksblatt*, 25(12)(1962), S. 2.

歌唱:"今天是火把之夜,是谁把它带来?一个老魔鬼,穿着红裤子!"^① 最后大家围成一圈,中间站着一个头发灰白手持长杆的女傩,紧接着跳起独具一格的"迈步跺脚舞",并放声高歌,然后消失在夜幕中的树林里。歌词大意是:

> 卢茨之夜是最长的一夜,
> 农民特别地又乐呵呵,
> 因为白天在生长,白天在生长,
> 所以现在马上就说,
> 圣诞节太阳加长了公鸡步子,
> 三个国王节(1月6日)人步,
> 圣巴斯汀日(1月20日)鹿跳步,
> 玛丽娅节(2月2日)加长一小时。

这首民歌的重新发现,进一步说,是实现了一个古老习俗的再生。报告人认为,这里说冬至日是12月13日,据此可以推测这首歌起源于12世纪。这个发现引起一个热心于家乡学的汽车公司的仓库管理员的兴趣,他后来成为当地服装学会的会长。他有时候在这里或者那里帮助农民们做事,跑过许多地方,因此他便去调查询问降临节期间的有关习俗。人们告诉他,以前常常抹上黑脸成群结队地"边走边敲",这就是著名的降临节星期四敲打之夜的乞讨习俗。[2] 一位老农还报告说,以前还有跳舞和唱歌。

那位当地的家乡护理员现在是哲学博士,并具有渊博的民俗学知识。他提出一个建议。他从卢茨和魔鬼是同一个意思以及"Berscht"这个术语出发,朝这个方向寻求古老的民间信仰的踪迹。报纸上的文章报道说:"他发现了一个

---

① M. Waltinger, „Kinderreime und Volksdichtungen aus Niederbayern", *Deutsche Gaue*, 12(1911), S.11ff.
② Hans Moser, „Zur Geschichte der Klöpfelachtbräuche, ihrer Formen und ihrer Deutungen", *Bayer. Jb. F. Volkskunde*, 1951, S. 121-140.

被称为魔鬼之院的院子，这个院子可以追溯到15世纪。在房屋的带画木板上发现有面具图画的残余。关于古老城堡废墟的故事道出了城堡被毁的原因是由于女魔惩罚人。面具被重新发现，傩歌和傩舞也可以重构原貌。"所有这些句子几乎全都说得很过分。此后，服装协会理事会开始自己雕刻面具，这些面具像今天所有的新样式一样极其怪异，但是十分成功地给人以深刻的印象，在1956年，实际是在1954年就举行了第一次驱傩游行。它很快使那些反对的声音销声匿迹，当地居民也很快地变得盼望着傩怪的来访，并送钱致谢。"一个特为收钱的很有创意的面具，在捐钱者面前张开大嘴，一口把钱吞下。"现在他们继续设计新的面具样式，尤其是期盼将来能有外貌漂亮的傩怪，作为善良鬼怪的代表。报道在结尾处说："驱傩活动应该成为一种现代实际运作的民俗学。"他相信："古老习俗的新发明能够成为当代民俗学的源泉，这正是我们时代所急需的。"

在这篇文章发表之前我就找过这位已经认识的报告人。他在上巴伐利亚的县家乡护理者写给政府家乡保护机构[①]的季度报告中已经自称为科协西恩的驱傩节之父。当地的服装协会多年来在家乡保护的诸多方面都最为积极主动，所以联系更紧密。1955年的第一个报告说："家乡保护者与服装协会合作重新恢复了科协西恩的敲打习俗。巴伐利亚电台对此也报道过。"这个活动在第一次演出时就得到了媒体青睐，而在1954年12月29日，科协西恩的面具习俗还在汉堡的电视节目中播出。这已经露出民俗主义的马脚。在节目播出之后，"来自欧洲各地的观众来信纷纷寄到科协西恩"。从风俗表演所得钱中拨出400马克维修老澡堂，这又彰显了值得表扬的家乡保护观念。

恢复与这个山区的驱傩习俗相对的乡村驱傩习俗，是一位家乡保护者从其小时候的记忆中得到启示。那时在家乡村子里经常出现敲打者，他们很有特点地踩着脚步围着手持摇铃架的傩怪"Berscht 女郎"跳舞。另外一个报告记录了

[①] 这个报告自1955年以来作为《对巴伐利亚家乡护理员的通知》而呈报，被认为是有价值的应用民俗学的资料。

1956 年在科协西恩习俗的进一步发展。[1]报告说，"这个可怖的形象表演了独特的舞蹈，并且由古老的冬夜民歌伴唱"，报道提到一个新添加的主要的面具形象，配有文学性很强的解说："女怪的两个面具表现了罗马神话中的亚努斯，他用两个面具象征旧的一年和新的一年。"这里也体现了把所谓的原始意义附加到这个习俗的努力。

在一篇回复文章中，这位家乡保护者莫名其妙地忽略掉了这个很独特的未曾记录的他家乡村落的敲打习俗形式。他报道了附近村子的事例，敲打队的领头者被称为"Berscht 女郎"，而别处大约到 1880 年，女怪还是单一的送礼物者。报纸中说的古老面具的发现只是家乡保护者在慕尼黑的古旧商店里发现和购买的被称为来自下巴伐利亚劳塔尔的面具。它极有可能是三个被称为来自这一地区的长鼻子鬼怪面具之一，我自己也在那个时期看到过，并且以为这是最近面具收集风气的产物。刚才提到的所谓的在卢茨之夜唱的驱傩歌曲，这位记者认为是中世纪晚期的产物，这位家乡保护者认为它产生于引进公历（1582年）之前，但却是"在 1930 年发现的"，我也认为它不会早多少。家乡保护者还说，在科协西恩，"驱傩奔跑"能够很快取代"敲打行走"，其原因应该归于 1858 年慕尼黑到劳森海姆铁路的修建，从蒂罗尔来了大批伐木工人。在此之前，科协西恩只有数量不多的农房。[2]今天铁路附近的居住区是 1868 年之后通过来自巴伐利亚山区、蒂罗尔和巴伐利亚林区的工人而发展起来的。它增长得相当快，在 1959 年已经成为商业社区。

我打听那个发现图画的"魔鬼之院"有没有照片，以便作为历史证据，至今却连房屋的名字都没有找到（连我们的农房研究者也不知道）。家乡保护者写道，如果这个院子在此期间不改建，它们将会被拍照，但是大家担心很可能会被改建。这个不确定的消息让人不能抱太大的希望[3]，这很可能根本不会成为

---

[1] *Mitteilung für die Heimatpflege in Oberbayern*, Heft, 9(1957), S.13ff.

[2] *Mitteilung für die Heimatpflege in Oberbayern*, Heft, 19(1959), S. 43f.

[3] 这个照片至今没有见到。

具有风俗史价值的图画资料。

在访问结束的时候，我收到备受称赞的服装协会会长的回复信，显示出他作为报道作者令人吃惊的开朗和易于沟通。他出生于工人家庭，在战争中受过重伤，多次接受手术治疗。多年来，他四处奔忙于修复损坏的民俗图标、田野十字架、还愿牌等，由此和农民们建立了密切联系，也因此可以让他们讲述古老的习俗。他还得知，敲打行走习俗在这个地区很流行，他写道："这主要是由来自贫困地区的人们实现的，因为他们可以得到梨脯、梨脯面包、油炸圈饼以及干果。参加者也有长大成人的当地农民的儿子。"当19世纪90年代教师和神职人员引入身穿主教服装的圣尼古拉斯节（12月6日）仪式时，有时候是由安琪儿陪伴，起初只是在个别家庭举办，后来在协会还保留着。当时出现了一个新的混合形式，从原来称为"克劳鲍夫"（Klaubauf）或者"克拉普斯"（Krampus）的吓人形象的单一敲打者变成分发礼物者。还有一个来自1890—1895年这个时期的舞蹈传承，最年长的受访者还能讲述实际见闻，那时敲打者在得到馈赠之后，绕圈跳跃，使披挂在身上的铃铛发出悦耳的响声，并可使他们自己暖和。这位报告人从来没有听说 Perchta 这个术语，也没有听说过老的木刻面具，但是听说过抹黑的脸，漫头穿的丝袜，有时候戴上牛角。雕刻新的面具的主意是家乡保护者告诉他的，他们以新的形式恢复习俗，以及用古老的太阳崇拜来解说这个习俗。此后雕刻者还以日历上的照片为图样制作了一件太阳面具。他写道，他相信"那是路易斯·特伦克尔（Luis Trenker）戴着一个来自格吕德纳山谷的面具"。由此我惊异地发现，我在我论文中提到的特伦克尔的这部电影①，事实上是通过日历产生的影响。关于这个习俗的意义，组织者也从其他不同的途径听说过，对此他自己不能判断。但是这对他来说无论如何都十分重要，这里值得注意，这个习俗必须有一个古老的含义，因为没有这个做基础"一切都是毫无疑义的胡闹"。有一次，一个传教士给他讲述了印第安部落和亚洲人的祭祀舞蹈，尤其是冬至期间的祭祀舞

---

① Hans Moser, „Vom Folklorismus in unserer Zeit", *Zeitschrift Für Volkskunde*, 58（1962），S. 205. 太阳面具参照电影"Der verlorene Sohn"（1934）而制作。

蹈，引起他很大的兴趣。他对家乡保护者和记者都讲过这事。媒体报道加入了许多想象修饰成分，又大胆地缩短了图片标题。

从这里可以看出，它不是复活当地的或者地方性的习俗——敲打者的乞讨习俗曾是另外的样子——而是来自想象和虚构的发明。在这个活动的宣传品中，根据家乡保护者的说法是"这个习俗的知名度已经远远超出了我们这个地区"，1954 年是这个习俗发明的年份几乎没有什么意义了。那里的驱傩很快就变得十分古老，如果来自其他习俗贫乏地区的人不了解这些内在联系，看到后将会说："在巴伐利亚今天还存在这么古老的传承，真是了不起！"

这里还有一个值得提到的现象是，被科协西恩视为样板的萨茨堡地区的驱傩习俗已经很久以来只能在民俗展示场地上看到。在半个世纪之前，马雷·安德里-恩森（Marie Andree-Eysn）写道："品茨皋的驱傩习俗引起轰动，而人们不能在冬季中期到山地的场区去观看。"由于这个缘由，品茨皋风俗表演队同意在节日期间到萨茨堡的许多地方去演出。1893 年 11 月 2 日在高陵，1899 年 9 月 5 日在萨茨堡，那天正是当地的民间节日。我甚至后来在当地报纸上看到了广告，这里我摘自《萨茨堡大众报》："品茨皋独特的驱傩舞蹈将于 1902 年 4 月 13 日星期日下午 3 点，在哈莱恩的迈尔大厅公开演出，门票 40 海勒。我们热切邀请大家光临！品茨皋驱傩队。"[1]

近年来萨茨堡的驱傩成为狂欢节的一部分，也成为冬季体育广告吸引人的附加内容。当地旅游行业联合会用多种语言编印了宣传册，我看到的是法文版的《萨茨堡狂欢节》，显示的是两个傩怪在欢迎两个时髦的滑雪者，在他们头顶上能看到滑雪吊篮，里面坐着一个戴长鼻子面具的傩怪。近年萨茨堡的驱傩队也参加了慕尼黑的狂欢节游行。成立于 1891 年的萨茨堡阿尔匹亚协会的品茨皋酒傩和舞傩也参加了著名的萨茨堡降临节歌唱活动。[2]

---

[1] Marie Andree-Eysn, *Volkskundliches. Aus dem bayerisch-österreichischen Alpengebiet*, Braunschweig 1910, S. 174f.
[2] 《南德意志报》（1962 年 8 月 18—19 日）对家乡保护协会的活动进行了报道。

近来，这种冬季中期的驱傩习俗融入二月的狂欢节现象也出现在巴伐利亚林区的复劳瑙，那里有三个玻璃工厂。1963 年 2 月 23、24 日的《南德意志报》对此进行了详细报道，题目是"森林精的狂欢节舞会 / 复劳瑙的冬至夜 / 女巫、羽人、野猫、森林精灵和报道人一起跳双人扭扭舞"。两张照片显示了一系列怪异的原始性面具，根据文章报道，这些面具是参加者自己用旧衣服、青苔、树藤和松树枝制作的，脸部面具用亚麻布或者纸做成。在一个特大的方形女巫面具后面隐蔽着的是一位 72 岁的玻璃打磨师傅的遗孀，这不禁使人想起最有名的一个吕茨塔的面具。这个活动是一位画家在 1951 年的"发明"，他自称"冬至夜之父"。他还有另一个画家和一个雕塑家作为助手。这个活动是由当地的民众教育机构、家乡协会和森林协会共同组织的。当戴野猪面具的报道人踏进精心装饰的气氛恐怖的酒馆舞厅时，四个身穿白色长睡衣的玻璃厂工人组成的乐队开始奏乐，曲名是"银色农场牛仔的睿智"。在舞蹈休息的间歇，用录音机播放魔鬼的怪叫声。根据这个报道，这个冬夜舞会很受欢迎。据说"半个巴伐利亚林区"都到复劳瑙来跳舞。不同的嘉宾被冠以不同的名号，其中也有一个神父被称为森林精灵。门票的价格是戴面具 3 马克，不戴面具 5 马克。此活动去年的盈利是 49.20 马克，赚得的钱用来买酒喝。

除了简单的马丁节（11 月 11 日）牧歌习俗和一些关于冬夜讨钱的习俗之外，一些当地的或者地区性的传承至今还无人知晓[①]，这与萨茨堡和上巴伐利亚地区的丰富习俗形成鲜明的相比。这又是一个全新的发明，或许根据理查德·倍灵格（Richard Billinger）的观点，很显然它借用了幽灵列车和艺术狂欢节的成分，大家对这个唯一的事例意见不一。在这里，商业利益没有发挥作用。

*

一个经常提出和争论的问题是，一个还存活的与传统相关联的习俗是否可以从时间和地点中脱离出来，在游行队伍中予以展示。1961 年 9 月，在康斯坦

---

① Heimatglocken, *Monatsschrift für die ostbairischen Grenzmarken*, 10(1934), S. 169.

茨民俗学大会之前，很多专家去巴塞尔参加了服装节，并参加了夜间游行，在那里观看了瑞士全年的灯光习俗。大多数人认为，这种活动无可置疑地全面展示了有关习俗，气氛热烈，印象深刻，这种与日期相关联的人为的习俗表演是可以被接受和被认可的。但是让人难以接受的是 1950 年 8 月在安义德恩举办的瑞士康同地区的服装节，其中也包括了冬夜的习俗，都在太阳光照耀下的露天舞台上表演。瑞士的节日和露天表演导演奥斯卡·艾伯勒（Oskar Eberle）富有经验，多次成功筹办过类似活动，把这次活动也搞得很好。但也有可质疑之处，举办者对此心知肚明。爱恩斯特·劳尔（Ernst Laur）在瑞士家乡保护联合会担任了 30 年领导人，曾在协会刊物中公开表达了他的想法，在巴塞尔服装节之后，他又提出疑问。这是值得佩服的。他代表这种观点："这种展示不应与将来的每一个服装节相联系。"他要求他的成员，夜间的节日游行只能"作为一个例外"来看待。[1]

因为单个节日每年一次，然后又在不同国家的不同地区以不同的形式举办，即使多年在同一个地方举办，每一个对民俗文化感兴趣的人要想都亲自经历也是很困难的，所以人们喜爱这些活动，因为它们展示习俗的过程，有动作，有声音，生动活泼，即使博物馆玻璃橱里最好的节日习俗形象、木制面具等收藏展览也不能与此相比。但是另一方面，再好的传承演示也难以体现习俗的自然环境和内在活力，而且与其自然的外在形态相比，每次都有所不同。另外还有其他的因素：在风俗展示和风俗之间还有雄心勃勃的导演或多或少地在起作用，他致力于展示或者强调对他来说是主要的东西，或者是观众所期待的东西。这一般又意味着要满足普遍的愿望，以期获得认可，并把它们重新固定下来。

我们的科学研究中，以任何通俗的形式对民俗的阐释都被像圣经一样看待和传播，这很难从 19 世纪的观念中解脱出来。这样，应用民俗学的民俗主义表现就扮演了一个生育能力崇拜和噪音魔力的角色。面具习俗的意义必定是驱

---

[1] Ernst Laur, „Schweizerische Trachtentage in Einsiedeln", *Heimatleben*, 23(1950), S. 100ff. Ernst Laur, „Zum Eidgenössischen Trachtenfest in Basel", *Heimatleben*, 34(1961), S. 66ff.

赶魔鬼，具有欺骗、阻挡和驱赶害人魔怪的意义。在宣传册和媒体报道中是这样说的，这也变成了民众的知识。①

几年前，美藤瓦尔德的提琴博物馆解说人给我解释说，那里的化妆游行者几乎都知道，这种在韦登法瑟地区和蒂罗尔地区典型的慈善好看的少年男子面具带着绳子胡须，有着健康红润的脸颊，对最不害人的魔怪也几乎不产生恐吓作用。

但这又是过时的理论，狂欢节和春季习俗的漂亮傩怪和灯光造型，这些习俗起源可能比较晚，这里再次被描述为具有远古的功能，作为光神、醒来的植物和春季的力量化身驱赶黑暗、死亡和冬季的魔鬼。代代传承的冬夏论争的演示，形式简单，历史悠久，现在又得到了恢复。人们相信，那些春天习俗也隐蔽着冬夏之争的意义。因此，起源于中世纪晚期的纽伦堡市民的化装游行（Schembartlauf）被认为含有夏季和冬季斗争的意义。②

在20世纪20年代中期，艾杜德·吕尔（Eduard Rühl）赋予著名的埃佛特雷歇的法萨莱肯（Fasalecken）化装游行以当代的形式和风俗意义。这个队列壮丽华美，戴着花冠，还有两只稻草熊，访问了邻近的拜尔村。这个形式是不是与古老的传统相符合，至今还没有证据，很难说清。但是它建立了至今尚存的传统和驱寒的风俗意义，这是值得肯定的。

但是关于在慕尼黑以东的村子最近引进的狂欢节的解释却是完全主观臆断的。③近几年，《南德意志报》以"'海马德林辰'驱冬"为标题发布大规模邀请："《南德意志报》的读者可以在圣灰星期三前的那一周的荒谬星期四在村子

---

① 巴伐利亚家乡保护协会在1949年10月30日的报告中曾对巴伐利亚林区降临节期间的习俗进行了概述。关于通俗民俗读物的扩散和影响，参见 Deutsche Gaue, 9(1908), S. 57ff. 关于民俗学的科学性质，参见 Hermann Bausinger, „Volkskunde und industrielle Gesellschaft", Beiträge zur deutschen Volks- und Altertumskunde, 6(Hamburg 1962), S. 17.
② Hans Moser, „Zur Geschichte der Maske in Bayer", Masken in Mitteleuropa, Wien 1955, S. 93ff., 199ff.
③ 《南德意志报》(1957年3月2—3日)；邀请刊登在《南德意志报》(1963年2月8日)，另外还有 Ingrid Grossart-Lockemann, „Hemadlenzn auf Nachthemden-Promenade", Der Zwiebelturm, 19(1964), S. 30f.

里亲身经历原始的巴伐利亚狂欢节。在那里，每年通过焚烧吊在绞刑架上的海马德林辰进行驱冬活动。""三个象征美酒、爱情和愚蠢的骑士从高处往下跳或者跳进水里，以及海马德林辰的浩大游行队列，都将出现在那个荒谬星期四，场面极其热烈，还有真正传统的原始幽默。在这一天，村庄将属于海马德林辰，无人例外，即使村主任也和所有其他人一样，穿着睡衣在队列中行走。我们衷心邀请所有想去参加狂欢节的《南德意志报》的读者乘坐读者专车前往这个村庄……"

这个活动被称为高迪（乐趣），对此人们并无异议，因为大家都希望能够在狂欢节玩得痛快。驱冬的民俗学面纱显得完全多余，此外，套搬风俗的形式也不适合。在大城市慕尼黑附近，人们吸收了当地传统的、古老并且远近闻名的达梅斯骑士舞会，并使用德国喜剧电影常用的浅薄的搞笑方式——穿睡衣和短裤的男人，这对那些趣味庸俗的观众是有趣的。这里显示的启迪意义可能比有关专家论证的任何关系都更接近事实，因为白色本来是死亡颜色，面具习俗也是来自图腾崇拜。这里一个明确无误，一个还有疑问，但是这些夜间穿白色睡衣的村民本来是扮演他们的祖先，这里无论如何却显得非常奇怪。

一个比较古老，但还不是特别古老的习俗是博登湖地区的睡衣游行。最有名的游行起源于1880年的康斯坦茨，据可靠报道说是来自学生们的嬉闹，但是也有人认为与上巴伐利亚地区的燕麦地驱赶习俗有关。这个习俗由一位康斯坦茨的医生先是带到恩根，然后在附近地区被模仿和流传。[1] 在世纪之交，这个习俗在康斯坦茨和斯岛卡赫附近的村庄渐渐流行。

1962年春，图宾根大学鲍辛格的学生对这个地区134个村子的狂欢节习俗进行了调查。马丁·沙佛在茵奇戈浩芬的狂欢节研讨会上做了一个内容丰富的很有启发的报告。[2] 这个报告调查了著名狂欢节城市对乡村习俗的影响，研究其60年来的狂欢节形式和参加者。他们搜寻到过去的纪录，发现了许多独特

---

[1] Herbert Berner(Hg.), *Fasnet im Hegau*, Singen 1959, S. 37f.

[2] Martin Scharfe, „Fasnachtsbräuche in den Kreisen Konstanz und Stockach", Referat auf der Tagung des Arbeitskreises für Fasnachtsforschung in Inzigkofen 1962, S. 18.

的面具以及乞求和惩罚习俗。 在这个时期，它被协会组织举办的习俗代替了，这个协会经常带着外来的服装，这些木质面具被认为是这些习俗的创新成分。"通过联合的系列构建"被认为是典型的。此外它还明显地显示出民俗主义的现象，表现如下："数目众多的新人物多是为了化装游行和展示"而准备的，尽管他们把游行队列装扮得光彩夺目，但是他们常常并不知道，在自己的村子里应该怎样开始。① 睡衣游行在 75% 的访问地区都很流行。这个习俗最惹人喜爱之处是 "有些可怕"。另外不容忽视的是，现在睡衣十分便宜，是现成的面具服装。出于同样原因，所有的破旧服装和毛皮服装也都适用，这也是以前保留可怖面具的传统。风俗研究不应该旷日持久地寻找和制造意义深邃的证据，而应清醒地认识现实风俗因素的传承。

*

这是基本的和一般的意思。历史资料系统研究的成果已经明确证明，民间传承是怎样紧密地和真实因素、和一定的（经常是不好的）社会和经济条件相联系，而又受到统治力量和教会力量的影响，以及在时代进程中文化变迁的影响。可以这样想，一个十分宽泛的民俗领域，例如乞讨习俗在民歌、音乐、表演舞蹈和在最宽泛意义上的 "游戏" 中，并不是 "人民精神" 的自我展示，也不只是纯粹的娱乐，而主要是由于经济困境和为了获得物质利益而生存。从很早开始并且至今仍然是，在这个领域的狭小生活圈子里的每一次突破的出现都可被认定为是鲍辛格所谓的社会的和空间的扩展。② 向外扩展的习俗唤醒、滋养和利用了高层人物对民俗主义的兴趣，使他们支持这些习俗，这可以大量地证明。③ 或者我们可以回忆一下，有多少统治者的判决行为吸收了民俗成分，一部

---

① Martin Scharfe, „Fasnachtsbräuche in den Kreisen Konstanz und Stockach", Referat auf der Tagung des Arbeitskreises für Fasnachtsforschung in Inzigkofen 1962, S. 10.
② Hermann Bausinger, *Volkskultur in der technischen Welt*, S. 54ff., 135ff.
③ Hans Moser, „Vom Folklorismus in unserer Zeit", *Zeitschrift für Volkskunde*, S. 191f. 比较 Josef Hanika, „Der gotische Maskenruf ‚tul tul' am Hof zu Byzanz und römisch ‚talassio'", *Bayerisches Jahrbuch für Volkskunde*, 1962, S. 100ff。

分被认可，一部分成为它们法律条文的组成部分。①

这里只是提一下，对这些复杂关系需要继续研究。但是应该更详细解释的是，在启蒙时期，国家怎样把实用的民俗主义当作民众教育的手段。这就是后来向应用民俗学发展的开端。

关于启蒙运动和民间的关系，自莱奥庖德·施密特（Leopold Schmidt）从1938年开始研究以来，最近出现了一系列新的的成果。②根据这些成果，这一时期就不能仅仅因为国家警察行动而判定它们是疏远民众或者敌视民众的。在国家经济统计和地图出版物方面，除了严格的学说和论战之外，还有丰富的讨论，体现了对民间文化的新的正面的兴趣。对我们来说最有意义的是，当时的时代精神也有对节日习俗进行创新的兴趣和需求，以及如何寻找这种更新。迪特·纳尔（Dieter Narr）1961年在图宾根所做的一个未发表的讲演已经谈到了维腾堡和巴登的重要性。③现在发现了大量来自巴伐利亚的多数尚未发表的资料，我下面的论述就是以此为基础。

首先是在天主教地区发生了启蒙的教育计划反抗受巴洛克影响的民间文化的斗争，寻找从教会影响解脱出来的世俗化的、更高的、新的形式的民间文化，但是有时候也带有虔诚的宗教色彩，以消除庸俗粗糙，使民间生活高雅化。他们以为被禁止的节日习俗，如作为乞讨而被禁止的乞讨习俗和没有教育性的儿童习俗，现在应该具有在道义上支持国家经济的作用。上层和民众，老年人和年轻人，一起来庆祝节日，例如播种和收获节，或者庆祝完成接种牛痘。关于教会故事和国家行为的民间戏剧应该有简单的诚实的民间习俗和道德倾向，由关于农村的剧目例如《年幼的拾穗小姑娘》《高雅的打短工者》《本分的伐木者》等来替代。人们也致力于传播新的民歌，新的歌词在报纸上单独刊登，也收在印刷的歌曲集里分发给人们。1781年启蒙组织出版了一首歌《好心的农民

---

① 比较 Karl-S. Kramer, „Problematik der Rechtlichen Volkskunde", *Bayerisches Jahrbuch für Volkskunde* 1962, S. 50ff。
② *Bayerisches Jahrbuch für Volkskunde*, 1959, S. 154。
③ Dieter Narr, „Fest und Feier im Kulturprogramm der Aufklärung" 打字稿。

马提斯的农村民歌》,其主张清晰明了:"这种田野和村庄歌曲具有道德教育的意义,如果人们记住它,歌唱它,那么它可以给农民提神,并且可以驱除污染心灵的不良歌谣。我们的意图是,改善心灵,启蒙农民的心智。"① 在此前一年,上巴伐利亚盖森法德的同一份报纸高度赞扬报道者,因为他把那里的"表现进步民众的戏剧"表演出来,其中有一个特别突出的歌唱剧目《农民赞》,据说是"从知识分子报纸的歌曲中收集来"并组合在一起的。关于进一步的活动,编辑写道:"来自莱比锡的县收税官威斯先生",这里指的就是有名的克雷斯特阳·威斯(Christian Weise),"为农民创作了单纯的歌唱剧。我们强烈推荐这位具有启蒙意义的德国人民诗人"。②

这些活动可以通过出版物和宣传从上至下地推广,在实践中,首先是通过雄心勃勃的政府官员和忠实执行的教师倡导启蒙的教育民俗主义,这在注重传统的巴伐利亚民众中很少成功。十几年来积累下来的官僚机构和民众之间关于乞讨习俗的艰难论争的大量文献资料证明,除了许多激情迸发的传统保护实力之外,还有新旧之间的妥协,在那里占主导地位的不是抽象的理性主义,而是民族性格注重实际的合理性,及对民众性格的理解。在政府分支机构中,也有不那么严格的启蒙者和教会的保守分子,有时候他们睁一只眼闭一只眼,采用不同的灵活手段及时地处理公务。有些职位高的管理人员和学者打算把它们出版,以提升民众的"福利和道德",他们不是通过严格的禁令,而是恰恰相反,为民众保留原样,有分寸地改革。此外,巴伐利亚的公爵有巡视的传统,他的莅临使乡村习俗和娱乐得到许可,并且使之继续流传,而这些习俗本来在他的国家机构的管理下已经不被允许再存在了。

在这种矛盾重重的时代有一个新的观点,这就是"只有快乐的民族才是一个好的民族"。③人们因而认为,什么可以让一个民族快乐,什么就有价值。另

---

① *Münchner Intelligenzblatt für das Jahr*, 1781, S.295.
② *Münchner Intelligenzblatt für das Jahr*, 1780, S.357f.
③ Dieter Narr, Vortrag von 1961, S.9f. 参见 Hans Moser, „Lorenz Westenrieder und die Volkskunde", *Bayerisches Jahrbuch für Volkskunde*, 1953, S.159ff.

外一个新的推动力量来自复苏的对祖国历史和古代文明的学术兴趣。[1]人们认为，拜尔恩的部落可以追溯到古代保捷尔民族，它们传承了所有塔茨图斯夸日耳曼民族有名的优点，又转换到保捷尔身上，造就了在其他民众中长期消失的体魄强健和道德高尚的理想民族，这可与软弱的不道德的和颓废的现代社会形成对比。慕尼黑的历史学家劳伦茨·维斯滕雷德（Lorenz Westenrieder）有一个重大发现，就是理想民族以往的苦难历史根本没有消失，而是不间断地和原汁原味地继续生存于山区农民和牧民之中。[2]他在他们的生活、习俗、建房、服饰以及语言惯用语和手势中发现了"古老的印记"和"从古代流传下来的特征"[3]，比贺瑞斯的乡村乐园和其他同时代人的田园诗歌都好。使身体虚弱的他最为激动的是所有的竞赛性的习俗和节日，乡村体育和比赛，山区的猎人节和阿尔卑斯地区湖边的渔民节。

维斯滕雷德称赞这些民间传承，它们由群体构成，对身体和精神有益，另外他还发现，从启蒙教育的角度看，也有积极的意义。它的现实效果是观念的变化，对这个和其他的民俗形式有帮助。"低级的暴民寻欢作乐"逐渐变成"社会下层的纯朴的娱乐"，最终变成有益处有价值的值得保护的民间风俗。社会民族观念的复兴或者新的引进也体现出典型的时代性，1794年禹伯陵的民间剑舞被称为"德意志民族英雄时代可敬的遗留"。[4]

在爱国主义和历史观念的指引下，从19世纪初起，在许多地区，"民族节日"、地方民间节日，有时候还有儿童节日主要在城市里举行，但是也在城郊乡村和农业庆祝活动一起举行。它们吸收民间体育的成分，每年或者间隔一定时间举办，被认为是新的传统。

---

[1] 参见 Hans Moser, „Wege zur Volkskunde als Wissenschaft. Zur 200-Jahr-Feier der bayerischen Akademie der Wissenschaften", *Bayerisches Jahrbuch für Volkskunde*, 1959, S.124ff.

[2] Hans Moser, „Lorenz Westenrieder und die Volkskunde", *Bayerisches Jahrbuch für Volkskunde*, 1953, S.162ff.

[3] 劳伦茨·维斯滕雷德（Lorenz Westenrieder）不是很经常地使用"上古"这个概念，他不是指一般的古代，而是指一个具体的较早的年代。

[4] Victor Metzger, „Die Fastnacht in Überlingen", *Schreiben des Vereins für Geschichte des Bodensees*, 60 (1932/33), S.41.

这个时期瑞士阿尔卑斯地区的节日提供了一个特别例证，在我们的论题中具有特殊的意义。此后，1763 年成立的伯尔的"赫尔维蒂"协会在 18 世纪末推行爱国主义计划，创造出一个民族节日。1805 年，大型的"阿尔卑斯牧民节"在翁斯普内产生。[1]理查德·魏斯（Richard Weiß）称之为"一个布置浪漫的人为节日"，是"为了国际性表演而制造的"。[2]这个描述是正确的。这个节日是由伯尔的高官来组织的，并邀请居住在瑞士附近的各国的皇家、贵族和名人参加，但是在实际举办中，还是吸收了同时代人的有关记录，是民俗主义的产物。事实上，实际的参与者是阿尔卑斯山区的牧民。当时还没有考虑到效果和影响，民间音乐、民歌和民间体育习俗都是惯例性的，是真实的。这个节日大概只是在 1808 年又举办了唯一的一次，因为它是真实的习俗，所以不能随便重复。这个节日在另外的层次上有一个直接的成果，还有一个后起的影响。因为 1805 年，瑞士有目的地收集民间音乐遗产，并进行评价性的研究。1905 年，又在翁斯普内举办这个节日的一百周年庆祝活动，并借此成立了瑞士家乡保护协会，同时再次操办了 40 年和 50 年翁斯普内的节日，添加了当时的时代因素。对此来自瑞士的观众评价不一。[3]

令人惊奇的是，巴伐利亚的王储在 1805 年也莅临了阿尔卑斯牧民节，遵照他的旨意，五年之后在慕尼黑创立了最有名的"巴伐利亚民族节"，他还发表了演讲，开始就说："民间节日特别令我高兴。它们表现了民族性格，应代代相传。"[4]这就是第一届十月啤酒节，一个致敬节，并有赛马活动。在第二年又增加了农业展览，这与公爵个人的启发有关。在 1812—1814 年的战乱之后，这个节日的活动更加丰富多彩，有来自王妃家乡萨克森的打鸟射击、当地的盘子射击、青年人赛跑，以后还有慕尼黑烤面包小伙子的摔跤比赛。[5]

---

[1] *Zur 150-Jahre-Feier des Festes s. Heimatleben*, 28(1955), S. 3ff., 34ff., 81ff.

[2] Richard Weiss, *Volkskunde der Schweiz*, Erlenbach / Zürich 1946, S. 62.

[3] 瑞士民俗学会巴塞尔分会 1963 年 12 月 12 日的报告主要探讨民俗传统维护的可能性和危险性问题。

[4] Ludwig Schrott, *Biedermeier in München*, München 1963, S. 17.

[5] Ernst Hoferichter und Heinz Strobl, *150 Jahre Oktoberfest 1810-1960*, München 1960.

在慕尼黑十月啤酒节的发展中展示了民俗主义的几个类型。这里举几个例子就足以证明，这个新时代的节日以大规模的多种多样的服装队开幕，其中不乏外地团体。它们可以显示，在初始阶段这些漂亮的民间服装是怎样被吸收进来的。在1804—1806年，在慕尼黑就出版了一本很出色的带有民俗学评论的服装系列图册。①经过较长一段时间，才出现了真正的"更为正规的民间服装表演"，这些服装现实中还存在。在1810年第一次的节日活动中就出现了至今盛行的庸俗民俗化的游行队伍，就是让孩子们穿着仿制的民俗服装参加，每一对身穿"民族服装"的少年要向国王家庭敬献巴伐利亚每个区的特产。这是当时对服装和民俗感兴趣的节日组织者约瑟夫·佛历克斯·雷泡温斯基（Josef Felix Lipowsky）的主意。当16年之后，王储第一次以国王路德维希一世的身份莅临节日的时候，慕尼黑市民的女儿克莱斯琛丝·奥尔佛作为巴伐利亚女郎身穿后世很长一段时间被称为"巴伐利亚服装"的米斯巴赫服装向国王献上全国的祝福。1828年和1834年，在啤酒节上，其中一个叫绿色小屋的农庄酒馆的侍者也穿同样的仿造的衣服。奇怪的是，1820年，来自德累斯顿的外地人威亥迈纳·莱夏德夫人，在节日场地乘坐气球升空，也让人制作了巴伐利亚的服装。1835年，在国王银婚庆典游行队伍的花车上表演平民百姓的生活和老巴伐利亚收获庄稼，还有法尔茨地区的人们身穿民族服装收获葡萄的情景。②1837年，用汽车做的山区小木屋成为轰动事件。1842年，再次举行王储婚礼，这是后来的国王马克斯二世，来自巴伐利亚各个地区的婚礼游行队伍参加了表演。还有来自35个地方法院的新婚夫妇，每个地方一对，都要从头到脚穿着真正的和完全的家乡服装。在准备阶段，政府上层曾事先发给各地政府机构详细的说明和问卷。③但是事实上，在许多地区已经很难找到和复制完整的家乡服装。这种保护家乡的想法难以完全实现，这里本来不应该采用民俗主义，而是要以

---

① Bayerische Volkstrachten,(Hg.), München 1804.
② 一张罕见的1835年的图片，参见 *Das Bayerland*, 17(1906), S.18f.; *Schönere Heimat*, 34(1938), S.103。
③ 彩图参见*150 Jahre Oktoberfest 1810-1960*, S. 36。节日队列的准备参见 Anton Neckermann, ,,Der ‚Kronprinzen-Schousta' von Neunburg", *Die Oberpfalz*, 46(1958), S.35ff.

学术研究的方法来确定真实性，这是很珍贵的。在这个时期，慕尼黑开始收集和记录民间传承，同时为将来写作八卷本的《巴伐利亚》这个规模宏大、内容丰富的"乡村的和民俗的巴伐利亚"做准备。①

在这个时期，对民间习俗的喜爱也产生了宫廷圈子里的民俗主义，人们希望保留和支持家乡的传统，甚至自己对民间音乐谱曲，谱写民歌，编写民间说唱和故作幼稚的逗乐诗篇，然后通过不同渠道传到全国各地，产生了意想不到的效果，并且影响到巴伐利亚以外的地区。这些再创作被后来的收集者在不同的地区作为当地的音乐、民歌和格言而记录下来。最近时期的研究才证明它们是源自古琴马克斯公爵和口头诗人（Franz von Kobell）。②

相反，这期间在阿尔卑斯地区的农村居民中出现了针对欧洲和美国的大城市观众的有目的性的民俗主义。大约从 1825 年起，出现了蒂罗尔和斯戴里的"阿尔卑斯歌手"，这种表演追求外部效果，在同时代的批评者看来是真正民歌的死亡，正如把真正的民族服装改变成充满幻想光辉的假民族服装一样。其后，在 1860 年，流动演出团体把具有古老传统的上巴伐利亚北部的踢鞋舞转变为他们发明的"摇摆踢鞋"舞蹈。阿尔卑斯地区创造的这些民俗模式被旅游业利用。第三组演出巴伐利亚的农民戏剧，是直接从城市的新需求受到启发，尤其是在几个旅游胜地十分盛行。③1889 年在戈梅斯建造的农民剧场，根据其章程的说法是为了给外来游客提供夏天无聊夜晚的消遣。④1892 年，邻近的地区帕藤肯锡，还有著名的"施里尔湖"剧团，它的领导人直接来自慕尼黑靠近公园广场的剧院。它从 1880 年起开始演出作为新事物而受欢迎的巴伐利亚北部的民间戏剧类型，取得了很大成就和影响。在这里，不同的趋势交汇融合。1881 年，民间作家马克斯密良·施密特（Maximilian Schmidt）写了喜剧

---

① 巴伐利亚国家图书馆手稿部保存的关于民间风俗的图片。
② Hans Moser, „Vom Folklorismus in unserer Zeit", *Zeitschrift für Volkskunde*, 58(1962), S.196f.
③ 《南德意志报》1963 年 1 月 15 日。
④ Hans Moser, „Die letzten 150 Jahre altbayerischen Volksschauspiels", *Bayerischer Heimatschutz*, 28(1932), S.17.

《敬老房》，成为与路德维希·冈豪夫（Ludwig Ganghofer）齐名的戏剧作家，此前他只是写巴伐利亚林区的村落故事，所以人们称他为"森林施密特"。但他也是巴伐利亚旅游促进会的创始人，曾担任协会秘书长，并且编辑协会刊物《巴伐利亚的土地和人民》，尤其关注民族服装。他还主办了 1891 年摄政王鲁伊特泡尔德的七十岁生日庆典和 1895 年的十月啤酒节，两个节日都有规模宏大的"巴伐利亚传统服装节"。他评述自己的业绩说："从这时起到处都成立了民间服装协会。"①

在别处也存在着旅游业和服装保护之间的密切关系，在这个时期旅游业也与人类学和民族学的研究相联系。1893 年，蒂罗尔旅游联合会成立了民间服装征集委员会，并且于 1894 年由真正的山里人为在因斯布鲁克举行的人类学大会进行了"蒂罗尔全部服装的表演"②。除了这个新成立的协会以外，《奥地利民俗学杂志》第一卷（1895 年）还在"奥地利民族志编年史"这个栏目下报道了其他活动。其中，奥地利旅游俱乐部的会员做了一个引人瞩目的报告《民俗学和民间特色的意义以及对旅游业的作用》，作为对濒危的"服装和风俗习惯的民族财富"的"拯救行动"，他建议在俱乐部成立一个民俗学的分支机构，最后令人感到振奋的是"关于举办传统的民间节日和民间体育的建议"，以便提升和促进旅游业的发展。③然后，"在维也纳由下奥地利山区协会"建立了一个名为"踢鞋舞爱好者"的"维护民间舞蹈的组织"（但主要是巴伐利亚的种类），那里还成立了一个"定期举办民歌和民间戏剧表演"的协会。④另外，与米歇尔·哈勃朗德（Michael Haberlandt）一起创办协会、杂志和奥地利博物馆⑤的维也纳民族志学家威海姆·海恩（Wilhelm Hein）写了一篇关于"捷克斯洛伐夫民族志展览，1895 年，布拉格"的详细报告，展览期间曾在阿穆菲露天大剧

---

① 比较 Walter Zils(Hg.), *Geistiges und Künstlerisches München in Selbstbiographien*, München 1913, S. 322ff.
② *Zeitschrift für österreichische Volkskunde*, 1(1895), S. 13f.
③ *Zeitschrift für österreichische Volkskunde*, 1(1895), S. 121f.
④ *Zeitschrift für österreichische Volkskunde*, 1(1895), S. 55.
⑤ Leopold Schmidt, *Das Österreichische Museum für Volkskunde*, Wien 1960, S. 18ff.

院为一万名观众展示了一系列的民间节日习俗，大规模的五彩缤纷的表演，以梦魇的表演为高潮。①但是在这里已经暴露出此类表演的问题。各种不同的民俗形式与强烈的舞台效果造成叠加和零乱的印象。内行的批评家认为这些习俗难以理解和有亵渎之嫌，一个参加表演的农村少女团队也有同感。她们表演了至1860年是传统形式，而近年又重新恢复的宗教舞。海恩描述了很突出的一点，那时还能强烈地意识到现实习俗和习俗表演的差别。这些少女对她们自己的演出非常失望，泪流满面，当天在场地旁边又纯正无误地演出了一场。

最早的民俗学组织、出版物和博物馆多是持以下这个想法，即对即将消失的民间文化遗产至少进行学术上的记录和探索。为了利用、维护和复兴民俗，他们在此之前就做出了许多努力，但是结果有所不同。所有以前的这些发展过程都值得关注，最近的研究考察了19世纪末的持续发展的传统，并追溯它们的来源，发现许多在习俗中很受喜爱的民俗文化的形式已经被民俗主义改造过。

19世纪为民俗学提出了很重要的任务，约瑟夫·杜宁格（Josef Dünninger）对此已经予以证实。②在莱奥庖德·施密特（Leopold Schmidt）的大量研究和鲍辛格最近的出版物中也有足够的论证。正如文物保护还有许多工作要做一样，消除上世纪艺术文物的修复层，揭示其更古老的原有层次，民俗学也应该这样做。

在世纪之交人们还很少意识到，被民俗学研究认为是追切的和必要的民俗维护可以导致危险的滥用。威海姆·海恩已经对布拉格展览令人失望的结果提出质疑。1904年，奥斯卡·布莱纳（Oskar Brenner）在维茨堡根据其他事例也提出他的基本怀疑。③他第一次提出"应用民俗学"的概念，用以与"纯粹民俗学"相对应，正如他两年前在慕尼黑成立的"慕尼黑民间艺术和民俗学协

---

① *Zeitschrift für österreichische Volkskunde*, 1(1895), S.265ff.
② Josef Dünninger, „Das 19 Jahrhundert als volkskundliches Problem", *Rheinisches Jahrbuch für Volkskunde*, 5(1954), S.281ff.
③ Oskar Brenner, „Reine und angewandte Volkskunde", *Mitteilung und Umfragen zur bayerischen Volkskunde*, 10(1904), Nr.2, S.1ff.

会"，用以与家乡保护的趋势相对应。①

他致力于进行客观评价是显而易见的，他还试图用事例说明他认为什么是缺乏的，什么是期待的。他发现，在民俗服装的复兴地区至今都只是"捏造，甚至可以说是造假"，上巴伐利亚地区的服装保护协会在弗兰克和施瓦本地区也很快传播开来。他还批评德国皇帝指使的由非专业人员组成的民歌保护委员会，他们在柏林建立了一个高产的"民歌工厂"，就好像那些收集和出版的真正来自农村的民歌还不够似的，这使他很愤慨。第三点，他批评慕尼黑的民居保护只是通过建筑师和艺术家以美学的观点来施行。与此相关，他提到斯堪的纳维亚的露天博物馆的原汁原味的农民房屋提供了"现实的真实图画"，而当地家乡博物馆只是把农家房间割裂出来展览。我们在所有领域都需要具有民俗学的基本知识。用布莱纳今天的话说，如果没有这个基础，那么每一次努力都将只是停留在民俗主义的层面。尤其是最后一点也属于这个问题，因为家乡博物馆展出的带有各种家具和装饰的住房都是选出最华美的来展览，根据以前农民房屋的记录册来看，这完全不符合当时的实际生活，那时即使富农家里的装修也比较淳朴。②

布莱纳所讲的这个慕尼黑的协会那时候还没有开展民俗学的研究，其兴趣几乎只是专注于民间艺术的保护。人们为协会创始会员弗兰茨·蔡尔（Franz Zell）所做的精美的上巴伐利亚的家庭画和农民家具图册而骄傲。人们把它看作新图形的样本热情推介，通过报告会、小型展览和协会刊物，不仅使市民会员对农村的传统文化产生了兴趣，而且推动了原始的或者仿制的农村家具的征集。人们还建立了收集这些器物的站点，这很快被古董商模仿，建立起颇具规模的民间艺术的商业和收集模式，尽管自 1890 年以来就有了强烈反对的呼声，

---

① Hans Moser, „Bayerische Volkskunde um die Jahrhundertwende", *Bayerisches Jahrbuch für Volkskunde 1962*, S.25ff.
② 在巴伐利亚，档案资料和家乡博物馆两者的记载大相径庭。参见 Oskar Zaborsky, „Hinterlassenschaftsinventarien aus dem Bayerischen Wald", *Bayerisches Jahrbuch für Volkskunde 1956*, S.10ff。

其中就有威尔海姆·亨利希·里尔（Wilhelm Heinrich Riehl）[1]。

此外，慕尼黑地区的这种可以接受的民俗主义还影响到许多关于协会的和家庭中的与习俗相关的新的假扮的节日活动。值得注意的是，这些活动并不是每一个忠实地进行民俗研究的协会成员都赞同的，例如马克斯·胡富勒（Max Höfler）或者奥古斯特·哈特曼（August Hartmann），他们反而排除了那种充满浪漫美的建议。

另外还有一些有名的研究者同时从事民俗维护活动。其中有阿尔拜特·贝科尔（Albert Becker），他启发了一些习俗的复活，并且对其意义进行诠释。在1907年，他对莱因法尔茨的春季和早夏习俗做了综述。[2]在不同的地区，各地的协会都对火花星期天的习俗进行了创新，让刚举行过成年礼的少年作为风俗的传承人发挥重要作用。在贝科尔的倡议下，法尔茨森林协会在当地的团组在20个山头上点起了约翰纳斯火。此后，海德堡从1893年起举行由2000—3000个孩子组成的游行，而以前只是单个的小团队参加。这个游行队伍还参加了曼海姆和路德维希港的狂欢节，但贝科尔对此已经表示了他的担忧，他们或早或晚会为"投机商所利用，就像丁克斯比勒的儿童节、考夫堡的舞蹈节，或者吕德灵根的爬竿节，对这些节日犹如对其他民间节日一样全年都做市场广告"。贝科尔认为，在每一个19世纪新形成的和进行历史解释的大型儿童节日都出现了不良的发展趋势。相反，他认为故乡法尔茨的农村习俗还是原汁原味，这可能是出自对家乡的偏爱，因为事实并不是这样。这个时期其他形式的民俗，例如宗教歌的演唱，对他来说就像古老习俗的添加剂充满吸引力。驱冬节本来是18世纪基督教牧师作为"异教的可憎"而要铲除的，现在通过新建的驱冬协会对习俗形式进行了创新，他为此感到欣慰。从海报上可以看到，在焚烧冬天傩人时也有许多外地人在场，歌唱《莱茵河边的岗哨》、《歌颂胜利王冠》和其他

---

[1] 比较 Hans Moser, „Bayerische Volkskunde um die Jahrhundertwende", *Bayerisches Jahrbuch für Volkskunde 1962*, S. 35。Wilhelm Heinrich Riehl, *Kulturgeschichtliche Charakterköpfe*, Stuttgart 1891, S. 193f.
[2] Albert Becker, „Pfälzer Frühlingsfeiern", *HessBIlfVk*, 6(1907), S. 145ff.

歌曲，或者在五旬节除了嘎嘎歌之外也唱《我有一个伙伴》和《骑马晨歌》。

从这个时期起，各地的协会一类的组织纷纷举办当地的节日习俗活动。这也有其充分的理由，被唤醒的强烈的兴趣，通过宣传的进一步鼓动，带来急剧增长的观众人数，因此有组织的准备工作和管理是必要的，但这样就产生费用，由于天气和其他不确定的因素，这类活动也存在财务风险。这种风俗的操控只意味着一个新的时代样式取代了旧的。一个习俗只要按照传统去举办并没有问题。应用民俗学和民俗主义之间的界限本来就不甚清晰，很容易混淆，这主要是看协会组织成立的目的。大量观众要求必须对习俗行为进行界定，使得习俗本身成为可表演的节目。观众越多，那么表演者就觉得越有义务使他们印象更深，因此本来不属于这个习俗的成分却因为对此会有所帮助而被吸收进来。有时候理事会和协会内部意见不一，通常并不是传统的维护者占上风，而是符合时代需求的有吸引力的民俗主义倍受青睐。

在第一次世界大战之后的严重通货膨胀时期，人们在危难时刻怀念家乡的价值和传统，所以在20世纪20年代又一次兴起了习俗更新的热潮。埃杜德·吕尔（Eduard Rühl）作为当年来自民俗学界的民俗维护者我们已经被提到过。此外还有阿尔拜特·贝科尔，以及吉奥格·西格豪夫（Georg Schierghofer），他们在图尔茨致力于莱昂哈德骑士节的举办，还在特劳恩斯黛因使吉奥格骑士节习俗得以复兴。这两个成功的事例成为其他地区效法的榜样。为了丰富复活节星期一的由圣吉奥格协会领导的吉奥格骑士节习俗，他提议增添了穿着古老装饰的舞剑舞蹈。他相信这符合当地古老的习俗，而这个观点被后来所有的有关报道予以采纳。实际上，经过整理的特劳恩斯黛因城管局的账单是来自1526年的唯一的证据。在那个时代，几乎所有地方的节日，尤其是狂欢节，都有舞剑活动。这也是一个习俗的发明，但是和神圣骑马习俗一样从此保留了下来。

随着"千年帝国"的来临，被称为鲜血和大地的民俗主义蓬勃发展，试图复兴被一切邪恶势力遏制的日耳曼民族的文化遗产。一方面，应该调查研究遗产自身，另一方面，应该将其与其他专制主义，尤其是东欧国家发展和施行的文化一起研究。它们具有相同的文化政治功能，只是具有不同的特色。这里只是提到那个时代，排除其政治背景，也可纯粹从方法的角度来考虑。

20 世纪 30 年代中期，在不同杂志上纷纷刊载至今专业期刊都没有提及的奥登林区的冬季和狂欢节习俗。[1]它们展示的是十分初级的鬼怪和动物的面具，画的眼睛、鼻子和嘴巴都很粗糙，以期获得吓人的效果。其发明者是当地一个兴趣浓厚的民俗学家和年轻工程师，他后来做房屋研究很有成就。他当时受"意义图画研究"的影响，相信民俗图像中也可看到古老的意义图画，它们只是在基督教盛行之后被妖魔化了。虽然新的风俗保护复兴了各个不同的自然崇拜的形式，但是"从启蒙主义和唯物主义的观点来看，并没有看出它们图画的高度象征意义"。最新的风俗研究可以很简单地解决许多谜团。[2]冬季的习俗形象含有古老的关于太阳的象征意义，这个想法连奥根·法尔勒（Eugen Fehrle）都提出怀疑，他本来在海德堡教书，他的目的就是"对风俗的初始意义追根究底"[3]。此后不久出版了"风俗层的等级系列"，其中第一和最早的等级是"形象思维和风俗图像"[4]。奥登林区的风俗图像应该是这个层次的遗留。

在这个解释出现之后，许多当地的风俗都被精心地载入带说明的图册系列，图册为多卷本，展示了服装发展的每一个阶段，并转给民俗学研究所保存。这里还记录了采录的时间、地点和方法，进一步来看这些照片和录像，会发现引人注目的面具类型并不是来自活生生的、定期举办的习俗，而是根据几个个人的记忆来"重构"的。[5]很明显，风俗的现实存在只是奥登林区圣诞节游行的人为的仿制品。为了使类型多样化，人们只能依靠模糊的记忆做出一些奇特的

---

[1] 现在，许多习俗与历史剧目相联系。

[2] Heinrich Winter, „Winterliche Schreckgestalten. Ein Versuch zu ihrer Deutung aus dem Brauchtum des Odenwaldes", *Volk und Scholle*, 14(1936), S.6ff. Heinrich Winter, „Dämonie oder Sinnbild", *Oberdt, Zs. F. Vk.*, 12(1938), S.145ff.

[3] Eugen Fehrle, „*Zur Entwicklung des Sinnbildes*", a.a.O., S.165.

[4] Heinrich Winter, „Brauchtumsschichtung. Ein Weg zur Neuwertung brauchtümlicher Erscheinungen des Odenwaldes an Fasnacht und im Mittwinter auf rassischer Grundlage", *Jahrbuch 1938 des Bayerischen Heimatbundes*, S.42ff.

[5] Heinrich Winter, *Mittwintergestalten und Mittwinterumzüge*, Bildaufnahmen von 1938/39.

造型。这个发明者却坚持认为其成果意义非凡，认为通过这种方式能重建和复兴已经忘却的具有意义的习俗。它们只是在照相机前显示了短暂的原始形态。

即使你不想寻找和花费很大代价去发现传统的遗留物，你也能被后期仿制的精美古董所欺骗。当我们 1936 年在慕尼黑举办"南德民俗"展览，布置一个当代民俗展厅的时候，为了展示全年习俗最重要的图像，大家一致认为一个巨大的"五旬节"塑像是这个展览的经典。这件物品来自巴伐利亚林区的库茨亭，外衣由青苔、皮毛和松枝装扮，还有一个巨大而原始的树皮面具，我们都把它看成古老的植物魔鬼。[1]我们手头还有新闻单位拍摄的一些照片，记录它在库茨亭是怎样周游，然后被浸入水中，所有仪式都和在书中写的一样，在别处没有这样活生生的令人印象深刻的习俗。后来我们听说，这个形象和有关习俗是几年前由库茨亭服装协会发明的，甚至被通俗民俗学家奥斯卡·克莱默（Oskar Krämer）称之为"东方大叔"[2]。在慕尼黑展览之后，他把他的"五旬节"通过"力量来自快乐"的组织机构直接送到其他城市巡展，作为忠实保存的古代日耳曼习俗的代表来展示。在下一年的五旬节，斯特劳炳的报纸写道："这个展览将从斯特劳炳到慕尼黑、海德堡、路德维希港。这个五旬节形象在 1936 年的汉堡国际大会上引起轰动，然后在柏林奥林匹克运动场上跳舞，向全世界亮相。电影协会用了很长的胶卷拍摄，新闻照片更是不计其数。"

关于面具的发明还有一个例子。大约十年前，一个上巴伐利亚对家乡文化感兴趣的人带给我们一套水彩画，大多数画的是自己编出来的漂亮而夸张的面具人物，据他讲这是他进行民俗研究获得的"重新发现"，他给它们编造了一些从没听说过的名字，而且还编了一些传说故事。他想到了一些具体的地点，把这些想象的人物安置在那里，但是没人对此感兴趣，所以不管他怎样努力，都没有能够出版。假如真的出版，肯定有人会称赞巴伐利亚多么珍爱习俗和戏剧，而且肯定会有人在这里发现原始的特点，并因其能显示习俗的延续性而感

---

[1] 图片参见 *Jahrbuch 1937 des Bayerischen Landesvereins für Heimatschutz*, Nr. 183; vgl. Hans Moser, *Brauchtum. Zu Darstellung und Forschung*, Ebd. S. 49。

[2] 家乡作家 Eugen Hubrich 的口头诗歌，*Bayerwald*, 29(1931), S. 68ff。

到惊讶。

对被阻止的风俗发明者们来说，灵感并非偶然。在第二次世界大战之后的几年里，出现了维护文化的热潮，1951年的一个报告反映了当时的研究状况，在巴伐利亚可以找到许多令人沮丧的例子。[1]这个风气至今还没有结束，这在最新时期也有充分的证据。

为了不把这个整体现象从单方面来看，至少应该把传统风俗形式中的简单更新指出来。例如教会支持在圣诞节来临期间恢复以前在广大地区流行的"抬圣母"和在三个国王节的歌唱星星习俗，这也发生在慕尼黑地区。[2]但是古老的降临节歌唱来自萨茨堡，在那里发展成为公共性的大型活动，别的地方也效法模仿。例如1963年在慕尼黑，这里还恢复了在教堂广场举办的降临节的吹奏演出，然后这种演出也出现在富莱兴和安戴克斯。正是作为首府的、喜好节庆的慕尼黑增加了许多其他的风俗。再举几个例子。由于人口流动，一些外地的习俗也被带到巴伐利亚，如莱茵地区的马丁游行，以及新城区学校的马丁歌唱活动[3]，通过地方行业协会使新的节日产生了行会的特点。十几年来一直有一个园丁节，游行队伍服装具有突出的特色，队列中还有许多孩子和鲜花。[4]1960年恢复了啤酒节（5月4日），先在圣彼得教堂的行会坛做礼拜，然后啤酒生产商带领游行队伍，其中手工业者身穿传统服装参加，从一个由慕尼黑啤酒生产商协会所赞助的、树立在市场的高杆（五月树）旁边经过，然后在市政厅共餐后结束。[5]它集中了许多传统的成分而组合成一种新的形式，已经很受欢迎，尽管它没有像媒体报道所说有百年之久的历史。

关于大城市的民俗研究进展缓慢，有几个调研题目。在哪里和以何种形式出现相似的节日习俗的扩展，在单个的反传统的现代文明城市中怎样体现对

---

[1] Hans Moser, „Von Volksfesten und Volksbräuchen in unserer Zeit", *Schönere Heimat*, 40(1951), S.67ff.
[2] 叩门和歌唱星星习俗的合并也为慈善机构利用传统的乞讨习俗提供了便利。
[3] 《南德意志报》1962年11月14日和1963年11月11日。比较 Alfred Karasek-Langer, „Brauchtumswandel in Bayern durch den Zustrom an Heimatvertriebenen", *Bayerisches Jahrbuch für Volkskunde*, 1953, S.118ff.
[4] 《南德意志报》1963年2月15日。
[5] 对啤酒生产商的参与有大量的媒体报道。

民俗传统的兴趣？从僵化的保守主义到摩登的功利主义在各个社会阶层都有其代表。

其中以民俗主义贯穿的所有形式的汇集作为商业运作也肯定会具有吸引力。这里不是指的圣诞节之前的促销方式——这在各地都已经美国化了①，而是指其他的因素，如民俗主义在城市环境中的运用，比如商店橱窗展品根据季节更换，涉及民间信仰、民间风俗和民间生活（并不只是在旅行社那里），尤其是老式家具、衣柜和纺车更受喜爱，农具也受欢迎，时装商店甚至用最新款式的高级时装和旧的车轮以及谷仓灯笼一起装饰橱窗。

应该开展大城市的比较研究，尤其是那些作为旅游胜地的大城市，比较官方怎样致力于避免趋同化而尽力保留或者创造地方传统和民间文化特色②。在德国旅游者最多的慕尼黑，这种努力最大。如"爱心国际都市"、"舒适之都"这些城市标签对游客和仅占40%的慕尼黑市民已经习以为常。关于慕尼黑最有名的节日如狂欢节和啤酒节，这里毋庸多谈，但是要讲的是关于一个范围相对较小的节日"塔作家"③的影响。经过思想前卫的市文化部门的授权，它的任务是组织和举办展览、民间音乐和口头艺术表演、民间戏剧演出，以及与其他机构联系，为丰富多彩的慕尼黑文化活动增添传统色彩。④它能保持具有一定水平的幽默感，这实在不容易，因为人们普遍有慕尼黑–巴伐利亚幽默粗俗不堪的先入之见并为此争论不休。有一次，表演真正幽默的喜剧演员威利·密娄威茨（Willy Millowitsch）来了，他把莱茵地区的幽默和巴伐利亚的乡土味结合起来，用一个保龄球朝九个盛满啤酒的啤酒杯掷去，两个身穿高地传统服装的啤酒节乐手随之吹起小号。⑤如果谁期待看到当地的风俗习惯，那么他一定会对慕尼黑的演出失望。它不会展示上巴伐利亚的那种常见的家乡之夜，它也不

---

① 尽管如此，对一些商业化的民俗模仿也进行了展示。
② 旅游广告结合地方特色更为简便易行。
③ 这个名称表明它的存在地点。
④ 通过民间音乐和歌唱团组的保存而成为传统项目，但是其中也不可避免地有所创新。
⑤ 《南德意志报》1961年9月22日、25日。

是要和娱乐活动进行竞争，或者被有意地当作传入的风俗发生影响。在民间文化的基础上建立起来的有水平的娱乐节目在民俗主义范畴中占有一个特殊的位置。从民俗学的专业角度来看，这些节目被一些问题拖累，因为民俗的形式和界限被扩大化，也就是说，真实的、表演的和夸张的民俗相互混淆在一起。① 因为这种节目去掉闹剧性的效果以后，会很快缺少新的题材，所以犯错的风险增大。有一次相关方打算请科菲费尔德戏剧协会在慕尼黑客串演出他们的骑士戏剧，幸亏因为有反对意见而没能实现，因为离开原有的村落舞台，这样的演出会不可避免地丢丑。从图书和唱片可以证实，这种不情愿的滑稽效果像上世纪的《厨房之歌》和花园诗歌一样，今天随处可见。在这方面当然还存在很大的可能性，但这不是我们的追求。人们应该知道，所有这些好玩有趣的小作品只是为了浮夸的取乐而创作，而不是人们所相信的天真的民歌。这里包括两个流行歌曲，据说是民间歌曲，其中一个描述了"童话国王"路德维希二世的神秘死亡，唱到："神秘的杀手，无人知晓，把他从后面撞倒，投到湖里。"在另外一首歌唱猎人耶那万的歌曲有这样的经典词句："从后面射入胸部，他的下巴被打碎……"这就像自编的悼亡诗一样，构成了幽默的民俗主义。

最近节日习俗发展中出现了一个典型特征，就是细心登记和公开发表每个节日活动的参加人数——并不只限于刊登在当地报纸上——以便对下一次的活动进行广告宣传，展示这个节日习俗的吸引力。仅仅是在 1962 年的《南德意志报》上就有：罗腾堡的牧羊人历史舞蹈的参加人数为 11000 人（1963 年为 17000 人）；特劳恩斯坦的复活节骑马节俗参加人数为 15000 人；乌茨堡的葡萄酒节 45000 人，喝了 25000 瓶葡萄酒；菲尔特教堂节日的感恩节游行队伍有 1500 人参加，此外还有数目众多的身穿传统服装的团队和 18 个乐队，总共有 100000 人参加。库茨亭的五旬节活动是神圣骑马游行，以牧师为前导，如媒体所宣传，这个节日的远近闻名是由于它和行业协会、森林协会的五旬节弥撒结合在了一起，估计有 100000 人参加。广告读者会想，既然这些活动这么吸引

---

① 这在民俗娱乐中很典型，这种混合在 19 世纪的慕尼黑行会活动中就已出现。

人，那么自己应该亲自去一次。

旅游行业、旅行社和有关企业受益于庞大的参访者数目。他们寻求的是吸引力，至于是否是风景的，历史的，民俗主义的，或者任何其他新奇的因素，对他们来说无所谓。在民俗主义领域，质量的高低也完全无关要旨。正如1960年德国旅游中心在乌茨堡的工作会议上所建议的，要引进旅游业的自律机制，以便阻止贪图热闹的企业行为，但是遭到拒绝。许多游客期待的是这样欢快而热烈的度假娱乐。

1962年发表的关于民俗主义在家乡晚会演出的文章列举了许多例子，现在还能增加更多同样夸张的例子。1963年8月10日《新苏黎世报》报道了一个极其糟糕的活动。根据此文详尽的描述，这个活动不仅是造假，而且是对瑞士民俗的嘲讽。

在最近几年，人们对大众旅游的问题以及旅游者的心态从不同的角度进行了研究。民俗学对这些关于旅游大众的不同的细致研究应该感兴趣，对一些问题，如当地民众以此盈利，同时提供不限于物质方面的服务，他们有何反应，通过这些服务的提供，自己又有什么变化。在传统的旅游地瑞士，让·雅各·卢梭（Jean Jacques Rousseau）发现在大的交通要道近处和远处的民众心态不同。其后休闲旅游迅猛发展，有责任心的人就像理查德·魏斯（Richard Weiß）提出问题，担忧瑞士古老的正派和好客风气是否会受到大众旅游的不良影响。[1]在世纪之交，对蒂罗尔和上巴伐利亚熟悉的学者如伊格纳茨·V.任格勒（Ignaz V. Zingerle）、威尔海姆·亨利希·里尔（Wilhelm Heinrich Riehl）、奥古斯特·提尔施（August Thiersch）和马克思·豪斯豪佛（Max Haushofer）就对此提出了批评[2]，谴责那些对游客的愿望懒得搭理，传统意识明显丧失的不良趋势。今天至少是在旅游胜地，那里的当地人，多数是村子里的小伙子，在日常生活中也成为农民戏剧或者家乡电影的角色。自从欧根·罗特（Eugen

---

[1] 比较 Jean Jacques Rousseau, *Die Neue Héloise*, Leipzig 1761, S.110ff. Richard Weiss, *Volkskunde der Schweiz*, 1946, S. 118ff.

[2] 关于城乡夏季习俗的冲突融合的历史有关资料十分丰富，仅阿尔卑斯地区就无边无际。

Roth）在 1938 年叙述了北德的两个姑娘的对话——其中一个欢快地宣布她已经"收集了六个赛盆（小伙子）"①——以来，这种想被收集的小伙子现在越来越多。巴伐利亚电台有个很出色的节目，简称为"赛盆"，就是指这一类很健壮、很粗鲁，但又很柔情、很欢快的巴伐利亚人。②谢天谢地，当然不是所有的巴伐利亚人都是这样，也不是所有的上巴伐利亚人都这样，但遗憾的是为数不少，他在农村甚至遭受家乡保护协会的打击，媒体也拿他取笑，但是今天用这样强壮、欢快、有特色的角色在公众场合引人注目，并且能够赚钱，存在着太多的可能性，所以不会消亡。

今天，各种稀奇古怪的事情不仅可以出现在报纸上，也能得到无数的电台和电视观众的青睐，所以助长了虚荣、虚假的雄心和怪事的出现。实际上，手指角力比赛是古代的民间体育，两个男士面对面坐在一个坚固的桌子两边，中指套在一个鹿皮环里，双方在桌面上比赛拉力。③这在近年也成为公开的展示活动。1959 年，在慕尼黑修士会举办的冠军赛上，56 个来自巴伐利亚和蒂罗尔的参赛者在百余名观众面前进行比赛，不仅巴伐利亚电台，而且德国电视台和一个英国电视协会也进行了报道。以后几年也是如此，报纸至少会刊登获胜者的大幅照片。在罗森海姆的埃兴，人们寻找一种稀奇的公开比赛，却找到了一个令人恶心的消亡的风俗变种④。1960 年，在那里成立了一个鼻烟俱乐部，此后每年举办有奖比赛，还有唱歌和喜剧表演，最后是为鼻烟王授勋。⑤即使大城市的媒体也经常详细地对此进行图片报道，这也反映了一般的公众兴趣。⑥

吸引观众的比赛一直存在。民歌演唱、舞蹈和音乐赛早已流行，现在还有

---

① Eugen Roth, „Brauchtum oder Gaudiburschen", *Schöne Heimat*, 33(1937), S.96ff.
② Franz Weyer, „Der Seppl, Held der krachledernen Volksdramatik", *Unbekanntes Bayern*, Bd. 6, München 1961, S. 260ff.
③ 从 1955 到 1963 年,《南德意志报》有 13 次有关报道，多数配有图片。犹如一百年前上巴伐利亚酒馆里的手指角力，参见 Karl Stieler, *Bilder aus Bayern / Aasgewählt Schriften*, Stuttgart 1908, S. 156ff。
④《南德意志报》1960 年 4 月 4 日、5 日，1962 年 3 月 3 日、4 日。
⑤ 这一传统中所产生的"国王"在此遇到受人喜爱的"胡子国王"的竞争。各地还有数目众多的"女王"相互竞赛，例如"玫瑰女王"、"水仙花女王"、"药草女王"等。
⑥ 在阿尔皋，牛铃已经变成最受欢迎的系列旅游纪念品。

推波助澜的电台和电视台。此外，还有说方言的比赛，但这些都出于不同的目的，很值得怀疑。在巴伐利亚林区的一个地方，对获胜的最大和最好的牛铃铛进行了颁奖。①在巴伐利亚，男士帽子上用来装饰的最大和最漂亮的羚羊胡子也获奖。这是一个奖杯，猎人为此而感到骄傲，因为只有勇敢的猎人不畏艰险才能获得。在今天，人们可以高价购买这种帽子装饰。在比赛中，谁花钱最多谁就能够赢这个奖。这个比赛在1959年举办了第一次，作为旅游胜地路庖町地区夏季节日的特别节目，由当地名叫罗圣山的山区服装协会举办，巴伐利亚垦皋和卢派廷皋、萨茨堡和蒂罗尔等地区的传统服装协会也参加了比赛。有一个身着传统服装的乐队进行演奏，在电视台来采访拍摄的时候，受邀协会的会员还演出节目单之外的拍打舞。在对所有的帽子装饰物经过数小时的显微镜检验之后，选出得分最高的前三名获奖，奖给帽子的经销商，大家对此有争议。这里也有一个戴帽子的女士，是来自科隆的游客。她身穿从协会借来的服装。为了给摄影师创造一个壮丽的场景，她为获胜者戴上帽子，并且多次亲吻他的面颊，然后和每一个获奖者跳一次舞。②这个节日在当地以"家乡晚会"结束。这个活动的成功使这个节日年复一年地举办。

这些符合人们普遍的兴趣并通过单独的组织者带动的地方家乡协会，常常脱离大的家乡联合会的影响，这些大协会的领导人今天还坚持要求对民间传统进行意义深远的维护。家乡协会的发展，很早就造成了良好愿望和恶性效果的明显差异③，对这个问题应该在不同地区进行民俗调查。关于家乡保护的努力和成果的记录会提供全面和详细的总结④，这从家乡保护者的报告和官方的宣传中是不可能得到的。当然，这不是关于原则和方法的争论，因为其目的在各个事

---

① 比较 Hans Moser, „Vom Folklorismus in unserer Zeit", *Zeitschrift für Volkskunde*, 58（1962），S.202f。在休假季节这里的游客每月达2000人。
② 《南德意志报》1959年6月23日、1959年7月1日。
③ 上巴伐利亚山区服装的复兴并没有引起其他地区的模仿，而只是那些能够最终彻底取代其他民间服装遗存的高地服装得以流传。
④ 德国家乡协会1962年在弗莱堡举行以"风俗维护"为题的会议，并在1962、1963年年鉴中出版了重要的会议发言。

例中不同，这需要具体判断。民俗学的主要兴趣只是在它们对民间生活的实际影响。

这些论述只是为了说明民俗成分的利用和滥用存在多种形式，现在有，过去也有，可以归结在中性的民俗主义的概念之下。这个概念或许还需要精确限定。是否做和怎样来做，应该在对这些问题进行研究之后再确定。这里只是给出典型例证，只是对表现形态和相互关系简短评述，而这对民俗学很有意义，值得进行专门的研究。对民俗主义表现的评判在实际操作中不容易掌握，应该着眼于现实特点和区别，而不是着眼于判断或者推荐，如家乡维护者所说的那样。这个题目在各地变得很现实。科学的民俗学的任务是确定民间生活的某一领域，以及形式和功能、动力和前景、影响及其在认同或拒绝中表现出的共鸣。尤其应该注意的问题是，是否以及怎样在民俗主义受商业运作严重影响的地区对民族性格的变迁进行考察。家乡维护者的民俗主义造成了一个严重的问题，即他们为了追求恢复真正的古老习俗的意义和形式，而对民间风俗进行虚构和伪造。他们基于对通行的民俗学知识的信赖，并以此进行业余民俗主义的实践活动，早在1890年，卡尔·魏侯德即提出要用严肃的民俗学研究对这种做法取而代之。大众媒体乐于对商业化和娱乐化的民俗主义冷嘲热讽，但是通常承认那些吸引人的原始的民俗事项的深刻意义，所以这些值得怀疑但是很显然被证实的上个世纪的民俗现在已经有力地得以扩展和传播。

去除民俗学的浪漫色彩是一个不可拖延但由于普遍的认同而非常艰巨的任务，除此之外，也要搞清楚19世纪民俗主义的理论和实践。此外，将民俗主义作为跨时代现象，并将其作为传统构成的重要因素来认识和评价，也是十分必要的。自从启蒙运动以来，它就呈现了一定的趋势，民间文化事象的展示除了地方性和社区性的功能之外，还有其他重要的功能，尤其是社会功能。它们不是脱离民间精神的自我袒露，而是表达了应对经济和社会危机的现实的必要性，因此它展示的不只是生活中节日快乐的有吸引力的可观性的一面。如果民俗学要走出浪漫的构想和愿望场景，要对过去的和现在的民间文化获得真实的认识，那么对传统的研究就不应忽视这个发展轨迹。

关于民俗主义批评的批评[*]

〔德〕赫尔曼·鲍辛格（Hermann Bausinger）

汉斯·莫泽没能参加这次会议，特别令人遗憾，因为他不仅对历史传承有着深刻的认识，而且对当代民间生活也提出了具有决定意义的看法。尤其是他把文化社会学的重要概念"民俗主义"引进了民俗学[1]，并且终生坚守不渝。[2] 我肯定不能取代汉斯·莫泽，但是，我还是想对这个关键词语提出几点看法，首先从以下三个方面：

1. 民俗主义这个词，简练多于精确。汉斯·莫泽对这个词较少地予以定义，而较多地给予范围划分。我不想手持解剖刀走近它，因为这样会产生使研究对象难以认识的危险：对于民俗主义的批评涵盖其整体的各个部分。另外一个问题是，这种反批评的结果是否能够成为有助于进行定义的建议。

2. 在民俗学界，关于民俗主义的批评，比表达出来的关于此现象的争论更多。这里存在着一种无声的批评，即对民俗主义的对象采取沉默的蔑视态度。

---

* 本文由简涛译自赫尔曼·鲍辛格（Hermann Bausinger）：《对民俗主义批评的批评》(„Zur Kritik der Folklorismuskritik"), *Populus Revisus-Beiträge zur Erforschung der Gegenwart*, Tübingen 1966, S.61-73。

[1] 彼得·海恩茨（Peter Heintz）：《社会变迁》(„Sozialer Wandel"),《社会学》(*Soziologie*)，任纳·昆内西（René König）主编，法兰克福 1958 年，第 274 页。

[2] 汉斯·莫泽：《论当代民俗主义》(„Vom Folklorismus in unserer Zeit")，《民俗学杂志》(*Zeitschrift für Volkskunde*) 1962 年第 58 期。汉斯·莫泽：《民俗主义作为民俗学研究的问题》(„Der Folklorismus als Forschungsproblem")，《黑森州民俗学学刊》(*Hessische Blätter Für Volkskunde*) 1964 年第 55 期。

我的反批评更主要的是反对这种无声的批评，反对所有对这些现象含蓄暧昧的拒绝，而不是反对讲出来的说理的批评。也就是说，我不是要与汉斯·莫泽进行论争。

3. 这里我想特别强调，因为我作为漏洞弥补者不能再把汉斯·莫泽的两篇主要论文重读一遍。我没有把我的看法写成严谨的论文进行宣读，而只是作为讨论用的发言稿。在此我将提到四个著名的事例，从这些事例中提取出八个推论，或者说八个论题。

第一个事例。不久前，我在雷蒙斯达的一个小村里发现了一个橱窗，里面布满了各式各样的草编工艺品。橱窗前的陈列品尤其多种多样，例如：在复活节之前展示与实物一般大小的用稻草编织的复活兔、公鸡、母鸡和鹅，还有用稻草制作的复活蛋篮子；在圣诞节前展示的是用稻草编织的星星、孩童形象和牲口槽以及许多其他物品。我猜想，可能是东南欧的移民带来了这种稻草编织艺术。联想起前几年一位附近村子的多瑙斯瓦本妇女为我们研究所用稻草编织了一口收获大钟时，我认为这个猜想更加接近事实。但是，事实上这个商店开业已久，只是近期才开辟橱窗，女店主是柏林人。她相信她第一个发明了稻草星星，而且这和一位"民俗学家"有关，他是一位农业学校的领导人，这甚至曾是她做此发明的缘由。我洗耳恭听，因为"民俗学家"这个词出乎意料。在"二战"前或者"二战"的头一年，他对她说："我想在我的生命之树上装饰用稻草做成的东西。"此后，她做了各种尝试，完成了几种稻草造型，突如其来就产生了稻草星星的创意。从此她继续努力，从图书和报刊中汲取启发，同时进行自由创造。这期间出现了大量草编工艺品，并且广为传播。我至今没有机会对这种草编制品进行采访，但我相信，如果能够采访这个或者其他人，谈得更多的应该是古老的民间艺术，而不是时髦的艺术行业。我相信，民俗主义的条件会继续得到满足。

现在，与这个例子相关联的有一系列的特殊问题。那些在某种程度上参加纳粹党圣诞节庆祝活动的购买者并没有意识到这一点。但是我相信，我们可以从中预见，这里有一条从民俗学者通向民俗主义者的路，通向民俗主义生产的路。这不一定典型，一般来说有许多中间环节，使这条路模糊不清，使人不易看出来。我想确定几个问题，这不是什么新观点，但是十分重要，以至于我想把它作为第一个推论提出：

民俗主义是对昔日民俗的应用。

民俗学是否是直接地从民俗学者介绍过来，或者是通过风俗维护者介绍的，对我来说无关紧要。海博特·史维德指出，在不同的事例中，其幼稚的程度是相似的。[1] 总体来说，这与自我反映的问题范围有关，与反馈效应有关，或者如人们所说，与"返回"[2]有关。对民俗现象返回的洞察力，肯定不能阻挡对于现象的批评，它甚至提出了此类要求。问题只是，我们在我们的专业之内是否像对外反对民俗主义的表现那样决意做出同样的批评。对此，我在结尾处还要谈到。

现在回到我们的例子。溯源之路如此显而易见，这是一个例外。民俗主义表现的规则是——此处还是用这个例子来说——我们不定在哪里就碰上稻草星星，或者稻草鹳或者其他有价值的物件，我们会问，它到底从哪里来的，但是我们难以追寻它的来路。可以想象，一个移民在他关于古老的家乡风俗的记忆中产生了这样一个草编物件。另外也可能是，一个当地人买来的，因为它可爱，因为他觉得它好看。人们不需要对这个物件仔细观察：这里存在民俗主义的表现形式，它们与属于"传承规则"的物品没有区别。由此，推导出第二个推论：

第一手和第二手的传统常常相互交织。 如果传统研究者从类别上去除了某个领域，那么，他的结果就会失真。

阿尔弗莱德·卡拉塞克在不久前对不同的人群和机构进行问卷调查[3]，询问

---

[1] 海博特·史维德（Herbert Schwedt）：《风俗维护和应用民俗学》(„Brauchpflege und angewandte Volkskunde")，《德国民俗学和古代学论文集》(Beiträge zur deutschen Volks- und Altertumskunde) 1966 年第 10 期。

[2] 汉斯·莫泽在他的论文中使用了这一概念。

[3] 于 1965 年 12 月 14 日。

复活节花环和彩蛋树在德国哪些地方已经出现。这是指在那些绿树枝上悬挂的掏空并且彩绘的鸡蛋。这个调查的缘由是卡拉塞克收到一封来自奥地利民俗地图学会的信。那里的人们观察了彩蛋树的传播，他们相信这种习俗是从施莱辛传来的。但是，人们不是完全清楚，它是否现在可以成为民俗地理学调查的合乎要求的对象。卡拉塞克摘录了这封信的结尾提出的问题："……这个彩蛋树或许是一个新的民俗事项？"卡拉塞克认为这与苏台德地区的青年运动有关。他对彩蛋树自 1950 年以来在这个地区的传播进行了观察，他推测，这个习俗是从苏台德传播到其他地区的。但是，这并不需要到处都有传播载体，在民间故事研究中所称的"自动移入"[1]，在此也清晰可见：一个不依赖于传播载体的变异。人们只是考虑农妇课堂、学校、幼儿园、家庭杂志和许多其他传播媒介的作用。人们肯定地说：对，这彩蛋树是"一个新的民俗事项"。但是，人们可以不假思索地接着说：正如圣诞节有这么一个花环。我们必须对这些物品的传播途径进行研究，探究创新的中心和创新的路径[2]，即使那里不适合于地理学的方法，对所有这种类型的发展进行细致的观察也是十分值得的。

对第二个事例，我必须简略提一下，因为这个成果已经出版，这是指处于奈卡和博登湖之间并且以海皋为中心的一个新的大面具的产生[3]。这里有几十个新成立的节庆协会，他们都穿戴各自创制的象征性的服装和新刻的面具。如果我们对概念不定义太严，那么，民俗主义的条件在这里也得到了满足，尤其穿戴新服装和新面具的人被委派去表演一种古老的习俗，这也好像是掌管上层建

---

[1] C. W. v. 雪窦（C. W. v. Sydow）：《童话研究的现状》(„Die jetzige Stellung der Märchenforschung"), *Saga och Sed*, 1935, Uppsala 1936, S. 83-102.

[2] 关于创新的概念及其在不同科学领域的应用，可参考克里斯道夫·保谢德（Christoph Borcherd）：《创新作为农业地理的规则体现》(„Die Innovation als agrargeographische Regelerscheinung"),《萨布吕肯大学纪事报》(*Annales Universitatis Saraviensis*)，哲学 10（Philosophie X），1961 年，萨布吕肯 1963 年，第 13—50 页。关于本论文中的这个证据，我要感谢沃夫冈·雅考贝特（Wolfgang Jacobeit）。对某些更新的过程可以相应地使用装修的概念。

[3] 《奈卡和博登湖地区的村落狂欢节》(„Dörfliche Fasnacht zwischen Necker und Bodensee")，《民间生活》(*Volksleben*) 1966 年第 12 期。着重比较汉尼·克希讷（Hanni Kirchner）：《新面具》(*Neue Masken*)，第 267—355 页。

筑意识形态，总是一再把新协会的会员置于"理想主义"层面上。

对民俗主义的批评者来说，这种以理想主义为使命对大多数人的欺骗做得很完美，他认定是有形的经济利益在起作用。他发现有的主持人在报纸中做广告。他预计，面具制作者在制作新面具时会赚大量的钱，等等。

人们可能认为稻草艺术品的出现是由于个人或民俗艺术的女店主唤醒了需求，其实它产生的道路却完全相反：这里存在着需求，人们因此到制作者那里去，而平时在这个地区要寻找很长时间才能找到。新的服装和新的面具的价格，大约在100马克到1000马克之间，这个价格所有阶层的人们都能付得起。节庆协会的价格有时候要高些，而狂欢节期间的路费大部分要会员自己支付。报酬，也就是经济上的收益，通常最多是一顿茶点或一瓶啤酒，这个"收益"又要投资到其他场合里去。这样昂贵的服装许多人都能付得起，这在我们这个富足社会中当然是事实。但从另外一方面看，人们也认为以前与风俗相关的开支肯定不会这么高。在一定程度上来说，理想主义这个关键词在一定程度上发挥了作用，只是相应地较少显示出来。因此，得出第三条推论：

在经济领域中的相互交织并不是什么新鲜事，不能由于个体商家盈利以及与风俗题目有关的大众媒体的商务活动就认为所有民俗主义倾向都商业化。

民俗主义这个术语的标记化——正如这个术语带有贬义的使用和商业化背景的设想，从整体上阻碍了对民俗主义现象的形式和功能的探究。这需要一个特殊的报道，目前只能是希望对它的功能在一定程度上作全面介绍，对它可能产生的功能谱系进行图解。正是这里显示出，人们对民俗主义有着非常不同的理解。尽管如此，我们或许可以列出几个主要论点，它们刚好也能用这个例子进行阐释。在此，我忽略与伪装或强求相关的特殊功能。另外，很明显，这种特殊的狂欢节功能在新的协会中也正在消退。对我来说重要的是，所有这些表现都是闲暇时间的一部分，是人们甚至可以使用可怖的词语来指称的如"闲暇时间造型"的一部分，或是在这个条件下出现的。它们被作为一个共同的爱好进行表演。当然，它们包含的还比只是作为爱好要多得多，因为这种习俗和表演带有义务和责任的性质。在这种活动中，人们一方面，把它看作单调枯燥的工作世界的对立物，它们是调味剂，另一方面，它还保留了单纯、自然和古老的印象。这种双重性格，也可以说这种精巧为很多民俗主义表现打上了烙印，从纪念品到有组织的打耳光舞蹈，一方面，作为纪念和个人品位的提升，另一方面，作为自然存在之外形的载体。

此外，还有其他的观察：那些在这里表演的团体需要许多面具。他们不一定从哪里获得灵感，尤其是他们常常从早期相关的地方别名中去寻觅。这些别名以前在居民心中毫无疑义地具有负面的内涵，但是，在今天的集体意识中将根据外面的宣传资料重新进行构想，民俗主义因此也获得集体的秩序性的功能。借用美国民俗学家简森①的话说，人们在这里可以对深奥与浅显的成分进行区别：一方面，与内在的安定有关，另一方面，与对外展现和外在尊严有关。对这些功能来讲，在不同的领域都有大量的例证。这里至少有一个证据，阿尔弗莱德·胡克说："施瓦姆人的自我感受，最终归结于从外部通过农村画家和其他人渗透进风景画中的神话。"②居于少数地位的民俗主义，也属于这种情形，它经常地处于政治的暮色微光之中。这既符合极权主义国家的少数民族民俗学，也适合于某些国家的家乡民俗学的情形。

当然，不可能在此列举所有的功能。我在第四个推论中只是综合了几个迹象：

民俗主义表现的功能要在个案中进行调查。在此，要注意作为对比需求的自然形态，注意生活情趣的提升，注意社会秩序及其重点强调的功能。

现在这当然会遭遇异议：是的，正是这样，所有这些团体生活不是为了自

---

① 威廉·胡戈·简森（William Hugh Jansen）：《民俗学中的隐显因素》（"The Esoteric-Exoteric Factor in Folklore"），《历史》（*Fabula*）第 2 卷，1959 年，第 205—211 页。简森提出的民俗主义者的概念，在这里指的是它的国际化意义（口头传承研究者），这个词语运用使得"民俗主义"受到质疑。这个问题不能在此展开讨论，只捎带提一下。

② 阿尔弗莱德·胡克（Alfred Höck）：《论"施瓦姆"的景观》（"Zur Landschaftsbezeichnung ,Die Schwalm'"），《黑森历史和民俗学协会杂志》（*Zeitschrift des Vereins für hessische Geschichte und Landeskunde*）第 74 卷，1963 年，第 143—152 页。

己和出于自我，而是更多地把自己向外设置，风俗是为了表演，为了展示，或者我们可以真正强调：为了作秀。反对这个指责首先需要举证。这个例证面对所有的民俗主义批评具有效力和分量，历史性的论证在这些关联中显得特别重要。许多习俗以前也具有展示的性质。观众总是属于许多习俗，几乎没有人只有一个内在取向。例证确实是无穷无尽[1]，我不想一一列举，但至少要举出几个：马克格吕内根的牧羊人赛跑，在18世纪就为整个斯图加特居民提供了一个观赏该节日的机会。[2] 在格纳拉达的彼得和鲍尔节上，全城和整个郊区的人们都汇集到卡拉拉·戴尔·达劳大街，因为年轻姑娘们根据古老的习俗在这天要跑过涂有肥皂的石头[3]。伊纳·玛丽亚论述了希茨林的圣周庆典的功能[4]；海尔木特·缪勒最近论证说，即使在最原始和最微小的社区，对外取向也是不可避免的事实[5]。因此，如果我们在这个活跃的时代期待着团体、村落和社区完全封闭起来，那完全没有道理。

第三个例子，我要选取奥地利曾经报道过萨尔茨堡"金鹿"的一份旅游杂志[6]：

现在的业主瓦德道夫夫妇通过收集民俗艺术品这一业余爱好而进入旅游业。他们关于创建一个时尚的家乡风味的豪华旅馆的主意获得极大成功。但是，必须补充的是，尽管格拉芬·瓦德道夫在奥地利旅游界举足轻重，在她的家乡也

---

[1] 汉斯·莫泽在他的民俗主义论文发表之前就已经对民间风俗进行了论证，可比较《关于当代民俗学的思考》("Gedanken zur heutigen Volkskunde")，《巴伐利亚民俗学年鉴》(*Bayerisches Jahresbuch für Volkskunde*)，1954年，第224页。

[2] 泰奥道·豪恩拜格（Theodor Hornberger）：《牧羊人，南德地区职业状况的农业和民俗学意义》(*Der Schäfer. Landes- und volkskundliche Bedeutung eines Berufsstandes in Süddeutschland*)，斯图加特1955年，第99—104页。

[3] 毛利茨·威尔康（Moritz Willkomm）：《回忆在西班牙和葡萄牙的两年》(Zwei Jahr in Spanien und Portugal. Reiseerinnerungen) 第3卷，德莱斯顿和莱比锡1847年，第59页起。

[4] 《西西里岛的圣周庆典、节日形象、民间信仰和民间展示》("Die Settimana Santa in Sizilien. Festgestaltung, Volksfrömmigkeit und Volksrepräsentation")，《奥地利民俗学杂志》(*Österreichische Zeitschrift für Volkskunde*) 1964年第18期。

[5] 《社区、民间社会和"小社会"的问题》("Gemeinschaft, Folk Society und das Problem der ‚kleinen Gemeinde'")，《民间生活》(*Folk-Liv*)，1964—1965年，第135—145页。

[6] 《旅游》(*Der Fremdenverkehr*) 1965年第38期。

是知名人物，但她的所有不上档次的艺术品却都被人瞧不起。在旅馆改建和重新安装时，这一时尚直到门把手都完全保留了下来。

设想一下，人们住在一个用萨尔茨堡农民家具和其他农民家庭用品装备起来的房间里，而不必放弃一流旅馆的舒适，奥地利风格和一流旅馆的标准相结合，正是这种幸运的结合使"金鹿"旅馆世界闻名。国王和公爵、国家领导人和艺术家，都是对其深感满意的宾客。谁住进了"金鹿"旅馆，谁就真正生活在萨尔茨堡。

如果在这里四处巡视一下，就会看到用古老的衣箱改制的当作传达室的小亭子，电梯不易察觉地嵌入在老旧的墙内。庙宇式的走廊把酒吧和餐厅连接起来，交叉拱顶提供了一个可供烤肉的舒适处所。每个套间和单间都布置着老式家具。传统和现代旅馆文化在这古老的贵族院落里融为一体。由于它的美食和奥地利式的舒适使得"金鹿"举世闻名。

这个例子提供了一个非常详细的解释，从一开始就表现出相反的情态，不是像人们期待的那样，旅游导致民间艺术，而是民间艺术导致旅游行业。我不能对此详细解释，只是提出前瞻性的思考。这里我只是随便说说。可以想象，一个萨尔茨堡人来到"金鹿"旅馆，对这些家具提出一些看法。他或许在郊区的院子里看到过这样一个农民衣箱，发现衣箱在这个旅馆里另有所用。他作为这个事件的知情者可以认定这是一个来自伦高的衣箱，并且已体现出施蒂里亚的影响，他认为这一切都是危险的可用性信号。如果一个施瓦本人来到这个旅馆，他或许能够对这个旅馆的设施表示认可，只要他还没有被卡尔先生的奥地利舒适排除在外。一个荷兰人在这个旅馆里可能感到非常满意，他相信，他在这里确实认识了古老的萨尔茨堡。这些错误当然十分危险：约瑟夫·鹿特在他的小说里写道，波斯亲王在维也纳妓院里与妓女米册过了一夜，但他相信他是与奥地利伯爵夫人在童话般的宫殿里共度良宵。① 人们可以带些恶意地说，对异国情调的误解似乎是旅游业主要的推动力。但是谁说得对：萨尔茨堡人，施

---

① "一千零一夜"的故事。

瓦本人，还是荷兰人？回答只有一个：都对或者都错。对这种现象的评价无论如何要把功能向外探求。第五条推论：

民俗主义批评常常只是看到一个方面。他们无视由于视角不同而感受到的功能差异，而不是对它们进行全面评判。

这些视差并不仅仅存在于横的地理层面上，而且出现在纵的社会层面上。弗里德里希·施莱格尔（Friedrich Schlegel）写道，人们必须把民间诗歌在"给民众的民间诗歌和给上等人和学者的民间诗歌"之间进行区分。[①]同样，人们应该区分为民众的民俗主义和为上层人的民俗主义。为上层人的民俗主义更古老些，只有当为民众的民俗主义还不存在的时候，为上层人的民俗主义才能完全运转。也只有这时，上层社会才在一定程度上在民间文化上贴上"真正的"、"原有的"和"自然的"标签。

不久前，在法兰克福动物园出现了一个重要改变：人们去掉了猴子笼子里的树枝和树冠，代之以塑料杆和橡胶链。这个结果令人吃惊：那些猴子感觉很好，但是参观者怀念原有的树林。这个小寓言的道理很明显。但为了展示"角色期待"在这种关联中的意义是何等激烈，情节进一步推进：如果这些猴子再向前进化，那么，它们将会建立一个旨在获得原始森林的协会，建造一片塑料原始森林。但此前那些对去除原始森林深感愤怒的观众，将对重新建造的和"维护的"原始森林的合成性质表示愤怒。第六条推论是：

民俗主义是角色期待的产物。对民俗主义的批评是对迄今为止的角色定制扩展的批评。

认为民众具有民俗主义的想法在其他方面也被强调。这里相关的是第四个例子，也是最后一个：

在蒂罗尔北部一个村子，自"二战"结束以来旅游业获得发展，几年来定

---

① 《来自雅典娜的碎片》（*Fragmente aus dem Athenäum*）第 1 卷，1798 年，第 2 部分。

期举办"蒂罗尔之夜",舞蹈团体登台演出,节目有歌唱和闹剧,全部以原始的形式。一位当地的老师对蒂罗尔之夜表示愤怒。他说,这一切都不是真的,它所提供的不是家乡的民间事物。他主张取消"蒂罗尔之夜",而代之以引进"村落之夜"。我问他,在村子里是否还有传承下来的民歌和舞蹈,可以在"村落之夜"演出。他的回答是:没有,但是在因斯布鲁克有个地方可以弄到歌本和舞蹈册子,有这些资料帮助,人们可以举办"村落之夜"。

这里有一个问题,几年之后,是否另外一个老师要重新引入"蒂罗尔之夜",因为他发现,这个"村落之夜"不是"真的"。陷入这种情况的唯一可能的运动形态是螺旋线。我不否认,存在一些问题和对问题进行批评的合法性。如果那个老师提出,"村落之夜"的幽默不要局限于晚会自身通过重复"Himmi Sakra",亦即通过爬窗偷情和跳踢鞋舞创造出来,那么,这肯定会得到认可和尊重。但是这个老师也不是来自民俗主义的禁区。这或许与民俗文化的虚构还一直被普遍偏爱有关。

在国民经济学里有一个大约四百年之久的格雷欣法则,根据英国人汤姆斯·格雷欣命名。说的是如果在一个国家里存在两种货币,良币受到劣币的驱逐,良币终将出局,但是劣币同样因此而更劣。我扪心自问,我们是否也有民间文化和流行文化两种不同的货币,"流行文化"是否在持续地降低质量,我们的"民间文化"的博物馆性格也与这两种货币的划分有关。一个具体的例子:民间歌曲和靡靡之音的区别对我们来说不只是功能性的,也不只是操作性的,而在一定程度上是世界观的不同。我相信,几乎没有任何一个国家像我们这里的靡靡之音这样悲观厌世,民间歌曲听起来有这样的博物馆性格。民间歌曲作为良币被其他歌曲样式所取代,被驱逐出局,或多或少地带有博物馆性格。但也正是这样,它在流行音乐中获得了一席之地,也正是这样,民间歌曲成为可供使用的民俗主义的展品,这是一个明显的效果。第七条推论:

谁反对民俗主义而玩"本来的民间文化",谁就将由此进入一个封闭的圈子,在这个圈子里不可避免地朝着民俗主义发生突变。

在此要对一个术语进行鉴别。"第二存在"①,也就是我们总是想那样称谓的受到维护的民间艺术,不是简单地等于民俗主义。但是有人知道,这个边界是多么飘忽不定。是否在奈克塔的村子里成立一个巴伐利亚的服装协会,是否在同一个村子有了一个家乡服装协会,或者是否一个民间舞蹈队身穿时尚服装出场,这是一个区别。但这与民间文化的第一存在重合,只是程度不同。②

这种相互融合对我来说本来是令人兴奋的,有时候也被证实具有理论的意义。汉斯·斯特劳伯在1939年写了一篇论文,题为"最后的印第安人是怎样的?"③。在这篇论文中,所有提到的例子以及所提到的对民俗主义的批评都已经包含在内。斯特劳伯反对那些为了展示而制作的风俗,他提到装载"原有风俗"的"民俗仓库"的特别列车驶往其他地区。他提到旅游业的"风俗敏感",他批评带有"服装教会"或者"克奈希特·鲁泼赖希特的家乡"的邮戳,反对服装协会带着木头娃娃作为"洗礼社团"出现。他攻击为了计时工资而在德国城市转来转去的东勃兰登堡的复活节表演等,然后意义深远地建立了他坚持维护风俗的反对地位。他通过"敌对的识者"讲述"风俗的形态"。他首先主张古老的与当代的、新的生活方式和世界观的表现进行和解:"这个或者那个风俗在哪里濒临灭亡,那么,我们就在哪里通过我们的世界观给予新的内在力量,以此给予新的生命。于是这里或哪里,一种新的服装,新的民歌、舞蹈和游戏会出现和成长起来。"接着是关于新风俗的话题,如从冬至到圣诞节习俗的传播,与冬季救济活动相融合的讨物习俗。最后他说:"一个自觉自愿变为博物

---

① 瓦尔特·威欧拉(Walter Wiora):《民歌的衰落和它的第二次生命》(„Der Untergang des Volksliedes und sein zweites Dasein"),《音乐报》(*Musikalische Zeitfragen*),卡塞尔1959年,第9—25页。
② 可参考费雷克斯·胡布格(Felix Hoerburger):《民间舞蹈研究,往哪里发展》(„Volkstanzforschung – wohin?"),《舞蹈联邦地区舞蹈界信息》(*Tanz. Informationen des Arbeitskreises für Tanz im Bundesgebiet*),1966年4月号,第11—14页。
③ 《德国民俗学》(*Deutsche Volkskunde*)第1卷,1939年,第182—185页。

馆展品的风俗不可阻挡地要死亡。谁要在市场上出卖它的灵魂的价值，出卖文化传统，他自己也就完了。但是，我们的人民和我们的民间文化在久远的将来还是充满活力的。"

对冬季救济活动这个关键词和其他的纳粹词汇进行论证，以及与廉价的"自我"连接在一起，这与我的观点相距甚远。令人兴奋的是，尽管斯特劳伯最后的话语有些情绪化，但整体来说还是理智的和深思熟虑的，或者说，这最后的论述几乎是和常见的民俗主义批评相一致。但是，这个论述同时是以政治导向的民俗主义、贝克拜格的脱口秀、热闹的圣诞习俗以及当代民俗形态为它形成的基础。

这里浮现出一个问题，这种横向联系是否一直不存在。民俗主义的标志包括假装和表演、新瓶装旧酒、复旧而贴上传统的标签、人工的表层处理、强调整体和原貌。这种对整体和原貌的强调，在多元社会中不适合总体需求，这也是民俗主义批评产生的背景。第八条推论：

关于民俗主义的批评常常建立在它自己的基础之上，民俗主义正是在这个基础上生长发育的。夸张地说，民俗主义和民俗主义批评在很大程度上是一致的。

我在此打住，只是还想提出三点说明：

1. 人们会很容易对民俗主义提出批评，如果要讲出每一条理由，那是愚蠢的。但值得怀疑的是为时过早的批评，我要用这些评述把它引导到分析的平台上，以辩证的观点来看待。

2. 我的观点只是用事实对这种考量进行批驳。正是在这些事例中尤其清晰地显示出，这里没有中立的观察，而总是以个人经验"在过去的理论框架中进行阐释"[①]，必须对此进行理论上的检视。

---

① 尤尔根·哈贝马斯（Jürgen Habermas）：《针对实证半分理性》（„Gegen einen positivistisch halbierten Rationalismus"），《科隆社会学和社会心理学杂志》（*Kölner Zeitschrift für Soziologie und Sozialpsychologie*）1964年，第635—659页，尤其是第638页。

3. 我不想以这些结论对先入之见的异议进行中立化，民俗主义这个术语的含糊性已经产生了很多问题，使民俗主义的许多论点从一开始就出现了问题。那么，我希望在讨论中听取不同的意见。

讨论（主持人约瑟夫·杜宁格 [Josef Dünninger]）：

大量现实事例表明了民俗主义在现代民间生活中的重要性。鲁道夫·克里斯对百希特嘎登地区进行了报道：当"服装表演者"满足了旅店、餐馆业主和疗养院经理们的愿望的时候，圣诞节保护协会却竭力进行反击。但他们是由旅游协会资助的，单个的会员也不无骄傲地参加到表演秀的形式中去（歌德学院的国际旅游节目）。既要尽力满足外界的要求，又要避免不上档次，这需要组织者具有高超的外交技巧，常常要进行"迂回包抄"。埃里希·斯特拉斯纳在艾弗特雷西的盖尔基利特的事例中展示了风俗维护者和民俗学研究的参与作用。节日骑马游行是当地教会在 1936 年引进的。马提亚斯·岑德尔在更广阔的背景中证明，天主教会的风俗维护在当时反对纳粹的风俗维护中得以稳固下来。但是，农民随即寻找与埃朗根民俗学者爱度德·吕尔的联系，模糊的历史解释在教会证书这种形式中得以传承，其中也提到外来者，推测他们也参加骑马游行。瓦尔特·海佛尼克对民俗学者"更好的"介入提出警告，认为他们的任务应该是观察。

其他的例证强调民俗主义现象源远流长，布鲁诺·席尔的例子更为突出：通过考古发现证实，近年的发髻样式在青铜器时代就已经出现，这说明所有新潮从前都曾有过。约瑟夫·杜宁格举出了一个历史事例，关于前几个世纪完成的民俗文化的虚构也必须予以解除：中世纪的教会游戏也曾经是表演秀和生意经。在 16 世纪的歌曲中，简单的民间曲调升华为艺术性很强的乐章，牧羊人的服装样式使社会上层对社会下层产生了极大的兴趣。据报纸报道，何尔斯达特的狂欢节队列在一百年前就叫卖"停车场"："马厩已经预订。"罗伯特·维德哈伯论述了 1805 年因特拉肯的阿尔卑斯翁司普节常常被看作古老习俗的组成部分，实际上这是出于风俗保护教育的原因由伯尔尼市民协会赞助的。①

阿尔弗莱德·胡克也列举了早期民俗主义的例子：兹勒塔人要作为乌提劳拉人，以满足外地人的期待。实际上是在乌尔姆生产的皮手套，如果作为乌尔姆手套就卖得很差，如果贴上"真正的乌提劳拉手套"的标签就卖得很好。这是一个好例，说明"某些民俗主义特征在一定程度上能够维持生计"。在此提出了民俗主义功能的问题。岑德认为历史功能是中心，当代的人们尝试"在过去可以找到栖息场所，并与过去相联结"。在尝试过程中，虚构的祖先像变成了卡通画。约瑟夫·杜宁格认为，对于质朴的民俗物的追求常常适合于对真实意义的需求。相对于彩色杂物，草编星星强调的是圣诞节礼仪的意义，因此也能经常在教堂的圣诞树枝上见到。因格鲍戈·韦伯·凯勒曼在民俗主义现象中看到的是趋向于艺术品的强烈倾向。

沃夫冈·布吕克纳论证了民俗主义的一个新的游戏类别，几年前在美国兴起，现在在法兰克福等德国大城市也可以见到：复活节游行与反对核武器有关。有一个称为"打击乐与民俗"的运动。"民俗学"这个概念在这里有两个含义，它让人们想起像焦恩·拜茨这样的歌星在商业上的成功，但是它也包含激动人心的成分，令人想起斯坦尼茨的"民俗主义化"，想起"工人民歌"。杜宁格推荐了1945年以来"民俗学"和"民俗主义式"概念的历史。赫尔曼·鲍辛格认为，在词语运用国际化的背景下，人们至少应该努力把"民俗学"这个概念中性化：民俗学是作为与物质文化相对的口头传统的总概念。但是他认为，用"民俗学"难以取代"民俗主义"，如衮特·维格曼建议的那样。有时候要把它融入单个成分中，这是可能的，也是必要的，不能只是作为标签去用。

在这个意义上，鲍辛格再次提到几个前面的事例，1805年的牧羊节显示了市民图案的民俗主义，但这里也产生了主要的区别。理夏特·维斯讲述了矿工

---

① 更准确的说明见《维尔德哈勃博物馆手册》；《欧洲的田园文化》("Hirtenkulturen in Europa", Sonderausstellung Mai 1966)，1966年5月至1967年1月特展，巴塞尔1966年，第15—17页。

的理想化是怎样逐渐向"自我理想化"过渡的。①这是决定性的转折,但并不只是由矿工们完成的。伯尔尼的市民对他们的节日体现在其他社会阶层的生活中有着具体的指控。与此相对,社会底层有着另外的表现方式:他们避免进入模糊画面,而落入历史指控,以历史的特征与民俗主义的表演相结合。但是民俗主义的功能并没有减少到单一的需求。人们总是致力于其复杂的功能谱系:草编星星有礼仪的象征价值,它可以作为日耳曼圣诞节象征物来理解,可以有目的地来运用,这是不容置疑的和容易实现的。也可以作为漂亮的时尚被认可,等等。人们或许会说,在功能谱系中,重点总是向游戏方面偏重,生命般重要的和严肃的功能似乎正在消退。

---

① 《当代阿尔卑斯人和阿尔卑斯的生活》(„AlpinerMensch und alpines Leben in der Krise der Gegenwart"),《阿尔卑斯》(*Die Alpen*),1957 年,第 209—229 页。

民俗主义*

〔德〕赫尔曼·鲍辛格（Hermann Bausinger）

  此概念指的是在一个与其原初语境相异的语境中使用民俗（Folklore）的素材和风格元素。

  1. 它首先指的是艺术上的潮流：自从进入 20 世纪以来，音乐、文学和美术领域中的先锋派寻找并找到了一种新的、适度的表达方式，它们部分地来源于复合性较少的外来文化（"原始文化"）的语言形式，另一部分则来源于本体文化的民间传承。[1]这种朝向社会底层之传统的现象有时被称为民俗主义，有时也被称为新民俗主义[2]，因为在更广的意义上，我们也可以说有"法国启蒙运动、德国浪漫派或俄国民粹派的民俗主义"[3]。沃伊特（V. Voigt）将民俗主义定义为"民俗在文学及其他高级艺术当中的辐射，从而也就是民俗现象进入到了社会统治阶层的文化领域"[4]。

---

* 本文由王霄冰译自《童话百科全书》第四集（*Enzyklopaedie des Maerchen: Handwoerterbuch zur historischen und vergleichenden Erzaehlforschung IV*），1984 年，第 1406—1407 页。

[1] 参见 G. Cocchiara, *L'eterno selvaggio. Presenze e influsso del mondo primitive nella cultura moderna*, Milano 1961; L. Grote, „Expressionismus und Volkskunst", *Zeitschrift für Volkskunde*, 55(1959), S. 24-31.

[2] 参见 A. Marinus, "Le Néo-folklorisme", *Isidor Teirlinck Album*, Louvain 1931, pp. 231-237（这里引自 V. Voigt, „Vom Neofolklorismus in der kunst", *Acta Ethnographica*, 19〔1970〕, S. 401-423）.

[3] 参见 V. Voigt, „Vom Neofolklorismus in der kunst", *Acta Ethnographica*, 19(1970), S. 401.

[4] 参见 V. Voigt, „Vom Neofolklorismus in der kunst", *Acta Ethnographica*, 19(1970), S. 401.

因此，民俗主义就是民俗得以"提升"的一种可能性，是利用传统的符号来复活和发展艺术的表现形式。它所存在的危险是：发展被停滞，对于旧元素的创造性利用转而变成是对残留物的偏执的崇拜。阿多诺（T. W. Adorno）多次指出了这种"倒退的含义"[1]，并于1962年铸成了民俗主义的概念，所针对的是过去那种音乐运动，将自己装备成为"一种音乐理想中的血淋淋的法西斯式的庄严，将普世性践踏于脚下，而把他们自己的局限——尔等如今只能如此而不是别样——野蛮地强加成为最高法律"[2]。

这种对于民俗主义的批判态度，首先可以从国家社会主义的经验中得到解释。后者用"种族特有的"民俗去排挤那些"去种族性的艺术"。其次，它根源于西方世界日益增长的文化产业对于民俗价值的利用。第三，是和下一事实有关，即在西方社会——与较晚工业化和现代化的东部国家不同[3]——几乎已不再能接触到不曾被中介的、几近原生态的民俗。这一事实也被批判性地容纳进了民俗主义的概念之中。

2. 汉斯·莫泽在1962年把民俗主义的概念导入到民俗学当中。他虽然提及了艺术的，特别是音乐的民俗主义[4]，但处于其观察视野之中心的，却是在旅游业的影响下和由于大众传媒的需求，习俗由经常是非常简单的表演形式转向夸张的色彩斑斓的表演形式的改变。莫泽的这一概念指的是"与不断高涨的文化均质化同时增长的对于'民间的'本身的兴趣，以及对于它们的保留地的兴趣，其中的生活仍然拥有特质、本原性、力量和色彩，或者至少显得如此"，尤其是"在实践中，多是提取民俗的魅力部分来展现"民间"，以此满足、强化或者唤起这一兴趣"。[5]

---

[1] T. W. Adorno, *Einleitung in die Musiksoziologie,* Frankfurt am Main 1962(Reinbek 1968), 第178页。另见他的著作 *Philosophie der neuen Musik,* Köln 1958(= Gesammelte Schriften 12, Frankfurt am Main 1975) 及 *Musikalische Schriften* IV(= *Gesammelte Schriften* 17), Frankfurt am Main 1982。

[2] T. W. Adorno, *Einleitung in die Musiksoziologie,* Frankfurt am Main 1962(Reinbek 1968), 第178页。见原文脚注5。

[3] 参见 Bausinger / Oinas / Stief 1970 和 Bausinger 1982。

[4] Moser 1962，第180页以下。

[5] Moser 1962，第179页。

由莫泽发起的讨论主要涉及了四个问题：（1）过去的民俗之面向观众和当前的民俗主义之做秀效果之间的区别[1]；（2）恰恰经常被民俗主义的当事人所征用的"真实"这一范畴的可疑性，以及与此相应的对不真实的伪民俗加以排斥的问题[2]；（3）民俗学对民俗主义——在多数情况下属非自愿的贡献[3]；（4）在对美好的古老的过去进行安抚性展现的民俗主义在政治上的可被利用性[4]。

3. 狭义的民俗，即民间文学的传统，在这种民间文化的民俗主义中只扮演了次要的角色：童话和传说素材被用活态的图像表现出来，被穿插在地方性纪念日和儿童节庆等巡游活动中。[5]地方之间互起外号（参见词条"地名外号"）和滑稽传说为新的狂欢节面具提供了原料。[6]区域性歌谣很早就以民俗主义展演的形式得以输出[7]；今天它们经常在各类活动中被当作"家乡歌谣"演唱，并且情境化地得以展现。

在对其进行直接的纳入吸收之外，民俗主义的氛围和框架条件也给今天民俗的表现形式与生活世界打上了烙印。莫泽在"第二手地中介和表演民间文化"中看到了民俗主义的明显的表述。[8]民俗在此，虽然从定义上要求民间文化必须是第一手的，但由于这一诉求通常也是"第二手的民间文化"的组成要素，所以二者之间的界限并不明显。事实是，恰恰是那些"古典的"叙事形式已很少可以在不间断的口头传统中找到，就是它们也经常被"中介"和"上演"（参见词条"中介"）。

---

[1] Moser 1962, 第190页以下；Jeggle / Korff 1974。

[2] 参见 Bausinger 1966; Strobach 1982, S. 40-52。

[3] Bausinger 1966. 另见他的 *Volkskunde*, Tübingen 1982, S. 159-209 等处。

[4] W. Brückner, „'Heimat und Demokratie'. Gedanken zum politischen Folklorismus in Westdeutschland", *Zeitschrift für Volkskunde*, 61(1965), S. 205-213; A. C. Bimmer(Hrsg.), *Hessentag – ein Fest der Hessen?* Marburg 1973.

[5] 参见比如 R. Narr, *Kinderfest. Eine pädagogische und gemeindesoziologische Studie*, Neuwied / Darmstadt 1974, 第66页等处。

[6] 参见 *Dörfliche Fasnacht zwischen Neckar und Bodensee*(Volksleben 12), Tübingen 1966, 第270—310页。

[7] 关于"阿尔卑斯歌手"的"歌曲交易"，参见 Moser 1962, 第193页；Jeggle / Korff 1974, 第44—47页。

[8] 参见 Moser 1962, 第180页。

这一情形在童话方面表现最为明显。和其他的媒介形式相比，对于童话的直接的口头传承显得相对次要：童话书、图画本（参见第六章"图像资料"）、从书籍中汲取童话知识的专业讲述者、童话唱片、童话的影视化（参见词条"电影"和"电视"）[1]、童话图像（在童话公园和宣传品中，参见词条"童话公园"和"广告"）、舞台剧和歌剧中的童话素材（参见词条"童话剧"和"童话歌剧"）。第一次世界大战前萨克森的"童话委员会"的活动[2]，以及在过去几十年中不断涌现的"保护童话"（参见同一词条）的各种活动，也都不属于直接口头传承。最后还应指出，童话在很大程度上也被作为原材料用于早期的诗歌改写创作（参见词条"滑稽模仿"和"讽刺性改写"）。[3]

人们可以争议，是否所有这些中介形式都可被贴上民俗主义的标签。无论如何，它们都属于它的广义的影响领域。民俗主义不是一个分析性的而是一个带有批判意味的描述性的概念，它首先带有启发性的价值。而且在民间叙事的领域，它能提高我们区别叙事交流的不同发展阶段的能力。它也解除了民俗学的大众化努力（参见词条"大众化"）对于被中介的传统所标榜的真实性的那份天真的信任。

参考文献

H. Moser, „Vom Folklorismus in unserer Zeit", in: *Zeitschrift für Volkskunde* 58

---

[1] 参见 W. Psar, M. Klein, *Wer hat Angst vor der bösen Geiß? Zur Märchendidaktik und Märchenrezeption*, Braunschweig 1976, S. 189–210; J.-U. Rogge, „Märchen in den Medien", in: K. Doderer(ed.), *Über Märchen in für Kinder von heute*, Weinheim / Basel 1983, S. 129–154。

[2] 参见 W. Brückner, „ ‚Volkskunde' kontra ‚Folklore' im Konversationslexikon seit 1887", *Festschrift der wissenschaftlichen Gesellschaft an der Johann Wolfgang Goethe-Univesität Frankfurt am Main,* Wiesbaden 1981, S. 83。

[3] 参见例如 W. Mieder(Hrsg.), *Märchen, pfeif auf den Prinzen! Märchengedichte von Günter Grass bis Sarah Kirsch*, Köln 1983。

(1962): 177-209.

H. Moser, „Der Folklorismus als Forschungsproblem der Volkskunde", in: *Hessische Blätter für Volkskunde* 55 (1964): 9-57.

H. Bausinger, „Zur Kritik der Folklorismuskritik", in: *Populus revisus* (Volksleben 14), Tübingen 1966: 61-75.

H. Bausinger / F. J. Oinas / C. Stief, „Folklore", in: *Marxism, Communism and Western Society. A Comparative Encyclopedia,* Freiburg 1970.

K. Köstlin, „Folklorismus und Ben Akiba", in: *Rheinisches Jahrbuch für Volkskunde* 20 (1970): 234-256.

E. Strübin, „ ,Folklore' und ,folkloristisch' im allgemeinen Sprachgebrauch", in: *Schweizer Volkskunde* 60 (1970): 68-73.

V. Voigt, „Vom Neofolklorismus in der Kunst", in: *Acta Ethnographica* 19 (1970): 401-423.

U. Jeggle / G. Korff, „Zur Entwicklung des Zillertaler Reginalcharakters. Ein Beitrag zur Kultuökonomie", in: *Zeitschrift für Volkskunde* 70 (1974): 39-57.

Folklorizmus egykor és ma 2 (Folklorismus einst und jetzt 2), Kecskenét 1978.

K. Chistov, "Folklore and Culture of the Ethnos", in: *Folklorismus Bulletin* (Budapest 1980): 2-11.

V. J. Gusev, "Principal Types of Present-day Folklorism", in: *Folklorismus Bulletin* (Budapest 1980): 12-14.

V. Voigt, "Folklore and 'Folklorism' Today", in: *Folklore Studies in the Twentieth Century. Proceedings of the Centenary Conference of the Folklore Society,* Woodbridge / Totowa 1980: 419-424.

H. Bausinger, „Zum Begriff des Folklorismus", in: *Folklóre társadalom müvészet* 10-11 (1982): 39-57.

H. Strobach, „Folklore – Folklorepflege – Folklorismus. Tendenzen, Probleme und Fragen", in: *Deutsches Jahrbuch für Volkskunde* 25, N.F. 10 (1982):

9-52.

M. Bošković-Stulli, "O folklorizmu", in: *Usmena književnost nekad i danas*, Beograd 1983: 209-249.

A. Niederer, "Le Folklore manipulé", in: *SAVk* 79 (1983): 175-186.

民俗—民俗保护—民俗主义——趋势、疑点与提问[*]

〔德〕海尔曼·斯特洛巴赫（Hermann Strobach）

遗产与现况

1980年1月11日至13日莱比锡举办了一场"民俗音乐团体中央工坊"的活动。这个活动由莱比锡市政内阁文化工作部主办，当时来了许多民俗团体以及相当多对此感兴趣的人，在名为"老证券交易所"的音乐大厅上演了两场各三小时的民俗节目，吸引了一群热情的观众，还有许多感兴趣的人没能获得门票。头天晚上这些民俗团体曾在全场爆满的青年俱乐部里演出。几个月后，在第三届"柏林民俗节"的"青年才俊之家"内院，有将近有五千名大多数是年轻人的观众涌入，"到处回响着工人和工匠的歌曲，德国的和各国的民谣"[①]。这些团体来自德国各州："团体中名气最响亮的，从莱比锡的Folkländern 到科特布斯（Cottbus）的 Wacholder，再到罗斯托克（Rostock）的 Piatkowski / Rieck 这两个团体……其他的还有 Brummtopf、Saitensprung、Liedehrlich、Polka-Toffel、Windbeutel、Skye，当然还远远不止这些。"[②] 他们

---

[*] 本文由林郁娴、李孟蓁译自 Hermann Strobach, „Folklore-Folklorepflege-Folklorismus. Tendenz, Probleme und Fragen", *Jahrbuch für Volkskunde und Kulturgeschichte*, 25, N.F. 10(1982), S. 9-52.

① 《柏林报》（Berliner Zeitung）1980年6月16日。

② 《柏林报》1980年6月17日。

的表演引得观众们不由自主地一起热烈地载歌载舞。对于民歌的爱好，特别在年轻人中有明显增加。①除了前述两例之外，还有许多来自全国各地的例子，只要看看最近发行的唱片和广播电视节目就可了然了。但这并不只限于民歌，而是与传承下来的民间文化整体相关的活动及其兴趣大为增加。1978 年施马尔卡尔登（Schmalkalden）的第一届"东德民俗节"及 1980 年施特拉尔松（Stralsund）的"梅克伦堡（Mecklenburg）民俗节"——均在工人文化节的框架下——以其多样化的活动形式和热烈的回响而成为这类活动与兴趣的标志与高潮。②

对于过去时代的民间文化的这种爱好反映出了什么？汉斯·科赫（Hans Koch）曾经在魏玛（Weimar）一场关于社会主义的遗产融受问题的学术研讨会中，针对对于历史文化的普遍提升的兴趣提出这样的一个问题："多年来我们一直察觉到人群不停涌入博物馆、历史古迹、艺术展览及纪念馆等。这显示出人们在文化需求的增长方面拐了个大弯。当然在原因上与旅游业的扩展和人口移动急遽增加有关。这背后那种不断增长的与历史相交的需求不容忽视。我们是得了怀旧之病吗？在某种地方这有可能也算是一种流行病，但就社会主义的文化生活中日益加深的遗产关联的整体而言，这绝对不只是一种'怀旧的乡愁'。我们不需要任何……精神象征，也不需要去憧憬'世界还一切正常'的虚构时间中的理想生活。"③在此他点明了我们与遗产的关系的特点及其附带的方面，同时也触及了与今日市民化的资本主义社会的民俗浪潮的差异与区分，当然还

---

① 20 世纪 70 年代中期前，这项爱好对年轻人来说仍算是相当少见。参见本人论文 „Zur Rolle und Bedeutung überlieferter Volkskultur in der Gegenwart", JbfVkKg 18, N.F. 3(1975), S.163-164；Regina Scheer 主编的 *Liedersprüche 8. Festival des politischen Liedes 1978. Gespräche, Texte, Protokolle*, Berlin 1979，S.102。

② 在诸多报道中可参见 Horst Oeser, „Neue Impulse für das künstlerische Volksschaffen. Zum Folklorefestival in Schmalkalden", *Kulturelles Leben* 25(1978)Heft 6, S. 18f.；Marina Moritz, „Erstes Folklorefestival der DDR 1978 in Schmalkalden。Impressionen und Überlegungen", JbVkKg 23, N. F. 8(1980), S.216-218; Ulrich Bentzien, „Mecklenburgisches Folklorefestival, Stralsund(28. Juni 1980)", *Sozialistische Kulturpolitik-Theorie und Praxis*, 1/15, Berlin 1981, S.20-23。

③ Hans Koch, *Aktuelle Fragen der Aneignung des Erbes*, Weimarer Beiträge, 22(1976), H. 3, S. 13.

有民俗融受所面临的诸种问题，对此我们后文还会提及。自从 1977 年第七届政治歌曲节以来，在工坊讨论中及在工坊周 FDJ 歌唱活动上，与民歌的干系越来越受到重视。因此在第八届的讨论会中强调了这样的观点，"若只好像作为一种文化政治的姿态唱唱民谣是绝对不够的，而应为了我们今日的歌曲及生活形式从中学习"①。其中一个与会者也强调："我们必须要唤醒和组织这样的活动，好让'民俗'一词为此而发明的集体创作过程得以持续发展，而不仅只是保存过去特定的作品。"② 这样的阐述已触及了对于民俗融受之特性而言非常重要的一些准则：它是为了丰富今天的文化实践和需求，以及为了社会主义社会工人文化活动的展开。

这种新兴的民俗爱好当然也来源于与世界各地的联系。③ 特别是在 1973 年在柏林举办的第十届"世界青年及大学生文艺节"成了重要的推动力。当时"从 7 月 29 日到 8 月 5 日在弗里德里希斯海因（Friedrichshain）举办的歌曲、舞蹈和民俗的国际节日是与世界各地文化相遇的一种特殊经历。来自 83 个国家 120 个团体或个人的节目表演过程的每一天，都奉献给了来自阿拉伯、非洲民族、资本主义国家的进步青年、拉丁美洲和社会主义世界的年轻人们的文化作品。这里得以彰显的是，民俗能够以各式各样的方式传达和平与人道主义的思想。特别是在弗里德里希斯海因举办的活动，也推动了东德在艺术化的民间创作方面将民俗保护理解为当下事务"④。在政治歌曲庆典中，特别是南美和非洲的歌手展示了民俗可以在反帝国主义斗争中担负何种现实功能。⑤ 来自诺伊施特累利次（Neustrelitz）的 1954 年创办的"东德国家乡村合唱团"更名为"东

---

① Bernd Rump, in *Liedersprüche*, S. 97.
② Bernd Eichler, in *Liedersprüche*, S. 106.
③ 对此也参见 *Liedersprüche*, S. 102-103。
④ *Zur Geschichte des künstlerischen Volksschaffens in der Deutschen Demokratischen Republik. Ein Arbeitsmaterial. Institut für Volkskunstforschung beim Zentralhaus für Kulturarbeit der DDR*, Leipzig 1979, S. 167ff.
⑤ *Zur Geschichte des künstlerischen Volksschaffens in der Deutschen Demokratischen Republik. Ein Arbeitsmaterial. Institut für Volkskunstforschung beim Zentralhaus für Kulturarbeit der DDR*, Leipzig 1979, S. 165.

德国家民俗合唱团"并从 1973 年 1 月 1 日起生效，其关键原因就在于该合唱团日益增多的国际活动，从而要使团名与国际概念系统相符。① 合唱团的命名成为民俗概念一词应用于东德的政治文化实践与讨论的第一个明显例证，这并非偶然。同时，自 20 世纪 50 年代起的超越"乡村"框架的意图及任务立场，特别是乡村经济和社会结构、功能与生活方式在社会主义社会中的根本改变，都成为更名的重要推动力。② 这证明，与民间传统遗产的新关系以及自 20 世纪 70 年代开始形成的民俗融受的新进程、新形式的产生条件，是由业已达到的社会关系的发展状况所决定的。当然对于本民族和其他民族的民俗的兴趣增强也会有这样那样的主观动机。但就整体而言，这种民俗融受，取决并成型于劳工阶层中增长的文化活动与需求的释放，尤其是今天发展后的社会主义社会中的青年人，也就是说，是基于一种社会内在成熟的历史状态以及内在规律性而发展起来的。在此，遗产内化成为社会与个人人格辩证发展的一个整体文化过程，在此过程中，工人阶级和所有劳动者的社会意识持续高度发展，一方面加强了对于过去的批判，另一方面对于革命的、进步的、全人类的所有人道主义传统的内化能力与可能性也明显加大了。因此，民俗融受完全可被视为社会主义遗产保护的组成部分，即"发展后的社会主义社会的持续建设和东德社会主义国家的发展过程，它以深刻的社会及精神文化的变化为标志，会造成一种越来越全面和丰富的对于所有事物的创造—批判关系，即我们的民族以及人类在其整个历史中所获得的对于世界和人类本质的了解，即他们在面向未来的理想和文化价值、在美好的事物和诗歌方面的创造"③。

这种日趋全面和丰富的遗产内化建立于马克思列宁主义的遗产观的基本原则之上，显示其在发达的社会主义社会条件下的逐步实现与拓展。马克思主义

---

① Rosemarie Ehm-Schulz（"民主德国国家民俗歌舞团"的芭蕾指导），1980 年 9 月 25 日写于 Neustrelitz 的信。
② 在 Ehm-Schulz 女士的信中，也已指出这点。
③ Hans-Joachim Hoffmann 在民主德国保护德意志文化遗产国家委员会成立时的讲话，载《新德国》（*Neues Deutschland*）1980 年 9 月 19 日。

本身即是所谓"源于人类知识的总合"[1]。它"作为一种革命的无产阶级意识形态获得其世界历史的意义",正如列宁所说,是通过"对两千多年人类思想和人类文化发展中所有富有价值的东西的内化和吸收"[2]。针对这种内化,列宁也简明扼要地表达了其决定性准则,当中他强调,社会主义的文化只能通过"发展现有文化中的最好的典范、传统和成果,从马克思主义的世界观和无产阶级在其所处的独裁统治时代下的生活和斗争条件出发"[3]来形成。列宁多次强调了这一马克思主义遗产实践的基本观点:"所有由人类社会所创造的东西",1920年,他写道,"马克思都对它进行了批判的吸收,而且没有忽视任何一点。对于所有人类精神的产物,他都进行加工,加以审辨,在工人运动中得到检验,并由此得出了那些陷于资产阶级的框架或被其偏见所束缚的人们所不可能得出的结论。"[4]这项任务被勾画得很清楚,即有关人类所创造的全部价值,以及对此从世界观和具体的社会发展历史阶段下工人阶级的生活和斗争条件出发所做的批判—建设性的内化。在此也可看到,作为社会主义文化遗产观的基本特征,和列宁所建立的国家的与国际的、社会主义国家意识与国际主义之间的辩证关系。虽然列宁在他的"对国家问题的批判性评论"中,把市民阶层的民族主义看成是民主主义文化的国际特性和工人运动的对立面,但这绝不代表他否认国家文化拓展的价值与必要性("……国际的文化并非不是国家的"[5])。他更多的是将其置于"巨大的国际阶级冲突和反帝国主义的斗争过程中,为了革命民主和将所有反帝国主义力量转化为建立社会主义社会之世界历史任务的无产阶级革命"[6]。

这被列宁特别提出的用来抗衡流行的反动的资产阶级文化的民主的和社

---

[1] Lenin, *Werke,* Bd. 31, S. 275.

[2] Lenin, *Werke,* Bd. 31, S. 308.

[3] Lenin, *Werke,* Ergänzungsband, Oktober 1971-März 1923, Berlin 1973, S. 211.

[4] Lenin, *Werke,* Bd. 31, S. 276.

[5] Lenin, *Werke,* Bd. 20, S. 8.

[6] Dieter Schiller, ,,Die Klassiker des Marxismus-Leninismus über Tradition, kulturelles Erbe und Erberezeption", *Dialog über Tradition und Erbe,* hrsg. von Dieter Schiller und Helmut Bock, Berlin 1976, S. 34.

会主义的文化要素①,"并未因此失去国家特性,只不过在全球对抗帝国主义这一点上赢得了更高的国际影响力与组织性"②。而且列宁从国际无产阶级斗争的经验与情况出发说明原因,因为"就像工人阶级只能通过组织劳工阶层来对抗本国的帝国主义布尔乔亚来实现其国际职责那样,同时在国际上作为一个阶级组成统一阵线,他们要想在文化领域完全发生效力,也只能通过捡起并发展所有进步的国家传统,同时在所有社会主义的文化追求中做到理论上的与组织上的联合"③。因此社会主义的遗产融受会一直有利于社会主义国家以及社会主义的国际主义的发展与巩固。列宁这种"民主主义的国际文化与全世界工人运动"④的口号,包含把马克思列宁主义的文化观点作为准则的国家与国际之间之辩证关系,因此并非要求限制社会主义的遗产融受,而是拓展与丰富了文化意识与文化实践,要求对自身民族及全人类的所有珍贵的文化传统加以内化。

遗产批判性的内化⑤,这种要求"绝不是一种对于遗产选择与接触的限制"⑥。列宁坚决强调,马克思已将"这些全人类社会所创造的"文化,"批判性地处理并且没有任何一点忽视"⑦。"批判性内化尤其代表,早期社会阶段的艺术成果从他们所处的社会状况从而带有部分矛盾性的特点去理解,一旦有了这样的辨察力才能推断这种成果原始的生机与活力及其人类图像中催人奋进的部分。它保护我们不在遗产中只看到庆典和虔诚默想一件事情。"⑧正是这种具体

---

① Lenin, *Werke,* Bd. 20, S. 9.
② Dieter Schiller, „Die Klassiker des Marxismus-Leninismus über Tradition, kulturelles Erbe und Erberezeption", S. 35.
③ Dieter Schiller, „Die Klassiker des Marxismus-Leninismus über Tradition, kulturelles Erbe und Erberezeption", S. 35.
④ Lenin, *Werke,* Bd. 20, S. 9.
⑤ 例如:Lenin, *Werke,* Bd. 31, S. 277 以及 Lenin, *Werke,* Ergänzungsband, Oktober 1971-März 1923, Berlin 1973, S. 211。
⑥ Kurt Hager, *Zu Fragen der Kulturpolitik der SED. 6. Tagung des Zentralkomitees der SED, 6./7. 7. 1972,* Berlin 1972, S. 57.
⑦ Lenin, *Werke,* Bd. 31, S. 276.
⑧ Kurt Hager, *Zu Fragen der Kulturpolitik der SED*, S. 57.

的历史观点,对于文化事件在其历史条件性和特定性中,透过当时的阶级发展和阶级斗争所作的评判,能使得传统文化现象为社会主义文化局势的持续形成和发展开花结果。由工人阶级的世界观、生活和斗争为出发点的具体评估,代表着文化遗产的生产性内化及其嵌入和形塑于社会主义文化发展过程的不可免除的先决条件。因此,马克思列宁主义的遗产内化总是以历时性和现实性的辩证整体为标志。在这一观点之下,遗产内化的观点也在遗产的矛盾性中获得了历史—社会的具体性,因为这里关系到的"绝不仅是孤立地去强调过去艺术家或是哲学家历史上特定的意见分歧,以及他作品中'既如何又如何'的游戏。对于遗产中的矛盾性的利用,首先并非意味着,总是尽可能如此精确地去分析特定遗产在其历史效应中所具有的且有可能带入到今天的带有相互矛盾的意义、价值的矛盾性"①。这一问题指向了社会主义传统观的基本任务,就是必须要尽力让过去的遗产的真实的历史关系在今天变得明晰化,并且可以加以利用②,"在过去的经验……和现在的经验(今天的工人同志们的斗争)之间创造一种持续的交互关系",正同列宁所要求的③,为了要在文化方面形成如马克思和恩格斯在《共产党宣言》中所强调的、作为社会主义社会的一种基础特征的现象,即这里是由"现在统领过去",而不像在资本主义社会中,是由"过去统领现在"的④。社会主义的传统保护和遗产融受也因此成为一种持续更新、延展的社会过程,作为社会主义社会文化生活的组成部分,为形成和巩固社会主义生活方式与人格培育服务⑤,并对于发展公民文化与丰富的精神生活,以及发挥劳工阶层的全部创造力而有所贡献⑥。民俗融受和民俗保护也应以这些普遍目标及社会主义的遗产意识准则为衡量标准。

---

① Hans Koch, *Aktuelle Fragen der Aneigung des Erbes,* S. 8.
② 参见 Dieter Schiller, „Die Klassiker des Marxismus-Leninismus über Tradition, kulturelles Erbe und Erberezeption", S. 26。
③ Lenin, *Werke,* Bd. 10, S. 34.
④ Marx / Engels, *Werke,* Bd. 4, S. 476.
⑤ 参见 Hans Koch, *Aktuelle Fragen der Aneigung des Erbes,* S. 8f.
⑥ Kart Hager, Zu *Fragen der Kulturpolitik der SED,* S. 8.

民俗（Folklore）概念

法西斯主义被挫败后，传统民俗文化的融受与保护即开始与文化生活的新建设和新方向、与苏维埃占领区的民众艺术运动相联系，并特别在德意志民主共和国与社会主义社会建设中的社会主义"文化革命"过程相联系[1]，尽管在某些阶段有时所强调的不同，而且这些发展也并非直线进行。[2]在此并非要记录这段历史。值得多加注意的却是——特别是从 70 年代中期开始——活动、规模以及在这一领域内化的传统风俗范围的明显扩大，其中有一部分实际上是新的复兴。这种"新"首先是那显露在外的、主要与这一过程的目的和内容相关的一刻：民俗概念的接纳与使用。从学术及文化政治的观点出发，去研究这种概念的接纳和诠释，以及这些问题之间的关联，似乎相当有意思及富有教育意义。因为这涉及的并非只是，也并非首先是有关概念的历史，而是关于学术的和文化政治的过程以及内容指向的说明与讨论。

在 1973—1974 年之前，民俗（Folklore）这一概念不仅在东德的学术中，而且也在文化政治上几乎未曾被应用。作为专业术语，民学（Volkskunde）一词被用来指代"德意志劳动人民物质与精神文化的研究"[3]。很有意思的是，沃尔夫冈·史泰因尼兹（Wolfgang Steinitz）在 1953 年关于在东德重新建设民俗学研究的指明方向的演说上，也只是在谈到国际研究时才稍微——很偶然

---

[1] 参见 *Zur Geschichte des künstlerischen Volksschaffens in der Deutschen Demokratischen Republik*。

[2] Hermann Strobach, „Zur Rolle und Bedeutung überlieferter Volkskultur in der Gegenwart", S. 155, 163-164; Hermann Strobach, „Zur Rezeption der geistigen Kultur werktätiger Klassen und Schichten seit der frühbürgerlichen Revolution", *Dialog über Tradition und Erbe*, S. 135, 142-143。

[3] Wolfgang Steinitz, *Die volkskundliche Arbeit in der Deutschen Demokratischen Republik*, 2. Aufl., Leipzig 1955, S. 31-42：" 民俗学即是民族学（Völkerkunde）或民族志（Ethnographie）的同义词"；S. 39："举例如欧洲和非洲民族的民族志并没有完全不同的原则。……基于国家传统因素，我们使用德意志民俗学名称替代德意志民族学或是德意志民族志"。

的——使用了民俗（Folklore）与民俗学（Folkloristik）的概念[1]。就精神性的民间文化而言，或者使用具体的术语如民歌（Volkslied）、民间舞蹈（Volkstanz）、民间美术（bildende Volkskunst）、民间故事（Volkserzählung）等[2]，或者使用民间文艺创作（künstlerisches Volksschaffen）的集合概念，用于指代今日及历史流传下来的精神—艺术民俗文化[3]。基于学术的传统教育[4]，史泰因尼兹有意地保留了前人提出的、超越专业科目而为人熟知的、部分已成为日常生活用语的本土名称，如民学（Volkskunde）、民歌（Volkslied）、民间艺术（Volkskunst）等，并且从社会任务和理论基础出发，正确地把马克思主义的研究新构建作为努力方向。[5]

在这些基础建立并巩固之后，民俗学（Folkloristik）一词在东德民俗研究中，也开始被用来指代对民众精神文化（如歌曲、故事、风俗传统等）的研究[6]，从而与其他社会主义国家的学术名称取得统一[7]。但同时，关

---

[1] Wolfgang Steinitz, *Die volkskundliche Arbeit in der Deutschen Demokratischen Republik*, 2. Aufl., Leipzig 1955, S. 36, 43.

[2] 例如，Wolfgang Steinitz, *Die volkskundliche Arbeit in der Deutschen Demokratischen Republik*, 2. Aufl., Leipzig 1955, S. 5。

[3] 例如，Wolfgang Steinitz, *Die volkskundliche Arbeit in der Deutschen Demokratischen Republik*, 2. Aufl., Leipzig 1955, S. 5, 21-22, 25；Wolfgang Steinitz, *Die deutsche Volksdichtung. Parteihochschule „Karl Marx" beim ZK der SED*, Lehrstuhl: Sprache und Literatur, Kleinmachnow 1953, S. 4-5："以前几乎不用，但在前一段时间反而经常使用的民俗（Folklore）一词，源自英文，原本是表示学说或是知识，即民众知识。现今这名词从俄罗斯刚刚流传到我们这里。但因为我们有传统用词'民间诗学'（Volksdichtung），而且 Folklore 在使用中有多重意义，所以，我认为 Folklore 这个词是不适合的或是多余的。而民间诗学则是个清楚的概念"。

[4] 参见 Wolfgang Steinitz, *Die volkskundliche Arbeit in der Deutschen Demokratischen Republik*, 2. Aufl., Leipzig 1955, S. 5, 21-22, 25；Wolfgang Steinitz, *Die deutsche Volksdichtung. Parteihochschule „Karl Marx" beim ZK der SED*, Lehrstuhl: Sprache und Literatur, Kleinmachnow 1953, S. 4-5。

[5] 参见 Hermann Strobach, Rudolf Weinhold und Bernhard Weißel, „Volkskundliche Forschungen in der Deutschen Demokratischen Republik. Bilanz und Ausblick", JbfVkKg 17, N. F. 2(1974), S. 12, 18.

[6] Bernhard Weißel, „Zum Gegenstand und zu den Aufgaben volkskundlicher Wissenschaft in der DDR", JbfVkKg 16, N. F. 1(1973), S. 9-44. Folkloristik 一词仍仅在关于其他社会主义国家的研究和合作研究讨论中使用（参见该书第 22、23 页）。在 Strobach、Weinhold 和 Weißel 合著的 *Volkskundliche Forschungen in der Deutschen Demokratischen Republik*（《东德的民俗研究》）中，精神性的民间文化被称作 Folklore，其研究则是 Folkloristik（参见该书第 13、18、23 页）。

[7] DEMOS 作为欧洲社会主义国家中多国的业务—行政部门（1960 年及以后几年），自从 1963 年起使用"民族志的和民俗学的讯息"为副标题。

于民众精神文化的大领域或个别范围的名称如民间诗学（Volksdichtung）[1]、民歌（Volkslied）[2]、民间故事（Volkserzählung）（及其下属概念）[3]、民间习俗（Volksbrauch）等，继续在我们的专业学术用语中占有一席之地。这并非只与对相同事物的不同概念的并存有关。事物只部分地或很有可能是主要地（在长期的历史阶段且绝大部分与所要描述的现象）重叠。这些概念，一方面，是民俗（Folklore）、民俗学（folkloristisch），另一方面，是民歌（Volkslied）、民间故事（Volkserzählung）等，也应该可以道出反映在其中的过程与专业范围在历史内容上的差异。例如，民间诗学或是民歌也能够——如在一些最近的概况描述时所尝试的[4]——把来自社会主义社会中革命的无产者和劳工阶级的文化的某些传统与发展包含在内，这些不属于民俗（Folklore），且明显不能被称为是民俗学的（folkloristisch）。对此，应该对语言使用中的，特别是文化政治实践层面上的民俗概念详加讨论。

　　这里无法详尽地进行历史分析，但须指出，参考借鉴国际术语不仅仅只意味着概念的调整。在盎格鲁-撒克逊的、北欧的、拉丁语系的和其他的国家，Folklore 和 Folkloristik 过去和现在都被作为学术用语使用。19 世纪时，民—俗（Folk-Lore）一词首先在其概念发源地即盎格鲁-撒克逊国家迅速站稳了脚跟，它既被用来指代"普通"民众（people）的学问（Kunde），也被用来指代民间传承本身[5]，但被摆在最主要地位的还是指精神性的民间文化以及精神性民

---

[1] 参见 *Deutsche Volksdichtung. Eine Einführung*, Autorenkollektiv unter Leitung von Hermann Strobach, Leizig 1979(= Reclams Universal-Bibliothek, Bd. 782, dass. Röderberg-Taschenbuch, Bd. 82, Frankfurt a. M. 1979); *Geschichte der deutschen Volksdichtung*, hrsg. von Hermann Strobach, Berlin 1981。

[2] Hermann Strobach, *Deutsches Volkslied in Geschichte und Gegenwart*, Berlin 1980.

[3] 参见 Hermann Strobach, *Deutsche Volksdichtung. Eine Einführung* 中有关体裁的篇章。引文出自 Strobach, Weinhold und Weißel, *Volkskundliche Forschungen in der Deutschen Demokratischen Republik*。

[4] 参见 *Deutsche Volksdichtung. Eine Einführung*, Autorenkollektiv unter Leitung von Hermann Strobach, Leizig 1979(= Reclams Universal-Bibliothek, Bd. 782, dass. Röderberg-Taschenbuch, Bd. 82, Frankfurt a.M. 1979); *Geschichte der deutschen Volksdichtung*, hrsg. von Hermann Strobach, Berlin 1981; Hermann Strobach, *Deutsches Volkslied in Geschichte und Gegenwart*, Berlin 1980。

[5] Fritz Willy Schulze, *Folklore. Zur Ableitung der Vorgeschichte einer Wissenschaftsbezeichnung*, Halle(Saale) 1949(= Hallische Monographien, 10).

间传承的对象①。Folklore 与 Folkloristik 概念多数出现于一般业余爱好者的活动范围，甚至也已经用于观光—商业用途，因此它们从学术用途看来显得负担倍增②。1890 年左右及以后，当资产阶级的德国民俗学处于发展和制度化阶段时，Folklore 与 Folkloristik 概念的被拒也显然且部分公开地与国家沙文主义趋势以及致力于远离国际学术走向的追求有关。是的，这些趋向，在对先前德国学术文献中也有使用的③这些名称的否定中，扮演着主导性的、为一门兴起于德国向帝国主义过渡时期的学科的意识形态定位的角色。德国民俗学应在概念上避免"外来移植而再次优先使用本土话语'民学'（Volkskunde）"④；民族意义上的"纯净"，指向民族主义—傲慢方向，作为一种特别的"德国创造"⑤，带着越来越明显突出的沙文主义目标，得以建立和发展起来⑥。东德民俗学从建立之日起就在理论—思想基础和内容目的上对此进行了修正与克服——这当然得首先被强调。此后，在术语上与国际接轨也是对充满凶兆的德国的错误发展的一点修正。

我们的文化政治实践中的语言使用基本上和学术专有名词的发展保持一

---

① 例如 M. R. Cox, *An Introduction to Folk-Lore*（London 1895），以及它的书评（载 *Zeitschrift des Vereins für Volkskunde* 6 [1896], S. 103）；Gustaf Kossinna, „Folklore", *Zeitschrift des Vereins für Volkskunde*, 6(1896), S. 188-192。
② 参见 Karl Weinhold, „Was soll die Volkskunde leisten? Zeitschrift für Völkerpsychologie und Sprachwissenschaft, abgedruckt: Gerhard Lutz, Volkskunde", *Ein Handbuch zur Geschichte ihrer Probleme*, Berlin(W) 1958, S. 38f.
③ 例如 Hans Moser, „Vom Folklorismus in unserer Zeit", *Zeitschrift für Volkskunde*, 58(1962), f. 178, n. 3。
④ Otto Ladendorf, *Historisches Schlagwörterbuch*, Straßburg und Berlin 1906, S. 86. 关键词"民俗"。
⑤ Gustaf Kossinna, „Folklore", S. 192; Hans Moser „Vom Folklorismus in unserer Zeit", S. 177-178.
⑥ Hermann Bausinger, *Formen der „Volkspoesie"*, Berlin 1968 (= Grundlagen der Germanistik, 6) 于第 39 页正确指出，在这种否定背后"(存在着)相当明显的担忧，即担忧民俗学（Volkskunde）里的国家含义可能会因民俗（Folklore）一词而消失——也没有察觉到可以与模糊不清的'民'的概念稍微拉开距离的机会"。不过，"模糊不清的'民'的概念"，与对 Folklore 概念的否定相同，也是社会发展的意识形态反映，而鲍辛格所指的主要是沙文主义对"民"的概念的滥用。同时参见 Wolfgang Emmerich, *Zur Kritik der Volkstumsideologie*, Edition Suhrkamp 502, Frankfurt a. M. 1971；此外，Hermann Strobach, „Positionen und Grenzen der ‚kritischen Volkskunde'", in der BRD. JbfVkKg 16, N. F. 1(1973)，尤其是第 86—91 页。

致，尽管经常有多种概念被同时使用，尤以业余创作（Laienschaffen）[①]、业余艺术（Laienkunst）和民间艺术（Volkskunst）为最常见的名称[②]。1952年，莱比锡创建了业余创作中央大楼，1954年更名为民间艺术中央大楼，1962年在业务范围扩展后，更名为东德文化工作中央大楼。自1956年起，民间艺术研究所即隶属于它。同年，鲍岑（Bautzen）镇也创建了索布语（sorbisch）民间艺术之家。

业余艺术[③]、业余创作，尤其是业余演出（Laienspiel），这些最常被使用的名称虽然没有完全停止使用[④]，但自1952年以来相较于民间艺术概念一词已明显退于次要，后者在当今的文化政治实践中主要被用来指代当下劳动人民的文化，特别是他们在艺术上的自我实现，以及历史上传承下来的[⑤]精神—艺术性的民间文化。这当然不只是概念的发展，而是更多地反映出在东德社会主义过渡到建设阶段中的党和国家文化政策的目的、方向和内容。劳动人民的文化和艺术需求与实现，完全被置于社会主义"文化革命"的过程背景下。借由社会基础的持续扩大以及文化价值的内化取向，民间艺术被作为发展中的社会主义国家文化的一部分而得到提倡，用以消除对立性阶级社会中存在的民间与专业艺术之间的鸿沟。在概念中也应表达出一种延伸后的使命和社会—文化政治目

---

① 1947年柏林第一个主要的民间艺术创作展示名为"艺术爱好者活动展示区"。1947年7月8日，SMAD最高司令第172道指令。参见 Zur Geschichte des künstlerischen Volksschaffens in der Deutschen Demokratischen Republik. Ein Arbeitsmaterial. Institut für Volkskunstforschung beim Zentralhaus für Kulturarbeit der DDR, S.17。

② 参见 Zur Geschichte des künstlerischen Volksschaffens in der Deutschen Demokratischen Republik. Ein Arbeitsmaterial.Institut für Volkskunstfor-schung beim Ientralhaus für Kulturarbeit der DDR, S.58。

③ 例如，1951年8月31日Otto Grotewohl 对国家委员会就艺术事务的委任谈话。Deutsche Kulturpolitik. Reden von Otto Grotewohl, Dresden 1952, S.159。

④ 例如 Zur Geschichte des künstlerischen Volksschaffens in der Deutschen Demokratischen Republik.Ein Arbeitsmaterial. Institut für Volkskunstforschung beim Zentralhaus für Kulturarbeit der DDR, 第92页谈到 1958年第二届德国业余表演大会，或第94、112、120、136页；Protokoll des VI. Parteitages der Sozialistischen Einheitspartei Deutschlands, Bd.4, Berlin 1963, S.205："业余创作将成为培养艺术能力和工人、农民及知识分子才华的大熔炉"。

⑤ 参见 Protokoll des VI. Parteitages der Sozialistischen Einheitspartei Deutschlands, Bd.4, Berlin 1963, S.50-51, 102。

的，以废除专业艺术和业余艺术之间由社会条件造成的对立，尽管后者的特征常被视为是手段贫乏的艺术活动。如文化部的成立条例称："该部促进民间艺术，与艺术家一道特别致力于提升劳动人民在艺术上的自我实现。它创建与此相符的培训设施。它发展对于民间艺术的起源与传统的研究。"[1] 这一传统路线被还原到传统民间文化，特别是民歌和民间音乐、民间舞蹈和民间绘画雕刻艺术的领域，其中民主的、人道的和进步的因素应得到吸纳和创造性的发展。正如 1952 年柏林号召举办第一届德国民间艺术节时所言，通过民间艺术团体和其他活跃在民间艺术领域的人们"与德国民间艺术传统相衔接，发掘其中民主的、人道的和进步的内涵，并拟定以解决我国人民重大的生活问题为内容的主题"，他们可以对形成一种新的进步的德国文化有所贡献[2]。这项任务在于发展起一种对于历史传承的民间文化遗产的有意识的传统（处置）行为[3]，从而使得有关昔日文化中劳动人民创造性角色的知识以及进步的传统，能有利于文化的发展和民主的、社会主义的意识形成[4]。在这过程中，保护民族传统的例子扮演着举足轻重的角色，如苏联和其他人民民主国家的合唱团与团体所传达的那样，以及沃尔夫冈·史泰因尼兹 1954 年出版的《出自六个世纪的带有民主特征的德意志歌曲》第一卷等。内化、加工与发展传统的民间文化，直到塑造新的内容和形式，这些与 20 世纪 50 年代的社会生活和阶级斗争相符的前提、任务与问题，都被作为这种传统（处置）行为的准则得到了发展[5]。

---

[1] *Gesetzblatt der Deutschen Demokratischen Republik*, Jg. 1954, Nr. 5, S. 27.
[2] *Aufruf zu den Deutschen Festspielen der Volkskunst 1952*, o. O., 1952, S. 1.
[3] 参见 Otto Grotewohl 于 1952 年德国第一届民间艺术节的开场演说，载 *Chronik des künstlerischen Volksschaffens 1952-1957*, Institut für Volkskunstforschung beim Zentralhaus für Kulturarbeit, Leipzig. Jahrbuch 1969, S. 178。
[4] Hans Koch, Joachim Mückenberger, *Für den Frieden der Welt...Aus den Erfahrungen der Kulturveranstaltungen der III. Weltfestspiele der Jugend und Studenten für den Frieden der Welt in Berlin 1951 zur Auswertung für die kulturelle Massenarbeit niedergeschrieben*, hrsg. vom Zentralhaus für Laienkunst, Halle / Saale o. J., S. 32.
[5] 例如，针对民俗舞蹈融受的撰写原则见于 *Fest des deutschen Volkstanzes Rudolstadt 1955, Studienmaterial für Volkstanz*, Heft I, hrsg. vom Zentralhaus für Volkskunst, Leipzig 1955, S. 42; *Zur Geschichte des künstlerischen Volksschaffens in der Deutschen Demokratischen Republik. Ein Arbeitsmaterial. Institut für Volkskunstforschung beim Zentralhaus für Kulturarbeit der DDR*, S. 83-84。

这种文化政治观念的施行，在 20 世纪 50 年代为发展劳动人民的艺术—文化生活和满足他们的文化需求而对民间文化进步传统进行内化时，无疑已取得重要的成果。民间艺术活动取得了明显成效，尤其通过许多共和国民众（特别是年轻人）参与到活跃的文化自我满足（运动）中，而使后者获得了一种群众运动的性质。然而在 20 世纪 50 年代后半段变得明显起来的是，它们在某些方面并不适合社会生活快速而不断进步的发展。有些停留在仅仅唤醒旧有形式的尝试方面，而这些形式已在转型后的社会生活中丧失了社会经济基础，另外，也没有形成足够的有关社会主义发展及其当下进程的新题材，因此也没能更鲜明地铸造出过渡时期的社会动荡条件下的民间艺术的新特征。[1]尤其是对工人革命运动、工人戏剧、工人歌曲和斗争歌曲的传统，以及对工人革命文化的其他形式和元素内化不足。然而，恰好是这种德国和国际工人阶级的革命传统的融受呈现为克服民间艺术运动中的意识形态—艺术家弱点、实现民间艺术的社会主义内容导向的一个决定性的前提。[2] 从 20 世纪 50 年代下半期起，对这种传统的日益重视——尽管开始出现了一些受约束的片面性[3]——整体上导致民间艺术政治效应和意识形态水平的提升，以及文化活动在题材、手法与对象范围方面的拓展和传统意识的延伸，这种意识超越了至今为止在民间艺术中受到重视的民歌、民间舞蹈、民间雕刻绘画艺术等的传统形式与传承方式。[4]所有合乎新的社会需求的文化—艺术活动，成为国家行政机关、社会组织、企业等的赞助对象。基于这种新的拓展后的文化政治导向，作为专业术语，"艺术性的

---

[1] *Geschichte der deutschen Volksdichtung,* hrsg. von Hermann Strobach, S. 175; *Zur Geschichte des künstlerischen Volksschaffens in der Deutschen Demokratischen Republik. Ein Arbecitsmaterial. Institut für Volkskunstforschung beim Ientralhaus für Kulturarbeit der DDR,* S. 84-86, 99.

[2] *Programmatische Erklärung: Für eine sozialistische Volkskunstbewegung,* 1957. *Chronik des künstlerischen Volksschaffens 1952-1957.* Institut für Volkskunstforschung beim Zentralhaus für Kulturarbeit, Leipzig, Jahrbuch 1969, S. 237-239.

[3] *Zur Geschichte des künstlerischen Volksschaffens in der Deutschen Demokratischen Republik. Ein Arbecitsmaterial. Institut für Volkskunstforschung beim Zentralhaus für Kulturarbeit der DDR,* S. 97.

[4] *Zur Geschichte des künstlerischen Volksschaffens in der Deutschen Demokratischen Republik. Ein Arbecitsmaterial. Institut für Volkskunstfor-schung beim Zentralhaus für Kulturarbeit der DDR,* S. 100；也参见 *Programmatische Erklärung: Für eine sozialistische Volkskunstbewegung,* S. 239。

民间创作"（künstlerisches Volksschaffen）一词，在 20 世纪 50 年代末 60 年代初开始在文化政治实践中得以施行（也参照了苏联的用法），用以指代当下劳动人民的文化活动，并在 20 世纪 60 年代——和仍继续沿用的名称"民间艺术"一道——成为主导。① 主要以民间舞蹈、民间音乐和合唱的传统形式呈现的"业余艺术"，在与专业艺术的密切的联系和合作中，延伸到了劳动人民（追求）文化—艺术之满足与自我实现的多样化领域，成为形塑社会主义的艺术发展和充满文化气息的生活方式的一项基本要素②。业余艺术主要致力于创造和推进那些能满足社会不断变化之需求的新的题材、内容和形式。自 1959 年起先是每年一次，现在则每隔两年举办的工人音乐节，在其中扮演着一种活化剂的角色。

随着在 70 年代向全面和通盘发展的社会主义社会过渡③，以及相应的文化生活的进一步展开，如对于精神及文化之可能性和生活方式与个人发展内容的不断增加的需求，在社会意识中出现了维护传统与传统行为的新观点和新任务④。关于历史传承的民间文化及其与艺术创作发展之关系的评价的讨论，也因此获得新的动力，且为此评价拓展了新的视野。1974 年 2 月 11 日到 13 日，在

---

① 1960 年由文化部长颁布"民间艺术创作工作组的任务和活动指令"，1962 年建立"民间艺术创作特殊学校"。参见 *Zur Geschichte des künstlerischen Volksschaffens in der Deutschen Demokratischen Republik. Ein Arbecitsmaterial.In stitut für Volkskunstfor-schung beim Ientralhaus für Kulturarbeit der DDR*, S. 127, 121。在筹备第四届工人节的行动计划中，1961 年 12 月 22 日 FDGB（德国工会联合会）联盟理事秘书处的决议。载 *Kulturelles Leben* 9(1962)Heft 2, Beilage, Hinweise und Materialien, S. 1。在《德国统一社会党第四届党大会会议协议》（第四册，柏林 1963 年，第 205 页）中，以及 1965 年 5 月 17 日 SED（德国统一社会党）的中央委员会秘书处决议"民间艺术创作处境与接下来的发展"中，此概念在文化政治决议和 SED 方针及群众组织中，被作为全部社会主义社会劳动人民艺术—文化活动所有集合名称来使用，并自此便以这种意思来使用。参见 Kurt Hager, *Zu Fragen der Kulturpolitik der SED*, S. 24-25; *Protokoll der Verhandlungen des VIII. Parteitages der Sozialistischen Einheitspartei Deutschlands*, Bd. 2, Berlin 1976, S. 119。
② *Zur Geschichte des künstlerischen Volksschaffens in der Deutschen Demokratischen Republik. Ein Arbeitsmaterial. Institut für Volkskunstforschung beim Zentralhaus für Kulturarbeit der DDR*, S. 187。
③ *Protokoll der Verhandlungen des VIII. Parteitages der Sozialistischen Einheitspartei Deutschlands, 15-19. Juni 1971*, Bd. I, Berlin 1971, S. 57.
④ Kurt Hager, *Zu Fragen der Kulturpolitik der SED*.

德累斯顿（Dresden）召开的第三届东德中央民间艺术大会，就针对这项问题加探讨。主题报告给予遗产问题极大关注。报告中强调，"在对所有遗产的研究、内化和传播方面达到一种新的质量"，对于民间艺术创作的发展而言是必要的[①]。基于将人类遗产的整体即"迄今为止的人类历史中所有对于世界和人类本质的洞察、对于美和诗歌等的创造"[②]纳入到艺术创作之文化传统中的任务立场，一种对于传承的民间文化宝藏的更为强烈的融受得到特别强调，并开始被冠以民俗（Folklore）这一概念："民俗，作为必不可少的组成部分和历史来源，属于社会主义的文化与艺术。在民俗中，社会的和阶级的利益，民众的观点、感受和梦想都得以表达，并在我们今天被赋予了真实的形貌。"[③]该报告也指出了民俗的历史特性："今天，民俗已很少以它原始的样貌活生生地呈现，而几乎全要通过较为晚期、受到主观影响的记录[④]来了解"[⑤]。因此，有必要对民俗进行具体的、历史的分析和评估，还原他们"历史和社会的真相"，明确其阶级立场，并从当前的社会主义社会与文化发展的需求出发，作为一种"丰富当代艺术形式的'工具'来源"，来加以内化[⑥]。

自此，不仅是民俗概念，而且尤其是为了艺术性的民间创作而进行的民俗

[①] Siegfried Wagner, „Das künstlerische Volksschaffen – ein unverzichtbarer Bestandteil des gesellschaftlichen Lebens in der DDR", *Chronik des künstlerischen Volksschaffens 1973-1974*, hrsg. vom Zentralhaus für Kulturarbeit der DDR, Bd. 2, Leipzig 1976, S. 321.

[②] Siegfried Wagner, „Das künstlerische Volksschaffen – ein unverzichtbarer Bestandteil des gesellschaftlichen Lebens in der DDR", *Chronik des künstlerischen Volksschaffens 1973-1974*, hrsg. vom Zentralhaus für Kulturarbeit der DDR, Bd. 2, Leipzig 1976, S. 324.

[③] Siegfried Wagner, „Das künstlerische Volksschaffen – ein unverzichtbarer Bestandteil des gesellschaftlichen Lebens in der DDR", *Chronik des künstlerischen Volksschaffens 1973-1974*, hrsg. vom Zentralhaus für Kulturarbeit der DDR, Bd. 2, Leipzig 1976, S. 322.

[④] 关于来源问题，参见 Hermann Strobach, *Geschichte der deutschen Volksdichtung*, "导言"。

[⑤] Siegfried Wagner, „Das künstlerische Volksschaffen – ein unverzichtbarer Bestandteil des gesellschaftlichen Lebens in der DDR", *Chronik des künstlerischen Volksschaffens 1973-1974*, hrsg. vom Ientralhaus für Kulturarbeit der DDR, Bd. 2, Leipzig, S. 322-323.

[⑥] Siegfried Wagner, „Das künstlerische Volksschaffen – ein unverzichtbarer Bestandteil des gesellschaftlichen Lebens in der DDR", *Chronik des künstlerischen Volksschaffens 1973-1974*, hrsg. vom Zentralhaus für Kulturarbeit der DDR, Bd. 2, Leipzig, S. 323.

遗产的内化问题，都经常成为文化政治讨论的组成部分[1]。它在 1977 年 2 月 3 日通过的德国统一社会党中央委员会秘书处有关促进艺术性民间创作的决议中获得了指明方向的基础[2]，此后出台了一系列来自部长会议及其他国家机关的决议和方案，并在许多文化工作的区级机关建立了民俗中心[3]。历史传承的民间文化现在看来受到了抬举，并被融入到了整体的文化遗产中。在劳动人民的文化需求及自我实现的内容与形式得以扩展的情况下，艺术性民间创作的传统路线得到了更为全面的理解。连同工人阶级的革命传统，它也包含了人道主义的古典文化遗产及民间文化的宝藏。1977 年 2 月 3 日的决议声称，"保存及维护我们民族的所有民俗的、古典人道主义的和无产阶级的传统，是文化政治的使命和艺术性民间创作的社会诉求"。在民间艺术团体和集体的表演节目中，应将"尤其是社会主义的当代创作、人道主义、民主主义和无产阶级革命的遗产连同我们民族及其他民族的民俗，特别是苏联的所有作品"也包括在内[4]。显然，遗产行为中的狭隘和片面的理念，对于艺术性民间创作的任务而言，已不能适应促进"社会主义的人格特质和社会主义的生活方式的进一步铸造……劳动人民对于追求各式各样的艺术满足、充满意义的团体经验、乐趣和休闲、社交和娱乐的不断增长的爱好与兴趣"[5]。

---

[1] 参见 *Probleme der Aneignung des folkloristischen Erbes. Kolloquium des Staatlichen Folklore-Ensembles der DDR und des Zentralhauses für Kulturarbeit der DDR, September 1974 in Neubrandenburg*, Leipzig 1975(= Wissenschaftliche Beiträge des Zentralhauses für Kulturarbeit, Heft 4)；Horst Oeser, *Folklore – hier und heute*, Urania 1978, Heft 4, S. 18-23；Heinz-Peter Lotz, III. Kolloquium des Staatlichen Folklore-Ensembles der DDR zur Forschung, Aneignung und Weiterentwicklung folkloristischer Traditionen, *der tanz* 24(1979) Heft 2, S. 4-9；*Erforschung, Aneignung und Weiterentwicklung folkloristischer Traditionen – theoretische und praktische Aspekte der Folklorepflege in den drei Nordbezirken. Kolloquium am 26. 5. 1979 in Rostock*, hrsg. vom Mecklenburgischen Folklorezentrum, Rostock o. J.。

[2] *Maßnahmen zur Förderung des künstlerischen Volksschaffens.(Aus dem Beschluß des Sekretariats des ZK der SED vom 3. Februar 1977.)Neuer Weg, Organ des Zentralkomitees des SED für Fragen des Parteilebens*, Beilage zum Heft 17/1977, S. 775-778.

[3] 参见 *Verfügung des Ministers für Kultur über die Bildung von Zentren zur Folklorepflege im künstlerischen Volksschaffen der DDR vom 1. 9., 1977；Verfügungen und Mitteilungen des Ministeriums für Kultur*, Heft 6/1977。

[4] *Maßnahmen zur Förderung des künstlerischen Volksschaffens*, S.776-777.

[5] *Maßnahmen zur Förderung des künstlerischen Volksschaffens*, S.775.

在遗产内化和进一步发展的整体活动中，传统民间文化获得了重要的位置和相应的地位。它也正是出于与整体的关系才取得了当今的功能和评估。传统民间文化虽仍只是一种社会主义社会中的艺术性民间创作的传统路线（Traditionslinie），虽然是一种直接的。这种艺术性的民间创作，有别于对立阶级社会中的民间文化，不仅因为它不是一种有限度的、被从文化的大部分领域和主要只被统治阶级所使用的文化进步中隔离出来的文化实现（kulturelle Bestätigung），而且因为它能培育出一种对于传统文化遗产的自觉关系，并能使得它自身的进一步发展富有成效。虽然在阶级社会中被剥削和被压迫的阶级的文化也不仅只是源于自身，它大部分的内容和形式都取自统治阶级的文化，其中广泛的交互族群关系特别对其精神文化产生了影响。但这还不完全是人类和民族自身内化文化遗产的一个自觉过程，就像今天的艺术性民间创作所具有的任务和基本特征那样。这种正从被剥削状态中解放出来和已被解放的劳动人民的文化自我实现，成为当下社会主义国家文化[1]中必要的和基本的组成部分，并在与专业艺术的亲密合作中得以展开。

因此，在社会主义的文化发展过程中，精神—艺术性的民间文化传统获得了一种与先前不同的地位价值。"在对立阶级的社会当中，对于绝大多数受剥削和受压迫的劳动阶级与阶层的人民而言，直到革命的无产阶级文化运动形成，它们几乎是其在语言—艺术领域的创作活动和文化生活的唯一表达方式。反之，在社会主义社会中，它们成为人类文化之人文艺术作品的整体宝藏的一部分，保存、批判—创造性地内化且持续发展它们，成为工人阶级与全体劳动人民的历史使命。"[2]在被剥削和被压迫的阶级中，首先是工人阶级基于其努力建设一个没有剥削的社会的历史使命，能够为自己也为其他受剥削和受压迫的阶级和阶层，去克服在对立的阶级社会中受社会因素制约而形成的民间文化的有

---

[1] 例如 Erklärung der III. Volkskunstkonferenz der DDR。*Chronik des künstlerischen Volksschaffens 1973-1974*, Bd. 2, S. 342-343.

[2] Hermann Strobach, *Deutsche Volksdichtung. Eine Einführung*, Autorenkollektiv unter Leitung vom Hermann Strobach, Leizig 1979.

限性，同时对它们的宝藏进行有效的保存。沃尔夫冈·史泰因尼兹通过将农村民间文化的历史类型与工人阶级的文化发展加以对照，来描述这样的历史潮流："在封建和半封建制度下的农村民间文化中，民间艺术是这一群体的全部精神生活的表达方式，从服饰、刺绣、陶艺、建筑与家具的艺术形式开始，到融于童话、传说、歌谣、谚语和谜语、民间舞蹈、民间音乐等中的丰富的民间诗学（Volksdichtung）。"这些民间艺术都是农民的精神财富，同时也带着他们的局限性，因为他们不参与、不想参与也无法参与到'高层文化'的文学、音乐、美术宝藏之中。

"自20世纪40年代起，德国工人阶级在严重的苦难及抗争中形成，当时他们在文化方面的主要任务，并非是创造一种可以取代农村的民间文化或与其相似的工人民间文化——工人民歌、工人童话、工人民间服饰等等。工人阶级的文化任务，是摆脱极度无知及未开化的状态，去内化其民族和人类的文化价值，成为一种新文化的承载者和国家的主导力量。工人阶级已从100年前他们所处的可怕的贫困生活出发，为求生存而进行了赤裸裸的抗争并投入全部精力（令人联想到西里西亚的纺织工）开启了这条道路。工人们创办了工会、党派、合作社、体育和文化运动，在这些成就中显示出了工人阶级的创造力。早期作为民歌传统、童话传统的承载者的人们，有天赋的叙事者和歌手们，都在工人运动中成为编辑，成为工人作家，成为工人合唱团和戏剧团体的总监。"[1]

在社会主义社会的整体文化及其对于遗产的行为中，艺术性民间创作获得别样的、扩展的、在根本上已发生变化的位置，呈现出本质上的不同功能，以及与早期民间文化不同的性格特征，以至于理所当然地要将这一差异通过概念反映出来。如果革命的工人运动的文化活动整体早在资本主义社会就被称作民

---

[1] Wolfgang Steinitz, *Deutsche Volkslieder demokratischen Charakters aus sechs Jahrhunderten,* Bd. 2, Berlin 1962, S.XXVI ff. 也参见 Hermann Strobach, „Arbeitstagung des Instituts für deutsche Volkskunde an der Deutschen Akademie der Wissenschaften zu Berlin und zu Ehren Richard Wossidlos 1959", DJbfVk 6(1960), S. 431ff.

俗，那么用民俗来指作一种在其趋势、主要现象和成就上以克服被剥削阶级和阶层的文化意识和文化活动的传统局限性为目的且以内化人类文化整体价值为方向的活动，也许就不合适。因此，要是把社会主义社会的艺术性民间创作称作民俗，只会使我们已经指出的它本质上别样的、新的特征和地位价值变得模糊不清，并有失偏颇。

民俗概念在 19 世纪中叶被创造出来，作为对那样一种民间文化的指称，这种民间文化通过它的局限性与主导文化和主流文化发展相区分，后者是基于阶级对立的社会条件和教育优势主要在统治阶层的宰治范围中为满足他们的文化利益而生成的那类文化。在浪漫主义英语文学中以其古老意义被应用的、经过特别打造的组成部分"民"（folk）与"知识"（lore）[①] 的组合：民—俗（folklore），应代表"民"（Volk / people）的精神性传承与特性。创造这一概念的威廉·约翰·汤姆斯（William John Thoms），在 1846 年的英语周刊《雅典娜神庙》（*The Athenaeum*）中解释，民俗在内容上包含"礼仪和风俗、仪式、迷信、歌谣和谚语"。在此，他特别强调了民间文化与"文学的"文化的对立："它更是一种知识而非文学……民俗——关于民的知识"[②]。这种对立至今仍属于它的一个主要意义内容，这使得民俗概念适于用来指称民间文化的历史类型[③]，即在性格上是指革命的工人运动产生之前的人民大众的文化发展和文化水平[④]，且部分地也指资本主义中不能或不想参与到革命的工人运动的发展与进步中的特定

[①] Fritz Willy Schulze, *Folklore. Zur Ableitung der Vorgeschichte einer Wissenschaftsbezeichnung*, Halle(Saale) 1949(= Hallische Monographien, 10).
[②] Gustsf Kossinna, „Folklore", S. 190.
[③] 根据民间文化的文化遗产整体融受这项文化政治任务，当中显示出对艺术性民间创作的内化和持续发展的重要价值，相较于学术语言所使用的民俗概念而言，民俗一词在文化政治实践中被用来指称文化凭证，特别是在精神的和物质的民间文化中艺术形式的传统，用于"歌谣、舞蹈、词语、风俗习惯和物质文化凭证（如服饰、器具、建筑等）"。*Verfügung des Ministers für Kultur über die Bildung von Zentren zur Folklorepflege im künstlerischen Volksschaffen*, § 2.2.
[④] 在革命的工人阶级中，民俗的文化形式只占有文化实践的一小部分，特别是在无产阶级的早期发展阶段和在阶级发展与阶级斗争的特殊历史情境下。参见 Wolfgang Steinitz, *Deutsche Volkslieder demokratischen Charakters aus sechs Jahrhunderten*, S.XXXV-XL；Hermann Strobach, „Variierungstendenzen im deutschen Arbeitervolkslied", DJbfVk 11(1965), S.183-184；他的 *Deutsches Volkslied in Geschichte und Gegenwart*, Berlin 1980, S. 103-109。

阶级和阶层的文化状态与实践。将封建主义[1]中的也许还有在向资本主义[2]过渡阶段中的农民和工匠的民间艺术视为民俗的见解，虽然尝试将民俗的基本特征理解为一种民间文化特殊的历史—文化类型，但是它一方面很容易导致非历史的类型学想象，即在民俗中只看到持续恒定不变的文化现象，或是一种特定社会形式下特殊的文化类型，大部分只以晚近的形式出现和被普及。这也可能导致，题材对象的历史发展与可变动性未能受到足够重视。另一方面，这种观点不顾及或未能足够顾及，民俗直到帝国主义时期仍在特定阶级和阶层内执行着一种文化的和交流的功能[3]。我们可以在档案和其他文献中找到的绝大多数民俗资料，多半汇集于19世纪的后期，尤其是20世纪上半叶。一些民俗传统特别是风俗和习惯以不间断的延续和功能，已经或正在拓展到社会主义社会中[4]，虽然它们在这里已不再是处于中心地位的文化现象，并已被融入或将被融入文化发展的整体趋势中。作为封建主义的农民文化的民俗这一俯拾皆是的指称也忽略了一个事实，即我们所拥有的民俗遗产的重要宝藏——并非只在民间歌谣方面——也要归功于城市的文化传统。[5]

关键和必要的是，尤其也为了在我们当前文化实践中的内化和形塑，要用民俗的、具体的、历史的眼光，并从它们产生和存在的历史—社会条件出发加以说明和评价。[6]传承下来的民间文化中所包含的重要的人道主义的、交流性

---

[1] Horst Oeser, „Erbe-Auftrag und Verpflichtung. Ein Beitrag zur Beantwortung theoretischer und praktischer Fragen der Folkloreaneignung", *Probleme der Aneignung des folkloristischen Erbes*, S. 9, 17; Horst Oeser, *Folklore – hier und heute*, S. 18-19.

[2] *Zur Geschichte des künstlerischen Volksschaffens in der Deutschen Demokratischen Republik. Ein Arbeitsmaterial.* Institut für Volkskunstforschung beim Zentralhaus für Kulturarbeit der DDR, S. 80, 186.

[3] *Geschichte der deutschen Volksdichtung*, hrsg. von Hermann Strobach, S. 151-152.

[4] *Geschichte der deutschen Volksdichtung*, hrsg. von Hermann Strobach, S. 177-178. 及 Siegfried Neumann, „Zum Problemkreis Folklore und Folklorepflege", *Erforschung, Aneignung und Weiterentwicklung folkloristischer Traditionen*, S. 19; 他的 „Volkserzählung heute. Bemerkungen zu Existenzbedingungen und Daseinsformen der Volksdichtung in der Gegenwart", in JbfVkKg 23(1980), S. 90-102.

[5] Hermann Strobach, *Deutsches Volkslied in Geschichte und Gegenwart*, S. 59, 67, 69f.; Siegfried Neumann, „Schwankliteratur und Volksschwank im 17. Jh", in JbfVkKg 24, N. F. 9(1981), S. 116f.

[6] Horst Oeser, *Erbe – Auftrag und Verpflichtung*, S. 7, 17; Horst Oeser, *Folklore – hier und heute*, S. 19.

的和美学的价值同样必须受到重视，就像它们的由历史—社会所决定的种种局限性。当然民俗也是一种历史的、具体的、本身有着差异的和历史性地持续变化的现象。[1] 它表达的是劳动阶级和阶层的生活与抗争、感受与希望，当中也有统治阶级及其文化带来的影响，并且，也有伴随着主导性的不平等关系的自我安慰，在反抗和矛盾之外也有沮丧、服从等等。

题外讨论：列宁的二元文化理论及民间文化概念

所有的民俗都是进步和值得保存的观点，很大程度上是基于一种还常常可以见到的对列宁"二元文化理论"的错误借用，即把"民间文化"简单说成是"第二种文化"。要解决这一问题，首先仍要从列宁的表述出发，不过在此并非要研究普遍性的强调有关社会形态的文化理论，而是如列宁所述[2]，针对某种特定的历史情况下劳工运动与机会主义（Opportunismus）的斗争所面临的民族疑问，进行"马克思主义的，亦即以阶级斗争为出发点的"分析和回答。当资产阶级的民族主义在发展中的帝国主义阶段转向一个公开的、极为反动的沙文主义立场，并且这一反动的资产阶级的民族主义借由机会主义者被引入到工人运动中时，列宁在1913年10—12月写了《论民族问题》（*Kritische Bemerkungen zur nationalen Frage*）。在第一次帝国主义的世界大战爆发前夕，当民族主义的政治以及机会主义宣传甚嚣尘上时，列宁，正如他表述的那样[3]，特别批评了"由马克思主义者和冒牌的马克思主义者带来的……有所增强的民族主义波动"。他指出，机会主义者的民族文化口号的宣传有着模糊阶级矛盾的目的，正如他写道，"事情的本质，是用冠冕堂皇的词句来掩饰事实"[4]。这里还有那段

---

[1] *Deutsche Volksdichtung. Eine Einführung*, Autorenkollektiv unter Leitung vom Hermann Strobach, Leizing 1979, S. 6, 13, 17.
[2] Lenin, *Werke*, Bd. 20, S. 7.
[3] Lenin, *Werke*, Bd. 20, S. 3.
[4] Lenin, *Werke*, Bd. 20, S. 8.

著名的、常被引用的、包涵着"事情的本质"的话:"每种民族文化 —— 即便尚未得到发展 —— 都蕴涵着民主主义的和社会主义文化的元素,因为每个民族都有一群劳动的、被剥削的大众,他们的生活状况不可避免地会生成一种民主主义的和社会主义的意识形态。但是每个民族也会有一种资产阶级的(而且多数情况下还是极反动的和教会的)文化,而且不仅只以'元素'的形式出现,而是作为统治的文化。因此,所谓的'民族文化'绝对是大地主、神职人员和资产阶级的文化。"①

这些陈述指涉的是资本主义社会秩序得以充分展开的时代,并或多或少已经达到了向帝国主义过渡的阶段。这不仅可从文章出现的时间看出,而且最主要的是能从这些陈述的内容中读出:这种成为统治文化的资产阶级文化,这时定型在了它的反动特质上(正如列宁所说,多数情况下是极反动的),也就是处在一个它们已经丧失或放弃了自身的社会进步功能的历史阶段。

列宁的阐述针对这一历史时期而言有普遍的理论意义。它所指涉的并非是个别的情形,而是从根本上指出这一社会历史时期的文化对立。他写道,"在每种民族文化"和"每个民族"中都会有这种基本的文化对立。

列宁认为这种文化对立 —— 它现在对我们而言是根本的 —— 是介于反动统治的资产阶级文化和作为劳动人民及被剥削群众之必要表达的民主主义和社会主义文化的元素(即便尚未开发)之间的对立。占统治地位的文化被与代表劳工及被剥削群众尤其是无产阶级的利益及愿景的文化中的那些元素对立起来。列宁特别针对俄罗斯的情况描述道:"在每个民族的文化中都会存在两种民族文化。就像会有一种名为普利希克维奇(Purischkewitsch)、古谢科夫(Gutschkow)和斯特鲁夫(Struve)的大俄罗斯文化,但同时也会有名为车尔尼雪夫斯基(Tschernyschewski)和普列汉诺夫(Plechanow)的大俄罗斯文化。换句话说,乌克兰也会有两种这样的文化,就像在德国、法国、英国和在犹太人中一样。"② 在此,列宁把车尔尼雪夫斯基作为第二种文化的例子,称其为俄

---

① Lenin, *Werke*, Bd. 20, S. 8-9.
② Lenin, *Werke*, Bd. 20, S. 17.

罗斯革命民主主义的代表，他作为唯物主义的思想家已接近于辩证唯物主义，并在他关于农民革命的观点中发展出一种乌托邦式的社会主义；同时还以普列汉诺夫为例，认为其马克思主义的作品堪称革命的社会主义思想和文化的代表，换句话说，也就是进步的文化产品的例子，表达了无产阶级革命的阶级利益以及与它具有潜在关联的劳动阶级和阶层革命的革命立场。

列宁的这种论述标明了在帝国主义的阶级社会中基本的文化对立，但绝不包括全部的"民间文化"，正如它在工人文化，即反映劳动阶级和阶层的社会关系、教育水平、精神艺术的文化，也就是在民间诗学、民间音乐、美术创作中所体现的这些所谓的"第二种文化"。这种民间文化在对立的阶级社会中并不是与统治文化相对立的整体。针对这点，让我们再次回到刚才列宁关于俄罗斯情况的论述。他提到："若多数的乌克兰工人都处于大俄罗斯文化的影响之下，那我们一定知道，除了神职人员（pfaeffische）和资产阶级的大俄罗斯文化思想之外，大俄罗斯的民主主义和社会主义的思想也会发生作用。在与第一种'文化'的斗争中，乌克兰马克思主义者会推举出第二种文化并告诉工人们，他们必须全力地去感知、利用和把握与大俄罗斯有阶级意识的工人相结合的每种可能性，和其文学，和其思想范畴——这不仅是大俄罗斯的，而且也是乌克兰的工人运动的基本利益所要求的。"[1] 在资本主义的条件下，无产阶级的文化活动和文化表现形式就其整体而言也不算"第二种文化"。正如列宁提到的，他们不仅受到神职人员的资产阶级文化的影响，同时也受到民主主义和社会主义思想的影响。

例如，路德维希·霍夫曼（Ludwig Hoffmann）和丹尼尔·霍夫曼-奥斯特瓦尔德（Daniel Hoffmann-Ostwald）曾非常明确地指出，在工人戏剧运动中存在着两条阶级路线[2]。许多富有阶级意识的工人将他们的文化工作与反对帝国主义体系的斗争结合起来，鲜明地站在革命的工人运动的立场上。他们用戏剧实

---

[1] Lenin, *Werke*, Bd. 20, S. 17.

[2] Ludwig Hoffmann und Daniel Hoffmann-Ostwald, *Deutsches Arbeitertheater 1918-1933*, 2 Bde., 2. Erw. Aufl., Berlin 1972.

践支持这场斗争。另一些人则接受了资产阶级和小资产阶级影响下改良主义的和沙文主义的意识形态。他们的戏剧演出几乎或者说根本就是和小资产阶级那种玩票性质的戏剧没有差别。他们的文化活动完全与它们所属阶级的利益和历史任务无关，反而在客观上支持了占统治地位的资产阶级的利益，并最终有助于维持帝国主义的社会体系。因此，它们也算是统治文化的一部分。同样的现象我们也能在工人歌曲和工人合唱团中观察到。我们知道有革命的工人歌曲，属于一种社会主义文化的元素，并且有一个革命的工人合唱团运动，但我们也了解，例如在20世纪20年代的工人歌曲和工人合唱团中，就记录了改良主义的强烈影响，这对工人文化活动产生了负面效果，使其回避了阶级斗争并服务于当时帝国主义统治系统的利益[1]。

列宁在他的文化二元论中，锁定的并非是两种社会"文化阶层"，而是文化发展的两条路线，在他这里所分析的资产阶级—资本主义的社会秩序中，那些适用于以革命的民主主义精神和革命的社会主义意识形态教育大众的元素都算是"第二种文化"，这些元素首先能表现工人阶级的革命利益，并进而有助于增强工人们对其历史使命的意识，并帮助实现工人阶级的历史使命。

这种由列宁打造并在内容上加以定义的"第二种文化"的概念，只能被小心地转嫁到高度发展的资本主义的社会关系中来。对这样的尝试而言，一个必要的先决条件是，对其中在根本上已有所不同的阶级关系进行仔细观察。[2]毋庸置疑，民间文化在对立的阶级社会中也会表现为两种阶级路线的产物，在其中也会和在整体的文化发展中一样，反映出进步与反动之间的抗衡。[3]民间文化中存在民主主义的元素，直接表达了被压迫人民大众的利益、看法和希望。广义来说，民主主义的传统也涵盖了所有那些事项，"其中表

---

[1] Inge Lammel, *Das Arbeiterlied*, Leipzig 1970, S. 58, 67.

[2] 参见 Hermann Strobach, Lenins Zwei-Kulturen-Theorie und der Begriff der Volkskultur. *Abhandlungen und Berichte des Staatlichen Museums für Völkerkunde Dresden*, 35(1976), S. 33-42. 在此，应对从封建主义到资本主义时代所产生使用概念的想法提出讨论，也应该记录下来。

[3] Erich Honecker, *Die nächsten Aufgaben der Partei bei der weiteren Durchführung der Beschlüsse des IX. Parteitages der SED*, Berlin 1980, S. 89.

达出在压迫、剥削、意识形态的管束与操控的社会关系下，民众的生活乐趣和生活主张"①，人民的文化创造能力以及艺术兴趣和喜好也在其中得以实现。但与此同时还有许多传承下来的东西反映出落后的历史意识，并显示出较早历史时期这种民间文化的有限的发展可能性，及其在内涵及审美上的局限性。而且在单个的传统民间文化事项中，往往也存在着进步与守旧、美与局限性的辩证交织。②

因此，民俗保护所指的，也是从我们今日的社会发展和我们的社会—文化需求出发的对于遗产的一种批判性的、历史一体的内化，文化遗产融受的准则在此也同样有效。基于劳动人民文化需求日益增长的差异性，尽管民俗遗产今天能以更为多样和广泛的形式融入我们的文化生活，但这并不代表着一种不加批判的、怀旧的、赞美的回溯，以及单纯的仿效民俗的乔装打扮。例如，民间歌曲的融受在演唱运动中③，尤其在著名的民俗团体如：Liedehrlich、Wacholder、Saitensprung、Brummtopf 等的表演节目中，就展现了各式各样的题材，从人民大众反抗压迫和不公平的斗争，到欢快诙谐的，以及基调粗俗的或细腻如诗般的爱情歌曲。这种广泛的遗产内化影响和促进了文化生活和我们自身歌曲创作的发展。④尽管有着不可否认的基于历史—社会的局限性，但也无权因此直截了当地说它是"狭隘的民俗艺术品"⑤。传统民间文化更多地为我们提供了一个取之不尽、用之不竭的劳动人民艺术—文化传统的宝库，其创造性的内化和在社会主义文化发展中地融入，能为进一步铸造社会主义生活方式与人格发展，为开展各种文化活动，以及满足多方面的艺术趣味与倾向，开拓重

---

① *Deutsche Volksdichtung. Eine Einführung*, Autoren kollektiv unter Leitung vom Hermann Strobach, Leizing 1979, S.16.
② *Deutsche Volksdichtung. Eine Einführung*, Autoren kollektiv unter Leitung vom Hermann Strobach, Leizing 1979, S.16, 以及此书中有关体裁的章节。
③ 例如 *Wenn die Neugier nicht wär…Lieder aus den Singeklubs,* hrsg. von Gisela Steineckert, Berlin o. J.
④ 在询问后我获得了这些团体的节目表，也观赏了它们以及其他团体的演出。
⑤ *Zur Theorie des sozialistischen Realismus,* hrsg. vom Institut für Gesellschaftswissenschaften beim ZK der SED, Berlin 1974, S.758.

要的可能性。

民俗主义（Folklorismus）概念

如果我们认为，现今劳动人民在文化上的自我实现在以改变后的内容、功能、形式和社会—文化关系而继续发展，那就不能将民间艺术、民间诗学等视为某种衰退或是已经消失的对象，例如，民间音乐不能完全被当作消失的历史，仅作为"我们历史的一部分"来看待[1]。那些基于已经发生变化的社会生活条件和生活方式而在直接的传统中正在消失或已经消失的，只是某些内容、素材和体裁，以及特殊的历史传承方式[2]。这个过程本身在最近几十年来，甚至在某些至今仍以这样的传统来支配民间文化景象的区域中也在不断加速。[3] 这些受到历史影响的早期民间文化和民间艺术的内容及形式，即我们称为民俗的东西，现在却日益被重新接纳，并且在今日的文化发展与文化生活形式中得到转化，不仅仅在艺术性的民间创作中，而且几乎是在社会文化过程的所有领域。

针对这种接纳与转化，民俗主义这一词常在民学（Volkskunde），尤其在民俗学（Folkloristik）里被使用。自从汉斯·莫泽在20世纪60年代初期

---

[1] Erich Stockmann, „Zur Aufführung und Rezeption von Volksmusik heute", JbfVkKg 23, N. F. 8(1980), S.136. 尤其"民间音乐"以前就"众所皆知"不是"日常的习俗行为"，更不是所有人即"民"的习俗行为。关于这点，尤其在最近已有很多作者论及，以至于不必在此提供文献出处。

[2] 参见 Hermann Strobach, „Direkte mündliche Kommunikation als Kriterium für das Wesen der Folklore？Zur historischen Fundierung des Problems", *Folklore and Oral Communication*, Zagreb 1981, S. 17f.; *Deutsche Volksdichtung. Eine Einführung*, Autorenkollektiv unter Leitung vom Hermann Strobach, Leizing 1979。

[3] 参见 Jósef Burszta, „Folklorismus in Polen", *Zeitschrift für Volkskunde* 55(1969), S. 13；Jósef Burszta, „Kultura ludowa – kultura narodowa", in *Szkice i rozprawy*, Warszawa 1974；Olga Danglova, „Folklorismus und seine Stelle in der bildenden Kultur des zeitgenössischen slowakischen Dorfes", *Der Folklorismus einst und jetzt. Vorträge*, II, Keczkemét 1978, S.195(= Folklór-Társadálom-Müvészet, 2-3)。

提出这个民俗主义概念①之后，它就广为流传，但并未完全被接受。在有些国家，它完全没有被使用或是仅被少数学者使用。例如，约瑟夫·布尔什塔（Jósef Burszta）在 1978 年就指出，很大一部分波兰民族志学者不接受"民俗主义"这个术语。② 尤其可能是因为此概念在使用上并不一致，且意思上模棱两可。赫尔曼·鲍辛格早已谈到这一"概念的模糊性"③。奥德里奇·西罗瓦特卡（Oldrich Sirovátka）认为，这个术语尚未获得明确定义④，另外，伊凡·维塔尼（Iván Vitányi）在 1978 年凯奇凯梅特（Kecskemét）（匈牙利人民共和国）的国际民俗主义学术大会的结语中指出，至今仍未能赋予这个概念以足够明确的、可涵盖各种不同的实践形式的范畴，以便将"各种不同的民俗主义纳入到一套清楚的系统当中"⑤。但这样的"概念模糊性"难道不正是因为民俗主义这个名称被应用于各种完全不同种类的文化过程及显现形式，从而使得这一概念显得过于笼统，以至于无法充分描述那些在社会—历史的具体性和功用之下其实非常不同的文化现象，以获得一种能够指称并梳理"各种不同的民俗主义"，且能在学术上应用的说法，所引起的吗？

尤其是过去十年来关于"民俗主义"的对象和概念的讨论出现了许多不同

---

① Hans Moser, „Vom Folklorimus in unserer Zeit", *Zeitschrift für Volkskunde*, 58(1962), S. 177-209; Hans Moser, „Der Folklorismus als Forschungsproblem der Volkskunde", *Hessische Blätter für Volkskunde* 55(1964), S. 9-57. 直至这期年鉴截稿后，本人才收到《民俗主义通报》（*Folklorismus Bulletin*，布达佩斯，1980 年 10 月）。阿扎多夫斯基（M. K. Azadovskij）已在 20 世纪 30 年代使用民俗主义（folklorizm）一词，针对 19 世纪俄国革命民主的进步作家对民俗的文学关注，维克多·马克西莫维奇·日尔蒙斯基（V. M. Žirmunskij）于 1958 年将这一概念加以延伸，用以指称俄罗斯文学和文化中的民俗应用那样一种广泛的社会现象。参见：日尔蒙斯基在为阿扎多夫斯基的 *Istorija russkoj fol'kloristiki*（Bd. I, Moskva 1958）所写的导论，第 14 页。

② Jósef Burszta, „Der gegenwärtige Folklorismus in Polen als spontane und organisierte Erscheinung", in *Der Folklorismus einst und jetzt. Vorträge*, II, Keczkemét 1978, S. 186.

③ Hermann Bausinger, „Zur Kritik der Folklorismuskritik", *Populus revisus*, Tübingen 1966, S. 72(= Volksleben, 14).

④ Oldrich Sirovátka, "Lidová kultura, folklór a folklorismus"(„Die Volkskultur, die Folklore und der Folklorismus"), *Folklór á scéna. Zbornik príspevkov k problematike stylizácie folklóru(Folklore und Bühne. Sammelband mit Beiträgen zum Problem der Stilisierung der Folklore)*, Bratislava 1973, S. 41-49.

⑤ *Der Folklorismus einst und jetzt. Vorträge*, IV, Keczkemét 1978, S. 166(= Folklór Társadalom Müvészet, 4-5).

声音。对此这里并不该回溯或评价，而更多是应探讨一些观点，并提出一些和民俗主义概念及其解释有关的问题。

首先要明确的是，这个概念的使用并不能脱离文化过程所处的社会环境。然而，资本主义国家与社会主义国家对这个概念诠释的差异，并非像赫尔曼·鲍辛格所认为的那样[1]，主要是"民俗主义的当前类型"在以农业经济形态及相关传统为主导并一直延伸到现在的那些地方有所不同。如果不看这里提出的"经济形态"，那么当然，不同的社会—文化发展过程，尤其是民俗—传统的历史角色和直到今日的直接持续发展在对这些传统的当今评价中也扮演着角色。但造成各种不同的民俗主义观点的主要原因还在于，对立的社会结构所反映出来的现象本身缺乏可比性。苏联民俗学家维克多·古瑟夫（Viktor Gusev）这样描述这种对立：今日资本主义社会的民俗采纳与变革，无一不成为布局广泛的国际观光业网络的工具和诱饵，成为大众本身的特殊形式的麻药，而社会主义社会的民俗采纳与变革则服务于广大劳动人民阶层的精神需求的满足，服务于民主制度和专业艺术的民族特色的巩固，并作为对年轻一代进行理想—审美教育的手段。[2] 因此，这种对立以对待文化遗产态度的表现形式显现，而这种态度的基本趋势肇始于各自主导的社会情势。

对于民俗主义问题的所有资产阶级阐述的内容，主要围绕目前社会的民俗—融受现象以及"当代民俗主义"，如同汉斯·莫泽 1962 年的著名文章的标题所示。"在我们的时代"，汉斯·莫泽写道，民俗主义即他所定义的"民间文化的二手传播与展演"[3] 的"主要特征是，它现在主要受商业活动支配，依附在两种变得相当重要的产业上，为此就导入了观光旅游业和娱乐行业这两个指称"[4]。所有这些以批判性描述为基础的思想在本质上是相同的：最广义的

---

[1] Hermann Bausinger, „Folklorismus in Europa. Eine Umfrage", *Zeitschrift für Volkskunde* 65(1969), S. 2.
[2] V. E. Gusev, "O sovremennom fol'klorizme"(„Über den zeitgenössischen Folklorismus", *Folklor i obščestvo*, Bd. 3, Sofija 1977, S. 16-22.
[3] Hans Moser, „Vom Folklorismus in unserer Zeit", S. 180.
[4] Hans Moser, „Vom Folklorismus in unserer Zeit", S. 199.

民间传承，在口语和新闻行业中被称为民俗[1]，脱离了它原本的关联性——多半通过文学的中介，以及学术性的民俗文献——被置于和原来不同的陌生的生存条件中，被改变、被风格化或者也被建构，从而用于尤其与资本主义的旅游业及娱乐行业相关联的商业用途，或是被彻底地用于为了资产阶级国家、政党、协会等的目的服务。借此产生出的令人印象深刻的"真假混杂"[2]，基本上都是被负面评价的。赫尔曼·鲍辛格在其《民俗学》一书中与民俗有关的商业行为的章节里，也把视野扩大到这种现象的整体。他把民俗旅游开发只当作是对民间传承进行盈利性质的市场化营销的大范围活动中的一个领域，也因此称民俗主义为文化产业的一个组成要素。同时他也看到了所谓民俗主义的现象在今日的帝国主义社会中所具有的稳定系统的特质。尽管如此，他在对现象进行批评时并未完全开门见山，因为他在"产业"中并未将帝国主义的垄断资本主义作为一种经济—社会制度进行批评，也因此无法明确揭示，商业利用民间传承或构建伪民俗是资本利用的结果。归根究底，如此强烈并在个别现象上十分贴切的对于现今国家垄断资本主义中的民俗主义的批评的社会功能，又再次因为不具社会关联性而被解除。假如民俗主义的关键也最具普遍意义的功能被描述为："民俗""原本是所有人群的一种背离的，和逃脱的关系意义上的对立世界"[3]，那么作为冗长分析的结果，最后还是只剩下怀旧的论断。这种怀旧当然存在。但它首先只是这个整体中的一个要素，其次它是一种表现形式，这一表现形式的政治、经济和社会因素及条件尚有待研究，以真正能够确定它的社会功能。因此乌兹·叶格勒（Utz Jeggler）1978年于凯奇凯梅特（Keczkemét）民俗主义学术大会上合宜地要求"应该揭示和研究……导致民俗主义陷入窘境的社会原因"[4]，因为这些因素都是由资本主义制度引

---

[1] 参见 Eduard Strübin, „ ‚Folklore' und ‚folkloristisch' im allgemeinen Sprachgebrauch", *Schweizer Volkskunde*, 60(1970), S. 68-73。

[2] Hans Moser, „Vom Folklorismus in unserer Zeit", S. 180.

[3] Hermann Bausinger, *Volkskunde, Berlin(W)-Darmstadt-Wien o. J.*, S. 194(= Das Wissen der Gegenwart. Geisteswissenschaften).

[4] Utz Jeggler, „Folklorismus und Geschichte", *Der Folklorismus einst und jetzt. Vorträge*, IV, S. 102.

起，尤其是"资本主义的货物生产越来越少地允许再生产领域的形塑和自我实践"。[1]在资产阶级—帝国社会中，传承下来的民间文化价值的内化与转化多半代表经济利益导向与资本主义制度本身的利益：尤其是通过唤醒或维护一种怀旧、保守的家乡意识来利用资本和稳定系统，这种家乡意识常带有民族沙文主义色彩。这是一个合乎法则的过程，当资产阶级的民俗研究涉及"多种多样的使用及滥用"时[2]，赋予"原本中立的民俗主义概念"[3]一种批判性的贬义语调。对这一概念的解释由此反映出一种客观的社会进程，尽管它几乎没有揭露其社会原因，也因此没有意识到克服那些遭到负面描述的现象所需要的前提条件。

在社会主义国家研究人员采用民俗主义概念时，必须收起这种贬低的口吻。虽然他们也批评民俗—内化，尤其在民俗重构时所出现的负面要素[4]，但是根据社会主义的民俗—融受的基本趋势，这种融受，作为社会主义国家文化的发展与展开的重要时刻，是所有进步的与人道主义的传统的内化的组成部分，应该用这个概念来从整体上把握整个社会的文化发展的进步过程。被如此应用的民俗主义概念，代表着这样一个文化史的普遍过程，即在其传统语境和原生环境之外对民间文化的元素加以利用[5]，正如它经常被定义的那样。它也包括了文学的、音乐的、美术的元素接纳。因此这个概念本身在

---

[1] Utz Jeggler, „Folklorismus und Geschichte", *Der Folklorismus einst und jetzt. Vorträge*, IV, S.101.

[2] Hans Moser, „Der Folklorismus als Forschungsproblem der Volkskunde", S.44.

[3] Hans Moser, „Der Folklorismus als Forschungsproblem der Volkskunde", S.44.

[4] 参见 Tekla Dömöter, „Folklorismus in Ungarn", *Zeitschrift für Volkskunde*, 65(1969), S.21f.; Dragoslav Antonijević, „Folklorismus in Jugoslawien", *Zeitschrift für Volkskunde*, 65(1969), S.29, S.36-38; Oldrich Sirovátka, „Sieben Hauptsünden des Folklorismus. Die negativen Erscheinungen im Folklorismus", in *Der Folklorismus einst und jetzt. Vorträge*, II, Keczkemét 1978, S.224-227; V. E. Gusev, "O sovremennom fol'klorizme".

[5] 例如 Bohuslav Beneš, „Folklorismus in der ČSSR in Vergangenheit und Gegenwart", *Lětopis Reihe* C 20(1977), S.13："民俗主义，意即……传统的民间文化元素在一个不受传统约束的环境中的存在与应用"。也参见 Bohuslav Beneš, 在 *Slovenský národopis* 24（1976）第 213 页的表述。Leščák、Burszta、Voigt 以及其他人也给了同样或相似的定义。维尔莫斯·沃伊特（Vilmos Voigt）在参考文献中提到并引用了它们。„Die Probleme der Erforschung des heutigen Folklorismus in Ungarn", in *Der Folklorismus einst und jetzt. Vorträge*, II, Keczkemét 1978, S.92-145.

这种解释下是中立的，这种民俗主义的具体表象可以是正面的或是负面的，也可以富有或缺乏艺术性，可能变得丰富或贫穷化。① 通过把民间传承及其过去和今天在另一文化领域、另一文化系统中转换的元素的一切内化，都用"民俗主义"这个术语来理解，这一概念无疑可由此赢得定义上的明确性和通用性。

但因此也产生了一连串问题，有两个在我看来特别重要且值得讨论。其中一个问题是，这个概念是否会因为它的范围与内容如此被扩大和普遍化而不变得过于一般化，还能适用于对具体的文化历史过程的学术描述与解释，这些过程在过去与现在的民俗—内化的不同且有相当大区别的各种形式、可能性和功能中得以实现。另一个问题，最终也和上一点有关——民俗学可能会因为这样的术语变得让其他学科和文化政治的实践无法理解，它们从自身的题材对象出发从事着某种特殊的民俗内化过程。

这点特别适用于艺术学，它一直以来都研究民间传承元素的接纳及其在文学、艺术、音乐美学系统中的转化，并为此广泛地使用着融受的概念。民间传承的融受并非从启蒙运动② 或者特别是从浪漫主义时期③ 才较大规模地存在，尽管大部分民俗主义的相关描述都会和这两个时期挂上钩。这个过程无非就是服务并隶属于当时的统治阶级、阶层、种姓等以及努力攀上统治地位的剥削阶级文化对于民间性的文化成果与文化传统的融受和内化。具体的历史的表象则早已出现在更早时期的文学及艺术作品中，尽管在实际的历史过程中不同时期对民间传承的热衷与疏离大不相同。从趋势看，这些针对民间文化的不同看法来自在各自的社会结构和与其阶级关系相符的整体系统中统治者或努力攀上统治地位的剥削阶级的态度（和他们所能表达出其精神文化兴趣的智慧）。因此，对于民间和民间传承的热衷并非只是上升中布尔乔亚的特征，尽管与其社会晋升的历史过程相关联而产生了接纳与转化民间传承、使其融入新兴资产阶级民

---

① Sirovátka, "Lidová kultura, folklór a folklorismus"("Die Volkskultur, die Folklore und der Folklorismus").
② Bohuslav Beneš, „Folklorismus in der ČSSR in Vergangenheit und Gegenwart", S. 15.
③ Jósef Burszta, „Folklorismus in Polen", S. 11.

族文化当中的特殊和特别广泛的趋势与形式，特别是在文学与音乐方面。[1] 这个民俗—融受的历史阶段和不同的审美实现，及其艺术转化的条件与形式，过去主要由相关的艺术学科来研究。

就其作用与形式来讲，传统民间文化，也就是劳动阶级与阶层的历史文化的价值在当下的艺术性民间创作中的内化与持续发展，在某些方面与此大相径庭。这种内化，根据其主要内容，是民俗保护。所涉及的是一种有意识的和有组织的对民间文化的历史元素和传统的接纳与持续发展，可导致在文化生活实践与劳动者日常生活中多种多样的积极的艺术性实现和直接的人际交流。这种保护能维持并延续现有传统[2]，或是重新接纳经研究调查或媒介的民间传承，调动它们来创造性地满足社会主义的文化和生活方式的需求。充斥这一过程的有意识和有组织的性格，完全符合社会主义的社会—文化生活的发展阶段和实践。当然，它时常会或很成功或略微欠缺，会出现正面或负面的例子。民俗保护——正如民俗融受——首先是一个中立概念，描述的是不同程度好坏的、成功或不成功的具体过程与现象。民俗保护包含的是重新接纳的形式或创新，其中有些能自证自明，另一些则因不符当今需求而再次快速消失。

这些需求主要不是怀旧性质的。当然在涉及与早期的民间文化或民间传统的重新衔接或重新接纳时，对历史文物与形式的爱好也很重要。但对于历史性的、对于过去的文化价值和传统的喜好，是一个在劳动者文化意识的发展中日趋强势的要素。这与为了找寻自身社会生活的历史根源的相关知识的渐增有关，也与正得以贯彻的以下普遍意识有关，即随着社会主义社会的建设，也应让人类历史上过去的优良传统、希望与梦想得以实现，必须让所有进步的和人

---

[1] Hermann Strobach, „Herdes Volksliedbegriff. Geschichtliche und gegenwärtige Bedeutung", *JbfVkKg 21*, N. F. 6 1978, S. 9-55.
[2] 莫泽也区分民俗主义的各种现象，它的趋势应是将民间文化从其生活范围中撷取出来，让其独立，"培养现存的真实的传统形式朝着特定方向发展的可能性"。Hans Moser, „Vom Folklorismus in unserer Zeit", S. 179; 参见 Hans Moser, „Der Folklorismus als Forschungsproblem der Volkskunde", S. 29, 38-39。关于"真实性"问题，见下文。

道主义的价值与传统融入社会主义社会，从而使人们的社会、精神、文化生活变得丰富多样。在社团、群体、企业和其他团体中从事对传承的见证物和民间文化传统的内化和持续发展的人们，大多认为，这样的活动满足了他们当下生活的重要需求。其中有"团体组织活动、形式和色彩的游戏，以及自身技能带来的乐趣"①，有"自我艺术上尝试"②的愿望，有"社交的和共同文化经验的需求"③，还有"社交的乐趣……和聚在一起时的欢愉"④，这些都一再被认为是这项活动的原动力。因此，在1980年斯特拉尔松举办的梅克伦堡民俗节上，许多小型业余合唱团体尤其令人印象深刻。对他们来说，庆典的表演无疑是他们文化生活一个重要的顶点。但对他们而言，最重要的是，如他们证实的那样，自己能够持续地在同事、小区等圈中参与文化活动，以及享受这些活动带给他们的乐趣、喜悦和生活的充实。对于积极的文化实现和与人接触沟通的需求，构成了明显占据优势的诱惑。同时，这些需求也似乎随着大众交流手段的增加和完善，以及大城市、住宅区、住户们的迅速增长而逐渐增多。经常是长期以来被人民所执掌的，也有部分自己发展起来的，随着不断转变的生活情况而不断被重新调整和容纳的传统民间文化的内容与形式，为满足这些需求提供了一些可能。或许这也促使他们去维护艺术性的民间创作。国家和社会的组织、企业与小区，通过打好物质和组织方面的基础，以及提供各种形式的支持来促进这样的活动。

　　专门或至少主要以展演、舞台表演或在大众媒体中的展示为导向的民俗—复原，则有着另外一种作用。对它们来说，作为民俗—内化的特殊形式之一，民俗主义这个概念是一种可能的指称。这其中有何特殊性，能为这一特殊概念提供辩解呢？

---

① 《新德国》1980年10月30日。
② 《新德国》1980年8月14日。在一种"民俗主题的流行塑造"的尝试中，一些非职业的从事流行物品与服装制作的人们，能够"凭着心灵手巧、依据个人喜好进行成衣修改"，参见《新德国》1980年2月25日。
③ 《新德国》1980年4月8日。
④ 《柏林报》1980年6月28、29日。

首先，民俗学的民俗主义概念的提出者把"展演"当作是这一现象的重要特征。莫泽把他打算命名为民俗主义的对象，以一种简略的形式称为"民间文化的二手传播与展演"①，鲍辛格也强调这个要素。他拿来作为例子介绍的民俗主义现象有个共同点，即"民间文化的某些现象在它原本的关联之外，以新的功能和为新的目的而被展演"②。当然不容忽视的是，对待民俗的不同可能性的功能与形式不能完全相互区隔开。这主要为了满足人们对艺术—文化的自我实现、社交与人际直接沟通的兴趣与爱好，也为从事民俗内化的业余团体编排一些节目，使其不仅在节日庆典上，而且也在他们工作和生活圈附近的各种形式的活动中登台表演。另一方面，例如专业或半专业的表演团体的工作也能满足对于积极的文化实现的需求。各种过程和现象经常会互相碰撞与交集，也会部分地互相混合。但这并非是这个研究对象领域的特别之处，而是适用于相当广泛的社会过程和现象。因此，它们的概念性反映并不意味着严格的划分，而应该从典型的本质特征来把握其基本特点和基本趋势。

也经常有人指出，民间文化传统的展演并非最近才发生的现象。"传统的和带有固定功能的民俗元素在它们本地的、惯常的共同体之外的展演，在另外一个社会阶层中游戏式地仿效民俗母题，以及出自各种用意地对带有民俗性效用的元素进行偏离传统的某些发明和建构，所有这一切长久以来，就像它显现的那样，在所有的包括早期的文化中也已有发生。"③因此，这种展演不算是一种

---

① Hans Moser, ,,Vom Folklorismus in unserer Zeit", S.180；也参见 Hans Trümpy, ,,Folklorismus in der Schweiz", *Zeitschrift für Volkskunde*, 65(1969), S.40。

② Hermann Bausinger, ,,Folklorismus in Europa. Ein Umfrage", S.5. 莫泽与鲍辛格都没有将民俗的文学性与音乐性融受与转化列入他们关于民俗主义的观察之内。莫泽在提及音乐方面的这种过程时，未使用民俗主义的概念（第180—181页）；在他关于历史的题外说明中，并未涉及赫尔德（Herder）以来对于民间传承的文学融受，而只提到民俗文化传统的"展演"形式（第190—198页），同样在他的另一篇文章 ,,Der Folklorismus als Forschungsproblem der Volkskunde" 中，在文学领域也只涉及民间性的资产阶级乡土文学作家（第11页），主要探讨"民俗文化资产在历来的地方与社区范围之外的展演"（第45、23页）。同样，鲍辛格的 *Volkskunde*，也将文学性的融受排除在了"艺术性民俗主义的平庸形式"之外（第189—192页）。

③ Hans Moser, ,,Vom Folklorismus in unserer Zeit", S.190. 其中举了许多例子。

最近才有，或是兴起于启蒙运动或浪漫主义时期的现象。[①] "许多风俗习惯以前就已经带有了做秀的性格特征。许多风俗一直就都拥有观众，而且几乎从来就没有一种仅只对内的指向。"[②] 在民俗主义讨论中有大量此类的例子被引用。

然而，当代的传统民间文化展演的诸种形式与功能，虽然拥有许多和历史上此类现象共通的特征，但就类型和本质来说还是不能轻易地将它们相提并论。康拉德·科斯特林（Konrad Köstlin）曾正确地指出，通过对"民俗主义"现象从过去到未来的直线延长，使得关于今日社会资产可能有着根本不同的新形势的问题被避而不谈。"这种模式阻碍了对于当今民间文化的基本差异性和对于这一民间文化中根本不同的资产情况的尚处于萌芽阶段的思考，它一直以同样方式把同样的决定因素作为基础，甚至在涉及'大众'时也只容许有数量上的差别。"[③] 这里所要求的是历史性的具体分析，以及对今天的帝国主义社会的现象的评估，相较于资本主义的尤其是其他社会类型的其他历史时期，它在条件和功能上是根本不同的。总之，借由资本主义垄断以实现利润最大化，且将民众融入现存的政治—经济系统中，以便尽可能完美而可靠地对其进行统治和剥削，这样一种对于民间文化证据与现象的利用和评估，全然不能和早期历史时代的舞蹈秀和风俗秀相提并论。更确切地说，这是一种特殊过程，表明这种"民俗主义"在普遍危机的历史阶段是一种限于体制的、时代性的资本主义垄断现象。在这一范畴内，对历史传承的民间文化进行内化与呈现的可能性得以大幅度地实现。同样，从这种社会胁迫中爆发出来的开端与努力，乃至与占有统治地位的"文化经营"背道而行的趋势，都会在或长或短的时间内再次陷入经济利润营销的系统中——除少数例外，后

[①] 巴洛克宫廷文化中对于民俗元素和母题的游戏般的接纳与模仿，也只是这种现象的一种（晚期）的历史形式。参见 Friedrich Sieber, *Volk und volkstümliche Motivik im Festwerk des Barocks*, Berlin 1960(= Veröffentlichung des Institut für dt. Volkskunde, 21)。
[②] Hermann Bausinger, „Zur Kritik der Folklorismuskritik", S. 66, 参见该处例子。
[③] Konrad Köstlin, „Folklorismus und Ben Akiba", *Rheinisches Jahrbuch für Volkskunde*, 20(1970), S. 237；也参阅第 240 页；"因此根据当下对它的理解，这一概念可能对于把握目前的现实是没有用的"，另见第 254—255 页。Hans Trümpy, „Folklorismus in der Schweiz", S. 46, 也意欲把民俗主义看作是"一种阶段性的现象"。

者可以达到一种始终反帝国主义的立场,且尤其可以与有组织的反帝国主义力量发生关联。①

由此可见,这并非只是一个事关"民俗"的特殊问题,而是完全与"改变后的社会资产状况"有关。"在当代,对旧有的民间文化资产的媒介与其他资产的媒介绝对没有区别"。②这一提示导致有关"民俗主义"评价的一个基本问题,因为在对它的几乎所有定义中"媒介"都被认为是一个主要特征。直接——尤其是直接口语的交流,在当代对文化信息与多数大众活动而言,也不再是媒介的主导形式。在这里,文化资产和价值的媒介更多地是由教育机构、科技媒体、文化机构等来主导。如同文化整体一样,媒介与展演成为传承、信息与展示的主要形式③。民俗—内化既不能从这些文化生活的基本形式中剥离出来单独观察,也不能把现在占有主导地位的内化形式当作一种所谓的或看上去只是属于民俗的特殊存在从整体文化发展中分离出来。如同本节开始时说明的那样,这种内化的具体目的、内容和形式,在基本趋势上终究会在它发生的社会条件下受到这一社会特征的影响和支配。

---

① 参见 Fritz Bose, Volkslied-Schlager-Folklore. *Zeitschrift für Volkskunde*, 63(1967), S.45-48, 及更多讨论,特别是 65-67, 69-74; Barbara James, Versuch einer Beschreibung der deutschen Folk-Szene '76, *Jahrbuch für Volksliedforschung*, 22(1977), S.113-118; Tom Kannmacher, Das deutsche Volkslied in der Folksong- und Liedermacherszene seit 1970, *Jahrbuch für Volksliedforschung*, 23(1978), S.33-42; Eckart Frahm/Wolfgang Alber, An den Mischpulten der Volkskultur. Anmerkungen und Thesen zur Folk-Szene'77, *Jahrbuch für Volksliedforschung*, 23(1978), S.43-68; Thomas Geyer, Besucherbefragung auf dem 3. Tübingen Folk- und Liedermacherfestival. Bericht über ein studentisches Arbeitsprojekt. *Jahrbuch für Volksliedforschung*, 23(1978), S.69-102; Josef M. Franssen, Festivals: Volksvergnügen oder Gegenkultur? *Jahrbuch für Volksliedforschung*, 24(1979), S.147-161; Friedrich Scheerer, Folksong in der Bundesrepublik, *Württembergisches Jahrbuch für Volkskunde*, 1970, S.97-115; Ina-Maria Greverus, Volks- und Kulturforschung und Kulturpraxis. *Hessische Blätter für Volks-und Kulturforschung*, I(1976), S.3-4; Rolf Wilh. Brednich, Zur Rezeption von Wolfgang Steinitz Deutsche Volkslieder demokratischen Charakters … in der BRD. JbfVkKg, 23(1980), S.141-148. Zur progressiven und antiimperialistischen Liedbewegung in der BRD, 参见 Inge Lammel, Kampfgefährte – unser Lied, Berlin 1978, S.149ff.
② Konard Köstlin, „Folklorismus und Ben Akiba", S.252-253.
③ Hermann Strobach, „Direkte mündliche Kommunikation als Kriterium für das Wesen der Folklore? Zer historischen Fundierung des Problems"; *Deutsche Volksdichtung. Eine Einführung*, Autorenkollektiv unter Leitung vom Hermann Strobach, Leizing 1979.

可问题仍然是，民俗主义概念本身，对于现今的传统民间文化的内化与展现而言是否能让人满意。其他学科，尤其是从事文化政治实践的人们将不会接受这个概念。在对待一个在其他学科尤其是在文化和文化政治实践的当下发展中还很重要的问题上，民俗学的这种在术语上的孤立对她自身而言没有太大益处。

"真实性"问题

在所有关于民俗主义的讨论，以及尤其针对民俗主义的批评背后，隐含的首先是对真实性概念问题或实际上是对此概念成立与否的追问[1]。多数探讨民俗主义问题的言论，几乎都大量且不加深究地使用如"真实的"、"原有的"及"本真的"等词汇。在现有民俗主义定义中，这些词汇扮演着极重要的角色。汉斯·莫泽最初提出民俗主义概念时，便将其描述和解释为"保留独特性及原创性之生活"，并表明了民俗主义为"真实及仿造混合的"风俗现象。[2] 此外，赫尔曼·鲍辛格也强调了"民间文化在其原本的关联之外"的现象展示。[3] 莫泽甚至使用一连串关于真实、原有、自然发展等概念。[4] "真实的"照这么说应该

---

[1] 参见 Hermann Bausinger, „Zur Kritik der Folklorismuskritik"; Carl Dahlhaus, „Zur Dialektik von ‚echt' und‚ unecht' ", *Zeitschrift für Volkskunde*, 63(1967), S. 56-57；Walter Hävernick, „Gruppengut und Gruppengeistigkeit im Wandel der Zeit. Ein Beitrag zum Thema ‚Folklorismus'", *Beiträge zur dt. Volks- und Altertumskunde*, 15(1971), S. 28；Utz Jeggle, „Folklorismus und Geschichte", S. 96-97；Ina-Maria Greverus, „Brauchen wir Feste?" *Hessische Blätter für Volks-und Kulturforschung*, 4(1977), S. 1, 6-7。

[2] Hans Moser, „Vom Folklorismus in unserer Zeit", S. 179-180. 这一理念贯穿整篇文章，尤其参见第185—192、196页他在第208页中说："民俗主义……遮盖并扼杀了在民俗中现存的那些不显眼的真实的东西"。

[3] Hermann Bausinger, „Folklorismus in Europa. Ein Umfrage", S. 5. 又见同一作者的 *Volkskunde,* 第158页；赫尔曼·鲍辛格（Hermann Bausinger）首先采纳莫泽（Moser）的概念定义，（即"出现在与它原本相干的语境中的"民俗），但又对"真实的"与"非真实的"差别加以相对化（第161页，尤其是第160—177页）。

[4] Hans Moser, „Der Folklorismus als Forschungsproblem der Volkskunde", S. 27; 此外，"干净的"及"健康的"概念也包含在内（Hans Moser, „Vom Folklorismus in unserer Zeit"）。

是"原生的",而"原生的"至少接近于"自然发展"的。

这种广泛地将民俗主义视为由社会整体决定的文化过程的观念,大多以民俗文化的所谓原生存在和次生存在之相互对立为出发点。因此,民俗主义概念的中心在于媒介的基准问题。民俗主义被认为是"'次生的'民间艺术、民间文化的'第二存在'、'二手的'民俗的表现形式"(至少大部分民俗文化传统的传授趋势倾向如此)[1]。

沃尔特·维奥拉(Walter Wiora)最先提出"第二存在"的概念,意指民间文化的历史表现形式借由搜集与研究之中介而被重新接纳。[2]所谓第一与第二存在之间的差异,如果是就传承下来的文化资产的转型而言的话,是不能也不应该被否定的。毋庸置疑,直接口语交流的使用决定了以这种方式传承文化资产的某些存在形式,与凭借新型传播媒介散布并传承文化资产的其他存在形式有所不同[3]。然而"次生存在"的概念必然包含"原始存在"的概念,后者被用来指代历史上流传下来的、主要以口语—记忆方式传承的民间文化,因而对民间文化这一历史阶段以及它的特殊存在形式的评价至少会被与"原生的"联系在一起,从而也只有如此它才会被称为"本真的"或"真实的"。这样一种先入为主的二元对立深深影响了民俗主义讨论中的概念定义、描述与评价。这被描述为"将本真的民俗从随着时间的推移而被称为'民俗主义'的二手民俗中分离出来"[4]。特别是当前的民俗融受,会被与"传统乡村歌手、音乐家或舞蹈

---

[1] Sirovátka, Sieben Hauptsünden des Folklorismus, S.224;也参见同一文集,第13、173、186、195页。

[2] Walter Wiora, Der Untergang des Volksliedes und sein zweites Dasein, *Musikalische Zeitfragen*, Bd.7, Kassel und Basel 1959, S.17.

[3] Hermann Strobach, „Direkte mündliche Kommunikation als Kriterium für das Wesen der Folklore ? Zur historischen Fundierung des Problems", *Folklore and Oral Communication*, Zagreb 1981, S.17f.; *Deutsche Volksdichtung. Eine Einführung*, Autorenkollektiv unter Leitung vom Hermann Strobach, Leizing 1979; Hermann Strobach, „Variabilität. Gesetzmäßigkeiten und Bedingungen", *Jahrbuch für Volksliedforschung*, 11(1966), S.1-9.

[4] Józef Burszta, „Der gegenwärtige Folklorismus in Polen als spontane und organisierte Erscheinung", *Der Folklorismus einst und jetzt. Vorträge,* II, Kecskemét 1978, S.186.

家"的"本真的、真实的"民俗对立起来[1]。"不再是本真的民间艺术"的民俗主义与所谓在"原有"生活环境、以其"原有的本真形式"存在的"传统民间艺术"被区分开来。[2] "原生的"和"非原生的"的对立,在大部分讨论中成为基本标准(尽管理论上很少得到反映)。"因此,民俗主义是对传统民俗现象在非原生的生活环境中的存在和使用的指称。"[3]

上述说法与定义确实指明了传承下来的民俗民间元素由于社会情境的变迁以及表现方式和媒体传播的变化而发生的深刻转变,并通过概念使之得以彰显。在有关民俗主义的文章中,这一过程被发人深思地、形象且常常也是精辟地刻画和描述为是基于整体社会的发展趋势[4]。然而,这还是引发了许多问题。在此仅就无数问题中的两项展开探讨,即有关"第一种(原生)存在"和针对传统民间文化的"原生性"概念,以及关于本真的(即原生的)与非本真的(即经过媒介的)之间的对立问题。

在研究中,学者们一般公认,即便是古代历史记载的民间文化也并非是全然独立"自行发展"而成。"第一种存在"的概念和所谓"原生的"说法,可能轻易地模糊了民间文化的历史—社会关系,导致其历史性完全被忽略。绝大部分——正如已知的那样——这类民间文化根本不能算是"原生的",大多是由不同阶层的职业或半职业的传播者汲取了当时的主导文化领域中的资

---

[1] Sirovátka, Sieben Hauptsünden des Folklorismus, S.226;也参见 Oldrich Sirovátka, "Lidoá kultura, folklór a folkorismus",其中描述了一种如原文所述——偶发的、本真的、在自然形成的社会团体中口耳相传的民俗和利用现代科技通讯方式传播的民俗之间的对立。另见 Bohuslav Beneš, "Folklorismus in der ČSSR in Vergangenheit und Gegenwart", S.14-19(口语传统作为主要存在的特征)。又参见 Milan Leščák, "Der Folklorimus als Forschungsgegenstand in der Slowakei", Der Folklorismus einst und jetzt. Vorträge, IV, Kecskemét 1978, S.105。

[2] Olga Danglova, "Folklorismus und seine Stelle in der bildenden Kultur des zeitgenössischen slowakischen Dorfes", S.195;参见 Hannelore Fasske, "Traditionelle sorbische Hochzeiten als Darstellungsobjekt auf sozia listischen Dorffesten", Der Folklorismus einst und jetzt. Vorträge, II, Kecskemét 1978, S.201-204。

[3] Bohuslav Beneš, "Semiotische Aspekte der Beziehungen zwischen dem Folklorismus und Regionalismus in der heutigen Tschecholoslowakei", Der Folklorismus einst und jetzt. Vorträge, II, Kecskemét 1978, S.173;参见 Bohuslav Beneš, "Folklorismus in der ČSSR in Vergangenheit und Gegenwart", S.13, S.18-19, 又 Bohuslav Beneš, Slovenský národopis, 24(1976), S.213。

[4] 尤其参见 Der Folklorismus einst und jetzt. Vorträge, II-IV, 如书中引用的文献。

源，通过选择和转型将其融入别样的生活和思维方式中，并顺应社会或文化的具体需求将之部分改变，变为自我的东西。因此，自古以来，许多民间文化现象都是"二手的"，同时也是"次要的"存在。若进一步追溯基于阶级的文化传统间的多方交互影响的实际历史过程，甚至可发现有"三手"、"四手"的等等。在德国中世纪早期及中世纪晚期记载的精神性民间文化中，有被传入民间再由民众继续发展的宗教圣歌[1]，有众多的传教故事以及类似的文化产物。《林堡编年史》（Limburger Chronik）中可查见关于1370年左右一位赤脚僧侣的记载："他创作了世上最优美的歌曲和诗句，那诗与旋律，在莱茵河地区乃至全国都无人可相比拟。他所吟唱的，所有人都乐于传诵，所有乐师、吹笛手和其他乐手都带领歌唱和吟诵。"[2] 在宫廷、城市与乡间"游走的"歌手乐手们，对于舞蹈、诗歌与音乐在民众中的传播做出了极大贡献，对于叙事诗（Ballade）和其他歌曲形式的形成更是功不可没，至少在中世纪后期留下了这类记载[3]。在海因里希·冯·威腾维勒（Heinrich von Wittenwiler）约于1400年完成的史诗《指环》中，便有对"写手"如何在婚礼上向农民们传播宫廷舞蹈表演的描述[4]。中世纪晚期留下不少有关教会以及封建贵族和城市新贵阶层的文化流入中低阶层民众与农村居民中的相关记载。无论来自教会的修道院喜剧、传道福音、猜谜游戏与圣徒诗歌，或是来自王公贵族的宫廷情歌、情节和贵族骑士史诗的片段，以及早期城市新贵间流行的箴言诗，都在民间歌谣中留下了踪迹。流浪的布道者和行吟诗人也经常扮演着文化传播者的角色。借由此类途径，部分源于遥远国度和民族的、来自其他文化的元素与素材也融入德国的民间文化中。15世纪末和16世纪时，口头传承的民间文化，尤其是城市下层与农民—乡土阶层的传统，通过与新兴市民阶级文化的密切接触，汲取了例如文艺复兴时期的中篇

---

[1] Strobach, *Deutsches Volkslied in Geschichte und Gegenwart*, S. 50-51.
[2] *Die Limburger Chronik*, eingeleitet von Otto H. Brandt, Jena 1922, S. 55-56. 也参见 Friedrich Ranke, Zum Begriff "Volkslied" im ausgehenden Mittelalter. *Mitteilungen der Schlesischen Gesellschaft für Volkskunde*, 33(1933), S. 100-104, 120-129.
[3] Walter Salmen, *Der fahrende Musiker im europäischen Mittelalter*, Kassel 1960.
[4] 诗行6328及以下各诗行；参见 Ranke, Zum Begriff "Volkslied" im ausgehenden Mittelalter, S. 124-126.

小说、资产阶级的歌谣、寓言、俗语与喜剧文学作品的内容①。从 16 世纪上半叶起，印刷术开始展现其广大的影响力，文字逐步担当起不同载体之间的媒介功能，尽管口头演说与朗读在很大程度上依然是传播的主要形式。文化资产的撷取不仅来自占统治地位的封建阶级的文化范围，也尤其来自新兴的市民阶级，这在 16 世纪时并不显见，而是表现为服饰、礼仪、舞蹈至音乐文化的全方位吸收，留存至今的民间文化历史资料的绝大部分都带有此印记。许多习俗、戏剧、歌曲的特点都可直接追溯至宗教文化或贵族阶级的传统与编制，或可看出在形式与发展上曾受其影响②。民间戏剧的题材有很大一部分便是取自宗教典籍的内容。③传统服饰的形制源自教会及贵族传统④，而房舍样式、家具、服装等，也无一不是出于对封建贵族阶级文化的模仿或改造而成。在此过程中，城市扮演的经常是面向农村文化传统的媒介角色。⑤文化资产不仅仅是单向的由上而下的传播，贵族文化也吸收了许多民间传统。关于此点，在过去的文献中已有大量记载与描述。被融入贵族文化的此类资产也可能再度流传回民间，此现象在观察喜剧及历史故事、证道故事、宗教歌曲、传单和舞蹈形式等时，即可窥知。

当然，也有"本真的"、人民自己创作的文化产物，其特殊形式不应归功于撷取和改编，而应归功于劳动人民富有创造力的文化活动的"原生"形式。在这种从传播、内化或者是监制的文化产品到自己创作的传统的关系之中常存

---

① 参见 *Deutsche Volksdichtung. Eine Einführung,* Autorenkollektiv unter Leitung vom Hermann Strobach, Leizig 1979, S. 13-14，及相对应的章节；Strobach, *Deutsches Volkslied in Geschichte und Gegenwart,* S. 73-81.

② 参见 Herbert Schwedt, Brauchpflege und angewandte Volkskunde. *Beiträge zur deutschen Volks- und Altertumskunde* 10(1966), S. 85-86；Siegmund Musiat, *Ethnographische Studien zur Familin-Lebensweisen der sorbischen und deutschen Werktätigen in der Oberlausitz,* Diss.(B)Berlin 1977(Ms.)；*Populus revisus,* S. 73；Hans Trümpy, „Folklorismus in der Schweiz", S. 42f.

③ Helmut Paul Fielhauer, Kultur oder Volkstumsideologie? *Volkskultur – Kultur des Volkes?* "Kulturkontakte '79", Wien o. J.(=Zeitdokumente 22).

④ 关于这个问题可在大量文献中找到许多例子，在我们的上下文中仅参阅 Torsten Gebhard, Der Begriff der Echtheit in der Volkstracht, *Volkskultur und Geschichte. Festgabe für Josef Dünninger zum 65. Geburtstag,* Berlin(W) 1970, S. 303-308.

⑤ 比较：Reinhard Peesch, Säulenbücher. Zur Antikerezeption in den Tischlerzünften des 16. bis 18. Jhs. JbfVkKg 19, N. F. 4(1976), S. 87-107；同一作者, *Volkskunst,* Berlin 1978。

在重要的区别，这种区别不仅存在于不同的历史时期，同时也存在于最终基于历史社会因素不同的民族与地域文化。

然而，不管是"传播的"还是"原生的"，这些产物在每个历史阶段只有通过在一个民族的阶级、阶层、团体的社会文化生活中的接受与结合才能变成民间文化的事项。"真实的"与"非真实的"的对立，从传播或"自行发展"的观点来看只是一种假象的对立。研究者们意识到这些不同的资料来源，以及在民间文化转变与发展的历史进程中其来源、功能和传承的不同层次和形式。但他们所使用的概念系统，却基本上仍大部分是以浪漫主义理念中"自然"与"艺术"、"自然诗"与"艺术诗"的对立为基础。它既不再适于针对各个历史时期的民间文化的变迁与多层次性的事实，也不再适于已经达到的研究现状。在学术领域之外，"原生的"与"非原生的"的术语对立，以及为历史民间文化贴上"本真的"标签的做法，会传达和打造一种不符合历史事实的观念。一种被如此表述的民俗主义理论可能在实践中带来混乱，使已有的偏见固化，而不利于澄清和解释事实。

这个概念系统尤其证明了它不适用于描述与解释当下的文化实践。要是我们承认，任何来源的文化财产通过被接纳与结合进一个民族的不同阶级、阶层、团体的社会文化生活而变为民间文化事项，那么，这个观点不仅适用于历史性的民间文化，而且也同等程度地适用于当代的艺术性民间创作中的民俗融受与保护。民俗传承常常和其他传统一起被接受与内化，通过嵌入当代的生活、思想、表达与表演方式，以符合今日的文化理解与文化沟通方式[①]。这一文化活动不会仅因为其素材主要不是以直接口语—记忆的方式流传，而是通过学术准备、技术媒介以及普遍的读写文化而获得多样的传播形式，从而比早期历史社会阶段劳动人民的文化活动更少一点"真实"或"本真"。决定性的准则并不是传播的方式方法，而是富有创造性的内化以及与自己生活状况、文化活动及

[①] 对此，也可参见一篇 Dunja Rihtnan-Auguštin 的启发性文章：Folklore, Folklorism and Modern Audiences, *Der Folklorismus einst und jetzt. Vorträge*, II, Keczkemét 1978, S.218-221.

民俗—民俗保护—民俗主义——趋势、疑点与提问　　161

传统的结合。与历史传统相比，这当然会有区别、转变以及本质上的变革。最重要的是，应有意识地且很大程度上有组织地把它们吸收到整体的文化发展中来，以此促进专业艺术与业余艺术的紧密联系与合作。内化的素材与传统通过一系列供民众使用的机构与媒体得以传播，这将首先使我们从中得益。它拓宽了直接的、不经媒介的传统路线，达到融受的可能，使之能够从自己的民族以及其他民族的遗产中汲取和创造。区域性的和国家的传统因此可被保存且继续发展，同时也可与国际文化的传承与价值接轨。

当然，展演特征在这些文化活动中表现得越来越突出。虽然正如已被指出的那样，许多历史性的民间文化现象已经具有展演特征。约瑟夫·杜宁格（Josef Dünninger）在一次讨论中就曾强调："中世纪的宗教剧也是一种表演与生意。"[1] 歌唱、舞蹈、戏剧与习俗的主动与被动的参与者，并非是最近才有的，我们只要想想职业性的舞蹈表演。有时它也会在自身"生活圈子"之外，面向接收人和"观众"的求物习俗（Heischebräuche）自中世纪以来就已有记载[2]。确实，时常从事这种习俗的是某些特定的职业团体。音乐演奏与歌唱大部分由职业或半职业的乐手或团体来演出。[3] 例如，厄尔士山（erzgebirgisch）地区的山地歌手就组成了专业的下属组织。他们不只在狭义的矿工生活的一些场合演唱和表演，也在整个地区的婚礼及其他场合表演，并为此创作了书面底稿，如大约在1700年才得以印刷的萨克森山歌小歌本；他们还在莱比锡博览会的"非正式"的观众面前演唱[4]。此外，在一些节庆中，比如，带有传统乡村生活特色的婚礼

---

[1] *Populus revisus*, S. 73.
[2] 参见 Hans Moser, ,,Vom Folklorismus in unserer Zeit", S. 190f.；同一作者, Der Folklorismus als Forschungsproblem der Volkskunde, S. 24；Hävernick, Gruppengut und Gruppengeistigkeit im Wandel der Zeit, S. 16："表演习俗的流传在过去还没使用'民俗主义'这一词的时期就已经存在了"。
[3] "无数来自巴伐利亚民歌演唱的记载几乎都是关于较小的歌唱团体，有时也关于个别的男歌手或女歌手，他们大部分都与求物习俗的歌唱交流有关"。Hans Moser, ,,Vom Folklorismus in unserer Zeit", S. 191.
[4] 参见 *Bergliederbüchlein. Historisch-kritische Ausgabe*, hrsg. Von Elizabeth Mincoff-Marriage unter Mitarbeit von Gerhard Heilfurth, Leipzig 1936(= Bibliothek des literarischen Vereins in Stuttgart, 285); Friedrich Sieber, *Aus dem Leben eines Bergsängers*, Leipzig 1958(= Kleine Beiträge zur Volkskunstforschung, 6)。

上，由这样的优秀歌手带来的表演也为助兴婚礼聚会发挥了重要作用。[1]

毫无疑问，展演特征对于当下艺术性民间创作的功能与生存方式的影响，和历史传承的民间文化相比明显有所增强。这完全符合今日社会文化生活的条件与形式，符合一种全面开放的交流以及有意识的遗产融受。[2]审美视角也因此在很多方面显得意义重大且颇具分量。[3]由此想要引导出一种有关文化资源在早期社会形态的所谓"传统的"民间文化中的使用功能（Gebrauchsfunktion）和在今日文化实践中的形式价值（Gestaltwert）的（部分的甚至完全的）对立[4]，对于其现实功用而言是不公平的，理论上也站不住脚。当然，功能优势可能会发生转移。然而，"实用的"意即原本或主要是在非审美作用之外得以使用的民间文化元素，或多或少也具有显著的或可被感知的审美功效。[5]另一方面，民俗文艺遗产的表演，是为了给人审美的愉悦，如同为了达到一种出于审美乐趣的娱乐一样，这也会呈现出一种使用功能[6]。只不过"使用的"目的、种类与形式已发生变化。

这同样适用于被反复强调的、作为"本真的"、"真实的"民间艺术特色在人类生活中的"结合"。即便是来自最不同的当代民众的人类文化活动也

---

[1] 参见 Fritz Spieser, *Das Leben des Volksliedes im Rahmen eines Lothringerdorfes,* Bühl/Baden 1934。

[2] Marianne Varga, Die Rechte der Volkskünstler in Ungarn.(*Der Folklorismus einst und jetzt. Vorträge,* IV, Keczkemét, 1978, S.136)，也强调这个观点。

[3] Beneš, Semiotische Aspekte der Beziehung zwischen dem Folklorismus und Regionalismus in der heutigen Tschechoslowakei, S.176-177.

[4] Ernst Klusen, *Volkslied. Fund und Erfindung,* Köln 1969, S.27f.; Stockmann, Zur Aufführung und Rezeption von Volksmusik heute.

[5] 参见 Walter Wiora, Zur Fundierung allgemeiner Thesen über das "Volkslied" durch historische Untersuchungen. *Jahrbuch für Volksliedforschung,* 14(1969), S.9-10；另外，上述针对表演在历史民俗文化地位的说明及注释 S.174-178; Dieter Kramer, „Kreativität" in der „Volkskultur", *Zeitschrift für Volkskunde,* 68(1972), S.26; Lenz Kriss-Rettenbeck, Was ist Volkskunst? *Zeitschrift für Volkskunde,* 68(1972), S.8。

[6] 参见 Bohuslav Beneš, „Folklorismus in der ČSSR in Vergangenheit und Gegenwart"; Bohuslav Beneš, „Semiotische Aspekte der Beziehungen zwischen dem Folklorismus und Regionalismus in der heutigen Tschechoslowakei", S.176-177.; Jósef Burszta, Der gegenwärtige Folklorismus in Polen als spontane und organisierte Erscheinung, S.187; Jósef Burszta, "Folklorismus in Polen", S.10-12, 16; Wiora, Der Untergang des Volkslieds und sein zweites Dasein, S.18。

是其社会生活的一部分，它们将过去的民间文化被内化的传统结合进去，并给予其一种现实的、"活态的"功用。然而，作为这些文化活动有机组成部分的生活方式与生活形态，已经随着起决定作用的整个社会生活情况的变化而发生转变；同时，内化与结合文化传统的可能性与形式也必然发生变化。把历史上的民间文化视为"真实的"和"本真的"，并将其与在变化了的生活环境下、很大程度上是有意识与有组织的，且大部分是以其他形式或功用去内化遗产的当今劳动人民的艺术实践绝对地对立起来，这终究会导致把民俗视为永久不变、不折不扣的"旧式"文化类型的反历史（ahistorische）观念。它会遮盖住一种观点，即民间文化在任何时刻都不会保持不变，而是在其素材和它们的功用、传播形式、使用形式、表演方式上一直不停地发生着变化。这些变迁之后逐渐形成，且作为社会状况、生活条件及生活方式发展与改变的一部分，尽管社会变化的速度以及在人类历史过程中因社会变化而发生的文化变迁有时非常不同，特别是在资本主义社会形成之前，根本性转变的发生明显较为缓慢。然而，变迁与改变是所有历史文化的主要特征。所以没有理由只选出一个或少数几个民间文化的历史发展阶段作为"真实的"或是"本真的"，并用这一方式将它们和其他已发生变迁的相比较或将其区隔开来[1]。这样一种观点将导致，既否定历史变迁作为发展的基本趋势，也不受任何限制地适用于民间文化，同时也会在观察和描述这一文化的特定历史阶段时否定其历史具体性。

与此相关，在节庆中由职业或半职业的团体在舞台上展演民俗的问题，就被提了出来。在文献中有时出现的针对舞台上那种民俗展演、游行表演等的合法性争论看来都是无稽之谈。民间文化领域的历史遗产保护和其他文化领域的遗产保护一样合法。如同上面所提到的，它合乎我们之于遗产的关系；要内

---

[1] 从历史角度看来，这通常会导致比较近代的形式被解释为"不真实的"，而旧的形式被解释为"真实的"。参见例如 Christian Kaden, „Musikalische Folklore – Tradition und lebendige Praxis", *Probleme der Aneignung des folkloristischen Erbes*, S. 70; Bausinger, *Volkskunde*, S. 174; Gebhard, „Der Begriff der Echtheit in der Volkstracht", S. 305f.

化并发展所有有价值的,而且也一定要包含所有劳动阶级及阶层的文化遗产才对[1]。就算把它放到另一环境下,或让其发挥不同的功用,也不能改变这种评价。约翰・塞巴斯蒂安・巴赫(Johann Sebastian Bach)的弥撒曲当年并非为音乐厅演奏而谱写。文艺复兴时期德国的经典歌曲曾是民间歌谣,多半为宴会歌曲;古代神话雕塑或天主教祭坛绘画等,今天也在它们原本不属于的博物馆里供我们欣赏。传统民间文化的表演可以让人窥见历史的文化形式和民众的生活方式,也可以将文化传统及元素导入到今日的文化生活中,使它变得丰富而能持续发展。

然而,舞台演出总是要求进行选择、编辑和风格效仿(Stilisierung)以达到"舞台的成熟"。这里根本不应质疑风格效仿的必要性。为达到具有舞台效果的表演,编辑和风格化都是必备条件。如果承认这种民俗表演形式的合法性[2],也就同样得接受与它相关的条件。问题似乎在于预设的且被传达的诉求和实际存在的民俗意象之间这一对经常可以观察到的矛盾,以及倾向于一种不受历史和社会约束的类型学的趋势中。维克多・古瑟夫相当确切地描述了这两种问题范畴中的第一个,他发现,例如,那些最著名的地区和国家合唱团,当它们在许多国家使得数以百万计的观众熟悉了自己民族的民间艺术时,是在完成一项崇高的任务。他也承认风格化的必要性与艺术价值,承认作为原始素材的民俗在被接纳时将由演出团体的艺术总监根据其艺术想法和创作原则进行加工。古瑟夫强调了对于民俗的这种处置方式完全有其存在的权力,并赞赏导演的匠心独运以及表演者传达高度审美印象的能力。但和对这些表演的评价相连,同时也会产生相当大的误解。因为在公众舆论中会有意无意地形成一种错觉,即这些团体所表演的节目都是历史上的民俗,这些巧妙的民俗风格效仿会有意无意地被理解为是传统的民间艺术本身,并且有意无意地造成有关民俗本身的错

---

[1] Hermann Strobach, „Einige volkskundliche Probleme des historischen Erbes", *Zeitschrift für Geschichtswissenschaft*, 29(1981), S. 611-617.
[2] Hans Moser, „Der Folklorismus als Forschungsproblem der Volkskunde", S. 20.

误看法①。

这一指称对于民俗活动的实践与效果而言,在很大程度上是典型的。经媒介传达的印象不会被当成是民俗传统的艺术化发展来标榜和接受,而只会被当成是历史上传承下来的民俗本身。但实际上,这却是融入了民间文化的历史元素的当代艺术作品。由于这项事实没有或很少被清楚地表明,因而就产生了一种矛盾的历史图像与意识:表现一个历史的文化阶段给人的印象就是必须通过服装的风格化、表演现今不再活态生存的舞蹈形式等。另一方面,它所呈现出的图像却并不符合历史上民间文化的事实。②这种矛盾可以说是经由节目的风格预先就编排好的。它的合法的、必要的目标正是为了实现和表演一种艺术上考究的、几近完美的舞台作品。它必须是从传统中挑选出最有效力的作品并进行适当加工,让所有至今仍有感染力、有吸引力及鼓动力的传统和元素得以展现,能将欢乐、色彩及快乐的声音带入到我们的生活。尽管如此,一定会有一些触及具体历史的、社会陈述的可能性很少被利用到。太过强烈地只是去追溯较近历史阶段的民间文化,尤其是十八九世纪的传统,大部分会成为与一个特定地区有关的那种民俗的类型而被加以风格化。欢乐的色彩斑斓的婚礼及丰年祭表演绝对是重点节目。所传达出的印象似乎和人们真实的生活几乎没有关

---

① Gusev, O sovremennom fol'klorizme, S. 22;也参见 die Mitteilung Bühnen frei für Lieder und Tänze aus der Mark(《新德国》1980 年 8 月 30—31 日):东德国家民间合唱团体已经在四大洲的 30 多个国家演出,并"准备新的节目来展示布兰登堡州的歌曲、舞蹈和风俗"。当然这里吸收了布兰登堡州的民俗元素,修改为艺术风格化的节目,这不会减少合唱团工作与表演的美感及文化政治价值。合唱团的团长强调,对他们来说"仔细探究舞蹈和风俗的来源很重要,为的就是让个人手写的'原始数据'仍保持可见,对此,乐趣与自发性绝不应该被限制,因为他们认为在民歌以及民间舞蹈里没有任何一点可以说是本真的或一定是怎样"。这说明重要且非常值得注意的是民俗融受与风格化观点。

② 特别是在旅游方面,历史事实常被后人引入的陈词滥调所混淆。匈牙利民俗学家特克拉·德莫特尔(Tekla Dömötör)确切地描述:"在表演区的匈牙利人只是一个骄傲且非常有个性的农民,他有能力地工作着,出色地跳着舞,很能喝酒。"但这种印象并不反映匈牙利农民的真正形象,这种浪漫想象的真实范本是匈牙利 19 世纪富裕士绅的理想生活。"……尽管这种带有庸俗的词组,感伤的、商业的民俗主义大部分从旅游字典上消失了,但仍留下一些痕迹,有一部分是游客自己要求的,这没有办法,对外国游客来说,'典型的匈牙利'餐厅就是,那里有穿着不自然的服装的吉普赛人,而且弹奏悲伤甜蜜的歌曲,旅游使这些外国游客的要求至今都难以被抗拒。" Tekla Dömötör, Folklorismus in Ungarn, *Zeitschrift für Volkskunde*, 65(1969), S. 21, S. 26-27.

系，尤其是和封建制度下的农民，首先常常被挂上钩的正是他们的文化传统。由此产生了一种违背历史真实的印象，一种欢乐、愉快、富有的农民生活，人们在其中庆祝、喝酒、跳舞，而不是在被剥削压榨，在困苦的社会条件下生活或工作着。介于劳动阶级和阶层与统治剥削阶级之间的对立和阶级斗争的社会状况，战争的多重威胁与痛苦，以及人民反对封建战争的态度，在民众的文化中同样曾得到表现，但却很少被反映出来，尽管这绝对是有可能的。民俗的社会多样性并不只意味着农民的民俗，这一点也很少得以显现。但顾及这种观点实际上并不会违反风格化的原则，相反会扩展它的可能性①。不应突出强调去表演"本真的"民俗。着眼于民俗表演节目的"本真性"与"真实性"要求，似乎从一开始就犯了一个理论方法上的错误。当然忠于历史的重构的民俗表演也是可能的。②但这不能成为规则。同时也可看到，在一种狭义的绝对的观点支配下追求历史的具体性，可能会导致博物馆式的僵化，而不是对遗产进行活态的、创造性的内化。③但在风格化的民俗表演中，比一般会发生得更多，应注意且可以尝试实现的是，使从历史上的民间文化中吸取的元素的历史与社会的关系场域变得显而易见（在表演中，在节目播报或在节目表中等），以及在节目中争取达到更大化的历史与社会的区分④。适应现代舞台化艺术的表演方式与风格化的发展本身，并不保证就能避免"博物馆化"的危险。⑤民俗内化

---

① 例如，安妮·戈尔德斯密特（Aenne Goldschmidt）在纪念第 450 年德国农民战争日推展了一个令人印象深刻的民俗舞蹈节目。
② 例如，"Heidemusikanten" pflegen sorbische Folklore（《新德国》1980 年 8 月 28 日）："忠于原味的服装及历史乐器给予民间艺术团体正确的形象"，但这真的是对的吗？尤其这是索布族的民俗吗（抑或只是一个地区的）？或其实是这个地区民俗的特定历史阶段？历史化的重构也可能同样会导致一个反历史的"民俗"类型，使得发展与变迁变成似乎是不可能的。
③ Utz Jeggle, „Folklorismus und Geschichte", S. 97-101; Utz Jeggle, Fremdheit und Initiative, *Zeitschrift für Volkskunde*, 68(1972), S. 56-58; Rihtman-Auguštin, Folklore, Folklorism and Modern Audiences, S. 219.
④ Siegfried Wagner, „Das künstlerische Volksschaffen – unverzichtbarer Bestandteil des gesellschaftlichen Lebens in der DDR", *Chronik des künstlerischen Volksschaffens 1973-1974*, hrsg. vom Zentralhaus für Kulturarbeit der DDR, Bd. 2, Leipzig, S. 323, 338.
⑤ 参见 die kritische Besprechung der Programme von Folklore-Ensembles der DDR, 载《新德国》1980 年 12 月 5 日（"Eine Stunde der Folklore mit Hochzeitsreigen und Soldatentanz"），这篇文章在认可其显著成效的同时，指出在专业团体（国家舞蹈团，东德国家民俗团，索布族团体）的节目设计中，"某些艺术的与技术上的停滞仍未被克服。为了运用民俗手段来根据一定的内容与主题表现我们这个时代，希望特别能有更多的创造性勇气"。

嵌入到当今的文化发展与遗产保护的整体中，似乎是根本而且必要的。[1] 我们的任务是，将民俗文艺传统真正地保留在文化现实与当代的文化发展之中。同时要一直注意，民俗传统的舞台化适应只是内化与延续遗产的许多可能性中的一种。[2] 除了艺术化、风格化的民俗加工，也得有对于民间文化中传承下来的文化元素的功能性内化和简单重现，它不需要太高的艺术诉求，而只要满足许多人对于可轻松实现的文化活动的需求，以及他们对于喜悦、放松、休闲与集体体验的需求。[3] 例如，可以把传承下来的民歌加以艺术风格化，或是以近似历史风格的方式艺术性地表现出来，但也可以就像平时唱其他歌曲一样去唱它，只是为了本身的乐趣，在聚会及一些不同的场合和集体体验中歌唱，且可以改变其音乐风格及表演方式，适应当代人的想象与演奏方式。民间传统从古至今都这样处置文化资源，并因此数百年来使它得以活态地保存。因此，设置历史化的"真实性"标准是不合适的，并有可能阻碍各种富有创造性的内化。从丰富的历史性民间传承中接受文化遗产的可能性与形式，是多重多样的，就像文化需求与现今的文化生活本身那样。针对这种多重性来建立一套适当的学术概念体系，仍是民俗学在国际合作中需要解决的一项任务。

---

[1] "促进艺术性民间创作的措施"决议，明确地将民间文艺传统（民俗文艺的、古典—人文的及无产阶级的传统）的内化导入到遗产融受的整体中。也参见注释193引用的有关国家人民军的埃里希·维那特歌舞团（Erich-Weinert-Ensemble）的民俗表演的讨论，其中强调，它通过吸收来自本民族的、国际的民俗，古典芭蕾乃至政治宣传艺术的传统与元素，"令人高兴且多样化地扩展了它的节目内容"。

[2] 同样还有，Gusev, O sovremennom fol' klorizme, S.13; Sirovátka, Sieben Hauptsünden des Folklorismus, S.225; Rihtman-Auguštin, Folklore, Folklorism and Modern Audiences, S.220-221. 附带一个有趣的例子; Hannelore Fasske, „Traditionelle sorbische Hochzeiten als Darstellungsobjekt auf sozialistischen Dorffesten", S.202。

[3] Siegfried Wagner, „Das künstlerische Volksschaffen – unverzichtbarer Bestandteil des gesellschaftlichen Lebens in der DDR," *Chronik des künstlerischen Volksschaffens 1973-1974*, hrsg. vom Zentralhaus für Kulturarbeit der DDR, Bd. 2, Leipzig, S.333- 335.

民俗主义再检省*

〔美〕古提斯·史密什（Guntis Šmidchens）

琳达·德科（Linda Dégh）指出过，每个时代都会觉得有必要对早先的定义重新思考，对基本的原则重新回顾和检视。① 本文正是我们这个学科所特别需要的检视的又一个产物。在关于英文词汇"民俗"（folklore）含义的一系列著述中，对于"民俗"是什么②的重新考察，使我关注了近来的对于什么不是民俗的争论，关注了由"民俗主义"（folklorism）的概念所引起的术语挑战。德国和东欧学界对于民俗主义的争论可以参见瑞吉娜·本迪克丝的著述③，尽管在欧洲的讨论类似于美国对民俗主义的产物的"本真性"（authenticity）的讨论，其中"假传统"既有得到的恶名"伪民俗"（fakelore）也有为之特别辩护的④。本迪克

---

* 本文由宋颖译自 *Journal of Folklore Research* Vol.36 No.1 1999。作者注：这篇文章是我博士论文（Šmidchens 1996）的部分修订稿，我的研究获得以下资助：IREX,NEH,USIA,USDS,SSRC,ACLS。这篇文章受益于 JFR 编辑们和一位匿名审读专家的意见。

① Linda Dégh, "The Approach to Worldview in Folk Narrative Study", *Western Folklore*, 53(1994), pp.243-252.
② Journal of Folklore Research 33/3; 参见 *Western Folklore* 52/2-4 和 *Journal of American Folklore* 35/2。
③ Regina Bendix, "Folklorism:The Challenge of a Concept", *International Folklore Review*, 6(1988), pp.5-15. Regina Bendix, *In Search of Authenticity:The Formation of Folklore Studies*. Madison:University of Wisconsin Press. pp176-87. Vilmos Voigt, "Today's Folklore:A Review", In *Contemporary Folklore and Culture Change*, ed. Irma Riita Jarvinen, Helsinki:Suomalaisen Kirjallisuuden Seura, 1986, pp.12-32.
④ Richard M. Dorson, "Fakelore", *Zeitschrift für Volkskünde*, 65(1969), S.56-64.
Alan Dundes, "Nationalistic Inferiority Complexes and the Production of Fakelore," *Journal of Folklore Research*, 22(1985), pp.5-18. Barbara Kirshenblatt-Gimblett, "Mistaken Dichotomies," *Journal of American Folklore*, 101(1988), pp.140-155.

丝指出，学者确认民俗主义或伪民俗其实是建构了某种本真性，从而限定了学者研究的范围。这就是概念及其影响的历史，对定义创建过程的某种自反性。①

我试图重新检省民俗主义的概念本身，看看它是否适用于当今的民俗研究，考察所提出的民俗主义的多种定义能否涵括了此概念之下所讨论的材料。我想指出，过去关于民俗主义的定义，曾经与民俗有关的思想，反映出对在特定的语境下出现的民俗类型进行了有限的再调整。新的定义能够更好地反映民俗主义话语的内容和语境。重新检视旧的定义，我也想拓展对民俗主义的讨论，涉及一些俄文出版物中的观点，常常出现在脚注的最新的观点，以及被英文和德文出版物所忽略的一些观点②。

民俗主义（folklorism，德语写作 folklorismus，俄语写作 folklorizm），在民俗研究中被标为是"令人振奋的、有推动力的、重要的、必需的、基本的"概念，试图躲避清晰的能为国际接受的定义的划界③。西方最知名的定义是汉斯·莫泽的用法："对民间文化的二手中介和表现"。④对"二手"谜题的新近解读是赫尔曼·鲍辛格的定义：使用民俗材料或类型元素的语境对于原有的传统来说是陌生的。⑤鲍辛格列举了民俗主义的几个例子：精英文学与艺术中对民俗的再语境化；为了怀旧的公众民俗被改编或用于销售；以往口头叙事的印刷介质等。德国民俗主义研究主要关注的似乎是鲍辛格所指出的第二类：怀旧，文化产业中"民间味"的传统市场。

---

① Regina Bendix, *In Search of Authenticity:The Formation of Folklore Studies*, Madison:University of Wisconsin Press, 1997, pp.22-23.

② 在本迪克丝文中发现的一个极少见而且太过简要的设想。Regina Bendix, "Folklorism:The Challenge of a Concept", *International Folklore Review*, 6(1988), pp.5-15.

③ Martin Scharfe, "Ungleichzeitigkeiten:einfuhrung", *Volkskulltur in der Moderne:Probleme und Perspektiven empirischer Kulturforschung,* ed.Utz Jeggle, Gottfried Korff, Martin Scharfe, and Bernd Jurgen Warneken, [Reinbek bei Hamburg]:Rowohlts enzyklopadie, 1986, pp.347-350.

④ Hans Moser, ,,Vom Folklorismus in unserer Zeit", *Zeitschrift für Volkskunde*, 58(1962), S.177-209. "Vermittlung und Vorführung von Volkskultur aus zweiter Hand".

⑤ Hermann Bausinger, "Folklorismus", *Enzyklopadie des Marchens* IV(1984), S.1405-10.另一个普遍的定义是：民间文化在其原始产生地之外为着新的功用和新的观众而被表演。Hermann Bausinger, ,,Folklorismus in Europa:Eine Umfrage", *Zeitschrift für Volkskunde*, 65(1969), S.1-8.

鲍辛格（1984）以及其他一些人都认为是汉斯·莫泽在1962年将民俗主义这个词引入民俗研究。莫泽的著作确实使东方与西方的民俗学家对民俗主义的话语有了初步的了解，但是，很快国际文献就显示出苏联的学者更早就对民俗主义有了研究。在苏联学者的研究中，民俗主义和民俗在更广的文化发展视野下被放在了一起。作为对上述有些"狭窄"的定义的回应，苏联学者维克多·古瑟夫提出将民俗主义更广地视为"是民俗的适应、再生产和变迁的过程"：

> 民俗是可被理解的，它不是在社会发展的前进过程中遗留下来的精神文化中的保守元素，而是与创新相关联的遗留物所内含的动态结构。在人们的日常生活的新条件影响下……遗留物呈现出崭新的意义，寻求与当代生活的关联性。民俗具备独立发展的能力，因此，它不是从阶级社会中传承的或外来的，而是能适应并再作用于推动文化发展的结果。[1]

这是苏联对民俗主义的定义，产生于完全不同的学术传统，即苏维埃的民俗学（folkloristics）。通过政府法令，马克思主义意识形态和社会与文化进化论的有关信仰，指导着苏维埃关于民俗的研究和理论争论。奥伊纳斯的概括是这些争论没有在此得到追溯。[2] 民俗主义作为一个术语和作为一个概念出现在20世纪30年代的苏联。但是，直到70年代之前，当新的民俗主义研究出现在西德民俗学同行中时，苏联的民俗学者更喜欢使用以下这些术语，诸如"民间创新"（folk creativity, narodnoe tvorchestvo）或是"当代民俗"（comtemporary folklore, sovremennyi fol'klor）而不用"民俗主义"[3]（fol'klorizm）。

民俗主义的定义，源自分别出现在苏联和西德的研究，一方面是来自莫泽和鲍辛格的推动，另一方面还有古瑟夫等苏联民俗学者的研究。在理论上，西

---

[1] V. E. Gusev, "Fol'klor v sisteme sovremennoi kul;tury slavianskikh narodov", *Istoriia,kul'tura, etnografiia i fol'klor slavianskikh narodov*, ed. V. A. D'iakov et al., 283-98. Moskva: Nauka, 1978, pp. 283-284.
[2] Felix Oinas, *Essay on Russian Folklore and Mythology*, Columbus, Ohio:Slavica Publishers, 1984, pp. 160-179.
[3] I. I. Zemtsovsky, "Muzikal'nyi fol'klorizm v SSSR", *Folklor, tarsadalom, muveszel*, 10-11(1981), pp. 177-186.

德和苏联的定义都适用于各种语境下的所有民俗形式。然而，在实践上，学者们试图仅将这个术语用于有关民俗文学、民间音乐、民俗生活和物质文化等在"文化产业"中的应用或者是与政治活动有关的文化项目中的应用。无形屏障中的西方学者通常将民俗主义与商业语境相联系，而东方学者将民俗主义与政府主导的文化项目相联系。这两种定义之间的差异是显而易见的：鲍辛格认为现代性促使民俗从它的"本源地"离开并被置于"陌生的"语境，而古瑟夫指出世界的社会结构是变化的并将民俗主义作为适应新的社会语境的产物。两人都认为，自从民俗离开了"原初的传统"（鲍辛格语）或"封建的社会"（古瑟夫语），民俗在某些基本方式上就是变化了的。

在苏联和西方民俗学领域，术语"原初的传统"和"本真的民俗"通常都是指某种过程，这种过程被认为是能够超越某些侵入，如技术的、商业的、政治的，或其他来自传统社区的外部的方面，而持续地进行代际传承。第二手传统或民俗主义，对于前现代化的民俗的冲断，被视为是不可逆转的。伊萨里·泽木多斯基（Izaly Zemtsovsky）指出，民俗主义可能在样式和内容上重装了民俗，可能会影响鲜活的民俗传统，但是它自身已经永远地失去了本真民俗的自发性。

民俗主义的定义，无论是在东方还是西方出现的，都认为现代性的出现使得民俗已发生了剧烈的变化。被确信是原初的或"源生的"音乐、物质、习惯的传统，在进步、技术和大众传媒侵入之前，曾经在原本的社区里存留了很多年。民俗主义是在这些新现象出现之后倏忽之间涌现的。但是，把原初的传统与民俗主义相提并论，更多的是基于民俗学家的信仰，而不是基于欧洲民俗传统经常被应用的环境。在所谓的民俗和民俗主义中出现的这种变迁、接受和变异的过程与流向，实际上在此基础上太过相似而不能证明彼此是独立的术语（彼此分离）。东德学者海尔曼·斯特洛巴赫指出，原始的"原初传统"的条件从来也没有存在过，对"二手"传统的确认也因此有所偏差。当人们只是在简单地讨论"传统"时，就必须意识到"三手"的传统正是民俗主义又被民俗主义化了，而"四手"的传统是被民俗主义化的民俗主义又再次被集合起来。"源语境"和"本真性"的确认都没有切实的理论基础，举例来说，如果用此类逻辑来看待约翰·塞巴斯蒂安·巴赫的音乐，那么就会得出荒谬的结论，即所有巴赫音乐的表演都是在信仰支撑的语境之外的表演，是"非本真的"①。

民俗的基本特质并不近似于某些想象中的原初传统，或口头的、书面的、传播中交流的媒介。②它是变化的——在复合的（多元的）情境或样式里某个民俗事项被反复使用——这最为显著地表明了民俗过程在发挥作用，而且人们通过表演民俗满足了对传统的需求③。因为民俗主义是对产生出新的表现形式的概念化，所以它其实是民俗过程的一部分。本真性的问题与这些过程的民族志描述无关。事实上，有充分的证据显示，今天所有的民俗都在不同程度上受到二手传统的影响，正如鲍辛格所说："民俗在当前无法表现，只有借助民俗主义中的突变形式"④。现代技术飞速发展并加快了民俗交流的过程，但是，并没有改变人们在他们的日常生活中要使用民俗的需求。术语"民俗主义"迄今为止很难从"民俗"中剥离出来，在民俗学理论中也很少有实际的功用。民间文化就是民间的文化，完全忽略了它实际上究竟是存在于一个技术的世界，还是一个前工业化的农村。对这个术语的定义根本在当前的民族志中是无用的。谁想要告诉他的演唱报告人他所唱的爱情和日常生活并不是"原初的传统"，或者说他正在实践着的是"伪造的（即非本真的）民俗"？⑤

莫泽、鲍辛格、古瑟夫将民俗主义的概念想象得过于宽泛。他们的定义试图要涵括在二手传统中或为了适应新的社会情境而出现的所有的民俗形式。然而，他们对这一现象的后续讨论，只是包含了几种民俗类型——主要是故事、

---

① Hermann Strobach, "Folklore-Folklorepflege-Folklorismus", *Jahrbuch für Volkskunde und Kulturgeschichte*, 25(1982)9-52, S.41-43.

② Hermann Strobach "Folklore-Folklorepflege-Folklorismus", *Jahrbuch für Volkskunde und Kulturgeschichte*, 25(1982)9-52, S.37.

③ Linda Dégh, *American Folklore and the Mass Media*, Bloomington: Indiana University Press, 1994, pp.32-34.

④ Hermann Bausinger, *Folk Culture in a World of Technology*, Trans. Elke Dettmer, Bloomington: Indiana University Press,(1971) 1990, p.152.

⑤ 我所知道的最新的英文定义是，本迪克丝将民俗主义定义为"原初语境外的民俗或伪造的民俗"。Regina Bendix, "Folklorismus/Folklorism", in *Folklore:An Encyclopedia of Beliefs, Customs, Tales, Music, and Art*, ed. Thomas A. Green, Vol.1, Santa, Barbara,California:ABC-CLIO, 1997, pp.337-339.

歌曲、音乐、习惯和物质文化，民俗作为地方遗产、族群性或民族国家的符号，在这些情境中被表演并发挥作用。同时，大部分德国的民俗学家都在讨论民间文化的商品化，例如，大众媒体产品和音乐销售[1]，或者阿尔卑斯的歌曲被手套销售员演唱来提升他们产品的情感诉求[2]——这种趋势在民俗主义多次重复的思考和定义中并没有反映出来。在民俗主义的各种现象中，商品化一直被降低为一个不起眼的小子目。

民俗主义话语中呈现的大部分民俗主义的例子，因此也仅仅是作为这个术语主要定义的小子目而存在。另一方面，民俗过程显然更适合这些设计推出的定义，却没有加以讨论。例如，尽管显而易见，非常鲜活的民俗样式已经脱离了它"原初的"口头语境，持久不变的是它在不停地变化以适应现代世界，通过大众媒体来适应商业化的市场并被消费，但是，很多关于民俗主义的出版物没有表现出这些当代的传说。例如，美国关于恶魔崇拜的传说[3]，通过格兰朵·瑞维拉（Geraldo Rivera）的主持在新闻报道和电视广播中建立起主要的渠道。恶魔崇拜传说变为电视的"娱乐信息节目"的发展过程，正好符合鲍辛格的民俗主义定义，但是与鲍辛格的例子又有显著的不同。这些传说，不同于舞台上的民谣、舞蹈、风俗，它强调的是信息本身而不是这些信息是民俗的事实。因此，大众媒介制造的这类传说，甚至导致警方错误的出击和逮捕，这当然是属于"当代民俗"研究的范畴，但不能与诸如苏联民族歌曲集和纪念品被带有情感色彩的德国游客买走等情形相提并论。

早期在马克·阿扎多夫斯基（Mark Azadovsky）的著作里就曾出现对民俗主义的用法，他是20世纪30年代第一个明确将此术语写在自己著作中的民俗

---

[1] Rolf Wilhelm Brednich, "The Song as Commodity", *German Volkkunde: A Decade of Theoretical Confrontation, Debate, and Reorientation(1967-1977)*, ed. and trans. James R. Dow and Hannjost Lixfeld, Bloomington: Indiana University Press, (1974) 1986, pp. 203-211.

[2] Utz Jeggle, and Gottfrien Korff "On the Development of the Zillertal Refional Character: A Contribution to Cultural Economics", *German Volkskunde: A Decade of Theoretical Confrontation, Debate, and Reorientation(1967-1977)*, ed. and trans. James R. Dow and Hannjost Lixfeld, Bloomington: Indiana University Press, (1974) 1986, pp. 124-139.

[3] Jeffrey S. Victor, *Satanic Panic: The Creation of a Contemporary Legend*, Chicago: Open Court, 1993.

学家。在他的职业生涯里，他一直关注着口头与书写的关系，他将"民俗主义"用于表示书面作家在自己的创作中对口头文学（民俗）的研究与运用。对他来说，讨论民俗主义需要将作家置于他们的历史时代，而"反历史的"研究不满于将文学中的母题认同为民俗资源。他认为19世纪的民俗主义应当被置于这一时期贯穿于整个欧洲的民族国家运动的语境下进行研究，基于这种想法，他介绍了普希金的民俗主义并加以讨论：

> 普希金生活并开创了这样一个时代，此时民间诗歌的问题尚处于文化领域的前沿，此时民俗学作为一门学科刚诞生，此时民间诗歌的问题与民族（国家）自我表述几乎没有关联，与民族国家历史发展的路径几乎没有关联。普希金与这一运动有关的拓展——无论他是否确实与此运动有关：这个问题在我们学术界还没有被指出来。[1]

阿扎多夫斯基并没有提出一个明确的民俗主义的定义，但这个词他经常用。古瑟夫指出[2]，阿扎多夫斯基是从法国民俗学家保罗·塞比略特（Paul Sebillot）的著作里借用的这个词，塞比略特用这个词来指从"原始的"外国人或本土的农民那里收集而来的民俗的非学术的研究和利用。20世纪30年代的苏联其他民俗学家将"民俗学"——民俗的学术研究——从"民俗主义"，即记者、作家、民俗的业余爱好者的非学术出版物中区分出来。直木斯基（Zhirmunsky）指出，阿扎多夫斯基的目的是要描述"广泛的社会现象"，即"对民间的创造力和民众天性的不同解读，苏联文学和社会发展在不同舞台的呈现"，以及"围绕着苏联文学和文化中对民俗的解读和运用的社会论战"。[3]

---

[1] Mark Azadovsky, "Literatura i fol'klor: Ocherki i etiudy", *Leningrad:Khudozhestvennaia literatura*, 1938, p.7.
[2] V. E. Gusev, "Fol'klor v sisteme sovremennoi kul;tury slavianskikh narodov", *Istoriia,kul'tura, etnografiia i fol'klor slavianskikh narodov*, ed. V. A. D'iakov et al.,283-98, Moskva: Nauka, 1978, p.284.
[3] V.M. Zhirmunsky, "M.K.Azadovskii:Biograficheskii ocherk", in *M.K.Azadovskii, Istoriia russkoi fol'kloristiki*, 3-18, Vol.1, Moskva:Gosudarstvennoe uchebnopedagogicheskoe izdatel'stvo Ministerstva prosveshcheniia SSSR, 1958, p.14.

在阿扎多夫斯基著述的语境里，民俗主义的含义更为宽广些。他常把这个词和他即兴创造的一些词相连使用，比如"莎士比亚主义的"、"历史主义的"、"洋化主义的"，对来自莎士比亚的作品、历史和其他外来文化的主题与观念（借助艺术家）进行冷静的研究、选择和使用。[1] 在同样的用法下，民俗主义意味着作家和民俗表演者，已经有些意识到他们正在处理的内容拥有者被称为"民"且该事项被视为"民俗"，而这些词在十八九世纪之前并没有我们现在所理解的意义。这个术语也蕴含着表演者的知识即民俗乃是与庆祝的族群、区域或民族国家的文化活动有关的。

民俗主义的新定义应该拓展至能够包括迄今为止所涌现的对民俗主义的讨论，但还要足够狭窄到能够排除掉二手传统的例子（如上文所讨论的大众媒体中的传说）等在过去三四十年的理论争执当中没有提及是属于这个概念的内容。我认为，阿扎多夫斯基的用法，抓住了民俗主义争执的核心问题。民俗主义可以作为民俗的一个子目，在表演者和观众的生活中拥有明确的含义和功能。民俗主义是对民俗传统的清醒的认识和重复，作为族群、地域和民族国家文化的一个象征符号。这种重复可能会有经济上或政治上的结果，或两者兼有，但它是在回应那些想拥抱民俗主义的人们的需求。人们有这种需求存在，并在现代社会更为强烈，要了解历史的知识[2]，想与过去的世代在历史连续性中维系某种怀旧的情感[3]。他们还存在着某种怀旧的需求，对狂热而混乱的现代世界而言，想象着一个更为简单的"相反的世界"[4]。民俗主义填补了这些需求，表述着民俗的（被客

---

[1] Mark Azadovsky, "Literatura i fol'klor: Ocherki i etiudy", *Leningrad:Khudozhestvennaia literatura*, 1938, p. 9, 23, 29.

[2] Hermann Strobach, "Folklore-Folklorepflege-Folklorismus", *Jahrbuch für Volkskunde und Kulturgeschichte*, 25(1982)9-52, S. 36.

[3] Jonas Frukman, and Orvar Lofgren, *Culture Builders: A Historical Anthropology of Middle–Class Life*, Trans. Alan Crozier, New Brunswick: Rutgers University Press, 1982, pp. 33-35.

[4] Hermann Bausinger, *Folk Culture in a World of Technology*, Trans. Elke Dettmer, Bloomington: Indiana University Press,（1971）1990, p.145. 民俗主义附加的功用是，通常与其他民俗样式一样的是，"在一种共有的样式中，在某种样式和人种中，在个体的表演技巧中，所蕴含的乐趣；试图艺术化表达的愿望，对社会关系和普遍的文化体验的需求，社会化的兴致和社区化的乐趣"。Hermann Strobach, "Folklore-Folklorepflege-Folklorismus", *Jahrbuch für Volkskunde und Kulturgeschichte*, 25(1982)9-52, S.37.

观化的)自我连续性①,将其视为是过去的和前现代社会的承载者,带着永不改变的、固定的传统来到现在的印象。这种民俗主义的看法植根于现代世界②。

瑞吉娜·本迪克丝讨论过民俗主义,她"较少关注民俗主义本身而更为关注那些讨论它的人所处的位置"③。后来,她提出了一个看待本真性的相似的看法,即本真性不能被定义和自我确定,而是通过之前世代的学者所使用的定义来揭示形成他们理论基础的这些概念④。在这个脉络下,对于民俗主义的争论,事实上是对于历史连续性和一个想象的相反世界的争论。在这场争论中卷入的学者和民间参与者们,在讨论他们周围的这个世界。民俗主义已经成为一个在文化制造者的工作中反复出现的(传统的)主题,一个被人们在不同情境下进行不同的定义和阐释的名词。

民俗主义争论的文本显示关于叙述者和现象的争论一样多。"历史的真实"⑤能够在民俗与民俗主义的区分中显露出来,它不是在事实中呈现的,而是在建构事实的评注中,将其置于争论中人们生活的语境里。显而易见的是,对于民俗主义已经出版的描述和分析著述中,明显包含着关于它积极与消极的应用的争论。⑥正是因为学者们感到有必要再三强调这些评价的观点,民俗主义的争论正在持续不断地重复出现着。

令职业民俗学家不快的是,在西德,当出现了声称是"本真的"民俗由文

---

① Richard Handler, *Nationalism and the Politics of Culture in Quebec*, Madison: University of Wisconsin Press, 1988, p.13.
② Hermann Bausinger, „Tradition und Modernisierung", *Tradition and Modernisation: Plenary papers read at the 4th International Congress of the Societe d'Ethnologie et de Folklore*, ed. Reimund Kvideland, 9-19, Turku: Nordic Institute of Folklore, 1992, P.12.
③ Regina Bendix, "Folklorism: The Challenge of a Concept", *International Folklore Review*, 6(1988), pp.5-15.
④ Regina Bendix, "Diverging Paths in the Scientific Search for Authenticity", *In Search of Authenticity: The Formation of Folklore Studies*, Madison: University of Wisconsin Press, 1997.
⑤ AlvNordic Folklore, er, Bente "Historical Legends and Historical Truth", *Nordic Folklore,* ed. Reimund Kvideland and Henning Sehmsdorf, Bloomington: Indiana University Press, 1989, PP.137-149.
⑥ Hermann Strobach, "Folklore-Folklorepflege-Folklorismus", *Jahrbuch fur Volkskunde und Kulturgeschichte*, 25(1982) 9-52, p.34-35; I. I. Zemtsovsky, "Muzikal'nyi fol'klorizm v SSSR" Folklor, tarsadalom, muveszel, 10-11(1981)177-186, P.179.

化产业市场化来迎合普罗大众的愿景和消费时（也许比学术性民俗学出版物所设想的还要多），对民俗主义的消极评价也就在酝酿中。尽管莫泽已经强调过，民俗主义的概念在某种程度上可以作为中性概念来理解，但是他仍然认为，民俗主义显示出对传统"错用"的不满，很有代表性。[1] 不过，这种对于民俗主义的评价很快就受到鲍辛格的批判，鲍辛格相信人类天性的稳定性忽略了技术的发展。鲍辛格指出，追求纯粹性的人将民俗主义从学术研究中排除出去的态度本身正是某种民俗主义，他们通过有选择性的归类存档和仅赞美极少量的民间文化而试图避免精确地描述真实的世界[2]。

波兰民族志学家波斯塔（J. Burszta）加入了这场争论，对于东欧由政府主导的民俗主义给予坚决积极的评价，认为这是推动社会和文化发展的积极的力量。[3] 其他东欧学者指出，他们社会当中的民俗主义，通常也是一种积极的现象，如果作为某种退化回社会发展早期阶段的方式来说，也许有消极作用。[4]

东方与西方之间对民俗主义的概念鸿沟，莫泽在1962年就已经注意到了。在西欧，民俗主义被设想为商业过程的产物，而在东欧，民俗主义源自政府的支持。在20世纪70年代里，东欧对民俗主义的研究限定在研究官方文化项目的产品，而不是产出这些民俗形式的权力结构和过程。[5] 学者不太想揭露"苏维埃民俗"的政治宣传——尤其是音乐、舞蹈和习惯，这些把苏联和东欧营建为各民族幸福而充实的家庭，为他们的政治秩序和大众文化而骄傲。西方学者的民俗主义话语，并没有在东方出现；对于文化完全被压制成为政府的计划和审

---

[1] Hans Moser, „Der Folklorismus als Forschungsproblem der Volkskunde", *Hessische Blatter für Volkskunder*, 55(1964), S.10.

[2] Hermann Bausinger, "Toward a Critique of Folklorism Criticism", *German Volkkunde,* ed. and trans., James Dow and Hannjost Lixfeld, 113-23, Bloomington:Indiana University Press, (1966)1986.

[3] Jozef Burszta, "Folklorismus in Polen", *Zeitschrift für Volkskunde*, 65(1969), S.9-20.

[4] Tekla Domotor, "Folklorismus in Ungara", *Zeitschrift für Volkskunde*, 65(1969), S. 21-28. Dragoslav Antonijevic, "Folklorismus in Jugoslawien", *Zeitschrift für Volkskunde*, 65(1969), S. 29-39.

[5] 东欧学者获悉的仅是苏维埃文化模式的主导性。这种情况在"二战"后较为明显，整个东欧都建立起文化行政化的认同结构（民间艺术中心），官方资助的民俗样式（国家民俗乐团如莫斯科的莫伊谢耶夫乐团）甚至引用斯大林和列宁著作作为学术理论的基础。

查内容,"冷战"的东西方都没有具体描述。古瑟夫曾经概括过苏维埃联盟内部被正式表达的观点:"民俗在当代斯拉夫人民中的地位和意义可以被定义,不是通过(如西方)社会中现代中产阶级的民俗主义对历史的回忆或模拟,而是通过分析社会主义民族／国家中蕴含着的民间创造力为文化所采纳的全部条件和样式。"鲍辛格已经批评过西德民俗学家中的反对民俗主义的偏见,认为这是非民主的。苏维埃学者也将民俗主义视同为进步的、"民主的"社会思潮,为其在社区内发挥积极的作用而欢欣鼓舞:"消极的理由(如在西方商业开发中所见到的)在社会主义社会的民俗主义的基础里并不存在。而且,民俗主义遵循着某种社会进程中的客观性法则,具有所有文化中的民主化因素,具有对无法衡量的民俗价值的社会认同。"①

　　俄语界对于民俗主义的讨论,像苏联时期的其他学术出版物一样,必须在他们的社会和政治语境下进行考察,即极权主义的国家。斯大林的意识形态抹掉了口头文字和书面文学之间的差异,例如,在修辞上强调民俗(民间文学)的集体性,而把个体的艺术家和作家保持沉默视之为合法②。对民俗主义的学术化分析导致了对现代日常民俗主义的描述类型化。③由苏维埃民俗学家构建的民

---

① V.E. Gusev, "Fol'klor v sisteme sovremennoi kul;tury slavianskikh narodov", *Istoriia,kul'tura, etnografiia i fol'klor slavianskikh narodov*, ed. V. A. D'iakov et al., 283-298, Moskva: Nauka, pp. 286-287.
② Felix Oinas, *Essay on Russian Folklore and Mythology*, Columbus, Ohio:Slavica Publishers, 1984, pp.131-159.
③ 在俄语出版著作里,古瑟夫(1978)提出了在现代斯拉夫文化中民俗主义的类型化,如本迪克丝对东欧研究的概括。古瑟夫讨论了这些不同类型的民俗主义,包括分析多种多样的表演样式,及对表演者的训练和教育。即:1. 民俗传统在大众文化中的变迁:(1)包容现存的民俗,在"民族志式音乐会"和业余艺术表演者的音乐会上由民间歌手、音乐家或舞蹈家进行的表演;(2)合唱或舞台舞蹈的乐团,民俗乐器的乐队演奏,混合的民俗群体以业余艺术俱乐部活动来表演民俗事项,试图重复(或重建)表演的传统样式;(3)个人或集体在多种既定场合表演民俗事项,或在业余艺术俱乐部活动的作品中具风格化的新片段,在专业人士的指导下进行;(4)区域性的比赛,总览式的音乐会,民间艺术节庆。2. 民俗在政府组织的流行音乐节等体系里的变迁:(1)特定的区域、民族或村庄的民俗节庆;(2)区域的、民族的或村庄的总览式的音乐会、节庆、奥林匹克广告、节日等具有当今民间创造力的活动(包括在他们的项目中只有少量的民俗收集者);(3)国际民俗节庆;(4)流行的"民俗的"乐团。3. 对民俗的大众再生产:(1)出版物(各种版本的民俗事项、民谣、海报、商业宣传等大众出版物);(2)录音带;(3)收音机和电视广播;(4)民族志书写和教育影片。4. 民俗在专业艺术领域(如文学、改编的音乐、戏剧、电影)里的适应性。

俗主义类型化，反过来也被解读为是官方认可的民间样式的名录，也被文化部门用于排除另类。例如，在拉脱维亚，有对拉脱维亚城市民俗遗留的综合性表演，不仅没有包含在"进步的"民俗主义样式名录里，而且也不能适应"本真的"民俗的需求，因此，就被贴上低劣的或退步的艺术的标签，并被苏维埃文化项目资助排除在外①。

当然，并不是所有的苏维埃学者都顺从于做政府意识形态的喉舌。很多积极的和有益的观点、文化和民俗进程被视为是产生于苏维埃时期，而忽略了其中替政府的代言，这讽刺性地涵括在苏维埃宣传运动的调查中②。苏维埃和东欧民俗学家重复强调的是在民俗主义中没有一个"正确的"样式③，学术区分只在于所谓"严肃的民俗主义"和"混乱的民俗主义"④，这可能在事实上有益于对城市民俗总体上逐步放松政府的管制。

在民俗主义争论中包括了一个没有回答的问题：为什么学者感到有必要来说民俗主义的进程是好的或坏的？积极的评价或许是通过一直存在的事实来得到解答。过去的民俗学家都对他们在民众当中发现的艺术化传统进行了欢呼，无论其好坏。而且，赞美苏维埃文化是苏维埃民俗学家所期待的，特别是当有必要比较东方和西方的民俗进程时。但是，消极的评价则完全是另一回事。在西方，民俗主义罪恶的内涵，尤其是在西德，与莫泽、鲍辛格或其他人所设想的干净的、中立的定义没有什么关系，而是要从德国人民学一时之间的巨变之下所出现的理论化、学术化的各种文本的字里行间读出来。在20世纪60年

---

① Guntis Šmidchens, "A Baltic Music: The Folklore Movement in Lithuania, Latvia and Estonia, 1968-1991", Ph. D. diss., Indiana University, 1996, pp. 130-136, 148-149.
② 我在1991年前往圣彼得堡参加一个民族音乐家学术研讨会上，由 Izaly Zemtsovsky 提出来的。
③ V. E. Gusev, ,,Fol' klore i sotsialisticheskaia kul' tura(K probleme sovremennogo fol' klorizma)", In Sovremennost' i fol' klor, 7-27, Moskva:Muzyka, 1977, p. 13. Hermann Strobach, ,,Folklore-Folklorepflege-Folklorismus", Jahrbuch für Volkskunde und Kulturgeschichte, 25(1982) 9-52, S. 5.
④ I.I. Zemtsovsky, "Ot narodnoi pesni k narodnomy khoru:igra slov ili problema?" *Traditsionnyi fol'klor i sovrennennye natodnye khory i ansambli*, ed. V. A. Lapin, 6-19.(Fol;klor i fol' klorizm,Vypusk II). Leningrad:Leningradskii gosudarstvennyi institut teara, muzyki i kinematografii im. N. K.Cherkasova, 1989, p. 7. V.E. Gusev, "Fol' klornye ansambli kak forma sovermennogo fol' klorizma", *Traditsii i soveremennost'v fol'klore*, ed.V. K. Sokolova, Moscpw:Nauka, 1998, pp. 199-212.

代及之后，由于人民学的过去是沙文主义者的民族主义的仆役，一些学者是在人民学所意味着的罪行和耻辱的语境里写作。在东德，民俗主义的早期传统是与纳粹意识形态同步相符的，后者试图用民俗来联合、净化、动员整个德意志民族[1]。不仅是纳粹民俗主义的恐怖，还有这一学科及其方法曾是如此之圆滑，以至于能被种族主义者和暴力民族主义者所利用，关于这些方面的讨论几乎不可能进入到公开的争论中。另一方面，这种转向更为良性的商业民俗主义的样式对于较为保守的民俗学家来说亦是一种矛盾[2]，他们对于前现代的民俗所具有的战前浪漫主义（不一定是纳粹）还心存留恋。我们没有理由来享受并赞赏以上给出的这些民俗主义，作为民俗主义标识的滥用民俗的政治或无趣的经济开发，它们往往蕴含着未被表达的言外之意，我们也没有理由期待其成长和繁荣。

我本人在波罗的海沿岸国家的田野工作，力图将近来民俗遗留中的歌曲和演唱传统纳入某种理论化田野工作中来。民俗主义的课本定义是"二手的传统"或"在原初语境之外的民俗"，精确地说，这一定义似乎有些过于粗疏，无力把握庞大的运动。我也发现很难将民俗主义降低至诸如经济的操纵。我研究的起点是鲍辛格提出的对于民俗主义民俗学家来说是个问题的问题：

> 在这些特定个案里谁是民俗学关注的现象的承载者？在遗产（Heimatplege）的教化及其相关的协作和管理中，国家控制的样式以及其他官方的或政治的影响是否要在这些"民俗学的"著作里加以考虑？在这种语境下，在可能跟踪的民俗主义现象里检验个体化的"创始者们"是有意义的。[3]

---

[1] James R. Dow, and Hannjost Lixfeldeds. and trans., *The Nazification of an Academic Discipline:Folklore in the Third Reith*, Bloomington:Indiana University Press, 1994.

[2] 参见 Hermann Bausinger, ,,Toward a Critique of Folklorism Criticism", *German Volkkunde*, ed. and trans., James Dow and Hannjost Lixfeld, Bloomington:Indiana University Press, (1966)1986, PP. 113-123.

[3] Guntis Šmidchens, ,,A Baltic Music:The Folklore Movement in Lithuania, Latvia and Estonia,1968-1991", Ph. D. diss., Indiana University, 1996, p.6. 原版有强调。

我在田野中发现，魅力无限的、充满创造力的艺术家们不是在普通的消费者中或是在从文化市场化中获益的商人小圈子，而是在小范围、面对面社区里或大众媒介的国家社区里，表演着并茁壮成长起来。更多的是，这些强大的个体成功地抵制了政府的政治路线胁迫他们加入的诱惑。他们的民俗主义中没有商业获利。

"由意识形态操纵的民俗"这种看法，在美国讨论伪民俗的框架里也经常出现，这也是民族志观察家们经常会遇到的问题。波罗的海国家的民俗主义实践者们处于解放和国家权力等政治运动的中心，但是，我识别不出诸如道尔森曾撰文讨论过的民俗主义难免会有沙文主义操纵的任何信号，相反的是，在各种各样非官方的（不是由苏维埃国家支持的）民俗主义表演样式中，在苏联可以找到出于国际友谊的、最热心的、完全没有冷嘲热讽的实践者。民俗主义一词，有时被这些人用于描述他们正在从事的事情。很难将这些人的活动概括为由英国历史学家建构出的所谓"伪造的"传统或是"发明的"传统。表演者的"本真性"是不容置疑的：当立陶宛人拉起琴，人们无法停下舞步；当他们唱歌时，我记录为"在音乐表演中自然流淌的镇静"，这是本真性的先决条件[①]。我需要重读民俗主义的历史，来为其艺术家寻找一席之地。我发现自己支持这一观点，即民俗最大的特色是作为约定，而民俗主义则是一种过程。

重读民俗主义的历史，我得出的结论是，从浪漫主义中长出的民俗主义诸传统之网中文化多元论是最重要的脉络。赫尔德的著作 *Volkslieder*（《民歌》，1778—1779），欧洲民俗主义（算是民谣主义吗？）一流的著作，探讨了19首民族歌曲，指出所有人的文化具有平等性和价值，无论他们是否有城市文明或有文字或处于其他阶段上，同时还抨击了赫尔德自己所属的德国人对于其他弱小民族的暴政[②]。在赫尔德去世之后编辑、赋予标题并出版的 *Stimmen der Volker*

---

① Regina Bendix, *In Search of Authenticity: The Formation of Folklore Studies*, Madison: University of Wisconsin Press, 1997, p. 13.
② Guntis Šmidchens, "A Baltic Music: The Folklore Movement in Lithuania, Latvia and Estonia, 1968-1991", Ph. D. diss., Indiana University, 1996, pp. 80-88.

in Liedern（《人民的歌声》），从 19 世纪迄今仍在重印①。在这本书的历史里，当然可以发现为了出版商的经济利益而存在的民俗主义。政治操纵也必然充斥在赫尔德和他的著作所启示的 19 世纪欧洲民族主义之中。但是，对这些特有的诗歌形式和民众想法的热忱指引着赫尔德这位欧洲民俗主义之父，而相形之下经济和政治考量则显得苍白无力。一版再版表明了很多德国民谣热衷者正分享着这种赫尔德式的对全人类的热爱，这种热爱导引着民族精神在他们的民谣中加以表达。

在《民歌》一书里，歌曲变化了。它们成为发现民族国家世界观"从内部，纵观他们自身灵魂"的媒介引导②，同时也是比较和解读民族差异性的手段。一般来讲，对于局内人和局外人而言，民谣都是每个民族的精神财富。在过去两个世纪里，民俗主义都承载着这种功能。我相信，赫尔德的民俗主义和今天的诸如史密森尼民俗节庆组织者的民俗主义之间，几乎没有什么不同。后者通过展示民俗来赋予边缘人群以声音和勇气，促进对多元文化社会的了解，为文化民主而欢庆。

19 世纪民俗主义在欧洲涌现。人民学（Volkskunde）——研究民族的学问——引起知识分子和实践主义者的关注，来追寻之前没有被写下来的本土历史和没有归档记录的文化，目的是帮助被征服者和农奴们建立起自尊和民族自豪感。导引他们的资源就是民俗。当他们梳理旧世纪的编年史和口头传统，用他们的想象填补着信息的鸿沟，这第一批民俗学家构建起古代文化遗产的复杂图景。在民俗里，他们寻找并建立着对于每个民族来说，为了相对于其他民族具有平等感而需要的自身历史纪元的轨迹：民族社区的渊源，古代民族英雄，而现在已被建构成繁荣的"黄金时期"。

---

① 此书在下列年份都有出版：1805、1815、1825、1828、1840、1846、1879、1880、1885、1900、1903、1911、1938、1944、1968、1975、1981、1983、1990 年。

② Johann Gottfried Herder, *Samtliche Werke*, ed. Bernhard Suphan, 33 vols., Hildesheim:Georg Olms, 1968—1969, vol.ix, p.532.

民族建构者——爱国者、诗人、鼓吹者[①]、"表演者"或"观点的创建者和持有者"[②]——遵循着国际性"列表"上的项目，被定义并认可为民族存在所必需的项目：标准化的语言、历史和命运、神话和英雄（以及恶人）、旗帜、赞美歌、神圣的文本（例如史诗）和想象（对于风景、民族标志物等）以及普通的民俗文化。民族的特色、价值和趣味也由此被确定下来。[③]局外人、外来者、敌对的民族也是确定的，针对这些民族所表达的怨恨，为这个列表增加了一个险恶的项目[④]。所有这个"列表"上的项目，不管是否是发明出来的——定义了一个民族的成员和非成员或预期的成员，这个民族与其他哪个民族有关，想归属于该民族的人们必须接受哪种文化。丰富多样的民俗储备成为学者可以按照他们的列表在其中找到任何想有的项目的超市。正如那些在19世纪的世界集市中所发现的民俗的国际作用是民俗成为平台，其中国家的民俗财富能够发挥作用，与其他民族的财富相提并论。

民族（国家）的历史和认同中色彩斑斓的、由民俗所激发的故事，已经成为今天的神话，神圣的叙事被用来作为在当今时代可被遵从的模式[⑤]。在黄金时期，宏大的文化成就所残存的记忆优先成为民族衰退及其迫切重生（唤醒）的解释。英雄的行为成为民族价值的缩影，展示当前一代能够如何成长。[⑥]在民族构建者的努力下，民俗保有着两种功用。它为未来行动提供了历史的信息和模式；民俗本身变成一种民族财富的象征符号，一座历史和文化的宝库。这些想法培育出民俗主义，并激发了学者们进入田野并收集、研究、解读和出版他们所发现的传统。

---

① Miroslav Hroch, *Social Preconditions of National Revival in Europe*, Cambridge:Cambridge University Press, (1968)1985.
② Liah Greenfeld, *Nationalism:Five Roads to Modernity*, Cambridge,Mass.:Harvard University Press, 1992, p.19.
③ Oravar Lofgren, "The Nationalization of Culture", *Ethnologia Europaea*, 19/1(1989), pp.5-24.
④ Lena Johanneson, "Anti-Heroic Heros in More or Less Heroic Media:Notes on Visual Folklore in Modern Sweden", *Ethnologia Europaea*, 19/1(1989), pp.85-95. Liah Greenfeld, *Nationalism:Five Roads to Modernity*, Cambridge,Mass.:Harvard University Press, 1992, p.17.
⑤ Lauri Honko, "The Kalevala Process", *Folklife Annual*, 1986, pp.66-79.
⑥ Antony D. Smith, *Ethnic Origins of Nations*, Oxford:B. Blackwell, 1986, pp.192-200.

民粹主义者的看法将诗人送至了农村，学者们在农村听这些民众的歌谣，记录或者编辑这类具有他们本土民间诗歌风格的作品和内容；音乐家为民歌文本谱写旋律或重新调整传统的曲调；哲学家重建了民族国家的神话学，作为主导的基督信仰下的另一种选择。早期民俗热衷者的工作，在很大程度上是由艺术家的激情力量所推动的。民俗为艺术提供了可被仿效的灵感和原初示例；而艺术家基本不担心精确的誊写和批评式的来源分析等问题。

民俗的收集和研究发展出日益周密的方法，民俗学家意识到大量的民俗文本收集的需求。他们呼吁普罗大众都加入到他们的工作中来。赫尔德给朋友和熟人写信，要他们寄给他民歌及其译本；格林兄弟（Jacob Grimm）在 1815 年发出通知，希望能在整个说德语的地区组织起通讯员网络。社团在整个欧洲被组建起来以促进民族（国家）内部对民俗的兴趣和研究。通过牧师和教师的网络，民族志的调查表被分发出去，有时还有官方的填写要求，作为回报，他们将对传统的民俗研究教给当地民众。民俗的收集和研究已经成为民族（国家）的任务，社团的成员在国家的层面上相互协调一致，致力于此。后来各代所涌现出的业余民俗学者和民俗热衷者持续着民俗主义的民族（国家）传统：收集、研究、解读、出版和普及最符合他们对民间文化的图景构想的各式民俗文本。无论是当时还是现在，都无法将他们从职业的、学术的民俗学家中分离出去。

民俗研究和民俗主义是由过去两个世纪以来民族构建者们所创造的民族（国家）的传统。作为这种民族主义实践论的结果，不仅是民俗文本，还有民俗学理论和方法很快在民众当中广为传播，而变成民俗传统的一部分。例如，当今的民众，仍然在复兴民俗传统使之保有着族群认同[1]，或是使其带着想象中的历史连续性进入到"博物馆化"的当下。[2] 尽管这样的进程通常会被民俗学

---

[1] Linda Dégh, "Grape-Harvest Festival of Strawberry Farmers:Folklore or Fake?" *Ethnologia Europaea*, 10(1977), pp.114-131.

[2] Peter Assion, ,,Historismus,Traditionalismus, Folklorismus: Zur musealisierenden Tendenz der Gegenwartskultur", *Volkskultur in der moderne: Probleme und Perspektiven empirischer Kulturforschung*, ed. Utz Jeggle, Gottfried Korff, Martin Scharfe and Bernd Jurgen Warneken, (Reinbek bei Hamburg):Rowohlts enzyklopadie, 1986, S.351-362.

家忽视或被视为民间传统的"污染物"而被隐藏起来,在自我反省的德国关于民俗主义的争论中提及了被民俗化的民俗学。复兴(Rücklauf)是学术的回归,或是对民众知识的伪学术看法,第一次被莫泽视为一个过程而值得研究。[1] 鲍辛格认为复兴是与昨天的应用民俗学,简言之——民俗主义,相连的。[2]

更为晚近,早期民俗学家和民族构建者们的工作已经成为批评式检视的主题。实际的历史或民族志事实与爱国学者们的记载解释之间被发现是不相符的,而被冠以"受意识形态操纵"的民俗[3],在该时期的这种认识之前,这些记录常被轻蔑地认为是种篡改,是"民族主义者自卑的混合体"[4]。其他学科的学者们也有类似结论。"被发明的传统"已经揭示了苏格兰高地爱国主义者身着苏格兰式短裙的缘由[5]。对于传统的介入、修正、发明的过程已经在美国阿帕契文化的历史[6]和加拿大魁北克文化历史[7]中得到描述。或多或少,这些研究都对前几十年在学术界流行的对民族主义的看法是种补充,即不仅民族的传统,而且民族本身也是现代人的晚近发明[8]。

然而,涌现出来的对于民族主义者错误的历史声明的揭露,伴随着民族已经事实上存在于现代世界的认知,而忽略了民族主义者的宣称并不总是真实的这一事实。把民族描述为"想象的共同体"并非一种错误的建构,而是指一群

---

[1] Hans Moser, „Der Folklorismus als Forschungsproblem der Volkskunde", *Hessische Blatter für Volkskunder*, 55(1964), S. 10.

[2] Hermann Bausinger, *Folk Culture in a World of Technology.* Trans. Elke Dettmer, Bloomington:Indiana University Press, (1971)1990, pp. 114.

[3] Richard M. Dorson, "Introduction:The Concepts of Folklore and Folklife Studies", in *Folklore and Folklife:An Introduction,* ed. Richard M. Dorson, 1-50, Chicago:University of Chicago Press, 1972, p. 15.

[4] Alan Dundes, "Nationalistic Inferiority Complexes and the Production of Fakelore", *Journal of Folklore Research,* 22(1985), pp. 5-18.

[5] Hugh Trevor-Roper, "The Invention of Tradition:The Highland Tradition of Scotland", in *The Invention of Tradition,* ed. Eric Hobsbawm and Terence Ranger, Cambridge:Cambridge University Press, 1983, pp. 57-66.

[6] David E. Whisnant, *All That is Native and Fine:The Politics of Culture in an American Region,* Chapel Hill:University of North Carolina Press, 1983.

[7] Richard Handler, *Nationalism and the Politics of Culture in Quebec,* Madison:University of Wisconsin Press, 1988.

[8] Ernest Gellner, *Nations and Nationalism,* Ithaca:Cornell University Press, 1983, pp. 48-49.

人像其他任何人群一样，他们的成员创造性地解释了并知晓在社区内他们与其他人群之间存在着普遍的联系[1]。霍布斯鲍姆警告说，被发明的传统不应被当成非本真的或错误的而被抹掉或忽略，因为其中一些与普罗大众有着强烈共鸣。人们接受这些传统成为他们自己的传统，与真实的政治变化有关系，他们满足了"某种感觉——不必清晰地被理解——在特定的人群身体内存在的需求"[2]。在19世纪，伪神话被发明出来，一般的爱沙尼亚人都将其当成真实的而接受下来[3]，而匈牙利人接受了菜炖牛肉，这是由文化实践论者传播的一种食用的民族符号[4]。波兰人接受了柯斯丘什科（Kosciuszko）、毕苏斯基（Pilsudski）、波皮鲁斯科神父（Father Popieluszko）以及其他历史人物成为他们神话般的民族英雄。[5]在某些特定区域被发现的传统文化的古代遗迹，如瑞典的达拉纳，或是匈牙利的舍克里，已经被学者认为是具有民族价值的独特表述，并已经被公众接受成为最具有价值的民族（国家）民俗文化的样式。[6]

大众交流的新形式已经导致了文化的民族主义化，在民族国家的层面上分享文化的事实[7]，在民族民俗传统的"自传"[8]里，传统的社区已经在规模上

---

[1] Benedict Anderson, *Imagined Comminities:Reflections on the Origin and Spread of Nationalism*, Revised Edition London:Verso, 1991, p.6.

[2] Eric J. Hobsbawm, "Mass-Producing Traditions: Europe,1870-1914", *The Invention of Tradition*, ed. Eric Hobsbawm and Terence Ranger, Cambridge:Cambridge University Press, 1983, p.307. cf. Hermann Bausinger, *Folk Culture in a World of Technology*, Trans. Elke Dettmer.Bloomington:Indiana University Press, (1971)1990, pp.152-153.

[3] Ants Viires, "Pseudomythology in Estonian Publicity in the 19th and 20th Century", *Ethnologia Europaea*, 21(1991), pp.135-143.

[4] Eszter Kisban, "From Peasant Dish to National Symbol:An Early Deliberate Example", *Ethnologia Europaea*, 19/1(1989), pp.97-104.

[5] Zofia Sokolewicz, "National Heroes and National Mythology in 19th and 20th Century Poland", *Ethnologia Europaea*, 21(1991), pp.125-136.

[6] Goran Rosander, "The 'Nationalisation' of Dalecarlia:How a Special Province Became a National Symbol", *Tradition and Cultural Identity,* ed. Lauri Honko, 93-142.Turku:Nordic Institute of Folklore, 1988, pp.93-142.
Linda Degh, *Folktales and Society:Story-telling in a Hungarian Peasant Community*, Expanded Edition with a New Afterword, Bloomington:Indiana University Press, 1989, pp.291-295.

[7] Oravar Lofgren, "The Nationalization of Culture", *Ethnologia Europaea*, 19/1(1989), pp.5-24.

[8] Carl Wilhelm von Sydow, "On the Spread of Tradition", *Selected Papers on Folklore*, Copenhagen:Rosenkilde and Bagger, 1948, pp.11-43.

百万倍地扩大了。民俗传播的速度和范围正以几何级的方式增长着。① 但是，一个关键的组成部分——民俗的个体创造者和再创者——还保持着不变。个体寻找出他者来确定自己与民族社区的关联。民族传统被鲜活地生活在民族内部的成员所创造、接受、保有，他们这么做就是为了表达拥有着他们的民族认同（身份）的目的。杜丁（Duding）曾指出过大众传播网络的重要性，它使得成千上万的人，在19世纪的节庆中装扮成了德国体操员、演唱家和神射手。② 其中，他们以四声部来演唱民谣，体验的正是安德森所说的"和声"，一种能被体验到的、仪式化的圣餐礼，巩固了个体与民族的认同③。这种民族"和声"的感情对成千上万集结起来的人群都没有设限，而且还可能出现在更小规模的、本地自愿组合的、面对面的人群活动当中。④ 作为个体来参加这些民族传统活动，他们的体验无时无刻不在揭示着他们把民族主义的修辞接纳为自己的，深深地感觉到个体是有罪的。⑤ 即便当前很多民俗主义的过程是与这种民族认同的协商活动有关，也还是很好地服务于过剩的意识形态——从民族主义到帝国主义，再到社会主义——在一个民族内部成功地发挥作用。⑥

---

① Hermann Bausinger, *Folk Culture in a World of Technology*, Trans. Elke Dettmer, Bloomington:Indiana University Press, (1971)1990.
② Dieter Duding, "The Nineteenth-Century German Nationalist Movement as a Movement of Societies", *Nation Building in Central Europe*,ed. Hagen Schulze, Leaminton Spa:Berg, 1987, pp.19-49.
Dieter *Duding*, "Nationale Oppositionsfeste der Turner, Sanger und Schutzen im 19. Jahrhundert", *Offentliche Festkultur:Politische feste im Deutschland von der Aufklarung bis zum erstern Weltkrieg(*rowohlts enzyklopadie:kulturen und ideen),ed. Dieter Duding, Peter Friedmannand Paul Munch, Hamburg:GmbH, 1988, pp.166-190.
③ Benedict Anderson, *Imagined Comminities:Reflections on the Origin and Spread of Nationalism*, Revised Edition, London:Verso, 1991, p.133.
④ Guntis Šmidchens, "A Baltic Music:The Folklore Movement in Lithuania,Latvia and Estonia, 1968-1991", Ph. D. diss., Indiana University, 1996, pp.182-200.
⑤ Margaretha Balle-Peterson, "Everyday Rainbows: On Social Movements and Cultural Identity", *Tradition and Cultural Identity*, ed. Lauri Honko, Turku:Nordic Institute of Folklore, 1988, pp.28-46.
⑥ Tamas Hofer, "Construction of the 'Folk Cultural Heritage' in History,and Rival Versions of National Identity", *Ethnologia Europaea*, 21/2(1991), pp.145-170.
Katalin Sinko, "Arpad Versus Saint Istvan: Competing Heroes and Competing Interests in the Figuative Representation of Hungarian History", *Ethnologia Europaea*, 19/1(1989), pp.67-83.

术语"民俗主义"因此也能够从功能上加以定义：它显示了对民俗有目的地运用，使之成为族群、区域或民族（国家）文化的象征。民俗主义的历史恰恰触及了民俗学的学术根源，正是由于这个原因，这个术语对于我们民俗学来说是不可缺少的核心词。以前关注于传播过程的定义太过宽泛，涵盖了某些民俗样式，既没有指明，也与近几十年的民俗主义争论没有什么关系。也许，这里提出的较为狭窄的定义会被证明是又有点过于限定。"民俗主义"一词可能是太不寻常，而无法在美国与这一概念有关的著述中被采纳。但是，我还是不能想出一个更好的词，用于表达不同国家之间的连接，用于民俗研究反复的讨论中。例如，术语"民俗主义"涵盖了很多美国"公共民俗"所研究的内容，但不同的是，我很难找到一个确切的词来把"公共民俗"翻译成其他语言。无论在东欧还是西欧，这个术语仍然影响着理论走向。民俗主义可以成为一个很好的起点，引发国际性的话语、争论和观点上令人欣慰的变化等。本迪克丝说，"民俗主义的概念是新近的，而关于它的争论还远没有停歇"[1]，我非常赞同。

---

[1] Regina Bendix, "Folklorism: The Challenge of a Concept", *International Folklore Review*, 6(1988), pp. 5-15.

民俗主义与德国民俗学[*]

王霄冰

20世纪90年代以来,伴随着经济发展的迅猛势头,中国社会的工业化程度越来越高,无论是城市还是乡村都逐渐告别了传统的生活方式,一些古老的风俗习惯也被渐渐地忘却和丢弃。与此同时,随着生活水平的提高,城市中产阶级的怀旧心理日增,他们在享受现代化的同时也开始回过头来寻求回归传统。除了在日常的物质生活中添加进一些传统文化的色彩,比如在住房装修、饮食器具和服饰上起用中式风格,在一些重要节日上重温传统风俗,像春节挂灯笼、贴春联、放爆竹等之外,对于每天工作和生活在城市现代化空间里的人们来说,旅游更是他们享受和体会传统的主要方式。于是便有无数的古村镇和民俗文化旅游景点应运而生,带有地方特色的旅游商品和文娱节目也得以大批地生产出来,以飨游客。

时代潮流的变迁,给中国民俗学也带了新的挑战。从表面上看,民俗学的地位和过去相比得到了较大提高,民俗学家这一职业也比过去吃香了:一方面,那些濒临灭绝的民俗文化需要他们去抢救和整理;另一方面,很多应旅游业之需而产生的新民俗也需要他们参与设计与制作。民俗学在今天好像已经不再是一门

---

[*] 本文原载《民间文化论坛》2006年第3期,原题为"民俗主义论与德国民俗学",此次发表时又做了修改。

生僻的人文学科，而是属于人文学科当中寥寥无几的"应用性"学科之一了。但如果我们就此沉溺于这种对于社会改革的参与，而不重视学科本身的理论建设和发展，那么从长远来看，这门学科一定会失去其主体性和生存的可能性。

回顾20世纪六七十年代德国民俗学掀起的有关民俗主义现象的讨论，以及德国民俗学者在学科转型过程中所做的种种努力，致力于中国民俗学理论建设的当代学者们或许会有所启发。德国民俗学在第二次世界大战以后实际上也经历了和中国当代民俗学十分相似的状况。在20世纪五六十年代，度过了战后经济恢复期、民众生活水平得以急速改善的西德，也出现了一股追求异域或异地风情的"文化旅游热"和"民俗热"，整个社会都非常热衷于享受和消费民间文化和乡土文化，许多传统被重新挖掘甚或发明了出来。本文着重介绍的民俗主义概念，就是针对这种文化现象提出的。由于一些德国民俗学家在时代大潮冲击面前始终不忘自身的责任和使命，并能保持清醒的头脑，所以20世纪下半叶的德国民俗学才能够借助社会发展的势头来完成自身学科的方向转型，把民俗学从日耳曼学中完全分离出来，并通过融合民族学和社会学的理论方法，使之逐渐发展成为一门拥有自己的研究领域和方法的相对独立的现代型学科。

民俗主义概念的提出

"民俗主义"是对德语词 Folklorismus 的翻译。此前也有日本学者将其翻译为"民俗学主义"，这样的译法或许是从这一概念的内涵出发，试图强调民俗学和民俗学者在各类民俗主义现象中所起到的关键性作用。从词源和构词法角度来看，德语的 Folklore 是对英语词 folklore 的直接借用，后者确实包含了"民俗"和"民俗学"两重含义，Folklorismus 由词根 Folklore 和表示"理论"、"主义"或"学问"的词尾 ismus 结合而成（为符合一般的发音规律而去掉了 Folklore 的最后一个字母 e），所以，把它翻译成"民俗学主义"从理论上讲也未尝不可。但若从语言习惯出发来考虑，以方块字为构词要素的汉语往往倾向于简洁的表述方式,并带有一定的灵活性,例如:Shamanismus 就被直接译为"萨满教",而不是"萨满主义";Funktionalismus 和 Strukturalismus 被译为"功能主义"和"结构主义",而不是"功能论者主义"和"结构论者主义";Kolonialismus 在汉语中称"殖民主义"而不是"殖民者主义"等。因此,我们在汉语中也根据这种语言习惯把 Folklorismus 翻译为"民俗主义"。

民俗主义概念最早因德国民俗学家汉斯·莫泽(Hans Moser, 1903—1990)发表于 1962 年的一篇文章而得以流行。[1] 莫泽是一位巴伐利亚人,出生于慕尼黑,但父辈却是来自乡间的农民。据他自己回忆,小时候对他影响很大的一个人是他的外祖母。这位出身贫苦、丧夫后由乡下搬到慕尼黑居住的农妇有着惊人的记忆力,常常向小莫泽讲述一些农村生活的故事。高中毕业后,莫泽没有上大学,而是来到父亲的下巴伐利亚老家学做木工。他对于研读历史档案的兴趣从那时开始便有所表现。通过阅读保存在神父那里的地方档案,他调查出自己的祖上原来是铁匠而不是种地的农民。另外由于父亲是名技师的关系,他从小也和城市的工人阶级有所交往。在第二次世界大战中,他被征入伍,在拉脱维亚驻防,空闲时常和当地博物馆的人员来往。战后他被苏军俘虏,在苏联的集中营中生活了五年之久。早年这些复杂的人生经历不仅使莫泽有机会接触到社会各个阶层与各种不同的文化,激励起他对于民俗研究的兴趣,而且也是促成他在研究中时时体现出怀疑精神的主要因素,因为他感觉到"活生生的民俗事实和用文字固定下来的民俗学之间的差距只会让人困惑",所以自己从早年开始就"对现有的民俗学研究方法产生了一种不信任感"[2]。

---

[1] 根据研究,这一概念在莫泽之前已有人使用。早在 20 世纪 30 年代,俄国人阿扎多夫斯基(M. K. Azadovsky)就使用民俗主义(fol' klorizm)一词来指涉 19 世纪俄国进步作家对于民俗的关注。此概念在 20 世纪 50 年代又被维克多·马克西莫维奇·直木斯基(V. M. Žhirmunsky)加以延伸,用以指称俄罗斯文学和文化中的民俗应用这类广泛的社会现象。详见海尔曼·斯特洛巴赫"民俗—民俗保护—民俗主义——趋势、疑点与提问"一文的注 116。

[2] Hans Moser, „Hans Mosers Rüchschau", *Bayerisches Jahrbuch für Volkskunde*, 1991, S. 1-5. 引文出自第 1—2 页,原文德文。

德国民俗学起源于 19 世纪，最初只是隶属于日耳曼学或曰德意志语言文学的一个小专业。民俗学在草创阶段，一方面体现出浪漫主义倾向，偏重于研究农民民俗和乡土生活；另一方面，由于受到当时德国政治思潮的影响，为强调日耳曼民族精神而偏重于神话传说与宗教方面的研究。用莫泽的话来说，"虽然民俗学常常被归类于历史性学科，而在实践中它却一直在使用违背历史的方法"①。从苏联被释放回到德国后，莫泽一直在巴伐利亚州的文化部门工作，负责搜集、整理和研究本地区的各种历史文化资料。他提倡以本地区流传下来的各种历史性档案文献为主要研究内容，致力于对传统习俗的历史性重构和社会关联的研究，成为德国民俗学所谓"历史—档案学派"（historisch-archivalische Schule）的领军人物。该学派的特点是十分强调研究资料的充分与可靠，并且只相信文字和实物的证据。莫泽曾经说过："一项有良心的研究不能基于猜想而要基于取证，然后还要看所取的是孤证还是多数的证据。当然孤证也有它的价值，因为它留下了痕迹。来自不同出处与时段的一定数量的证据可以引出对其相互关联的疑问，但还不足以形成对于风俗演变的看法。"②

作为战后德国民俗学的代表人物之一，莫泽的贡献不仅体现在对具体民俗现象的研究方面，而且在理论上也颇有建树。他除了强调研究的实证性之外，还特别强调民俗现象的时间性与空间性，也就是认为任何民俗都和特定的时段与地域密切相关。比如人们爱用的"古代""上古""过去"或者"古人""民众"这样一些没有明确的时空限制的词汇，在他看来都是不科学的。③任何民俗都不能从它生存的具体环境中被孤立起来，而是要和当时当地的社会历史状况联系起来看待。随着历史事实的变迁，风俗的表现形态也会发生变化，绝不会一成不变。民俗学者的任务并不是要追溯某种习俗的原生形态，而是考

---

① Hans Moser, „Hans Mosers Rüchschau", *Bayerisches Jahrbuch für Volkskunde*, 1991, S.1-5. 引文出自第 2 页，原文德文。
② Hans Moser, „Hans Mosers Rüchschau", *Bayerisches Jahrbuch für Volkskunde*, 1991, S.1-5. 引文出自第 5 页，原文德文。
③ Edgar Harvolk, „Abschied von Hans Moser", *Bayerisches Jahrbuch für Volkskunde*, 1991, S.7-9.

察它在不同的历史阶段和社会环境下的生存形态。他的这种主张对于民俗学研究方法的科学化很有帮助，也得到学界同仁的普遍承认。虽然莫泽并非科班出身，没有在大学里学过民俗学，也没有获得过博士学位和教授头衔，但在1969年他满65岁退休时，有人为他出版了纪念文集。1978年，他还获得了巴伐利亚州政府颁发的功勋奖章。1982年维兹堡大学哲学学院授予他名誉博士学位。1991年，在他去世一周年时，《巴伐利亚民俗学年鉴》(Bayerisches Jahrbuch für Volkskunde)出版了纪念他的专集。

莫泽提出民俗主义这一概念，是在1962年发表于《民俗学杂志》(Zeitschrift für Volkskunde)上的《论当代民俗主义》(Vom Folklorismus in unserer Zeit)一文中。这篇文章列举了大量事实，来描述一种十分常见的现象，即用"第二手的"、经过加工处理甚至重新发明的所谓"传统风俗"来吸引外地游客，为本地区或本民族的文化做宣传的行为。其目的既有可能是政治上的，但更多的却是商业的。莫泽把这种现象统称为"民俗主义"，并指出上流社会对于来自民间的音乐舞蹈的采集与加工，将之作为地方风土特色而推上表演舞台的现象虽然自古就有，但在目的、规模和性质上却与今日的民俗主义大不相同。由于大众传媒和旅游业的共同作用，当代民俗主义行为的功利性和商业性色彩十分浓厚，并由此造成了对传统习俗不问出处而随意更改乃至粗制滥造的结果。在莫泽看来，任何脱离了自身生存的土壤而被作为表演题材孤立地提取出来的"民俗"，都是二手的假货，不能和历史真实相混淆，民俗研究者们更不应该对此信以为真，把这种伪民俗当成是真正的传统民间文化来进行研究。

应该指出的是，莫泽对于民俗主义现象的存在理由也给予了充分的理解，他从分析旅游者对于陌生文化的猎奇心理出发，肯定了伪民俗自身的文化功能，并且指出，出于政治目的而进行加工提炼的民俗，有时也可达到较高的艺术境界。所以他写这篇文章的真正用意，在我看来并不是要批评当代社会的民俗主义现象，而是希望通过区分大众的民俗爱好和学者的民俗研究这两个层次，提醒民俗学研究者们去注意这种现象，在重构民俗的时候一定要返回到历史文献当中去，决不能把在当代媒体或社会中流行的一些再造的、新发明的民俗当成研究资料来使用①。

莫泽的民俗资料观实际上是针对当代民俗学在世界各国所遇到的一个普遍问题而提出的。民俗学作为一门实证学科，从方法上本来应该基于田野调查和文献考据两个方面，但由于工业化社会和全球经济对于传统文化的强烈冲击，传统意义上的民俗学"田野"日渐消失。在这样的条件下如何开展民俗研究？在莫泽看来，只有以历史上遗传下来的民间文献资料，比如地方史志、账簿、家谱等为文本，研究民俗在不同历史阶段的存在形态和历史演变，这才是当代民俗学的出路。

对于民俗主义概念的回应与批评

莫泽的文章发表后，在德国民俗学界引起了广泛的注意。莫泽本人紧接着在1964年发表了《民俗主义作为民俗学研究的问题》(Der Folklorismus als Forschungsproblem der Volkskunde)一文，继续阐明他对于当代民俗主义现象的批判性观点。图宾根民俗学会为此专门召集了一次学术会议，讨论如何研究当代民俗的问题。这次会议的论文集在1966年得以出版②，主编就是战后西德民俗学界最有影响的人物之一、图宾根大学民俗学系主任教授赫尔曼·鲍辛格（Hermann Bausinger）。他在1971年首次出版、并在1987和1999年两次修订再版的《民俗学》(Volkskunde. Von der Altertumswissenschaft zur Kulturanalyse.)，以"从古代研究到文化分析"为副标题，标志着德国当代民俗学学科方向的根本转型。这位科班出身、学术修养深厚且在民俗学界享有权威地位的学者的加入，大大提高了民俗主义讨论的理论性。

鲍辛格在上述会议上发表了《关于民俗主义批评的批评》(Zur Kritik der

---

① Hans Moser, „Vom Folklorismus in unserer Zeit", *Zeitschrift für Volkskunde*, 58(1962), S. 177-209.
② Hermann Bausinger(ed.), *Populus Revisus*, Tübingen: Tübinger Vereinigung für Volkskunde, 1966.

Folklorismuskritik）一文，针对莫泽的上述两篇文章，他一针见血地指出，莫泽在其中只罗列了一些现象并加以描述，而没有用学术的语言来精确地界定"民俗主义"这一概念，以至于它的内涵和外延都相当模糊。对于"二手民俗"问题，学术界迄今为止并非毫无察觉，而是采取一种置之不理的方式来加以否定。现在，既然有人把这种现象摆上了桌面，鲍辛格认为有必要从根本上对此加以探究，使之能够上升到理论的高度。为此他结合实例阐述了八个观点[1]：

（1）民俗主义是对已往民俗的追回和应用。

（2）所谓第一手的和第二手的传统之间有着相当复杂的内在联系，一个专门创制的新民俗也可能有它现实的功能和意义，就像旅游纪念品并不一定专为外地游客而准备，它也有可能为当地的民众所喜爱和接受。如果一个研究者一定要在其中区分出一手的和二手的，那么他在这一时刻很可能就已经混淆了事实本身。

（3）新民俗的创制者并不一定是完全出于商业目的，在很多情况下更有一种理想主义的爱乡情绪在发生作用。当然，这种理想主义也可能导致对于传统的美化。

（4）发明新民俗的人们并非完全出于爱好，而是出于一种责任感。所以，新民俗在当代社会机制中担负的功能不仅是多重的，而且也是现实的和符合自然规律的。

（5）批评民俗主义现象的人在理解上有片面性。他们在观察问题时只看到了某些点而没有看到整个面。

（6）民俗主义是人们对于某种文化或某个社会阶层所固有的"角色期待"的产物：如果对方做出了违背这种期待的行为，就会被认为是不真实和不自然的。从这个角度来看，民俗主义概念所批评的实际上是当代文化的民主化和多元化。

（7）追求所谓"原原本本的民众文化"的民俗主义现象批评者，自己往往

---

[1] Hermann Bausinger, „Zur Kritik der Folklorismuskritik", *Populus Revisus*, Tübingen 1966, S. 61-75.

就是一个民俗主义者。

（8）民俗主义的批评者和民俗主义者的出发点实际上是相同的，他们的区别并不是本质的，而只是在追求某种理想的程度和阶段上有所区别。

尽管如此，鲍辛格并不主张使用其他概念来代替"民俗主义"一词，他承认莫泽对于民俗主义的批评有他部分的可取之处，并且主张对这种现象进一步深入研究。不过，他认为应该用一种更加开明和公正的态度来对待这种正在生成中的风俗现象，应给予其自然发展的机会而不应过早地加以打击。另外，在大会的讨论中，很多学者也提到传统的发明自古就有。其实任何一项传统，就像霍布斯鲍姆和兰格所指出的那样[1]，都是发明的结果。在当时的社会环境中它具有多方面的生存理由和实际功能，而在后代人的眼里才会成为象征过去的"传统"。我们今天发明出来的新民俗，在50年之后或许就会被当成是传统文化来看待和珍惜。所以，民俗的真假问题实际上都是相对而言的。

为了全方位、多角度地探讨民俗主义，鲍辛格召集了欧洲十几个国家的民俗学家们对此现象展开调查，并把调查的部分结果以专辑形式发表在德国《民俗学杂志》1969年第65期上。他在前言中提到，民俗主义是一个极为普遍和重要的文化现象，是民俗学研究无法避开的话题，作为民俗学者有必要通过比较研究来揭示它发生、发展的特殊条件和模式。作为问卷调查的参考坐标，鲍辛格制定了十项内容，这里简要地摘录如下[2]：

（1）民俗主义的主要表现方式是什么？是服饰、唱片、民间文艺晚会，是为旅游者设计的节日活动、文娱表演，还是被收录在音乐、美术和文学多种媒体当中的民间文化？

（2）民俗主义活动的承载主体是什么？是政党、地方民间团体，还是其他的社会组织？个体的发起人在什么情况下发生作用？

---

[1] 参见霍布斯鲍姆、兰格：《传统的发明》，顾杭、庞冠群译，译林出版社2004年版。
[2] Hermann Bausinger, „Folklorismus in Europa. Eine Umfrage", *Zeitschrift für Volkskunde*, 65(1969), S.1-8.

（3）民俗学者包括各种专业性的学术机构在这中间起到了什么样的作用？

（4）民俗主义与大众旅游消费之间的关系是怎样的？在此有必要将以接待外地游客为目的的民俗主义活动和与对外宣传无关的类似现象加以比较。

（5）大众传媒如广播电视、唱片业和出版业以及报纸杂志等在其中扮演何种角色？

（6）服务于政治的民俗主义也应是研究的重要对象，其中特别是少数民族的民俗，常常被看成是对中央政权的无害粉饰，但也不排除有为民族文化争取认同的内在动机存在。

（7）民俗主义和哪个社会阶层相关？它们属于农民阶层还是属于某种职业领域？

（8）是否有某种民俗特别适合于民俗主义活动？比如服饰，往往就是民俗主义活动不可或缺的道具。相比之下，民间口承文学的应用范围就较受限制。

（9）是否有某些地区的民间文化在民俗主义活动中特别受到偏爱？比如巴伐利亚的农民文化在德国就被视为最有代表性。促成这种偏向性选择的原因何在？是因为这些地方保留的传统文化比较丰富？还是因为当地人的乡土意识浓厚，对本土文化采取了较强的保护和宣传措施？

（10）最后一个问题关乎时间上的纵向发展。一项民俗的"原型"到底可以追溯到什么时候？它在每个历史阶段的发展形态又是怎样的？

通过这份问卷内容的设计，鲍辛格实际上已经为今后围绕民俗主义问题的研究确定了一个大致的方向。在这个专辑里面，除收录了一部分德国、波兰、意大利等国学者的调查结果之外，还发表了美国学者理查德·道尔森（Richard M. Dorson）的一篇题为《伪民俗》（Fakelore）的文章[1]。该文介绍了20世纪40年代末50年代初在美国掀起的有关"伪民俗"问题的学术讨论的背景。从道尔森的文章中可以看出，美国学者对于"伪民俗"的理解和德国学者的"民俗主义"概念并不完全一致。前者主要用在民间文学领域，指的是文学界因19

---

[1] Richard M. Dorson, „Fakelore", *Zeitschrift für Volkskunde*, 65(1969), S. 56-64.

世纪以来的浪漫主义影响而对民间文学进行仿制和美化的现象，这类作品在 20 世纪伴随着出版业的商业化而得以大量销售与推广。这些所谓的"民间文学作品"并非扎根于专业的民俗调查，而是加入了文学家的想象和创作因素，所以有"假造"之嫌。可见"伪民俗"所批判的，只是少数知识分子对待民间文学的浪漫主义态度，并不是在战后的发达国家所出现的全民性的寻求文化回归的民俗主义思潮。

民俗主义讨论的余响

由莫泽提出的民俗主义概念，经过鲍辛格的批判性发展，到 20 世纪 80 年代已经成为德国民俗学的一个重要研究课题。这个概念的提出，就像鲍辛格总结的那样，至少有以下两方面的意义：一是可以促进对于民俗在不同发展阶段的变异的研究；二是强调了传统在真实程度上的相对性。[1]

20 世纪 60 年代末 70 年代初，由于受到德国学生运动以及盛行于西德的社会主义思潮的冲击，关于民俗主义的讨论也暂时告一段落，直到 20 世纪 70 年代末，民俗主义才又重新成为民俗学界的热门话题。1978 年，新居湖（Neusiedlersee）周边地区的民俗学者结成了一个民间文化研究协会，并召开了第一次代表大会，议题就是"民俗主义"[2]。这次会议的参加者们，一方面，回顾了 20 世纪 60 年代以来有关民俗主义的讨论和研究的学术史；另一方面，对民俗主义现象的社会功能进行了多角度的分析。比如，民俗学家乌尔里希·托科斯多夫（Ulrich Tolksdorf）就以民俗主义思潮影响下的饮食文化变迁以及饮食消费心理为例，总结出民俗主义在功能机制上具有如下的特征[3]：

---

[1] 参见赫尔曼·鲍辛格为《童话百科全书》写的"民俗主义"词条。
[2] Edith Hörandner & Hans Lunzer(ed.), *Folklorismus*, Neusiedlersee 1982.
[3] Ulrich Tolksdorf, „Heimat und Identität. Zu folkloristischen Tendenzen im Ernährungsverhalten", *Folklorismus*. Neusiedlersee 1982, S. 223-251.

（1）民俗主义是一种外向型的休闲活动。

（2）民俗主义是地方主义的一种表现方式。

（3）民俗主义带有人为操作的表演性质。

（4）民俗主义要对文化符号的象征意义进行重新约定。

（5）民俗主义有必要在社会中取得合法性，即在理念上必须获得公众的认可。

（6）民俗主义既意味着文化策略上的保守，也意味着一种全新的生活质量。

民俗学家康拉德·科斯特林（Konrad Köstlin）在这次会议上发表了题为《以民俗主义为理论？以民间文化为疗法？》（Folklorismus als Theorie? Volkskultur als Therapie?）的演讲。他认为，民俗主义产生的背景往往是在一种地方文化面临危机的情况下，人们为寻找心理上的安全感和文化认同才会去重塑传统。所以，民俗主义实际上相当于是一种社会性的理疗机制。其出现并不是因为与陌生人的交往或者旅游业的兴起，而是有群体内在的需求在起作用。这种需求在根本上来源于当代社会的现代化进程，以及由此带来的人与传统的异化和失去家乡（即乡土生活）之后人们的那种失落感。[1]

1979年，以"家乡与认同——地域性文化的有关问题"（Heimat und Identität. Probleme regionaler Kultur）为主题，第22届德国民俗学大会在基尔召开。高特佛理德·科尔夫（Gottfried Korff）在会上宣读了题为《民俗主义与地方主义》（Folklorismus und Regionalismus）的论文。他在科斯特林提出的观点的基础之上，从社会心理学的角度分析了民俗主义运动兴起的原因。在文中，他使用了"群体自恋心理"（kollektiver Narzißmus）的概念，认为对于"美好"过去的想象和重塑，是那些处于贫穷落后状态下的社会群体经常用来补偿不能令人满足的现状的一种方式。他以鲁尔工业区工人阶层的生活为例，说明本地区新民俗文化的兴盛期，恰恰与德国本土矿业由于受到国际燃料市场的冲击而

---

[1] Konrad Köstlin, „Folklorismus als Theorie? Volkskultur als Therapie?", *Folklorismus*, Neusiedlersee 1982, S. 129-147.

不得不停顿生产的时期相吻合。为了弥补内心的不安与自卑感，人们沉溺于恢复传统的民俗主义活动，使深藏内心的抑郁与愤闷得以宣泄。但在发言后的讨论当中，有人立刻对此观点提出了质疑，并且指出民俗主义活动一般需要相当的经济基础，多数发生在经济发展较好的地区和阶段，而不是像科尔夫描述的那样，是在贫困地区和危机状况之下。

也有一些学者从学理出发，试图探讨民俗主义的相关讨论与民俗学学科本体之间的关系。乌尔里克·波德曼（Ulrike Bodemann）在 1983 年发表了《民俗主义——一种模式的设计》（Folklorismus–Ein Modellentwurf）一文。在承认民俗主义的概念自始至终没有得到彻底澄清的同时，他从以下四个方面来总结它存在的规律性[1]：

（1）一种文化现象正处于消逝的过程中。
（2）为了防止它预期中的彻底消亡而重新接受它。
（3）与此同时，它的对外展示的表演性格得以加强。
（4）通过重新接受使得这一文化形式获得了新的社会功能。

东德民俗学者海尔曼·斯特洛巴赫（Hermann Strobach）发表于 1982 年的题为《民俗学—民俗保护—民俗主义》（Folklore-Folklorepflege-Folklorismus）的长文，从马克思列宁主义的社会进化论和遗产观出发，对民俗主义概念的不完善性和不实用性提出了批评。在他看来，"民俗"这一概念本身就带有历史局限性。民俗学这门学科产生的思想背景，与 19 世纪上半叶处于上升地位并最终成为社会主宰的资产阶级的思想意识，特别是他们对于民间文化的特殊理解有着密切的关系。民俗概念得以成立的前提条件，是阶级的对立和分化，由此产生出了"主流文化 VS 民间文化"的二元对立模式。斯特洛巴赫认为，这种文化观念与社会主义的意识形态背道而驰，列宁在其著述中提出的"文化二元论"实际只是针对一定的社会历史时期而言的。而在当代的社

---

[1] Ulrike Bodemann, „Folklorismus – Ein Modellentwurf ", *Rheinisch-westfälische Zeitschrift für Volkskunde*, Band XXVIII(1983), S. 101-109.

会主义社会，这样一种文化上的对立已不存在。我们今天所谓的"民俗"或"民俗保护"，是指对于历史遗留的文化遗产的批判性融受和创造性内化，目的在于"丰富今天的文化实践和需求"。这种对于传统民俗遗产的融受和内化因其业余性质，也可被称为"艺术性的民间创作"。它是一个完全自觉的过程，是"从被剥削状态中解放出来和已被解放的劳动人民的文化自我实现"，"在与专业艺术的亲密合作中得以展开"，"成了当下社会主义国家文化中必要的和基本的组成部分"。[①]"民俗主义"现象的本质，是通过起用一些文化符号来为传统的民间文化做中介，因其脱离了原本的关联性且带有艺术化、商业化和政治化的特征而受到了以汉斯·莫泽为代表的西方资产阶级民俗学家的批判。但这一概念在科学与社会实践当中却缺乏实用性。由于民俗主义的表现方式十分多样，很难建立起一个完善的概念体系来涵盖它所包括的全部范围。如果按照莫泽的定义，"民俗主义"指的就是"民间文化的二手中转与展演"。但任何一种文学和艺术形式，自古以来一直都是在利用各种各样的符号来作为媒介传达人类的精神文化，所以，如果要在"民间文化的二手媒介与展演"和民俗主义之间画等号，对文学和艺术学等学科而言，是一件匪夷所思的事情。由于上述种种原因，民俗主义的讨论在西德虽然非常激烈，而且在一定程度上也扩展到了欧洲特别是东欧一些国家，但人们对这个概念的理解很不一致，在使用过程中也产生了不少的歧义。为此，斯特洛巴赫建议放弃这一概念，而针对当今文化的多样性和多重性来建立一套实用适当的学术概念体系。

斯特洛巴赫的总结，实际上已经为从20世纪60年代开始的围绕民俗主义现象的大讨论画上了一个句号。尽管他所使用的基于社会主义文化观的批评话语不一定被所有西方民俗学家所接受，但他的确道出了进化论视角下民俗主义概念的局限性。他在文中描述的社会主义时期的民俗融受与内化，与后资本主义社会阶段的文化实践也十分相似。所以，在今天的德国，人们已经很少在研

[①] 参见海尔曼·斯特洛巴赫《民俗学—民俗保护—民俗主义》一文。

究中使用民俗主义这个词汇，只有在研究旅游文化时才偶尔提到它[①]。在1991年出版的纪念莫泽逝世的文集当中，也没有一篇文章专门谈及民俗主义，而且在对他本人学术生涯进行回顾时，民俗主义只被捎带提及，并没有作为他学术成就的重点而加以渲染。

尽管如此，民俗主义讨论对于德国当代民俗学的影响还是不可低估。20世纪60年代，正是德国民俗学从一门研究口承文学和风俗习惯的传统小学科向综合性的民间文化学转型的时期，由民俗主义概念引发的学术讨论，不仅向人们展示了一种活生生的民俗现象，由此激发起学者们对于这种当代新生的民俗文化的兴趣和关注，而且对于反思民俗学的学科历史和寻找新的研究课题与方向起到了带动作用。今天的德国民俗学，很多已改名为"欧洲民族学"（Europäsche Ethnologie）或"经验文化学"（Empirische Kulturwissenschaft），并在德国26所高校设置了本专业，这与民俗学家们多年来的勤奋探索是分不开的。由此可见，学术研讨的最终目的，或许并不在于搞清楚真假是非、大家争个你输我赢，而是在于互相激发思考的乐趣，在争议中寻求解决问题的最佳出路，以求得共同的繁荣与进步。

[①] 例如 Kriemhild Kapeller 基于对阿尔卑斯山地区旅游文化的田野调查所写的博士论文《旅游与民间文化》（Tourismus und Volkskultur, Graz 1991）就以"民俗主义——关于民间文化的物件审美观念"（Folklorismus – Zur Warenästhetik der Volkskultur）为副标题。

第二单元

民俗主义在日本

第二章

民國以來的日本

从民俗主义看今日的民俗文化[*]
——来自德国民俗学的视野

〔日〕河野真

今天我们的主题是"现代社会与民俗",我想就最近我所了解到的德语圈民俗研究的动向展开论述,希望多少能有一些参考的价值。

提到德语圈,主要是指 1990 年 10 月统一的东、西德国,还有奥地利及瑞士(人口的 60% 讲德语),在这些德意志人的国家里,民俗学颇为发达。说到民俗学比较兴盛的国家,可以说日本和德国在全世界都有些例外。就此而言,两者有很多共通性,但若稍微深入观察,就会发现虽同为民俗学,究竟还是各有不同。

在日本,民俗学很有人气,特别是面向一般读者的出版物格外多。在民俗学出版物中,类似《日本民俗文化大系》那样兼具学术性、往往超过 10 卷的大型丛书,也作为一般读物广为读者阅读,或者记录民俗艺能等的录像磁带,即便是以学术为目的的,也往往作为面向一般公众的商品大量出售,这类情形在

---

[*] 本文根据作者 1991 年 6 月 2 日在爱知大学召开的"第 22 届东海民俗研究发表大会"上的讲演记录整理而成。"东海民俗研究发表大会"是由日本爱知县、岐阜县、三重县的七个民俗学的研究会或"同好会"共同举办,自 1969 年起每年举行一次,1991 年第 22 届大会由"三河民俗谈话会"承办,在爱知大学丰桥校区召开。本文曾发表于《三河民俗》第 3 号(1992 年),后收入笔者文集:河野真:『フォークロリズムから見た今日の民俗文化』創土社、2012 年。本文由周星译自该书第 22—44 页。

德国其实不多见。

但和它在社会上很受欢迎的情况相对比，日本大学里设置"民俗学"的学科或讲座的情形，却令人意外地少。叫作"民俗学"的专门科目很少，而且它多是在历史学（尤其是日本史）或国文学、地理学、社会学、文化人类学等其他各种专业领域的周边得以存续，这种状况至今仍没有多大变化。

德国以前的情况也差不多。20世纪50年代，设置民俗学讲座的大学只有少数几个，20世纪60年代也仍然不多，但到20世纪70年代，由于发生了增设大学和机构改革的潮流，民俗学专业借此机遇陆续得以设置，现在大凡综合性大学，几乎全都设置了民俗学的专门科目，不仅如此，民俗学在大学也是颇为热门和受欢迎的科目。[①]

那么，在德国，民俗学是如何进行研究的？有关德国的传统民俗，德国人当然有非常详尽的了解。和日本人有责任全面地把握日本的民俗事象一样，德国也有不少和日本的学术活动相类似之处，但其特色是对现代事象的重视和关注。

20世纪70年代民俗学之所以作为大学的专门科目得到急速扩张，并不是因为进入20世纪70年代后一般社会公众与精英对民俗方面的兴趣增加了。虽然不能说完全没有那方面的理由，但更主要的原因还是民俗学开始直面现代社会的问题。此前的20世纪60年代及20世纪70年代前半期，是民俗学为了研究"现代社会"及包括更宽历史幅度的"近代社会"而提出各种理论的时代。

在经济领域，发展中国家从传统的农村经济向工业社会阶段的发展常被称

---

① 写作本文时曾有根据这样说，因为自20世纪70年代以来，民俗学在大学占有一定地位，并有持续的制度化保障。但自20世纪90年代末期起，大学和大学教员出现过剩（虽没有日本严重），2002年施罗德总理明确提出大幅度削减大学教员人数，有关文科的状况因此发生变化，有的大学（如帕绍大学等）出现了废止民俗学专业教员名额的事例。顺便提及，有关德语圈各大学与民俗学有关的讲座、教员设置现状及概况等，有专为志向于此领域的学生编写的便览可以参考。Harm-Peer Zimmermann(Hrsg.), *Empirische Kulturwissenschaft / Europäische Ethnologie / Kulturanthropologie / Volkskunde. Leitfaden für das Studium einer Kulturwissenschaft an deutschsprächigen Universitäten. Deutschland – Österreich – Schweiz*, Marburg（Jonas Verlag）2005.

为"起飞",在此借用这个用语,民俗学也需要从专门关注传统农村社会的阶段朝向亦能够研究近现代社会的阶段"起飞"。20世纪六七十年代的德国民俗学界,为此集中展开了怎样的理论和方法才有效的讨论。今天我们提到的"民俗主义",可以说正是为实现此种"起飞"提出来的理论之一。

民俗主义是20世纪60年代德国民俗学界理论活动的一环,距今已是近30年前的事了。事实上,即便有个别例外,一般来说,截至目前,日本对海外民俗学的动向基本上漠不关心。这也不能说全都是负面的,因为在人文社会学科的几乎所有领域全都过于在意欧美动向,给人的感觉是狐假虎威,与此相对的是,近几十年日本的民俗研究倒是取得了很实在的发展。但这也并非全都是正面的,由于视野受到局限,自然就会产生一些死角。可以说当这些问题被觉察到的时候再去努力挽回也未尝不可。

最早提倡"民俗主义"这一概念的是汉斯·莫泽,但这一用语本身却并非他的首创,在他提倡之前就已经存在了。它最早是在社会学里使用,并被德国的《社会学事典》收录,主要是指音乐领域的现象。[①]举一个典型的例子,在为现代音乐的方向之一奠定基础的作曲家中,匈牙利人佐尔坦·考达伊(Zoltan Kodaly, 1882—1967)和柏拉·巴尔特库(Bela Bartok, 1881—1945)两位曾采录并灵活地运用民间音乐,从而摸索出现代音乐的一个新方向。这两位作曲

[①] 在社会学和绘画、音乐领域,这个术语的使用情形颇为微妙,这与德语语言形态中的特有现象相关,故特作如下说明:在由德国一位有代表性的社会学家卢奈·凯尼希(Rene König)主编的《社会学事典》(1958)中,"民俗主义"(Folklorismus)在有关"社会变迁"的部分被作为术语之一而列举。在论述原有土著文化(autochtonische Kultur)变得不再不言自明的过程时,有如下解说:"伴随着文化接触和文化摩擦的增多,同时进行的还有文化的分散过程,知识领袖具有的意义正在于土著文化变得不再不言而喻。这种情形在西方诸社会是在19世纪变成现实的。其表现,例如,基于社会主义意识形态的劳动者之间的无产阶级集团意识,或者地方主义、民俗主义和纳粹主义的原理也部分地是如此。"就是说,在原有的文化诸形态的变质和消亡当中,民俗主义被指出是新近出现的社会的、心理的集聚原理之一。参见Rene König(Hg.)*Soziologie*. Franfurt a.M. 1958(Das Fischerf Lexikon), S. 273-274。此后,在20世纪70年代初出版的两种社会学事典,既有收录"民俗主义"这一术语的,如Günter Hartfiel(begründet), Karl-Heinz Hillmann(Neu bearbeitet), *Wörterbuch der Soziologie*. Stuttgart(Kröner)1972;也有完全没有触及的,参见Werner Fuchs, Rolf Klima, Rüdiger Laumann, Otthein Rammstedt u. Hanns Wienold(Hg.), *Lexikon für Soziologie*. Opladen(Westdeutscher Verlag)1973。

家的作品本身今天已经成为古典，但他们的方法，亦即特意活用民间音乐以表现现代人的精神和内心世界的此种姿态，便被叫作"民俗主义"。该词在民俗学中的使用，也基本上据此而来。因此，作为民俗学概念的民俗主义，在内容上并非是那么全新的。不过，和发生在音乐中的现象相同的机制几乎在所有现象中均有所发现，其作为席卷世界的巨大动态得到强调，正是民俗主义最大的特色。也因此，它对世界各国均带来刺激。促成此种刺激的正是汉斯·莫泽。他生于1903年，1990年以87岁高龄去世，在第二次世界大战之后为重建德国民俗学竭尽全力，作为德国民俗学界的长老，他以"名誉会员"的身份广受尊敬。汉斯·莫泽并非花哨的理论家，他是一位地道的采录者，经常是通过对特定地域的文书资料（相当于日本所谓的"地方·村落文书"的文献史料）进行精细解读，揭示该地域之特定时代的民俗实态，正是他推进了这种研究方法。汉斯·莫泽于1962年首次提倡"民俗主义"这一概念，后又在1964年再次论及它[1]。

那么，为何今天需要介绍这个概念呢？这是因为在我们思考当今的主题——"现代民俗"时，这个概念不仅在它的原产地德国，而且在当今的日本，均有很多现象可以由它获得说明。

民间习俗和传统节日，可以说原本是与特定的社会结构和时代背景相关联，并具有特定的意义和功能。值得注意的是，例如在节祭中常见的那样，其原本的意义以"缘起故事"的形式得以传承。就是说，某一节祭在某个时代因为某种机缘，例如：祈愿稻作丰收是作为大家都顺利上缴了"年贡"的纪念而开始举办的；或者某个节祭是因为抚慰战死的武士们的亡灵而开始举办的；或者某神社的"神事"相传是为了镇止某种疫病的流行而开始的；等等。其中既有归因于某一偶然事件的情形，也有即便是基于某一偶然事件，其实也是和自然、

---

[1] 关于汉斯·莫泽的论考，请参考本书所附之翻译解说。此外，检索《剑桥英语字典》（Oxford English Dictionary，OED）1936年版可知，关于folklorism在英语中较早的用例，乃是作为意味着口承文艺和民俗之folklore的合成名词（尽管并不常用）来使用。

风土以及当地民众的生活方式等有着基本的关联。在日本几乎所有地方均有传承的多种多样的稻作仪礼，确实是与构成日本产业体系之基础的稻作相结合而得以进行，若从这一观点来看，它们可以说都具有代表性。也有和自然环境相对应的。"送虫行事"具有祈愿驱逐害虫的意义；给地藏菩萨披挂上红色的兜肚，据说具有"驱逐疱疮"之类民间疗法的意义（有多种解释，似乎一时难有定论）。

然而，当今发生的事态和上述这些节祭相互对应的自然条件及社会结构或者消灭，或者发生了根本性的变化。江户时代的身份制度早已消亡，即便明治时代，到今天也早已成为历史。自然条件也发生巨变。洪水和疫病的危险性，已经因为治水和灌溉系统的建设被极大地消除了，而曾经肆虐泛滥的若干疾病，也由于医学的发达和医疗制度的健全而几乎被彻底控制。当然，它们为截至目前未曾有过的巨大风险取而代之，我们对有可能发生的事实并不能熟视无睹，例如：虽然洪水和虫害解决了，但新建的原子能发电厂、森林破坏之类的事态正在发生着；结核病和天花等传染病解决了，新近又相继爆发了水俣病和艾滋病。所有这些问题，对于传统的民俗学课题而言，可以说在其涉猎之外。关于这类课题与民俗学的关系拟另找机会讨论，在此从略。

总之，对于疱疮，亦即天花之类，联合国的世界卫生组织已经宣布从地球上消灭了，这固然是大好事，但问题是尽管如此，具有"驱逐疱疮"之意义的民俗节祭至今仍在持续举办。稻作仪礼也大体一样，目前是由一些并不经营农业的人们，在保护和传承着曾经作为稻作仪礼的传统节祭。

所谓祭祀或节祭，一般来说是具有一定规范的行为，亦即带有某种程度之完整性的体系，所以，即便社会背景和自然条件发生很大变化，其形式性地持续存在并非不可思议。事实是尽管有了背景的变化，它们也确实存续着。就此而言，原先旨在占卜稻作丰歉的节祭至今仍在举行；虽然已经不再担心疫病流行，但那些本义是为了驱逐疾病的节祭本身仍照例举办。这类情形并非奇异之事。

在这些场合下，这些节祭的意义可以说有了相当的不同。最起码传承这些节祭的人们，彼此之间并不拥有共同的祖先，他们也不必以极其认真的表情来关心作物丰歉的结果，不用因恐惧疫病的流行而摆出防备的样子。

实际上，即便是在过去，民俗节祭是否真的经常和生命及生活的沉浮形成了那种对应契合的紧迫意识，实在是大有疑问。以前举办这类节祭，其中总有一些游戏因素，节祭的实际效果另当别论，总还是应该看到那些用以"表演"的假面，在这个意义上，民俗节祭和原始人或野蛮民族之间对于狩猎及疾病等的占卜，有根本不同，可以说它内含着扮演的要素。

为了很好地说明上述民俗现象的背景变化，以及尽管如此它们却依然在现代社会得以存续，甚或还有各种显著动向的情形，民俗主义这一概念就被提倡出来。在讨论它之前，我们还应该稍微提及相关的经过。

在德语圈各国，第二次世界大战以后，民俗学之所以获得显著发展，有两个推动力。一个主要是在德国，通过对民俗学在 20 世纪前半期很大程度上倾向于纳粹主义进行反省，致力于回归学术客观性的各种努力；另一个便是将和过去相比发生很大变化的现代社会作为民俗学的研究对象时，需要展开相关理论和方法的探索。这两者之间密切互动，不计那些细微动态，我们在此想要关注的是奥地利民俗学家莱奥庖德·施密特（Leopold Schmidt）的观点，他在战后的民俗学中曾经有过重要影响。

莱奥庖德·施密特是战后德国民俗学第一代民俗学家的代表，也是为民俗学这一专业的重建创造了基础的人物。他致力于梳理历来执着于各种各样的观念和意识形态的民俗学，致力于重建排除一切特殊倾向，而以单纯和简洁的事实作为出发点的民俗学。施密特在 1947 年提出了一个著名的定义：民俗学是研究"传承性秩序中人们生活方式的学问"[1]。此后，他的这个定义引起各种讨论，在此，我们应该关注他对"传承性秩序"给出的解说。

---

[1] Leopold Schmidt, „Volkskunde als Geisteswissenschft", 1947. 此论文有笔者的日语译文，参见レーオポルト・シュミット：「精神科学としての民俗学」（河野真訳）、愛知大学国際問題研究所、『紀要』第 89 号、1989 年。

根据施密特的说法，传承性秩序的本质特点在于它是在无意识间被传承的。他曾经列举的例子，例如，欧洲人和人打招呼时是伸出右手去和对方握手，这个动作并非是人就会地自然进行，就是说，地球上有很多地域没有握手这一致意对方的形态。由此可知，伸出右手并非是具有生物学根据的反应，同时，它也不是能够还原为特定个人的意图性行为，而是多数人们在共同体生活当中自然进行的，因此，它是与特定文化乃至文化圈相结合的传承性行为。

另一点值得注意的是，握手时伸出右手的人，即便是拥有必须和对方打招呼的意识而伸出右手，他一般也不会意识到这就是传承，就是说，行为的传承性意义是无意识的，此类无意识行为同时又是特定文化圈的特征。施密特努力说明，对于无数的此类事实，调查它们各自的分布、功能和历史是非常重要的。

施密特的这种想法和当时德国民俗学的重建有密不可分的关系，应该从多个方面去分析，但今天，我们只是要指出，施密特的说明是试图将民俗学的课题置于尽可能单纯的基础之上，亦即民俗学是"研究传承性秩序的学问"，所谓的"传承性秩序"，就是"人们重复进行并承上传下的无意识行为"。

施密特的见解，将促使民俗学得以成立的基本观念以最为简单的形态提示出来，这对扫除长期以来纠缠于德国民俗研究的意识形态和偏执发挥了很大影响。这个定义还包含着将民俗学从限定于追踪过去文化的束缚中解放出来的方向性。不过，施密特的定义虽然得到旨在克服当时学术界状况而具有明确的问题意识的支持，但随着那种背景状况之深刻程度的稀薄化，该定义过于单纯的局限也显现了出来。就是说，被民俗学视为研究对象的世界，终究难以被如此简单的观点所概括，这一点反倒因为施密特的定义而更加突显了。今天看来，施密特的观点总体上并没有大错，但他的定义过于狭窄了。

针对施密特的说法，从正面提出质疑的是当今德国民俗学的代表性人物，亦即广为人知的赫尔曼·鲍辛格。在鲍辛格的学说出现之前，也有若干先行的人物，但没有提出独特的体系，并从中提倡和施密特有着根本性区别的学术原理。鲍辛格的理论确实具有划时代的意义。在此，我们聚焦当前的问题以介绍鲍辛格的学说。

鲍辛格曾经在他的代表作《技术世界中的民间文化》(1961) 一书[1]中指出：民俗与传承文化果真如施密特所说是"在无意识之中得以传承"的吗？事实并非如此。他指出，特别是民俗当中那些具有较强例行活动属性的节祭和仪式等，截至目前一直都是民俗学喜欢研究的对象，它们不仅不是无意识地被传承，甚至也不是有意识地——依照施密特提出的条件，亦即每一次均和具体机缘相联系的意识——被传承，而是经常伴随着甚至可以说就是民俗学自身那样的意识。传承和继承这些节祭和行事的人们，正是因为自觉到其作为传统文化的意义，而试图将它们从衰亡中抢救出来。

鲍辛格不仅提到节祭之类行事，还提到在保存方言运动中也有类似动机，并试图从现代人特有的历史意识这一角度对其解释。为了归纳此类现象，他还提出了若干新术语。例如，"内部趣味"（或曰："国内情调"），他指出，民俗事象之所以能够打动现代社会人们的心灵，是因为其与陌生土地上那些珍稀物品或事象具有的魅力，亦即情趣（exoticism）之间有相通之处。甚至还有"民俗事象的'海森堡'效果"之类令人惊讶的说法。

鲍辛格这一比喻令人意外，却又非常机敏（这取决于如何理解，似乎也有些难懂）。他经常巧妙地将社会状况及思想界的课题与话题引进自己的说明，在这一比喻用语中，也能体现出他的这一特点。这里的"海森堡"，是指物理学家维尔纳·海森堡（Werner Karl Heisenberg，1901—1976），他因提倡不确定性原理而广为人知。他的理论原本是有关电子位置和运动量之测量值的量子力学的固有法则，但后来，某些事物或现象作为对象并非固定不变，而是由对象和观察者乃至行为者的相互关系所左右的观点越来越一般化，于是，它就和"海森堡"的名字一起，逐渐在社会科学及人文学科诸领域普及开来。将此类流行的见解引进民俗学领域，就产生了"民俗事象的'海森堡'效果"之类表述。

---

[1] Hermann Bausinger, *Volkskultur in der technischen Welt*, 1961. 此书有笔者的日语翻译版，参见ヘルマン・バウジンガー『科学技術世界のなかの民俗文化』(河野真訳)、文楫堂、2005年。

这种见解，其实并非始于鲍辛格。例如，20世纪50年代快结束时，埃伦斯特·陶皮秋①就曾经提出，有很多民俗事象，成为其传承者的人们都具有曾经在什么地方和学者的学说有过接触的经验，或者曾经以学校教育及大众媒体的信息作为判断的标准，不仅如此，他们中不少人还阅读民俗学的书籍读物，具备了和民俗学家同样的眼光，他们还经常会把这些知识反映在自己的传承性行为当中，等等。在这个意义上，他说，必须要将"民俗学的理论反向流布于民俗的传承者"这一因素考虑进来，再去把握民俗的实态。

这一类观点自有其源流，特别是将鲍辛格的理论作为直接的基础而得以提倡的"民俗主义"概念。就其理论属性而言，鲍辛格的考察是试图整体把握现代社会之传统民俗的变化法则，但也有人只是抽出部分现象详加探讨，另外，其作为理论并非没有过于单纯的定式化的情形。但正是由于单纯化，当其被提倡时，就容易逐渐得到强化。

汉斯·莫泽提倡"民俗主义"的论文有前述1962年和1964年的两篇，后者被我翻译成日语，这里引用其开篇的一段话作为参考：

> 在慕尼黑，人们讲述着一个有关一位著名学者的笑话。事情发生在第二次世界大战之前，有一次，他去巴伐利亚高原连接阿尔卑斯山脉的一个地方，参加在那里举办的节日活动。他事先通过文献已经知道该节日的情况，或许还在上课时列举过它作为例子，但他还想通过亲身的见闻确认一下：这个节日在当地是如何被认识的，它因何而举办，有多久的历史；等等。他想直接向当地人询问，正好身旁就有一位白须老者，像是典型的当地居民，于是，就向他请教。这位学者精通当地方言，他自然流畅地提问，并没有期待老者会有什么特别的，或能够给他以启发的回答。他预想

---

① 埃伦斯特·陶皮秋（Ernst Topitsch）是1919年出生于维也纳的社会哲学家，曾任海德堡大学、格拉茨大学教授。他因从意识形态支配的角度批判性地检讨黑格尔的社会哲学而知名，此外，他还考察过学术知识被社会接受之后如何反馈于学术，从而影响到学术的相互作用关系。

到的回答无非是"是啊，这是自古就有的节日呢"，或者"在这一带，从前就一直有这个节日啊，我爷爷那时候就已经有了"之类。对这个节日，似乎谁也没有什么疑问，一切都理所当然，他预料不会有什么特别的回答。但这位看起来耿直的老者却与众不同，他先是以调查似的目光审视着这位向他提出浅显问题的外来人，然后，以知情人特有的深思熟虑的表情，说了一句最近已经成为惯用语的话："这个嘛，算是一种民俗学的性质吧"。

莫泽在其论文的开篇写下这段趣闻，可以看作片段地反映现代社会里民俗节祭之状况的一种比喻。若是对老者的用语稍做解说，他最后使用的词是 folkloristisch，这是一个形容词。这个词并不常用，但可看作是 folklore 的形容词化之一；同时，它也可以是从 folklore 派生出的抽象词汇"民俗主义"的形容词化。因此，老者的话也可翻译成"这个嘛，算是一种民俗学吧"。[①] 看起来像是当地老者的人，当被问到民俗节日的意义时，却回答说"它是民俗学的"，进一步或许还会说"它是民俗文化遗产"之类。对于把老者想象为朴素地守护着旧习的存在，认为他们中持续地保留着自古以来的本义或观念之类的学者而言，这的确是令人意外的一幕场景。未曾想当地老者（实际上、理所当然地）也是生活在现代社会的人。

莫泽在提到这则趣闻之后，开始列举民俗主义的各种现象，并分析了民俗节祭开始以具有民俗主义属性的方式得以举办的这一趋势的历史。说起民俗主义，其内容也有各种各样的阶段性，既有将某种民俗物象作为文化遗产予以有意识保存的情形，也有经常可以从商品橱窗里见到的那样，将最新的高级时装（haute couture）和古民具相互组合在一起的情形。

---

① 若仔细追问，当地老者使用 folkloristisch 这一用语的趣闻，或比喻本身自有其社会背景。在德语中指称民俗学的有 Volkskunde 一词，其形容词化即为 volkskundlich，但在 19 世纪最后四分之一世纪，来自英语的术语 folklore 流行起来，而且，它被用来指称民俗学这一学术领域，而不是个别民俗事象。显而易见，就连当地老者也知道民俗学这一门学问的名称。若把场景放在日本，我们不难想象地方老者也会说出类似的话，亦即将来自英语的外来词讲了出来的情形。

此后，鲍辛格曾于 1969 年举出另一个用以说明民俗主义的例子，它在当时（或者今天仍然）很有刺激性。据说鲍辛格在思考如何说明民俗主义的方法时，恰好电视里正在播放比利时的游行画面："在革新派政党的游行队伍最前面，走着一群身穿民俗服装的女性，它被用来表示共产党是珍视传统文化的政党，这也是一种民俗主义"。

以上我们围绕民俗主义的概念，介绍了德国的民俗研究者们所列举的一部分事例。不用说，并非仅在德国或欧洲是如此。

莫泽在其提倡民俗主义的论文里，曾对民俗主义的概念下了一个自己的定义：民俗主义即"二手民俗"，亦即由并非当事人的他者予以继承和演出的民俗文化。提到"二手"，相当于日本人所说的"旧货"，亦即"中古品"。但在这里，不妨理解为并非是在其原本的意义上，而是在其次要的意义上得以展开，就是说民俗文化不是在其原本的意义上，而是在现代社会的状况中具有了另外的新意义，也因此，它才得以传承下来并被不断地演出。

"演出"这一用语或许也可以说具有相当的挑衅性。民俗节日在当今，恰如戏剧上演一般，先是被策划，接着盘算其效果，然后才在看客面前呈现出来，它就是以这种形式得以存续。不过，说起演出的属性，据我们所见，凡是节祭属性较强的民俗，可以说多少都有那么一点这样的本质，借用眼下常常听到的用语来说，它们大都带有一些"项目活动"（event）的属性。

就人们对民俗的一般印象而言，在某种意义上，这是具有挑战性的说法。令人惊异的是，莫泽是一位地地道道的民俗采访者类型的研究者，而且是以高龄去世的那个时代的人，但他能够有如此敏锐的发现，确实是在多年的调查活动中实际感受到的。他多次指出：越是接触到民俗的实际，就越能明白几乎没有民俗纯粹地是以它原本的意义得以存续，在现代社会它总是在特定的关系中带上了其他意义。

在这里，内含着促使我们去思考和日本的民俗学之异同的相关问题。在日本，民俗的实态大概被认为和德国的情形不会有多大不同，但在日本，不仅和莫泽同辈的学者们，就连远比他年轻许多的研究者们，几乎没有从如此角度去观察民俗事象的，或许不能说完全没有看见，但确实没有发展到正视它，并将它视为问题的阶段。

关于"民俗主义"，还有另一个定义，亦即1969年由鲍辛格给出的定义。原本由莫泽率先提出这一概念的时候，已经有一些受到鲍辛格的理论所启发的地方，此后，两人的合作关系广为人知。1969年，鲍辛格担任当时的德国民俗学会机关刊物的编辑负责人，曾就"民俗主义"的实态，向各国邮寄过调查问卷，不久，关于此次问卷调查的文章和来自各国的回复，在机关刊物《德国民俗学》上发表。民俗主义这一用语之所以为世界各国所知晓，很大程度上应归功于鲍辛格的此次策划。在这次问卷调查中，鲍辛格认为莫泽的定义还不够严密，包含着含蓄的表现，于是他提出了自己的定义：民俗主义是指某些民俗性的文化事象，"在其原本扎根的场所之外具有了新的功能，并且是为了新的目的而展开"的情形。这个定义和莫泽定义所内涵的意义并没有本质性的不同，但它却可以说是更加就事论事乃至于更为客观的表述。

在我们周围，大家可能已经意识到了，可被视为民俗主义的现象确实是随处可见。事实上，我是因为考虑到在思考我们身边世界的状况时，民俗主义乃是具有高度有效性的视点，才想要介绍它。特别是以民俗学为专业的各位，大家静听至此，当已明白了要点，但在此，情允许我再做画蛇添足式的几点补充。

在日本，在作为传承性文化事象的民俗中，尤其是很多节日行事和具有艺能属性的部分，已经不是在它原本的意义上原封不动地传承至今了，这一点仅就承担此类工作的"保存会"占据了压倒多数的例证来看，便明白无误。国家和地方自治体也经常有指定民俗文化遗产的任务，民俗学属性的博物馆和资料馆的设立，很久以前就曾经成为一时的热潮。此外，在商店和高级百货店，充斥着汲取了民俗性要素的商品。另外还有试图保护方言的运动和活用方言的电视剧制作，进而还有使用当地方言的地方电视台节目，不仅如此，使用特定方言却面向全国播出的节目，也时不时能够大受欢迎。"故乡祭"从很早以前就已广受欢迎，以此种趋势为契机，政府也正在推动"故乡创生"的政策项目。到了总选举时，政党领袖为祈愿选战的胜利而手持捣制年糕之杵的照片，被刊登在报纸和周刊杂志上。另外，为了观光开发和街镇振兴、村落振兴而利用民俗文化的情形，更是随处可见。所有这些现象，可以说均能够从我们今天的话题亦即民俗主义的概念来予以理解。

有一些"项目活动"式的大规模行事，其中就有浓厚的民俗主义色彩，而且，它们是将现代文化的各种各样的要素和场景浓缩在一起的现象。它们虽是一般的现象，却并不那么容易得到解析。如果想要把握它们的本质，仅有民俗主义这一和现象密切相关的概念装置，可以预想它似乎难以接近其核心。

类似这样的问题，我觉得可以列举出具体的例子来说明。最近在东三河地方有个得到很高评价的节日——新城市举办的"奥三河艺能祭"[1]。该活动去年是以"鬼"为主题，就什么是"鬼"，邀请诗人和学者前来讲演，同时还策划把凡是有"鬼"出没的各个地方的民俗艺能汇聚一堂，搬上舞台演出，最后，计划使用大鼓将舞台创作活动推向高潮。

显而易见，这是将以前的民俗艺能从其原先的场所切割开来，然后，使之在今天的状况下以能够被接受的形态予以组合，所以具有"项目活动"的属性。我们注意到它已经不是"从前"意义上的"民俗"或"传统文化"本身，并不是以从过去继承而来的形态原封不动地进入我们的眼帘，而是被注意到、被作为对象、被呈现出来。创造出这一系列现象的动机，潜在于现时的环境之中，就此而论，例如，下列场景究竟具有哪些意义呢？

终于进入到民俗艺能实际演出的环节了，首先登场的是在秋田县男鹿半岛的民俗中非常有名的"群鬼行事"（なまはげ，NAMAHAGE）[2]。其时，早已在照片和电视节目中为人们熟悉的"群鬼"跃上舞台，其形象是稻草做成的乱发、硕大的假面、手持砍刀；它们在观众中间一边挥舞着砍柴刀，一边高喊："懒人在哪儿？爱哭的小孩在哪儿？"所到之处，引起一阵阵尖叫、娇声和爆笑。或

---

[1] "奥三河艺能祭"是作为发现乡土文化和振兴街镇的"项目活动"，于1987年由爱知县新城市政府策划开始实施的。
[2] 1978年，"男鹿的NAMAHAGE行事"被指定为日本国家的"重要无形民俗文化遗产"。——译者

许这也是一种服务的精神，很可能这已经是"群鬼"出差演出时固定化了的出场模式。

接着，便是来自本地的节目——丰桥市神明神社的"鬼祭"。其时，有著名的民俗艺能研究家在旁边，对"鬼"的姿态动作逐一给予解说，指出它们本来的意义如何，等等。

对这一类现象，既可予以积极评价，也能从反面予以评说。其正面意义在于汲取了传统性文化要素于其内的新的市民节日，有助于促使人们重新认识故乡的过去，也有助于在今天创造出人们相互之间新的关系。若是从消极方面来看，这类活动或行事已经失去了以前民俗信仰曾经和传统艺能一体化时那种严肃、认真的气氛，其原先的意义受到了贬损。说起来，就像是对传承性民俗和传承艺能的模仿。但面对此种严厉的批评，也可以随即反驳：某种程度的随机应变不也正是民俗在本质上所内涵的要素吗？总之，正面也罢，反面也罢，其意义和功能都是多重性的。通过它们，看客和参加者们或者获得某种满足，或者感到浅薄无趣。当今的民俗学，特别亟需的正是如何才能将过去的民俗在现代社会中的此种状态，予以整体性解释和说明的理论或概念。

这里需要注意的是，在此类"项目活动"中，民俗学家所发挥的作用问题。一言以蔽之，大概就是对传统民俗与民俗节日等，解说其原本的意义和脉络吧。的确，此类活动的顺序和民俗艺能中各种姿势、动作的意义，有很多都是若不听解说就很难明白的。

但在很多场景下，传统民俗和民俗艺能在今天仍得以展开的根据和理由，和此类学者解说给我们的意义，显然不是一回事。就是说，在市政府内部及其周围被策划出来，获得预算，制作广告招贴画，贩卖门票，以及即时在现场设置本地土特产品的销售点等，此种"项目活动"之整体性的意义，与主办方邀请来的学者为了回应人们的期待致力于解说的民俗行事和民俗艺能的"本义"，当然是完全不相重合的。

前面提到汲取了民俗要素的"项目活动"，时不时会让人感到浅显无趣，究其原因之一，似乎与民俗学家参与进来的方式不无关系。这类"项目活动"

是在现代的汪洋中设定了偏僻村落的存在，当其整体策划成功地将我们从日常生活周期中分离之际，换言之，当它成为新的艺术和艺能之际，我们便能够与它产生共鸣。之所以我们有时会感到浅显无趣，是因为尚未达到分离状态，处于今天的我们却被解说起过去的稻作仪礼，或修验者们曾经主张的彼岸观念之类。实际上，在"项目活动"中，往往内涵着因为振兴地方的目标而需要把人们聚合起来的创意，其思路脉络一般都是：比起活用民俗要素，只要能够获得更好的效果，摇滚或流行音乐的演奏会等均未尝不可。在此种情形下，正如硬贴上去一般，好像从前的民俗性观念现在仍在大伙儿头脑里存在似的解说，听起来很难使人愉快。一般而言，和项目活动相切割，演艺方面委托给各方面专家的策划，比起强调重新认识传统的民俗学属性的策划，更有可能成功的理由正在于此。参加之后再去回味，感到好的应该是这一类活动。

无论如何，不能很好地处理项目活动的整体性意义及其被解说出来的本义之间的差异甚或背离，正是活用民俗性要素的这一类策划常见的缺陷。反言之，如果这方面的问题得到解决，过去的民俗和艺能当然是可以使现代社会更加丰富的要素。

去年在奥三河举办的复活"白山行事"，可以说是野心勃勃的策划①，从民俗主义的观点看，也颇为意味深长。与此同时，其在现代社会里特有的文脉也表面化了，虽然有记录说这一活动在一百几十年前曾经举行过，但细节不详的修验道系统的民俗行事，是参考了同为修验道体系而至今仍有传承的"花祭"才得以复原的。这当然不是为了说明其民俗行事所内含的本义一定是必然如此的复原，迈向此类复原的动力，无论在哪里均应被视为是现代社会的齿轮咬合所致。

和现代的民俗行事无法切割开来的大众媒体的全面出动，也是该策划在当今较为典型的一个方面。对此，主办方在会场曾有所说明，实际上，再现旧时行事这一提议最早是由 NHK 提出的。理由是"有'花祭'这么好的财富，必须好好利用"之类；NHK 用于说服当地人的理由，同时也是当地接受这一创意

---

① 1990 年 11 月 20 日，在爱知县北设乐郡丰根村举办。

时的反应。这大概也是当今社会人们对民俗文化遗产的一般性见解。于是，专门研究花祭的民俗学家参与了复原，遂将自己有关花祭的观点，亦即"拟死再生"（祈愿灵魂再生复活）的理念再现于"白山行事"的复原当中。

在活动的露天会场，来了不少研究节祭的专家和民俗摄影家，大家摩拳擦掌，想要拍一些好照片，但最后，摄影的核心工作被委托给了电视台，"正规的摄影，就拜托 NHK 了"，广播里直接就这么说。

对于此类活动的评价，很难说它是成功抑或失败。由于是来自大众媒体的创意，自然会有人感到总是有异质性要素的混入。但这也难以简单地一口断定。即便创意者是当地的实行委员会，其意识大概在不少地方也和电视台的没有本质不同。

这里需要引起注意的是，例如：电视台在播放相关节目时，如果说这是当地自发兴办的节祭，就与事实不符；同样，民俗学家如果认为或主张说，"拟死再生"观念至今仍在当地生生不息地传承着，那也是错误的。因为在这里，所谓节祭的本义，只是为了说明过去的事实而由人想出来的一个学说而已。与其说从当今一般人的倾向来推测，倒不如说试图振兴地方的想法在这一行事的复原当中是更为占据优势的要素。

作为传承文化的民俗，其在生活中自然传承的形态，自很久以前就已经进入到了衰微的过程。但有时已经湮灭的某种民俗又令人意外地再次具有引起人们关注的魅力，这在当今是应予关注的事实。而且，各方面的人士也往往察觉或意识到了此类事实。

引起人们兴趣的材料，当然并不限于作为传统文化的民俗。就连以传承之民俗为对象的民俗学，也被卷入到"项目活动"的潮流当中。始于几年前的"柳田国男因缘峰会"[①]，算是这方面的一个例子。峰会（summit）一词，原本是指 1975 年从法国朗布依埃（Rambouillet）开始的"发达国家首脑峰会"，此后，

[①] 第一届"柳田国男因缘峰会"在柳田国男的出生地兵库县召开，此后，又相继在远野和爱知县伊良湖等地举办。

"某某峰会"便开始流行起来。曾经和柳田国男的一生及其学问有过一定因缘关系的地方政府的行政首长们，联合举行此种"峰会"。其实，此类创意现在我们可以在各地经常碰到。具有相同地名的地方政府间的相互协作，和某位历史人物有过因缘的各个地方联合举行某种活动等。例如，主张"木曾义仲并非山猿，而是出色的武将"，试图为其恢复名誉，相互间有着因缘关系的市町村举行会议，或者还有"明智光秀峰会"之类的策划等。

所谓的"柳田国男因缘峰会"，并不是与某些传承民俗本身有所接触的人们的聚会，它更为强烈的属性倒是相关的地方政府彼此之间的交流。但值得注意的是，人们因此聚在一起的意识，和以实际传承的民俗为借口举办活动时聚集起来的人们的意识，并没有根本性的不同。相反，即便是在实际的传承母体举办的场景下，究竟该去拨动人们的哪根心弦，确实是很微妙的问题。

在认识到传承性文化这一共同点的背后，存在着各种各样的期待和想法，它们又分别与各自的立场和条件相互结合。这里包括本地居民、大众媒体、外来的参加者，再进一步，还有现代社会这一更大的共同性环境的存在。要将如此复杂的要素予以拼合并予以展开，正是当今民俗行事的特点。对其整体该如何去解析和揭示呢？我觉得，比起在民俗行事当中解说其行事原本的意义，这应当是今天日本的民俗研究者们更被期待的课题。在此，民俗主义这一概念若能成为有用的线索，则会令我感到十分欣慰。

民俗文化的现在——从民俗主义思考现代社会*

〔日〕河野真

出发点：民俗主义的概念

今天我将讨论的主题是民俗主义（Folklorism），这和日本民俗学会最近的动态有关。去年，2003年11月出版的学会机关刊物《日本民俗学》第236号，是以民俗主义为主题的特辑。民俗主义是20世纪60年代在德国民俗学界提出的概念，这是一个用来指称在现代社会里民俗发生变质现象的术语，它曾经引起了广泛的关注。简要而言，它是指"民俗事象并非永续地保持原有的功能和意义，它总是在新的状况下获得新的功能和意义而展开"。例如：曾经作为稻作礼仪的"送虫行事"[①]，在今天，变成由在公司里就职的职员来进行；或者曾经起源于为祛灾驱病的目的而举行的祭礼，如今则成为招徕游客的节目，被灵活运用于振兴观光业的努力之中。进而，民俗的文物和传统的节祭被视为有

---

* 本文发表于2004年6月10—12日在韩国江原道江陵召开的"第七届国际亚细亚民俗学会学术大会"，其提要曾刊载于《国际学术大会提要集》第241—256页；后收入文集：河野真：『フォークロリズムから見た今日の民俗文化』，創土社，2012年。本文由周星译自该书第107—120页。

[①] "送虫行事"是日本传统的稻作农耕社会里一种旨在驱除害虫、祈愿丰收的仪式。一般是在初夏时节举行，届时，乡民们手举火把，成群结队，敲锣打鼓地把黏附着恶灵（害虫的象征）的稻草人送出村境，放进河里让它流走。这个仪式在农药普及之前曾分布在全国各地，现在则由于用火安全等原因不再举行了。——译者

形、无形的文化遗产,成为文化遗产保护行政的工作对象。所有这些都是民俗要素之被应用的最为浅白的事例,不仅如此,即便是那些看起来好像是古老的民俗得以延续的场景,如果我们深入去探寻参与其中的人们的意识及使它得以保存的机制等,很多也都带有民俗主义的属性。对于这一类状况予以归纳和检讨,正是前述《日本民俗学》组织民俗主义特辑的目的。特辑收录了14位学者的论文和研究报告,其中笔者参与了对有关概念的解说,但最值得注意的应该是特辑对于"现代日本之民俗主义的诸相"所做的介绍。无论是否将民俗主义这一术语写进各自的标题之中,其无疑都是对于现代民俗的追问。

就各位学者的研究主题来看,的确是非常多样化。诸如在日历的"节分"①之时吃卷寿司的习俗,实际上是由于食品产业的发展才得以形成的,其历史并不悠久;在九州的高千穗神社,人们开始表演"夜神乐"的过程,其实是为了招徕观光客;在据说是"桃太郎"传说故里的冈山县,人们也是将传说故事利用于建构地域认同和推动观光业的发展等等。所有这些力作,可以说均是民俗学专家从各自的观察出发,去捕捉民俗要素在现代文脉中发生了变质之类情形的研究。从民俗主义这一角度展开的民俗研究,若就其发展扩散而言,自20世纪60年代在西德开始得到提倡之后,到1970年前后,就已经发展成为欧洲各国共同的课题了。从20世纪70年代后期起,美国的民俗研究也开始汲取民俗主义的观点。②在日本,这一概念于20世纪90年代被介绍进来,经过几番努力,最终刊行了这一期的民俗主义特辑。值得注意的是,最近在中国民俗学界,也出现了对于民俗主义的兴趣。③考虑到中国社会的急剧变化,存在着很多仅仅以传统观点已经难以说明的民俗事象,因此,出现此类问题意识可以说是理所当然的动态。

民俗主义这一用语,一般是指民俗不再具有原本的功能和其旧有的意义,

---

① "节分"一词,在日语中指季节区分之意,故把立春、立夏、立秋、立冬的前一天称为"节分"。狭义的"节分"专指立春的前一天,一般在2月3日前后。——译者
② 关于美国对民俗主义概念的接受,可参见八木康幸:「フェイクロァとフォークロリズムについての覚え書き」,『日本民俗学』第236号、第20—48頁。
③ 参见丹·本-阿莫斯:"《科学世界中的民间文化》序言",李扬译,《民俗学刊》第4辑,澳门出版社2003年版。

但是，它并不能深入地揭示具体事例的细部机制。倒也不是说这一用语有什么局限或缺陷，它原本就只是一个唤起人们注意此类现象的启蒙性概念。因此，若要具体地揭示出民俗主义概念所指出的那些功能和意义的变化，还必须设定出具体的课题予以考察才行。

今天，我试图讨论的正是这类课题之一，我的目的不是围绕若干个别事例追问其细部机制，而是想要提出和民俗学有关的几个问题。

民俗要素在现代社会里所发挥的作用和意义，引起了人们越来越多的关注，可以说这本身就是由民俗主义概念所开拓的新境地。民俗研究者积极地汲取这一概念，是具有建设性的，但是，这里也隐藏着一个陷阱，亦即民俗研究者们聚焦于民俗要素，然后谈论其现代性的状况。问题是现代社会的各种事象，既有包含民俗要素的事象，也有不包含民俗要素的事象。民俗研究者作为专家只限于关注前者，这正是问题所在。换言之，在区分包含民俗要素的事例和不包含民俗要素的事物时，此种区分究竟又有多少根据呢？民俗研究者作为专家，在自己的专业领域里，原本是拥有区分的根据的，但那些区分果真是内在于现代社会里的吗？民俗研究者当然不需要深切地介入那些并不包含民俗要素的事象，但是，作为专家为自己的研究对象所赋予的边际，是否就是内在于对象自身的本质性的境界呢？对此，应有清醒认识。这一点与当今究竟该如何理解民俗这一具有根本性的问题相互纠结，近年来我一直思考这一问题，今天把它提出来，以便向大家请教。

事例的验证：现代社会的民俗文化意味着什么？

下面举出几个具体的案例，作为我们检验的材料。

[事例1] 京都、大阪、神户的"三都夏祭" 2000年夏天，日本的京都、大阪和神户三个城市联合举办了"京阪神三都夏祭"大型活动，它由京都的"祇

园祭"、大阪的"天神祭"和所谓的"神户祭"所构成。"祇园祭"①原本是古代为了镇伏疫病而开始的神社祭礼;"天神祭"②是大阪天满宫的年祭,它是近世商业城市大阪很有代表性的夏季节祭;最为晚近的是"神户祭"③,作为贸易港口城市的神户从开始举办该节祭,到2000年大约只有30多年的历史。这三个活动,共同组成了一个联合大庙会。当时的广告画被派送到日本全国各地,尤其在铁道干线(JR)的车站到处张贴。有关"三都夏祭"的性质,在广告画里有很直白的表现,在此拟做进一步的说明。

广告画由上述三个节祭活动的场景画面组合而成,"祇园祭"的场景是"山矛巡行","天神祭"的场景是"神舆渡御"④,但"神户祭"却是新创的节庆,故在其场景中出现了"龙"的形象,这是汲取了中国"龙灯舞"的要素,不仅如此,画面上还出现了巴西里约热内卢的"狂欢节"场景,这可能是因为邀请了那里的客人来参加,故在广告画上就出现了棕色皮肤的舞女形象。

现在,我们问:能够说"三都夏祭"是"民俗节日"吗?或者说它们和民俗无关,主要是全新的活动?的确,其中有很多传统的要素和民俗的要素,但

---

① "祇园祭"为日本代表性的祭礼,据说起源于9世纪,历史颇为悠久。现在被目为京都夏日风物诗的祇园祭,是由京都市东山区的八阪神社(祇园社)举行的,从7月1日起,各种活动会延续长达一个月之久。其中包括"宵山"、"山矛巡行"、"神舆渡御"等非常著名的环节。举行"宵山"活动时,当地老户和店家要展示各自的屏风等传家宝,故又有"屏风祭"之称。"山矛巡行"活动时登场的"山矛"系日本国家的"重要有形民俗文化财",它巡行时要用各种美术工艺品装饰起来,故又有"活动的美术馆"之称。——译者

② "天神祭"为日本全国的"天满宫"(天神社)均要举行的祭礼,其中以大阪天满宫的"天神祭"最为著名。所祭之神为菅原道真,以其忌日(7月25日)为"缘日"(与神佛结缘之日),大阪天神祭一般是从6月下旬的吉日到7月25日之间大约一个月内举行,有各种仪式活动。特别是7月25日"本宫祭"的夜里,在大阪的大川上很多船来往穿梭,举行的"船渡御"及"奉纳焰火"最为盛大、华丽。——译者

③ "神户祭"由神户市民祭协会主办,以该市中央区三宫为主会场,同时在市内各处举行多种活动的大型节祭。其前身为1967年举办的"神户港开港100周年纪念祭",当时邀请了姊妹城市的来宾并举行了仪仗游行活动。现每年在5月中下旬的星期五至星期天,一般举行三天,内容除各行政区的地域性祭典之外,还有由市民团体、企业、进行曲乐团和姊妹城市来宾和桑巴舞团等的演出和游街狂欢。——译者

④ "神舆"又称"御舆",是指神道教在举行祭礼、神灵前往各处巡行("渡御")时临时镇座的轿子或车舆,通常由人们抬起来移动,也有将其安放在车台上移动的情形。——译者

是，这些要素所发挥的作用却有了明显的变化。虽然一个个构成要素是传统的，但是，经由它们组合而成的联合大庙会的整体却是此前未曾有过的、全新的活动。民俗学的传统手法是针对一个个具体的要素，探讨和说明其自古以来的意义，但是，如要理解联合大庙会的整体，就需要和民俗学的传统手法所不同的视角。需要指出的是，当今举行的很多民俗节庆的共同点之一，就是类似上述那样的动态已颇为常见。

[事例 2] 花绘之街　　下面举出一个稍微复杂点的例子。去年 4 月底，日本中部地方的几家报纸，集中报道了"长野的花绘之街"活动。今年又快要到出现类似报道的时节了。下面便是去年的报道[①]：

花卉诱导，参拜善光寺

在因为"御开帐"而热闹起来的长野市善光寺的参拜大道上，28 日出现了一块长约 130 米、宽约 8 米的巨幅花卉地毯。……这是象征着信州之春来临的"长野花绘之街"活动（由长野 2003 花卉博览会组织委员会主办）的一次预演准备。大约 200 人用 30 万枝郁金香的花瓣和木曾的柏树叶，摆出了美丽的几何图案的作品。"花绘之街"活动起源于意大利，Infiorata 的意大利语原意为"花卉地毯"。这次祭典活动，将在 29—30 日举行。

善光寺是兼具日本佛教两大宗派亦即天台宗和净土宗之属性的复合型的大寺院，根据传说，它创建于西历 642 年。该寺的本尊阿弥陀如来像，相传是从三国时代的百济迎请来的。该寺的本尊是绝对的秘佛，每 7 年才对一般信众公开一次（实际是每隔 6 年），这便是所谓的"御开帐"。不过，公开的其实只

[①] 《中日新闻》2003 年 4 月 29 日（星期二）第一版；并参见该报 2004 年 4 月 30 日（星期五）第一版。此外，主办者"善光寺花回廊实行委员会"还通过网页介绍了该活动的概要。

是本尊的模像（前立本尊）。届时，在寺庙境内竖立起称作"回柱"的大柱子，由于柱子和前立本尊通过绳索而相互连接，因此，人们相信通过触摸柱子，就可以获得如来所赋予的灵力。

去年正值"御开帐"之年，而在善光寺的参拜大道上，早在几年前就已经如新闻报道的那样，开始举办各种表演活动，并把郁金香花瓣和柏树枝叶铺在路面上，以拼成各种纹样。

一时成为话题的"花卉地毯"，其实是采用了意大利的风习。补充一句，不仅在意大利，其实这也是在欧洲很多地方都会举行的传统性活动。在欧洲，当接近小麦收获的季节时，教会要举行一种叫做"圣体节"①的祭典活动，这是一个象征着基督的身体（尸体）和面包之间有着神秘的一致性的祭礼，在其队列经过之处，沿途一般都会装饰成"花卉地毯"。这个季节的欧洲，正好漫山遍野的野草均绽放鲜花，"花卉地毯"便是利用这一点而成为传统节祭的构成要素。

长野县汲取"花卉地毯"的做法，似乎是利用了该县地方产业中郁金香的栽培较为出名，以及柏木等建材业的重要性。特别是郁金香的栽培，需要将营养集中于其球茎部分，故在4月底前后，一般要将其花瓣去掉。

当然，该项活动在总体上要更加丰富多彩，除了在"花市"举办花卉展示和现场售卖活动之外，2003年还举办了"花卉婚礼"。在由主办方委托的"婚礼设计师"的表演中，从应聘者中选出三对新人，为他们举行"花卉婚礼"。

值得指出的是，从2001年开始举办的"长野花绘之街"活动，绝非此类活动的肇始。这类"花卉地毯"似乎也是有一定的模式。1997年，在神户市元町的穴门商店街，首次举办了"花绘之街神户"的活动②，引入了意大利语的

---

① 圣体节（Corpus Christi）：欧洲国家尤其是意大利举行的基督圣体游行节日，这天被确定在"三一主日"（Trinitatis）之后的星期四，因此是在复活节主日的60天后。至于这天在路上装饰花卉地毯之习俗的起源，据说可追溯至17世纪时，某德国园艺师曾用花卉装饰过梵蒂冈的圣彼得墓一事。

② 请参考下列网页："インフォラータこうべ99のこと（4月24-26日）"，其中收录了十多种有关花卉地毯的画像；"インフォラータこうべ2002"；"インフォラータ in あなもん/平成15年4月19-20日/花の祭典インフォラータ"。

infiorata 一词，对于郁金香花瓣的再利用正好始于此时。神户市和花卉栽培并没有特别的关系，而是采用了从大规模栽培郁金香的富山县砺波市和新泻县龟田乡接收花瓣的方法，以此创意组织开展了这个活动。

神户市举办活动的宗旨，很好地反映在花卉地毯的图案设计上，其特征是表现人们的交流和互助。以 1999 年的设计为例：有星形"人形"，这是神户市爱之轮福利会的作品；还有描绘了很多兔子的"大家都是好朋友"，这是中央联合妇人会的作品；还有以漫画形式描绘了幼儿幼女正在会话之场景的题为"TELL"的作品等。但是，从商店街最初的方案来看，明显地具有招徕观光客和购物顾客的要素。2001 年的时候，该活动以"KOBE 2001——人．街区．未来"为主题，并进一步扩大化，在包括著名观光景点北野坡等在内的市内四个地点，均铺设了花卉地毯。

这一类创意还波及了东京。[1] 2002 年 5 月 25 日至 28 日，在新宿的"爱尔兰塔"内部的主会场（Patio），也是创作了花绘，并铺设了花卉地毯。据说当时使用了 5 万枝蔷薇花的花瓣。接着便到了由日本和韩国联合举办"2002 年足球世界杯"的时候，于是，花卉地毯的图案变成了以意大利中世纪的足球场为主题的圆形花绘作品。在中世纪的意大利，是否真的有过足球设施尚很可疑，总之，这成了花绘作品的主题。

如果留意到利用花瓣所进行的表演，最近在新泻县的妻有举办了由 83 岁的前卫插花作家中川幸夫创意，进而得以实施的"天空散花·郁金香乱舞在妻有——中川幸夫之'花狂'"[2] 的活动，引起了广泛关注。从 2002 年 5 月 18 日下午一点开始，有 5 千人观看了由直升机把从 15 多万枝郁金香采来的花瓣，从天空洒向信浓川的河床。沐浴着从天而降的花雨，95 岁的舞蹈家大野一男展示了他的演技。这种情景通过电视传遍全国，这场表演和老一辈前卫艺术家的行

---

[1] 请参考网页："INFIORATA インフォラータ"（Flower Auction Japan webmaster @ fai.co.jp）。
[2] 请参考网页："第 2 回大地の芸術祭越後妻有アートトリエンナーレ 2003 プレイベント天空散花·妻有に乱舞するチューリップ中川幸夫'花狂'（はなぐるい），2002 年 5 月 18 日開催"（監修：大地の芸術祭·花の道実行委員会）等。

为感动了很多观众。

　　这一类以花为主题的活动，在当今日本似乎成了一种流行。除了各地不断有以花卉为题材举办的各种活动之外，和花卉有关的各种各样、大大小小的主题公园，也吸引了为数众多的看客。尽管有不少因不能尽如人意，未能吸引太多游客前来观赏而被迫关闭的情形，但总是又接连不断地有新的设施开张。

　　通过"花绘节"（Flower Festival）的关键词去互联网上检索，尽管有很多重复的信息，还是有多达5700条以上得以呈现出来，而且，不仅有相关的活动和主题公园，还有一些企业的名称和商品的名称，甚至还能发现葬礼的等级也有以"Flower Festival"为其命名的情形。

　　然而，追索此类将花卉摆在重要位置的大型活动的系谱，可以发现构成其原点的大规模活动[①]，乃是1990年4月1日至9月30日，长达183天，在大阪市鹤见绿地举办的"国际花卉和园艺博览会"（The International Garden and Greenery Expostition,Osaka Japan 1990），简称"花卉万博EXPO 90"。这次"花卉万博"的主题宗旨是"自然和人的共生"，合计有83个国家和地区的55个国际团体参加，入场参观者的总人数超过了2300万，超过了以往历届国际博览会的规模。此次"花卉万博"的成功，引发了此后一系列以花卉、植被和环境为主题的活动。目前，日本正在举办的"浜名湖花博"（2004年4月8日至10月11日），便是其中之一。在这一活动中，由流行设计师山本宽斋指导完成的高达13米的"辉煌的未来庭园"，以及"昭和天皇自然馆"等项目，引起了广泛的关注。但纵观其整体结构，可以感知其原型仍是15年前在大阪举办的"花卉万博EXPO 90"，例如，该活动手册上大量出现的动漫式卡通形象，就像是当年"花卉万博EXPO 90"的吉祥物的翻版一样。

　　和花卉有关的各种策划，不仅日本如此。在韩国，高阳市从1997年起，每隔三年举办一次"世界花卉博览会"，到2003年已经举办了第三届。在忠清南道泰安郡的安眠岛，也成功地举办了"2002年安眠岛国际花卉博览会"。

---

① The International Garden and Greenery Exposition, Osaka, Japan, 1990.

频繁地举行花卉博览会的还有中国。2001年的第五届"广州花卉博览会"（会场设在顺德区），2003年的"四川省花卉博览会"等，都曾经产生过很大的影响。其中最具有国际影响力的，则是1999年5月1日至10月31日在云南省省会昆明市举办的"国际花卉博览会"，据统计约有超过1000万人次前来观赏，其中来自境外的游客达100万人，其中大约有15万人来自日本。云南省是各种野生植物，特别是园艺花卉之原生种群的宝库，故以此次博览会为契机，有很多品种是首次介绍给国外的，仅此一点就很有冲击力，所以产生了很大影响。①

关于花卉博览会，历史上有两个谱系：一个是很早以来就有的，以花卉经济为目的的园艺标本市场，例如，荷兰从1960年起，每隔10年举办一次的"花市"，便是这个系谱的典型（最近一次，是2002年于哈勒姆举办的第五届花市大会，举办期间据说有300多万人进场）。在斯洛伐克的布拉迪斯拉发举办的"万国园艺博览会"也属于这个谱系，其每次举办时都要表彰一些新的园艺花卉品种。另一个则是以花卉为媒介，以环境和交流为主题，讴歌地球和人类未来的谱系，例如，日本的"花卉万博 EXPO 90"，去年在德国劳斯特库举办的、以"人·自然·水"为主题的"劳斯特库国际园艺博览会"，都是这种谱系的典型。昆明的"国际花卉博览会"，就其选定的地点而言，可以说是兼顾了上述两个谱系的特点，近些年的类似活动大概都多少会兼具上述两方面的要素。

考察

在上述两个事例中，"京坂神三都祭"是将原本各自独立的传统行事，予以组合拼接而构成一系列活动的典型事例。至于另一个和花卉有关的事例，我们

---

① 云南对外宣传品制作中心编：《云南旅游大全》，云南美术出版社2001年版，第109页。

从善光寺的"花回廊"展示出发，追索了此类活动的谱系。无论是哪个事例，当然都有更多其他的项目内容相互关联在一起，我们在这里只是描述了它们的轮廓，以便作为思考问题时的线索。

对于这里列举的事例，或许会有人反映说，这和民俗学又有什么关系呢？此类反应非常重要，因为和民俗学无关的各种事物均被卷入进来，正是这一基本事实成为我们进一步考察的基础。

确实有很多和民俗学无关的事物，但另一方面，却也混杂着民俗学颇为熟悉的话题。在构成"京坂神三都祭"的三个节祭当中，京都的"祇园祭"和大阪的"天神祭"，毫无疑问是民俗性的节祭活动，但它们被和只有30多年历史的"神户祭"组合在了一起。而在"长野花绘之街"的活动项目中，善光寺的"花回廊"是和自古以来就深受庶民笃信的佛教寺院的"参道"[①]这一场所发生了相互组合的关系，因此，对于民俗学来说，也算是值得关注的现象。然而，同为"花绘"之类的活动，在神户和在新宿，就和民俗学没有什么关系了。对于它们，采用"花卉节"和"花卉博览会"之类的关键词，则可以追索其作为另一类活动的谱系。

回到我们最初设定的主题，正如本文所举事例显示的那样，根据是否具有民俗要素而对上述活动设定区分是很困难的，如果真的有谁尝试去做此类设定，大概只有民俗研究者吧。的确，由于民俗研究者拥有涉及民俗要素的丰富知识，因此，他们就会把那些要素抽取出来，予以特别的重视。而且，由于受到揭示现代社会中传统文化之变迁的民俗主义理论的刺激，也不得不对现当代的变化更加敏感起来。比起把民俗置于自古以来的脉络之中去理解，此乃更加接近于客观之现实的尝试。但是，现实本身和具有先端课题意识的民俗研究者的努力之间，还是有一些微妙的不同。也就是说，在含有民俗要素的现象和不含有民俗要素的现象之间，并不存在决定性的界限，只有这样看问题才合乎实际的情形。"祇园祭"也好，"天神祭"也好，它们都能够和历史较浅的"神户祭"

---

① 参道一般是指在神社或寺院门前，为了参拜神佛而自然形成的通路或街道。——译者

不相矛盾地对接在一起，或者将三个属性和趣味均多少有所不同的节祭硬是拼接组合在一起，以期产生一些刺激，正是主办者的目的。而且，在这些活动整体的背后，不难推测也有振兴地域和进一步招徕观光客的用意。大批量印制的宣传海报意味着的确是有这一类的实际性目的。正是在此类实用性目的的设想中，民俗性的要素和其他各种要素得以并置、混杂，从而成就为一个大规模活动有机的组成部分。

"花卉节"的情形，也大致如此。与其将善光寺的"花回廊"特别界定为民俗性的现象，倒不如说它和神户、新宿的"花卉地毯"，甚至与前卫插花作家所表演的用直升机从天空抛撒花瓣的活动更加接近。进一步而言，它的属性是和在世界各地不断举行的大大小小、种类繁多的花卉博览会直接相关联的，因此，应该将其视为现代社会之特定脉络的表现。在此，笔者将不再追究通过诸如自然、环境、交流等频繁充斥人们耳鼓的关键词去探求其脉络的意向是否妥当之类的问题。

总之，这里多少弥漫着一些令人不安的状况。这是因为一方面，既然确定了民俗要素的存在，那么，追索其踪迹就是民俗学者的课题，但另一方面，又要求不把那些要素予以特别关注，不在它和其他要素之间划分界限。这便是位置难以确认的困难状况。因为这意味着专业知识的边际，不可能同时就是现实的社会文化中的边际。然而，在现代社会，民俗文化所处在的位置往往正是并不透明的状态，如何对应这种状态，实在是难以确定。换一个角度看问题，寻找解除此类不确定性的境地的方法，正是今后的课题。在这里，虽然我们止步于提出问题，但也已经看到了下一步的方向。

普遍存在的民俗文化[*]

〔日〕河野真

现代社会中的民俗

最近的话题

ubiquitous（ユビキタス）这一词汇或许听起来还不是那么顺耳，但在日本，最近它正在成为流行语。若要列举一些与此有关的话题，2004 年 6 月 29 日，国立国语研究所按照惯例发表了流行语对策——主要是为了提示经常听到的那些外来语应该如何被日语所标记的基准——这次也把 ubiquitous 列为讨论的对象。结论似乎是眼下暂时以片假名标记，在其通用过程中注意观察它今后的发展。ubiquitous（ユビキタス）这一用语，由于日本通产省曾经将其用于指称基于 IT 化发展的未来社会，眼下正在向日常用语的方向发展。最先使用该用语的是美国，其在日本的落地生根，很大程度上要归功于因为致力于推动日本的信息社会体系而广为人知的坂村健先生的提倡。坂村健去年在 NHK 的教养节目"人间大学"中，以"无处不在（ユビキタス）的社会已经来临"为题，做了系列讲演。该词的拉丁语词根 ubique 是指空间的意义，并不包括时间轴的

---

[*] 本文由周星译自河野真：『フォークロリズムから見た今日の民俗文化』，創土社、2012 年、第 121–139 頁。

意义，但在日本它被用来指称"无时不在、无处不在"，亦即电子计算机的功能渗透到生活的所有角落而"普遍存在"的状态。事实上，最近连报纸上也刊登了完全IT化的"随心所欲的公寓"（ユビキタス・マンション）之类的广告。

"普遍存在"（ubiquitous）的概念

电子计算机并非我们今天讨论的主题。"普遍存在"（ubiquitous）这一用语，在民俗学领域中，很早以前就曾有人提倡过，我想由此思考一些现代民俗的相关问题。德国民俗学家赫尔曼·鲍辛格因出版了《技术世界中的民间文化》（1961）一书而广为人知，他在1970年出版的民俗学概论性著作中，举出民俗主义（folklorism），促使大家注意它是在空间上普遍存在的事实，当时，他使用了"无处不在"一词。当时，他使用的是德语的名词形Ubiquität，和英语的ubiquitousenss同义。值得注意的是，无论在英语中，还是在德语中，该词都不是日常用语，但有意思的是，它在当今的日本却成了流行语。为下一代电子计算机系统选择名称的人们说，这一命名的用意就是要给人以层次高级的感受。事实上，这一用语一直以来主要是作为学术用语而被使用的。例如，在矿物学中，当特定的岩石组成到处均有发现的时候，就说是"普遍存在"，而构成其学术性用法之基本的前提则是基督教神学。基督教并不认为上帝存在于万物之中，因为上帝是绝对的超越者，人、动物、植物、一般的自然界都不是上帝本身。人能够接触到上帝的力量和气息，极端而言，只能是在教堂之内。其外部是被上帝忽视的空间，因此，对于基督教而言，教堂之内的仪礼亦即典礼具有非常重要的意义。但基督教中也并非没有上帝无处不在的观念，不过，这不是上帝存在于万物之中的意思，而是说上帝洞察一切。这便是上帝的"普遍存在"。特别强调这一点的是新教这一派，他们主要就是"基督圣体遍在论者"（ubiquitarian）。这便是该用语原本得以使用的脉络，它被应用于电子计算机社会，表示电子计算机恰如上帝一般是普遍存在的，想起来的确意味深长。那么，在民俗学的场景下，情形又会如何呢？

民俗主义

在这里，我们的话题是民俗主义无处不在。因此，先要说明一下什么是民俗主义。Folklorism 是从 Folklore 派生来的用语，它是在 20 世纪 60 年代的德国民俗学界被提倡出来的，意思是指出在当今的世界，民俗已经不是像过去那样展开，而是改变为带有现代社会的脉络而得以展开。就是说，传统的民俗是在"新的状况之下，带有了新的意义和功能"，民俗的此种状态被认为"无处不在"。换言之，作为来自从前的民俗，在今天只能是极度限定的存在；不仅如此，甚至可以说和过去的意义、功能等完全相同的民俗，几乎在任何地方都不复存在。或许会有人对此论断不以为然，因为看起来来自过去的民俗至今依然健在的事例并非没有。我们也曾经试图找到这样的事例而去各地踏访。事实上，要想看到和几百年前的过去相比并没有太大变化的民俗节日，并非绝无可能。但若稍微深入地思考一下，其中必然会有现代社会特有的文脉贯穿于内。这方面最常见的例子是将传统的民俗灵活地应用于旅游开发的场景。就此而言，中国表现出了积极的态度，而其民俗学也在这些方面形成了自己的特色。

当然，还有认同（identity）也是我们思考现代社会中民俗之存在状态时的关键词之一。它有各种各样的阶段，例如：和国家这一政治性结构相互重叠，因此也与民族主义相互影响的认同；在国家之内，较小集群的认同；少数民族的认同；省、州和市町村层面的认同。如此思索下去的话，相反，比国家和民族更为广泛，几乎有无限之多的结构在发挥着作用，例如，有地球市民这一自我认知，甚至还有将世界和人类整体视为"故乡"和同伴之情形下的认同。"故乡"这一概念，虽然频繁地被人们叙说着，但今天它所内涵的寓意已经成为一个虚实混杂的复合性观念，应该注意的倒是它本身就是现代社会的产物。"故乡"和传统文物所发挥的吸引力，当今正显示出更大的趋势。民俗事象原本应该只是狭小地域的特色，但在今天，例如，打出"世界民俗祭"之类招牌的活动也并不鲜见；而且，我们即便去参加这类活动，也没有感到有多大的不妥。

以山东省的"民俗旅游"为例，潍坊市和山东省旅游局合作，以当地传统节日为基础，从 1984 年 4 月起开始举办"国际风筝大会"，自此以后，据说每年都有很多游客蜂拥而至。当初，致力于推动此事的民俗学家，似乎在局部地域的传统节日和国际性的"项目活动"（event）之间，也没有感到有多么大的不合适。与此相类的大规模活动的案例，还有最近在韩国的江陵（江原道）举办的"2004 国际江陵观光民俗祭"。在韩国的江陵地区，祖灵祭祀和稻作仪礼的传统形态长期以来是在"端午祭"的脉络下得以维系的，以此为核心，从数年前开始，出现了使之大规模地"项目活动"化的尝试。说起江陵端午祭，在中国也有相同的地名和传承，或许它们彼此之间在什么地方有一定的关系。这里并不是说只有被国际化所代表的广域化才是现代的动向，那些虽说是在局部性的地域，却也灵活运用民俗学知识的最新案例，并不鲜见。既有为了使自古传承而来的节日得以继续、一目了然地存在着现代性介入的例子，也有基于全新的创意，完全就是重新发掘民俗的传统和历史趣闻之类的例子，我们可以看到存在着多种多样的形态。以局部地域性为特质的民俗，和民俗性的要素采取"项目活动"的形式，并因此对一般社会乃至全世界均产生广泛影响的情形，笔者认为对它们两者之间的关系应该再做探讨，为此提供基础的，乃是我们要自觉地顺应事实上早已在民俗领域里发生的结构性变化。

课题

我们需要追问：民俗的变质究竟是怎么一回事？曾经有人将民俗不再以原先的形态而存续的情形视为"伪民俗"。回顾一下民俗学史，在 20 世纪 50 年代之后不久的美国，这种理论观点亦曾有过一定的影响力。这是将民俗按照传统性的形态而存续的情形，和民俗迎合近现代的趋好而发生改变，甚至成为商业形态的情形严格加以区分，并将后者作为"伪民俗"加以批判的立场和观点。此类见解在民俗学的发展过程中曾一度出现，并包含着一些重要的考察，对此不能予以一概排斥。但伴随着仔细观察的进展，围绕着民俗的现实极其复杂的情形得以揭示出来，因此，其朴素的二分法式的认识，显然难以说明现实的全部复杂性。

　　如果率真地正视事态，可知民俗按照以前的方式继续存续，这在现实中是不可能的。进而言之，将其设想为"真民俗"的理念本身就十分勉强。从根本上忠实地保存传承的尝试固然可嘉，但要将过去促使民俗和传统节日得以成立的背景脉络也一并保存，事实上不可能实现。所谓"保存"即便是在忠实于传承形态的场合里，最多也不过只是那些表面上给人展示的部分。和研究者的期待或失望无关，民俗始终是在一直变化着、变质着。构成民俗之变化、变质的背景或原因，乃是一般性的社会动向。促使民俗不再是民俗，促使它改变为具备了新的意义和功能，亦即民俗主义的情形的，也正是一般的社会，因此，民俗主义是无处不在（ubiquitous）。

　　这种状况给与民俗有关的人们分别提出了各自独特的课题。仅就民俗的研究而论，它要求研究者将导致民俗必然发生变质的社会诸多要素均能纳入自己的视野之中。因为若非如此，就难以正确理解现实的发展。为了揭示现代社会的动向之和民俗的关系，与其对它们进行单纯的区别分类，不如聚焦社会动向的各种契机，思考诸多契机的相互关系，并深入进行反复的探讨。

云南省怒江州之旅和对现代民俗学的刺激

现代民俗学的视点

　　以上，我们一般性地解说了民俗学追问现代社会时的相关课题。下面，我将提到此次学会的召开地云南省的一些情况。对于当地，我并不具有专门知识，但在这里仅有几天体验，对于现代民俗学而言却得到了很多刺激。在此不过是叙述印象，但这样做自有我的目的。我想由此思考，从民俗学中的新视角出发，亦即现代民俗学的考察究竟应该是怎样的，尤其是它究竟该以什么作为自己的课题等问题。

　　"第三届中日民俗文化国际学术研讨会"是在怒江傈僳族自治州的六库镇

召开的，我们因此有机会接触到滇西丰富的自然和文物。不过和当地的接触非常有限，比起民俗的传统形态，这个地方更刺激我去思考民俗学的现代性课题。此次会议的主持人、云南大学李子贤教授对当地的民俗变迁及其相关的民俗学课题的论述也让我很受鼓舞。即便如此，我还是担心我的印象会有和当地的实际不相符合之处，还望有识的各位多加指教。

秘境与"活化石"

学术研讨会得以实现，自治州政府的干部们也尽了力，他们在大会致辞和在宴会上说的话，有一些给我留下深刻的印象。例如，介绍说当地是"秘境"，不仅自然环境充满魅力，其文化特别是对于关心民俗学的人来说，堪称是"活化石"。的确，当地属于"三江并流"，亦即位于怒江、澜沧江和长江支系金沙江三大河流的上游地带，以其特异的地势和丰富的动植物资源而被认定为世界自然遗产。说是"秘境"，确乎然也；也不难想象因为这里是边远地区，故在人文领域，也有非常丰富、无可替代的习俗和文物。事实上，还有很多少数民族生活在当地。但说实话，"活化石"这一表述还是让我受到强烈冲击，因为在日语中，通常表述社会现象及人类行为时是不会这样说的。当地有着独特、丰富的民俗，这一点毫无疑问，但我们遭遇的却是一些意趣完全不同的场景。

被演出的民俗

会议第一天结束后，我们受邀在六库镇的工人文化宫观看了礼堂舞台上表演的民俗艺能。演员们的民俗服装在汲取传统要素的同时，给人以现代款式的印象；演出的剧目主要是将传统的节日行事和劳动中具有特征的姿态和动作予以恰到好处的组合而创作的。第二天，给我们展示了这一带的民俗服装，但在之前先有一段时装秀的表演。有对出具赞助的烟草企业的介绍；我们也得到一张打分表，和当地行政人员一起参加了对时装秀的审查。当地和主办方如此热烈的欢迎让大家很受感动。感动之中也混杂有对于目击了民俗在现代社会里生生不息之现状的感慨。

这类见闻不只在舞台上。第三天，我们被引导来到距离六库镇大约有两小时车程的大山深处的"新建村"，受到村民们用当地特制的酒和猪肉、鸡肉料理等的盛情款待。在村落广场也有一场盛大活动，广场正面临时设置了舞台，身穿民俗服装的男女青年在灯光照射之中，依次来到麦克风之前为我们歌唱。不仅如此，广场上还设置了高耸的梯子，旁边堆起了柴火。仔细观察，可以发现梯子的每一阶均绑有刀刃朝向的刀子。这便是特别安排的所谓"上刀山"、"下火海"行事。事实上，歌唱节目一结束，就有一位男子爬上刀梯，并在顶端表演各种动作；柴火堆也被点燃，等火焰消失后，就有一群男子在火炭上踏跳着舞步而过。实际上，这一节目在前一天的舞台表演中，曾经以舞蹈剧的方式有过表演，所以也就更加深化了我们的印象。

　　虽然受到如此的欢迎和款待，但这和我们这些来自日本的民俗学研究者的期待还是有一点微妙的错位。在参加学术会议的日本研究者中间，有人很想了解云南省偏僻边区的传统民俗，如果可能，还想和村落里的长辈有所接触以便了解一些民俗的实际情况。

　　我们在这里遭遇到现实和民俗学的错位。在怒江流域的见闻就是现实本身，正如我们处于现代社会一样，世界上任何地域都已是现代社会的有机组成部分。

民俗的现代化过程

　　发展到现在此种状况，应该是经历了若干阶段。根据李子贤教授的说明，这个地方最早是在1963年开始得到调查，当时，从昆明经丽江到达高黎贡山，要先后换乘汽车和马匹，再徒步前行，大约需要一个月方可到达。从福贡到藏区交界处，也需要十天左右时间。的确，在当时或许古老的民俗会以原封不动的形态有所保留。李子贤教授举出了几个涉及民俗变迁的指标：在清朝时，这一带的民情被称为"太古乃民"，和当时一般的文化状况有很大距离，因此在20世纪20年代，云南省的少数民族地区，曾被视为"世界罕见的民俗文化宝库"，引起了国内外社会学、人类学和民俗学研究者们的强烈兴趣。到20世纪50年代，当地迎来了迈向现代社会的最大变迁。此后，相继进行过三次大调查，每次均确认到巨大变化的事实。现代化的浪潮曲折迂回而又持续进行的过程，同时也正是"民俗活动和宗教祭祀"不断地简化、减少、消亡和萎缩的过程。若引用李先生列举的事例，到 2000 年 8 月，在"新建村"只有一位老人还能讲述创生神话，但此种口承的实际也不过是传承着 20 世纪 50 年代采录到的一部分而已。

在此只是把李子贤教授深厚研究的一些片段拿来作为考察的线索，而导致变化渗透的直接手段的一部分，实际上是谁都可以观察到的。首先是电杆和电线朝向峡谷深处延伸而去，也因此，各种电器制品得以使用。尤其是大众媒体的普及带来了很大影响。通过广播和电视，人们的视听世界得到极大拓展，这使得人们意识中"边区"所占的比例被极度缩小。其次，虽说这里是每年均有数次滑坡的陡峭地势，沥青道路却始终蜿蜒不断。六库和昆明之间每天有六趟班车，六库和大理之间每天也有四趟班车。这两条大动脉的形成应归功于政府的努力。不言而喻，这会给生活的构成和人们的意识带来根本性的变化。在绵延的怒江峡谷，由各种建筑材料搭造的民居一目了然，有石砌的、木构的，时不时还有竹编的；它们虽然可以反映出民族的差异和收入、家产的不同，但很多都拥有抛物面天线，听说电视的普及率已经超过 80%。尽管正好是雅典奥运会举办期间，但电器店里的电视机前并没有年轻人的聚集。这意味着这里比起我们小时候的日本要远为先进。进到城镇里，不难看到青年男女拿着手机边走边打电话的情形。饭店里可口可乐纸杯上的红色格外鲜艳。在村落的道路旁边，糕点、糖果、饼干、调料、洗衣粉和家用医药等商品的鲜艳包装被随意扔在地上，沾满泥污，可以说这是都市恶弊的末梢神经已经完全到达当地的证据。即便是在福贡和丙中洛这类地理偏僻的小镇，也有华丽地展示着 CD 标签的小店开放着；商店里的妇女用品基本上和大城市没有多少区别。当然，电脑也在普及当中。这一切均意味着其和巴黎、北京、东京是一线相连的。就是说，这里也正处在现代社会的旋涡之中。

民俗学和现代民俗学之间

处在这样的状况中，民俗学的课题该是怎样的呢？从现代的展示活动

（attraction）当中找出过去的文物，以此为线索致力于揭示过去的方法当属其中之一。一般而言，民俗学正是以此为课题而思考问题的。顺着这里举出的例子，如前述在临时舞台上表演的歌谣，若是民谣研究家的话，就会从中找出古老的歌谣，将其歌词和曲调作为传统文化给予价值认定。"刀山火海"行事也大体一样。与其说它勇壮，不如说它原本具有巫术属性，因此，很容易使人联想到登上刀梯以证明灵力的萨满仪式，甚至可以想象它和东北亚的联系。无论此类推测是否确当，这是将现实的事象作为揭示历史或文化史脉络的线索予以重视的方法。事实上，从此类观点出发着眼于民俗要素的研究者为数众多，其成果也都十分珍贵。

与此相对，现代民俗学的视野稍微有所不同。以"新建村"广场上的合唱队为例，演唱的曲目以当地民谣为主，同时也有英国和美国歌曲。在当地，从数十年前起一直有基督教传教士们频繁的活动，今天，当地居民大多数已经成为基督教徒。合唱队是在村里的基督教教会的指导下坚持练习而得以维系的，这也是欧美歌曲进来的理由之一。不过，合唱队为欢迎来自日本的团队客人，特意歌唱了日本歌曲。就此而论，与其说是它受到了基督教的渗透，不如说是其活动属性更多的是意识到了旅游的意义。从这一角度再次审视歌曲的种类，不难发现虽是以当地歌谣为主，但应该说它们均是适合被拿来演出的。例如，尽管是在傈僳族的村落，所唱歌曲不仅有傈僳语的，还有独龙族、彝族等相邻其他少数民族的歌曲。从现代民俗学的视角来看，这类合唱的整体性意义构成了课题，换言之，这与其说是本地歌谣的传承，不如说重点在于它是汲取了传承文化遗产的策划。现代民俗学应该考察的是此类策划和效果，以及作为受众的听众和看客有何反应，或者在两者之间又有什么文脉贯穿于其中等等。

"上刀山"行事也不例外，我们考察的主要着眼点在于它是在游客面前进行表演的活动。现代民俗学不是把在现实中得以展开的事象作为用于揭示过去的线索予以评价，而是将现实本身予以接纳，进而追问其意义。我们见闻的并非民俗本身，而是汲取了民俗性要素的展示性活动，尽管如此，也不能说它就是"伪"的或内容稀薄的。其演技无论是在公民馆的舞台上演出，还是在村落的广场上演出，本质上并无不同。事实上，"上刀山"的画面，在云南省政府的旅游部门所制作的海报上也有介绍。我们先是欣赏到歌舞剧《刀山火海》的一出舞台表演，接着又在村落广场观看了行事的实际再现，但其相互之间本质上也没有多大不同。即便这类演技是在其民俗曾经举行的场所得以重现，也因此给看客带来很大的感动，那也只能说它是更加详细的演出，却不能因此就说它更加本真。

尤为重要的是，除了此类展示活动以外，民俗几乎无处不在。实际上，当我们把民俗理解为传统性生活习惯的各种事象时，其中总有不少会在社会的构成及生活环境的变化当中难以存续下去。今天我们看待民俗，有很多都是并不值得惋惜的。以封建领主和其领下臣民的关系为背景的习惯，因为医学知识欠缺而形成的咒术，因为贫困而滋生的陋习等等，其消亡应该得到欢迎，只要把它们记录下来就足够了。一个时代的所有民俗或大部分民俗彼此之间是相互关联的，考虑到它们原本是在相互的关系之中才具备了各自的位置和意义，则时代发生变化，其民俗的位置和意义自然也就不再和过去一样了。如此看来，能够传承下去的其实只是过去民俗中的一部分而已，换言之，是有选择地传承。古老的文化形态全部消亡，当然不是好事，因此予以保存很是重要。就一般倾向而言，得以保留或人们试图保存下去的，多是民族或集团感到自豪的、美的，进而在某种意义上能够给人以强烈印象的部分。相反，那些不能为民族和集团带来自豪感的、丑的、不能引人注目的部分也就难以成为保存的对象，进而便趋于消亡。当然，有必要注意的是，自豪、美和强烈印象的标准也会发生变化。更为重要的是，保存意识的提高有待于社会的成熟。一般的情形是，现代化经常是发挥着先把过去的文物加以破坏的作用；在社会实现安定，教育和生活水准得以提升之后，保护旧时文物的意识才会有所成长。当这一阶段来临之际，能否为保存运动提示出贴切的方针，将对后来的发展产生很大的影响。李子贤先生为了少数民族传统文化的保存提出的"刍议"，预示着包括很多少数民族在内的地域社会，现在已经达到了这样的阶段。

结语

　　以上，将围绕民俗的展示活动作为现代的策划进行了初步探讨。现代民俗学展望这一类事态，并进一步追问究竟发生了什么。这一追问的重点不在于过去曾经如何，而在于现在是怎么回事。以今天的例子来说，基本的构图就是汲取了旧时民俗的策划和前来观看的看客及访问者。该策划在当地得以成立的过程、看客和访问者前往现场去的背景，若将两者结合起来，就有可能深入了解这一构图所具有的意义。由此，也自然可以发现类型化的情形以及独具强烈特色的情形等，会有许多关系显露出来。旅游和学术调查也差不多，从陷入某种模式到富于独创性的研究，有多种多样的形态和内容，并且各自也都会在社会中以某种形式表现出来。并非只有策划者和演出者能够有所表现，看客和访问者也会与之相应地有所表现。也因此，现代社会的有机组成的这一部分才得以成形。现代民俗学的目标正是通过推进对于此类情形逐一予以解析的作业，进而在达到必要的阶段时尝试进行理论化，以资人们对于现代社会的认知。

　　从这样的角度去努力，原本也是适宜于民俗学的，因为民俗学的基础正是立足于其研究对象，亦即在人们持有和传承的生活里独特的并能够共有、共感的思考方式之上。也因此，它过于倾向于追问本国文化，相反地对于异文化则不甚了解，同时在面对现代社会的状况时，往往也难以发挥自己的特长，至少在日本，可以感到这样的问题。在此我特意不怎么使用"旅游"这一用语，也与此有关。因为不应把考察的对象限定于旅游，而是有必要将包括旅游在内的传统性要素和现代社会的广泛关系也纳入思考之中。此次体验对于我思考上述问题来说，极其富于刺激性，本文如绪论一般的考察，也算是由此而来的一项笨拙的成果吧。

节祭和舞蹈的地域文化——地方博览会和民俗主义[*]

〔日〕八木康幸

对于民俗学者而言，民俗是不言自明的时代已经成为历史。长期以来，民俗学的混乱无疑让截至目前汲取过民俗学成果的近邻学科部门，以及曾经从民俗学获得很大刺激的颇为广泛的读者群感到困惑。坦率而言，其原因之一大概就在于对研究对象即民俗的理解出了问题。多少有些像漫画一样，一些年轻的民俗学者认为只要通过直接交流而能共有的知识和行为就是民俗，故脚步轻快地进入都市社会。但是，也有一些诚实的民俗学者一直执着于那些曾经被认为是传承母体（胎）的农村、山村、渔村，以及现在正苦于人口减少和高龄化的半山地带的过疏村落，为那些正在消亡的节祭感到惋惜，热心从事记录和保存的工作。前者的立场是把交流的过程及其表现形态视为民俗；后者的立场是把民俗学截至目前约半个世纪以上一直作为对象的调查项目表（也可称作一览或圣经）上所列的内容视为民俗。这两组人彼此间难以对话，他们各自对民俗的理解也不大会改变。

类似后者那样亦即所谓"传统"的民俗学者们，总体上对于过疏化的町村开展的地域振兴活动及当地居民致力于发展观光业的尝试态度冷淡。他们认为

---

[*] 本文由周星译自宫田登编：『現代民俗学の視点 3 民俗の思想』，朝倉書店，1998 年、第 122–145 頁。由于各种原因，译文割舍了原文所附的 6 张照片和 2 幅图示。

截至目前通过被民俗学者的他们或她们视为对象才得以发现的民俗，乃是世代传承的真正的民俗，而那些旨在地域振兴和期待经济效果、于不久前才开始举办的活动，以及在这些活动中上演的民俗艺能模仿秀，说到底难以被视为非日常的节祭民俗。民俗学者的工作是发现那些尚未和外部知识发生相互作用而传承下来的真正的民俗，认定其学术价值，并将其用于学术研究。在这个意义上，参与市町村志编纂和博物馆的调查搜集工作，以及参与将它们指定为文化遗产的工作等，确实均有重要的意义。

然而，通过记录和保存得以成为对象的项目化了的民俗，同时也会被其承载者们所意识，并被其客体化。例如，《滋贺县的传统饮食文化》一书记录了野间晴雄对湖北地方木之本町西山的"汁行"神事的报告。[1]在这种冬季举行的神事上，一般要由村里当年负责此事的"当屋"和青年们一起制作礼仪食品，此时，前一年拍摄的行事流程照片和前一年"当屋"留下的记录就很有参考作用。人们甚至还会参考以前曾记录过当地神事仪式的研究报告，例如，作为最新的记录，就曾复印过长谷川嘉和的"芋头和豆汁的仪式——伊香郡木之本町西山"[2]，一边用来参照，一边举行神事仪式。对照片和研究记录等口头以外媒介的利用，意味着当地居民是在亲身自觉地在传统文化的基础之上，把对仪式程序的继承视为完成神事的目标之一来理解的。

在民俗学的"圣地"之一——宫崎县东臼杵郡椎叶村，1985年组织了"刀耕火种故乡之会"，并向村外征集会员，试图将作为文化遗产的"烧田"（刀耕火种）传承下去。其指南告示中有不少民俗学者作为推荐者联名出现。但在村主任的致辞中，除了继承传统的耕作技术，还有意图谋求村落本身的"活性化"发展。[3]从该组织的活动内容看，它并不只是单纯地旨在保护传统文

---

[1] 野間晴雄：「滋賀県における伝統的食文化研究の視座」，滋賀大学教育学部滋賀の食文化調査研究班：『滋賀県の伝統的食文化』，滋賀大学教育学部、1994年。"汁行"是一种向神社敬献"神饌"用山芋的叶子、大豆、味噌和各种调料煮成的汁浆的仪式。——译者

[2] 長谷川嘉和：「芋と豆の汁オコナイ―伊香郡木之本町西山―」，『湖国と文化』第66号、1994年。

[3] 宮崎県東臼杵郡椎葉村：「『焼畑ふるさとの会』入会のしおり」、1984年。

化的"保存会",同时也是此后在全国范围内迅速增加的"故乡会员制度"[①]。这是将继承文化遗产的努力很容易就转化成为旨在振兴地方的举措。民俗学的另一个"圣地"——岩手县远野的情形也毋庸赘言。正如已有若干研究指出的那样,在远野当地,可以确认人们对民俗学的成果有高度自觉,因此,民俗文化是与观光现象密切结合在一起的[②]。当前,可以说全国有无数的椎叶和远野。

民俗主义和民俗艺能

如果将被客体化的、作为一种文化要素而处置的民俗称作"民俗文化"的话,那么,民俗文化就会被成为其承载者的人们作为:1. 是从祖先那里继承的节祭或习惯;2. 传统或历史性的文化遗产;3. 可以成为休养、娱乐的对象;4. 共同的纽带;5. 地域振兴的核心关键;6. 观光的源泉等而予以再认识。这类情形尤其在祭礼、年节等非日常的节祭类民俗文化中表现得特别显著。但此处所谓的"人们"或"当地居民"究竟是谁呢?被客体化的民俗文化,不再局限于曾经的传承母体(胎),而是包括其在内,有可能受到各种各样的集团和社会的操作。一些传统的祭礼成为当地商工会所振兴观光的战略资源,被指定为文化遗产的民俗艺能成为全町民众的骄傲。无论是学术,抑或资本或者国家,均有可能成为操作的主体。既然如此,也就不用再执着于承载着与民俗文化有关的各种现象的人们,而有必要从已经被对象化了的民俗文化出发去规范。这意味着"民俗主义"(folklorism)这一概念的有效性。

---

① 田辺一彦:「『ふるさと会員制度』についての一考察」,『人文論究』43巻1号、1993年,第39-57頁。
② 太田好信:「文化の客体化―観光をとおした文化とアイデンティティーの創造―」,『民俗学研究』57巻4号、1993年、第383-410頁。川森博司:「ノスタルジアと伝統文化の再構成―遠野の民話観光」,山下晋司編:『観光人類学』、新曜社、1996年、第150-158頁。川森博司:「ふるさとイメージをめぐる実践―岩手県遠野市の事例から―」、青木保他編;『思想化される周辺世界』(岩波講座 文化人類学12)、岩波書店、1996年、第155-185頁。

德国民俗学早在 20 世纪 60 年代前半期，就曾将民俗文化脱离其原先的脉络而发生的现象，用民俗主义（Folklorismus）这一概念来表述。由当时学术界的大腕莫泽提出、后经鲍辛格将其理论化的民俗主义，主要是指"二手性地对民俗文化的继承与演出"（莫泽）或"某种民俗性的文化现象，在其原本安居的场所之外，拥有了新的功能，或是在新的目的下得以展开"的情形（鲍辛格）。① 不言而喻，不仅民俗文化的商品化，民俗文化的政治利用也属于民俗主义。莫泽在其 1962 年的论文中，特意将与任何传统均无关系，但却有意识地创造、发明出类似民俗的要素称之为民俗主义的三种形态之一②。在美国民俗学中，道尔森曾将"赝物的民俗"命名为"伪民俗"（Fakelore），并持续不断地予以批判；邓迪斯对道尔森的批判做了一些检讨之后，直至 1985 年才终于表示"民俗的捏造乃是民俗学的研究课题"③。基于德国和美国的上述讨论，我们可以把对民俗文化的确认、保守、修正、取舍、改变、应用、复原、模仿、捏造等各种广泛的反应所滋生的现象定义为民俗主义。通过追加模仿和捏造之类的过程，例如：在日本，以东京都杉并区高圆寺为首、见诸各地的阿波舞④，神奈川县平冢市的七夕，长崎县五岛列岛福江市的"佞武多"⑤，等等，所有这些移植而来的祭礼却能吸引众多观光客的现象；在战后才出现的"创作太鼓"⑥也被当

---

① H・モーザ/河野真訳:「民俗学の研究課題としてのフォークロリスムス」上・下,『愛知大学国際問題研究所紀要』、第 90・91 号、1989・1990 年、第 63-95 頁、第 1-38 頁。H. Bausinger(E.Dettmer transl), *Folk Culture in a World of Technology*, Indiana Univ. Press, 1990, p.187. 河野真:「フォークロリズムからみた今日の民俗文化―ドイツ民俗学の視角から―」、『三河民俗』3 号、1992 年、第 94-112 頁。
② R. Bendix, "Folklorism: The challenge of a concept", *International Folklore Review*, 6 (1988), pp. 5-15.
③ A. Dundes, "Nationalistic inferiority complexes and the fabrication of fakelore: A reconsideration od Ossian, the Kinder-und Hausmärchez, the Kalevala, and Paul Bunyan", *Journal of Folklore Research*, 22-1(1985), pp. 5-18.
④ 松平誠:「東日本における阿波踊りの新展開」,『生活学論集』1 号、1996 年、第 28-40 頁。
⑤ "佞武多"：日本东北地区的七夕行事之一。使用竹子与和纸等做成扇子、人形和各种动物形状的灯笼，其上描绘武者或歌舞伎等画面；将灯笼搭载于车台之上，在笛子和鼓声伴奏下沿街游行。——译者
⑥ 创作太鼓是以太鼓为主体演奏敲击音乐的一种形式，它不是自古传承而来，而是在不久前才由人创编而成的。——译者

作民俗艺能来对待的现象[1]；正月过年用的商品"注连绳装饰"[2]是在台湾制作的现象等就都有可能被纳入到民俗研究的射程之内了。

　　河野真作为德国民俗学的介绍者，较早注意到民俗主义这个概念，他确切地指出，在日本，诸如民俗文化遗产的人为性保存、来自学术的指导和介入、新的节祭和各种行事项目的创出，以及政府的"故乡创生"政策等，各种各样的民俗主义现象应该成为民俗学的研究课题。[3]其中，围绕文化遗产保护和研究者的介入问题，近年来，以民俗艺能为对象的研究正在积累之中。关于民俗艺能的"发现"可以上溯到大正时期（1912—1926），自从"乡土舞踊与民谣之会"（1925）成立以来民俗艺能趋于舞台化的历史等，已经由笹原亮二等人描绘出一个大致的轮廓；关于学术对民俗艺能的生产和再生产产生的影响，也已有不少批评性的检讨[4]。其中，针对脱离原本的时间和场所、以各种各样的"民俗艺能大会"为机遇得以演出的日本民俗艺能的状况，索恩伯（Thornber）运用民俗主义的概念予以解释的尝试[5]，也与笔者截至目前的兴趣相重叠[6]。

　　本文讨论的问题正是有关祭礼行事等民俗艺能的民俗主义。虽然缺乏传统和权威性，但以地域振兴和观光化的政策为背景，并内涵着某些意识形态要

---

[1] 八木康幸：「ふるさとの太鼓―長崎県における郷土芸能の創出と地域文化のゆくえ―」『人文地理』46巻6号、1994年、第23-45頁。

[2] "注连绳"：日本神道教的一种传统祭祀用品，新年正月之时多装饰于门口等处，故也是新年装饰物的一种。——译者

[3] 河野真：「フォークロリズムからみた今日の民俗文化―ドイツ民俗学の視角から―」、『三河民俗』3号、第94-112頁、1992年。

[4] 橋本裕之：「文化としての民俗芸能研究」、『民俗芸能研究』10号、1989年、第22-42頁。笹原亮二：「引き剥がされた現実―『郷土舞踊と民謡の会』を巡る諸相―」、『共同生活と人間形成』3-4号、1991年、第99-134頁。笹原亮二：「芸能を巡るもうひとつの『近代』―郷土舞踊と民謡の会の時代―」、『藝能史研究』119号、1992年、第47-63頁。

[5] B. Thornber, "From festival setting to center stage: Preserving Japan's folk performing arts", *Asian Theatre Review*, 10-2, pp.163-178. 1993. B. Thornber, "The cultural properties protection law and Japan's folk performing arts", *Asian Folklore Studies*, 32-3(1995), pp.207-220.

[6] 八木康幸：「ふるさとの太鼓―長崎県における郷土芸能の創出と地域文化のゆくえ―」、『人文地理』46巻6号、1994年、第23-45頁。八木康幸：「『地域伝統芸能』の現在―全国フェスティバルの現場から―」、『比較民俗研究』2号、1995年、第118-139頁。八木康幸：「雨乞い竜の再生―」、浮田典良編：『地域文化を生きる』、大明堂、1997年、第125-144頁。

素的那些新近创造出来的节祭和项目活动，是了解民俗主义之现状最好的田野；这同时也是河野指出的课题之一。从把民俗艺能视为文化遗产的立场出发，笔者对于将民俗艺能在项目活动中演出视为"增添热闹的公开"并持有疑问的见解[1]表示敬意，但同时认为确保能够分析那些未必拘泥于本真性的各种项目活动的视点，对于当前的现代民俗学而言非常必要。"全国青年大会乡土艺能"、"国民文化祭"、"地方博览会"、基于最近刚刚生效的"庙会法"[2]而举办的"地域传统艺能全国祝祭"[3]，以及在市町村层面举办的为数众多、大大小小的节祭庆典和项目活动等等，均可成为我们研究的对象。本文集中关注规模较大、可以代表"增添热闹的公开"的情形、由市町村在地方博览会上举办的各种项目活动。

地方博览会和市町村举办的活动

吉见俊哉曾经论述道：旨在炫耀性地展示新技术、并且曾经作为帝国之宣传装置的博览会，由于信息媒体的发达和消费文化的大众化而显得落伍了。[4]进入20世纪80年代，国内频繁出现的地方博览会虽说有很多是为了纪念市町村建制100周年举办的活动，但就其内容看，确实也没有多大变化，一般都有最新技术的夸耀、物产的展示，以及提供吃、看、听、体验等的娱乐性活动。从1989年起，地方博览会作为"故乡创生"活动的一环改成轮流举办的形式，并开始形成"日本博览会"制度。每年都有都道府县规模的博览会得以举行，反

---

[1] 鹿谷勲:「民俗芸能の公開論の促進のために」,『民俗芸能研究』12号、1990年、第21-26頁。植木行宣:「文化財と民俗研究」,『近畿民俗』138号、1994年、第1-16頁。
[2] 关于日本"庙会法"的中文介绍，可参阅周超："日本的'庙会法'及其相关问题",《民俗研究》2012年第4期。——译者
[3] 民俗芸能学会:「シンポジウム民俗芸能とおまつり法」,『民俗芸能研究』17号、1993年、第78-97頁。八木康幸:「『地域伝統芸能』の現在—全国フェスティバルの現場から—」,『比較民俗研究』2号、1995年、第118-139頁。
[4] 吉見俊哉:『博覧会の政治学まなざしの近代』、中央公論社、1992年。

复出现着到处雷同的游园地风景。

1988 年，入场人数超过 250 万人次的有四个地方博览会，就其总结的正式记录提及的意义和成果来看，诸如"县民总参加"（埼玉博览会）、"县民的连带感"（岐阜中部未来博览会）、"县民意识的提高"（濑户大桥博览会／冈山）、"架桥搏精神"（濑户大桥博览会／香山）等等，几乎无一例外地强调博览会深化了县民亲睦、一体化和参与等精神方面的成果①。与此同时，为大规模活动的成功举办感到自豪，并希望以此实绩贡献于今后的地域振兴事业，从内部强调地域振兴和活性化，可以说是地方博览会的一个特征。博览会上由市町村举办的各种相关活动，可以说均是体现了此类意图的项目。

表 1　岐阜中部未来博览会"市町村之日"的记录（据《故乡奋战记》第 233 页整理）

市町村	月日星期	天候最高气温	主题	当天入场人数	活动参加者数	主要的活动内容				
						艺能	展示	现场贩卖	实演	其他
揖斐川町	7/16（六）	晴 30 摄氏度	濑音久濑②／揖斐川的节祭	48836	783	下新町地区幼儿歌舞伎、白樫舞、反原舞、黑田神乐、婆婆舞、揖斐川和太鼓		本地酒、年糕、魔芋、茶、果酱、馒头、盐烤鲇鱼		提供饮茶服务
久濑村					245	东津汲镰仓舞、三仓太鼓舞、西津汲儿童神乐	丝绸制品、滑雪场指南	年糕、魔芋、椎茸、芥末（山葵）、濑音煎饼、濑音太鼓、濑音泡菜	丝绸制品加工、捣年糕	柿子谜语、猜拳游戏、爆米花、刨冰、洗手漱口处、故乡小包裹

---

① 埼玉県さいたま博覧会実行委員会編：『88'さいたま博覧会公式記録』、1988 年、第 201 頁。岐阜新聞・岐阜放送編：『ぎふ中部未来博覧会公式記録』、1989 年、第 163 頁。山陽新聞社編：『瀬戸大橋博 88'・岡山公式記録』、岡山県瀬戸大橋架橋記念博覧会協会、1989 年、第 172 頁。四国新聞社編：『瀬戸大橋架橋記念博覧会四国公式記録』、香川県瀬戸大橋架橋記念博覧会協会、1989 年、第 260 頁。

② "濑音"的日语原意为浅溪的水声，也是当地的小地名；久濑为当地的老地名，揖斐川町原为旧久濑村。——译者

续表

市町村	月日星期	天候最高气温	主题	当天入场人数	活动参加者数	主要的活动内容				
						艺能	展示	现场贩卖	实演	其他
大野町	7/13（三）	阴29摄氏度	魅力的大野/谷汲：故乡浪漫	50283	505	来振囃子[1]、牛洞乞雨舞、中之元神乐、大野舞	柿子的冰柱、爬蔓蔷薇、萤火虫之家、展示板	阿丽斯甜瓜、柿子饮料、柿型印泥、柿子煎饼	捣年糕	
谷汲村					279	谷汲舞、上长濑神乐、谷汲音头[2]、未来音头	展示板、观光指南	椎茸、椎茸栽培原木、花生、铭酒谷汲舞、木炭、电话卡	体验谷汲舞、捣年糕	爆米花、刨冰、洗手漱口处、烧烤椎茸、外郎饼、茶、扇子服务
池田町	7/14（四）	雨25摄氏度	交流祭/池田和春日	29986	448	池田桔梗太鼓、白鸟神乐、古式般若舞、民谣舞、三味线、城行/伊吹浩美/高峰春代的歌谣秀	展示板	山柿乌龙（茶）、盐烤鲇鱼、杂炊、茶、本地酒、全国池田町物产	注连绳装饰、硼酸丸（驱除蟑螂）制作	池田小姐到场、全国池田町友会招募会员
春日村					200	下之流镰仓舞、川合镰仓舞、小宫神神乐舞、大正琴	细石、稻草手编	伊吹百草酒、伊吹百草春日之汤、山葵将军、伊吹药草、魔芋、椎茸、茶、草编工艺品	草鞋制作	

县内每个市町村均拿出各自感到自豪的特产之物，然后到一起演出和展示，此种市町村举办的活动，现已成为地方博览会不可或缺的节目了。在"市町村之日"、"市町村节"的活动会场，贯穿整个会期要持续地轮流举办"某某町之日"或"某村之日"活动。表1只是其中一例而已。县内各个町村或表演本地的艺能，或展示和贩卖自己的土特产，举行捣年糕的实际演示，

---

[1] 囃子是日本民俗音乐的一种形式，一般是使用笛子、大鼓、小鼓等乐器为民谣或能剧伴奏，有时也可以在节祭之时单独演出。每年4月第一个星期日，在当地的来振神社的例祭上，通过演奏奉纳给氏神的音乐，多由大小太鼓、横笛等来伴奏。——译者

[2] 音头：一般是指在佛教音乐中最初的独唱者或在雅乐的各种乐器中主要的演奏者。——译者

提供各种各样的服务项目。在此集中强调的多是传统性或地方性，是乡愁和令人怀旧的地域文化。其中以所谓"乡土艺能"的上演（staging，舞台化）最为重要。这里所说的"乡土艺能"虽以"民俗艺能"为主，但也包括通常不被纳入民俗艺能范畴之内的民谣舞和创作太鼓之类，它们大都是在近些年由本地居民和地方政府在意识到地域的历史与传统的基础之上创造出来的各种艺能，并被打扮得像是土生土长的一样。在截至目前举办的很多地方博览会的市町村活动中，踊跃参加的"乡土艺能"表演大都占据着核心性主角的地位。

下文就市町村活动之演出节目的实际，对"岐阜中部未来博览会"予以检讨。以岐阜县长良川河畔为会场，从1988年7月8日至9月18日，会期长达73天，共有407万人次来场。平均每天来场5.7万人次，在1988年和1989年举办的25场博览会中，仅次于世界设计博览会（名古屋）、横滨博览会而位居第三；总来场人次也是除上述两场之外，排在亚太博览会（福冈）、丝绸之路博览会之后而位居第五。岐阜中部未来博览会作为市町村活动最为成功的一届博览会而广为人知，事后出版的记录摄影集《故乡奋战记》①，亦为此后的长崎旅行博览会（1990）"市町村节"的《故乡燃烧了》、三重节祭博览会（1994）"市町村之日"的《追求新的"相遇"》等所模仿，形成了一个传统②。本文以《故乡奋战记》收录的照片和说明为线索，探讨市町村活动的相关问题，在参考"岐阜县中部未来博览会正式记录"和有关县内民俗艺能及乡土艺能的诸多资料的同时，也一并使用通过实地调查、电话及传真通讯、信件等方式获得确认的资料。本文的目的是要在市町村活动的现场，从多个角度把握围绕乡土艺能而发生的各种现象。

―――――――

① 岐阜新聞・岐阜放送編：『ふるさと奮戦記―燃えた九九市町村―』、岐阜県・ぎふ中部未来博覧会協会、1989年。

② 長崎新聞社編：『ふるさとが燃えた―長崎「旅」博覧会市町村デー特集―』、長崎「旅」博覧会協会、1991年。「ええじゃないか・三重」イベント実行委員会編：『新たな「であい」を求めて―県民総参加記録写真集―』、三重県、1994年。

岐阜中部未来博览会"市町村之日"的主要节目

在岐阜中部未来博览会的整个会期中，拥有圆形舞台的"故乡广场"连续 65 天举办"市町村之日"，全县共计 99 个市町村（14 市 55 町 30 村）全部参加。1989 年 2 月出版的《故乡奋战记》回顾了各市町村举办活动当天的情形，分别用一定篇幅介绍了各自的节目，包括演出照片、说明文字、活动内容介绍、市町村主任或议会议长的致辞等。此外还在卷末附上了日期、人数、节目内容、表演团体名称及人数等信息。虽然相关记录的内容未必一致，也有不能直接使用的情形，但通过资料的相互比对以及向有关市町村进行照会等方式，最终可以确认 90% 以上的节目，并掌握其大致的内涵。

作为艺能演出的并非只有民俗艺能或传统性的祭礼行事。以新民谣为中心的民谣舞，同时又有创作的和太鼓、西洋乐器的乐队演奏，以及三弦（三味线）和大正琴等的演奏。此外，还有创作剧目、创作舞蹈、合唱、歌谣秀、吟诗等，形式非常多样。甚至还有化装游行、插花表演等。很难对所有这些节目进行一元性分类，但对具有共性的演出团体进行统计的结果，在总数约 420 个团体中占据前列的为民谣舞蹈 88 个、狮子舞 59 个、和太鼓 51 个、乐队演奏 27 个、太鼓舞 19 个、合唱 12 个。在曾经在不少町村演出的节目中，以所谓的传统艺能为例，除了太鼓舞之外，又有风流舞、儿童歌舞伎等本地剧目，以及挥杵舞、斗鸡乐等，还有各地的节祭囃子之类。比起狮子舞来，或许更应分类为神乐的节目有三组，但在此将凡有狮子头出场的皆分类为狮子舞。可以作为乡土艺能来对待的民谣舞、狮子舞、和太鼓、太鼓舞等，仅此四种就占到演出团体总数的一半以上。

那些号称"某某町妇女会的某某音头"之类的民谣舞，多冠以自治体的名称，大半是在战后才出现的，合计共有 63 个市町村有此演出。演出团体数和市町村数不相一致，是因为一个自治体往往会有两个以上的舞者团队出场。自称"音头"、"小曲"、"民谣舞"、"舞蹈"等节目的总数，也超过了表演团队数。除了专为博览会创作的"未来音头"被两个以上的市町村作为演技曲目表演之外，至少有超过140种民谣舞登上了舞台表演。要对它们进行区分颇为困难，其以郡上舞为首，也包括流传在石彻白、白鸟、高鹫等奥美浓地区①的盂兰盆舞，"飞弹漾洒（やんさ）"、"高山音头"、"御桂洒（おけさ）"、"轮岛"、"古代神"等奥飞弹②的古民谣在内；但总体上以新民谣的民谣舞占据压倒性的多数，演员也几乎全是女性。

与此形成对照，被认为是真正的民俗艺能的狮子舞和风流太鼓舞，表演者却主要是男性。民间有"飞弹的狮子舞、美浓的太鼓舞"之说，两者中有很多均被指定为县或者町村一级的文化遗产。岐阜县的狮子舞中，美浓的多为伊势太神乐的狮子舞，飞弹的则在此之上再加金藏狮子之类、有狮子被制服之说的狮子舞③。在狮子舞非常兴盛的飞弹地方，共有来自20个市町村的26支狮子舞队登场。风流的太鼓舞主要是为了乞雨，除了谷汲舞、镰仓舞之外，还可见到将"缔太鼓"④系于胸前，并在后背附以装饰的华丽舞蹈。⑤在太鼓舞流传的多数地区，例如，美山町、揖斐川町、久濑村、春日村等，均是各派出两组狮子舞登台表演。

和狮子舞的表演团体数比较接近的是和太鼓的演出团体数。将大太鼓、长胴⑥、缔太鼓等予以组合，整齐一律的短打（法被）装束⑦，颇有气势的创作太鼓正在全国范围内流行。参加演出的和太鼓小组，几乎均是在20世纪80年代以

---

① 奥美浓：日本地名。一般是指从大日岳到伊吹山之间的岐阜县和福井县的交界地域。——译者
② 奥飞弹：日本地名。一般是指岐阜县北部、神通川支流高原川流域一带地方。——译者
③ 高桥秀雄：「岐阜県の祭り」、高桥秀雄·片桐芳一：『祭礼行事·岐阜県』、樱枫社、1992年、第71页。
④ 日本传统乐器之一，系用麻绳（调绪）将鼓的两面拉开绑紧，使用鼓槌敲击演奏，多用于为能乐、歌舞伎、民俗艺能中的节祭囃子、狮子舞等伴奏。——译者
⑤ 伊東久之：「日本の民俗芸能〈岐阜県〉」、『藝能』34卷1号、1992年、第30-43页。
⑥ 长胴：日本传统乐器和太鼓的一种。又称"宫太鼓"，在各种神社祭事中广泛应用，外形如酒樽状。——译者
⑦ 法被：日本传统服饰之一，多在祭礼之际穿用，或者作为劳作匠人的上身短衣，也被写作"半被"。——译者

来组成的，也有以未来博览会为契机而创设的。从全部为成年人的 34 组照片中，可以判断女性所占比例约为二成。除了女性单独组成的 4 组之外，和太鼓的演出团队几乎全以男性为主（儿童组成的团队是男女混成）。

若对派出这些民谣舞、狮子舞、太鼓舞的市町村予以图示，确实是狮子舞稠密地集中在飞弹地方，太鼓舞的分布偏于美浓西部。与此相对，民谣舞与和太鼓则见于全县各地。意味深长的是，民谣舞在飞弹的大野郡东部及益田郡和西美浓一带是空白，和太鼓则在飞弹北部沿县境的吉城郡、大野郡和西美浓形成了空白。在太鼓舞集中的西美浓和狮子舞兴盛的飞弹北部，很少有町村派和太鼓出场，相反，在欠缺狮子舞和太鼓舞传统的市町村，例如，在奥美浓，沿着爱知县境的中小诸市、加茂郡、惠那郡等地，从美浓中部到东部可视为是空白地带，由此也成为民谣舞和太鼓最为浓密的相互重叠的地区。这只是就分布而言的分析，至于"创造出来的乡土艺能"，亦即民谣舞与和太鼓的舞台化，究竟是出于对没有或不能提供传统性民俗艺能的一种补偿作用，抑或只是对演出节目进行选择的结果，要回答这些疑问，还有必要进一步作精细的考察。

乡土艺能的讲述

从《故乡奋战记》中的标题、说明及照片解说文字等，可以了解参与编纂该记录的相关人士的意图，甚至他们未曾意识到的想法。照片的选择和说明文字的提供，来自各个市町村，因此，它反映了当地是如何对自己的乡土艺能予以处置的，对其舞台化又是如何理解的等等。同时因为是向外部发送的宣传，自然也有故乡自豪的意识，特别希望得到理解的想法主导了有关表述。因此，标题和记录内容的全部未必全不符合史实，也未必全都是事实。包括以"市町村之日"的成功为自豪的编者即县政府的意图在内，对此记录有多种解读的可能性。在此，我们关注旨在说明各个演出之艺能节目的"讲述"和"用语"。在照顾到保持这些艺能的集体意向并对其予以反映的同时，由自治体分管部局完成的说明文字,从中可以读取到形容当地艺能的讲述和用语(为避免烦琐,从《故乡奋战记》引用的页码一律从略)。首先,分别从狮子舞、太鼓舞、民谣舞及和太鼓各举出代表性的一例予以说明。

神渊神社祭(七宗町):被指定为国家级"天然纪念物"、树龄约 800 年、树高约 70 米的大杉树,茂盛地耸立在神渊神社。在神社的镇守之林,每年 4 月第二个星期日举办的"神渊神社祭",这次是首次在町外举办。号称有 300 多年传统的神渊神社祭由本地 10 个地区轮值操持,从未易地举办过,因此,当初对参加未来博览会的演出,一些长老是有抵触的。该节祭的精彩之处"御旅所巡行",据考证是忠实地再现祭神"须佐之男命"驱逐大蛇的故事,其衣饰全为冬装,要在夏季的博览会予以再现,非常不容易。

谷汲舞(谷汲村):谷汲村以西国三十三番满愿灵场的谷汲山华严寺等古刹而广为人知。恰如将其名声向世界传播一般,"谷汲舞"被全面推出。这是一种起源于 750 多年前的武士舞蹈,1960 年被指定为县级无形民俗文化遗产第一号。截至目前,相继在大阪万国博览会、筑波科学博览会、1963 年 2 月在法国凡尔赛节等国内外,作为日本代表性的传统艺能得以演出并博得好评。在这次未来博览会上,除了"谷汲村之日",还在开幕式、"揖斐郡之日"演出。其勇壮的太鼓舞给博览会带来了热烈的氛围。

穗积音头(穗积町):诞生于 1961 年的"穗积音头",在为了纪念日本国铁(JR)穗积站的开设于每年八月第一个星期六和星期日举行的"火车节"上,在各个地区的夏日祭、秋天的体育节以及町民大运动会等町内举办的各种活动上,均是广为市民喜爱的民谣舞。为参加这次博览会,想让这种音头(民谣舞)更加广为人知的妇人会民谣俱乐部的妇女会员们,从一个月前便开始练习。她们从会员手中征集浴衣(简易和服),在上面印以"穗积"字样;为实现华丽的表演,80 位舞者全员背饰鲜艳的花斗笠出场,在提高人们的印象方面下了很多功夫。

磨墨太鼓(明方村):作为村落振兴事业的一环,以未来博览会为契机创作的新艺能"磨墨太鼓",由当地小学六年级学生精彩地演出。"磨墨太鼓"是依据同村气良产的名马，亦即历史上梶原景季公的名马"磨墨"的传说，为振兴村落而发掘的，想把它培育成村落的新的传统艺能而创作。"磨墨"在《平家物语》的宇治川战役一马当先，作为名马广为人知。在舞台上，以描绘其勇姿的图画为背景，身穿"锦羽织"的儿童们以华丽的击鼓技巧介绍了名马故事。如此努力得到了好的结果，未来博览会结束后，在村内建设了安置有"磨墨"铜像等的公园并掀起了"磨墨音头"的热潮。

传统的讲述

对于传承久远的民俗艺能所做的"传统的讲述"，很值得注意。在《故乡奋战记》中，以狮子舞和太鼓舞为对象附加某些说明的情形有61例（狮子舞48例，太鼓舞13例），而言及多少年前或具体的创始年代，强调其古老性的情形有23例（狮子舞20例，太鼓舞3例）。例如，"有270年历史"（明方村，寒水白山神社的挂舞），"据说是中国明朝特使传授的"（中津川市，神代狮子）等，通过强调历史和由来而自诩历史性的价值，这是夸耀世代相传之传统的言说。进而，像谷汲舞那样，通过表明其是文化遗产而为演出节目的价值提供权威性支持。类似这样，有介绍县或市町村指定文化遗产的记述，在上述61例中有10例（狮子舞6例，太鼓舞4例）。

如"神渊神社祭"的例子那样，对于舞台化的节目，却强调其本是不能易地举行的祭礼，这种表述不仅是对博览会意义的再认识，同时也是为了突出其作为平常难以看到的密仪，暗示其稀少性的罕见价值。不易地举行的含义是指初次舞台化之前的时间（岁月），就此而言，仍不外乎是"传统的讲述"。此外，"例年，奉纳于武艺川八幡神社"（武艺川町，八幡狮子舞），"汲取了伊势神乐的流脉"（养老町，栗笠狮子舞），"传说是可以祛除恶魔"（瑞浪市，深泽狮子舞）之类的表述，则是间接地表述其历史的价值或文化遗产的价值。狮子舞和太鼓舞的半数以上（37例）只因一句"素有传统"的表述，就意味着它是属于"传统的讲述"。

创作的讲述与传统的包装

与之对应，民谣舞与和太鼓则理当适宜于"创作的讲述"。它们是近年于何时、为了何种目的而创作的事实颇为明确。就情形相同的和太鼓而言，总共47组全部有此类说明，其中15组说是近年创设，有5组是"以未来博览会为契机"创作的。"创作的讲述"强调的是本地居民对活性化的热心和努力，也强调充满能量的演出者们的年轻与勇壮。另一方面，就民谣舞而言，在其说明或解说中有所言及的102例中，仅有9例提到创设时期。这一事实似乎与民谣舞的成立年代比和太鼓要较为古老有关，但不仅如此，对民谣舞的主导性表述多为"统一的浴衣装束，艳丽的女性们"，使舞蹈得以"华丽地展开"。关于和太鼓的"创作的讲述"，强调对练习的热心和充满活力等较为适合；但对民谣舞而言，若要传达"华丽舞步如锦上添花"之意，这类说法并没有多大帮助。

总之，关于民谣舞与和太鼓之"创作的讲述"，比起关于狮子舞和太鼓舞之"传统的讲述"而言，并不是具有优越感的言说。尤其是和太鼓，正如"磨墨太鼓"的例子所意味的那样，有不少是将其与地域的历史和传统拉上关系而予以表述的，这种"传统的讲述"在47组和太鼓中占了14组，几乎可以和"创作的讲述"相匹敌。其中约有半数并未涉及它们是基于与传统的关系创作的，而是直接将其说成是世代传承而来的艺能。从表2可以窥见此类讲述。在乡土艺能上演之际，"传统的讲述"构成了占统治地位的言说，这一事实也为堪称是对"传统的包装"之类的现象所支持。

复活的讲述

关于和太鼓之"传统的包装"，也见于将曾经存在的事物予以复活之类的说明。表2有关和太鼓之"复活的讲述"，不仅是对其古老性予以包装的言说，同时还被说成是对地域传统的继承，就此而言，是在表明其作为乡土艺能的正统性。表3是从《故乡奋战记》中选出的与和太鼓之外的演出节目有关的"复活的讲述"。从中可以看到把新近创作的艺能说成是"复活"以主张其"传统"性的例子。例如，中津川的风流舞①（中津川市），将据说是400年前的绘画中描述的舞者和今天得以"复原"的舞蹈联系起来，无非是追求"传统"的人们的心愿。在此，正是在与历史考证和文化遗产的知识保持距离之处，能够窥见传统被创造出来的过程。

虽然不是新近创作，若是从历史的、文化遗产意义上的"复原"去看，有些例子使人感到隔膜。例如，七宗町神渕的"上麻生音头"，据说是对自古以来的传统予以"现代式的加工"而成的；号称时隔400多年得以"复活"的羽岛市大浦的蛇舞，近年如石见神乐那样，有口吐烟雾的大蛇登场。说是自明治初年以来的神乐得以复活的洞户村高贺狮子舞，据《岐阜县无形民俗文化遗产》一书记载，其实是1976年在美山町柿野地区的指导下得以"复活"的②，很可能是一时有所中断之后，又以未来博览会为契机再次得以"复活"的情形。

"传统的讲述"是以继承了自古传承而来的节日或祭礼而感到自豪的 survival（延续）表象，"复活的讲述"是对曾经中断了的传统予以恢复的 revival（复活）表象。所有这些讲述均与对传统文化具有的历史性价值的颂扬有关。然而，分别支持它们的对于"传统的憧憬"却又成为滋生出"传统的包装"之类现象的源泉。不言而喻，将此类"传统的包装"揭示于光天化日之下，指出其并非继承与复活，倒更像是创作（invention）、模仿（copy）和捏造（fake），并没有多大的意义。起源不详之物却以历史为自豪，一时衰退之物却讴歌其传承，新创之物却讲述其传统，这类现象几乎见于所有种类的上演节目。追求"传统的憧憬"，意味着人们谋求与有根有据之真正的民俗艺能这一理想型的状态实现自我的同一化。在极力尊崇和夸示继承传统之民俗艺能的世界，

---

① 风流舞，简称风流，是日本起源于中世的艺能之一。一边用太鼓、笛子和钲锣等乐器演奏或伴唱着小曲，一边群体起舞。——译者
② 岐阜县教育委员会：『岐阜県の無形民俗文化財』、1992年、第17页。

"传统的包装"不过是那些渴望复归或刚刚加入进来却又难以马上实现愿望的人们的一个选项而已。

表2 和太鼓的讲述（根据《故乡奋战记》整理）

		节目	市町村	说明或解说
传统的讲述	1	桔梗太鼓	池田町	配着本町老户土岐家的家纹——桔梗纹样，身着威风凛凛的衣装，击响"桔梗太鼓"。其勇壮成为町民的自豪之源。
	2	大和金神太鼓	大和町	距今1300年前的养老年间，村民们遵从神谕将"金剑宫的分身请到美浓国"，在翻山越岭途中，一边念诵咒语驱散恶鬼，一边守护着神的分身，最终建立了金剑神社。基于这个传说形成了金神太鼓。
	3	高鹫太鼓	高鹫村	过去，鹫见赖保奉天皇之命，驱逐了加害人们的大鹫，据说他出阵就曾以此鼓点为信号。因为是本村代表性的艺能，村里的年轻人致力于继承和保存它的努力引人注目。
	4	飞龙太鼓	坂祝町	传统艺能"飞龙太鼓"曾连续两年在伊势神宫的"御木曳奉曳式"上祝贺奉纳，至为精彩。1964年组成保存会致力于传承，1982年为培养后继者，让中、小学生也参加其中。
	5	美浓源氏太鼓	瑞浪市	据说镰仓时代负责守护美浓国的大名土岐赖贞公曾为祈愿五谷丰登而向氏神奉纳过美浓源氏太鼓。其古典文雅得以表演。
	6	安岐太鼓	中津川市	以勇壮为特点的安岐太鼓是为祈愿丰收而奉纳给风神神社的。
复活的讲述	7	滕桥权岘太鼓	滕桥村	据说是本村从600年前传承而来的传统艺能，这次以未来博览会为契机，将没有头体仔仕的"滕桥权现人鼓"予以复活和再现。
	8	神响太鼓	美浓加茂市	1979年以当地传说为依据而复活，具有210多年传统的神响太鼓将生命的音响传遍会场。
	9	饭地太鼓	惠那市	起源于300年前苗木藩主远山家祝贺长男诞生的饭地太鼓，于1988年春得以复活。其中，由青年团女子部的6位女青年敲响了华丽的"姬太鼓"。
	10	夕森龙神太鼓	川上村	14年前，作为当今所谓村落振兴事业的一环，由当时的村主任倡议，将自古传承的"宫入行列"[①]和狮子神乐等传统艺能予以加工而使之复活。
	11	宝太鼓	上宝村	由新平汤乡土艺能爱好会在10多年前予以复活的宝太鼓，这次得到勇壮的表演。

---

① 在日本各地神社的祭祀活动中，有让氏神的"神舆"巡行社区的活动模式。"神舆"巡行结束，再次回到神社，叫作"宫入"。——译者

表3　复活的讲述（根据《故乡奋战记》整理）

	节目	市町村	说明或解说
1	蛇舞	羽岛市	以木曾川出现龙神等传说为依据而形成于江户时代末期。1945年以后失传，此次以未来博览会为契机，由当地居民进行了复原。
2	高桑太鼓	柳津町	在距今300年前的元禄时代，祭祀村落氏神的八幡神社的"宫太鼓"是其最初的起源。战后曾经失传，以未来博览会为契机，从数年前起进入了复兴的高潮。
3	河川祭	川岛町	据说传承了200年以上，但后来逐年趋于衰退，于1963年中断。近年来，希望复活的呼声越来越高，此次以未来博览会为契机，进一步推动了复活的高潮。
4	小网太鼓		由来于关之原战役的小网太鼓已有1600多年历史。但因战争而中断。最近以本地的儿童会为中心得以复活。因为未来博览会，人们的热情更高了。
5	高富音头	高富町	1930年前后，由町民作词、作曲而诞生，并发行了唱片。当时常在町内的文化祭、体育节等活动上频繁登场。但近年趋于衰退，此次以未来博览会为契机再次复活。
6	大桑音头		比高富音头早10年左右诞生于大桑地区。后逐年衰落，此次以未来博览会为契机，采取措施使之得以上演。
7	十六拍子	伊自良村	拥有400多年传统的"十六拍子"，始于为干旱所苦的农民们的乞雨舞。直至战争结束前后仍有传承，此后因后继乏人而一时中断。1959年3月，被指定为村级的无形民俗文化遗产，并成立保存会维持至今。为更好地传承令村民自豪的传统艺能，1988年4月，在本地的伊自良中学新设了乡土艺能俱乐部。
8	乾音头	美山町	这天的高潮是以未来博览会为契机而谋求复兴的"乾音头"终于登上了公共的舞台。它最初诞生于乾地区的柿野矿山（该矿山于1885年发现），在矿山繁荣时期流传于来自全国的矿工中间。后因矿山枯萎而失传。此次将其复活，以当地的妇人会为中心，表演了她们练习的成果。
9	古调大垣音头	大垣市	通过以心灵之桥为主题的演唱会，民谣协会的妇女们华丽地表演了"古调大垣音头"等得以复活的民谣。
10	德山舞	滕桥村	因建设德山水库而成为废村的旧德山村的民谣舞，由一些老村民在未来博览会的会场予以复活。
11	高贺狮子舞	洞户村	以未来博览会为契机，当地居民通过扎实努力而复活的高贺狮子舞。
12	中西栈敷笛与狮子舞	白鸟町	在保存会的努力下得以复活的"中西栈敷笛与狮子舞"。两头狮子伴随着笛音的节律起舞，赢得了鼓掌与喝彩。
13	神渊·上麻生音头	七宗町	为发掘乡土文化，妇人会的有心人士向长辈学习音头的演奏和舞步、舞姿并予以继承，同时又进行了现代风格的加工。

续表

	节目	市町村	说明或解说
14	中津川风流舞	中津川市	从旧苗木藩主远山家的仓库发现了据推定约为400年前的2米见方的古画,描述了在木曾川的河滩上,身穿色彩鲜艳服装的民众载歌载舞的场景。以此为契机,通过新近创作的音乐和舞步而使其得到复原。
15	挥杵舞	蛭川村	因为明治时代的废佛毁释而一时几乎失传。在当时一些年轻人的努力下得以传承至今。作为县级的重要无形文化遗产,而在每年4月奉纳于当地的安弘见神社。
16	桥弁庆	古川町	在模仿着竣工于天保十年(1839)的白虎台而建成的实物大小的模型"屋台"上,上演了时隔120年得以复活的儿童歌舞伎"桥弁庆"。[①]
17	宫川古大尽	宫川村	在本村的洞地区自古就有传承,此次以未来博览会为契机,复活了村落的传统艺能"宫川古大尽"。

围绕舞台化的现实

有关乡土艺能的讲述为我们提示了当地是如何对各自推出的节目形成印象的,又是如何为其定位的。但显而易见,《故乡奋战记》的记述,为了将其登载于"市町村之日"的台面上,对于现实的很多乡土艺能进行了各种各样的加工。通过记述,不仅有节目的印象,还可知晓节目的实体。当然,要从掺杂着想法和愿望的"讲述"中明确分离出"事件的记述",并非易事。因为无论是否有意,完全没有目的的单纯记述并不存在。然而,因为舞台化和上演的成功而感到喜悦,在说明相关人士辛劳的记述中,曾对节目进行过加工的"事实"较少虚饰地得以表述。表4的内容属于可判断为此类"事件的记述"的部分。

当曾经是不能易地举行的祭礼和民俗艺能得以舞台化之际,相关人士的纠结是对节目舞台化的最大反应。除前文所述七宗町的神渊神社祭,古川町的"起太鼓"也曾经围绕可否易地举办有过认真的讨论,这一点可以从町长、议长堪称例外的致辞中得以窥知。相同的讨论也有如"山王祭"(神户町)那样,

---

① 桥弁庆:日本能乐的著名剧目之一,原作者不明。——译者

得出了和町政府的意图相反的结论，亦即放弃舞台化。从氏子的角度看，让七台"御舆"在町外初次展示是需要付出代价的。在表中没有提及的高富町，对于町内大桑地区的乞雨舞，当初是试图予以加工后演出的，后来因为"不能改变传统而放弃了这一想法"。相反，从今尾（平田町）的"左义长"①的例子可知，由于其他市町村相继对易地演出解禁，从而对这一迎春行事的舞台化形成很大压力，并促使其也发生了变化。

另外，也有毫不担心地直接对町民同心一致使舞台化获得成功予以正面评价的记述。为了提供演出的节目，真桑人形净琉璃（真正町）、八幡神社大祭（上之保村）、伊和神社田神祭（富加町）等，据说都是"原封不动"地搬上了舞台，或"一模一样地再现"。所谓"原封不动"地搬上舞台，可能是指其规模、形态和装饰等；"一模一样地再现"的意思，大概是指使用同样的道具、合适表演者、原本的衣装，以及遵循正确的程序等。对于将祭礼和行事从其原先的时日和场所的脉络切割开来的担心，围绕着易地举办的纠结，一般不在此类记述中出现。他们认为，祭礼和行事的本真性并没有因为舞台化而不得已发生改变，而是可以在舞台上予以再现。而且，展示给人看的优越感，还会诱发进一步的演出。原来在"山车"②上演奏的传统音乐，如今搬上舞台（御嵩町，蟹药师寺祭礼）；原本是奉纳给各个神社的斗鸡乐，如今被聚集一堂（朝日村）；原本全部演出的话需要一整天，舞台上却只能把重点稍微展示一下（上石津町，元禄狮子舞）；原本面朝内侧的舞蹈，如今为了让观众明白而面朝外侧（神冈町，斗鸡乐）等——均有人为的加工存在。

丹生川村、朝日村的斗鸡乐和上宝村的"鸡艺"是由成年男子演出的。与此相对，神冈町的斗鸡乐和国府町的"打钲（锣）"则是由中学生以下的男童演出。一方面，这些是长期以来由孩子们传承的艺能。但另一方面，关于出演者和技艺的习得，曾经是由成人或青年来承担的艺能，现在却由学校的

---

① 左义长：小正月（正月十五）的火祭，一般在正月十四至十五日举行。据说点燃篝火、烤食年糕等，就可以无病息灾。属于新年祈愿祭事的一种。——译者
② 山车：日本传统祭礼上常见的用于肩扛或推拉的车台的总称，通常多装饰以花卉和人形，颇为豪华。称呼因而异地，如又有"曳山"、"祭屋台"等叫法。——译者

学生来继承的这一变化见于很多节目之中。其或在学校教育中成为冠以"故乡学习"之名的课程（串原村，中山太鼓），或通过乡土艺能俱乐部的活动（伊自良村，十六拍子）而得以实现。此外，还有以未来博览会为契机创作出和太鼓，并通过让小学五、六年级的孩子们登台演出而培养后继者的情形（清见村，清见小子太鼓）。

经过了长时间的练习和采用了全新的衣装等，因为博览会而特别准备的情形也是非常广泛的现象。《故乡奋战记》关于练功和练习的记载，见于30个市町村的37个节目。在明确记载了练习时段的17例中，2例是从一年半以前开始的，7例是从一年前开始的，3例是从半年前开始的。在明确记载了每周练习次数的7例中，有5例是每周练习3或4次。在岐阜中部未来博览会举办前两年的1986年8月，启动了"市町村之日"联席会议；1987年2月正式决定了"市町村之日"的日程；同年12月15日，各市町村在与协会进行个别商讨的基础上，发表了"市町村之日"的具体活动内容。[1]早自一年半之前便开始练习的情形（笠原町的笠原音头，上宝村的舞蹈），是在上述日程确定后立刻就开始的。"从一年前起在本地的公民馆，每周3次进行练习。是忙完家务后，在夜里反复练习"（兼山町的兼山民谣和兼山小曲），这类记载说明不少市町村都是在日常生活的间隙，挤出很多时间，认真练习准备的。

表4 舞台化的各种情形（根据《故乡奋战记》作成）

	节目	市町村	说明或解说
1	真桑人形净琉璃	真正町	将物部神社的舞台（国家级重要文化遗产）几乎原封不动地初次在町外特设，上演真桑人形净琉璃（明确记载它是国家级重要无形民俗文化遗产）。[2]
2	能乡的猿乐狂言[3]	根尾村	在未来博览会的特别公演，因为是夏天，故首次准备了轻薄的夏季新衣装。明确记载为国家级重要无形民俗文化遗产。

---

[1] 岐阜新聞・岐阜放送编：『ぎふ中部未来博覧会公式記録』，1989年、第284—287页。
[2] 人形净琉璃：日本独特的木偶戏，也是一种古典的舞台说唱艺术形式。——译者
[3] 猿乐狂言：猿乐本是日本古代一种表演艺术形式，往往在寺庙及神社的祭礼上表演。狂言则是兴起于民间，主要在能剧演出过程中穿插进来的即兴短剧，富有幽默感。——译者

续表

	节目	市町村	说明或解说
3	跑马祭	系贯町	在原本的祭礼上，要用青竹的鞭子策马在境内百米疾驰，但博览会的会场，仅有60多米，加上围观者众多，因此未能鞭策，还另派二人紧握缰绳，防止马匹暴走。
4	今尾的左义长	平田町	把在春天来临的残雪中举行的迎春行事搬到夏日的博览会上予以再现，确实很费劲。这是本町代表性的文化遗产。由于其他市町村相继将原本不能易地举行的祭事搬上博览会的舞台，本町也同心一致地努力实现了演出。明确记载为县级重要无形文化遗产。
5	元禄狮子舞	上石津町	全部演出需要一整天，故只能将一些有名的场景挑选出来，予以优雅的表演。
6	儿童歌舞伎	垂井町	孩子们在夏日抹上厚厚的妆，还穿上华丽的衣装表演，负担很重。所以，只上演了一场。
7	五万度囃子	轮之内町	演出了拥有200年传统的艺能，但为如何把祭礼的氛围酝酿于博览会而颇费苦心。对一盏灯笼也予以精心准备，最终很好地再现了庄严的祭事。明确记载其为町级的无形民俗文化遗产。
8	山王祭	神户町	当初的计划是把山王祭本身再现于博览会。但山王祭要在火把簇拥下让7台御舆（县级重要文化遗产）勇猛地行进，让它在博览会上再现，除了氏子的感受之外，还有安全方面的风险。因此，不得已放弃了最初的计划。当天将"三之宫"、"牛尾之宫"等7台御舆首次在町外做了展示。
9	镰仓舞/神乐舞	春日村	参加跳舞的人大多是公司职员。为在博览会演出，这天分别请假或补休才走到了一起。
10	嘿可可祭①	美浓市	用和纸人形表演了驱逐从前曾加害农民的大蛇的传说。在市外表演，这次博览会是首次。
11	八幡神社大祭	上之保村	完全再现了本地八幡神社的大祭。在安置着神灵的本御舆的前面，表演了神乐舞、狮子舞等来自村内6个地区的丰富多彩的奉纳行事。
12	伊和神社田神祭	富加町	忠实再现了具有1100年历史的这一传统艺能。提高了具有丰富的历史和文化之本町的形象。作为县级的重要无形民俗文化遗产，也是美浓三田乐之一，享有很高评价。在本神社以外的演出，这次博览会是第一次。

---

① 嘿可可（hinnkoko）的日语表述为ひんここ，是形容伴奏音乐的形声词。这是一种人形舞剧。——译者

续表

	节目	市町村	说明或解说
13	系切唐缲①	八百津町	有400年历史，这次是首次在町外演出。其中有两个自治会参与演出，且各有技法的秘密。因其历史的价值而被指定为国家的选择无形文化遗产②和县级重要无形文化遗产。因原本不能易地举办，故在演出这天形成了高潮。
14	蟹药师寺祭礼	御嵩町	这是传承了1000年以上的传统艺能。原本在山车上演奏的音乐，这次在舞台上得以再现。明确记载其为县级无形民俗文化遗产。
15	中津川风流舞	中津川市	在市外演出，博览会为首次。当天有9个方阵，共400人参加。
16	浊酒祭	白川村	有1200多年传统，是天下闻名的奇祭。此次是首次在村外再现。平常难以品尝的"秘藏酒"。因为未来博览会而获得特别许可，将其在村外再现，本世纪是第一次也是最后一次，故引人注目，成为话题。
17	斗鸡乐	朝日村	以未来博览会为契机，将原本分别奉纳给村内各个神社的"斗鸡乐"积聚一堂。敲击钲锣的庄严音色响彻会场。
18	枪狮子/打钲（锣）	国府町	在町外表演均是第一次。表演者中曾有人担心能否成功，结果令人满意。
19	斗鸡乐	神冈町	原本是奉纳于本町大津神社的祭礼。少年们本应面朝内侧起舞，但为了让观众了解，演出这天特别面朝外侧做了表演。
20	起太鼓	古川町	从未易地举办过的天下奇祭，初次在飞弹之外演出。卖点是拥有400年传统、为国家指定的重要无形文化遗产。在"古川町之日"出场的起太鼓，也曾面临很多难题，但最终得到了大家的理解（町长）；因为不能易地举办的不成文律，这次能将"起太鼓"搬到博览会上表演，为其锦上添花，体现了全体町民的意志和心愿，意义非常重大（议长）。
21	飞弹荻原明白狮子舞	荻原町	截至目前从未在町外演出，此次博览会是首次。从一个多月前起，在本町的尾崎小体育馆反复"特训"才实现了演出。
22	小坂狮子舞	小坂町	这是每年春天奉纳于本町津岛神社的传统艺能。在町外罕有演出。小坂狮子舞保存会在活动前的一个多月起，就开始"特训"。

---

① 唐缲是指日本古代尤其是江户时代的木构机械装置或其组合，又有"机巧"、"机关"等叫法。——译者

② 选择无形文化遗产：日本文化遗产分类体系中的一类，特指在重要无形文化遗产之外，可由文化厅长官选择，给予其记录、保存、公开等活动以部分公费资助的无形文化遗产。——译者

结语：作为课题的民俗主义

上文概述了在岐阜中部未来博览会的市町村活动中发生的事实，包括节目的种类与数量、主要节目的市町村分布、关于节目的"讲述"，以及舞台化的各种情形等。若将演出节目的实态予以总结，则有以下几点值得注意。

1. 过去不能易地举办的传统性的民俗艺能和行事被舞台化了。
2. 民俗艺能和行事配合事先确定好的时日和场所而展开，因此发生了变形或者进行了重新编排。
3. 有一些古老的已经衰亡的民俗艺能和行事，以博览会为契机得以复活。
4. 虽然号称复活，其实是新的艺能和行事被创造了出来。
5. 即便是在创造出新的艺能和行事的情形下，也有与历史、传统、信仰以及从前的生活等地域性的传统相互结合的倾向。

目前展示的所有这些现象，均可以称之为民俗主义。从被舞台化的所有节目中，均难以发现所谓的真实，但也都不是赝品。那里存在的是从传统性的、被认为是本真的，到追求传统而新近创作之物的一系列广泛的连锁。要理解生产出此类连续性的过程，历来的非真即伪，亦即二元对立的观点是苍白无力的。长期继承而来的节日会夸耀其固有的历史和本真性，新近创作的则以传统的民俗和祭礼行事作为理念型，进而去形构自身。在这两者之间，有很多中间形态存在。与此同时，一般的观众也不会介意到要将民谣舞与和太鼓视为是与太鼓舞及狮子舞完全不同的异质之物而加以区分。民俗学有必要将表演者、行为者的志向以及观众的目光都纳为研究的对象。只有这样，支撑地方政府和当地居民一体协同、致力于经营节祭和舞蹈之演出的动力究竟是什么；为何不仅那些苦于过疏和高龄化的半山间地带的町村，而且是所有的自治体均踊跃地致力于表达各自"村落生活传统"的象征；重视尚古传统的共同体价值观为何得到强调等等课题的检讨，也才有可能。

这些课题也为揭示有关表象乡土艺能这一地域文化之主体的疑问带来了曙光。即便使用表演者、本地、居民和自治体（地方政府）等用语，其彼此之间的关系错综复杂，要捕捉到行为者的全貌，殊非易事。表演者的意志、本地居民的意识、自治体的意向、县政府的意图和国家的主张等等，在彼此复杂纠葛的状况当中，实现乡土艺能舞台化的主体究竟是谁？从其节目的表演中，有没有可能辨别或区分出追求地域振兴和观光化、亲自将本地的地域文化予以差别化和商品化的作为？诸如此类的课题一一浮现。进一步了解那些未能在《故乡奋战记》中提到的、在与日常生活不同层面展开的活动中几乎被半强制性地动员起来的人们的想法，也非常重要。接受县政府和博览会协会当局的指示，个别市町村分别是由总务、企划、企划调查、企划振兴、企划商工、商工观光、观光、产业、产业观光等不同名称的课室负责并发挥巨大作用的。所有这些负责此次活动的课室，不仅参与了未来博览会，至今仍持续地参与着乡土艺能的各种上演机会。有必要注意的是，在形成民俗主义现象的过程，或地域文化的重构再编过程中，社会教育课、文化遗产课、生活文化课、生涯学习课等等都发挥了作用，而且不仅文化遗产行政，商工观光行政也发挥了很大的作用。分析包括为此次市町村活动投入的资金和人才等在内，行政作为民俗主义演出者的研究课题也非常重大。

学问因为过于细碎的分化而丧失了可塑性的情形并不罕见。民俗学也不例外，由于民俗学将民俗艺能研究切割开来，任由其他学会去研究，结果是失去了将民俗艺能及其周围发生的广泛性现象纳入自己研究对象的能力。民俗学再生的道路之一，应该就是恢复可将生息于现代社会的民俗的多样性和复杂性作为整体性对象的变通性能力。这并不是为了民俗学自身的苟延残喘而要去扩张领域，而不过是对亲自创造出来的"民俗"尽一份制造者的责任而已。对此，应该说现在尚为时未晚。

民艺与民俗——作为审美对象的民俗文化[*]

〔日〕滨田琢司

引言

"民艺"所指称的事物,似乎难以直接成为民俗学的研究对象。20世纪70年代以来,在民俗学的内部,也曾经多次出现过探讨民艺运动的创始人柳宗悦和柳田国南之间关系的尝试,例如有贺等人的尝试[①]。但是,在民俗学的诸多研究当中,积极地讨论民艺和柳宗悦的研究并不是很多。近些年来,虽然已有若干成果陆续出现,但若考虑到民艺给民俗文化带来的影响之巨大,则很难说这些研究的积累能够与之相对称。

所谓"民艺",基本上都是指一些器物,可在民俗学之中就有一个专门研究器物的次级领域,亦即民具研究。然而,民具研究和民艺似乎就更加拉开了距离。民艺主要是指工匠们制作的工艺品,而民具在早年就曾经被定义为"基于日常生活的需要,由人们技术性地制作的身边寻常可见的"[②],亦即自给自足

---

[*] 本文由周星译自《日本民俗学》第236号,2003年11月,第127—136页。
[①] 有賀喜左衞門:「日本常民生活資料叢書総序渋沢敬三と柳田國男・柳宗悦」、日本常民文化研究所編:『日本常民生活資料叢書 第一巻』、三一書房、1972年。有賀喜左衛門、宮本馨太郎、谷川健一等:「柳田國男と柳宗悦」、『季刊柳田國男研究』第3期、1973年。
[②] アチック・ミューゼアム:「民具収集調査要目」、アチック・ミューゼアム編:『民具問答集第一輯』、1937年、第1頁。

的道具。不过，民具研究和民艺的距离，大概也不能说是由于研究对象的不同这一朴素的原因。民具研究的对象范围越来越变通地扩大开来，不仅将工匠们制作的产品包括在内，近年来还尝试把工业制品也涵盖在内。[①] 实际上，在日本民艺馆[②] 和阁楼博物馆[③] 所收藏的藏品中，有很多共同之处，尽管如此，民艺在民俗学中仍很少能够像民具研究那样成为研究的对象。为什么会形成这种局面呢？本文便思考导致此种状况的理由，并试图将涉及民艺的若干现象作为民俗主义来理解，进而探索将其纳入民俗学的研究对象予以考察所需要的线索。

民艺的发现及其审美价值的赋予

众所周知，现在一般所流行的"民艺"这一用语，是由以"白桦派"[④] 的同人柳宗悦为核心、从大正（1912—1926）末期开始启动的被称之为"民艺运动"[⑤] 的文化运动所创造出来的。这个运动后来得到了很多人士的赞同与大力支援，规模不断扩大，进而通过创办机关刊物《工艺》（1931）和开设日本民艺馆（1936）等活动，终于使"民艺"这一用语，获得了较为广泛的社会认知。

---

① 近藤雅樹：「民具研究の視点」、香月洋一郎・野本寛一編：『民具と民俗講座日本の民俗学九』、雄山閣、2002年。
② 日本民艺馆，位于东京都目黑区驹场四丁目，主要收藏和展示日本传统工艺品的美术馆。它是由宗教哲学家、美术研究家和日本民艺运动的提倡者柳宗悦于1936年创设的，目前已经成为一家公益财团法人。——译者
③ 阁楼博物馆（attic museum），最早由涩泽敬三于1925年设置的私人博物馆。1933年迁往位于今东京港区的涩泽敬三府邸的阁楼里，故名阁楼博物馆。1942年成为财团法人并改称日本常民文化研究所。该博物馆致力于乡土玩具、民具和民俗资料的搜集、整理与研究，在日本的物质文化研究、民具学、社会经济史以及民族学、博物馆学等领域的学术史上均具有重要的地位。该博物馆的收藏于1939年捐赠给了日本民族学会附属博物馆，后来又被保存在位于大阪的国立民族学博物馆。——译者
④ 白桦派，日本以1910年创刊的同人杂志《白桦》为核心而形成的文艺思潮之一，同时也指称被认为共同拥有其相关理念和作风的日本作家群体。——译者
⑤ 民艺运动，以1926年"日本民艺美术馆设立趣意书"的发表为标志，旨在从日常生活中使用的手工制作的日用品中发现"器用之美"，并予以活用的日本文化运动。该运动的领袖为柳宗悦，其所说的"民艺"，就是指民众的工艺。——译者

民艺与民俗——作为审美对象的民俗文化　　271

　　根据柳宗悦的归纳，所谓"民艺"乃是具有以下若干特点的工艺品：1. 自然之美；2. 传统之美；3. 朴素之美；4. 功能之美（器用之美）；5. 健康性；6. 被大量生产；7. 便宜；8. 保持匿名性等。① 具体而言，它们大都是起源于江户时期（1603—1868）的民众的日用杂器。对于以都市为中心、业已处于濒危消亡之阶段的这些杂器，民艺运动通过将其视为民艺，并给予它附加价值的方式进行了抢救。这种行动本身，可以说是非常接近于民俗学和民具研究所致力于记录日益消亡的民俗文化的举措。但是，正如截至目前已经屡次被指出的那样，柳宗悦的民艺概念，试图提示"美"这一规范；就这一点而论，它被认为和民俗学、民具研究有很大的差异。这种见解，尤其是在民具研究领域为大家所共有。② 在此种情形之下，人们只是满足于指出两者之间的差异，而对将对象视为"美"的这一视角的意义，却很少有人去深入探究。

　　金谷曾从"展示"这一侧面分析了民艺运动③，根据她的研究，在民艺运动草创时期曾经积极举办的展览会当中，民艺运动采取了"美的展示"、"物产店式展示"和"样板房间式展示"这样三种形式。美的展示，主要是将截至当时从来没有引起过人们注意的民艺品作为美的器物予以展示，并试图促使其价值实现方式的转换；物产店式展示，主要是将民艺品作为商品予以展示，使之有可能获得广泛的购买层人群；而样板房间式展示，则是为了在都市性的生活中提示如何使用民艺品才好，并具体地展示出一些榜样。民艺运动通过这几类展示，向民众提示了将日常生活的用具予以转用的新的使用法。例如，金谷曾经举出过一个具体的例子，亦即 1934 年在日本桥高岛屋举办的"现代日本民艺展览会"的展品目录中，刊登了一种名为"漏斗"的器物。这种"漏斗"原本是用来倒转谷物时使用的盛器，但它在展品目录里却被推荐可以转变为插花所使

---

① 柳宗悦：「工芸文化」（1941）、『柳宗悦全集第九卷』、筑摩書房、1980 年、第 398-399 頁。
② 请参见神崎宣武：「やきものへ視点」、岩井宏實ほか：『民具が語る日本文化』、河出書房新社、1989 年。近藤雅樹：「民具研究の視点」、香月洋一郎・野本寛一編：『民具と民俗講座日本の民俗学九』、雄山閣、2002 年。宮本常一：『民具学の提唱』、未来社、1979 年。竹中均：「郷土のもの／郷土のこと」、「郷土」研究会編：『郷土　表象と実践』、嵯峨野書院、2003 年。
③ 金谷美和：「文化の消費」、『人文学報』七七、1996 年、第 77-78 頁。

的"花筒"之用。这个例子其实就是讲如何使器物"脱离原来的脉络，并遵从另外的语境予以重新配置"[1]。就此而论，它和重视原先之脉络的民俗学及民具研究，确实是有决定性的区别[2]。

但是，这种情形也可以被理解为是某种形式的民俗主义。第一，在这里，可以确认存在着如沃伊特所指出的那种民俗主义，亦即器物朝向"审美功能的转换"过程[3]。从民众的日用生活品之中发现的民艺，此时便已经发生了功能的转换，作为审美的对象，它已经被赋予了和此前不同的功能。也可以说是"从民族志的'文化'朝向美丽的'艺术'过渡"的此种过程[4]，正如克利福德所言之"艺术—文化体系"之富有日本特色的展开，考察这个过程自然具有意味深长的意义。

第二，曾经参加民艺运动的个人作家的活动很是引人注目。屡屡有学者指出，早在莫泽和鲍辛格等人提出民俗主义的概念之前，针对巴尔特库和考达伊等音乐家搜集地方性的民谣，并将其灵活运用于各自作品之中时这个概念就已经被使用过了[5]。关于民艺运动，若是从这样的视点出发，也可以适用民俗主义的概念。在这个运动当中，曾经有很多同人，主要都是一些工艺领域的个人作家亦即艺术家活跃于其中。例如，陶艺家河井宽次郎、滨田庄司以及巴纳德·李奇，木工艺人黑田辰秋，染织艺人片泽蛙介等人。[6]这些作家们既与以

---

[1] 金谷美和：「文化の消費」、『人文学報』七七、1996年、第79頁。

[2] 另一方面，正如岩竹所指出的那样，事实上，依据一定的基准发现某种对象，并将其予以排列、分类和提示的方法，这在民艺运动和民具研究之间却也有很多共同之处。参见岩竹美加子：「統合と排除の民俗学上・中・下」、『未来』388、389、390、1999年。

[3] Vil Voigt, "Folklore and Folklorism Today", *Folklorismus Bulletin* 1, 1979, p. 26.

[4] クリフォード、ジェイムズ：『文化の窮状』、第284頁、人文書院、2003年。

[5] 河野真：「フォークロリズムからみた今日の民俗文化」、『三河民俗』3号、1992年。Linda Degh, "Uses of Folklore as Expressions of Identity by Hungarians in the Old and New Country", *Journal of Folklore Research*, 21(1984). Vil Voigt, "Folklore and Folklorism Today", *Folklorismus Bulletin*, 1(1979).

[6] 实际上，还有很多其他个人作家也都参与了民艺运动。颂扬民众日常用品的民艺运动，其承担中枢性责任的却是一些个人作家，这期间的矛盾在对于柳宗悦及其民艺运动的批评当中，最常被指出来。本文在此不讨论这一问题。

美术工艺为志向的"帝展派"①有所不同，又与各个产地的职业匠人有所不同，他们获得了独特的地位，（尤其是在陶艺领域）被称为"民艺派"②或"民艺样式的作家"③。他们被形容为"民艺派"的理由并不只是因为他们曾经归属于民艺运动，还主要是因为在他们自身的创作活动中，亲自从发现的地方民艺中获得了很多素材，并由此形成了各自富有特点的作品风格。例如，李奇、河井、滨田等人，都是分别从朝鲜半岛和英国的民艺陶器之类获得了很多题材和灵感。此外，在黑田的作品里，有很多是以朝鲜的家具为题材的，芹泽也曾经把冲绳"红型"④的要素汲取到自己的作品之中。

与此同时，他们的成果也有一些对地域形成回馈的情形。例如，滨田曾经有很多作品均受到过"琉球赤绘"⑤等的强烈影响，他在冲绳工作时，有一些"壶屋"⑥的陶工，曾经见过滨田出窑的"赤绘"作品，并且模仿它们，于是，陶工们后来也烧出了很多类似的"赤绘"⑦。而且，这些个人作家不仅作为实际的作者，他们时不时还成为监制，和其他同人一起，对一些产地进行过指导。⑧他们这些行为，和后文述及的"民艺热"的经济背景相互刺激，给各个产地带来了很大的影响。

经由民艺运动而被发掘出来的器物，也并不是全部变成了纯粹的"美术"。有关日本民艺馆，柳宗悦曾经指出："近来的美术馆几乎全都是西洋风格的，而

---

① 帝展派，日本美术界把"工艺"理解为近代主义之个人主义创作或表现的一派主张，由于他们积极地参与于1919年成立的"帝国美术院展览会"（简称帝展）的活动，故称为"帝展派"。——译者
② 民艺派，日本美术界重视"工艺"的民艺属性，将其视为是反近代主义的、由无欲无名的民众所创造的、追求器用之美和健康之美的一派主张。——译者
③ 金子贤治：『現代陶芸の造形思想』，阿部出版，2001年，第15頁。
④ 红型，大约起源于13世纪并流传至今的冲绳传统的染色技法之一及其织染作品，又叫作"形付"或"形附"。"红"指的是它总体的颜色印象，"型"则主要是指它的各种纹样。——译者
⑤ 琉球赤绘，冲绳的一种从琉球王国时代传承下来的彩釉陶及其传统工艺。——译者
⑥ 壶屋烧，冲绳那霸地区和读谷村等地烧制的一种陶器，至今保留着一些传统的技术和技法。——译者
⑦ 松井健：「沖縄の焼物における伝統の問題」，比嘉政夫退官記念論集刊行会編：『琉球・アジアの民俗と社会』，2002年，第400-401頁，榕樹書林。
⑧ 小畠邦江：「昭和初期に記述された郷土と手仕事」，「郷土」研究会編：『郷土表象と実践』，嵯峨野書院，2003年。濱田琢司：「維持される産地の伝統」，『人文地理』54巻5号，2002年。

民艺馆无论在哪里都会致力于激活和式的风格，而且守护了健康实在的田园风格"①。而且，在对民艺品的展示和介绍中，与土地的结合尤其得到了强调。②在使"民俗志的器物"持续地升格为审美对象的同时，柳宗悦还巧妙地利用了它们原有的民俗性的印象。于是，当民艺运动"在商品开始失去地方特色的时期，探求尚且存留的'乡土性的日用品'③，其搜集和展示活动，为城市生活者提供了直接接触民艺的机会"④。因此，柳宗悦等人灵活地运用此种印象，大概也可以被理解为是对民俗的二次利用。

民艺的大众化与民俗文化的变迁

器物作为商品要进入流通，就有必要脱离生产环节，进入到可以交换的状态。⑤反过来说，脱离了先前所处脉络的器物，作为可以交换的商品才可以流向市场。民艺运动使得民艺从其原先的文脉中切割开来，并将它们作为新的消费对象，实现其功能的转换，正是将民艺置于此种状态。这便催生了从20世纪六七十年代出现的被称为"民艺热"的社会现象，由此，早先只是作为比较上层人士的文化嗜好的民艺，现在则广泛地扩大到一般的民众当中。这种现象更是进一步地使得民艺这一概念比起它诞生之初距离民具研究和民俗学就更加疏远了。

《民族艺术》杂志第18号曾以民具和民艺为专辑，在其中收录的专家讨论当中，神崎宣武作为在整个民艺热时期一直从事民具研究的学者，其发言意味

---

① 柳宗悦：「日本民芸館案内」（1947），『柳宗悦全集第十六卷』，第88頁，筑摩書房、1981年。金谷美和：「文化の消費」，『人文学報』七七、第76頁、1996年。
② 小畠邦江：「柳宗悦の足跡と産地の地図化」，『人文地理』53卷3号、2001年。
③ 柳宗悦：「手仕事の日本」（1948），『柳宗悦全集第一一卷』，筑摩書房、1981年。——引用者注
④ 小畠邦江：「柳宗悦の足跡と産地の地図化」，『人文地理』53卷3号、2001年。
⑤ 成瀬厚：「Hanakoの地理的記述に表象される『東京女性』のアイデンティティ」，『地理科学』51卷4号、1996年。

深长。据说神崎本人在各地搜集民具的 1970 年前后，他去的地方总是有"古董商"和"民艺爱好者"捷足先登。他说："自己去的那些地方，总是比古董商或对民艺感兴趣的人们晚了一步。例如，一打听'味噌藏'①或'酱油藏'②，经常是盖和勺还在，瓮却没有了。或者有的瓮留了下来，却没有了其口沿的'片口'；或者片口还有存留的话，与它配套、用于吃饭的食器却没有了，就是类似这种残缺不全的情形"③。神崎作为民具研究的学者，重视将各种器物予以体系性或连续性地组合来理解，这和"喜欢古董或民艺的人们"实在是"难以亲近"。④

在民艺热最为兴盛的时期，于 1968 年创刊的《民具月刊》创刊号上，有贺喜左卫门曾发表了题为"民具和民艺"的发刊词。有贺认为，要明确地区分民具和民艺是很困难的，以此为基础，他指出民艺运动试图为工艺提示出正确的方向，与此相对应，在民具研究中则应该将民具确立为"生活的古典"。⑤虽然有贺在此并没有针对民艺表示出否定性的看法，但在以民具为核心的杂志的发刊词中，之所以必须谈论到民具和民艺的关系，可以推测民艺此时已经发展到了侵蚀"真正的"民具的状况了。

作为民俗主义的民艺热

实际上，民艺热对于农村、山村、渔村的民俗文化及地域文化带来的影响非常巨大。笔者曾经通过《朝日新闻》的报道考察过民艺热的状况。⑥从这些

---

① 味噌藏，旧时日本乡村用来制作和存储"味噌"（酱汤）的用具。——译者
② 酱油藏，旧时日本乡村用来制作和存储酱油的用具。——译者
③ 吉田憲司・神崎宣武・熊倉功夫他：「パネルディスカッション」）（民族芸術学会第一七回大会特集 民具と民芸）、『民族芸術』一八、第 37 頁、2002 年。
④ 吉田憲司・神崎宣武・熊倉功夫他：「パネルディスカッション」）（民族芸術学会第一七回大会特集 民具と民芸）、『民族芸術』一八、第 38 頁、2002 年。
⑤ 有賀喜左衛門：「民具と民芸」、『民具マンスリー』一、1968 年、第 1-2 頁。
⑥ 濱田琢司：「民芸ブームの一側面」、『人文論究』50 巻 2・3 号、2000 年。

新闻报道的数量增减及其内容，可知民艺热是在 20 世纪 50 年代后半期端倪初现，相继出现了民艺风格的餐饮店；从 20 世纪 60 年代后半期到 20 世纪 70 年代前半期，民艺热迎来了它的巅峰时期。

在民艺热的巅峰时期，可以发现有如下的报道：

> 有些用脏了的篮子、有些裂缝的茶碗、用于火塘上方可自动调节高度的挂钩（自在钩）、泛着黑光的大黑像①——只要是农家用旧了的家具，或身边的任何日用物品，无论什么都 OK。现在，东京、大阪和九州的古董商，奔走于东北地区的山村，正在变着法子，买取各种"民艺品"。②

在东北的人口稀疏地区，由于村落搬迁等原因而变成无人居住的山村，居然有"家乡小偷"出没。他们侵入民居和乡间的作坊小屋，偷走民具之类的生活用品。（中略）由于民艺热，旧东西无论啥都能够卖钱，诸如围炉上方的"自在钩"、稻草编织物、水井的桶、庭院里的石头及盆栽等等，据说什么都有可能被盗走。③

此外，还有报道介绍了在男鹿半岛，渔民们曾经使用的传统的独木舟也陆续被民艺爱好者们买走了，以至于此后独木舟的使用时不时地会出现中断的情形。④

正如这些报道所显示出的那样，民艺热的实际状况确实就如神崎所说具有足够的促使地方的民俗文化发生变质的力量。在这里，引人注目的是所谓"旧东西"被编入了和它们此前所处的文脉完全不同的场景之中。在 1969 年某位

---

① 大黑为"大黑天"的简称。大黑天是日本佛教的守护神之一，其起源可溯至古印度教。——译者
② 「民芸品ブーム　山村へどっと骨とう業者古道具何でも OK 高値に農家もびっくり」、『朝日新聞』1970 年 6 月 1 日、「夕刊」。
③ 「無人化山村を荒らす泥棒民芸ブームに悪のりか『空き屋』ごとさらう」、『朝日新聞』1976 年 9 月 16 日、「夕刊」。
④ 「男鹿半島の漁民の『足』姿消すか丸木舟民芸ブーム - 身売り続出」、『朝日新聞』1970 年 6 月 15 日、「朝刊」。

主妇的投稿中，她提到自己小时候曾经使用过竹制的酱汤过滤网，眼下在百货商店的日用品柜台怎么也找不到，结果却是在民艺品店，"像是买了一件很贵重的东西一样"，买到了一件。① 这个例子说明，曾经的日常用品，已经不再是日常用品了，而是转化成为审美性的嗜好品了。而在此时，器物原本的体系及其连续性也未得到重视，因此，就会发生前述神崎所回忆的那种情形。

器物在民艺热时期功能得以转换的根本，可以认为是由于前已述及的民艺运动曾经致力于将器物从其原初的语境当中切割开来，再将其重新定位为具有审美性的商品，亦即与此种价值认定有着密切的关联。就此而言，民艺运动和民艺热确实是具有相互联动的一面。民艺运动以及围绕着民艺热的各种动态，在格外重视"秩序井然的信息，以及如何才能够尽可能多地获得可以获取的资料"②，并致力于从器物原先具有的功能和它所处的脉络去尝试复原民众生活的（民具研究）场景下，确实是不受欢迎。这里也存在着最终促使民艺和民俗学及民具研究拉开了距离的理由。

但本文是想把民艺热也作为有关民俗文化的各种动向之一来把握。由于民艺热，很多器物被转用，进而在实现了转用之后，从其使用方法也能够生产出就好像是从一开始便要去追求的产品，针对此种状况，大概也能够将其视为是民俗主义的一种形态。当然，采用如同民具研究那样的方法对器物进行考察，今后仍有必要持续下去；但在另一方面，"截止到哪里算是真正的民俗，从哪里开始就不再是真正的民俗了，这是非常暧昧不明的，甚至如此提出问题也是没有意义的"③，此种状况常见于现代的民俗文化之中。既然如此，由于民艺热而发生质变的器物和得以创造出来的器物，应该也能够作为民俗文化的存在方式之一而被理解，并能够成为研究的对象。经常有人指出（同时，也包括反省之

---

① 「民芸品になった『みそこし』」、『朝日新聞』1969 年 9 月 25 日、「朝刊」。
② 近藤雅樹：「民具研究の視点」、香月洋一郎・野本寛一編：『民具と民俗講座日本の民俗学九』、雄山閣、2002 年、第 24 頁。
③ 八木康幸：「町おこしと民俗学」、御影史学会編：『民俗の歴史的世界』、岩田書院、1994 年、第 486-487 頁。

意在内），民俗主义的概念最为频繁地被用来指称对于民俗文化的商业主义式利用，而在民艺热时期对于"家乡"印象的利用，正是这方面的典型例证之一。在此，我们不准备做进一步的具体研讨，但民艺在很多场合下，确实是作为地方性的、质朴的、温暖的器物而被加以介绍和消费的。

民艺热还给相关器物的产地带来了巨大的影响。例如，福冈县的小石原是一个具有代表性的民艺陶器的产地，在那里，由于民艺热带动了需求的扩大，原先的生产体制也发生了变化。不仅窑口增加了，引进了煤气窑、电气窑等新的机器，产品也自然发生了一些变化。与此同时，在作为传承者的窑主们中间也开始萌生了"民艺性的传统"之类的意识。而且，这样的传统性在某种情形下，乃是作为商业性的卖点；或者在另外的情形下，又可能作为人们自身认同的表征而被灵活运用，它的展开有着不尽相同的面向。[1] 对于所有这些动向，我们通过将其作为民俗主义来理解，确实可以窥探民俗文化的现代发展。[2]

结语

上文就民艺运动及民艺热之与民俗学及民具研究的视野差异进行了讨论，以此为基础，说明将民艺运动和民艺热视为民俗主义这一观点的有效性。由此可知的是：首先是在民艺运动的草创时期，器物的功能实现了朝向审美价值的转换；其次是同人作家们的灵活应用；再次便是当它们被提示出来之际，自然也就存在着对于民俗印象的利用。关于民艺热这一类社会现象，是把更为广泛的商品化了的民艺及其影响，也尝试着作为民俗主义来看待。这里包含的问题

---

[1] 濱田琢司：「産地変容と『伝統』の自覚」、『人文地理』50 卷 6 号、1998 年。
[2] 关于民艺运动的视野和经由地域居民的客体化及其流用过程，参见太田好信：『トランスポジションの思想』、世界思想社、1998 年；森田真也：「観光と『伝統文化』の意識化」、『日本民俗学』第 209 号、1997 年。至于地方居民的主体性实践，民俗主义的概念是否也能够确实地予以涵盖，尚有疑问。这或许正是该概念在今后应该得到检验的部分。

是民艺运动和民艺热还直接或间接地对各个地方产生了重大影响。所有这些情形涉及的范围很广，包括民俗与民俗艺术及其与美术或艺术家、知识分子的关系，还有相关的商品化问题等等，有很多至少在日本尚没有被认真地探讨过。在这里，我们的一个分析思路，是将民艺这一对象在它和民俗文化的关联性之中予以讨论。

乡土玩具的视野——爱好者们的"乡土"*

〔日〕香川雅信

作为民俗主义的乡土玩具

根据斋藤良辅的归纳，所谓的"乡土玩具"，主要是指具有以下诸多特征的玩具：1. 自明治时期（1868—1912）以前即已存在，且寻常可见的，使用非常便宜的材料制作；2. 是由手工制作的；3. 往往与民间信仰相互结合，具有类似于吉祥物之类的性格；4. 往往和各地的习俗相互结合，且富于季节感；5. 诞生于从江户时代（1603—1868）到产业革命之前的明治时期之间，以各个地方的"城下町"①文化为母体，因此，带有当地的乡土特色等等②。这里提到了"民间信仰"、"各地的习俗"、"乡土特色"等表述，可以说乡土玩具正是被这些作为"民俗"而对象化了的诸多范畴所支撑着的。从江户时代存续下来的玩具固然很多，可在另一方面，直至近些年才被创造出来的玩具也不在少数。这

---

* 本文由周星译自《日本民俗学》第 236 号，2003 年 11 月，第 119—126 页。
① 成下町：日本传统的都市形态之一，通常是指以地方领主所居住的城堡为中心而得以成立的都市。——译者
② 斋藤良辅：「日本の郷土玩具－その歩みと系譜－」，『新装普及版郷土玩具辞典』，東京堂、1997 年、第 48 頁。

方面较为容易理解的例子，如岩手县远野市的"附马牛人形"[①]中的"白蚕神"和"座敷童子"等，这一类玩具是由人形[②]制作者佐佐木孝基于柳田国男的《远野物语》而创作的一系列"人形"。在这一类的乡土玩具当中，对于"传统的创造"可以说是不胜枚举。此外，在埼玉县的鸿巢市，有一种曾经被用以辟除疱疮（天然痘）的镇物——"赤物"[③]，这是一种将锯末用生麸糊加水搅和、进而使之固化而制成的"人形"，它在天然痘被根绝之后，依然作为乡土玩具而延续不断，保持着自身的命脉。类似这样的例子，作为"二手民俗文化的继承和演出"，可以被看作是民俗主义的典型事例。

但是，本文并不准备对类似这样的事例一一网罗列举，而是想把问题的焦点集中于导致乡土玩具处于这种状态的爱好者的搜集活动之上。实际上，搜集乡土玩具的趣味和民俗学在其各自最初的出发点上彼此之间乃是处于非常接近的关系之中。然而，以昭和（1926—1989）初期的乡土玩具热为界限，两者之间便开始出现了寻求差异化的趋向。在这里，我们可以发现，两者对于"乡土"之物的欲望存在着差异。乡土玩具热对于"乡土"之物的欲望，从根本上讲，是和现代的民俗主义相通的，对此进行考察正是本文的目的。

[①] 附马牛人形：远野地区使用泥土与和纸做成的一类泥塑玩具。其制作方法为：将泥土与和纸作为材料搅和成泥团；做成各种造型之后，使之自然干燥；再使用一种叫作"胡粉"的颜料，在其上反复涂抹上色即成。这种人形玩具的作风颇为独特，全部为手工制作，故同为一个造型，亦神态表情各异；若年月经久，则泛出自然的光泽。其造型多为吉祥物，特别是招财猫、宝船、宝马、金太郎、雏人形等品种，经常被作为祝贺吉礼时的礼品而广受欢迎。另在"远野物语"的产品系列中，以座敷童子、白蚕神、河童等较有人气。——译者

[②] 人形：日语的"人形"一词，其狭义主要是指以人的姿态而显现的造型物，广义则包括以各种动物以及幻想生物的姿态而显现的造型物。"人形"的制作被认为是见于从史前到当今的任何时代，在某种意义上，其创作能够反映人类文化活动的本质。人形主要用于祭礼等宗教活动或传统民俗活动之中，或者也以木偶剧之类的形态得到表现，同时，还作为玩具、地方特色的礼品和造型艺术品而受到重视。——译者

[③] 赤物：鸿巢地区大约起源于江户时代的一种地方传统玩具和人形造型物的总称。使用锯末和糨糊作为原料，成形后再反复涂以红色颜料和各种色彩即成。因为红色过去被认为具有辟邪之力，故这类"赤物人形"也就往往作为镇物被人们所珍重。例如，造型为金太郎骑在熊身上的"熊金"、骑在鲤鱼身上的"鲤金"，就曾被作为祈愿儿童无病无灾的守护物，红色的狮子头被作为守护家内平安的镇物等。现在的品种，则多为十二生肖造型和汲取了风水元素的招财猫等。"鸿巢的赤物制造技术"已被日本政府指定为国家的"重要无形民俗文化遗产"。——译者

"乡土"的发明和"乡土玩具"的诞生

今日被人们称作"乡土玩具"之物——亦即基本上具备了斋藤良辅所列举的上述五项特征的玩具,对于它的搜集趣味主要是在明治时期作为对于正在失去的江户文化的憧憬而发生的。其中以成立于明治四十二年(1909)的人形玩具的爱好者组织——"大供会"最具有代表性。可以认为,这一类对于传统性的玩具的爱好趣味,乃是针对当时由藩阀政府[①]致力于推动的近代化、西洋化趋向,它的意义是作为一种抵抗文化(counterculture)而出现[②]。这大概是发端于朝向江户时代这一"过去"而形成的怀古、怀旧(retrospective)的视野。到了大正时期(1912—1926),爱好者们的注意力逐渐转向了各种玩具的"地方特色",亦即开始关注同时代玩具的空间性差异。正是在这个过程中,"乡土玩具"这一名称在大正末期被发明了出来。那么,在"乡土"这一用语之中,究竟内含着哪些意思呢?

大正二年(1913),柳田国男和高木敏雄合作,创办了《乡土研究》杂志。在当时,"乡土"这个词是一个令人耳目一新的用语。在很长一段时期内,柳田国男先后使用过"故乡"、"乡里"和"出生地"等词汇,并由此将"我"和"外人"加以明确地区别,因此,这些用语均多少带有一些排他性和自恋性的微妙感觉。与此相对应,"乡土"这一词语则给人以"所有的人,每个人均拥有它"的感觉。柳田国男对此做了一个比喻,就好比"稚童"一词具有"一般性的可爱",他指出:"如果进行比较的话,当然还是自家的宝贝更惹人心动,如此一来,对于其他孩子的稚嫩也几乎不可能熟视无睹。人们相互之间以此种心情,想去看待他人的乡土,是自此以后的事。"[③]

[①] 藩阀政府:明治维新以后确立的偏向于萨摩藩和长州藩的新政府。——译者
[②] 斋藤良辅:『おもちゃの話』,朝日新闻社,1971年、第61页。
[③] 柳田國男:「郷土研究の将来」(1931)、『柳田國男全集』26、筑摩書房、1990年、第461-462页。

这意味着所谓"乡土",并不是像"家乡"那样是唯一的、具有特权性的场所。这个用语概念所带有的感觉,乃是与其具有同等价值的、值得爱惜的场所。反过来说,并非特定的和"我"有关的场所,以前未曾有过的对于此类场所的关心,作为一种新的感性破茧而出,可以说,这就要求有如此崭新的用语被发明出来。佐藤守弘曾经指出,在1910年代的日本,照相和歌唱等匿名的风景表现频繁地出现,于其背后则是作为"都市病"的"乡愁"得以发生。就是说,对于城市里诸多感觉的不间断刺激,导致了本杰明所说的那种从"冲击的经验"当中产生的作为心理防护的装置,于是,就因为需要而发生了作为虚构之"原风景"的"家乡"。[1]对于这种"并非任何场所"而感到"乡愁"的新的感性,可以认为是和对于"他人的乡土"而感到"乡愁"的感性基本上相同的,它们都是朝向"并非此处之场所"去追寻那些"失落之物",以及"不在此处之物"的欲望的某种形式。

大正七年(1918),以《乡土趣味》为题的杂志得以在京都创刊。"乡土"和"研究"同时成了"趣味"的对象。该杂志刊登了大量的有关各个地方的玩具的文章,最初是把它们称为"诸国玩具"、"地方玩具"等,然而,自从大正十二年(1923)1月,开始连载田中绿红的《乡土性玩具的故事》时起,"乡土玩具"这一称谓便逐渐确定了下来。

在《乡土趣味》杂志上还刊登有以邮购的方式贩卖乡土玩具的广告,其广告词如下:

> 从前的诸国具有的乡土色彩的玩具,几乎是难以言表、令人感到亲切怀念的存在,将它置于书斋的一角,或是几上案头,把玩欣赏,就会在心中浮现出它们的地方色彩,联想起各种尚且未知的乡土景物,实乃一种诗意的快感。而且,由于这些玩具的形状、色彩等能够窥见其给人留下非常

---

[1] 佐藤守弘:「郷愁のトポグラフィ―一九一〇年代の日本における風景写真の政治学―」,『文化学年報』五二、同志社大学文化学会、2003年。

朴素的印象之处，实亦玩味深长。①

在此，值得注意的是"尚且未知的乡土"这一表述。就其原意而言，此类初看起来似乎语言自相矛盾的表述之所以可能，可以认为正是由于对"并非任何场所"或"他人的乡土"也能够感到乡愁这一崭新的感性。带着"诸国的乡土色彩"和"地方色彩"的"朴素的"玩具，最适合于唤起人们的此类乡愁。

进入昭和时代后，搜集乡土玩具的趣味蔚然成风。昭和三年（1928）创刊的《旅行与传说》杂志，以旅行向导和介绍各地的传统为宗旨，于1928年6月出版了一期"乡土玩具"专辑，并博得了极大的好评。从此，该杂志每年都出版一期"乡土玩具"专辑，并坚持了好几年。尤其是昭和七年（1932）11月出版的"乡土玩具"专辑中，以"驿传东海道玩具向导"为主题，对于东海道②沿线各站可以收集到手的乡土玩具，按照实际停车站点的顺序逐一做了介绍。由此，正如人们更加容易觉察到的那样，乡土玩具在和观光活动的关系之中开始获得了更为重要的意义。③昭和五年（1930），搜集乡土玩具的范围囊括全国（包括北海道、朝鲜和中国台湾在内④）的武井武雄，出版了《日本乡土玩具》一书，诸如此类内容充实的目录的完成，也进一步加速和强化了乡土玩具的搜集趣味。

然而，亲自奔赴异乡陌生之地，爱好者们目睹的并非现实的情景。他们的目的并不是旅行的经验本身，说到底只是去搜集乡土玩具。"搜集旅行"这一表述，也从一个侧面说明了这一点。乡土玩具也并非"旅行回忆"之物，旅

---

① 「諸国おもちゃ目録（一）」、『郷土趣味』一、郷土趣味社、1918年、第32頁。
② 东海道：日本古代的行政区划"五畿七道"之一，位于本洲太平洋一侧的中部地区，后亦指通过该地区的干线道路。——译者
③ 川越仁恵：「『郷土玩具』の誕生伏見人形の民俗誌の考察を通して」、『列島の文化史』——、日本エディタースクール出版部、1998年。
④ 日本帝国主义侵略扩张时期，曾经占领过朝鲜半岛和我国台湾。——译者

行的经验只是强化了把玩乡土玩具时"难以名状之乐趣"而已。[1] 在这个意义上，可以说他们和大正时期想象"尚且未知的乡土"的收藏家们也并没有多大的不同。

爱好者的"乡土"、民俗学者的"乡土"

大约在昭和十年（1935）前后，乡土玩具的收藏热进入到了高峰期。值得注意的是，似乎与此风潮相反，民俗学却从乡土玩具的研究开始撤退了。

在此之前，乡土玩具和民俗学的关系犹如在蜜月期。在"乡土玩具"之前，曾经较多地使用过"土俗玩具"的称谓，这是因为玩具曾经被定义为"土俗学"（民俗学的旧称）的研究资料的缘故[2]。而且，曾经扛起民俗学之物质文化研究大旗的阁楼博物馆，最初也是以乡土玩具为主要的研究对象，在截至昭和三年（1928）之前，持续地投入精力对玩具进行了大量地搜集活动。[3] 比较容易搜集、地域性差异也一目了然、具有可视化特点的乡土玩具，曾经最适合作为民俗学研究的线索与契机。

但到昭和五年（1930），在阁楼博物馆有关搜集的说明指南《搜集物准则》中，于"玩具"这一条目下如此写道："儿童亲自制作的，或者由父兄制作馈赠的，不包括一般的出售之物"，亦即将作为商品贩卖的乡土玩具排除在外了。柳田国男还曾在昭和十年（1935）出版的《乡土生活的研究法》中，猛烈地批评了无视背景的搜集玩具的状态。[4]

---

[1] 关于乡土玩具的搜集，高桥狗佛曾经指出："自己亲赴当地搜集而来的玩具，每次把玩观察，都可以浮现出那块土地的风土人情，还有当时见闻的各种事情，由于有难以名状的乐趣，所以，建议乡土玩具的爱好者们应该尽量亲自到各地去搜集，如果有可能的话，还应该向当地的人们询问，听听他们的讲述。"高橋狗佛：「郷土玩具たづねて」、『旅と伝説』二七、三元社、1930 年、第 36 頁。
[2] 斉藤良輔：『おもちゃの話』、第 221 頁、朝日新聞社、1971 年。
[3] 川越仁恵：「アチック・ミューゼアムの『郷土玩具』時代」、『民具マンスリー』二七、神奈川大学日本常民文化研究所、1994 年、第 6 頁。
[4] 柳田國男：「郷土生活の研究法」（1935）、『柳田國男全集』28、筑摩書房、1990 年、第 41-42 頁。

另一方面，主持"乡土玩具普及会"、引导着当时的乡土玩具界的有坂与太郎，则在昭和八年（1933）创刊了《乡土玩具》这一杂志，他提倡新的"玩具学"，并批评了民俗学的姿态，亦即只将玩具视为"民俗研究的道具"，只承认"玩具作为窥探祖先生活之资料"的价值，而不考虑玩具未来的发展。有坂与太郎还进一步在依托"乡土性"的基础之上，致力于培养具有崭新创意的所谓"创生玩具"，聚集了 20 多位乡土玩具的技术人员，从事指导玩具制作等活动。①

如此这般，民俗学和乡土玩具的搜集趣味不久便分道扬镳了，开始相互区分并谋求差别化，可以认为这种分歧是起因于两者对于"乡土"的欲望之不同而产生的。众所周知，柳田国男所主张的乡土研究，"不是要去研究乡土，而是要在乡土之中从事研究"。这种研究的对象便是"日本人的生活，尤其是日本民族作为一个整体的过去的经历"②。与此不同，爱好者们的主张则是，"我们看好原封不动的乡土，比起历来土俗学所说的，或民族学所说的道理，我们就想直观地看待玩具，更像是孩子般地看待玩具，视它为太过常见、只想无意无心地看着的玩具"③。由此可知，他们是把"乡土"本身视为欲望的对象。以有坂与太郎为首的爱好者们，不仅批评民俗学，还尖锐地批评了从大正末期兴起的以山本鼎等人为中心而推动的农民美术运动，并开展了与其方向不同的推进"创生玩具"的运动。农民美术和"创生玩具"，在它们都是经由制作的指导而将崭新创意的手工艺品作为地域性产业予以培育，在这一点上，二者具有明显的共同性，但是，有坂与太郎等人认为，由于农民美术的制作指导者局限于少数人，因此导致各地的作品出现了雷同的倾向，"乡土色彩"十分薄弱。④也就是说，对于爱好者们而言，重要的是"乡土色彩"这一审美性的标准，反过来

---

① 拓植信行：「有坂与太郎における郷土玩具研究の組織化」、『地方史研究』三八-五、1988 年、第 46 頁。
② 柳田國男：「郷土研究と郷土教育」（1933）、『柳田國男全集』26、筑摩書房、1990 年。
③ 谷川要史：「言ひたいこと」、『郷土風景』一-二、郷土風景社、1932 年。
④ 斉藤良輔：「日本の郷土玩具－その歩みと系譜－」、『新装普及版郷土玩具辞典』、東京堂、1997 年、第 38-40 頁。

说，只要具备了充分的乡土色彩，正如在"创生玩具"中所见的那样，即便是新近创作的玩具，也一样是他们搜集收藏的对象。在这一点上，它和民俗学的视点截然不同。在民俗学中，只有那些未曾经过现代人手加工的"自然"、"纯粹"之物，才具有价值，因为唯其如此，它自然就是能够透明地传递"过去的经历"之物。

爱好者们确实也曾经对于和乡土玩具有所牵涉的传说及民间信仰等，表现出了兴趣，但归根到底，那只是为了使其"难以名状之乐趣"更加浓郁而已。从民俗学家所报告的传说之中，新的乡土玩具得以创造出来，恰好就是起源于业已消失了的民俗的玩具，它们至今依然大卖特卖，可以说其理由正在于此。

爱好者们如此执着于乡土玩具之民俗性的"来历"，或许正是由于他们拥有的对于"过去"的视角，和民俗学家所拥有的性质完全不同。苏珊·斯图尔特曾经在有关"纪念品"的论著中指出：

> （前略）纪念品在人们有意识地回想幼年时期的记忆时，最经常地被使用。它就像是剪贴簿一样，无论是个人生活史上的纪念品，或是更大的如国家—民族的幼年时期，这类尚古性的主题，都是较为常见的题材。虽说是幼年时期，可并非曾经存活过的幼年时期。归根到底，这是有意识地联想起来的幼年时期，是由作为物质残存下来的东西所捏造而成的幼年时代。[1]

玩具正是促使人们想起幼年时期的纪念品，当这一幼年时期和"乡土"通过乡愁得以混同在一起之时，"乡土玩具"便发生了。柳田国男曾经把"乡土"用"稚童"来作比喻予以说明，确实令人深受启迪。爱好者们把玩乡土玩具

---

[1] スチュワート、スーザン：「欲望のオブジェースーヴェニールについて」（高山宏訳）、今福龍太・沼野充義・四方田犬彦編：『世界文学のフロンティア4 ノスタルジア』、第286頁、岩波書店、1996年。

时，常以"朴素"、"稚拙"为价值，应该也是基于此种心理机制。[①] 所谓"乡土"，亦即在空间上予以定位的"过去"，那里有日本人心理中幼年时期的投影。就是说，无论民俗学家还是爱好者们，都是在"乡土"里看到了"过去"，只是，爱好者们所追求的并非"正确的过去"，而是和他们的印象相互吻合的"理想的过去"。

明治时期对于"江户玩具"的怀旧憧憬的视野，直接转向了对于"乡土玩具"的目光，便是一个明显的佐证。小川都曾经指出：有关乡土玩具的感觉难以脱离明治的视线，这一点非常重要。[②] 明治时期的人们对于和自己的幼年时期相互重叠的江户时代的那种怀旧的感觉，当然是无法为后代的人们所共有。假如说能够共有的话，那便是被"捏造的幼年时代"。可以说它和追求"尚且未知的乡土"这一类假想现实的感性是相通的。

[①] 从大正后期到昭和初期，曾经作为"童画家"而活跃一时的武井武雄和村山知义，同时也都是乡土玩具的爱好者。这说明对于"乡土"的兴趣和对于"儿童"的关心，时不时就会重合一致。在人们对于"乡土"的兴趣日益高涨的大正时期，也正是浪漫主义的儿童观逐渐传播开来的时代。有关这一问题，拟另文作深入探讨，此不赘述。

[②] 小川都：「『郷土玩具』の基本的性格－百貨店三越を通して」、『京都民俗』一五、1997年、第47頁。

丧葬礼仪与民俗主义[*]

〔日〕山田慎也

葬仪产业与民俗主义

当从民俗主义这一视点去看待丧葬礼仪时，若是遵照"二手民俗的演出和传达"这一定义的话[①]，可以知晓当今用于葬仪产业的丧葬礼仪，乃是将历来的民俗加以商业性的改造而形成的，就此而言，完全可以将其视为民俗主义予以理解。当今丧葬礼仪的执行，总是以某种形式与葬仪产业发生着关联，在这种状况之下，作为重要的分析对象，有必要对其做进一步的深入探讨。本文主要介绍葬仪产业中已被对象化了的民俗的事例，尝试指出其发展的倾向性。

若是提及在举行丧葬礼仪时利用职业人士这一点，其实以都市为中心，可以上溯至很早的时候。制造和贩卖葬具的行业，早在17世纪后半期，就已经出现了"龛师"之类的名称。其业务除了主要是制作、贩卖"舆"（轿子）[②]、龙头[③]、

---

[*] 本文由周星译自《日本民俗学》第236号，2003年11月，第137—146页。
[①] 此处根据汉斯·莫泽的定义，请参阅法橋量：「記憶とフォークロリスムス」、岩本通弥编；『記憶』、朝倉書店、2003年、第229-230頁。
[②] "舆"的本意是指轿子，但在送葬时，把棺材安置其上，抬着前行的葬具也叫作"舆"。——译者
[③] 龙头：为传统葬具的一种，形式和材料多种多样，或将它单独作为送葬行列的一种仪仗，或将其作为覆盖于棺材之上的装饰。——译者

天盖①等葬具之外，还有称作"贷色"的丧服出租业务。在京都、伏见和大阪等都市及其周边地区，人们在举行丧葬礼仪时，往往会从龛师那里购买葬具、租借丧服等。到18世纪时，这种情况甚至扩展到了都市的下层民众当中。②

近代以来，不仅葬具，就连丧葬礼仪本身，也开始被有意识地作为业务经营的对象了。在明治二十年左右的几年间（1887—1896），东京、大阪等大都市里开始出现了"葬仪社"的名称。当时的丧葬礼仪，主要是以从丧主家里到墓地之间的送葬队伍为中心所举行的仪式，曾经分别经营的葬具借贷行业和为送葬队伍安排不足人手的行业，后来相互合流，促成了"葬仪社"的诞生③。这意味着葬仪这一礼仪体系本身，具体而言，亦即以送葬行列为业务对象的职业由此诞生。

到了大正时期（1912—1926），与城市面积的扩大和交通量的迅猛增加相伴随，送葬行列也逐渐地被认为是一种冗费的支出，进而趋向于衰落。而在丧主家里举行告别仪式逐渐地成为了主流，因此，葬祭行业所经营的业务也逐渐地改变为以设置和装饰祭坛为主，并提供诸如入殓纳棺、向政府提出死亡报告等各种各样的服务。

到了经济高速成长时期④，人们又发明了白木雕刻祭坛，以此为基础，丧祭行业开始出现了接受丧主对丧葬礼仪之整体性承办的申请、然后再为其操办的形式。这是将丧葬礼仪整体打包，以承包形式来完成，亦即出现了行业咨询（consulting）化的倾向⑤。进一步，丧祭行业还慢慢地渗透到了村落地域，从刚开始时只是提供葬具，逐渐地发展到提供各种服务。虽然程度有所差异，但丧

---

① 天盖：一般将建筑物上面的庇荫部分叫作天盖。天盖作为葬具，是指在灵柩之上覆盖的一种装饰物，多为布、纸或木质材料，寓意是祈愿死者的亡灵顺利前往极乐净土。——译者
② 木下光生：「近世葬具業者の基礎的研究」，大阪市史編纂所编：『大阪の歴史』五七、大阪市史料調査会、2001年、第62-76頁。
③ 井上章一：『霊柩車の誕生』、朝日新聞社、1984年、第90-92頁。
④ 日本的经济高速成长时期，一般是指1965—1973年间。——译者
⑤ 山田慎也：「死を受容させるもの－輿から祭壇へ－」、『日本民俗学』第207号、1996年、第29-57頁。

祭行业始终是以某种形式持续地渗透和影响着丧葬礼仪[①]。综上所述，以都市为中心，和葬仪的产业化并行不悖的还有葬仪习惯的形成，其影响也波及了很多不同类型的地域。

葬具的流用

丧祭行业基本上是从提供葬具开始创业的，在这个过程当中，各种各样的葬具大都是在传统葬具的基础之上加以改造的形式，作为被赋予了价值的商品而被开发出来和被使用的。

在当今的葬具之中，葬仪祭坛具有核心性的地位，一般也是通过它来确定承包制的葬仪费用的标准。其中的白木雕刻祭坛现已成为主流[②]，但它其实是在昭和三十年代（1955—1965）被开发出来的。祭坛上承载了以往各种葬具的题材，其最上端为宫型，亦即宫殿的造型，正如它被称作"饰舆"、"半舆"等所喻示的那样，其乃是模拟以前送葬行列中的"舆"而设计出来的装饰，它和"舆"是取而代之的关系。葬具中被称为"六灯"的照明器具，其原型乃是曾经被称作"六道"、"六地藏"的六根蜡烛。这种"六灯"，不仅可以使用六根蜡烛，往往还有可能使用行灯[③]、灯笼等，并因此成就出"六灯行灯"、"六灯灯笼"、"六灯雪洞"等各种形态；进一步，不仅有"六灯"，还有增加数量而形成的"八灯"、"十二灯"等多种情形。此外，以葬具中的"龙头"为基础，甚至还有以龙持行灯为造型的"龙灯"。祭坛就是这样，汲取了过去送葬行列所

---

① 山田慎也：「葬祭業者を利用することは－互助から契約へ－」，新谷尚起编：『死後の環境』，昭和堂，1999年、第100-125頁。
② 20世纪90年代以后，插花祭坛也开始逐渐地在一般的丧葬礼仪中使用，但多数为"社葬"之类的团体丧葬礼仪和大型丧葬礼仪的场合。请参见山田慎也：「行く末よりも来し方を一生花祭壇における死者の表現」，浅香勝輔教授退任記念刊行委員会编：『歴史と建築のあいだ』，古今書院，2001年、第289-300頁。
③ 行灯：可以携带或移动的照明器具。——译者

用葬具的很多要素。①至于在关西地区的葬仪当中所使用的"青竹祭坛"，据说是由京都的园艺业者以历来的白木"五具足"②、"棚盛"、"华足"③等葬具为基础而新近发明出来的。

门前高挂的灯笼以及与之配套的水车，还有"模拟石"等庭园装饰，据说也都是昭和三十年以来，由关西地区的园艺业者开发出来的。其由来当是模仿过去一些老户人家门口悬挂的灯笼，然后，在其下面装饰一些鲜花和园艺，并通过对竹篱笆的衬托，以在丧葬礼仪之中表现出一种乡愁。

还可以再列举一些小件物品为例。过去曾经有一种风俗，当一年之内出了两位死者的时候，或者不得不在"友引"之日④举办葬礼的时候，要将人形和木槌等一同埋入坟墓。为了这种场合制作的人形，亦即所谓"友引人形"或昵称"阿友"的人形作为商品而出售，这种外形和以前曾经流行过的"圆白菜人形"⑤相似、看起来很可爱的布娃娃人形，在其左前面却穿着白色的装束，似乎也具有一些替代死者的要素在内。

上述在丧葬礼仪当中出现和使用的各种各样的物品，大多是将以前在丧葬礼仪中曾经使用过的，抑或是将能够使人联想到丧葬的印象之物等予以客体化，然后，再开发出商品，并在强调其与普通民众制作之物的差异的过程中不断扩大化，进而使之生产出附加的价值。

---

① 山田慎也：「死を受容させるもの－輿から祭壇へ－」，『日本民俗学』第 207 号、1996 年、第 29-57 頁。
② 五具足：由香炉和一对烛台、一对插花台（瓶）共五件组合而成的一套佛具。——译者
③ 华足：供奉在佛前的黏糕、点心之类及盛放此类供品的器皿。——译者
④ 友引：在日本传统的历法文化中，通常被用来表示日期、时辰和方位之吉凶及运势等事项的"历注"之一。原本本应为"共引"，意思是无论何事，均决不出成败。后来因谐音讹变为"友引"之后，人们望文生义，就相信此日会引来朋友，故适于结婚。但另一方面，也有迷信者认为，此日若举行丧礼或相关的法事，就会有谁被引着去另一个世界，所以，每逢此日，火葬场就会临时歇业，一般民众也会在此日回避举行丧葬礼仪。——译者
⑤ 1983 年前后世界范围内流行一时的一种人形玩具。——译者

客体化的"民俗"

在丧葬礼仪中经常可见的情形是借由此类被客体化、进而再扩大化使用的葬具，往往能够促使一般民众所理解的那些传统的民俗在经历过一段时间之后，逐渐地得到强化。

送葬行列的顺序和所用葬具的种类，往往因为地域的不同而有很多微妙的差异。针对这些差异，有一些丧祭业者自身颇为积极地予以把握，然后，按照地域的不同或寺院的不同而制作出分别相应的送葬行列的顺序书，同时也为丧主提供各种咨询服务，诸如由谁在仪式中担当什么角色等。[①]

无论在都市还是在村落，均开始使用既成制品的主要是死者的一套装束。这一套组合的内容至今仍旧是"白帷子"（一种专门为死者准备的白色和服单衣）、"衣带"、"手甲"（一种护手）、"脚绊"（一种绑腿）、"头陀袋"[②]、印制的六文钱、"天冠"（三角形头巾）等，有时再加上拐杖、草鞋、编笠。这一套死者装束的组合基本上没有变化，使用它们的业者和遗族即便时不时地感到有一些不合适，最终也还是采用了它们。

在东京，有不少丧祭业者把为死者打扮装束之后使之入殓纳棺特别称之为"旅行准备"，这是丧葬礼仪中最重要的业务之一。很多从业者均认识到，基于入殓纳棺的方式，他们随后和遗族的关系也会有很大的不同。

丧祭业者一般是在遗族的面前为死者打扮装束和使之入殓纳棺的，通过这一过程，便形成了死后旅行出发的观念，同时也向遗族提供了有关一些细碎习俗的意义。

例如，东京某丧祭业者的做法是把手甲、袜子、脚绊等各种物品，逐一向

---

① 岩手县远野市的事例。
② 头陀袋：僧侣用于托钵"乞食"时使用的一种布袋。——译者

遗族出示，不仅对其各自的名称，还对钮结的系法等予以详细的说明与演示："因为旅途遥远，为了不让钮结松开，请务必采用'单向'的系法。"然后，业者还会建议遗族亲自将手甲、脚绊和袜子等给死者穿戴妥当。

现在的一般情况是，遗体通常是在医院被擦洗过以后，再换上浴衣。因此，白帷子也就不用穿着了，只是覆盖在遗体上面；衣带也不用系了，只是把它折叠好，安放在死者的腰间。把装在头陀袋里的印制或复印的纸质六文钱取出来，给遗族看一下，说明"这是渡过三途川时要付的钱，或者是给六地藏的赛钱①"，然后，再把它放进头陀袋里，接着不是把头陀袋挂在死者的脖子上，而是放进他的怀里。死者额头上的三角形"天冠"，被说成是"亡者为了上天堂而需要戴上的冠"。但又说"若是粘在额头的话，（亡人的）脸部就会变形"，所以，只是把它和"网笠"（一种编织的草帽）一起，轻放在死者头上。如此这般，手甲、脚绊和白帷子之类，通常是一定要让遗族全员都来搭一把手，在对这一套死者装束逐一予以说明之后，再用它们来给死者打扮装束。

如果丧主是属于净土真宗或日莲宗，不等遗族特意申明，从业的职员也会立即明白："这些宗派是即身成佛，所以，不需要做'旅行准备'"，当然也就用不到手甲、脚绊和白帷子之类的葬具了。

如上所述，"旅行准备"逐一地提示和实际演示着每一件装束的名称、使用方法及其意义。虽然不能说遗族完全没有关于死后旅行出发的观念，但也很难说他们和丧祭业者在相同水平上共享着有关"旅行准备"的方式和观念，这一切均是在具体的仪式化行为的过程当中，经由丧祭业者对其定义和前提等予以说明，关于人死后是要踏上旅途的观念才得以在人们中间形成。在丧主信仰日莲宗和净土真宗的情形下，虽然教义上没有死后旅途的观念，但在入殓纳棺之时也并非僧侣在场，而是由丧祭业者分别提供各自具有不同宗旨

---

① 六地藏：日本习惯于将六尊地藏菩萨的像并列起来一起祭祀，故称"六地藏"。赛钱："赛"具有回报神佛之恩的意思，因此，"赛钱"就是对神佛的回报与供奉。——译者

的教义。就是说，通过葬具等物品，死亡的意义等观念层面的构成最终得以实现。①

被创造出来的礼仪

"旅行准备"的事例，可以说一方面是采取了继承以往习俗的形式，另一方面却是由丧祭业者主导了民俗的继承或形成。但某些已经绝灭了的习俗，也有可能在经过现代的加工之后，又作为一种服务性商品的形式而得以复活。②

这方面的例子，如所谓"汤灌仪式"，在东京、大阪和福冈等很多大都市地区，是由专业人员提供的一种服务。

"汤灌"在以前是在将死者入殓纳棺之前，由近亲等人准备好"逆水"，然后使死者在"舆"内得以沐浴的一种习俗。但是，这种汤灌沐浴的习俗，在东京因为早已不再举行而成为了历史。在大田区，过去曾经是让死者在"舆"内沐浴的，到了大正时期（1912—1926）便不再使之沐浴，而是开始用"逆水"擦拭死者了。在北区，大正时期也是让死者坐在"舆"内擦拭的，是否有过沐浴之事并不是很清楚。③但无论大田区还是北区，此后全都是用酒精来擦拭遗体了④。

东京是在1989年开始出现了专门从事为丧主举办"汤灌仪式"业务的公

---

① 山田慎也：「葬祭業者の役割」，宫田登・新谷尚起编：『往生考』，小学館、2000年、第250-251頁。
② 以送葬行列本身为题材的情形，则有大阪规模较大的冠婚丧祭互助会的例子，在其"斋场"有所谓"野边送别"（本义是目送死者至火葬场或墓地）的仪式。这是在丧葬礼仪结束以后，于烟雾缭绕之中，由参加葬礼的人们目送僧侣乘车离去，同时也目送灵柩车退场离去的仪式。——译者
③ 山田慎也：「浮間の葬送・墓制」，『北区史』民俗编三、1996年、第204頁。
④ 用酒精等作为消毒药物而用于擦拭尸体，从医学角度大概是始于明治时期。据新村拓先生告知，这在明治时期的看护书籍中已有说明；到了大正时期，则在家政书籍中也有了记载。参阅フレーザー、ヘレン：『实用看護法』（1896）、近代日本看護名著集成五、第336頁、大空社、1988年。嘉悦孝子：『家政講話』（1916）、復刻家政学叢書六、第一書房、1982年、第262頁。

司。① 这是参考了为高龄人士提供上门入浴服务的业务，将移动式的浴缸带到丧主家里或葬仪现场，为死者举行"汤灌仪式"的服务。运送设备的箱型货车上安装有上、下水的设备，能够以淋浴方式提供沐浴服务。② "汤灌"时，具体有清洗身体的女性 1—2 人，主持汤灌仪式的男性 1 人，说是 1 人，实际上多是以 2—3 人为一组来展开的。

先是由业者进行口头解说，据说"汤灌乃是肃穆而又重要的仪式，既可拭去现世的烦恼，同时也是来世再生的'产汤'③，因此，这是具有较高的精神性意义的仪式"④。汤灌仪式是从"口头解说"开始的，但此后却又说"因为使用了肥皂，所以，也可以说是最后的洗澡了"，强调其入浴的侧面。

首先是要脱去死者身穿的浴衣，但绝不能让其身体暴露出来，故使用大块的浴巾给他披上之后，再脱去浴衣。不让死者的肌肤裸露出来，这在接受丧主的委托时是必须一再强调的。然后，让披着大浴巾的死者躺在大型浴缸上面的一张网子上。此时，负责主持仪式的男性宣布"逆水仪式"开始，他先是向一个小木桶里的水再加入一些热水，以制作"逆水"；此时，一定要向遗族说明"逆水"的由来。接着，要让遗族中的一人口说"逆着来"，然后从脚底到胸口对遗体依次洒上"逆水"。

接着，要使用淋浴的水龙头冲洗遗体，这也要"逆着来"，亦即从脚开始。为了不让遗族们看见遗体，这个时候是将手伸进浴巾和身体之间予以冲洗的。冲洗到头发时，还会特别注意，决不能让热水洒在死者的脸上。

与此同时，主持者会向遗族说"热水洗到肌肤，去世的人也会感到舒服"等，就像是人们通常洗澡一样；一般情形下，遗族们也会说"去世前也有一段

---

① 在大阪，据说 1989 年就已经有了经营汤灌仪式的业者。1992 年时，东京有了两家，神奈川则有一家。参阅表现文化社：「古さと新しさをミックス、いま話題の『湯灌』サービス」，『SOGI』一二、1992 年、第 89-92 页。
② 表现文化社：「古さと新しさをミックス、いま話題の『湯灌』サービス」，『SOGI』一二、1992 年、第 89-92 页。
③ 产汤：将新生婴儿第一次浸放在温水中清洗之事。——译者
④ 根据笔者 1996 年 3 月和 1999 年 9 月的调查。

时间没能洗澡了"之类的话，并由此深化了最后一次洗澡的认识。

冲洗完毕，轻按浴巾以擦干身体，这时也绝对不能让死者的肌肤裸露出来。接着，再给死者穿上"白帷子"，并整理好他的指甲和头发。当给他穿戴手甲和脚绊的时候，需要说明"去世以后的旅途是不能再返回来了，所以，要竖着把'单向'结系好才行"，并让遗族亲自来做。如此这般为死者穿好装束并使之入殓纳棺的过程，和丧祭业者所谓的"旅行准备"基本上是一样的。

过去的"汤灌"是在仓储间和"座敷"客厅等较为封闭的空间进行的，由近亲者擦洗死者的身体，因此，对于他者而言，具有隔离和隐蔽的意思。对于当事人的近亲而言，隐藏死者的肌肤没有必要，倒不如说为了确认死亡的事实而有必要去正视才对。但是，现在的"汤灌仪式"，对于不能裸露死者的肌肤极其注意，甚至连近亲也不能看到了，这意味着已经消失了的"汤灌"习俗作为"能够活用的财产"[1]是被客体化地再次开发出来的。然而，对于现代人而言，并不能仅用"汤灌"这一陌生之语来吸引客户，而是通过发现其与"入浴"的类似性，进而试图去接近利用者。另一方面，死者入浴服务又有作为仪式而难以获得正统性的困难，因此，"汤灌"这样一种民俗便被当作了资源。

究竟什么是葬仪的民俗？

此种"汤灌"服务，并不是以往"汤灌"习俗的复活。虽然使用了"汤灌"这一用语，但其举行仪式的主体、方式以及人们对它的理解等，均和过去的"汤灌"习俗完全不同。在葬仪产业发展的过程当中，它只是在处理遗体的业务中所展开的一个阶段而已。

在东京，自从大正时期以来，人们逐渐地开始委托丧祭业者来完成丧葬礼

---

[1] 借用鲍辛格的用语，参见法橋量：「記憶とフォークロリスムス」、岩本通弥编；『記憶』、朝倉書店、2003年、第230-231頁。

仪中入殓纳棺这一环节。这意味着处理遗体的事情从近亲之手逐渐地转向了专门的行业人士之手。进一步，自从昭和四十年（1965）以来，在北陆[①]和北海道等地，也出现了以入殓纳棺为专业的公司。而且，几乎每个丧祭业者在其进行入殓纳棺之前的"旅行准备"之时，也都更进一步地带上了专业化的仪式性。而进一步具有附加价值的入殓纳棺方式，便是此处所说的"灌汤仪式"。

以往的民俗被当作商品开发的素材而截取出来，同时被以更加仪式化的方式，将其作为一种服务而开发出来。现在，这种尝试仍在持续地进行着。但归根到底，它作为商品必须是具有吸引消费者的魅力之物。因此，这并非只是业者单独的开发，而是他们和消费者一起共同建构出来的仪式。就是说，民俗只是素材之一，并非总是从民俗当中就能生产出一切。

当前在对遗体的处理过程当中，葬仪产业新近较为关注的是消毒和防腐处理（embalming），亦即遗体的"卫生保全"。这原本是在美国和加拿大等国家，作为其丧葬礼仪的一环而进行的遗体防腐保存处置的一套技术。日本自从1988年起也开始实施，到2000年时，每年有10187具遗体、约占全国死亡总人数的1%实施了这一技术[②]。

近几年来，实施遗体"卫生保全"的数量正在迅速增加，在行业团体和丧祭业者的说明指南等资料中，首先强调的是"作为葬仪科学的遗体卫生保全与处置"，在标榜科学性的同时，主张其对于守护死者尊严的葬仪而言很有意义，也非常有效。但在另一方面，在丧葬礼仪的现场，此类科学性未必是一定需要的，对于遗族而言，其实就是需要看到死者"干净祥和的面庞"[③]。

如此看来，对于遗体的处理，在以委托专家的形式而使死者的身体得以清静的方向上，正在朝向"汤灌"，进而向"卫生保全"等方式过渡。就是说，

[①] 北陆：日本地理用语。一般是指本州中部面向日本海的新潟县、富山县、石川县和福井县等地区。——译者

[②] 山田慎也：「越境する葬儀－日本におけるエンバーミング」、篠原徹编：『越境』、朝倉書店、2003年、第37-38頁。

[③] 山田慎也：「越境する葬儀－日本におけるエンバーミング」、篠原徹编：『越境』、朝倉書店、2003年、第49頁。

在葬仪服务行业，当采用"汤灌"方式的时候，是将以前的"汤灌"民俗予以加工而形成；当采用"卫生保全"方式的时候，则是以美国的葬仪科学为基础，通过将其从外部导入而形成。这意味着商品化的素材，目前已经出现了全球化的趋向，并非只是求诸以前的旧民俗。此类商品开发是一边把握消费者的动态，一边将目光巡视到所有可能的方向以寻求可用的素材。

民俗主义的视点在理解这些现代的动向时，非常重要。[1] 以是否经由了"二手"的介入而把民俗主义视为不是"真正"的，把历来的民俗视为"真正"的，诸如此类反复争执的讨论，其实是不会有任何收获的。[2]

在思考本真性的标准之际，若是以丧葬礼仪为例来考虑的话，那些被认为是传统性的葬具本身，其实就是对于寺院佛具的模仿。依赖木匠来制作葬具的地域，包括村落在内，为数相当之多。如果要说因为是从丧祭业者那里购买的，所以才具有本真性的话，其实也有人是按照过去的方法制作的。判断真伪或本真性之事，委实是徒劳的。

当今的现实是人们在利用葬仪产业的过程当中，形构了各自对于死亡的真实感。如果民俗学不能够对此类现实有深度理解，现代人有关死亡的行动也就难免成为一些对难以确定之物的经验。因此，我们首先有必要率真地去正视当前的状况。

---

[1] バウジンガー、ヘルマン：『科学技術世界のなかの民俗文化』（1961、河野新訳）、愛知大学国際コミュニケーション学会、2001年、第53頁。
[2] 八木康幸：「祭りと踊りの地域文化－地方博覧会とフォークロリズム」、宮田登編：『民俗の思想』、朝倉書店、1998年、第143頁。谷部真吾：「祭りの舞台化にみるフォークロリズム－森の祭りの99'フェスタ静岡出演を事例として－」、『生活学論叢』7号、2002年、第18-19頁。法橋量：「記憶とフォークロリスムス」、岩本通弥編：『記憶』、朝倉書店、2003年、第237-238頁。

民俗学与观光[*]

〔日〕川森博司

当讨论"民俗学与观光"的话题时，就涉及此处所谓民俗学究竟是指怎样的内容这一问题。简单地说，观光对于"现代民俗学"而言，既是富有魅力的主题，又是非常重要的领域，但对于以追索历史为目的的"历史民俗学"而言，并没有多少意义。因为观光现象更确切地说是妨碍历史性溯源的多余要素。它在日本的"现代民俗学"领域，长期以来毫无进展。例如，宫田登在《现代民俗学的视点3民俗的思想》一书的序章"民间学和民俗思想"（1998）中曾经指出：

> 不得不承认，日本民俗学界在总体上曾经有一种姿态，亦即倾向于回避现代的视点。然而，近二十年来，出现了若干民俗学应该予以对应的新课题，对此有必要予以再确认。[①]

在这种状况下，把观光这一主题引入研究当中，可以说是一个很大的契机，

---

[*] 本文由周星译自江信清、藤卷正己编：『観光研究レファレンスデータベース：日本編』，株式会社ナカニシヤ出版，2011年3月，第2-10頁。
[①] 宫田登：「序章民間学と民俗思想」、宫田登编：『現代民俗学の視点3民俗の思想』，朝倉書店，1998年，第1-11頁。

有助于为日本民俗学开拓出现代民俗学的研究方向。本文在指出日本民俗学这一转换期的同时，试图对民俗学及其相关的观光研究进行一番梳理。

日本民俗学的转机和观光的主题化

在具有强烈的溯及历史之倾向性的日本民俗学中，截至20世纪90年代，观光并没有被视为是具有积极建设性的研究课题。但实际上，就民俗学拥有以旅行为其研究方法论的基础这一学问的属性而言，特别是在经济高速增长以降的调查和研究中，和观光这一侧面的接触并不鲜见。[1]例如，宫本常一在20世纪60年代写的文章中，就曾对观光现象给民众生活的影响，主要是从其否定性的一面，描述了自己的考察。其中，他的主张尤其明确地反映在《民众的生活和广播电视》（1966）一文中。

宫本曾经指出，民俗艺能"一经电视等媒体介绍，就会悄然重现活力，有些已经中断的活动，也能令人醒目地复活"。[2]他列举的实例为中国山地一带的"囃子田"（hayashida）[3]，"几乎全都中断了，但从1949—1950年前后起，又慢慢地一点点复活了。最近，并不伴随着插秧的行为，仅以笛子、鼓、音乐等组成会演比赛的项目，这样的群体据说称之为'田乐团'"。宫本进一步指出，一般来说，"一旦在电视上播放了，来这个地方访问的观光客就会期望看到它，于是，很多都是由于观光的需要而复活的。正如秋田横手地方的

---

[1] 作为从民俗学家的旅行经验中衍生的出版物，可以举出神崎宣武《迈向观光民俗学之旅》（1990）等。作者从参与观察的视点出发，考察了参加海外旅行团的日本人的集体特性，提示了通过观光而开展比较文化研究的可能性。
[2] 宮本常一：「民衆の生活と放送」，『宮本常一著作集2 日本の中央と地方』，頁未来社、1967年、第195-206頁。
[3] 旧时在日本的中国山地一带，有一种叫作"囃子田"的民俗艺能，它一般是在插秧时节举行，因地域不同，又有"田囃子"、"花田植"、"大田植"等称谓。人们一边插秧，一边使用笛子、摺籠（一种类似竹板的乐器）、铜钹、太鼓等乐器伴奏，载歌载舞，是一种旨在祈愿庄稼丰收的稻作农耕仪式。——译者

'灶藏'①，1946—1947年前后我访问当地时，几乎都不举行了，今天却成为该地区旨在满足观光业之需要的重要节目。但因此，其原先的精神反而被忘却了。"

宫本常一留下的很多著述，都可以和现代民俗学接轨。但他在这篇论文中列举了以观光为目的而复活的民俗行事，批评其缺乏"原本的精神"。至于"原本的精神"为何，他认为是"当事人乐在其中"。宫本指出，"很多民俗艺能复活了，但若极端而言，它们并非是为了使当事人乐在其中，而是为了给他人观看。因此，如果有一天没有人来看了，大概立马就会消失。"他表达了对于观光场景中民俗艺能展示的消极和否定性的看法。

宫本的见解很好地反映了民俗学研究的特征，亦即是从普通生活者（常民）的视点来把握研究的对象。至于"当事人乐在其中"，应该指出的是他对经济高速增长以降发生的状况变化缺少关照。"当事人乐在其中"和"给他人观看"果真总是相反或背离的吗？如果把"给他人观看"的乐趣完全排除在视野之外，自然也就只能对观光现象得出否定性评价，但若考虑到大众媒体时代人们生活的状况，如果基于此类对研究视野的限定，也就难免发生对观光现象的扭曲性理解。正是这一观点，曾经给民俗学的实地调查带来了妨碍，但进入1990年代之后，情况便发生了转机。

在英语圈，自从1986年《写文化》（Writing Culture）出版以来，以文化人类学为首的人文社会科学诸领域，包括转换视点在内，都迎来了研究模式的大转机。其对日本民俗学产生影响的契机是1993年太田好信发表的论文，题为《文化的客体化——通过观光的文化和认同的创造》。太田在其论文的导论部分，根据历史学者格林布拉特的记述，介绍了如下的事例：

观光客到达巴厘的当天晚上，格林布拉特步行去附近的村落。于是，

---

① 灶藏：在日本的秋田、新潟等冬天下大雪的地方，于正月十五日举行的一种传统的民俗活动。人们用雪建成小屋（叫作雪洞），并在其中设祭坛，祭祀水神。因为小屋的形状像灶一样，故称"灶藏"。——译者

他遇见有很多人围成一个圆圈，正在专心地看电视。正在放映的音像，其实是记录了寺院所举行的伴随着舞蹈（trance dance）的仪式的磁带。在一边大声喧哗、一边观赏电视音像的人们中，有几个正是在电视录像中痴迷般地跳着舞的男人们。就是说，巴厘岛民通过电视录像，正在开心地观赏自己制作的音像。①

这里的情形显示出，所谓"当事人乐在其中"的方式，在现代社会里出现了复杂化和多样化的发展。太田由此深入地考察了"在成为观光对象的社会里生活的人们，究竟是如何在观光这一难以回避的社会脉络当中，致力于对话交涉和建构自己的认同"之类的问题。在民俗学中，虽然针对观光化的状况，也曾经有过诸如在观光场景中得以生息和延续的民俗文化之类的问题意识，但当时民俗学的研究状况却因为存在盲点而没有自觉。构成突破的是山下晋司主编的《观光人类学》（1996）一书所收录的桥本裕之和川森博司两位民俗学家的论文。

桥本裕之的论文题为《在保存和观光的夹缝中——民俗艺能的现在》，以广岛县"壬生的花田植"②（和宫本常一的叙述有所重复）为题材，他分析了当地居民针对"保护和观光这两个不同的路向，分别采取了两种不同的方法予以对应的策划"及其形成的过程。③桥本指出，促使观光这一路向全面推开的"决定性契机，最为重要的当是大约同时出现、并在中国地方流行一时的竞演大会"。它导致不仅出现了豪华的衣着，场地也往往就固定在学校的运动场，由此，他注意到了"感觉层面的变化"。桥本指出，运动场不仅使得华丽的演技

---

① 太田好信：「文化の客体化－観光をとおした文化とアイデンティティの創造－」，太田好信著：『トランスポジションの思想』，世界思想社，1998 年，第 55-94 頁。
② "花田植"：有时也被叫作"囃子田"。在日本和中国的山区，旧时在插秧时节曾经流行过的一种农耕礼仪，亦即使用笛子、锣鼓等传统乐器伴奏，一边唱着插秧民谣，一边插秧，有的地方还同时举行"牛供养"（把牛打扮美化一番）和宴会等活动，以祈愿丰收。——译者
③ 橋本裕之：「保存と観光のはざまで－民俗芸能の現在」，山下晋司編：『観光人類学』，新曜社，1996 年，第 178-188 頁。

成为可能，还使得以前无法想象的演技"几乎有了无限的可能性，因而获得了很大的成功"。而"在竞演大会上，当事者演出的快感和被大家观赏的快感相得益彰，发挥了诱导产生新的感觉领域之契机的作用"。桥本的论文揭示出在观光的场景中，"当事者乐在其中"的感觉得以再生产，并被保持了下来，这和前述宫本常一的见解形成了鲜明的反论。

川森博司的论文题为《乡愁和传统文化的再构成——远野的民话观光》。该论文通过对在观光设施里讲述民间故事的讲述人和观光客之间相互作用的考察，分析了岩手县远野市以"民话"①为主题、发展观光业的现状。家庭内的火炉旁这一曾经的传承场所已经消失，在这种状况下，民间故事的讲述往往是在观光场景中被再创造出来。通过对这一过程的探讨，川森论述道："在1970年以来的文化状况中，故事讲述人或在百货商店的物产展示上讲述，或以观光客为对象讲述，这些都是使得当事人记忆的故事对于他自己而言也成为可以获得意义的场所。"② 川森指出，特别是"远野"这一特定的地域，一般是作为"日本的故乡"这一印象而被观光客消费的，在"乡愁"这一路向之中，当地的故事讲述人在现代社会中也同时拥有了对自己的人生赋予全新意义的途径。通过关注故事讲述人的个人认同的形成，转换了日本民俗学历来对于民间故事的视线，可以说提示了以观光场景中的个人活动为田野工作对象的方法。

森田真也的论文《观光和'传统文化'的意识化——来自冲绳县竹富岛的事例》(1977)，也具备了太田、桥本、川森等人所提示的新视点。该论文分析了以观光为契机，当地居民是如何重新整理和理解他们自身的传统文化的过程。森田根据冲绳县观光业的现状指出，"如果从现状中把观光剥离开来，把构成研究者的分析框架（framework）之基础的'传统文化'抽象出来，那么，这样

---

① "民话"一词，在日语中主要是指口头传承的民间故事与民间传说等。——译者
② 川森博司：「ノスタルジアと伝統文化の再構成－遠野の民話観光－」，山下晋司编：『観光人類学』，新曜社、1996年、第150-158頁。

的视点就会和地域社会处于非常游离的状态"。[1]森田论述道:"竹富岛的印象,并不是由大众媒体和旅游业强加给当地的,它是当地居民巧妙地利用大众媒体和旅游业,和观光客共同创造出来的。其中当然内含着政治的、经济的甚或意识的支配权,但这并非只是为了迎合观光客的需求而提供的,也不存在单方面的榨取,而是一种主人、客人和大众媒体的共谋关系。由此,不应该只看到有关的'传统文化',还应该包括以'客观'的方式提供给观光客们所理想的那些印象,并承认这些都是当地人非常巧妙的实践。"根据森田的研究,在竹富岛,"曾经是在过疏化的进程中理应被否定的'传统文化'得以再生产出来,并在观光这一新的脉络下获得了经济效益,同时也强化了自我的意识"。竹富岛的情形,和远野市的情形一样,可以认为都是被卷入到观光的脉络之中,但却开创出当地居民肯定性地自我认同之形成途径的案例。

诸如此类,积极地将观光的场景视为田野工作对象的研究动向,在经济高速增长以来,可以说为已经走入死胡同的民俗学实地调查的可能性开拓出了新的方向。

对肯定性地评价观光场景的批评

另一方面,也有学者开始对肯定性地评价在观光场景中有意识地重新理解和重构民俗文化的研究方向,表示了不同意见。安井真奈美的论文《"故乡"研究的分析视角》(1997)批评性地指出,上述方向的一些研究主要只是撷取了成功的案例去进行分析的结果。安井根据石川县能登半岛的调查资料,举出了和川森、森田所提供的案例相反的情形,她举出的案例是"在乡愁的视线下被强加上'故乡'这一表象时,S地区的人们却很明确地表示反

---

[1] 森田真也:「観光と『伝統文化』の意識化－沖縄県竹富島の事例から－」,『日本民俗学』209、1997年、第33-65頁。

感,他们在中途放弃了东道主的立场",她指出,"在观光这一话语的脉络当中得以建构的认同,是片面性的","存在着最有权势立场的人们被作为'东道主'一方之代表的危险性"。她主张,有必要对当地社群内部存在着的各种权力关系进行多层面的把握。[1] 安井论文揭示出,在观光场景中得以形成的认同,归根到底只是停留在局部性的层面,其在很多情形下,其实是和当地居民的生活整体相背离的。可以说,她的研究为这一课题拓展了新的学术讨论的空间。

在民俗学的外部,来自社会学领域,例如,足立重和的研究,则促使人们对于上述民俗学和文化人类学的观光研究动向进行重新思考。从2000年到2004年,足立发表了一系列论文,随后将其归纳成《郡上八幡活着的传统——地域社会的讲述和真实性》(2010)一书。其中《由乡愁支撑的传统文化的继承》(2004)一文,在消化了太田、川森、森田等人研究的基础之上,进一步就与观光化不同的传统文化的继承问题展开了讨论。在郡上八幡,出现了"郡上舞由于被观光化,当地居民反倒不跳了"的情形[2],足立指出,郡上舞成为国家指定的重要无形文化遗产之后,它主要是由"保存会"来管理的,但是,保存会却被僵硬教条的"保存的意识形态"所束缚。"像保存会这样的志愿者团体,对于观光化和文化遗产的保护抱有很强的使命感",于是,为了"外来的观光客",过分地执着于舞蹈动作的统一整齐;另一方面,并不隶属于保存会的当地居民,则慨叹在观光客蜂拥而至的舞蹈圈之中,已经没有了自己可以从容地跳舞的空间。足立指出,太田、川森、森田等人是基于"文化建构主义的主体性立场",对于上述问题有所忽视,他们论述的"当地居民的主体性"有一种倾向,亦即"越来越多地被局限于观光的现场,作为路径依赖的主体性得以表象和讨论";因此,反倒忽视了观光化这一战略具有以让局外人也"明白易懂"的形式,促使有关的传统文化出现了划一化

---

[1] 安井真奈美:「『ふるさと』研究の分析視角」,『日本民俗学』209、1997年、第66-88頁。
[2] 足立重和:「ノスタルジーがささえる伝統文化の継承」,足立重和:『郡上八幡伝統を生きる-地域社会の語りとリアリティ-』、新曜社、2010年、第134-161頁。

和标准化这另一个侧面。足立注意到当地居民们怀念旧日的郡上舞时满怀乡愁的讲述，认为存在着摆脱观光化的可能性。当地居民相互之间会经常谈起"在观光化之前的舞场，熟人彼此一定会互相打招呼，只有当地人参加的郡上舞，一跳起来，舞场很自然就会形成一种秩序，氛围很好"。足立得出的结论认为，通过此类怀旧的表述，当地居民对于"风情"的重视若是能够成为他们自身人生的追求，则传统文化的继承就会具有"未来的志向"以及能够朝向"创造性的方向"发展。对于强调观光场景中认同之创造的一类研究，足立持批评性的态度。

在上述讨论中的分歧，或许并不是非此即彼、二者必居其一的关系，而应该是由于传统文化的类别和各不相同的地域性，其问题的属性和情形也就会有所不同。例如，在远野市的民间故事的案例当中，灵活地利用观光场景和当地居民自得其乐，这两者之间没有对立地结合在一起；与此相对应，在郡上舞的案例中，针对被观光化的舞蹈，当地居民中产生了批评性的观点，因此，他们在观光场景之外，要另行开辟当地居民自己的舞场。如上所述，在不同的地域社会中，显现出来的问题也不尽相同。虽说如此，在考虑相关的文化理论问题时，不同的观光场景中也还是潜在共同的、具有根本性的重要问题，因此，在上述两类研究之间开展对话以深化讨论，应该就是今后重要的研究方向。

文化遗产及世界遗产的视点

和对于观光场景的关注相关联，有些学者的研究注意到作为文化遗产及世界遗产的民俗文化的地位问题，以及由此引发的灵活利用传统文化的方式和相关的纠葛。安藤直子在其论文《伴随着地方都市观光化之"祭礼群"的再编——有关盛冈市六个祭礼的意义建构及其相关矛盾的解消》（2002）中，以

"盛冈参差舞"①和"恰古恰古马子"②为例，讨论了在文化遗产保护和观光场景之下产生的"节祭的意义建构"问题，以及围绕这一问题，各个集团之间的对立和矛盾的情形。关于"参差舞"，安藤指出，"保存会由于一方面致力于将此种舞蹈灵活地应用于振兴地方社会的目的，但同时又隶属于将其作为文化遗产予以保护的乍看起来目标有所对立的团体"，因此，在"不同集团之间，围绕着相关'节祭的意义'，就会产生矛盾，并在组织运营中经常发生对立，但每次都是通过对话消除了矛盾，最终使祭礼得以存续"③。例如，"参差舞原本是各个小区均有各自不同的类型，这种舞蹈本身较为复杂且难以修习，基本上是一种圆圈舞"，因此，为了使其能够应用于观光的场景，"就有必要将其简化，甚或将其改造成为游行前进类型的街舞"。但是，在这一新型舞蹈的创造过程当中，究竟"以哪家保存会的舞蹈作为基础进行创作，就成为一个问题"，"为了不在各个保存会之间引起争议，没有采取以某个团体的舞蹈为主或原封不动采纳的做法，而是把两个以上的团体的舞蹈予以组合进行了创作"，安藤直子分析道："因此，围绕主导权就发生了对立，结果是在节祭的运营组织中获得重要职位的保存会的舞蹈得到了更高的评价，甚至还形成了打分评价的体系。"这和桥本裕之从"壬生的花田植"案例当中抽象出来的模式不同，安藤指出："在舞者的实践这一层面上，文化遗产保护和观光资源化之间未必一定是对立的。"安藤的论文对于民俗艺能的传承人集团的社会关系，主要是从对立、矛盾及其调整过程

---

① 盛冈参差舞：岩手县盛冈市每年于 8 月 1—4 日举行的舞蹈节活动，号称日本东北五大节祭之一。参差舞是在旧时盛冈市近郊各地的多种民间传统舞蹈的基础之上予以改编、于 1978 年推出的旨在促进城市观光的大型集体跳舞活动。在盛冈市的中央大街，主要采取由企业、学校和志愿者分别组成舞蹈队集体参加的形式，人们一边呼喊着特别的号子，一边配合着鼓点和笛声的节奏，优雅地跳着舞蹈游行，接着再围成圆圈跳舞。——译者
② 恰古恰古（ChaguChagu）马子：岩手县泷泽市和盛冈市在每年 6 月的第二个星期六举行的节祭活动。从鬼越苍前神社到盛冈八幡宫之间（相距 15 公里），人们牵着装饰着华丽马具的马匹游行，所谓"恰古恰古"乃是马匹行进时马具铃铛的声音。自古以来，马和牛都是农耕生产不可或缺的家畜，这个节日正是为了感谢马的辛苦劳作，并通过这种方式祈愿马匹无病无灾。——译者
③ 安藤直子：「地方都市における観光化に伴う『祭礼群』の再編成——盛岡市の六つの祭礼の意味付けをめぐる葛藤とその解消」,『日本民俗学』231、2002 年、第 1-31 頁。

进行了分析，视野颇为开阔，但作者自身采取的立场是中立的，或者说有些暧昧，并没有讨论到在持有各种不同主张的当地居民当中，其价值的确定和切实的优先顺序等问题。足立重和把安藤这样的分析视角称之为"文化竞争论"①，并批评性地指出，"文化竞争论模糊了在地域建设过程当中焦点何在这一实践性的问题"。

其次，讨论并不局限于日本国内的文化遗产认定这一层面，还涉及联合国教科文组织的世界遗产登录等问题，才津祐美子的论文《冠名世界遗产的代价与居民的纠葛——以"白川乡"为例》(2007)，论述了观光的脉络和当地居民的实践之间的关系。关于世界遗产的地位，才津指出如下：

> 在近十多年间，世界遗产获得了在《文化财保护法》所谓"国宝"之上的地位，大众媒体这样报道，此种价值观好像也为众多的人们所共享。由于引起关注的程度之高和申报登录获得成功地域的观光客猛增等影响，日本各地兴起了申报世界遗产的运动。就是说，想把身边的文化遗产申报登录为世界遗产的地方正在持续增加。②

"白川乡、五个山的合掌造村落"自从成功地申报登录为世界文化遗产以来，白川乡的观光客急剧增加，"在成为世界遗产之前，一年大约有60—70万观光客来访，从申报成功的第二年，即1996年起，每年超过100万人（2005年为140万人）来访，这对于一个人口总数仅不到600人的荻町地区来说，常常是观光客远远超过了当地所能接待的承受范围"。才津注意到，在此种状况下，"伴随着申报登录的成功而来的各种限制的强化"，令当地居民感到困扰。

---

① 足立重和：「ノスタルジーがささえる伝統文化の継承」、足立重和著：『郡上八幡伝統を生きる－地域社会の語りとリアリティ－』、第134-161頁。
② 才津祐美子：「世界遺産という『冠』の代価と住民の葛藤－『白川郷』の事例から」、岩本通弥編：『ふるさと資源化と民俗学』、吉川弘文館、2007年、第105-128頁。

在白川乡，"合掌造"①传统民居的保护和将其应用于观光是同等重要的。它在1976年被选定为"重要传统建筑物群保存地区"，1995年申报登录成为"世界文化遗产"，观光化也因此不断发展。但在另一方面，居民的日常生活层面，涉及家屋的新建、增建、改建、修缮、变更装饰和色彩等"现状变更行为"，所受规则的限制自然比以前更强了。才津指出，"关于'现状变更行为许可申请书'的审议，实质性的决定权尚保留在当地居民的组织，亦即'守护会'的手中"，"但由于成为世界遗产，荻町地区的居民发挥其'主体性'的空间变窄了"。来自当地社区也有一些不满现状的意见，"从个人层面看，我们的生活变得令人焦虑"，"各位先生是否真的了解这里是暴雪地带啊"，才津认为，有必要构筑起一座应对来自外部的有形、无形等各种压力的防波堤，当地居民对此也"有必要明确立场，并形成充分的共识"②。

　　问题是他们如何才能获得那样的立场和共识呢？在这里，可以说，依然存在着如前述足立重和所指出的"在地域建设过程当中焦点何在这一实践性的问题"。在民俗学的观光研究中，针对此类问题的考察目前尚不充分，应该说这正是今后的课题。

民俗主义和文化行政的视点

　　日本民俗学会的机关刊物《日本民俗学》第236号（2003）组编了"民俗

---

① 合掌造：日本传统民居的建筑样式之一，以坡度陡峭（45—60度）、用茅草苫盖的人字形屋顶为特征，其形状犹如人合起双掌一样，故有此名。这类民居建筑一般多分布在山间的多雪地带，屋顶斜面陡峭便于冬天铲除屋顶的积雪，也利于多雨季节的防雨。此外，这一样式的民居，其屋内阁楼有较大的空间，也便于当地居民经营养蚕业。——译者
② 才津祐美子：「世界遺産という『冠』の代価と住民の葛藤－『白川郷』の事例から」，岩本通弥编：『ふるさと資源化と民俗学』，第105-128頁。

主义"的特辑。① 所谓民俗主义，是来自德国民俗学的概念，它是指"二手民俗文化的继承和演出"（汉斯·莫泽），或"一些民俗性的文化事象，在其本来所根植的场所之外拥有了新的功能，并基于新的目的而得以展开的情形"（赫尔曼·鲍辛格）。由这一定义来看，在观光场景中灵活地应用民俗文化，也可以说是民俗主义的一个类型。问题是对于它是消极地、批判性地理解呢，还是积极地、肯定性地理解呢？

岩本通弥的论文《民俗主义和文化民族主义——现代的文化政策及对连续性的希求》（2003），使用民俗主义的视点，对于观光场景所见之文化民族主义进行了批评。在"保存和活用本质上是二律背反"的这一认识之下，岩本指出，在《文化财保护法》里，曾经"存在的默契性前提是，归根到底活用是以保存为目的"，但其范围"一经扩大到城镇建设、村落振兴，就再也刹不住车了"，"为了保存而进行整修，结果便发生了本末倒置，变成为了活用而使保存本身受到了威胁"。更进一步，岩本还质疑道：所谓"城镇建设、村落振兴"这一类冠冕堂皇的名义，究竟是为了谁？试图灵活应用它们的主体又是谁？岩本指出的是，国家的逻辑是将地域认同置换为民族的骄傲，国家的逻辑还支配了将民俗文化作为观光资源予以灵活应用的方式，因此，危险就在于"迎合外部的目光且貌似传统的举动和思考，看起来像是人们自己的意志，但其实它是被强制的"。② 论文通过民俗主义的视点，试图揭露此种国家逻辑的操作手法；针对强行地抽出地域固有要素、再进行"我行我素的演出"的状况，岩本呼吁民俗学家应该采取批评的态度。

以人文地理学为其专业基础，并在民俗学领域积极发言的八木泰幸，很早就使用了民俗主义的概念，试图开拓出将现代社会纳入民俗学研究对象的

---

① 在该特辑中，有三篇论文是直接以观光为主题的：加原奈穗子《桃太郎作为创造地域认同的核心——以冈山的桃太郎传说为例》、森田真也《民俗主义和观光——民俗学的观光研究》、川森博司《传统文化产业和民俗——岩手县远野市的案例》。
② 岩本通弥：「フォークロリズムと文化ナショナリズム－現代日本の文化政策と連続性の希求－」、『日本民俗学』第 236 号、2003 年、第 172-188 頁。

新视点。他在《节祭和舞蹈的地域文化——地方博览会和民俗主义》(1998)一文中指出,"对于看起来未必很介意本真性的各种各样的活动,也要有分析的视点,可以认为这正是现代民俗学在当前所必需的。"①诸如"全国青年大会乡土艺能、国民文化祭、地方博览会、最近基于'庙会法'而开展的地域传统艺能全国竞赛,以及市町村层次为数众多、大大小小的节祭和活动等,都应该成为民俗学的研究对象"。作者以1988年举办的"岐阜中部未来博览会"为分析对象,探讨了由新旧混杂的乡土艺能的演出所表现出来的地域文化的各种情形,他论述道:"所有被舞台化的演出既非真货,亦非赝品。有的乃是从传统性的、被认为本真之物的,到求助于传统但又是新近创作之物之间的一系列广泛地连锁。"无论是表演者,还是围观的看客,都不对它们加以区分,不认为它们是真货和赝品的二元对立。八木的见解是,只有在经历了对此种实际状态能够把握的阶段,对于"促使当地政府和居民团结一致、致力于经营节祭和舞蹈展演的动机为何"这一课题的探讨,才有可能获得深入。同时,八木也没有忘记追加性地指出,"在与日常生活不同的层面上得以展开的活动当中,如何汲取被半强制性地动员参与的那些人们的想法,非常重要。"因而,八木认为,"要将民俗艺能及其周边所发生的多种现象对象化",也就有必要将"作为民俗主义式地演出的行政"也包含在民俗学的研究对象之中。②

如上所述,即便是使用同样的民俗主义这一概念,岩本的重点是通过民俗主义的视点进行对于现状的批评;与此相对,八木的重点则是要将在"表演者的意志、当地居民的意识、基层地方政府的意向、县级政府的意愿、国家的企图等相互复杂纠葛的状况当中"民俗主义得以展开的过程,作为现代民俗学的

---

① 八木泰幸:「祭りと踊りの地域文化-地方博覧会とフォークロリズム-」、宮田登編:『現代民俗学の視点 3 民俗の思想』、朝倉書店、1998 年、第 122-145 頁。
② 八木泰幸:「祭りと踊りの地域文化-地方博覧会とフォークロリズム-」、宮田登編:『現代民俗学の視点 3 民俗の思想』、第 122-145 頁。

具有建设性的研究对象去探讨。两者的共同点在于，他们都使用了民俗主义的概念，并试图将"在与日常生活不同的层面上展开的活动"纳入其考察对象。这也就必然地会涉及观光现象。由此能够提出怎样的见解，则要受到研究者采取怎样的立场，投身向哪里去推进自己的研究所左右。在此，也自然会牵涉到民俗学研究之实践性的问题。

结语

川村清志在他的题为《民俗主义的射程，或朝向后民俗学》（2008）的论文中，以民俗主义为切入口，分析了日本现代民俗学的进展现状。他认为，有关民俗主义讨论的分歧，或者是将其"作为捏造，予以批评地理解，或者是将其视为本文化的客体化，予以肯定性地理解"，无不涉及围绕着价值判断之思想史的课题和在田野中所处的位置等问题。他总结道："在日本民俗学中，几乎很难期待以承认存在此类思想史课题的形式进而展开的学术讨论。"[1] 但他这样说只是一种反语表述，在这里，存在着民俗学应该和相邻诸学科相互连携而发展的课题。

笔者认为，在本文上述引证的讨论中所存在的对立，其实非常重要，期待民俗学今后能够使其辩证地进一步迈向深入。然而，必须超越那种认为在观光场景灵活地应用民俗文化这一现象乃是极其边缘、例外之现象的看法。川村指出，有关民俗主义的讨论，经常是"默契地设定了'本真的民俗'的对立面"，因此，"把民俗主义理解为是在'民俗'的特定领域之中的例外现象，这种观点主要是在老一辈民俗学者当中很有市场"。在相同的意义上，笔者认为，不应该将以观光场景为研究对象的民俗学研究局限于"观光民俗学"这一局限和边

---

[1] 川村清志：「フォークロリズムの射程、あるいはポスト民俗学にむけて」、『国文学解釈と鑑賞』、73（8）、2008年、第68-77頁。

缘性的领域之内，而应该将其视为"现代民俗学"无法回避的课题，我们有必要将观光现象视为民俗学理解现代社会的一个颇为有效的视角。围绕观光的民俗学研究将会如何展开，可以说是值得骨干及青年一代民俗学者今后去努力的方向。

民俗主义：日本民俗学的理论探索与实践
——以《日本民俗学》"民俗主义"专号为例*

〔日〕西村真志叶

  有关民俗主义（Folklorismus / Folklorism）的讨论始于20世纪60年代的德国。经过鲍辛格等人的大力推广，民俗主义在民俗学者对民俗传统和本体的再认识中逐渐成为国际民俗学界的共同话语，尤其在20世纪70年代到80年代初形成了一次讨论热潮。如今在中国学术界，民俗主义不再是一个陌生的概念，但这方面的专题研究仍然不多。我们还可以在目前的基础上继续积累研究经验和成果，以使得民俗主义成为研究本土现象和反思现有范式的有效工具。自1990年民俗主义正式传入日本以来，日本学者在这一方面做出了值得借鉴的工作。日本民俗学会于2003年刊行的《日本民俗学》"民俗主义专号"可谓是其阶段性成果。本文以该专号为例，对日本学者有关民俗主义的理论探索和实践做一简介，试图为中国学术界今后的民俗学主义研究提供参照。

---

* 本文原载《民间文化论坛》2007年第1期。原文题为《民俗学主义：日本民俗学的理论探索与实践——以〈日本民俗学〉"民俗学主义"专号为例》。考虑到统一译名的需要，征得作者同意，将其论文中的"民俗学主义"一律改为"民俗主义"。——编者

出版背景与编辑结构

（一）出版背景

日本民俗学会的机关杂志《日本民俗学》创刊于 1958 年 7 月 1 日。自 1969 年首次特辑出版"民俗学的方法论专号"以来，《日本民俗学》每隔一段时间编辑一期专号，至今共刊行了 37 次。其中包括对学术史的梳理和有关学理问题的讨论（19 次）、年会或研讨会的报告论文（9 次）以及专题研究（11 次）。[①]

近 50 年来，《日本民俗学》作为日本民俗学会机关杂志，在日本民俗学的发展过程中承担了极其重要的推动作用。尤其这些专号，就像日本民俗学的足迹，记录了日本民俗学者问题意识的转变过程（见表 1）。

表 1 《日本民俗学》的专号情况

出版时间	总期	题目
1969.03	60	民俗学的方法论
1974.10	96	口承文艺
1975.06	99	社会经济传承
1975.08	100	日本民俗学的研究动向
1976.11	108	灵山信仰
1977.09	112	日本民俗学的研究动向（1975—1976）
1977.09	113	民俗志
1978.01	114	养子惯行
1979.03	122	社会科与民俗学
1979.08	123	折口信夫的民俗学
1979.09	124	日本民俗学的研究动向（1977—1978）
1980.07	129	城下町的民俗

[①] 其中，第 214 期的专号包括三个主题。

续表

出版时间	总期	题目
1981.08	136	日本民俗学的研究动向（1979—1980）
1982.07	142	宫座
1983.07	148	日本民俗学的研究动向（1981—1982）
1984.03	152	名古屋年会（研讨会：伊势信仰及其周围）
1984.07	154	围绕死者的民俗——为了冈山年会的研讨会
1985.01	157-158	冈山年会（研讨会：围绕死者的民俗）
1985.07	160	日本民俗学的研究动向（1983—1984）
1986.03	164	千叶年会（研讨会：日本民俗学的50年）
1986.07	166	为了新的族制研究——仪式、祖先、家族
1987.08	171	日本民俗学的研究动向（1985—1986）
1992.02	189	北海道的民俗
1992.05	190	民俗学的动向
1994.01	200	日本民俗学第200期纪念专号 1. 日本民俗学的回顾与展望 2. 现代社会与民俗学 3. 对日本民俗学的要求
1996.05	206	第47届年会，公开主题演讲：对"故乡"的检讨
1996.08	208	研讨会：博物馆的现代课题与展望
1997.05	210	地域开发与民俗变化
1998.02	213	日本民俗学的研究动向1（1992—1996）
1998.05	214	日本民俗学的研究动向2（1992—1996） 研讨会：两墓制 日本民俗学会50周年纪念研讨会：衰老与老人
1998.08	215	研讨会：近代与民俗
1998.01	216	日本民俗学的现在
1999.01	220	研讨会：现代社会与民俗学的实践
2001.08	227	日本民俗学的研究动向（1997—1999）
2002.01	232	产子与生命
2003.01	236	民俗主义
2004.08	239	日本民俗学的研究动向（2000—2002）

众所周知，自柳田国男于 1929 年发表《都市与农村》以来，日本都市民俗研究在柳田"城乡连续论"的基础上取得了发展。[1] 在"二战"后的学科重建过程中，经过激烈的"民俗学性格争论"，日本民俗学逐渐确立了作为"现代学"的自我意识。[2] 直到柳田国男过世后，以仓石忠彦、宫田登为中心的日本学者正式提倡和推广了都市民俗学[3]。如果从《都市与农村》的发表算起，到河野真于 1990 年正式介绍民俗主义之前，日本民俗学已经积累了长达 70 年的相关研究经验。与此同时，研究诸如都市民俗、传统民俗文化的变异及其利用等问题，"不仅仅意味着研究对象从农村到都市的扩大，还是一个牵涉到民俗学存在方式本身的问题"[4]。在此期间的都市民俗研究成果，也促使了日本民俗学新旧范式的转变。在这种情况下，河野真关于民俗主义的介绍文章，自然引起了较大反响。[5] 它让日本学者认识到，"已成为高度信息社会的现代社会中，都市不再被局限在有限的空间内部"[6]。过去，主要作为都市民俗研究的课题而被把握

---

[1] 柳田认为"农民出身的表兄弟创造了日本的都市"。宫田登把柳田的这种观点称作"城乡连续论"（都鄙連続論）。由于"城乡连续论"把都市理解为邻接农村的生活共同体，即使"常民"消失，在都市中仍然存具有常民性的"非常民"。日本民俗学以田野作业为基干，在"常民"概念的基础上再开拓"非常民"的领域，进而把握整个日本民俗文化的全貌，这便是宫田登都市民俗学的基本立场。参阅柳田国男：「都市と農村」，『定本柳田国男全集』16、筑摩書房、1964 年。宫田登：『日本の民俗学』、講談社、1985 年。

[2] "二战"后，柳田反思以自我为中心的"柳田民俗学"，重新组织了集体研究体制，以确立民俗学作为"现代科学"的地位。在这一段反思和重构过程中，学理问题成为日本学者的焦点，直到 1951 年出现了所谓"民俗学性格论争"。这次论争的论点便在于，民俗学是史学的分支还是独立的"现代学"。参阅福田アジオ：『日本民俗学方法序説—柳田国男と民俗学』、弘文堂、1984 年。

[3] 20 世纪 70 年代，千叶德尔、中村孚美、岩本通弥等人作了先驱性工作。在此基础上，仓石忠彦和宫田登分别于 1976 年、1977 年提倡了都市民俗学。

[4] 福田アジオ：『日本民俗学方法序説—柳田国男と民俗学』、弘文堂、1984 年、第 32 頁。

[5] 1990 年，河野真把莫泽的《民俗主义作为民俗学研究的问题》（Hans Moser, „Vom Folklorismus in unserer Zeit". *Zeitschrift für Volkskunde*, 58［1916］, S.177-209）和鲍辛格发给各国学者的说明文《关于民俗主义》（Hermann Bausinger, "Folklorismus in Europa", *Zeitschrift für Volkskunde*, 65［1969］）翻译并发表在《爱知大学国际问题研究所纪要》第 90—91 期上。同时，还为此撰写了介绍文章。尽管这些文章发表在"相对不起眼的地方"，但它们引起的反响很大，可见日本民俗学者对这一问题的关注。参阅河野真：「フォークロリズムの生成風景—概念の原産地への探訪から」，『日本民俗学』第 236 号、2003 年。

[6] 宫田登：『都市と民俗学』、御茶の水書房、1999 年、第 3 頁。

的诸如民俗文化在现代社会中的变异和应用、民俗学在此过程中所要承担的任务等问题，开始成为日本学者普遍关注的焦点。

从上表可以看到，20世纪90年代以后的专号，往往以有关现代性的问题作为主题。它们倾向于通过有关现代性的讨论，探讨日本民俗学今后的发展空间。①自1992年到2001年的"动向专号"②以及"日本民俗学第200期纪念专号"也都收入了大量有关现代性的论文著作。它们作为"当下民俗学概论"③，反映了当时日本民俗学的问题意识所在。除了以上专号，20世纪90年代以后《日本民俗学》所收的论文中，诸如"都市化"、"媒体"、"观光"、"乡愁"等与民俗主义密切相关的词汇较为常见。有些个别研究者的问题意识也涉及了诸如"人生问题热线电话"、"买春"、"手机"、"新生殖技术"等问题。日本学者逐渐认识到根本不存在能够区分民俗和非民俗的客观标准，所谓民俗"不是存在于民俗学研究对象中的结构或属性，而是通过研究者的认识才能确认其存在的某些东西……现在民俗学首先要做的，不是讨论如何规定民俗或传承，也不是探讨在多大的范围内把握它们，而是去理解民俗或传承如何成为生活的构成因素"。④真野俊和于2001年在"日本民俗学的研究动向"专号总论中发表的这种观点，反映了当时民俗主义已经成为日本民俗学的努力趋向。

出版于2003年的《日本民俗学》"民俗主义专号"，可以说是这十余年来日本民俗学民俗主义研究的阶段性成果。根据其刊头词，日本民俗学会编辑这

---

① 如内田忠贤在"现代社会与民俗学的实践"专号中，批评过去的都市民俗研究实际上是"从都市生活中寻找相对稳定的生活文化的工作"，"只顾都市生活中相对不显眼的片段，而忽略了更加普遍的其余部分"。内田认为，都市民俗研究的研究对象应该是"新发生的生活文化，而不是其前卫的侧面"，"未必把研究领域局限在狭义的都市"，"只有关注现代性变异，我们才能看到民俗学的一条新的活路"。参阅内田忠賢：「都市の新しい祭りと民俗学—高知『よさこい祭り』を手掛かりに」，『日本民俗学』第220号、1999年。
② 尤其在2001年的"日本民俗学的研究动向"专号中，"都市"首次作为一个独立的领域而出现。
③ 編集委員会：「研究動向特集の編集に当たって」，『日本民俗学』第227号、2001年。
④ 真野俊和：「民俗学にとって民俗学とかどのような学問か—民俗学デザイン」，『日本民俗学』第227号、2001年。

次专号并不是为了总结过去的相关研究，而是通过对民俗主义概念的梳理和推广，消解有些人对它的误解和误用，使得更多的日本民俗学会会员意识到民俗文化在现代社会的方方面面被利用的现状，从而使民俗主义这个极其有效的概念从外来概念真正成为所有日本民俗学者的共同财富。

　　日本民俗学会的机关杂志编辑出版"民俗主义专号"，这意味着该学会已经把民俗主义研究编入到今后的发展计划中。它正在努力使民俗主义概念成为一个研究日本现代民俗文化和反思过去研究体制的有效工具，并以国内的相关研究成果和经验作为媒介，参与国际上的学术交流。

（二）编辑结构

　　《日本民俗学》"民俗主义专号"由四个部分组成：第 1 部分为有关民俗主义的论文；第 2 部分为学会通讯，包括理事会记录、座谈会报告、调动会员名单、受赠图书杂志目录；第 3 部分是英文要旨；第 4 部分是投稿和执笔细则。其中，第 1 部分为重点，其页数占全书的 80%，包括三个小部分：首先是由编辑委员会撰写的刊头词；其次是对国外学术史的梳理，由三位日本学者对欧美的先行研究进行梳理，描述了民俗主义兴起和发展的过程，说明了它如今在国外学术界的地位；最后为个案分析，十位日本学者以具体的现象作为例子，从多个层面讨论了现代日本社会中的民俗主义现象。这些个案分析的涉及面极其广泛，包括饮食民俗、民间文学、观光、葬礼、岁时节日、文化产业、民间工艺、玩具、媒体、展览、文化政策、乡愁、地域意识等。它们很好地说明了民俗主义十分显著的一个特点——"无处不在"（ubiquität）[①]。

　　由于篇幅关系，下面从《日本民俗学》"民俗主义专号"的第 1 部分选择六篇论文，对日本学者有关民俗主义的理论探索和应用实践做些介绍。

[①] Hermann Bausinger, „Volkskunde", Von der Altertumsforschung zur kulturanalyse. Nachdruck: Tübingen, 1979, P.196. 转引自河野真：「フォークロリズムの生成風景—概念の原産地への探訪から」，『日本民俗学』第 236 号、2003 年。

国外研究成果的梳理与吸收[1]

（一）河野真《民俗主义的生成风景——从概念源地的探访说起》[2]

1990年，河野真首次把民俗主义正式介绍给日本民俗学界。他认为自己不过是一位"传递员"，剩余的任务已经寥寥无几，因此在这篇文章中只做了总结和补充两方面的工作。

首先，河野真在确认莫泽和鲍辛格的定义之后，在原来的基础上添加些新的材料，大致回顾了民俗主义概念由两位德国学者所提倡和推广的历史。其次，河野真根据鲍辛格的观点，初步规划了民俗主义概念的内外界限。正如鲍辛格利用神学用语"无处不在"一词所说明的，民俗主义是含义极其广泛的概念。凡是介于传统和现代之间的民俗现象都可称为民俗主义。尽管如此，民俗主义作为学术概念，其功能所能生效的范围仍有限度。民俗主义概念能够从"飘着古香的现代社会的构成部分"这一角度，简练地概括丰富多彩的民俗文化现象，于是带有了"无处不在"的性质。然而它在简括这些现代社会的构成部分之后，无法进一步地剖析现代社会之所以需要民俗文化的原因，也无法继续深入这种构成部分的系统内部。它只能向民俗学者大概地指示现代民俗文化的去向，让他们看到"从此开始下一个问题和考察的起点"。河野从鲍辛格那里引用"与其说是严密的概念，不如说是含蓄的概念"[3]一句来解释了这一点，并把它视为民俗主义概念的内在界限。

民俗主义概念最显著的有效性，便在于它帮助民俗学者扩大视野，使之在

---

[1] 西村真志叶、岳永逸：《民俗学主义的兴起、普及以及影响》，《民间文化论坛》2004年第6期。
[2] 河野真：「フォークロリズムの生成風景—概念の原産地への探訪から」，『日本民俗学』第236号、2003年。
[3] Hermann Bausinger, „Zur Kritik Folklorismuakritik", in *Populus Revisus*, Tübingen 1966, p.64. 转引自 河野真：「フォークロリズムの生成風景—概念の原産地への探訪から」，『日本民俗学』第236号、2003年。

触及传统的同时把目光转向现代，在去向不明的现代社会中抓住现代的位相。假如民俗学者在传统和现代之间失去这种平衡，把古今人们利用民俗文化的所有现象称为民俗主义，那么，民俗主义自然成为一种"什么都是，什么都不是"的空洞概念。关于概念的操作，河野真在文章最后，运用"浦岛太郎"的比喻来做了说明：只要民俗学者能够在传统和现代之间保持微妙平衡，那么如同拥有"玉手箱"①，精彩夺目的景观便出现在他们眼前；而一旦失去平衡，民俗主义立刻变为一股白烟，将民俗学者是现代的浦岛太郎这一事实暴露于光天化日之下。我们从这篇论文中可以看出，河野真作为一位出色的"传递员"，面对日本学者的实践而感到的顾虑和责任心。

（二）八木康幸《关于伪民俗与民俗主义的备忘录——以美国民俗学的相关讨论为中心》②

从概念的提出到现在，国外有关民俗主义的讨论始终以德语圈的研究者为中心。从20世纪60年代末，英语圈的民俗学者开始接触民俗主义，但在相当一段时间里对民俗主义的理解不很成熟。③他们较普遍地直接引用德语 folklorismus 一词，用斜体来表示此为外来概念。到出现译词 folklorism 之后，他们讨论民俗主义仍然主要是对德语圈民俗学界的讨论结果的一种输入。

---

① 日本昔话"浦岛太郎"讲述：从前有一名叫浦岛太郎的小伙子在龙宫里住了几天，临走时女主人送给他一个叫"玉手箱"的盒子，并吩咐他千万不要打开。他回来一看，村子已面目全非。原来龙宫一天等于地上一百年，他无可奈何，打开了"玉手箱"，只见一缕白烟，浦岛太郎变成了百岁老人。
② 八木康幸：「フェイクロアとフォークロリズムについての覚え書き—アメリカ民俗学における議論を中心に」、『日本民俗学』第236号、2003年。
③ 1969年，《德国民俗学杂志》刊登了鲍辛格曾经对五个国家进行的有关民俗主义的问卷调查结果。道尔森在同一期上发表了《伪民俗》，尽管不是他对这次问卷调查的回答，却涉及了民俗主义。道尔森认为，和其他国家相比，在美国伪民俗的问题较为严重。由他担任编辑的《民俗学研究所杂志》预定出版德国、奥地利、瑞士等国家的民俗学专号，但从目前所了解的情况看，民俗主义现象在这些国家并非如此显著。对民俗文化素材进行伤感的描述或加一些寒碜廉价的装饰，总比思想观念体系对民俗的操作要好得多。这种更加阴险的、不可忽略的伪民俗，在这些国家还没有蔓延。Richard M. Dorson, „Fakelore", Zeitschrift für Volkskunde, 65, pp.56-64. 转引自八木康幸：「フェイクロアとフォークロリズムについての覚え書き—アメリカ民俗学における議論を中心に」、『日本民俗学』第236号、2003年。

而八木康幸的这篇文章之所以要梳理英语圈民俗学界的相关学术史，主要有三个原因：首先，有关民俗主义的讨论通常涉及美国民俗学者道尔森（Richard Dorson）所谓的"伪民俗"（fakelore），我们有必要在与伪民俗的关联中理解民俗主义；其次，我们在了解德国民俗主义研究成果的基础上，还需要关注苏联和东欧各国的相关研究动向，借此把前者得以一般化，将民俗主义在更广阔的视阈中定位；最后，虽然由岩竹美加子编译的论文集[1]很好地反映了美国民俗学的现状，但该书为民俗主义分出的篇幅却不多，而且其所收论文的作者对民俗主义概念的理解值得商榷[2]，我们仍有必要进一步明确美国民俗学者目前对民俗主义的理解。

八木在文章中梳理了自20世纪50年代道尔森的伪民俗批判至1999年史密什（Guntis Šmidchens）有关民俗主义的最新展望论文之间，英语圈民俗学者对伪民俗和民俗主义所做的讨论。实际上，这一段历史也是学术研究和公共应用因伪民俗批判而隔离、相互排斥到取得和解的历史。最初一段时间里，由于概念含义较接近，民俗主义和伪民俗被混淆在一起，成为道尔森等人所要批判的对象[3]。尽管如此，民俗主义毕竟不同于伪民俗，它并没有把研究者的价值取向蕴含在其中。德国学者通过民俗主义超越固有价值观念，对以往研究体制所进行的解构工作，为那些正处在反思思潮中的美国民俗学提供了可参照的先例。经过美国学者对伪民俗批判的再批判、苏联和东欧各国学者的实践，德国有关民俗主义的讨论在美国有关公共民俗学的争论中逐渐得到了反映。直到1999年在来自拉脱维亚的史密什《民俗主义再检省》中，民俗

---

[1] 岩竹美加子编：『民俗学の政治性―アメリカ民俗学一〇〇年目の省察から』、未来社、1996年。
[2] Barbara Kirshenblatt-Gimblett, "Mistaken Dichotomies", *Journal of American Folklore*, 101, pp.140-155. 对这篇论文有关民俗主义的表述，河野真提出了疑问。参见河野真：「民俗学と政治性または近代―『民俗学の政治性』によせて」、『未来』第368号、1997年。
[3] 如道尔森在1973年的论文中，对作为专业民俗学研究者所要学习的项目写道："把传统的民俗区别于那些被商品化了的、和政治思想有关的伪民俗或民俗主义"。Richard M. Dorson, "Is folklore a discipline?" *Folklore*, 1973(84), pp.177-205. 转引自八木康幸：「フェイクロアとフォークロリズムについての覚え書き―アメリカ民俗学における議論を中心に」、『日本民俗学』第236号、2003年。

主义从一个如同伪民俗的外来概念成为国际学术界从此开始相互讨论、交流意见的出发点。[1]

"在英语圈民俗学界始终处于边缘位置的民俗主义，正因为其边缘性质，（在学术研究和公共应用之间）反而承担了仲裁者的角色。"八木康幸在如此总结这一段历史之后指出，"就像琳达·德科（Linda Dégh）所实践的，或者就像史密什所希望的，可以再费力劳心地去探讨民俗主义作为概念或分析工具的有效性。而这时，除了真假与否，还需要考察其审美性、伦理等方面的问题。"

（三）法桥量《德国有关民俗学主义的讨论的去向——显露的领域和局限性》[2]

在德国民俗学界，民俗主义的"发现"推翻了过去根深蒂固的诸如传承的连续性（kontivität）、稳定的共同体（gemeinde），以及由此产生和继承的民俗等在认识论上的前提。由于民俗文化由二手（second-hand）所中介、利用、展现的事实要求研究者动态地把握文化过程，它同时也推动了德国民俗学在方法论上的转变。由于河野真已经以莫泽和鲍辛格为中心描述了早期的德国民俗主义研究，法桥量在这篇文章中把目光放在20世纪70年代以后，梳理了德国民俗学在诸如惯行研究（brauchforschung）、地域文化、地方政治、社会主义体制等领域所展开的有关民俗主义的讨论。法桥量把这30余年来的讨论视为"以'二战'后急速且根本的社会变迁为背景，在从过去对民俗学来说不言而喻的'常民'、'农民'转变为'居民'、'市民'的过程中，或者在'传承文化'、'民俗'被置换为'日常文化'的过程中出现的范式替换的成果之一"，并给予了积极评价。

---

[1] Guntis Šmidchens, "Folklorism revisited", *Journal of Folklore Research* Vol. 36 No. 1, pp. 51-70. 转引自八木康幸：「フェイクロアとフォークロリズムについての覚え書き―アメリカ民俗学における議論を中心に」,『日本民俗学』第 236 号、2003 年。

[2] 法橋量：「ドイツにおけるフォークロリズム議論のゆくえ―発露する分野と限界性」,『日本民俗学』第 236 号、2003 年。

但不可否认的一点是，德国民俗学有关民俗主义的讨论以20世纪70年代到20世纪80年代初为高峰，之后逐渐冷清了下来。20世纪80年代在德语圈民俗学界，前后出现了对于相关讨论成果所做的总结性工作①，也开始出现了那些欲与这一概念保持距离的研究者。一方面，这些学者批评民俗主义作为学术概念过于宽泛。诸如面对随着概念的泛化而出现的"政治民俗主义"之类的众多领域，沙佛（Martin Scharfe）把民俗主义称作"标签公司的大量生产物"，认为"已经无人把民俗主义作为坚固的工具来思考、组建、使用"②。另一方面，他们也指出民俗并非唯一被利用的文化资源，民俗主义所唤起的问题意识已经十分接近于欧洲文化—社会人类学的问题意识。因此，波德曼（Ulrike Bodemann）等人强调，我们有必要重新检讨民俗主义和"复兴"（wiederbelebung）等其他学科术语之间的差异。③

"作为德语圈民俗学理论的中心话题，民俗主义大概已经失去了力量"，"民俗主义当然不是能够说明一切现代民俗事象的万能装置"。法桥量在接受有关民俗主义的消极或否定意见的基础上指出，"现代德国民俗学把有关民俗主义的研究成果作为前提，这便是不可否认的事实"。他认为，假如德国有关民俗主义的讨论中仍然存在值得日本民俗学继承的意义，那便是它给我们提供了一个视角，即"不是研究民俗主义，而是通过民俗主义来研究"。

以上三篇论文均是对国外相关学术史的梳理。然而其问题的焦点并不在于梳理本身，而在于确认国外学者目前对民俗主义的理解，并使之成为日本民俗

---

① Ulrike Bodemann, „Folklorismus-Ein Modellentwurf", *Rheinisch-westfälische Zeitschrift für Volkskuude*, 1983,(28).
② Martin Scharfe, Einleitung, Ⅲ. Ungleichzeitigkeiten. Jeggle, U. u. a. (Hrg.)Volkskultur in der Moderne Rowohlt,1986. 转引自法桥量：「ドイツにおけるフォークロリズム議論のゆくえ—発露する分野と限界性」、『日本民俗学』第236号、2003年。
③ Ulrike Bodemann, „Folklorismus-Ein Modellentwurf", *Rheinisch-westfälische Zeitschrift für Volkskuude*, 28 (1983), 另外，为了避免民俗主义概念引起人们关于真正性的争议，克斯图林就使用"复兴"一词来替代了民俗主义。Konrad Köstlin, „Die Revitalisierung regionaler Kost", *Ethnologische Nahrungsforschung Kansatieteellinen Arkisto* 26. 转引自法桥量：「ドイツにおけるフォークロリズム議論のゆくえ—発露する分野と限界性」、『日本民俗学』第236号、2003年。

学者在今后讨论国内民俗主义现象或探索该概念有效性时的一个起点。亦即这三位日本学者的尝试实际上也处在整个日本民俗学会的努力方向——"本土化"的过程中。①

本土化的实践案例

（一）加原奈穗子《作为地域意识创造源的桃太郎——以冈山桃太郎传说为例》

众所周知，柳田国男在《传说论》中把扎根在特定空间中的传说比喻为因"不可视的因缘"而生长的树木。②加原奈穗子的这篇文章便把研究对象瞄准为"桃太郎"传说，讨论了它在"三大传说地"③之一冈山县吉备路一带如何被编入到当地的时空中，又如何成为当地地域意识的象征。

根据加原的考证和分析，冈山县的桃太郎传说属于一种标准形式，仅从传说本身看难以被视为冈山县固有的传说。她指出，桃太郎传说和冈山县之间的紧密关联是出现在最近一个世纪的现象，也是当地人不断地把有关冈山县的众多事物连接于桃太郎，对此赋予新的意义，进行重新解读的结果。首先，加原列举了"二战"前的两个例子：一个例子是日俄战争时期冈山县内的一家点心公司把自家制造的"吉备团子"解释为桃太郎传说中的"吉备团子"，再把凯旋的士兵视为"击败恶鬼的桃太郎"，并作为他们出售商品时所做的广告；另一个例子是 1930 年在昭和天皇访问冈山之际，当地艺术家难波金之助在《桃太郎的史实》一文中所提出的假说——"桃太郎传说是以冈山县'吉备津彦命'

---

① 日本民俗学会对民俗主义进行的本土化工作，较好地表现在"民俗主义"专号的刊头词对民俗主义下的定义："人们轻易挪用民俗文化的要素，通过只保留表面部分的表演和传统性的自我扮演，来满足那些生活在都市的观光客等人的怀旧心理或需求的状况与现象。它同时也指思考那些生活在都市的现代人为什么向往这种朴素性的分析框架。"
② 柳田国男：『伝説』、岩波書店、1975 年、第 76 頁。
③ 其余两地为爱知县犬山市栗栖及其周围地区和香川县高松市。

传说为原型的史实"。①这两件事情大大提高了冈山作为桃太郎故乡的知名度，坚固了冈山和桃太郎之间的关系。

其次，加原把目光转移到 20 世纪 70 年代以后，列举了桃太郎在逐渐形成观光热潮的背景之下，作为创造地域意识的"核心"而被利用的例子：一个例子是深受冈山县民爱戴的"桃太郎县长"三木行治利用桃太郎而进行的行政活动；另一个例子是吉备路一带的旅游开发，以难波金之助的假说为前提，把有关吉备津彦命的史迹替换为桃太郎传说中的地名，借此塑造冈山县作为"桃太郎传说之地"形象的始末。当加原进行访谈时，有些冈山人把诸如"冈山火车站前的桃太郎雕塑"、"冈山桃太郎节"等因三木行治的行政活动而出现的事物，当作他们之所以认为冈山和桃太郎之间有关系的依据。有些地方精英也经常把吉备津彦命传说作为依据，在冈山县的历史中解释桃太郎和冈山之间的关系。在加原看来，这些都是桃太郎从一个虚构的传说人物转变为地域象征，并在地域内部得以渗透的结果。"这些被展现的新事物仍然可以成为地域意识赖以成立的依据，也可以承担作为传承媒介的功能"，"来自诸如报纸、史书等文字媒体的信息和由口头传承的信息融为一体，使得古代吉备国的历史和桃太郎之间的联系得以渗透，为桃太郎作为地域意识创造源的地位打下了极其重要的基础"。加原富有说服力的分析，反映了地域意识不仅在地域内部所共享，同时还在与地域外部之间的互动中积极被创造的事实。

这篇文章中，加原把有关桃太郎传说的民俗主义现象编入形成地域意识的复杂过程中，并把它视为该传说所具有的创造能力的一种表现。一方面，加原把民俗主义研究从真假的评价层面提升到了学术研究的层面；另一方面，她成功地描述了传说因地域社会的需要而生成、最终成为地域知识的过程，促进了

---

① 難波金之助：『桃太郎の史実』，私家版、1930 年。该传说的大概内容是：大和朝廷派遣吉备津彦命前往吉备国（今冈山），征伐当时以鬼城（位于现冈山县综社市奥坂）为据点欺压当地人的恶鬼"温罗"。目前在冈山县，该传说中的一些地点仍然存在遗址。境内诸如备中国一宫·吉备津神社、备前国一宫·吉备津彦神社等著名神社均祭祀吉备津彦命为主神。冈山县把吉备津彦命传说视为史实，并将它在当地乡土史上加以定位。

对因柳田国男对"传说"概念的限定而被捆牢已久的日本传说研究进行进一步的反思①。

（二）山田慎也《葬礼与民俗主义》②

"假如按照'二手对民俗的利用和传达'这一定义，从民俗主义的视角看葬礼，那么如今人们利用丧葬产业而举行的葬礼在传统民俗的商业化这一点上，可以被视为民俗主义。"以这句话为开头的山田慎也的《葬礼与民俗主义》，很好地反映了作者"不是研究民俗主义，而是通过民俗主义来研究"③的意图。由于这种意图的存在，该篇和山田发表于1995年的论文《丧葬制度变化与地域社会——以和歌山县东牟娄郡古座町为个案》，尽管在主题上较接近，其志趣却截然不同。④

文章中，山田首先指出了日本的葬礼早在17世纪后半期，以都市为中心被编入商业化过程的事实。经过4个世纪，由丧葬企业承包的室内告别仪式，基本上替代了由死者周围的小群体所举行的送殡仪式。无论是葬具还是仪式程序，日本人一般认为是"传统"的丧俗，实际上在作为生产者的丧葬企业和作为消费者的遗属之间变成了一种商品或服务项目。山田指出，如今在丧葬企业和遗属之间出现了相关知识量的不均匀现象。丧葬企业不但提前按照死者所

---

① 柳田国男把"无形式"、"被人相信"、"和事物联系在一起"这三点视为传说的三大特点，并把传说研究定义为"固有信仰的阐明"。对于柳田传说概念的"功罪"，斋藤纯等人进行了检讨。2001年，花部英雄在《日本民俗学》"日本民俗学研究动向专号"中总结日本传说研究裹足不前的现状之后指出，问题的根源在于柳田把传说概念局限在小于一般含义的范畴，认为今后需要反思研究者的术语和民间一般话语用法之间的距离。加原奈穗子的这篇论文所操作的传说概念已经不局限于柳田所谓传说的概念范畴，其问题意识也不限于"固有信仰的阐明"，它对于处在反思思潮中的日本传说研究有着十分重要的意义。参阅齋藤純：「『伝説』という言葉から―その可能性をめぐって」，『口承文芸研究』第17号、1994年。花部英雄：「伝承の終焉に向かう昔話研究」,『日本民俗学』第227号、2001年。
② 山田慎也：「葬儀とフォークロリズム」、『日本民俗学』第236号、2003年。
③ 法橋量：「ドイツにおけるフォークロリズム議論のゆくえ―発露する分野と限界性」、『日本民俗学』第236号、2003年。
④ 山田慎也：「葬制の変化と地域社会―和歌山県東牟婁郡古座町の事例を通して」、『日本民俗学』第203号、1995年。

在地区和宗教信仰来设计适合当地丧俗和教规的葬礼，而且在葬礼上还为遗属一一解释葬具的名称、含义以及使用方法。企业通过这些，构成和操作遗属"到冥界之前的旅途"之类的观念。这种情况事实上意味着，尽管以往的丧俗在被仪式化的行为中得到了一定的继承，但实际传承人主要是丧葬企业，而不仅仅是遗属。

有时，丧葬企业不但继承以往的丧俗，还使消失已久的丧俗作为一种被加工了的服务项目而得以重现。山田所提到的例子便是"汤灌仪礼"，即入殓前遗属在浴盆中洗净遗体。这一丧俗从大正时期后基本上为酒精擦洗所替代，而到了1989年却又作为一种新的服务项目而出现。现在的"汤灌仪礼"旨在"给死者洗最后一次澡"。整个仪式程序由丧葬企业来负责，他们使用浴巾覆盖遗体，以避免遗属看到死者的身躯。其实，"汤灌仪礼"的原意恰恰在于遗属通过与遗体的接触，来直视、确认和接受死亡的现实。由于目前"汤灌仪礼"在行为主体、方式、对遗属产生的意义等方面不同于过去的"汤灌仪礼"，山田否认把这种丧俗的重现简单称作"复兴"，而把它视为丧葬企业为了赋予一个服务项目以作为仪式的正当性而利用丧俗的结果，是"丧葬产业的发展在遗体操作业务方面所经过的一个阶段"。

只要葬礼作为一种商品或服务项目而存在，那么，它必然具备着足以吸引消费者的魅力。因此，葬礼并不是由丧葬企业一方开发的仪式，而是企业和作为消费者的遗属共同创造的仪式。如今，丧葬企业用来商品化的资源已经不仅仅是传统丧俗，而呈现出全球化的趋势，如最近从美国引进的尸体保存技术，大受那些追求遗体美观的遗属的欢迎。丧葬企业时刻关注消费者的动向，探索和开发其资源。

在文章最后，山田慎也在肯定鲍辛格的观点——为了把握现代社会的去向而必要的视角[1]——的基础上，断言只从行为主体的角度争论真假的问题是毫

---

[1] ヘルマン・バウジンガー：『科学技術世界のなかの民俗文化』（河野真訳）、愛知大学国際コミュニケーション学会、2001 年。

无意义的。与此相比，他更加关注的是现代人在利用丧葬产业的过程中重建他们对死亡的现实感的事实。"假如民俗学无法把握这一事实，那么，现代人有关死亡的所有行为可能会变为一种虚假的体验。我们有必要用一双清澈的眼睛来关注现状。"[1] 他的结语较好地反映了那些处在新旧范式转变过程中的日本民俗学者共同的目标——从不限于过去框架的角度，诚心面对一个去向不明的甚至是混沌的现代社会，并在其中继续生存。

（三）川村清志《民俗主义与媒体表象——以石川县门前町皆月的山王节为例》[2]

在所有《日本民俗学》"民俗主义专号"刊载的论文中，对日本民俗学刺激最大的一篇，大概是川村清志的《民俗主义与媒体表象——以石川县门前町皆月的山王节为例》。它借助于民俗在媒体中的表象，从根本上动摇了日本民俗学者对民俗主义乃至民俗概念的认识。

首先，川村批评了在日本民俗学者之间普遍存在的一种倾向，即坚信必定存在由人们传承的真正"民俗"，并把它作为前提，称除此之外的群体在除此之外的环境中所构成的现象为民俗主义。一方面，川村肯定民俗主义概念让研究者看到了过去视而不见的众多现象，从而在反思和解构固有研究范式的过程中起到了极其重要的作用；另一方面，他也指出，假如继续把对象局限为二手对民俗的利用或商品化，那么，有关民俗主义的讨论不会得到更多的展开，应该根据在日本较特殊的制度或媒体现状之下的具体事例，进一步地提炼民俗主义概念，挖掘它除了在学术史上所具有的有效性之外的可能性。为此，川村提出了广义地理解民俗主义概念的必要性，并设计了大概的概念框架："以研究者或媒体为中心的'外部'视角，从历史和空间上对人们日常生活实践的各个方面进行对象化，同时用民俗学的学科话语来规范其对象的特质。这时，'外部'

---

[1] 山田慎也：「葬儀とフォークロリズム」，『日本民俗学』第236号、2003年。
[2] 川村清志：「フォークロリズムとメディア表象―石川県門前町皆月の山王祭りを事例として」，『日本民俗学』第236号、2003年。

视角任意选择的对象被称为民俗，其特质（传承内容）和承担者（传承母体）被重构，作为某种民俗类型而被归纳到已有的分类体系之中。在此过程中，对象的部分属性往往游离于对象本身，作为新的领域导致分类体系的分支化。"显然，在这种框架中，民俗学者完全没有必要把研究对象局限在诸如观光产业、新兴节日等方面。"只要人们在某种制度性的布置中想起民俗，称之为民俗，那么在它周围的所有互动力量就都成为民俗主义的研究对象。"令人深思的是，从川村的观点来看，甚至"今天我们研究民俗学，作为民俗学者来行动，这些本身可能需要作为一种民俗主义而定位"。

川村之所以关注民俗主义和媒体之间的关联，主要是因为民俗主义始终在它和"外部"视角之间的互动中得以展开，而媒体便是二者在此相互接触的主要领域。他对于石川县的山王节在电视节目和当地网页中的两种表象进行了详细比较，指出了所谓"民俗"完全有可能因媒体类型和主体立场的不同而改变其属性。据川村的分析，全国性的电视台所编制的节目和由当地人管理的网页，虽然都把同一个节日作为对象，却在如下三个方面形成了鲜明对比：首先，前者把节日理解为信仰观念的表露，后者则把它理解为存在于现场的实践行为；其次，前者把节日描述为一种无时间性的静态事象，后者则把它描述为在传承过程中不断变化的动态事象；最后，当表现节日时，前者运用存在于该地域外部的相关信息或民俗学的学科知识来对此附加意义，后者则按照地域内部的价值观念来表现民俗。在那些不怀疑真正民俗的存在的人们看来，这种差异大概意味着媒体类型的不同，是因为不同类型的媒体按照各自的性格及其表现特征，来强调一种真正民俗的不同侧面而自然导致的。然而，川村劝阻民俗学者在尚未充分检讨其他媒体（如地方报纸、由地方组织举办的杂志、旅客拍摄的图像等）的情况下如此急促地下结论。目前我们还无法否定另外一种可能性的存在，即所谓"民俗"根本就不存在什么本质或实体，其属性每次经过媒体的表象而被重构，其性格或意义也随之得到更新。

川村认为，为了探讨"民俗"这种能动的、呈现其生成能力的侧面，从广义上理解民俗主义是必不可少的视角。在这种开阔的视野中，作为真正实体的"民俗"和作为间接表象的民俗之间的对立关系将会消失。当然，川村深知如此把握民俗主义，将会从根本上动摇、威胁有关"民俗"的已有定义和概念框架。但他坚持认为，"假如回避这些问题，那么根本就不可能在现代社会中捕捉'民俗'"。民俗是否是经过不同的媒体而被重构的？是否在这种媒体背后存在真正的民俗？川村所提出的问题，或许是分别属于本质主义和建构主义的常见图式，按照研究者立场的不同可以得出不同的答案。但是他也提出质疑："叫做日本民俗学的学问体系，曾经回答过这一问题吗？"他要求民俗学者再次确认一个事实，即日本民俗学是直到近代以后，随着印刷资本主义的渗透，人们通过文字媒体能够了解全国情况之后才出现的产物。自柳田国男等早期民俗学者发现"民俗"的那一时刻起，它实际上就是一种民俗主义。

　　川村的这篇文章大大扩大了民俗主义概念的适用范围，甚至扩展到了该概念所能承受的最大限度。在如此广泛的概念范畴内，民俗学者一直维持河野真所谓的"平衡"[1]显然是不可能的。川村的意图似乎也在于破坏这种平衡，要从失去平衡之后可能会出现的动荡中，获取日本民俗学借此进行解构和重构的动力。至于他所操作的民俗主义概念能否成为日本民俗学者从中看到更多景观的"玉手箱"，我们还无法预测，只能继续注视日本民俗主义研究今后的动向。

---

[1] 河野真：「フォークロリズムの生成風景―概念の原産地への探訪から」，『日本民俗学』第 236 号、2003 年。

日本现代民俗学的"第三条路"
——文化保护政策、民俗主义及公共民俗学[*]

〔日〕菅丰

前言：名为"民俗"、"非物质文化遗产"的文化归纳法

究竟什么是文化？关于这个问题的探讨，长期以来在人文、社会科学等领域争论已久。为了对文化进行定义，人们已经操弄了庞大的篇幅，花费了大量的精力和时间。结果是至今要提出一个大家一致认可的定义仍然不可能。眼下，要将多义性的文化概念逐一进行毫无遗漏的概括并使其完全统一几乎是不可能的。本文若再去追究定义，基本上也没有建设性。在此，暂且以指出文化是根据如何认知而被归纳选取出来、文化这个词所指整体是非实体性的存在为限。文化是一个根据人类的思考而生成的概念。把这样的文化进一步细分，在归纳的言词中有"民俗"这一用语。民俗也与文化一样，无非是人们从整体性的文化中归纳出来、表达文化的一部分的概念。很多民俗学者先验地对民俗的实体性不加怀疑地使用该词语，但民俗本身却是在近代的时代背景下，根据世界各地涌现的对本土文化的理解及其复兴运动，以及由这类运动引起的学科化

---

[*] 本文由陈志勤翻译，译文原载《民俗研究》2011 年第 2 期。

即民俗学的成立，才孕育出来的概念。

　　从世界范围看，1846年古物学者（antiquarian）威廉姆·约翰·汤姆斯（William John Thoms）从文化中归纳选取出古代文化的残存及民谣等，以folklore命名，可以说是这种概念化的开始。当然，毫无疑义的是无论日本还是中国，民俗这个词本身从数百年前开始，就以"人民的风俗、民间的习俗、居民的习惯"等意义使用至今。但在现代社会，民俗这一用语被普通大众使用的情况很少，多是关心文化的民俗学者以及与文化保护工作有关的人们在使用。对这个概念的必要性和重要性，现在只是被社会中特定的人群所认识而已。因此，对使用民俗这一用语的背景，有必要从频繁、积极地利用这个词语的民俗学研究活动以及文化政策的脉络去进行思考。

　　以此来把握民俗这一词语的话，我们就会注意到"非物质文化遗产"这一用语，同样也是人们从文化中分类出来的概念。这个概念并不是作为实体而先验存在，而是在现代社会的某种形势下，其概念的有效性和必要性被认可并被使用。比如，中国宁夏回族自治区的"花儿"，以前只是作为地方上活生生的口承歌谣而具有意义，在某个时期由民俗学者把它纳入民俗的研究范畴，现在又进一步被列入非物质文化遗产的保护范畴，并被登录于联合国教科文组织的世界非物质文化遗产名录。花儿这个实体并没有发生变化，但围绕着花儿，人们的认识和价值判断以及伴随而来的文化归纳方法产生了很大变化。并且，这样的变化不是源自传承花儿的人们而发生，而是根据民俗学者以及与文化政策制定有关的政府相关人员，还有在全球推进世界性文化管理的联合国教科文组织等互动所产生的文化政策带来的结果。可以说被赋予非物质文化遗产地位的其他所有文化，都具有同样的情形。就是说，非物质文化遗产以及围绕它的各类研究和活动都带有相当程度的政治性，这是不争的事实。而且，在非物质文化遗产之前已在使用的民俗及其学问——民俗学，也都是带有太多政治性的语词。

民俗学的政治性：文化保护政策与日本民俗学

关于民俗学的政治性在世界各国的民俗学领域已经进行了广泛探讨，探讨展开得最为激进的是德国。在德国，民俗学（Volkskunde）曾参与第三帝国时期的国家社会主义，后来很多民俗学者对协同纳粹政策的过去进行反省，于是，在第二次世界大战以后，其学问从根本开始发生变革。[1]Volkskunde 就像在其中含有 Volk（民族、国民）一词那样，曾经是提炼国民或日耳曼民族共有精神以标榜民族主义的一门学科。活跃于 19 世纪的威尔海姆·亨利希·里尔（Wilhelm Heinrich Riehl）把通过对传统文化的研究抽象出德国人统一的民族精神，并进行政策性应用作为 Volkskunde 的基本功用。德国民俗学在纳粹德国时代，成为贡献于国家社会主义之根源的国民整合以及雅利安人中心的人种主义国家政策的御用学问。例如，从 20 世纪 30 年代到 40 年代，在海德堡大学执教的民俗学者奥根·法尔勒（Eugen Fehrle）即是御用学者的代表，他们加入纳粹党并进行有助于国策的研究。[2]

就美国的 Folklore 来说，其民俗学带有政治性的事实也早已被揭示出来。[3]

---

[1] Christa Kamenetsky, "Folklore as a Political Tool in Nazi Germany", *Journal of American Folklore*, 85(1972), pp.221-235. "The German Folklore Revival in the Eighteenth Century: Herder's Theory of Naturpoesis", in *Journal of Popular Culture*, 6/4(1973), pp.836-848. "Folktale and Ideology in the Third Reich", in *Journal of American Folklore*, 90(1977)pp.168-178. William A. Wilson, "Herder, Folklore and Romantic Nationalism", in *Journal of Popular Culture*, 6/4(1973)pp.819-835.

[2] 河野眞：『ドイツ民俗学とナチズム』、創土社、2005 年。

[3] Richard M. Dorson, *Fakelore and Folklore*, Cambridge, Mass.: Harvard University Press, 1976. Michael Herzfeld, *Ours Once More: Folklore, Ideology, and the Making of Modern Greece*, Austin: University of Texas Press. 1982. Richard Handler and Jocelyn Linnekin, "Tradition, Genuine or Spurious", in *Journal of American Folklore*, 97(1984), pp.273-290. Roger D. Abrahams, "Rough Sincerities: William Wells Newell and the Discovery of Folklore in Late-19th Century America", in *Folk Roots, New Roots: Folklore in American Life*, Jane S. Becker and Barbara Franco eds., Lexington, Mass.: Museum of Our National Heritage, 1988, pp.61-75. Jane S. Becker, "Revealing Traditions: The Politics of Culture and Community in America, 1888-1988" in *Folk Roots, New Roots: Folklore in American Life*. Barbara Kirshenblatt-Gimblett, "Mistaken Dichotomies", in *Journal of American Folklore*, 101(1988), pp.140-155.

日本民俗学是以对现代化引起的文化变迁的抗拒为契机而产生，具有强烈的作为抵制文化变迁之本土民族学（Nativist Ethnology）的色彩[1]，在第二次世界大战的当时，日本民俗学作为一门学科尚未获得确定的地位，因此，并没有如德国民俗学那样效力于国家及法西斯主义。然而，日本民俗学的创始人柳田国男怀有不少成为当时潮流的殖民主义式的思想[2]，而且，就像其已被揭示的政治性侧面那样，柳田民俗学具有创造帝国日本之"国民"的意图[3]，日本民俗学与当时的政治状态并非无缘。由于日本民俗学对"二战"前日本的国策并没有多大参与，也就没有像德国民俗学那样以战败为契机追求学科方向的重大转换，故本质主义的研究视角和研究手法一直继承延续至今。对日本民俗学而言，对民俗学政治性之关注度的提高，对源自德国民俗学的民俗主义（Folklorism）之关注度的提高，不过是最近 20 年左右才呈现出来的状态，至今也很难说其观点和见解已得到充分吸收。从世界性视野看，日本民俗学对"民俗学的政治性"感觉非常迟钝。正因为如此，战后日本民俗学者有人无意识、不自觉地参与了文化政策的制定。

　　日本的文化保护政策[4]的开端可以追溯到 19 世纪末。在近代日本开始不久，明治四年（1871），为保护"古器旧物"的有形文化，由太政官颁布了《古器旧物保存方》[5]。根据精通近代文化财政策史的高木博志的研究，这一时

---

[1] Marilyn Ivy, *Discourses of the Vanishing*: *Modernity, Phantasm, Japan*, Chicago: The University of Chicago Press, 1995.
[2] 村井紀：『南島イデオロギーの発生：柳田国男と植民地主義』、福武書店、1992 年。川村湊：『「大東亜民俗学」の虚実』、講談社、1996 年。
[3] 子安宣邦：『近代知のアルケオロジー：国家と戦争と知識人』、岩波書店、1996 年。
[4] 就日本的文化保护政策而言，"文化财"（cultural property）的名称和概念，在"文化遗产"之前已经先行采用，《文化财保护法》中仍继续使用。文化财这一概念现正处于与在世界性文化政策中被创造的"文化遗产"（cultural heritage）概念相接合之际。关于文化财的词源，据高木博志介绍（高木博志：『近代天皇制の文化史的研究』校倉書房、1997 年、第 280 頁），有两种观点：一说它来自德语的 Kutur Guter，曾经普及于第二次世界大战以前的知识人士之间（塚本学：「文化財概念の変遷と史料」、『国立歴史民俗博物館研究報告』35、国立歴史民俗博物館、1991 年）；另一说认为是在 1937 年南京事件之际，为对抗中国的"文物"概念，由日本创造了这一词语（鈴木良：「文化財の誕生」、『歴史評論』555、校倉書房、1996 年）。
[5] 亦即《古器旧物保存办法》。——译者

期的文化保护政策（当时"文化财"一词尚未出现）的目的，"是基于对明治初年废佛毁释等破坏前近代文化'传统'的反省，谋求彰显日本皇室的独特文化'传统'"，就其政策的根本而言，"在国民国家形成之际的国际社会存在这样一种认识：要成为'一等国家'，如同俄罗斯、奥地利、英国等王室那样拥有独特的文化'传统'不可或缺"，这件事"无论在国际还是在国内，均以伸张皇室权威为目的"。[1]以此为背景，明治政府在明治三十年（1897）参考欧洲的文化保护制度，制定了《古社寺保存法》，形成了有关"特别保护建筑物"及"国宝"的制度。以此为契机，在东京、奈良和京都设置了帝国博物馆（后改为帝室博物馆），又在大正八年（1919）制定了《史迹名胜天然纪念物保存法》，对史迹（具有历史渊源的地方、古建筑物和遗迹）和名胜（艺术及观赏价值高的景观）进行登录。此后，在昭和四年（1929），日本政府把《古社寺保存法》改成《国宝保存法》，对"特别保护建筑物"和"国宝"进行统一登录，并在昭和八年（1933）为防止具有文化价值的文物流向国外，制定了《关于重要美术品等的保护法律》。这些法律一直延续至《文化财保护法》开始实施的昭和二十五年（1950）。

  对第二次世界大战之前的文化保护政策，如高木博志指出的那样，应该考虑其中蕴含的在国民国家成型期建构皇室权威及国家象征这一比文化保护更为深刻的意图。但在这一时期，国家的文化政策没有包含非物质文化，全都是有形的物质文化。战后，因为奈良县法隆寺（现登录为世界遗产）金堂遭遇火灾等事件，于是，以大量国宝被烧毁为起因的文化保护趋势得以高涨，昭和二十五年（1950）遂制定了《文化财保护法》，设置了主管文化财的文化财保护委员会。"文化财"一词在法律上被确认，以这部法律为嚆矢。该委员会的事务局，在昭和四十三年（1968）与文部省文化局合并后变成文化厅，委员会本身成为文化财保护审议会及文部大臣的咨询机关（2001年改组为文化审议会文化财分科会）。直到今天，作为政府部门的文化厅和审

---

[1] 高木博志：『近代天皇制の文化史的研究』，校倉書房，1997 年、第 264-265 頁。

议会，成为承担包含非物质文化遗产在内的日本文化财保护行政的核心。①
《文化财保护法》的制定，对日本民俗文化的保护政策来说具有重要的划时代意义。

在《文化财保护法》中，文化财被分为"有形文化财"、"无形文化财"及"史迹名胜天然纪念物"。"有形文化财"中包含有"民俗资料"。就是说，在这一时期，具有"民俗"这一名称的对象物，首次被列入文化保护政策之中。但就实际状况看，当时成为保护对象的只是民俗的物质性侧面。对于"无形文化财"，《文化财保护法》是这样表述的："戏剧、音乐、工艺技术以及其他无形的文化性存在，对我国来说在历史上且在艺术上具有较高价值。"因为具有注重艺术性及审美性之优先范畴的意识，浅显的根植于生活之民众文化的民俗被排除在外。顺便提一下，被列入教科文组织第一次到第三次"人类口头和非物质遗产代表作"中的日本能乐、人形净琉璃文乐、歌舞伎，正是被日本《文化财保护法》认为"重要"的一些项目，是从已被登录于"重要无形文化财"的项目中挑选出来的。②

当时的日本文化保护政策，只把作为有形文化的民俗当成保护对象，民俗被排除在无形文化之外，在此必须注意的事实是，只有来自职业专家的艺术如卓越的戏剧、音乐及技术才是保护对象。针对如此把民俗讲行低定位的做法，产生了以提高民俗资料法律性地位为目的的运动。昭和二十九年（1954）对《文化财保护法》进行了修订，将"民俗资料"从"有形文化财"中独立出来，使之获得与有形文化财同等的地位。虽然说到底只是"资料"，没有被当成为"财产"，但无形文化的"民俗"也被认为是"应该采取制作记录等措施的无形'民俗资料'"，拥有了法律地位。这样，有形和无形的民俗就都被提到了国家的文化保护政策之中加以探讨。昭和五十年（1975）再次对《文化财保护法》进行修订，无形文化的民俗得以进一步明确。"民俗资料"被改称"民俗文化

---

① 大島暁雄：『無形民俗文化財の保護—無形文化遺産保護条約にむけて—』、岩田書院、2007年、第15頁。
② 根据日本的文化财保护制度，作为国家重要无形文化财保持者被个别登录的人一般称为"人间国宝"。

财",并在被视为国家的"民俗文化财"中设定了"重要有形民俗文化财"和"重要无形民俗文化财"两大类。现在,日本进入联合国教科文组织非物质文化遗产名录(人类口头和非物质遗产代表作名录)的项目评审工作,主要就是从《文化财保护法》规定的"重要无形文化财"和"重要无形民俗文化财"中进行挑选。

日本民俗学者对民俗文化政策的回应

文化保护政策对日本的"民俗"带来很大影响。就像对民俗文化财保护制度进行过详细探讨的菊池晓所揭示的那样,各种文化财保护制度的成立,在"以'民俗'之名谋求保护、活用这一点,即便是将其置于给民俗的现状带来很大影响的近代诸制度之中,亦可大书特书",这些保护制度对民俗带来影响的事实,毫无疑问。[1] 此外,就像才津祐美子指出的那样,文化财保护制度发挥了把一个地方的文化转换为日本整体的"国民文化"的作用[2],民俗学一直以来研究的对象,与战后日本的政策性、政治性动态密不可分,但很多民俗学者却对这类问题毫无警觉。

在"民俗"被政策性地作为"文化财"进行文化的归纳选取过程中,民俗学者究竟与其有怎样的联系呢?根据菊池晓的研究,昭和二十七年(1952)在文化财保护委员会中开始设立民俗资料主管人员,宫本馨太郎(后来发展了民具学)作为特约职员、祝宫静作为专任职员开展工作。两位"民俗学者"都拥

---

[1] 菊池晓:『柳田国男と民俗学の近代—奥能登アエノコトの二十世紀』、吉川弘文館、2001 年、第 22–23 頁。
[2] 才津祐美子:「『民俗文化財』創出のディスクール」、『待兼山論叢』30、大阪大学文学部、1996 年。才津祐美子:「そして民俗芸能は文化財になった」、『たいころじい』15、浅野太鼓資料館、1997 年。

有对民俗学发展作出贡献的涩泽敬三[①]的人脉关系[②]，因为涩泽敬三的影响，"民俗学者"成为在行政部门参与策划的人员。这两人是从行政组织的立场对民俗文化财保护制度的确立发挥作用的干将。昭和二十八年（1953）在文化财专门委员会内开始设置"民俗资料部会"，日本民俗学创始人柳田国男和涩泽敬三以及折口信夫等杰出的民俗学者，都曾作为专门委员进入其内。

菊池晓认为，昭和二十九年（1954）《文化财保护法》修订之际，把"民俗资料"从"有形文化财"中独立出来，对其性质进行规范并构想具体保护政策，主要是宫本馨太郎的作用。随后，文化财保护委员会为把握民俗资料的全国分布状况，也为了向全国各地与文化财有关的人员彻底传达关于民俗资料的知识，在1962—1964年间进行了民俗资料的紧急调查，动员了全国的文化财方面的有关人员参与。正因为如此，地方的文化财相关人员感到区分"无形文化财"和无形"民俗资料"的困难，他们寄希望于《文化财保护法》的再度修订，同时还有统管日本神社的宗教法人即神社本厅[③]的参与，由此掀起了一场法律修改运动，并得到民俗学者的赞同，终于在1975年实现了法律修订的目的[④]。如此具有国家层次的文化保护政策，影响波及日本地方政府的县市町村等基层组织，同时，地方政府利用国家的制度也在各个层次建立了相应的制度，在这些不同层次，大都有民俗学者参与其间。

从上述可知，有名无名的民俗学者参与了日本的民俗文化保护政策，由此

[①] 涩泽敬三（1896—1963）是奠定日本近代经济的实业家涩泽荣一的孙子，他本人也历任日本银行总裁、大藏大臣。因与日本民俗学创始人柳田国男的相遇而倾倒于民俗学，开设了私人博物馆，在亲自进行民俗学研究的同时，以丰厚的资产为基础大力支援民俗学研究者。

[②] 对于在《文化财保护法》修订中基本上没有民俗学者参与的观点，菊池晓提出所谓"民俗学者"究竟是谁的问题。菊池晓认为，当时能够被称为民俗学者的人为数很少，虽不具备对法律制度带来直接影响的力量，但可明确他们的活动与文化财保护制度有密切的关系。

[③] 战前的日本，以国家和神道势力相结合的形式支持天皇制。为此，战后占领日本的美国把神社与国家进行了分离。与此相伴随，神社被宗教法人化，从政府部门分离出来。但以现状来看，神社本厅是保守的、具有浓厚民族主义倾向的团体，与日本的保守政治有很深的关联。该组织虽然参与了《文化财保护法》的修改，但很难说提高了神社本厅所期待的效果（扩大教化）。菊池晓：『柳田国男と民俗学の近代——奥能登アエノコトの二十世紀』，吉川弘文館、2001年、第58頁。

[④] 菊池晓：『柳田国男と民俗学の近代——奥能登アエノコトの二十世紀』，第22-57頁。

给民俗本身带来很大影响。当然，对这些以《文化财保护法》为代表的文化政策，不能说民俗学者只是无自觉意识地参与其中。如在日本民俗学史上留名的宫本常一[①]，当《文化财保护法》被再度修改之际，于 1975 年 5 月 24 日在《朝日新闻》晚刊发表了题为《对民俗神事保护的疑义》一文，正如以下引用的内容，表现出对该法律的一种担心：

> 长期以来，我作为民众的一员，致力于阐明民众文化的研究，并对无论怎样被摧毁都能再度恢复的民众的力量感动无比。在唤醒这种能量、让人们焕发生气的力量中，存在着民族的宗教。但那不是神社神道之类，而是更为土里土气的信仰。……即使现在仍然"活着的"信仰还很多，这些神事是民众为接受神的保佑而从事的行为。我一直认为，不应该将其理解为只是民众单纯的鉴赏对象。然而，由于采用了"民俗文化财"的用语，它们成了被"指定"的对象，这究竟是否是一件好事呢，或许可以认为，这反倒使旧有的面貌以及其中蕴含的精神遭到了歪曲。

宫本常一担心的是植根于庙会[②]和神事等这些"活着的信仰"中的文化，因《文化财保护法》的修订以及被"指定"为民俗文化财，而有可能使其原有面貌和其中蕴含的精神遭受歪曲。以"民俗的变化不可避免"这一现代民俗学的常识来理解的话，坦率地说，"旧有的面貌"这类本质主义（essentialism）的表述难以得到赞同，但在当时，尽管程度有限，宫本常一还是表达了对《文化财保护法》不合理之处的意见及批评，这一点很值得关注。宫本常一回顾了战时看到的奈良县春日若宫"恩祭"能乐时的情景，指出这类神事由于承载着人群内在的宗教心以及由此生成自立的传承意欲而被继承下来。

[①] 宫本常一（1907—1981）初以柳田国男为师学习民俗学，后在涩泽敬三门下继续开展研究活动。历任日本观光文化研究所所长、武藏野美术大学教授、全国离岛振兴协议会顾问等职。作为在日本各地开展田野调查，并从民众视角汇集了庞大的庶民生活志的民俗学者，近几年正在被重新评价。
[②] 原文为"祭り"。——译者

从能乐演出者的姿态，可以看到他们忍耐着风雪，并不是为了让人来看而演出，而是因为必须演出才进行演出。当时我曾思考，这样承受风雪而祈求永远的心难道不就是宗教吗？他们每个人是怎样获得如此的虔诚之心？是因为其已成为支撑他们生活和文化的力量。不能承受风雪的终究会消亡。要承受住风雪，必须有民众的支持。正因为有民众支持，无论文化还是宗教才可能直到今日仍然延续其生命力，不然，最后都将消亡。

今日的神事已丧失了作为宗教的意义，成为一副躯壳，是否到了不得不借助强大的国家之力的地步呢？失去了宗教自立的力量，如果仅是把宗教仪式活动的残存，认为有文化价值而进行保护的话，或许还有一些合理性，但如果以此作为"活着的"宗教且国家要对其进行资助，这不仅提醒我们会引起对宪法（引用者注：政教分离原则）的质疑，从民众方面考虑，也会让人思考难道这真的能够成为他们心灵的支撑吗？……希望宗教是为民众所拥有的。

在此，宫本常一对国家的外在干预导致"活着的"民俗发生变化的事实表示忧虑。对那些"死去的"或"将要死去的"民俗，他大致肯定了国家干预的保护政策，而对凭借人们的内发性动机已经行为化并正在传承的"活着的"民俗，他认为国家不可以干预。宫本常一提起的问题与现在围绕着非物质文化遗产保护所产生的进退两难的困境有相通之处，亦即以保护为目的的民俗文化保护政策（包含非物质文化遗产保护政策），结果却成为导致文化本身发生变迁的原因，这很值得深思。①

但宫本常一并没有否定对民众生活的政治性、政策性干预。他本人主张地

---

① 从历史角度看，民俗是不停地不断变化过来的，"民俗变化的不可回避性"是现代民俗学的常识。从这个观点来理解，因为政策带来的变化也不得不承认有一定的合理性，所以，宫本常一的见解也难免被指责为不过是一种怀乡病而已。但委婉地对文化保护行政提出批评的宫本常一的文章，反映出尊重民众以及尊重他们保持文化之自立性的思想亦即民众中心主义是应该予以理解的。

方民众主义，并担任了全国离岛振兴协议会第一任事务局长，还担任了文化财保护委员会委员（1957—1958）、广岛县和山口县等地方政府的文化财专门委员。之所以在《文化财保护法》修订时吐露上述批评意见，是因为此前他或多或少与民俗文化保护政策有着一定的关系。至今，有很多日本民俗学者仍与国家文化政策保持着很多关联，且并不限于上述国家层次的民俗文化保护政策，民俗学者在各个层次的政策及行政事业，一直以来都被动员而参与其中。如20世纪七八十年代，以都道府县及市町村的地方自治体（地方政府）为单位，呈现出自治体史编撰的盛况，很多自治体史都有"民俗编"，与之相关的调查和编撰工作，就和为数众多的民俗学者紧密相关。当时，要在以民俗学为业的人中找到和自治体史无关者是很困难的。作为一项文化政策或事业，这一运动把很多民俗学者都卷入其中。

当前，自治体史编撰事业的势头已经衰微，但在文化审议会等国家层次的委员会以及在地方自治体的文化财审议委员会等机构中，有很多民俗学者参与。他们对有关自身的行为及文化保护制度的政治性等问题几乎没有自觉、清醒的认识，不过是作为某种惰性持续着这样的关联而已。[1]即使在研究者的学术组织日本民俗学会内部，针对文化保护政策及民俗学者参与状态的研究也一直没有充分探讨过。

例如，根据概括日本民俗学史的福田亚细男的观点，1954年《文化财保护法》修订后，各地民俗学者被文化行政所调动、被组织起来编列于其中的倾向越来越明显，到20世纪60年代，这种现象更加正规化。但关于这种参与状态的探讨，在学会及民俗学者之间并没有充分展开，福田亚细男对此进行了批评：

---

[1] 例如，现在在文化审议会中设立了开展与文化财登录及保存、活用相关事项调查审议的"文化审议会文化财分科会"（以前的文化财保护审议会），2007年，为对应于联合国教科文组织的无形文化遗产保护条约而进行调查审议，设置了"关于无形文化遗产保护条约的特别委员会"，委员长为民俗学者宫本袈裟雄（时为武藏大学教授），委员有神崎宣武（观光文化研究所所长）、仓石忠彦（国学院大学教授）、佐野贤治（神奈川大学教授）等民俗学者。佐野贤治还是涉及文化振兴基本政策重要事项调查审议的"文化审议会文化政策部会"的成员（2005—2006）。但这些与文化保护政策相关的民俗学者，至今并没有对文化保护政策进行过专门研究，很难说是这方面研究的权威学者。

关于对《文化财保护法》的关心，关于民俗资料的此种诠释方法，在日本民俗学会中根本看不到有展开讨论的迹象。《日本民俗学》（引用者注：日本民俗学会会刊）中竟然连一篇相关论文也没刊登。民俗资料作为文化财确立了地位，并成为文化财保护的对象，对此，学会及民俗学者却全然没有讨论。就文化财而言，基本上作为"财"被认定后就是一种固定化的状态，把在人们生活里观察到的民俗固定起来是否可能，或者说是否有意义，关于这些问题的探讨非常必要，但在日本民俗学会却看不到针对这些问题进行研讨的动向。①

如上所述，虽然日本民俗学者参与了中央及地方政府主导的文化保护政策，实际上却不是通过学术的探讨和批评而进行的。

日本民俗学中对政治性的批评

如果以民俗及对它进行研究的民俗学的政治性为前提，那么，把民俗视为来自过去的连绵不断的文化，对其进行本质主义的研究，将其价值视为先验的存在，显然就不再可能。不仅日本民俗学，世界很多国家的民俗学，一直以来都是从本质主义的视角看待民俗和非物质文化遗产的，至今也是如此。以超时代继承下来的假设为前提，从文化中抽出本国、本民族的特征及本质的思考方法，终究只是虚构而已。特别是有关非物质文化遗产的背景，就其用语及价值的成立而言，与现代的全球化政治性状态密不可分。由于以保护为名对民俗进行改变的运动正在推进当中，现在轻易地在非物质文化遗产中探究本国文化的本质和精髓，并对其高度评价已变得不再可能。因为觉醒于学问的政治性，并

---

① 福田アジオ：『日本の民俗学——"野"の民俗学の二〇〇年』、吉川弘文館、2009年、第271-272頁。

且在战后，伴随着整个人文、社会科学对本质主义批判的高涨，出现了重新审视一直以来的文化保护政策及相关状态的研究动向。

20世纪后半期，从对本质主义的批判开始，在社会学、人类学、心理学、历史学、文学等各类人文、社会科学领域，均出现了建构主义（constructionism或constructivism）的研究范式（paradigm，日语为方法论）转换。所谓建构主义是指这样一种思考方法：社会中被视为现实的并非自然或客观的实际存在，而是被社会地、认知地、有意识地创造出来的建构物。例如，彼得·伯格（Peter Ludwig Berger）和托马斯·卢曼（Thomas Luckmann）1966年出版的著作《现实的社会构建——论知识社会学》[1]，阐明了日常生活中所见之种种现象和知识是被社会所建构、为共同体所共有的常识化之物。立足于这样的思考方法，"传统"、"民俗"及"非物质文化遗产"等，都是社会的建构物，它们虽然对于接受它们的人们而言是理所当然的，但实际上是受到外在社会的影响，被人为想像和创造出来的。也就是说，"传统"、"民俗"及"非物质文化遗产"并不具有连接过去之连绵的、本质的意义，并不是存在于现在的过去之物，其意义是被围绕着我们的政治、经济及社会建构的。

20世纪后半期是批判本质主义的论调持续高涨的时代。E.霍布斯鲍姆（Eric Hobsbawm）和T.兰格（Terence Ranger）的"传统的发明"（invention of Tradition）论认为：人们所相信的好像是从遥远的往昔连绵不断地继承而来、同时又被人们如此述说的"传统"，实际是在近代被人为创造的，这对民族主义及帝国主义的生成带来了深刻影响。本尼迪克特·安德森（Benedict Richard O'Gorman Anderson）的"想象的共同体"（Imagined Communities）论，则是把国家（nation）作为一种想象（image），认为它是被想象出来的政治共同体。这些源流不同的建构主义思想，都可被认为是对本质主义的批判。这些论调开始出现时，民俗学也展开了同样来自建构主义的对本质主义的批判，其代表性的

---

[1] Peter L.Berger and Thomas Luckmann, *The Social Construction of Reality: A Treatise in the Sociology of Knowledge*, New York: Doubleday, 1966.

观点就是主要在德国民俗学中展开的民俗主义（德语为 Folklorismus，英语为 Folklorism）。

德国民俗学在第二次世界大战前及战争中为纳粹德国的国策所笼络，积极地与政治发生了关系。对这种现象的反省引起了对民俗学之政治性的自我批判，进而着手于新民俗学的再建构。在这个过程中，根据汉斯·莫泽和赫尔曼·鲍辛格等学者的研究，提出并发展了关注民俗观光化等经济性利用或政治性利用现象的民俗主义思想，亦即"某些民俗的文化事象在这些民俗植根的地方之外具有了新的功能，并且为了新的目的而展开"，由此对一直以来只是发现其旧时的价值和意义的民俗提示了新的理解。

民俗主义如此看待民俗的方法，由研究欧洲民族学的河野真介绍到日本，从20世纪90年代初期开始也对日本民俗学产生了影响。无论过去还是现在，民俗在各方面都受到政治、经济及社会的影响，不理解围绕着民俗的外在状况，就不可能理解民俗。这虽然是铁定的事实，但在日本这种观点是在进入21世纪后才逐渐被接受的。如上所述，日本民俗学在"二战"等本可促使政治性觉醒的时期尚未成熟，对此前参与国策并没有自觉的认识，作为一门学科没能敏感地对待政治性问题。这与同一时代曾经对国策作出贡献的国史学（日本历史学）形成了鲜明的对照，战后，马克思主义历史观曾席卷整个日本历史学界，而本质主义的民俗观长期在日本民俗学界被继承下来，至今也没有得到完全的清理。

在这种背景下，对上文提及的文化政策，很多民俗学者参与其中反映了一种无清醒认识及无批判态度的状态。针对此现状，从民俗主义视角尝试展开批判的研究者，以岩本通弥为代表。岩本通弥在20世纪80年代对日本都市民俗学的兴盛作出过贡献，当时，他对偏重于以农村的过去为研究对象的日本民俗学采取了批判的立场。岩本通弥的都市研究并不仅仅是把田野扩大到都市而已，在并非以过去而是以现时代作为审视坐标这一点上，他与当时的民俗学者分道扬镳。根据当时所受的德国民俗学的影响，近年来，岩本通弥以德国民俗学为榜样，致力于日本民俗学的再建构，以求实现民俗学向生活学、经验主义文化学的转换。虽然在岩本通弥之前有过河野真等人的介绍，但在民俗学领域，民俗主义概念一直没有得到正面讨论，为此，岩本通弥在日本民俗学中开展了使之常识化的努力。比如，2003年日本民俗学会会刊《日本民俗学》236号推出了"民俗主义特辑"，岩本通弥作为组织者发挥了核心作用。几乎同时，日本民俗学会下设了"民俗学与文化资源特别委员会"，依靠会员实施了有关各地民俗主义状况的调查，其执行委员即由岩本通弥担任。

《日本民俗学》第236号作为综观民俗主义的论文集，对日本民俗学具有重要的学术史意义。在此文集中，揭示了大量的被商品化的民俗、被政治性利用的民俗以及因为宣传媒体而变化的民俗，对日本民俗学者理解民俗主义的实际状态作出了很大贡献。通过分析这些民俗主义现象，岩本通弥特别关注政治性的民俗利用以及所引发的问题，以锐利的笔调反复对文化政策展开批判。[1]以岩本通弥在该文集中发表的一篇论文[2]为例，他指出，目前在日本发生的来自外部的文化财行政组织的压力是造成民俗观光开发的原因，揭示了这种行为甚至是背离地方社会实际、与国家的政治利用相结合的结果。从岩本通弥描绘的状况看，可知一直以来民俗学者轻率地、毫无清醒认识地参与文化保护政策的行为应该被否定。在文化保护的名义背后，隐藏着观光主义和民族主义，致使民俗从当地居民拥有的事物转变成为外来相关力量介入的事物。被如此复杂的现实愚弄却毫无清醒认识的民俗学者，不可避免地要遭到太过幼稚或好好先生之类的批评。

但令人遗憾的是，运用民俗主义的批判至今没有在现实社会中成为主流，不得不说民俗学者在无清醒认识之下参与文化保护政策的现象仍在继续。日本民俗学并没有以德国民俗学的强烈反省及全面的学术转换为经验，对民俗学的

---

[1] 岩本通弥：「『文化立国論』の憂鬱」，『神奈川大学評論』42、神奈川大学、2002年。岩本通弥：『フォークロリズムと文化ナショナリズム―現代日本の文化政策と連続性の希求』，『日本民俗学』236、日本民俗学会、2003年。岩本通弥編：『ふるさと資源化と民俗学』，吉川弘文館、2007年。

[2] 岩本通弥：「フォークロリズムと文化ナショナリズム―現代日本の文化政策と連続性の希求」，『日本民俗学』236、日本民俗学会、2003年。

政治性问题仍然延续着迟钝的状态。眼下，在积极地不断推进联合国教科文组织的非物质文化遗产保护运动中，这种状况可以说进一步恶化。就现状而言，日本民俗学中共存着两种立场：轻率地参与文化保护政策的立场以及对其政治性展开批判的立场。对此毫不关心的研究者，不是本文在此探讨的对象。上述两者虽处于相对立的立场，一直以来相互间却没有充分地争论和交锋。以积极参与文化保护政策为立场的研究者，对民俗主义的观点、见解熟视无睹；采取批判立场的研究者，至今尚未积累起促使轻率参与文化保护政策的人有所顾忌的实力。

民俗学者的"第三条路"

在上述状况下，现在，民俗学者究竟应该以怎样的方向为目标呢？我们在对轻率地参与文化政策的行为进行批评的同时①，也必须认识到来自民俗主义批评的社会无力感。现在，面对仅停留于对文化保护政策进行批评的日本民俗主义研究的局限性，应该认识到超越这种局限性的新阶段已经到来。

民俗学者运用民俗主义对文化保护政策进行批评，大都没有实效，原因有以下两点问题。若不能克服这些问题，要改变日本的民俗主义研究在现实社会中的无力感基本上不可能。如概略地进行整理，可以指出日本民俗学的民俗主义批判（当然，不能对所有的民俗主义论者进行划一的评判）存在的第一个问题，是很多见解只面向民俗学这一狭小的社会，处于闭锁状态，与实际的社会活动基本隔绝。通过日本民俗学界的杂志、书籍及研讨会的口头发言等展开民俗主义的批判占了多数，但这些方法均依赖于在限定的世界里具有效用的专业用语，没有传达到实际进行文化保护政策的现场及普通的地方民众；或虽然传

---

① 笔者批评的并非民俗学者"参与"文化保护政策的行为本身，而是针对他们在参与过程中毫无自觉的认识及过于轻率的心态。相反，笔者认为，对文化保护政策，民俗学者倒应该以一种积极的态度去参与。

达到了有关的行政组织，但没有被充分采纳。因为这类民俗主义批判没有社会性的力量，那些对批判不加深思的民俗学者及政府相关人士对此的感觉是无关痛痒，故表现漠视。

运用民俗主义展开批评的研究者在学界处于低调状态的原因之一，是他们对政治性问题过于敏感，有一种先验性的观点，从一开始就对民俗学者直接参与政策的行为予以否定。言论的批评行为确实是民俗学者一项重要的社会实践，但如果这些批评只封闭于学界之内，其批评的实效性、变革性就无法在现实社会得到反映。从政策的外部展开批评却对政策采取不干预姿态，乍一看可谓清高，但此种外部批评，将不能到达行政部门实施政策的现场。

就现状而言，行政部门挑选的专家都拥有关于文化保护的丰富知识，并不是必须借重具有卓越业绩的民俗学者。对行政方面来说，还是那些政治性感觉迟钝的民俗学者比较容易对付。民俗主义批评者不干预政策的问题，也可以说是行政方面的结构性问题，即在政策层面上不起用恰当的人才。

具有民俗主义倾向的批评所存在的第二个问题，亦即民俗学者自身已经成为引起民俗主义现象的相关者，尽管作为相关者不可避免地会对民俗带来影响是事实，但他们却往往采取熟视无睹的态度。一直以来，很多民俗学者对地方文化的介入是日本现代民俗学的"第三条路"，即作为第三者去观察并付诸行动，进行民俗的采集、解说和诠释。从建构主义的观点看，民俗学者自身并不亚于行政组织、企业等营利团体以及宣传媒体，已毫无逊色地成为建构民俗的相关者并使民俗发生变质。致力于调查研究的民俗研究者，对源自研究者的民俗建构不应该没有清醒的认识。事实上，起因于研究者的建构不可避免，既然如此，就不如带着自觉意识去理解此种建构的过程，并对作为一个民俗学者所能采取的行动作出选择。民俗主义的批评者尚未对自身的主张和行为给调查研究的对象带来影响的事实积极地展开研究，始终以第三者的立场为前提的居多。

为了进一步有效地深化具有这些局限性的民俗主义批评，我们必须摸索一个方向，即提倡以民俗学的知识和见解为基础、在现实社会中直接实践的公共民俗学。这里所谓的公共民俗学，与20世纪60年代在美国民俗学界兴起的公众民俗学并不同义。美国民俗学的公众民俗学曾经具有作为政府公共部门（public sector）所承担之民俗学实践的浓厚色彩，在从属于大学及研究机构的学院派民俗学者和公众民俗学者之间对实践问题存在着很多不同观点。现在，公众民俗学正在发展成为美国民俗学会的多数派，但事实上，学院派民俗学者对公众民俗学者进行的政治性干预及向地方文化施展外部压力的实践均抱有不同见解，而公众民俗学者对学院派民俗学者及其学问并不具备社会影响力的事实也一直持有异议。公众民俗学以文化及承担该文化的人们为对象，使之客体化，即"像物体那样被对待"（objectification），对此，学院派民俗学者进行了严厉批评。文化和人被如此"物体化"的现象，在民俗学者和被这些民俗学者表象为传统的地方居民之间产生了力量的不公平，这也同样遭到了批评[1]。这是针对表象的力量掌握在大规模建构传统文化的民俗学者亦即公众民俗学者手中这一现状的批评，也是针对其结果导致民俗学者限制和否定地方居民的主体性实践这一事实的批评。眼下虽然尚未表面化，但学院派民俗学者和公众民俗学者之间互不信任的状态，仍然根深蒂固。

笔者主张的公共民俗学虽然也包括上述公共部门的公众民俗学，但并不局限于此，而是进一步注重学院派民俗学者从事社会实践的一种民俗学方法。公共民俗学不只是从属于政府及其相关团体等公共部门的专业人员所承担的学问，也是从属于大学等机构的学院派民俗学者同样应该承担起来的一种方法。学院派民俗学者如上所述，不仅作为第三者，以观察者的立场与地方民俗发生关系，还必须意识到自己是介入（intervention）地方的一方，并应当对这种介入进行有意识的实践。在日本，大都以第三者的方式为主，对文化保护政策的批评是在相距甚远的场景下展开的，或相反，是在毫无清醒认识的基础上拥护文化保护政策。因此，我们需要进一步深入下去，把"文化的中介行为"（cultural brokerage）意识化，有必要形成在地方进行实践的相互关系。当然，这并不是

---

[1] Robert Baron, "Sins of Objectification? Agency, Mediation, and Community Cultural Self-Determination in Public Folklore and Cultural Tourism Programming", in *Journal of American Folklore*, 122(2010), p.63.

说民俗学者单纯地与现实场景中的文化发生接触并进行活用就好。民俗学者若不具备构成实践之前提规范的实践思想，其在地方上的实践就如同那些毫无清醒认识地参与文化保护政策的民俗学者的实践一样，将不可能产生对地方的文化和居民具有意义的成果。所以，民俗学者在地方进行实践活动时，首先必须奠定根植于地方规范的思想。这样的实践不是为学者，也不是为了行政组织等公共部门而进行的，应该是为生活在地方、长期以来承载其文化的人们而进行的。这些实践活动的基础，应当是以重视地方为目的的地方主义，以及以重视生活者为目的的生活者主义等实践性的思想。在奠定实践思想的过程中，"生活环境主义"很值得我们参考。

生活环境主义是促使日本环境社会学得以发展的一个重要理论，从20世纪70年代末期开始，由嘉田由纪子（环境社会学家，现为滋贺县知事）和鸟越皓之（环境社会学家、环境民俗学家）等环境社会学家所提倡，其观点是把环境问题置于地方居民的生活场景进行分析，进而寻求解决的方法。[1]其要义就是探究地方社会内在的理念，确立尊重其理念之立场的"宽松的意识形态"。[2]应用生活环境主义的思想展开研究，目的不是为了研究者，而是为解决居住者的生活问题。基于这种内在理念，生活环境主义的重要目标在于作为运动之实践的意义。对生活环境主义，也可以用"生活文化主义"来表述。立足于此种观点，对地方的文化最为熟知，且与其文化的生成及维系最具有密切关系的是在那里生活的居民，因此，在对文化进行保护或活用时，必须把地方居民的知识、想法、价值观及利害关系作为主要的内容予以尊重。为在地方文化与地方内外的人们的活动之间保持一种平衡，此种观点和方法必不可少，而且，作为开展文化的保护及活用的主体，实际也要求我们对地方居民有足够的重视。以这样的生活文化主义的思想为前提，今后，民俗学者应当积极参与到文化保护政策

---

[1] 鳥越皓之：『方法としての環境史』，鳥越皓之、嘉田由紀子編：『水と人の環境史』，御茶の水書房、1984年。鳥越皓之：『環境社会学の理論と実践』，有斐閣、1997年。鳥越皓之編：『試みとしての環境民俗学』，雄山閣出版、1994年。

[2] 鳥越皓之：『環境社会学の理論と実践』，有斐閣、1997年、第10頁。

的实践中去。

一直以来，在涉及民俗的现实场景中混同存在着以下几类研究者：关注民俗本身，但并不关心地方民众的"文化至上主义者"；不加批判地推进文化保护政策的"文化保护主义者"；不会顾及地方民众之利害去利用文化的"文化开发主义者"；批评文化保护政策却只是隔靴搔痒的"民俗主义批评者"等。今后，不仅要清醒地意识到文化保护政策的政治性威胁，也要在认识到此种态势向地方社会渗透乃是不可避免之事实的同时，对地方生活者作为保护和活用文化的合法性存在予以尊重。在尊重他们拥有的价值的基础之上，有一类民俗学者将不可或缺：直接从事地方文化的保护和活用之实践活动的民俗学者，亦即公共民俗学者。

当然，"究竟谁是地方居民或民众"，这是关乎"文化所有"的问题，此外，还有"地方居民或民众是否都具有相同观点"这一关乎"人们的价值多样性"的问题，"地方居民或民众中到底谁拥有发言权"这一关乎"地方居民或民众的代表性"问题，"民俗学者的参与会带来地方文化的变化"这一关乎"民俗变迁的不可避免性"问题等，在实践中难以简单解决的课题堆积如山。但正因为是凭借田野调查对地方社会具有深入了解的民俗学者，才有可能理解地方民众对地方文化的想法和价值观，也才能够把他们的想法和价值观向地方内外的社会进行广泛传播。挑战上述难题，建立新的公共民俗学，是当代民俗学者的使命。在地方社会运用生活文化主义开展直接的实践活动，是今天的民俗学可以期待的"第三条道路"。

第三单元

民俗主义在中国

民俗主义的兴起、普及以及影响*

〔日〕西村真志叶 岳永逸

欧美的民俗主义

（一）民俗主义在欧洲的兴起

"二战"后，在民俗学领域出现的众多概念中，像"民俗主义"这样得到普及和引起争论的概念可能是十分罕见的。民俗主义原为德文 Folklorismus，英文翻译是 Folklorism，主要指某种民俗文化事象脱离原来的生存空间，以新的功能，为了新的目的而得以再现。简言之，民俗主义便是第三者对民俗文化的利用。民俗主义一词，来自于西德民俗学者汉斯·莫泽在 1962 年介绍的一则笑话：

在慕尼黑，人们讲述有关一位著名学者的笑话。在阿尔卑斯山脉的某村，这位学者对当地节日活动进行了调查。事先，他对这类活动十分了解，并没有期待自己能够在此地获取新知识。他还认为，即使提问当地人节日的起源，他们也只能做一些"是古老的节日啊，从爷爷的时代一直都

---

* 本文原题为《民俗学主义的兴起、普及以及影响》，现征得作者同意，将"民俗学主义"的译名统一为"民俗主义"。本文原载《民间文化论坛》2004 年第 6 期。

有"之类的回答。尽管如此,他还是找了一位看上去像是个当地长老的白胡须老者,并十分流利地运用当地方言开始了访谈。而这位老人,用一种疑惑的目光审视了这个仅提浅显问题的学者,说道:"这个嘛,算是一种民俗学的性质吧。"①

这段笑话为西德民俗学者带来的不只是笑意,更多的是民俗学者对其自身的反思。民俗学者往往把民俗事象放在自己理想中的传统空间进行解释。而那些传承人把民俗事象移植到自己的生活空间后,总会对此赋予某种意味,使之发生变异。尤其是在现代社会中,通过学者的直接参与、民俗知识的普及等渠道,民俗学参与到了民俗文化的变异过程中。常见者有:采用传统工具或方言表演、新兴节日、商业广告、身穿民族服装的示威游行等。当传承作为传承得以自觉之后,这些由现代人捏造、创新、利用的民俗文化已经难以继续被视为简单意义上的传承的产物。民俗主义的提出向当时醉心于"连续性"(Kontinuität)的西德民俗学提出了质疑。

从20世纪60年代到80年代,经过西德民俗学者赫尔曼·鲍辛格的大力推广,在德语圈民俗学界出现了讨论民俗主义的热潮。在其背后,诸如战后急速而彻底的社会巨变、现代民俗文化存在方式的变化、因受到相邻社会科学影响的惯例研究(Brauchforschung)领域所发生的方法论转变②、民俗学者的危机感等因素复杂地交织在一起。在那些过去民俗学不容置疑的"民"和"农民"被"居民"和"市民"取代,"传承文化"与"民俗"被"日常文化"取代的过程

---

① 转引自河野真:「フォークロリズムの生成風景——概念の原産地への探訪から」,『日本民俗学』,第236号、2003年。
② 惯例研究是德国民俗学的重要研究领域之一。在战后学科再建构的过程中,它受到邻近社会科学的影响,开始把惯例放在社会集团的交流过程中,强调考察惯例背后的规范或社会功能。既然民俗主义是"第三者对民俗文化的利用",那么,诸如"是谁"、"对谁"、"为了什么"、"通过怎样的手段"等问题自然成为焦点,亦即研究者把人们的动机、民俗主义现象的功能等视为一种交流过程来把握。假如把传承过程视为历史过程进行详细考察,那么,众多惯例或新兴节日等就使得民俗学者不得不放弃原来把民俗文化简单视为传承产物的认识。从这个意义上而言,民俗主义概念诞生于这种民俗学方法论的转变之中。

中，民俗主义概念带来了一种认识论上的转变。一方面，有关民俗主义概念的讨论颠覆了以往民俗学所固认为的诸如传承的连续性、稳定的共同体、从而生发且维系的民俗等前提；另一方面，它也使得民俗学者意识到了把握动态的文化过程的必要性。随着讨论的深入，民俗学者开始把目光转移到了近现代事象难以预料的多样性。他们把民俗文化正在发生的变异方向作为课题，从众多现实现象中探究了现代社会的基本机制。至今，民俗主义概念所唤起的问题意识，仍然在德国民俗学的脉搏中跳动，尤其在其惯例研究领域发挥着决定性作用。[1]

（二）民俗主义与"伪民俗"

关于民俗主义，德语圈的民俗学界积累了丰富的经验和成果。20世纪70年代末，在英语圈民俗学界，由于东欧、苏联学者相关研究的影响，民俗主义基本上摆脱了作为外来概念的地位，得到了一定程度的重视。尤其是在美国，民俗主义和所谓的"伪民俗（fakelore）"发生了联系。通过研究者对传统概念和本体的再认识，民俗主义概念逐渐在美国公共民俗学（Public Folklore）的话题当中得以反映[2]。由"伪民俗"相分隔的学术研究和公共应用在历经40年取得和解的历史中，始终处于英语圈民俗学边缘的民俗主义，因为其自身的边缘性质而扮演了此和解的仲裁者。

1999年，古提斯·史密什（Guntis Šmidchens）发表的《民俗主义再检省》（Folklorism revisited）就是目前在英语民俗学圈内有关民俗主义概念的最新成果。文中，史密什重审过去有关民俗主义的定义，探究了它在现代民俗学研究中应有的有效性。他把民俗主义定义为"对作为某种文化象征的民俗传统进行有意识地再认识或重复"，认为现代社会的民俗主义与历史连续性中产生的怀旧需求相呼应，并把民俗文化作为过去的传达手段得以客体化，进而把一

---

[1] 参见法橋量：「ドイツにおけるフォークロリスムス議論のゆくえ——発露する分野と限界性」，『日本民俗学』，第236号、2003年。
[2] 关于美国公共民俗学，亦可参看安德明：《美国公众民俗学的兴起、发展与实践》，《民间文化论坛》2004年第6期。

种稳定传统的意象显现在现代人的脑海中。史密什把苏联时代波罗的海诸国（Baltics）①的民俗重振（folk revival）作为研究对象，主要说明了三点：民俗主义的实践者都是富有威信和创造性的艺术家；他们的运动始终与争夺自由和人权的政治斗争同在；他们所表演的舞蹈或音乐并非是赝品也不是被捏造的传说，而是具有足以打动观众心灵的真实性。由此史密什认为，民俗文化和民俗主义现象均是过去两个世纪以来，由建设国家的人们所创造的国家传统。最后，他再次确认自己有关民俗主义的定义之后，预言在国际民俗学界，民俗主义将会是引起讨论和交换意见的一个十分好的起点。②

今后英语圈民俗学界乃至国际民俗学界需要共同思考的问题大概是：如何继续探究民俗主义作为概念或分析工具所具有的有效性。史密什的论文说明，尽管民俗主义历经 40 余年的岁月，它仍然是一种蕴含着多种可能性的概念。

本土化的日本民俗主义

在逐渐成为国际民俗学界共同话语的过程中，1990 年，民俗主义正式传入日本。当时，河野真和法桥量两位学者承担了十分重要的介绍者角色。经过 10 余年来的摸索和思考，日本学者对民俗主义进行的梳理、推广、加工、批评使得在今天日本民俗学界，民俗主义成为富有生机的亮点。日本民俗学会的机关杂志《日本民俗学》于 2003 年刊行的 "民俗主义" 专号可以说是日本民俗学近年来对民俗主义研究实践的集中展现。其刊头题词，首先把民俗主义暂时定义为 "人们轻易挪用民俗文化要素，通过只保存表面部分的表演和传统性的自我扮演，来满足那些生活在都市的观光客等人的怀旧心理或需求的状况与现象。

---

① 波罗的海诸国是爱沙尼亚、拉脱维亚、立陶宛三国的总称。20 世纪 80 年代末直到 1991 年，波罗的海诸国展开了激烈的民族独立运动。
② 八木康幸：「フェイクロアとフォークロリズムについての覚え書き——アメリカ民俗学における議論を中心にして」、『日本民俗学』第 236 号、2003 年。

它同时也指思考那些生活在都市的现代人为什么向往这种朴素性的分析框架"。在此基础上，刊头词表明了刊行目的：梳理民俗主义的概念；使得日本民俗学者进一步认识到民俗文化广泛为人利用的现状；在引起学会会员讨论的同时，使得民俗主义概念成为日本民俗学者共有的财富。

《日本民俗学》"民俗主义专号"共收入 14 篇论文。[①]其中，前 3 篇是对德国、美国等国外民俗主义研究状况的梳理，后 11 篇论文均是个案分析。这 11 位日本民俗学者分别从不同侧面，以具体事例为立足点，讨论了现代日本社会中的民俗主义现象和民俗主义作为概念所具有的有效性。其讨论范围极其广泛，包括民间故事、观光、地域认同、地域重振、怀旧心态、饮食民俗、岁时节日、土产品、影像媒体、民间玩具、葬礼等。从这些研究可以看出日本民俗学探索新领域的积极态度。当然，民俗主义并不是安慰那些担忧研究对象消失的民俗学者的"心理疗法"。[②]这 14 篇论文无论是学术史梳理，还是个案分析，其问题意识始终都围绕着"民俗是什么"、"民俗学的任务是什么"等学理问题。这又体现出日本民俗学对自身所进行的反思和正在发生的蜕变。

---

① 《日本民俗学》"民俗主义专号"的总目录如下：河野真：「フォークロリズムの生成風景——概念の原産地への探訪から」；八木康幸：「フェイクロアとフォークロリズムについての覚え書き——アメリカ民俗学における議論を中心にして」；法橋量：「ドイツにおけるフォークロリズムス議論のゆくえ——発露する分野と限界性」；岩崎竹彦：「フォークロリズムから見た節分の巻き寿司」；青木俊也：「昭和 30 年代生活再現展示とノスタルジアにみるフォークロリズム的情況」；森田真也：「フォークロリズムとツーリズム——民俗学における観光研究」；川森博司：「伝統文化産業とフォークロリズム——岩手県遠野市の場合」；加原奈穂子：「地域アイデンティティ創出の核としての桃太郎——岡山における桃太郎伝説の事例から」；香川雅信：「郷土玩具のまなざし——趣味家たちの「郷土」」；濱田琢司：「民芸と民俗——審美的対象としての民俗文化」；山田慎也：「葬儀とフォークロリズム」；矢野敬一：「ノスタルジー/フォークロリズム/ナショナリズム——写真家·童画家熊谷元一の作品の受容をめぐって」；田村清志：「フォークロリズムとメディア表象——石川県門前町皆月の山王祭りを事例として」；岩本通弥：「フォークロリズムと文化ナショナリズム——現代日本の文化政策と連続性の希求」。

② 科斯特林（Konrad Köstlin）在《以民俗主义为理论？以民间文化为疗法？》中怀疑，民俗学者是否把那些现在生成的多种民俗事象命名为"民俗主义"进行特权化，就像过去把特定文化命名为"民俗"进行特权化。无论对民俗主义的实际利用者而言，还是对那些慨叹民俗消失的民俗学者而言，这种思考不过是一种心理治疗。见法橋量：「ドイツにおけるフォークロリズムス議論のゆくえ——発露する分野と限界性」，『日本民俗学』第 236 号、2003 年。

如森田真也的《民俗主义和观光——民俗学中的观光研究》，在有关观光的性格、民俗主义与观光之间的关系和从民俗学的角度研究观光的意义等基本问题的讨论中，他指出了现代日本社会中诸如"民俗"、"传承"、"传统"等概念已经变得模糊、难以区分真假的现状与观光赖于成立的制度、观光客、接待者及地域社会、媒体等之间的复杂关系。观光现场也是特定地域的文化、社会、政治、经济等的交界处。观光和民俗主义更是存在于一种围绕价值和意义的社会抗争之中。由此，森田真也强调把观光者、接待观光者的地域社会、当地人、媒体、文化部门、经济部门、企业等之间的相互作用放在同调、连带、纠葛、抗拒中，去考察地域社会或文化动态的必要性。在该文末尾，森田真也提出了这样的反问："民俗学这种学问，难道还能不知道这些——不，还能继续忽略这些吗？"此问强烈地反映出包括森田真也本人在内的日本民俗学者对已有研究的真切反思。

在《民俗主义和文化民族主义——对现代日本的文化政策和连续性的需求》一文中，岩本通弥则借用民俗主义，对日本文化政策乃至日本民俗学进行了严厉的批判。岩本通弥的基本观点是，日本民俗学必须面对因受到文化政策的影响而正在发生本质变化的现实。他提醒民俗学者，即使现代日本社会中逐渐形成了重新认识生活文化或传统文化的思潮，也不要将其简单地视为民俗学的社会贡献，而必须对那些贯穿在民俗主义背后的思潮保持一种清醒的自觉性。因为他们对文化政策不自觉地参与、假装客观而对文化政策漠然置之都是一种罪恶。在暴露现行日本文化政策的矛盾和弊端之后，岩本通弥提出了一个问题："地域社会重振到底是为了谁？"他指责现代文化政策和部分民俗学者把当地人视为传统文化或景点附属品的冷酷与霸道。

如今，民俗主义让民俗学者意识到了他们研究对象的复杂性。"民"从来都不是一个均质的概念。在任何时期、任何特定地域的"民"之间都有着不同程度的分化和认同。当部分居民提倡观光化的主张得以支持和权利化时，那些反对开发的居民却处在一种强制性的集团压力之中。与此同时，民俗主义也让民俗学者意识到了文化的原有特性。文化原来是人们为了追求美好生活，经过不断的努力和加工进行改良的结果。而一旦被认定为文化遗产，文化保护区的居民生活在特定时刻被"冻结"，地域社会自律的发展由此遭到阻碍。其实，含有进步或发展价值的文化，和以稳定性为本质的传统，本该是形成对立的概念。假如一定要把文化视为传统，传统生活便令人误以为是"停留"或"退步"，而二者在现代日本官方用语中基本保持一致。在岩本通弥看来，忽略现实生活的文化政策不过是由都市人理想化、美化的田园肖像。田野肖像之所以为都市人带来舒适的声像，原因就在于它是弥补都市人不安的民俗主义。最后，岩本通弥指出："民俗学面对这种田园肖像应承担的是，在考察农村、山村的实际，并分别验证个别现象的同时，把'保护文化'这种富有魅力的口号拉近于我们的'民'。这只能是民俗学这种最贴近人们生活的学问才能够做到的一点。"

柳田国男曾担心民间舞蹈的演出活动难以取得"健全的发展"，甚至认为这些演出活动将使民间舞蹈从农村自发的快乐逐渐变为职业的痛苦。他认为，"由于过分受到众人的关注，他们总是在热烈邀请之下进行表演。久之，他们就没有余力去从事其他行业，为了谋生开始要求报酬。结果，即使在自己没兴趣的时候，他们也必须假惺惺地跳起舞来。"[①] 按照柳田国男的观点，民俗主义能否取得"健全的发展"，其关键在于人们快乐与否，而不在于它有无传统的价值。可以说，岩本通弥的论文促使日本民俗学重新回到它的起点，即：从民众的立场出发认识生活文化对民众的意义，并且寻求一种使得地域社会的生活更加幸福的方法。

与民俗主义守望的中国民俗学

对于今天的中国民俗学来说，民俗主义仍然是一个陌生的术语。在传播渠道较"五四"时期更为畅通和学术交流也更加频繁的今天，国外民俗主义并

[①] 柳田国男：「郷土舞踊の意義」，『定本柳田国男集』第 31 卷、筑摩書房、1970 年、第 209–210 頁。

未及时地引介和传播到中国。这并不意味着在中国，今天的社会现实、经济改革、文化政策、旅游开发和民俗学研究本身等多重因素没有对传统意义上的"民俗"产生影响，作为一种传统的民俗也并不是我行我素、封闭而僵化的传承。实际上，无论是理论思考与建构，还是重田野调查的实证研究，中国民俗学者一直都在思考和建构"民"、"俗"、"民俗"、"民俗学"等基本问题，即当今中国民俗学的研究对象和研究都已经涉及了民俗主义的相关话题。

包括同一时期在《民俗研究》等刊物上发表的关于对"民俗"界定的不少论文在内[1]，诸如《世界民俗学》(*The Study of Folklore*)、《民俗文化与民俗生活》、《现代性与民间文学》等译著或专著都表明：在新时期，在社会大环境发生一系列变化的情况下，中国民俗学者对民俗学学科基本理论问题的关注，这尤其表现在对"民俗"一再的重新界定和诠释[2]。但总体而言，这些"形而上"的理论探讨仍偏重于译介，对他国学者"民俗"概念的质疑、解构以及对早期中国民俗学这些相应观念的反思，缺少将现代社会中种种利用民俗文化的现象和既成事实结合起来的理论建树[3]。同时，尽管有了应用民俗学、生态民俗学、泛民俗学、都市民俗学、社会民俗学、旅游民俗学等多种民俗学名称及相应的著述，但本文所指的民俗主义仍基本处于缺失状态[4]。

---

[1] 如王娟："新形势下的新定位——关于民俗学的'民'与'俗'的新思考"，《民俗研究》2002年第1期。河野真：《现代社会与民俗学》，周星译，《民俗研究》2003年第2期。

[2] 分别参看：阿兰·邓迪斯编：《世界民俗学》，陈建宪、彭海斌译，上海文艺出版社1990年版；高丙中：《民俗文化与民俗生活》，中国社会科学出版社1994年版；户晓辉：《现代性与民间文学》，社会科学文献出版社2004年版。

[3] 对早期中国民俗学的"民"与"俗"等民俗学基本问题的总结与反思，可参看高丙中：《民俗文化与民俗生活》，1994年，第31—45、65—75页；赵世瑜：《眼光向下的革命——中国现代民俗学思想史论（1918—1937）》，北京师范大学出版社1999年版，第157—206页；户晓辉：《现代性与民间文学》，2004年版，第112—171页。

[4] 徐华龙在《泛民俗学》中提到"泛民俗主义"一词。虽然作者没有附加德语或英语原文，从上下文似乎指的就是Folklorismus。尽管如此，Folklorismus主要是民俗学的知识进入现代民俗文化传承过程中的结果。它促使民俗学者把民俗学的知识还于民间，并在民俗文化因接受民俗学而发生的变异过程中对此进行阐释。由此看来，把Folklorismus译为"民俗学主义"或许更加贴近它原来的含义。另外，该书中包括定义在内的有关表述，与本文所指的民俗主义并不完全相同。参见徐华龙：《泛民俗学》，黑龙江人民出版社2003年版。

尽管如此，20世纪90年代以来，受社会学、人类学等相邻学科的影响，随着时间的后移，不少侧重于实地调查的民俗学研究则纷纷不同程度地涉及与民俗主义相关的话题，其研究视角也从先前较为单一的国家与社会、官与民、大传统与小传统等二元对立的话语下，多了社会变迁的视角。这可以以中国民俗学者对河北龙牌会的调查研究为例。

20世纪90年代以来，因为偶然的机遇和多种因素的合力，作为一个普通华北乡村庙会的龙牌会成为了中国民俗学会的调查基地。发表在1996年和1997年《民俗研究》上的数篇关于龙牌会的文章都较侧重于对庙会仪式的描述和功能分析，借此说明它在当下社会的积极作用以及"活化石"等延伸意义。而这些调查研究基本上是一种孤立分析和静态描述，几乎没有将龙牌会与当地百姓处于动态变化的生活世界联系起来，龙牌会似乎是高高在上地而必然被当地人固守。但几乎同时，郭于华就指出了调查研究者自身对龙牌会的作用。[①]高丙中的系列研究则说明，似乎处于隐形状态的国家对庙会的渗透和监控，龙牌会行动主体对其的积极回应，和作为调查者的知识分子对龙牌会产生的至关重要的影响，尤其是对2003年龙文化博物馆——龙祖殿修建的重大影响。[②]长期在龙牌会进行调查的刘铁梁则从社会变迁的角度，指出了现今的龙牌会是一个传统"调整"后的结果，也注意到了当地生态、口头传承等因素对龙牌会的影响。[③]尽管围绕龙牌会的这些研究涉及了局外人和"范庄人"这个局内人之间的差别，官与民、国家与社会之间的对立及融合，传统的调整等诸多与民俗主义相关的现代问题，但其潜在前提基本上都是将范庄人作为一个整体、"集体人"，甚至作为一个"想象的共同体"或"想象的异邦"。

出于对上述研究的反思，同时也考虑到当地乡村庙会的历史传承、经济形

---

① 郭于华：《传统亲缘关系与当代农村的经济、社会变革》，《读书》1996年第10期。
② 分别参见高丙中：《民间仪式与国家在场》，郭于华编：《仪式与社会变迁》，社会科学文献出版社2000年版，第310—337页；《社会团体的合法性》，《中国社会科学》2000年第2期；《知识分子、民间与一个寺庙博物馆的诞生》，《民间文化论坛》2004年第3期。
③ 刘铁梁：《村落庙会的传统及调整——范庄龙牌会与其他几个村落庙会的比较》，郭于华编：《仪式与社会变迁》，第254—309页。

态、现今地方政府发展地方经济的政策与宗教文化政策之间的矛盾，以及地方基层干部及其家人与"行好的"（普通信众）生活在相近的民俗文化环境中，岳永逸对龙牌会之"民"进行了区分。他将其区分为龙牌会的现场参与者和现场缺席者。前者主要包括"香道的"（巫觋）、行好的、并不是很虔诚的庙会组织者以及赋闲在家的地方精英；后者主要包括"奉教的"（天主教徒）等其他信仰者和地方基层干部。二者又分别有着积极和消极之分。他认为，当今有着悠久历史传承的龙牌会是不同职业、身份、地位、信仰、年龄、性别和目的的多种异质性群体合作和共谋的结果，是多向互动的多声部重唱。龙牌会的前台和后场都有着各自的、但又相互影响的公开文本和隐蔽文本。龙牌会是传统的，同时又是现代的。换言之，声势显赫的龙牌会仅仅是当地众多乡村庙会中的一环，它是在既有传统基础之上的，当地人日常生活的积累和集中展演，并蕴含了现今人们相互之间的价值认同，对政策、政府、国家的评价，也蕴含了其对社会与世界以及生死的认知。虽然在龙牌会现场，基本上看不到基层干部的身影，但在今天地方基层政府的表述中，龙牌会是发展地方经济的龙头，是政府进行了远、近景规划后，在政策上要大力扶持的"民间文化"。这样，在庙会期间，萦绕龙牌周围的自然就是袅袅上升的香烟，信仰程度不一的行好的诵唱声和跪拜祈求。作为一个生活现场，龙牌会不但是传统与现代、官与民、宗教政策与经济政策、迷信与民间文化或民族文化遗产和不同信仰者之间相互较量、调适、认同的结果，它自身也成了这些对立因素的一块试验田和综合体。①

总之，对岳永逸而言，传统民俗学学科意义上的"民俗"也就成了在历史传承基础上，拥有不同目的的不同人在场或不在场的一种当下生产或再生产。在龙牌会及附近其他乡村庙会现场，与庙会这些"俗"一样，"民"不是一种静止的存在或抽象的概念。"民"是在庙会这样的"俗"中表现出来的，也即"民"是在当下的语境中在行为过程中体现出来的。"民"不仅仅是传承庙会之

---

① 岳永逸：《庙会的生产——当代河北赵县梨区庙会的田野考察》，北京师范大学博士学位论文，2004年，第133—147页。

俗的"民",同时也是在当下语境中利用传统庙会的"民"。虽然该研究明显有着更多民俗主义的因素,但它也与民俗主义的探讨擦肩而过,从而少了进一步的提升以及可能有的与国际民俗学研究进行的对话和交流。①

作为华北普通乡村庙会的龙牌会,其民俗旅游今天尚未有任何实质性的进展。与龙牌会尚处于襁褓中的民俗旅游不同,很多地方都成功地利用庙会这种传统文化,发展了民俗旅游,传统意义上的民俗成了当下社会多种第三者所利用的民俗。京郊的妙峰山庙会就在新时期进行了这样的再生产。

因为顾颉刚先生等人早期对妙峰山的调查等诸多原因,妙峰山在中国民俗学者中一直有着崇高的地位。对妙峰山庙会的研究也就成了一个经久不衰的话题,不时有人对其进行重访和再研究。在现代国家与民间社会二元话语的框架下,吴晓群基本上对妙峰山进行的是历史民俗学的研究。我们从中看到的是,历史上的香会通过其行为表现出的对帝国行政和等级体系的趋附、模仿或者说反抗。② 王晓莉的研究则将人们的视野从历史的隧道拉回了妙峰山下的涧沟村,并以香客为其研究的出发点,谈到了当下人们对碧霞元君信仰的变化。③ 令人遗憾的是,对于在官方话语中作为"旅游"而存在的妙峰山庙会基本上都未进入二人的视野。当下的文化政策和发展经济的旨归对妙峰山庙会的影响、改造、发展的既成事实似乎游离于妙峰山庙会之外,以传承为基本特质的"民俗"在这里似乎真正成为散落的碎片而隔离存在。

---

① 同样是在社会变迁的语境下,华智亚对安徽塘村20世纪90年代初期一次重修族谱事件进行了研究,探讨族谱这个民俗事象和重修族谱这个民俗事件如何现代化以及在将来可能发生的变化。在对北京前门外天桥街头艺人的研究中,岳永逸也将民俗学者、老街坊、试图以老艺人为基点开发旅游的个人和群体、国家对艺人的改造、他者对艺人的回忆、文献记载中的艺人及其表演,和艺人自己对上述诸多因素的反观与或主动或被动的回应纳入了考察范围。这些研究同样涉及诸多的民俗主义话题,分别参看华智亚:《族谱与村民记忆——塘村的个案》,北京师范大学硕士学位论文,2004年;岳永逸:《脱离与融入:近代都市社会街头艺人身份的建构——以北京天桥街头艺人为例》,《民俗曲艺》142,2003年。
② 吴晓群:《北京的香会组织与妙峰山的碧霞元君信仰》,北京师范大学博士学位论文,1998年。
③ 王晓莉:《碧霞元君信仰与妙峰山香客村落活动的研究——以北京地区与涧沟村的香客活动为个案》,北京师范大学博士学位论文,2002年。

同时，改革开放后，由旅游部门和文化部门等政府职能部门监管的国内众多以"民俗"为基点和借口的旅游，长时间也将从事民俗学研究的学术团体和学者拒斥在其规划与开发之外。虽然可能在短时期给当地人的生活带来了些许变化，但这些开发更多考虑的是由怀有不同目的的个人所组成的某些政府部门的利益，而较少考虑对民俗的合理开发与可持续利用和当地民众的文化感受。畸形发展的民俗旅游快餐对较为原生态民俗的破坏、只求眼前经济效益编造的"民俗"，更加让民俗学者愤愤不已。这样，对民俗的研究和对民俗的现代化利用的双方之间也就渐行渐远，而非一种良性有机的互动。发起者出于善意的对民族民间文化遗产的抢救、保护在不少时候也就变相地成了对民间文化的破坏。

　　既然在社会骤变的今天，存在第三者对民俗利用和再造的事实，民俗学界也在始终如一地反思自己的研究对象，并有相类似的实证研究，对于民俗主义的介绍和引入也就显得十分必要。作为当今世界民俗学发展的潮流之一，民俗主义不但能冲击大部分中国民俗学者仍然固守的传统的民俗学观念，激发对民俗新的思考，它或者也能使民俗学者正视当今社会现实和已经部分既成的民俗事实，从而使对各类民俗事象的研究有新的突破。民俗主义的引入或者能将研究真正地与当今的旅游业、社会发展、经济发展和民间文化的保护有机结合起来，从而改变在一定意义上中国民俗学仍然故步自封的局面，改变理论建构与实证研究和应用研究的断裂、凝望。同时，对于民俗主义这一术语的使用和对其所指的研究，也将会加强中国民俗学与国际民俗学研究以及相关人文社会科学研究的交流与合作。但愿中国民俗学与民俗主义不再仅仅是欲说还休的朦胧与守望！

"民俗主义"概念的含义、应用及其对当代中国民俗学建设的意义*

杨利慧

对"民俗主义"（Folklorismus / folklorism）概念的翻译和介绍似乎成了近三四年间国内民俗学界的热点话题之一。仅据笔者了解的有限信息，中文发表的集中译介和讨论民俗主义的文章，就有日本民俗学家河野真参加中国民俗学会成立20周年学术研讨会的论文《Folklorism 和民俗的去向》[①]；西村真志叶、岳永逸《民俗学主义的兴起、普及以及影响》[②]；德国民俗学家瑞吉娜·本迪克丝（Regina Bendix）《民俗主义：一个概念的挑战》[③]；王霄冰《民俗主义论与德国民俗学》[④]。此外，也有少数论文比较集中地运用或者讨论了这一概念，例如，岳永逸《乡村庙会的多重叙事——对华北范庄龙牌会的民俗学主义研究》[⑤]；

---

* 本文原载《民间文化论坛》2007年第1期。
① 河野真：《Folklorism 和民俗的去向》，周星译，载中国民俗学会秘书处编：《中国民俗学会成立20周年学术研讨会论文集》2003年版，第80—81页。
② 西村真志叶、岳永逸：《民俗学主义的兴起、普及以及影响》，《民间文化论坛》2004年第6期。
③ 瑞吉纳·本迪克丝：《民俗主义：一个概念的挑战》，宋颖译，载周星主编：《民俗学的历史、理论与方法》下，商务印书馆2006年版，第859—881页。
④ 王霄冰：《民俗主义论与德国民俗学》，载中国民俗学会秘书处编：《中国民俗学会第六届代表大会暨"新世纪的中国民俗学：机遇与挑战"学术研讨会论文集》2006年版，第491—499页。后发表于《民间文化论坛》2006年第3期。
⑤ 岳永逸：《乡村庙会的多重叙事——对华北范庄龙牌会的民俗学主义研究》，《民俗曲艺》2005年总147期。

王杰文《文化政治学：民俗学的新走向？》[①]；代改珍《旅游与传统文化的再生产——对河南开封清明上河园的田野研究》[②]；杨利慧《神话的重建：以〈九歌〉、〈风帝国〉和〈哪吒传奇〉为例》[③]，等等。

种种迹象表明，中国民俗学界对民俗主义现象开始给予越来越多的关注和思考。这无疑是有积极意义的好事。但是，目前国内民俗学界对民俗主义的理解和译介，依然存在一些问题。一个问题是许多人误以为民俗主义是一种理论，而且是目前国外的时髦理论，所以盲目跟从，错误搬用。第二个问题是对民俗主义讨论在民俗学领域出现的社会、政治、文化和学术背景缺乏充分的了解（尽管这一点在已经发表的一些文章中已有涉及）。第三，对通过此一概念对当代民俗文化进行研究的个案缺乏了解，因此，限制了对该概念的进一步理解和把握。

有鉴于此，我们组织了这个专栏，期望能进一步厘清相关问题，并引起国内同仁对当代民俗学建设的深入反省和思考。其中，吴秀杰翻译的当代德国著名民俗学家沃尔夫刚·卡舒巴（Wolfgang Kaschuba）所著的《欧洲民族学导论》一书中的两小节，简要回顾了"民俗主义"一词在第二次世界大战结束后的德国民俗学学科发展史上出现的学术背景，以帮助我们更好地理解在特定的历史背景下出现的"民俗主义"讨论，在德国民俗学的发展中曾经担负过的承上启下的作用。西村真志叶曾经与岳永逸合作，撰写过介绍民俗主义的文章，此次又撰文介绍了日本民俗学会的机关杂志《日本民俗学》于2003年刊行的"民俗主义专号"，并翻译了其中森田真也对民俗旅游（观光）进行专题讨论的文章（见本期）。希望日本民俗学者的积极探索，尤其是他们对于民俗主义现象的重新阐释和研究实践，能对中国同行具有启发和借鉴作用。本文将在以往相关介绍的基础上，针对目前国内民俗学界存在的问题，对民俗主义概念的内涵进行

[①] 王杰文：《文化政治学：民俗学的新走向？》，《西北民族研究》2005年第4期。
[②] 代改珍：《旅游与传统文化的再生产——对河南开封清明上河园的田野研究》，北京师范大学硕士学位论文，2006年。
[③] 杨利慧：《神话的重建：以〈九歌〉、〈风帝国〉和〈哪吒传奇〉为例》，《民族艺术》2006年第4期。

进一步的梳理，同时适当补充相关个案研究成果，同时进一步阐明这一概念对当代中国民俗学建设的意义。

尽管对民俗主义的理解存在诸多歧义，但大部分民俗学者都认为民俗主义并非是一种理论，而是指一种现象。较早提出这一概念的德国民俗学家汉斯·莫泽在1962年发表的"论当代民俗主义"一文中，提出应当把民俗应用的迹象（the evidence of the use of folklore）称为"Folklorismus"："这是一个宽泛的术语，它大体说明了两部分内容：导致了对'民间'事物的日益增长的兴趣的、不断高涨的文化平均化（cultural levelling），以及满足、强化或者削弱这一兴趣的实践。通过各种策略，向观众展示感人的、将真实与伪造的民间文化素材相混合的产物。其中的民间文化尤其指那些生活似乎依然散发出创造力、力量和色彩的文化领域"[①]。他进而区分出民俗主义的三种形式：1. 由传统上和功能上所决定的民间文化的要素，在该文化的地域或阶层共同体之外进行的表演；2. 另一社会阶层对民间母题的嬉戏性模仿；3. 在任何传统之外对"类似民间的"（folklike）要素的有意发明和创造[②]。另一位对民俗主义讨论做出了至关重要的贡献的德国民俗学家赫尔曼·鲍辛格也认为：民俗主义指的是那些引人注目的对民俗现象的运用和表达性的民俗表现，用他的话说就是"对过去的民俗的运用"。民俗主义是现代文化工业的副产品，它表示了民俗的商品化，以及民俗文化被第二手地经历的过程[③]。挪威民俗学家玛格纳·沃留尔（Magne Velure）在1972年的著述中也写道："我们所谈论的是这样一些现象：它们曾经与我们称之为乡民社会的社会相关联，并具有特殊的功能。但是这些文化要素在今天与其原本的、自然的语境相分离，继续被培养、存活，具有新的功能，通常也具有新的内容。对于乡民社会文化的某些方面的再生产在今天的欧

---

① Hans Moser, „Vom Folklorismus in unserer Zeit", 转引自 Regina Bendix, *In Search of Authenticity: The Formation of Folklore Studies*, The University of Wisconsin Press, 1997.
② Hans Moser, "Vom Folklorismus in unserer Zeit", 转引自 Regina Bendix, *In Search of Authenticity: The Formation of Folklore Studies*, The University of Wisconsin Press, 1997, p 177.
③ Hermann Bausinger, *Folk Culture in a World of Technology*, Trans. Elke Dettmer, Bloomington: Indiana University Press, 1990, p 127. 此书是鲍辛格1986年出版的同名德文著作的英译本。

洲遍布各地。这些现象就叫做民俗主义"。[1]而作为在英语世界里介绍和讨论民俗主义最多的民俗学家之一的本迪克丝，在其为一部1997年出版的民俗学百科全书撰写的"民俗主义"词条中，非常简明扼要地指出：民俗主义即"脱离了其原来语境的民俗，或者说是伪造的民俗。这一术语被用来指涉那些在视觉和听觉上引人注意的或在审美经验上令人愉悦的民间素材，例如节日服装、节日表演，音乐和艺术（也包括食物），它们被从其原初的语境中抽取出来，并被赋予了新的用途，为了不同的、通常是更多的观众而展现"。[2]1999年，美国华盛顿大学的古提斯·史密什写作了"民俗主义再检省"一文，在检讨了有关民俗主义的各种界说之后，认为最好从功能上对民俗主义进行界定，而该词表示"将民俗作为民族、地区或者国家文化的象征而进行的有意识的运用"。[3]与这些西方民俗学者的界定一脉相承，日本民俗学家河野真也将民俗主义界定为，"是指民俗节庆祭典和民俗学性的要素已经不像过去那样在历来固定的场所和以原先的意义及功能进行和发挥作用，而是在其原先所由生根的场所之外，以全新的功能，为了新的目的而展开而发挥作用的情形。"[4]因此，民俗主义一词所指的是将传统民俗从其原初的语境中移植出去的现象，而并非一种理论。正因如此，德国民俗学家科斯特林才有些不满地指出：民俗主义只不过是一张标签，任何表现了对"旧的民间文化"的变更，都可以被称之为民俗主义。这张标签并不能使任何人相信，研究这一现象的合适的理论框架已经存在。这个术语本身并非理论，但是一些民俗学家，那些从"民俗学缺乏理论"的普遍看法中饱

---

[1] Magne Velure, "Levande dansetradisjon eller stagnasjon og kopiering. Folkedans som folklorisme-fenomen", *Tradisjon* 2(1972): 4.http://www.hf.uio.no/imv/om-instituttet/nfs/variabok/variabil/introduc/theresea/theobjec.html.

[2] Regina Bendix, "Folklorismus/Folklorism", in *Folklore: An Encyclopedia of Beliefs, Customs, Tales, Music, and Art,* edited by Thomas A. Green. Santa Barbara, California; Denver, Colorado; and Oxford: ABC-CLIO, 1997, pp.337-339.

[3] Guntis Šmidchens, "Folklorism Revisited" *Journal of Folklore Research,* 1(36)(1999): pp.51-70.

[4] 河野真：《Folklorism和民俗的去向》，周星译，载中国民俗学会秘书处编：《中国民俗学会成立20周年学术研讨会论文集》2003年版，第80—81页。

受打击的民俗学家，却将之视为理论。[1] 本身缺乏理论性的建构，这或许是民俗主义概念的一个局限。正如河野真深刻地认识到的："民俗学主义作为学术概念，其功能所能生效的范围仍有限度。……它在简括这些现代社会的构成部分之后，无法进一步地剖析现代社会之所以需要民俗文化的原因，也无法继续深入这种构成部分的系统深部。它只能向民俗学者大概地指示现代民俗文化的去向，让他们看到'从此开始下一个问题和考察的起点'。"[2] 不过，从《日本民俗学》的"民俗主义"专号中可以发现，日本学者正积极努力，力图进一步探索民俗主义概念成为分析框架和研究本土现象、反思现有范式的有效工具的可能性。我们衷心地期望他们可贵的探索能够取得丰硕的成果，也期待今后能在当代社会民俗文化的研究方面能与他们进一步加强交流与合作。

由于民俗主义指的是现象而并非理论框架，所以许多有关民俗主义的文章，大都集中在对有关"新民俗"或"伪民俗"事项的描述上，或者集中从比较宏观的理论基础上反思民俗学的学科范畴、性质和研究方法，使用民俗主义概念进行深入、细致的个案研究的成果较少。这或许从另一个方面说明了民俗主义概念的局限。这里仅就作者有限的视野所及，对英语世界里的两个个案研究做一点介绍。

美国民俗学家琳达·德科在 1984 年《民俗研究杂志》举办的"民俗与民俗主义"专栏中，发表论文《文化认同的表达：新旧国家中的匈牙利人对民俗的运用》[3]，认为民俗的循环过程中有三个方面：一是民俗的研究，二是民俗的应用（民俗学者利用其知识，使民俗可以为其他职业中介人例如艺术家、作家、政客、教育工作者、社会工作者、商人等所把握），三是民俗作为娱乐资源回归民众，并重新受到保护和重建。其间存在着学者、使用者、外行、创造

---

[1] Konrad Köstlin, "Folklorimus und Ben-Akiba", 转引自 Bendix, *In Search of Authenticity: The Formation of Folklore Studies,* p.179。

[2] 见本期西村撰写的文章。

[3] Linda Dégh, "Uses of Folklore as Expressions of Identity by Hungarians in the Old and New Country", *Journal of Folklore Research*, 2/3(21)(1984), pp.187-200.

者、小贩和消费者等的共生关系。因此，学术界在"民俗"（"纯粹的"、"原生的"、"真实的"）、"伪民俗"（"伪造的以及取材于以往文学和新闻记者的素材的合成物"）与"民俗主义"（将民俗从其原生语境中剥离和移植出去，并进行商业性地运用）三者生硬地加以区分，对于界定当今社会中的民俗并无助益。如果对民俗被用以表达民族和国家认同的情形进行考察，会发现情况尤其如此。德科运用她十分谙熟的匈牙利资料，详细地梳理和分析了在匈牙利国家独立和发展的过程中，其国内的学者、诗人、剧作家、小说家、建筑师、设计师、音乐家等利用和重新建构"农民的"民间文化，以表达其作为匈牙利人的民族和国家的认同的情形，并将此与生活在美国的美籍匈牙利人在运用民俗来表达其文化认同上的差异进行了比较，发现在创造、再创造以及维护民俗即农民的艺术的过程中，无可否认地存在着民间与精英、都市与乡村的合作，而其中知识分子扮演着重要而积极的角色。

　　在民俗主义的讨论者阵营中，东欧民俗学者不容忽视，他们讨论的民俗主义现象往往与社会主义意识形态及文化政策密切相关。爱沙尼亚民俗学者克里斯汀·库特曼在撰写的几篇论文中都显示了对民俗主义现象的关注。她在1996年发表的《文化认同、民族主义与歌唱传统的变迁》中，细致地描述了1994年夏天在爱沙尼亚举行的两场歌节。① 其中一场是在塞图人② 社区举办的社区歌节，另一场则是在首都塔林举行的国歌节（National Song Festival）。作者考察了歌唱传统在前工业时期以及以后随着社会、经济和政治环境的变化而发生的变迁，特别是在民族国家兴起的过程中，民间音乐也被赋予了能够封装和特化文化认同的作用。塞图社区的歌节力图显示的是塞图人的文化认同，由于塞图王国（Setu Kingdom）在当天宣布成立，所以，此歌节还力图公开彰显这一处于爱沙尼亚和俄罗斯边境的少数族裔复杂的社会和政治处境。而国歌节则是对

---

① Kristin Kuutma, "Cultural Identity, Nationalism and Change in Singing Traditions", *Folklore*, 2(1996). http://www.folklore.ee/folklore/vol2/ident.htm.
② 塞图人是生活在爱沙尼亚和俄罗斯交界处的一个少数族群，其文化和生活习惯多继袭俄罗斯传统。

爱沙尼亚高涨的、群众性的文化民族主义的继续展示。其中歌唱传统依然对有组织的群体演唱产生着影响。歌节充满了民俗主义现象（例如歌手们所穿的传统服装：塞图妇女穿着传统风格的服装，来自农村的唱诗班穿着传统的地方农民服装），它们既是娱乐，也是对地方和文化认同的展示，同时也具有强化群体意识和组织的作用。作者在结语中总结道：歌节是对文化和国家认同、国家和民族统一的展示。在社会文化语境发生变化的情况下，歌唱依然是重要的途径，它可以被用作表达国家独立愿望的文化反应。

此外，本期介绍的日本民俗主义专号中发表的加原奈穗子的文章，"作为地域意识创造源的桃太郎——以冈山桃太郎传说为例"，也是对民俗主义现象进行研究的一个比较成功的个案（见西村文）。作者在此文中集中讨论了著名的"桃太郎"传说如何被编织到冈山县的时空中，又如何成为当地地域意识的象征，揭示了这一民俗主义现象形成的复杂过程，并把它视为该传说所具有的创造能力的一种表现。该文还进一步引发了对柳田国男有关"传说"的界定的反思。

民俗主义概念的兴起以及相关讨论对于民俗学的学科建设曾经起过重大作用。本迪克丝认为：相关研究和讨论，"推动了对民俗学原则的彻底修正，拓宽了相关学科间的范畴以及民俗学学科的实用性"。尽管这一概念如今已经很少再被使用，但是它所指涉的那些现象和问题，例如在舞台上表演的民间舞蹈，为旅游者举办的民俗节日，对民俗的政治利用（比如民族主义、共产主义，以及利用民俗以谋求民族独立），以往为民俗学家排斥为虚假，因此不被重视甚至完全忽视的东西，如今却成为民俗学研究的重要内容[1]。西村真志叶和岳永逸在"民俗学主义的兴起、普及以及影响"一文中还指出：

在西村真志叶和岳永逸看来，在那些过去民俗学不容置疑的"民"和"农

---

[1] Kristin Kuutma, "Cultural Identity, Nationalism and Change in Singing Traditions", *Folklore*, 2(1996). http://www.folklore.ee/folklore/vol2/ident.htm.

民"被"居民"和"市民"取代,"传承文化"、"民俗"被"日常文化"取代的过程中,民俗学主义概念带来了一种认识论上的转变。一方面,有关民俗学主义概念的讨论颠倒了以往民俗学所固认为的诸如传承的连续性、稳定的共同体、从而生发且维系的民俗等前提;另一方面,它也使得民俗学者意识到了把握动态的文化过程的必要性。随着讨论的深入,民俗学者开始把目光转移到了近现代事象难以预料的多样性。他们把民俗文化正在发生的变异方向作为课题,从众多现实现象中探究了现代社会的基本机制。至今,民俗学主义概念所唤起的问题意识,仍然在德国民俗学的脉搏中跳动,尤其在其惯例研究领域发挥着决定性作用。

需要指出的是,民俗主义一词并非是德国民俗学家创造和发明的产物。这一用语(folklorismus)在20世纪初即已出现,作为与"原始主义"(primitivism)相类的语汇,被先锋派艺术家用以表述其对既"原始"又具有西方民间文化特点的视觉和音乐形式的兴趣[①]。在20世纪三四十年代,法国民族学者已开始使用"neo-folklorisme"作为对表达文化的一种新观点[②]。但是,是德国民俗学家莫泽在20世纪60年代初最早使此词引起了民俗学家的注意,20世纪七八十年代,民俗主义成为德国民俗学界讨论的热门话题之一,并影响到了欧洲尤其是东欧的一些国家。1990年,民俗主义正式传入日本。经过河野真、法桥量等人的不断努力,民俗主义成为当今日本民俗学界"富有生机的亮点"(见西村文)。2003年刊行的"民俗主义专号",就是日本民俗学者近年来对民俗主义研究实践的集中展现。直到20世纪90年代末,在英语世界中还能偶尔见到讨论民俗主义的文章[③],但是对民俗主义讨论的热情已经日趋淡漠。正如王霄冰在梳理民俗主义在德国民俗学史上的出现以及影响的文章中指出的:

---

① Regina Bendix, "Folklorismus/Folklorism", in *Folklore: An Encyclopedia of Beliefs, Customs, Tales, Music, and Art*, edited by Thomas A. Green. Santa Barbara, California; Denver, Colorado; and Oxford: ABC-CLIO, 1997, pp.337-339.

② 转引自 Regina Bendix, *In Search of Authenticity: The Formation of Folklore Studies*, note 40, pp.253-254。

③ 例如,Guntis Šmidchens, "Folklorism Revisited", *Journal of Folklore Research*, 1(36)(1999): pp.51-70。

"今天的人们已经很少在研究中使用这个词汇,而只有在研究旅游文化时才会提到它。"更有意味的是,在纪念莫泽逝世的纪念论文集里,没有一篇论文专门谈及民俗主义[①]。另一个插曲也可以说明民俗主义在当今世界民俗学界的位置。2004年冬,我趁安德明博士访问芬兰和德国有关民俗学、民族学机构的机会,请他帮助询问有关民俗主义讨论的情况,结果发现时过境迁,人们对民俗主义已经失去了索解的兴趣。2006年,我们参加美国民俗学会年会时,也向不少人咨询民俗主义,但是许多人都表示此概念已成过眼云烟,大多数专业研究生也从未读过有关民俗主义的著述。

实际上,本迪克丝在1997年的文章中,已经指出此一术语已经越来越被弃置不用,"因为它缺乏特别性"[②],它所指涉的那些现象逐渐被以后出现的其他探索性词汇所取代,比如将表现了更加健康的生活方式的、对民俗素材的象征形式的预备和呈现,称为"文化治疗"(cultural therapy),而用"复兴"或者"传统的发明"来描述那些利用或操纵民俗素材来推动的政治运动,等等。

在此情形下,了解和讨论这个目前在世界民俗学界已经过时的概念对中国民俗学建设是否有必要?我以为有。

对于民俗主义概念对中国民俗学建设的意义,西村真志叶和岳永逸在文章中已经有所讨论:

> 既然在社会骤变的今天,存在第三者对民俗利用和再造的事实,民俗学界也在始终如一地反思自己的研究对象,并有相类似的实证研究,对于民俗学主义的介绍和引入也就显得十分必要。作为当今世界民俗学发展的潮流之一,民俗学主义不但能冲击大部分中国民俗学者仍然固守传统的民俗学观念,激发对民俗新的思考,它或者也能使民俗学者正视

[①] 王霄冰:《民俗主义论与德国民俗学》,《民间文化论坛》2006年第3期。
[②] Regina Bendix, "Folklorismus/Folklorism", in *Folklore: An Encyclopedia of Beliefs, Customs, Tales, Music, and Art,* edited by Thomas A. Green. Santa Barbara, California; Denver, Colorado; and Oxford: ABC-CLIO, 1997, pp. 337-339.

当今社会现实和已经部分既成的民俗事实，从而使对各类民俗事象的研究有新的突破。民俗学主义的引入或者能将研究真正地与当今的旅游业、社会发展、经济发展和民间文化的保护有机结合起来，从而改变在一定意义上中国民俗学仍然故步自封的局面，改变理论建构与实证研究和应用研究的断裂、凝望。同时，对于民俗学主义这一术语的使用和对其所指的研究，也将会加强中国民俗学与国际民俗学研究以及相关人文社会科学研究的交流与合作。①

这些话都很中肯。我想在这里再做一点补充。尽管目前民俗学似乎受到了比过去更多的重视——民俗学家在电视和网络媒体上频频露面，畅谈春节的来历、端午节的演变等，特别是在当下的"保护非物质文化遗产"的运动中，民俗学家的作用更是举足轻重，甚至在很大程度上能够决定某一民间文化事象能否够得上成为"遗产"——所以许多民俗学者欣喜地感到：中国民俗学的又一个春天已经来临。但是，需要警醒的是，民俗学学科依然是和"过去"、"遗产"、"即将逝去或已经逝去的传统"相联系，民俗学者也依然是"救亡者和保存者"的形象，民俗学并没有从内部和根本上改变鲍曼（Richard Bauman）批评的那种"向后看"（backward-looking perspective）的学科特点②。面对目前国内各种如火如荼的民俗旅游、古建筑重修、民族风情表演、民族服装展示、民歌新唱等，许多人依然嗤之以鼻，不屑一顾，许多新的现实生活领域，比如网络、影视、手机短信、流行歌曲和音乐、商业或者政治性展览会等，也较少见到民俗学者探索的身影。这使中国民俗学无法从根本上融入现代社会科学的对话中，也无法对当代社会研究做出重大贡献。

郭于华在不久前发表的"试论民俗学的社会科学化"一文中，曾经非常深刻地指出了目前中国民俗学存在的问题：

---

① 西村真志叶、岳永逸：《民俗学主义的兴起、普及以及影响》，《民间文化论坛》2004 年第 6 期。
② Richard Bauman, *Verbal Art as Performance*, Illinos: Waveland Press, 1984 (1977), p.48.

面对社会主义文明的新传统，面对当前市场转型过程中的新民俗，民俗学应当是做出学术解释和分析的主力学科。然而，在20世纪80年代"文化热"的讨论中，在对当代社会转型过程的文化研究中，却几乎没有民俗学的声音。这种失语和失声是民俗学面临生存危机的主要原因。作为一门学科存在的理由是要能够面对中国社会与文化及其变迁的真实问题，能够在学科背景和特有的知识结构中回答这些问题。在面对重大的社会历史变迁过程中，民俗学研究者应该有所担当。[1]

这是原本出自民俗学的营垒但又走出了民俗学藩篱的学者对当代中国民俗学的恳切批评和热忱期待，应该引起民俗学者的认真反思。我想，有关民俗主义的讨论，某种程度上正可以充任当代中国民俗学转型的媒介。它能够拓宽民俗学者的视野，使大家从"真"与"假"的僵化教条中、从对遗留物的溯源研究中解放出来，摆脱"向后看"、从过去的传统中寻求本真性的局限，睁开眼睛认真看待身边的现实世界，从而将民俗学的研究领域大大拓宽，也可以促使民俗学直接加入到文化的重建、全球化、文化认同、大众文化、公民社会等的讨论中去，从而与文化人类学、民族学、社会学等社会科学更好地对话，加强民俗学与当代社会之间的联系，并对当代社会的研究有所贡献，对当前重大而剧烈的社会历史变迁过程有所担当。如此，民俗学才能摆脱与所研究的对象一同成为"遗留物"的阴影，以更加开阔的视野、更加积极活跃的姿态，更加富有生机地走向新的时代。

还必须说明一点：关注当代，完全不意味着抛弃历史。恰恰相反，没有一种民俗主义现象不是根植于过去的民俗传统中，只不过是在新的社会、文化、政治、经济等语境中，被赋予了新的形态、内容和功能。因此，研究民俗主义，必须将文本和语境结合起来，将历史和当下结合起来。这样民俗学能更好地实现钟敬文先生生前多次谈及的设想：它既是古代学，又是现代学，但归根

---

[1] 郭于华：《试论民俗学的社会科学化》，《民间文化论坛》2004年第4期。

结底还是现代学。卡舒巴教授在讨论鲍辛格的学术思想时，有一段精彩的话：民俗学"必须行进于历史当中，它必须面对当代，它不可以将自身的认识兴趣秘而不宣，而是要将其置于现实的社会和政治当中。如果民俗学走这样的路，它就将自身置于社会科学的知识理论与科学理论的背景之下，那么，无论是从研究角度还是研究题目上看，它都成为一门从历史出发的当代科学。"[1] 民俗主义或许能够成为连接民俗学的历史性与当代性的很好的桥梁。

最后，我还想略微谈谈有关民俗主义一词的翻译问题。读者想必早已经发现，在这期专栏中，译法并不统一。对于 Folklorismus / Folklorism，西村真志叶、岳永逸直接借鉴了日本学者的译法，将之译为"民俗学主义"；王霄冰主张译为"民俗主义论"[2]；宋颖、王杰文等主张译为"民俗主义"。我比较赞成"民俗主义"的译法，以为既然这一概念主要指的是民俗脱离了原初语境而被移植和再利用的现象，似乎译为"民俗主义"更好些，否则很容易使人误解为这是民俗学领域里的一种理论。但是，我也主张对此词的翻译采取开放的态度，如何翻译更妥帖，还可以继续讨论。

---

[1] 沃尔夫冈·卡舒巴：《面对历史转折的德国民俗学》，吴秀杰译，《民间文化论坛》2007 年第 1 期。
[2] 不过在文章中，她的译法并不统一，许多地方还是译为"民俗主义"。见《民间文化论坛》2006 年第 3 期。

民俗主义的时代——民俗主义理论研究综述*

於 芳

民俗主义概念在20世纪60年代兴起于德国，进而在世界范围内得到普及，它是在各个文化圈的民俗发生了质的变化以及民俗的生存环境在全球规模的均质化过程中产生的。民俗主义原文为德文的Folklorismus，英文翻译为folklorism，其最初出现时的定义是指对民俗文化的二手性的传承与演绎，换言之，是指某种民俗文化脱离其原本的生存空间，以新的功能、为了新的目的而得以再现，亦即第三者对民俗文化的利用。

民俗主义是20世纪由德国民俗学提出的最重要的理论之一。由于它的出现，民俗学者的眼光由对民俗文化的历史性、文学性的研究，转向了现代社会之民俗文化的多样性上，在由此唤起的民俗学者对民俗传统和本体的再认识中，民俗主义逐渐成为国际民俗学界的共同话语。以下拟对德国、美国、日本的民俗学者对民俗主义的研究状况，进行简要的介绍、回顾与点评。

德国的民俗主义研究

"二战"后的五六十年代，即战后经济恢复期后，西德民众的生活水平得到

---

* 本文原载《河南教育学院学报》2007年第3期。

改善，社会生活发生急速变化，现代民俗文化的生存方式也随之改变，出现一股追求异域、异地风情的"旅游文化热"和"民俗热"，例如"家乡节"、"街区节"等，整个社会都非常热衷于享受和消费民间文化和乡土文化，许多传统被重新挖掘甚至发明出来。[1]

德语圈民俗学自产生之日起，就具有民族主义倾向，其发展的结果使其民俗学陷入了纳粹主义的泥沼。由于有这样的过失，战后德国民俗学在学术界完全失去其地位而面临学科危机，民俗学者们需要从零开始重建民俗学。另一方面，在战后德国民俗学学科重构过程中，受邻近社会学科影响，学者们对仪式的研究方法发生了根本转变，他们开始把对仪式的研究放在社会集团的交流过程中来考察，解读仪式背后的规范或社会功能，把握动态的文化过程，可以说民俗主义概念的产生与这种民俗学方法论的转变有密切关系。面临时代大潮冲击，学者们针对当时凸显的民俗事象提出了民俗主义的概念。

作为形成新方法论的标志，一部富于革命性的著作即民俗学家赫尔曼·鲍辛格的《技术世界中的民间文化》[2]于1961年出版，他提出作为民俗学研究对象的传统，不是被无意识地传承而是作为被民众意识到的传统被继承，传统并不是作为悠久的知识和价值观念通过语言、音乐、艺术代代相传，它常常状态混乱，在变化的压力下趋于分解；人们通过新的礼仪、展示以及各种形式的娱乐，或通过复古以重建维持它，并指出这是现代民俗文化的存在方式。可知早在埃里克·霍布斯鲍姆等之前，鲍辛格就将传统视为一种文化建造而非文化承继，这部著作对于其后德国民俗学的动向产生了决定性的影响。

在新理论潮流的激发下，凭借多年田野调查经验，德国民俗学家汉斯·莫泽考察近、现代传统的复杂样态，于1962年在《民俗学杂志》(*Zeitschrift für*

---

[1] 本节参考王霄冰：《民俗主义论与德国民俗学》，中国民俗学会第六次代表大会论文，http://www.pkucn.com/chenyc；法橋量：「ドイツにおけるフォークロリズム議論のゆくえ——発露する分野と限界性」，『日本民俗学』第236号、2003年。

[2] 详见河野真：「民俗学の研究課題としてのフォークロリスムス（下）」，『愛知大学国際問題研究紀要』第91号、1990年。

Volkskunde）发表《论当代民俗主义》一文，首次提出民俗主义概念。他介绍和讨论大量被商业化的民俗文化如民歌、民间艺术实例，描述民俗被观光业、文化宣传所利用的事实，指出其商业性和政治性目的，并把这一现象命名为民俗主义；同时指出任何脱离自身生存土壤而被作为表演题材孤立地提取出来的"民俗"，均为二手假货，不能和历史真实互为混淆。不容忽视的是，莫泽对于出现民俗主义现象的理由给予了充分理解，他的真正目的是要区分大众的民俗爱好和学者的民俗学这两个范畴，使得民俗学者们在重构民俗之际，不把社会中流行的再造民俗当成原始资料来使用。1964 年莫泽发表《民俗主义作为民俗学研究的问题》（Der Folklorismus als Forschungsproblem der Volkskunde）一文，通过对一系列事例的考察，详尽地分析了问题的多样性与多层次性，并扩展至包括上溯历史等多种类型的问题。自此，分析有意识地利用民俗的行为，将它视为近现代人类或近现代社会行为模式中不可缺少的一个项目进行探讨的方向已经形成，之后的学术会议则确立了这一动向。

  1966 年 4 月，图宾根民俗学会为此专门召集了一次学术会议，讨论当代民俗的研究问题，民俗主义问题是其中之一，同年出版了会议论文集《民众研究》（*Populus Revisus*）。在这次会议上，鲍辛格发表了《关于民俗主义批评的批评》（Zur Kritik der Folklorismuskritik）。他针对当时德国民俗学界对新概念的冷淡、漠视状态，提出不能放任这种无视新概念的"无言的批判"状态，并尝试着对民俗主义问题进行深入的探究。

  大会展开了对民俗主义的讨论，例如，在民俗事象中常见的挂在房屋里的稻草娃娃，从稻草娃娃具有驱魔辟邪意义来说，若认为屋里的人必然生活在惧怕魔鬼的迷信世界里，显然这是个错误认识。民俗学者往往持有这种错误认识，这是因为缺乏对他者和自己都生存于同一世界的基本条件的反省，将自己不相信的迷信简单地设定于被调查人。但从民俗主义观点来看，民俗性稻草娃娃是异质世界的标志，对于将它放置于生活空间的人而言各有含义，它既可以是室内装饰，也可以是表示与古老世界、秩序相接续的物品，换言之，它是多层次、多方面存在的人类表现自我的一种方式。这是大会讨论的一个简单例子，意味着对于人类而言民俗事象已成为必然的存在，它与各种各样的操作相纠缠，与观光产业的结合就具有这种特性，与政治的结合则成为最重要的操作。

这样，民俗主义成为德国民俗学界共同探讨的课题，随后又有了进一步扩大讨论的机会。1967年，鲍辛格就任西德民俗学会杂志的主任编辑，1969年，鲍辛格向各国投寄询问民俗主义现状的调查问卷，并把调查问卷的内容及简短说明和五个国家的答案以专辑形式发表于德国《民俗学杂志》第65期（1969）。[①] 通过这份问卷的设计，鲍辛格实际上已为今后围绕民俗主义问题的研究确立了大致方向。一向混合着多种要素、不甚明确的民俗主义，在此阶段已很明确并易于理解。而且，对民俗主义概念的国际性普及而言，这份问卷具有划时代的意义。

发端于莫泽的民俗主义论，经过鲍辛格的推进，在20世纪80年代已经成为德国民俗学的重要研究课题。这个概念的提出，正如鲍辛格总结的那样，至少有以下意义：一、促进对于民俗在不同发展阶段变异的研究；二、强调了传统在真实程度上的相对性。

20世纪60年代末70年代初，由于受到德国学生运动以及盛行于西德的社会主义思潮的冲击，关于民俗主义的讨论暂时告一段落，但至20世纪70年代末，民俗主义又重新成为民俗学界的热门话题。随着讨论的深入，学者们把目光转移到例如仪式之类的地域文化、地方政治乃至社会主义体制与民俗主义的关系等问题上。1979年，在基尔召开的以"家乡与认同——地域性文化的有关问题"（Heimat und Identität. Probleme regionaler Kultur）为主题的第22届德国民俗学大会，其中心议题之一就是民俗主义与现代地域文化存在方式的联系。

学者康拉德·科斯特林（Konrad Köstlin）发表的研究报告"文化之地域化"，主张地域是因文化不同而形成，地域是基于形式多样的爱好而被缔造或正在被缔造着的产物。某特定空间被视作一个地域即地域化过程，意味着

[①] 调查问卷的具体内容，详见王霄冰：《民俗主义论与德国民俗学》，中国民俗学会第六次代表大会论文，http://www.pkucn.com/chenyc。

在空间上固定文化、把特定的文化当作此地独一无二的东西推出的过程；同时他指出，被选定的文化通过媒体的反复宣传而被民俗化。换言之，由文化形成地域并通过媒体传达和重复的过程本身孕育出了民俗主义思考。高特佛理德·科尔夫（Gottfried Korff）在会上宣读了题为《民俗主义与地方主义》（Folklorismus und Regionalismus）的论文。他从社会心理学的角度，分析了民俗主义运动兴起的原因，指出民俗主义与地方主义密切相关，认为在工业化进程中被甩下的落后农村地带，人们将其土地上固有民俗当作反现代的旗帜，以维持其文化认同，这时作为地域象征的民俗会被重构，从而形成由文化生成的地域。

之后，部分学者从纯理论角度出发，对民俗主义与民俗学学科本体的关系进行总结。乌尔里克·波德曼（Ulrike Bodemann）于1983年发表《民俗主义——一种模式的设计》（Folklorismus-Ein Modellentwurf），在承认民俗主义的概念自始至终没有得到彻底澄清的同时，试图总结其规律性。海尔曼·斯特罗巴赫（Hermann Strobach）于1982年发表了《民俗学、民俗保护与民俗主义》（Folklore-Folklorepflege-Folklorismus）一文，从民俗学史和学术传统出发，对民俗主义论的不完善性和非实用性提出批评，自此，关于民俗主义的激烈讨论告一段落。[1]

产生、发展于德国的民俗主义概念，给民俗学带来了认识论上的转变。一方面，它彻底颠覆了之前的民俗学所认为的诸如传统连续性、稳定的共同体以及由此产生且被维系的民俗等前提；另一方面，它使民俗学者认识到把握动态文化过程的必要性。虽然对于民俗主义的讨论在今日的德国已经消失，可是由探讨民俗主义概念而唤起的问题意识，仍然在德国民俗学的底层流动，并激发学者们关注近现代新民俗文化，反思民俗学学科历史，找寻新的研究课题与方向。

---

[1] 详见王霄冰：《民俗主义论与德国民俗学》，中国民俗学会第六次代表大会论文，http://www.pkucn.com/chenyc。

美国的民俗主义研究

　　美国的民俗主义研究，始终围绕着民俗、伪民俗概念展开。早在民俗主义概念被引入美国之前，理查德·道尔森于 1950 年提出的"伪民俗"（fakelore）概念在美国引起了讨论。他提出人们有意识地加工、创作出来并通过大众媒体而广为人知的多种民间艺术是为了取悦大众、迎合大众而被歪曲、捏造出来的东西，他将其命名为伪民俗且进行了强烈批判。[①] 之后的 20 余年间，道尔森一直对伪民俗进行严苛的责难，认为其意图为娱乐，而民俗学者必须保证自己的研究资料是从田野得到的真正典范。

　　在 1969 年登载鲍辛格关于民俗主义调查问卷及回答的《德国民俗学杂志》中，刊登了道尔森的《"伪民俗"》一文，其论文结尾部分触及民俗主义。他提出存在于美国的诸如大众化、商业主义、传播媒体等将文化卷入其中的伪民俗问题，指出意识形态对民俗的操作是更为阴险、不可大意的伪民俗。由此可知"伪民俗"所批判的只是少数知识分子对待民间文学的浪漫主义态度，而并不是在战后发达国家所出现的全民性地寻求文化回归的民俗主义思潮。[②]

　　在 1973 年召开的主题为"现代世界的民俗"的国际会议上，道尔森介绍了民俗主义概念和鲍辛格的著作，之后撰文指出应该区分商品化、意识形态化的伪民俗、民俗主义与传统民俗，表明他将伪民俗和民俗主义当作同一层次的不同类别的现象来看待。八木康幸指出："伪民俗概念从产生之日起，即具价值取向性，对道尔森而言，成为民俗学对象的真正传统的民俗是存在的，而识别与之相反的伪民俗并摒弃它很重要。对真正的民俗的存在不加以怀疑，而视赝品的伪民俗为有害且在研究上无价值，这种以二元对立的本质主义为前提，以

[①] Rechard M. Dorson, "Folklore and Fake Lore", *The American Mercury*, 70（1950）, pp.335-343.
[②] 王霄冰：《民俗主义论与德国民俗学》，中国民俗学会第六次代表大会论文，http://www.pkucn.com/chenyc.

致不能包容人们对自己文化进行加工等操作行为的取向，是道尔森的伪民俗概念的特征，也是其局限之处。"①

1984年3月，在印第安纳大学召开了主题为"文化·传统·自我认同"的研讨会，会议由美国学术团体评议会人文社会科学部门与匈牙利科学学会组成的共同委员会主办。曾经论述过史密森尼节，以及大众派民俗的出现所反映的民间歌曲复兴热的布鲁斯·杰克逊（Jackson）和提出了自己的民俗主义概念的匈牙利学者威尔姆斯·沃伊德，还有阿兰·邓迪斯、琳达·德科等多人参加了会议，与会者活跃地交换意见，使对民俗主义的理解向前迈进了一大步。

出身于匈牙利的民俗学者琳达·德科（Linda Degh）在研讨会上发表了论文《新旧国家中匈牙利人作为自我认同的民俗利用》，其具体的研究对象是匈牙利人和匈牙利裔美国人，她追溯了他们在18世纪至20世纪期间作为国家及民族自我认同所表现出来的对于民俗所采取的利用行为，通过对传统文化在旧世纪与新世纪、新旧移民、大众与精英、都市与农村等交接过程的考察，揭示了作为农民艺术的民俗已经成为民族自我认同的象征性表现的事实。对于各个时代的民俗里产生的现象，德科毫不犹豫地使用了民俗主义一词，可见对德科而言，民俗与民俗主义概念是相互渗透而绝不是相互排斥的。她指出，学术性的、应用性的、娱乐性的各种情形，对于民俗确实带来影响，从而形成复杂的循环过程，因此，严格地、学术性地区分民俗、伪民俗、民俗主义三个概念并没有意义。②

阿兰·邓迪斯发表《伪民俗的捏造》一文，对伪民俗概念进行了独特的探讨。在确认伪民俗与民俗的遗存（survival）和复兴（revival）有所不同的基础上，邓迪斯指出，从民俗研究的开端18世纪末起，伪民俗就与其紧密地联系在一起；最后他指出，伪民俗和民俗的商品化绝不是新鲜的现象，新鲜的是民俗

---

① 八木康幸：「フェクロアとフォークロリズムについての覚え書き——アメリカ民俗学における議論を中心に—」、『日本民俗学』第236号、2003年。

② Linda Degh, "Uses of folklore as Expressions of Indentity by Hungarians in the Old and New Country", *Journal of Folklore Research*, 21(1984), pp.187-200.

学者留意到它们的存在并开始了严肃的研究这一事实，伪民俗如同民俗一样同为文化必需的组合成分，与其先入为主地把伪民俗看作不纯不实之物加以抵制，不如运用民俗学方法来研究它①。

　　1986年由道乌和利库斯菲尔德编译的《德国民俗学》发行，收录了包括鲍辛格论述民俗主义的两篇论文在内的从1967年至1977年间显示德国民俗学潮流的一批论文。②1988年的《国际民俗学评论》刊登了瑞吉娜·本迪克丝的《民俗主义：一个概念的挑战》，这是英语圈民俗主义研究的重要成果。

　　本迪克丝指出民俗主义这一用语具有特殊含义，并梳理了德国和东欧的关于民俗主义概念的研究动向。论文的前半部介绍莫泽、鲍辛格等人的讨论，后半部分介绍东欧的研究。作者指出，在东欧，能够发现民俗学者依照国家文化政策而进行的对民俗主义的积极参与。本迪克丝尤其关注的是赖特曼-奥古斯丁和东德的海尔曼·斯特洛巴赫的研究。赖特曼-奥古斯丁的最新见解是民俗与民俗主义紧密地连接在一起。斯特洛巴赫指出，民俗主义概念有不确定性，而在无意识自然状态下产生的人类行为一直存在，这才是民俗学者应该面对的民俗。本迪克丝认为，这样的理解是以重新质疑被社会定义的大众及其所支撑的民俗为前提，也是对重新定义民俗本身的需求。最后，本迪克丝指出为维持和活化传统民俗，应该对被有意识地加工的民俗进行研究。③

　　1999年古提斯·史密什发表了《民俗主义再检省》，通过再次讨论过去的定义，重新探究在现代民俗学研究里这个概念的有效性，这是目前关于民俗主义的最新研究成果。史密什首先在旧东西德、苏联的许多权威研究者成果的基础上，对那些不能适用于调查研究实际场所的既往理论展开了批评。然后，参考俄罗斯的阿扎多夫斯基的观点，将民俗主义定义为：作为族群、地域、民族

---

① Alan Dundes, *Folklore Matters*, University of Tennessee press, pp. 40-56.
② J.R. Dow, and H. Lixfeld,(ed. and trans.)*German Volkskunde: A Decade of theoretical Confrontation, Debate, and Reorientation(1967-1977)*, Indiana University Press, 1986.
③ Regina Bendix, "Folklorism: the challenge of a concept", *International Folklore Review*, 6(1988), pp. 5-55.

文化象征的对民俗传统的有意识地再认识和反复。他还引用了斯特洛巴赫、鲍辛格、汉德勒等人的表述,指出现代世界的民俗主义是呼应历史持续性的乡愁性欲求,它是把民俗作为过去、作为前近代的传达手段而客体化,从而将无变化的安定的传统形象带入现当代。在再次确认作为族群的、地域的或者民族文化象征的对于民俗的有意识地利用这一民俗主义定义的基础之上,他表示民俗主义能够成为国际性研讨、意见交换的良好出发点。①

在因伪民俗的制造而分化出的美国学院派和大众派长达 40 年之久的争论中,始终停留于边缘地带的民俗主义成为调解二者关系的媒介。正如琳达·德科所实践的或者如史密什所期待的那样,作为概念和分析的路径,尝试着探索民俗主义更深层次的有效性,尚需付出更多的努力。

日本的民俗主义研究

20 世纪 90 年代以后的日本农村,人口流失和老龄化现象日益严重。1992年,日本文化厅颁发了《关于实施活用地域传统艺能等行为的观光和特定地域工商业振兴的法律》,这是以民俗艺能等无形文化遗产为观光资源,使之成为促进地域工商业振兴资源的法律。这项法律与之前的《文化财保护法》有很大差异,以观光为目的而活用传统民俗,意味着传统民俗可能因为观光客的喜好而改变。因此,民俗学者都对这项法律提出批评,例如,小岛美子表示:"很吃惊""民俗艺能将成为观光的材料!"她担心由于这项法律的实施,民俗艺能会"堕落"为"神乐秀"。但是,因严重的人口"过疏化"而烦恼的地域共同体却希望通过观光等带来人口的移入和地域经济的振兴,各地政府都积极投入

---

① Guntis Šmidchens, "Folklorelorism revisited", *Journal of Folklore Research*, 36-1(1999), pp. 51-70.

振兴乡村、打造小镇的运动，有些地方甚至发明出了新的祭礼[①]。

另一方面，在西方人类学自我反思潮流的影响下，日本人类学者开始重新审视文化的定义，并以观光为切入点，对文化是什么、谁拥有述说文化的权利等问题进行探讨。1993 年，太田好信提出了"文化的客体化"概念，指出文化的客体化就是将文化视为可以操作的对象进行新创造的过程，并且在这一过程中，必然伴随着旨在向他者显示民族文化因素的选择行为，被选择出来的文化即使是从过去传承而来的，基于它是因客体化目的而被选择的事实，也就具有与过去完全不同的意义。因此，一直被视为传统的文化要素，实际上就可作为新文化要素而被阐释，于是，被发明的"文化"就成了被选择、被诠释的存在。

"文化的客体化"给日本学术界带来强烈的震撼，文化人类学尤其是观光人类学、民俗学等学科的研究者们纷纷对自己的学科理论进行反思，并以文化的客体化为立足点对以开发观光和振兴地域经济等为目的的都市文化、地域文化、自然及文化景观等的变迁与再生产，进行了多角度的分析研究，取得了丰硕的成果[②]。

在日本民俗学界也出现了新的研究动向。1971 年，坂井洲二介绍了西德鲍辛格《科技世界的民俗文化》一书的内容和在当时德国民俗学中出现的新动向[③]；20 世纪 80 年代，民俗主义概念由河野真和坂井洲二正式介绍到日本[④]，接着大月隆宽发表了对于包括民俗主义在内的美国民俗学研究动向的评论[⑤]；20 世纪 80 年

---

① 例如，新潟县的高柳町从 1992 年开始，每年 10 月举办名为"狐之夜"的祭礼，这是他们发明的新祭礼。参见三橋はるな；「民俗芸能の『保存』と『展開』」、日本国立音楽大学音楽学部学士卒業論文、第 16-20 頁。
② 例如，福田珠己：「赤瓦は何を語るか―沖縄県は八重山諸島竹富島における町並み保存運動―」、『地理学評論』69A - 9、1996 年；森田真也：「観光と『伝統文化』の意識化―沖縄県竹富島の事例から―」、『日本民俗学』第 209 号、1997 年。
③ 坂井洲二：「西ドイツの民俗における新しい動向」、『日本民俗学』第 77 号、1971 年。
④ 河野真：「ドイツにおける民俗学の現状」、『民俗評論』第 26 号、1986 年；坂井洲二：『ドイツ民俗紀行』、東京：法政大学出版局、1982 年。
⑤ 大月隆寛：『都市と「フォークロア」ブルンヴァン消えるヒッチハイカー』、東京：新宿書房、1988 年。

代末至 20 世纪 90 年代，河野真发表译介民俗主义倡导人汉斯·莫泽研究成果的论文，也对另一位重要学者赫尔曼·鲍辛格的成就进行了介绍。[1] 同时，他本人也参与探讨民俗主义理论，推进这个概念在日本民俗学的应用。与河野真相同，法桥量也从德国民俗学角度介绍了对民俗主义理论的研讨，他以鲍辛格的研究为切入点，整理、介绍了其后由科斯特林、波德曼等人对民俗主义所作的深入理论性探讨，期待出现新形式的比较研究，对这个概念给予了积极评价。[2] 作为日本民俗主义概念的介绍者，河野真和法桥量两位学者起到了十分重要的作用。

民俗主义理论一经被引进日本，立刻引起日本学术界的关注，随后出现大量相关研究，学者们围绕民俗主义进行了多方面、多角度的探讨，其中以关西学院大学八木康幸的研究成果最为卓著。1994 年，八木康幸发表《故乡的太鼓》一文，其研究对象是长崎县内包括 79 个市町村的共 61 个太鼓队，所有太鼓队均因观光和振兴地域而被发明出来。论文从太鼓队与地方博览会的关系，各队的名称、自我介绍以及蕴藏其中的对民俗的真实性、正统性的憧憬，各队建立的过程、伴奏音乐的来源及效果，太鼓表演的服装、动作、道具，太鼓表演者的年龄、性别、职业身份，太鼓队的资金来源，地方行政对太鼓队的各方面支持和操作，民众对太鼓的认同等多方面，对作为地域文化象征"和太鼓"的产生、发展过程，进行了地毯式的全面考察，同时展开了深入、细致的比较和分析，指出"故乡再也不是那个产生民俗文化的'传统社会形成的依存于生态系统的空间'，而已经成为通过和太鼓而被表现、诠释的场所。尽管表面上它显示出对失去的真实性的怀念，可是通过和太鼓这一发明的民俗表现出来的地域文化，并不是由地域居民维持'存在的文化'，而是由与地域有关联的人和机关讲述的'表述的文化'"；"民俗文化作为曾经包含着多种意义的象征，

---

[1] 河野真：「民俗学の研究課題としてのフォークロリスムス（上）」、『愛知大学国際問題研究紀要』第 90 号、1989 年、第 63-95 頁；河野真：「民俗学の研究課題としてのフォークロリスムス（下）」、『愛知大学国際問題研究紀要』第 91 号、1990 年、第 1-38 頁；河野真：「解説」、『愛知大学国際問題研究所紀要』第 90 号、1990 年、第 39-47 頁。
[2] 法桥量：「選択肢としての民俗文化－ドイツ民俗におけるフォークロリスムスの議論をめぐって－」、『白山人類学』第 4 号、1996 年、第 42-68 頁。

已经随着孕育它的生态背景的消失而消失；取而代之的是因地域的差异化和商品化驱动之下的周而复始的反复制作过程"[1]。最后，他强调不能轻视生活在地域中心区之周边的民俗主义新承担者们通过和太鼓这种创造性的自我表现而使地域得以形成的过程，提出既然传统是一种选择，那么，由与太鼓有关的所有人、事物相互作用所表述的故乡，便成为地域意识或地域认同的源泉。

如果说《故乡的太鼓》是在消化、融合西方民俗主义理论的基础上撰写的、利用民俗主义分析框架于日本民俗艺能方面的规模较大、覆盖全面而又不乏精细严密论证之研究范例的话，那么，1997年，八木康幸撰写的"求雨龙的再生"，则是以一个具体的乡土艺能为研究对象的短小精练、论证谨严的应用民俗主义理论的研究典范。"求雨龙的再生"以香川县三丰郡仁尾町用稻草制作的求雨龙为考察对象，首先描述了1980年当地机关和民众在民俗学者的协助下，复制本地历史中曾经存在过的求雨龙，并在求雨龙的形态、动作技巧、伴奏音乐和投资、宣传等方面所做的人为操作过程。被加工后的求雨龙，通过参加各地博览会和全国地域传统艺能大会等，成为当地地域文化的象征。求雨龙在复兴和创作的过程中得以再生。八木康幸指出，从1980年以来展开的一系列活动的过程就是民俗主义的过程，述说地域历史、创造地域文化的主体是当地行政机关。但在这个过程中，仁尾町的民众意识到通过求雨龙能够提高自我认同，因而换一个角度而言，民众是在通过行政这一过滤器重新编写自己的文化。[2] 从1994年至2003年间，八木康幸发表了近十篇应用民俗主义理论、探讨现代日本民俗的现状以及关于民俗学的认识论等基本问题的论文，他对民俗主义理论在日本的推进和深化方面所作的重大贡献不可否认。

经过十余年的摸索和思考，日本学者对民俗主义进行了梳理、推广、加工、批评，使得民俗主义在今日的日本民俗学界成为一个富于活力的亮点。日本民俗学会的机关杂志《日本民俗学》在2003年发行了"民俗主义特辑"，特辑共

---

[1] 八木康幸：「ふるさとの太鼓」、『人文地理』、第46卷、1994年。
[2] 八木康幸：「雨乞い竜の再生」、浮田典良編『地域文化を生きる』、大明堂、1997年、第125-144頁。

收入 14 篇论文，前 3 篇为以德国、美国为中心的国外民俗主义研究状况的综合述评，其他 11 篇论文均是个案研究。这 11 篇论文以具体事例为立足点，分别从不同角度对现代日本社会的民俗主义现象和民俗主义概念的有效性进行了探讨。其讨论范围极其广泛，包括民间故事、观光、地域认同、地域重振、怀旧心态、饮食民俗、岁时节日、工艺品、影像媒体、民间玩具、葬礼等，这些研究反映出日本民俗学探索新领域的积极态度，而且所有的论文都始终围绕着"民俗是什么"、"民俗学的任务是什么"等学理问题，表现出日本民俗学对自身所进行的反思和正在发生的蜕变。[1]

2004 年，围绕"民俗文化"的活用与振兴地域诸问题，有一本 2001—2003 年的课题研究论文摘要刊行，名为《文化政策·传统文化产业与民俗主义》[2]，这是日本学术界在多方面、多层次活用民俗主义理论的又一重大研究成果。其前言提及课题研究目的时写道："在近年来对'传统文化'再评价的巨大潮流中，民俗学界内部对此该如何应对已经成为目前必须认真研讨的问题。……在全国各地的实践场所中，文化行政（国家）、文化遗产产业（大型企业·地方产业）、地域（地方自治体·地域居民）之间，存在着各种各样的目的和观念，产生多种问题和纠葛。用概论无法囊括所有的问题，因此，本课题研究围绕近来的新文化政策和世间的动向，从文化政策、文化遗产产业、民俗主义（地域理论）以及它们相互间的关系着手，梳理、明确骤然浮现的各种多样化的问题，以民俗学、文化人类学为核心，并通过历史学、社会学等领域的协作，提出综合的解决与对应策略。"

这个课题组的成员主要为日本国内的民俗学、人类学学者，还包括有历史学、社会学、人文地理学以及考古学、农业经济学、地方行政学的研究人员，另外还邀请了地方博物馆、文化遗产保护工作人员加入，可以说是在相当广泛

---

[1] 西村真知叶、岳永逸：《民俗学主义的兴起、普及以及影响》，《民间文化论坛》2004 年第 6 期。
[2] 其收录有中村淳「文化という名の下に」、青木隆浩「文化は売れない」、森田真也「生活の場における祭礼の文化財指定と観光化」、岩本通弥「文化の『伝統』化」、桑山敬己「文化人類学と民俗学」等共 23 篇论文的摘要。

的领域内展开的。除了研究领域广泛之外，该课题研究的另一个显著特色就是对民俗主义理论的深入研究。虽然对于民俗主义的过程方面已经取得很多研究成果，可是对于"传统"的承担者研究却不太多，因此为了进一步地深化民俗主义理论，课题组引入社会学、民族志方法论的研究者，尝试从之前文化构成主义的说明，延伸至对保持"传统"的居民以及寻求与过去的连续性的心理做深入的探讨。

在文化政策研究方面，岩本通弥在《"文化立国"论的忧郁》一文中指出，由于 WTO 的乌拉圭回合农业协议的达成，使得农产品无法获得直接保护，作为对应政策，政府出台了新农业基本法，从而导致推出与重振文化事业相关的一系列政策。因此，其具有借助农村政策之名以维持保守势力的生存基础，并带有培养爱乡、爱国之心的性质。不仅如此，当沿着这些政策背后的政治背景探究下去，浮现出来的是在自民党保守势力背后策动的日本神社界、神社厅本部及其政治团体神道政治联盟的运营及其运动方针，及其活泼且巧妙的政治活动。另外，他还指出在文化政策上还存在着对文化一词的混淆和乱用。

川森博司在《传统文化产业与民俗主义》一文中，以岩手县远野市的观光业为例，讲述了当地的观光业者利用当地的民间故事《远野物语》设置出种种观光设施和项目，打造民间故事观光、故乡观光和绿色生态观光的过程，指出其中的主要设置带有明显的民俗主义性质，并且，在当地还出现了与民俗主义打造的"故乡印象"唱反调的动向。

足立重和《对透过传统文化打造地域的分析视角》一文，从理论上对近十多年来探求传统文化与观光关系的各类研究进行了综合述评，他指出，重视观光作用的文化构成主义者所说的"现场的人们的主体性"，实际上是"由外部强迫而成的主体性"，他们的研究传递出与被观光化的传统文化保持一定距离的居民的身影；而一部分文化构成主义者提出的作为文化构成主义之延伸的观光文化论，在观光与日常生活的差异中发现"现场的人们的主体性"，因而仍然肯定地评价了被发明的观光文化，但居民出于什么原因而有意识地创造这样的观光文化，却没有得到解答。作者进而指出，文化对立论认为在同一地域社会同时存在着当地居民熟悉的面向地域的文化形态和应用于观光的被发明的文化形态的观点。这一分析视角具有超越文化构成主义者的意义，然而，文化对立论者并未对默许不同的两种文化形态共存的当地居民的真正意图作进一步的阐释。足立总结说，对于透过传统文化打造地域应该采取的分析视角，首先是地域居民对他们自我本位的"快乐"的追求，其次是对相对于居民而言的传统文化"原本的姿态如何"这一问题的历史性探询。地域居民通过聚集在一起快乐地交谈而组合成的"真实"，才是促使居民们去实现"本应具有的（自己期待的）姿态"之传统文化的动力。

总之，该课题的研究论文摘要集，分别围绕民俗主义的四个主要方面，亦即文化政策—文化行政、文化遗产产业与观光、地域理论与民俗主义、关于文化的讨论（与人类学相关联）等四个专题进行研讨，其中还包括对大众媒体的作用所进行的研究。这意味着对民俗主义的理论研究走向全面的系统化。同时，这项课题研究对现行的文化遗产保护法体系和民俗学基本理念也具有整合作用，为在地域实际发生的问题提供对策，显示出民俗主义理论在社会中的实用功能，而且，对"传统"之承担者的研究以及对民俗主义理论的反思也得到了进一步的深化。日本的民俗主义研究已经迈向全面的系统化、实用化，并达到了一定的理论深度，日本民俗学随之成为一门极具活力的综合性应用学科。

小结

综上所述，由西德民俗学者汉斯·莫泽提出的民俗主义概念，通过汉斯·莫泽和鲍辛格的推进与深化，成为20世纪60年代至80年代之间德国民俗学界的重要研究课题。民俗主义理论彻底颠覆了之前德国民俗学所认定的传统的连续性、稳定的共同体以及由此产生且被维系的民俗等前提，使得民俗学者认识到把握动态的文化过程的必要性。同时，民俗主义理论在东欧、苏联也得到深入研究，在吸收西德研究成果的基础上，东欧学者们尝试构建民俗主义的一般理论，取得了独特的研究成果。

美国的民俗主义理论研究，与对伪民俗、民俗概念问题的批判与探讨紧密相连。因营利目的出现的伪民俗，曾经遭受过道尔森的猛烈抨击，可是美国民俗学者们引入民俗主义理论后的考察和研究表明，在现代社会，辨别民俗是否赝品已经没有意义，真民俗往往很简单地就变为民俗主义现象，而且通过发明传统而表现国民、民族、族群自我认同之民众们的操作，会将"伪民俗转化为民俗"[1]，应该被重视的则是民俗文化的形成过程。

民俗主义理论在日本得到梳理、推广、加工、批评，成为今日日本民俗学界一个富于活力的亮点。几乎所有学者一直都围绕着"民俗是什么"、"民俗学的任务是什么"等学理问题进行探讨，而且，日本的民俗主义研究一直都涉及广泛领域，呈现多姿多彩的研究状态，并在"传统"承担者的研究以及对民俗主义理论的反思等方面有进一步的深化。

可见，民俗主义理论在兴起后，得到迅速发展并在世界范围内普及，虽然各国、各地区的民俗主义研究都有其独特性，但人们对民俗主义现象的研究都兴起于相似的社会背景，换言之，是社会状况的改变导致了民俗主义现象的产生。导致现代社会民俗变质的根本性原因，是由于科学技术的渗透。近现代以来发展起来的科学技术，特别是多种多样的技术性机器，已经深入到了我们生活的各个角落，使传统的生活文化形态发生了巨变。[2] 因此，传统民俗文化脱离孕育它的母体即传统社会，被赋予二次性意义和作用的民俗主义现象早在人们意识到民俗文化时就已经存在，它已经成为当今时代中广泛存在的社会现象，这是现代的文化状况。简言之，我们已经处于民俗主义的时代当中。

---

[1] L. Dëgh, "Grape-harvest festival of straw farmers: folklore or fake", *Ethnologica*, 10(1977/8), p.131.
[2] 河野真：《现代社会与民俗学》，周星译，《民俗研究》2003年第2期。

"民俗主义"及其差异化的实践*

王杰文

"民俗主义（Folklorismus）"曾经是国际民间文化研究领域讨论的焦点问题，许多国际著名的民俗学家都深入参与了相关讨论，留下了宝贵的学术思想，并直接引发了20世纪60年代以来国际民间文化研究范式的转型。[①]近十年来，中国民俗学者分别从德语、日语与英语世界翻译、介绍了与"民俗主义"相关的学术讨论，引起了不小的反响，但在这些译介性成果中，直接翻译原典的文章少，间接转述他人观点的文章多；深究详解、从一而终的学者少，蜻蜓点水、浅尝辄止的学者多；密切联系中国材料，深入反思与严肃对话的学者少，匆忙寻找个人经验为他人思想做注脚的学者多。更重要的问题是虽然在欧美民俗学

---

* 本文原载《民俗研究》2014年第2期。

从词源学角度讲，这是一个相当累赘的德文词汇，即使在德语学界，学者们也只是偶尔用之，因为他们实在无法找到更恰当的术语来思考相关问题。该术语的英文为"folklorism"，俄文为"fol'klorizm"，法文为"folklorisme"，日文译为"フォクーロリズム"。在中国民俗学界，源自日文的译为"民俗学主义"（西村真志叶），源自英文、德文的译为"民俗主义"（杨利慧、王霄冰等）。两者都属于直译，但两种翻译既无法传达该术语的本意，也不符合汉语的语法习惯。然而在未能找到更恰当的译法之前，本文姑且取用后一种译法。它指的是相对于所谓"纯正民俗"（genuine folklore）的"不纯正的民俗"（spurious folklore），这并不完全等同于理查德·道尔森所谓"伪民俗"（fakelore）。它似乎与"复古"或"山寨"等汉语词汇的含义更接近些。

① Regina Bendix, "Folklorism: The Challenge of a Concept", *International Folklore Review*, Vol.6, 1988, pp.5-15.

界,"人们对民俗主义已经失去了索解的兴趣"[①],"今天的人们已经很少在研究中使用这个词汇"[②],但是,对于转型中的中国社会以及中国民间文化研究来说,情况绝非如此。

客观地说,有关"民俗主义"的译介性成果的确为中国民间文化的研究者们开阔了眼界,但除了这些业已输入的话语而外,我们似乎还可以进一步思考如下一些问题:

第一,虽然我们对德语、英语、日语界学者的相关工作做了比较全面的介绍,但仓促之间,中国民俗学者基本上没有对他们的杰出贡献做出任何有价值的总结与评价。第二,德语、日语界学者在讨论"民俗主义"现象时,主要聚焦于民俗"商业化"的层面,中国民俗学者在介绍"民俗主义"相关研究成果时,相对忽略了俄国、东欧、中欧、北欧学者在研究民俗"政治化"层面取得的相关成绩。第三,因为不加批判地追随德、日学者去关注"当代的民俗主义",中国民俗学者基本上忽略了"过去的民俗主义",似乎从未反思过"民俗主义"与德、日法西斯主义的历史关系。第四,中国民俗学者自我拘牵于"民俗主义与伪民俗"的相关讨论中,相对忽视了德语与英语界民俗学家有关"民俗主义与公共民俗学"相关讨论所引发的理论更新。第五,没有深入思考围绕"民俗主义"的相关讨论可能对中国民俗学(自改良派、革命派以来,经历五四新文化运动、延安文艺运动、十套集成时代以及当下"非遗"时代)的学术价值与社会价值。换言之,严肃地说,中国民俗学界显然还没有认真地开展"民俗主义"的本土化工作。

因此,中国民间文化的研究者们有必要重新审视有关"民俗主义"的思想成果,有必要在全球性的学术视野内重新评价国际同行的成果,有必要独立、审慎地重新思考"民俗主义"对于中国民间文化研究的意义。

然而,即使在今天,"民俗主义"仍然没有获得一个国际通用的定义。本

[①] 杨利慧:《"民俗主义"概念的涵义、应用及其对当代中国民俗学建设的意义》,《民间文化论坛》2007年第1期。
[②] 王霄冰:《民俗主义论与德国民俗学》,《民间文化论坛》2006年第3期。

文无意于梳理"民俗主义"定义的发展史,而是试图集中力量去描述不同学者定义中所谓"民俗主义"所指的差异,描述不同国家的民俗学者在围绕"民俗主义"的相互对话中结合自身的材料所产生的"主动误解",换言之,这里将要呈现的是"民俗主义"在不同国家、不同学者中间的差异化实践。

"民俗主义"与文化工业

在国际民间文化研究领域,大部分学者把"民俗主义"的第一个界定性工作归功于德国民俗学者汉斯·莫泽[①],他在 1962 年发表的论文《论当代民俗主义》中提供的定义是描述性的:

> 这是一个极其宽泛的术语,它应用于两个层面:文化水平的提高导致对'民间'事象不断高涨的兴趣,导致满足、加强或者唤醒这一兴趣的实践。通过多种策略,观众被给予一种有声有色的混杂物,这是一种来自民间文化的真假材料的混杂物,尤其是来自那些生活似乎依然散发着创造力、力量与色彩的文化领域。[②]

在这一描述性界定中,汉斯·莫泽把"民俗主义"的主体匿名性地指向了某个群体,从理论上讲,这个群体在身份归属上既可以外在于"民间",也可

---

① 德语区民俗学家们断言,彼得·海因兹(Peter Heintz)发明了"民俗主义"这一术语,汉斯·莫泽把这一术语引入民俗研究领域,但随后的研究表明,法国民族学家 A. 马里纳斯(A. Marinus)早在 20 世纪三四十年代已经在使用"新民俗主义(neo-folklorisme)"这一术语;也有学者认为"民俗主义"是法国民俗学家保罗·塞比略特(Paul Sébillot)创造的;而俄语区的民俗学家们也于同一时期已经在从事"民俗主义"的研究,不过,俄语区民俗学家们更偏爱"民众的创造性"或"当代民俗"这样的术语,而不是"民俗主义"。

② 转引自 Regina Bendix, *In Search of Authenticity. The Formation of Folklore Studies*, Madison: University of Wisconsin Press, 1997, p.177.

以内在于"民间";在文化层次上则必然得超出"民间"固有的逻辑,他们可以表演性地或自我反思性地展演"民间";在"本真性"的层面上,它已经完全或部分地不属于"民众"内心生活的实践,而是出于可理解的或别有用心的理由改编或强加的实践。他总结性地称之为"第二手的民俗"①。总之,莫泽明显地意识到"民俗主义"之形式的复杂性,他开放性地、尝试性地区分了三种类型的"民俗主义":

1. 传统地、功能性地决定的民间文化元素在其地方的、阶级的社区之外的表演。
2. 民间母题在另一社会阶层中的戏仿。
3. 不属于任何传统的"类似于民间"元素的有目的的发明与创造。②
4. 科学的或伪科学的洞察力被纳入到"传统"携带者的有意识的知识当中的现象。

在莫泽的类型划分中,"民俗主义"可谓包罗万象,其复杂性与丰富性显而易见:它既可能是特定民众群体的主动适应与改编,也可能是外来群体的加工与创造;既包括阶级社会里古已有之的民俗主义,但更多地是指今天的工业化、市场化、传媒化时代的民俗主义;既可能出于文化—政治的目的被操纵,也可能是出于商业—功利的目的被利用。在1964年的论文《民俗主义作为民俗学研究的问题》里,汉斯·莫泽集中讨论了民俗研究本身对民众生活的影响,他使用了一个工作术语——"反馈"(Rücklauf)——来描述:

---

① 莫泽所谓"第二手的民俗"并不能被简单地理解为:"简言之,民俗学主义便是第三者对民俗文化的利用。"参见西村真志叶、岳永逸:《民俗学主义的兴起、普及以及影响》,《民间文化论坛》2004年第6期。
② Regina Bendix, 1997, p.177. 莫泽也看到了"民俗主义"现象的政治性(或者地域性)的差异:在西方,其主要模式是由工业市场引起的;在东欧与俄罗斯,它具有重要的文化—政治的使命;在第三世界国家,社会的剧烈变革消灭了许多民间宗教与习俗,作为对这种剧烈变革的反激,引发了对已经消亡的民俗进行保存的热潮。

莫泽发现,记者、多愁善感的地方作家以及民俗学家的专著都在这一过程中起到重要作用,其中,记者与地方作家尤其喜欢用一些似是而非的解释来转述所谓民俗学的知识,从而在地方民众的认识上产生了巨大影响。为此,莫泽提醒民俗学家们在面对地方民众提供的材料时要给予审慎的处理,因为:

> 一个号称是17世纪的仪式,很可能是不久之前当地民众的一项发明;可他们会援引记者与地方作家的话说,多么神奇啊,那么古老的习俗一直保留到现在![1]

但是,汉斯·莫泽的研究成果并没有引起德语区学者的高度重视,他们漠视"民俗主义"现象的广泛存在,冷峻地把自己高贵的头颅埋在"纯正民俗"的沙子里,做起了民俗研究领域的"鸵鸟"[2]——正如瑞吉娜·本迪克丝所说的那样,德语区民俗学家并不是被汉斯·莫泽的告诫而是被表达性文化的"商品化经营"与"政治化操纵"所惊醒之后才开始在理论上讨论"民俗主义"的[3]——赫尔曼·鲍辛格对德国同行们对"民俗主义"的冷漠态度十分不满,在1966年的论文《对民俗主义批评的批评》中,他对"民俗主义"现象进行了更加系统的讨论,他为"民俗主义"所下的定义是:

> 民俗之材料性的或者风格性的元素在异于其初始传统的语境中被应用。[4]

---

[1] Venetia J. Newall, "The Adaptation of Folklore and Tradition(Folklorismus)", *Folklore,* Vol. 98, No. 2 , 1987,p. 132.

[2] 正如王霄冰批评的那样,具有历史癖好的汉斯·莫泽有关"民俗主义"的观点,实质上"并不是要批评当代社会的民俗主义现象,而是希望通过区分大众的民俗爱好和学者的民俗学这两个层次",提醒学者们避免把二者混为一谈。参见王霄冰:前引文,第102页。

[3] Regina Bendix, "Folklorismus", *Folklore: An Encyclopedia of Beliefs, Customs, Tales, Music, and Art,* ed. Thomas Green(Santa Barbara: ABC-CLIO, 1998),p. 339.

[4] H. Bausinger, "Toward a Critique of Folklorism *Criticism*", *German Volkskunde,* Bloomington,Indiana. 转引自 Guntis Šmidchens, "Folklorism Revisited", *Journal of Folklore Research,* Vol. 36, No.1, 1999, p.52.

鲍辛格提供了许多例子来补充说明这一定义，比如民俗再语境化于精英艺术或者精典文学当中；民俗被修改以后出售给有怀旧情结的公众；先前口头叙事已印刷媒介化等。他有关"民俗主义"的核心观念可以概括如下：

1. 民俗主义即对过去民俗的追回和应用。
2. 第一手民俗与第二手民俗在很多方面是混合在一起的；在研究工作中，排斥其中一个方面，就会导致结果的谬误。
3. 把重点放在经济因素上导致对商业化的高估。这会妨碍我们对这一现象之本质与功能的理解。
4. 民俗主义现象必须进行个案研究；一定要把注意力放在个体的需要及社会秩序的功能上。
5. 民俗主义—批评（folklorism-critique）经常是片面的，没有认识到在功能与观念方面的转变。
6. 民俗主义是角色期待的产物，在很大程度上，民俗主义的批评是对民主化的批评，此前这只是上层阶级的态度。
7. 那些把民俗主义与"纯正的民间文化"对立起来的人，把后者纳入到一个封闭的圈子当中，在这里，它们又不可避免地转变成民俗主义。
8. 民俗主义的批评与民俗主义建立在相同的基础之上：民俗主义与对民俗主义的批评在许多方面是相同的。[①]

鲍辛格冷峻地批评了保守的民俗学家们只研究所谓"纯正的民间文化"的学术态度，告诫他们，这种学术态度无法阻止"纯正的民间文化"走向"民俗主义"，也就是说，固执地、想当然地在二者之间划定界限是没有根据的。此外，"民俗主义"在商业性因素之外，不能忽视其怀乡的、怀旧的情绪；在经济目的之外，不能忽视其中其他的意义与功能。密切关注这些全新的意义、价

[①] 转译自 Regina Bendix, 1997, p180. 源自德文的翻译可参见王霄冰，前引文，第 102—103 页。

值与功能显然更重要，至于"本真"与否则并不值得再投入精力去考察①。在对"民俗主义"批评的反批评中，鲍辛格显然已经窄化了"民俗主义"，在他的定义中，"民俗主义"即是民俗的"去/再语境化"，显然，至少他省略了莫泽的定义中后两项内容。

康拉德·科斯特林（Konrad Köstlin）对于把"民俗主义"仅仅定义为"对于'古老的民间文化'进行改变之后的任何事物"非常不满，因为这样一个定义无法提供任何分析性框架与理论性洞见。科斯特林认为，民俗学家对"民俗主义"的反应恰恰说明了"民俗主义"现象的传统性，事实上，他们一直在谈论的仍然是相同的主题，只不过是用"民俗主义"这一术语描述了另外一套材料而已。在这个意义上，"民俗主义"这一术语并不具有太大的学术价值，相反，民俗学家们真正遗漏的问题是"当今社会中不同的商品分配模式"——即在创造第二手民俗的过程中工业化的角色，换句话说，新的生产过程对于民俗文化具有什么样的影响？瓦尔特·本雅明所谓机械复制技术使得任何复制品超出了任何传统性的领域——显然，科斯特林试图把这一讨论推向更广阔的理论框架中去。

鲍辛格接受了科斯特林的主张并参照了西奥多·阿多诺的"文化工业"（culture industry）概念，在讨论"民俗主义"时进一步把关注的焦点转向了"文化商品化"，并重新定义了"民俗主义"：

> （民俗主义）似乎保留了本真的文化；它否认文化与工业之间的关联，即使它的存在本身得归功于这一关联。②

---

① "传统既非真也非假，因为如果本真的传统指的是过去质朴的、不可改变的遗产，那么，所有本真的传统都是虚假的。但如果我们认为，传统总是在当前定义的，那么所有虚假的传统都是本真的。本真与虚假——这些被用来区分客观现实与虚幻把戏的术语——被用于社会现象时是不恰当的，因为它们从来都不外在于我们对它们的解释。"参见 Richard Handler and Jocelyn Linnekin, "Tradition, Genuine or Spurious", *Journal of American Folklore,* Vol. 97, No. 385, 1984, p. 288.

② Hermann Bausinger, *Volkskunde*, Darmstadt: Carl Habel, 1971, S. 209.

至此，德国民俗学家们似乎已经不再纠缠于描述"民俗主义"的复杂形式与类型，而是在强调"民俗主义与现代化（机械化、工业化、商品化等）"之间存在强联系的前提下，向着反思学科历史、展望学科未来的方向迈进。但与鲍辛格不同，康拉德·科斯特林更倾向于抛弃"民俗主义"这一术语，他借用了来自英美学术界的概念"本土化"（nativism）与"文化复兴"（cultural revitalization），把民间文化描述为一种文化类型（本质上是与"民俗主义"相关联的），一种文化与历史整体的片段，一种民众的科学，一种心理治疗的形式，一个特定的阶级与时代治疗其异化的尝试性手段——科斯特林解释说，为什么人们需要家乡、民族服装、民间音乐、民族舞蹈呢？因为它们意味着为人熟悉的形象，意味着相互信任，意味着某种归属感、幸福感，但这些其实只是某种陈词滥调，某种自我安慰，事实上，尽管它们承诺了一种更加本真的、纯粹的、安全的生活方式，但这显然只是一个乌托邦，一个从来没有存在过的世界——每一个时代、每一个阶级都会设计其逃避主义（民俗主义）的主题，都会去追逐秩序、稳定与传统。[1]因此，作为自我反思性行为的结果，"民俗主义"的"游戏"似乎并不新鲜，自古以来，人们不过是通过不同手段，从原罪性的"异化"中寻找不同的救赎方式而已。所不同的是与前现代社会相比较，"民俗主义"于今尤甚。

从理论上讲，"民俗主义"的定义适用于所有语境当中的一切民俗形式，然而，在实践中，德国民俗学家倾向于主要指民间文学、民间音乐、民众生活、物质文化在"文化工业"中的应用[2]。赫尔曼·鲍辛格假设，现代性把民俗从其"初始的"语境中抽取出来，并置于一个"外来的"语境当中，因此，"民俗主

---

[1] Regina Bendix, 1997, p. 182-185.
[2] 然而，德语区民俗学家中还有其他一些不同观点，比如乌尔里克·波德曼（Ulrike Bodemann）倾向于把"民俗主义"看作文化反应的特殊形式，同时关注其复杂功能与历史深度，在波德曼看来，正是总体的社会情境产生了"民俗主义"。马丁·沙佛（Martin Scharfe）则发现民俗学家乐于把那些异常现象称为"民俗主义"，这种做法削弱了这一概念的力量；此外，他发现民俗学家缺乏道德参与与社会责任，因为他感觉对"民俗主义"的"科学说明"可能近似于对这些可质疑的（如果不是危险的）现象的接受，却没有提供任何批评性的意见。

义"是现代性的伴生物。总之,作为一个带有批判性意味的描述性(而非分析性)术语,"民俗主义"把德国民俗学引向了文化的政治与政治经济学,引向了文化霸权与文化抵制的问题,引向了对民俗学机制化的历史、民俗学理论化实践的历史的自我反思,最终导向了德国民俗学总体上的范式转型。[①]然而,德国民俗学界围绕"民俗主义"的思考在提升其理论水平的同时,却又有意无意间窄化了其讨论的范围。

"民俗主义"与政治操纵

俄国民俗学家维克多·古瑟夫(Viktor Gusev)也倾向于把民俗置于更广泛的文化发展的观念当中,他把"民俗主义"定义为"民俗之适应、复制与转变的过程",所谓"民俗主义"即是改编民俗以适应新的社会语境的过程(特指离开"封建社会"进入"社会主义社会"的过程)。与鲍辛格一样,古瑟夫仍然是在宽泛意义上界定"民俗主义",它也指向"第二手民俗"或调适于新的社会情境的一切民俗形式,但是,二者之间还是存在着重要差别:德语区的"民俗主义"专家比较集中地讨论了民间文化的商业化、机械化与现代化问题,而俄语区以及东欧的"民俗主义"专家则比较关注政府对民间文化的操纵。事实上,二者都是"民俗主义"的宽广现象中最重要的亚类型。

与以苏联为首的东欧诸国对待"民俗主义"的态度截然相反,西德民俗学家把"民俗主义"视为罪恶的渊薮,一方面,因为"二战"时德国民俗学曾经是帝国沙文主义、民族主义的女仆。在德国国家社会主义党统治时期,当时的"民俗主义"与纳粹主义空想家的政治理想相呼应,"民俗主义"成为统一、纯

[①] 瑞士与奥地利的民俗学是"德国民俗学"的"小兄弟",其有关"民俗主义"的思想成果类似于德国民俗学。详见 Regina F. Bendix, "From Volkskunde to the 'Field of Many Names': Folklore Studies in German-Speaking Europe Since 1945", In *A Companion to Folklore,* First Edition, Edited by Regina F. Bendix and Galit Hasan-Rokem, Blackwell Publishing Ltd, 2012, pp.364-390.

净、动员德意志民族的工具。[1]德国民俗学与纳粹主义的恐怖历史是德国民俗学家耻于面对的黑恶史，战后相当长一段时间里，民俗文化在法西斯主义者、暴力的民族主义者手里被肆意利用的历史是不可能被公开讨论的。另一方面，"二战"以来，当德国民俗转向更加友好的形式，即商业民俗主义时，它又让那些保守、怀旧的民俗学家感到反感，他们更加同情战前前现代民俗的浪漫主义经典。总之，无论民俗为法西斯主义政治所操纵还是为唯利是图的商业开发所利用，都让大部分德国民俗学家难以接受。

然而，在以苏联为首的东欧诸国[2]，"民俗主义"主要是由政府支持的。政府改编的"民俗主义"展示了这样一种形象——东欧诸国是幸福的、富足的、和谐的民族大家庭，民众对于所属国家的政治秩序与大众文化十分自豪。作为政府代言人的民俗学家们认为，东欧诸国当代文化中的民俗既不是历史的遗留物，也不像当代资本主义社会中以"异化"形态存在的"民俗主义"，而是响应社会主义国家的文化思潮、顺应广大民众心声的积极体现，是与进步的、民主的社会思想联系在一起的。在东欧诸国官方看来，社会主义社会的"民俗主义"遵循着社会进步的客观法则，即一切文化形式的民主化，而社会也充分认识到民俗文化具有不可限量的价值，民众才是自身文化的真正主人。总之，社会主义国家的民众与"民俗主义"已经彻底摆脱了被"异化"的命运。

在国家意识形态的笼罩下，东欧诸国的"民俗主义"研究过多聚焦于官方话语指导下生产出来的文化产品，却极少考察产生这些"民俗主义"形式的权力结构与过程。当然，并不是所有民俗学家都沦为政府意识形态的传声筒，比如，马克·阿扎多夫斯基（Mark Azadovsky）即是其中一位。他在20世纪30

---

[1] James R. Dow, *German Folklore. A Handbook.* Westport, Connecticut & London: Greenwood Press, 2006. 1933—1945年之间，国家社会主义党领导下的纳粹德国资助出版了大量民俗学作品，党魁希特勒的帝国梦在很大程度上就是被民间传说点燃，其中沉睡的英雄母题在纳粹主义意识形态中起着突出作用。正是通过借用民间传说，纳粹主义者发出"德国醒来"（Germany Awake！）的口号。

[2] 本文所谓"东欧"指东欧剧变、苏联解体之前曾经是苏联成员国的白俄罗斯、爱沙尼亚、拉脱维亚、立陶宛、摩尔多瓦、俄罗斯、乌克兰。所谓"中欧"指波兰、捷克斯洛伐克、匈牙利、东德等国。

年代也曾使用过"民俗主义"这一术语[1]，多数情况下被用来指文人作家在他们的创造性作品中对口头文学（民俗）的研究与使用。事实上，在整个30年代以后，苏联其他民俗学家也把民俗学与"民俗主义"区分开来，那时所谓"民俗主义"指的是由记者、作家及民俗的业余爱好者出版的非学术性出版物。然而，阿扎多夫斯基使用这一术语的目的是为了描述一种"广泛的社会现象"：

> 对于民众的创造性及民众的本质的不同阐释，它们出现在俄罗斯文学与社会发展的不同阶段；以及在俄罗斯文学与文化中围绕民俗的阐释与应用的社会争论。[2]

在阿扎多夫斯基看来，"民俗主义"意味着其作者或民俗的表演者意识到了他们正在处理着被称为"民众"的人以及被称为"民俗"的事物。"民俗主义"是民俗的一种亚类型，在表演者及其听众的生活中，具有特殊的意义与功能。"民俗主义"是对民间传统的有意识的认知与复兴，即把它作为民族的、地域的或国家的文化的一种象征。这种复兴可能具有经济的或政治的后果（或二者兼有），但它同时是复兴它的人们自身的需要——人们需要历史知识，需要与过去祖祖辈辈的历史相接续，这种历史感在现代世界中被强化了；人们需要怀乡情结，需要想象一个更加简单的"桃花源世界"，以与现代世界的忙乱与混乱相对立。"民俗主义"满足这种需要，它有意识地表征民俗。人们接受"民俗主义"，把它作为过去以及前现代世界的表征，它可以把一种不变的、稳定的印象带到现在。在这个意义上，"民俗主义"思想的前提是在现代世界中产生的。阿扎多夫斯基的观点与莫泽的观点遥相呼应，在某种意义上超脱了各自国

---

[1] 据古瑟夫说，阿扎多夫斯基从法国民俗学家保罗·塞比略特（Paul Sébillot）那里借用了这一术语，塞比略特用这一术语指对于民俗的非学术的研究与应用，而这些民俗是从"原始的"外国人或本地农民那里搜集来的。

[2] 转引自Guntis Šmidchens, "Folklorism Revisited", *Journal of Folklore Research,* Vol. 36, No.1, 1999, p.55.

家政治经济语境的局限性。

在地理范围上,波罗的海诸国(爱沙尼亚、拉脱维亚与立陶宛)被视为东欧,但在民俗学的学术谱系上,波罗的海诸国与北欧、东欧以及俄国之间的交流都十分频繁,却又保持了自身的特殊性,其中尤其以爱沙尼亚民俗学的贡献最为突出。爱沙尼亚早在20世纪40年代就开始搜集与出版当代民俗[1],但也正是在那个年代,爱沙尼亚的民俗学者们被命令抛弃"资产阶级的研究方法",被迫接受马克思主义的世界观,民歌手们被要求创作新歌以歌颂他们的集体农场,其民俗学研究工作受到重创。直到20世纪90年代以后,爱沙尼亚民俗学家才在与芬兰、俄罗斯同行的联合研究中把搜集与研究当代民俗作为其民俗学研究的主流[2]。

"民俗主义"与"今天的民俗"

与德国民俗学家相比,中欧民俗学家是在中立的意义上使用"民俗主义"这一术语的。[3] 他们对"民俗主义"这一术语保持高度警惕,认为民俗学最大的理论与方法论困境就在于现代民俗研究中概念的不确定性与模糊性,这在界定民俗学的研究对象时尤为明显。比如,民俗学家有一大堆术语可供使用——"民俗主义""伪民俗""当代民俗""今天的民俗""都市民俗"等,诸如此类的术语层出不穷,但他们关注的对象却又基本相同。因此,中欧民俗学家十分注意清理学科领域里不同概念之间的界限。

---

[1] Mare Kõiva, edited, *Contemporary Folklore: Changing World View and Tradition,* Tartu: Eesti Keele Instituut(Eesti Teaduste Akadeemia), Fr. R. Kreutzwaldi nimeline Kirjandusmuuseum, 1996, p.3. 奥斯卡·罗瑞斯(Oskar Loorits)是爱沙尼亚著名的民俗学家之一,他在1940年就开始搜集与出版现代民俗,其中关于俄国人与德国人的笑话集就是出版于那个时候。爱沙尼亚当代民俗的搜集则始于受爱沙尼亚民俗档案馆资助,由保罗·阿瑞斯特(Paul Orest)搜集厕所涂鸦、现代幽灵故事以及当代其他民俗事象的相关工作。

[2] Leea Virtanen, "Estonian folkloristics enjoys its new-found freedom", FFN, 23(2002), pp.13-15.

[3] Vilmos Voigt, "Folklore and Folklorismus", *Journal of Folklore Research,* Vol.21, 1984, p.208.

正如匈牙利民俗学家威尔姆斯·沃伊德所言,"今天的民俗学"关注的问题是:(1)某些传统民俗形式的幸存问题;(2)其可能的新形式与新现象之发展的问题。[1] 中欧民俗学的方法论非常典型地体现在这一观点中。指向当下的民俗学研究是典型的中欧风格。在这些国家的民俗学研究历史中,民俗被假设为农民的传统;因此,民俗学研究的传统、方式与方法追随这一研究对象达一个半世纪之久。"今天的民俗"是自然地产生的问题,因为与传统、民俗关联在一起的那个在社会—历史方面严格界定的社会阶级已经消失或转型了。这种情况不同于国家民俗学背景中的民俗研究(比如芬兰民俗学),在那里,民俗较少被界定为传统,也从来没有被清楚而严格地联系到农民身上,而且,在那里,"今天的民俗"这一问题要么以一种较为温和的形式呈现,要么根本就没有出现过。然而在中欧诸国,"今天的民俗"的问题主要与"民俗主义"相关,意味着"非民俗中的民俗"表面化的、形式化的幸存。[2]

那么,"民俗主义"与"当代民俗(Contemporary Folklore)"之间关系如何?它们如何被组织起来?它们的功能是什么?

至少匈牙利民俗学家们倾向于把"民俗主义"界定为"非民俗中的民俗",即民俗现象在非民俗当中的传播——通过操纵民俗与传统的概念,通过打断直接交流的过程,通过强调"渠道"的作用与重要性,传统被转向一种情境,这种情境改变了"传统"初始的意义与功能,整个过程被置于一个休闲与娱乐的类型当中。作为"干涉"的一个结果,民俗、传统甚至"民俗主义"变成了大众文化的一部分,起着与大众文化同样的功能。民俗、农民的传统以及"民俗主义"只是娱乐工业的一个分支,渗透进了大众文化的结构当中。

如此一来,中欧民俗学家已经(使用了交流理论的术语)讨论了渠道(日

---

[1] Vilmos Voigt, "Today's Folklore: A Review", *Contemporary Folklore and Culture Change,* Edited by Irma-Riitta Jarvinen, Lansi-Savo Oy, Mikkeli, 1986, p.17.

[2] Peter Niedermuller, "Feasts, Festival and Tradition in Contemporary Hungary: Connections Between Folklore, Folklorism and Modern Folklore", *Contemporary Folklore and Culture Change,*Edited by Irma-Riitta Jarvinen, Lansi-Savo Oy, Mikkeli, 1986, pp 9-16.

常生活的机构化层面）给信息与内容（民俗与传统）带来的影响[①]，给接受者带来的影响（只能消费被操纵的民俗）。这就意味着无论个体还是社区，都不仅已经意识到了"民俗主义"的现象，而且都在"民俗主义"中寻找文化与认同。那么，参与传统化、"民俗主义"即是参与"文化保护"，或者说是在寻找文化元素，而这种文化元素在创造身份认同中具有重要的功能。

匈牙利民俗学家又把"遗存"视为"今天的民俗"的最重要特征，并在三个不同的领域从事研究：第一，调查不变的遗存性因素（比如姓名学、神职体系、婚礼与丧礼中的仪式性歌谣等）；第二，某些遗存性因素虽然继承下来，但却经验了相当大的功能性转变（比如节假习俗）。第三，"新的"现象（比如旅游、看电视、开车与活动住房、私人博物馆与收藏、地方编年史与地方史俱乐部等）。[②]

当调查了"旧"民俗在当今时代的遗存，人们就可以清楚地比较、区分"民俗主义"现象与"今天的民俗"（或者民俗的"新"形式）了，在沃伊德的定义中，广义的"今天的民俗"指任何口头的、非正式的、即兴的公共活动；而狭义的"今天的民俗"则是指农民或工人"遗存"的传统，即有迹可寻的民俗遗存，这与作为大众文化之一部分的"民俗主义"并不相同[③]："民俗主义"

[①] 1975年9月22日至27日，在德国图宾根大学召开"面对面交流与大众交流"讨论会，赫尔曼·鲍辛格认为，"大众交流最重要的能动性已经取代了口头传统的内容与形式。民俗事象风格性与功能性的转变，被称之为'民俗主义'，这种变化有时是被大众传媒引发的，同时又被大众传媒所强化。当然，不同种类的媒介民俗对于'真正的'民俗产生了巨大影响，然而要在'真正的'民俗与'伪造的'民俗（正如理查德·道尔森所言）之间进行区分变得越来越困难，相反，恰恰是这种混合现象激发了一种在现代社会进行真正的、即时交流的渴望"。参见王杰文：《北欧民间文化研究（1972—2010）》，学苑出版社2012年版，第24页。

[②] Vilmos Voigt, Notion and Forms of Folklorism, Proceedings of a Conference held in Kecskemet, 1981(Budapest, 1982), pp. 41-42.

[③] Vilmos Voigt, 1986, p27. 沃伊德还特别考察了欧洲其他国家民俗学界对各自"今天的民俗"的研究史，比如，1972年，捷克斯洛伐克民俗学家与匈牙利民俗学家召开了主题为"今天民俗传统中的变迁"的研讨会；在南斯拉夫，有关现代民俗与民众生活的研究也在其社会科学中占有一席之地；1972年，奥地利也出现了现代民俗生活的研究机构。其他像苏联、法国、英国、比利时、西班牙等国都早就存在现代民俗的研究机构。

是民俗传统的"转型","今天的民俗"是民俗传统的"渐变"。在民众的日常生活中,二者同时存在。

"民俗主义"与"文化研究"

北欧诸国——芬兰、丹麦、瑞典、挪威——都是现代民俗研究的先驱,虽然他们没有倚重"民俗主义"这一术语,但他们最早提出了"民众生活（Folklife）"[①]这一术语。他们研究的对象也与"民俗主义"相近。在芬兰,民俗学被作为对社会生活的彻底的现象学调查,民俗被视为民族认同的某种反映,这使得民俗资料可被用于社会历史的研究;此外,芬兰民俗学家们也从事着大众文化、工人文化与流行文化的研究。由于芬兰-匈牙利民俗学界的交流十分频繁[②],尤其是由于劳里·航柯与威尔姆斯·沃伊德之间的个人友谊,芬兰民俗学界与匈牙利民俗学界在讨论"民俗主义"与"今天的民俗"等主题上存在着广泛的沟通与共识,比如,1983年11月28日至30日在赫尔辛基举行的第四届芬兰—匈牙利民俗学论坛,会议主题便是"当代民俗","当代民俗"是一个涵盖广泛的术语,对芬兰与匈牙利民俗学家而言,其中至少包括了如下三个不同方面的内容:

第一,"当代民俗"指向民俗的新形式,即在都市社会中被创造出来的民俗。

[①] 瑞典民俗学家西格尔德·艾里克森（Sigurd Erixon）于1938年提出"民众生活"概念,认为"民众生活"研究最重要的任务之一是对于社会与职业群体特征的总体研究。用"民众生活"（Folklife）取代"民俗"（Folklore）一词似乎意味着用"生活"取代了"知识",意味着民俗与当下的相关性,意味着"过去"是"当下"生活过程的一部分。但直到"二战"以后的第一个十年里,"民众生活"才在北欧民俗学界被广泛使用。

[②] 由于芬兰语与匈牙利语同属"芬兰—乌戈尔语系",它们同是"乌拉尔—阿尔泰语群"中的一支,因此,芬兰与匈牙利民俗学界之间的学术联系具有更加深层的基础。

第二,"当代民俗"包括了从农民社会的传统民俗到今天工业社会民俗的连续体。

第三,"当代民俗"不能不考察"民俗主义",所谓"民俗主义",即是指试图复兴业已不再是真正民间传统的某个传统。[①]

显然,上述三个方面并不是相互独立地存在着的,而是融合在了多方面的问题当中。其中作为"传统之复兴"的"民俗主义"尤其受到北欧学者的关注,比如,20世纪60年代前后,北欧各国的地方"民众"(Folks)及其亚文化开始寻找自我认同,竭力使自己的声音越来越响亮,兴旺的自我意识与自发性的民众运动都应用民俗文化作为身份认同的标志,这被解释为对当时社会发展中统一化与机械化模式的文化反动。在北欧,政治家们为这些"新民俗主义"欢呼雀跃,认为它们是对国际性、商业性的大众娱乐的一种健康的反动。严肃地讨论传统复兴问题成为当时北欧民俗学界迫切的任务。在芬兰,从事这种创造性工作的人士被称为"文化工人(Cultural Workers)"[②],他们使民俗文化获得与其他艺术形式同等重要的地位,使民俗传统——比如民间音乐、习俗、物质文化、民间舞蹈与建筑传统——在全国以及地方文化政策中发挥了重要作用。

丹麦民俗学家对于自1662年以来丹麦人日常生活的描述仍然是世界范围内最完备的描述性资料,更突出的是,他们一直努力从今天的现象出发,对于早期的民众生活进行历史-地理的重构。他们发现:一项完整的历史考察离不开对今天民众生活的生动理解。20世纪80年代,丹麦民俗学家率先在北欧民俗学界从事更加理论化的、社会指向的"文化研究",他们研究民俗学者的角色,研究新文化史、民族学、人类学与历史学之间的关系,研究民众

[①] Irma-Riitta Järvinen, Lansi-Savooy, Mikkeli, edited, "Contemporary Folklore and Culture Change", *Suomalaisen Kirjallisuuden Seuran Toimituksia*, No. 431, 1986, p. 2.

[②] Lauri Honko, "How Cultural Workers View Traditions", NIF, Newsletter, No. 4, 1980, p. 11.

的"生活方式",其中弥漫着一种"丹麦-欧洲大陆的"、马克思主义的学术气息。

瑞典民俗学(实际相当于通常意义上的"民族学")向来都强调研究当下的传统与大众的知识。与芬兰、挪威以及丹麦不同,瑞典人不需要对邻国强调自我的身份认同,瑞典人的民族自信从来都没有受到威胁,因此,瑞典民俗学家的兴趣从来没有指向"民族"(Nation),而是指向"省份"(Province)。瑞典民俗文化的研究主要并不是为了强调国家的地位,而是为了强调不同省份文化的特殊性。"二战"以来,瑞典的城市化、工业化以及国内外移民现象都十分突出,为了抵制上述社会进程,瑞典出现了声势浩荡的本土化及地方历史运动,民俗在其中发挥着巨大作用:当时人们在古老的、传统的文化中寻找美,这促使他们去保存古物,把它们保存在家里或放在地方博物馆里。那时,古老的、传统的、美丽的东西成为"文化";工业的、城市的、新的东西与现象就不被视为文化。瑞典民俗学家古娜·阿尔斯马克(Gunnar Alsmark)发现,在瑞典古老的乡村生活中,只有那些美丽的与有趣的方面被描述与搜集起来,比如农民穿着他们最好的衣服出现在仪式和节日的场合。然而,古娜·阿尔斯马克批评说,被人们普遍接受的乡村生活图景几乎总是排除了受压迫的群体,而这些被迫从群体中异化出去的人们很可能并不认同这些被选择出来的民俗符号,对他们来说,这些符号可能是与他们无关的,或是与他们的价值观与期待相异的。瑞典民俗学家倡导真正的地方运动,即团结生活在某一地域的所有人,而不管他们社会的或经济的背景,从而把地方群体团结成更大的团体。正像赫尔曼·鲍辛格的"家园区"(Home Area)概念所暗示的那样,在这里,相对于更加复杂或不可理解的环境,"家园区"可以被理解与把握,这种"家园区"与匿名的、陌生的和统一化的现代社区相对立[1]。然而,"家园区"的概念更多的是一种理想而不是事实。既然文化遗产是某些可以展演的东西,既然政治与权力

---

[1] Aili Nenola-Kallio, "Folk Tradition and Regional Identity in Scandinavia", NIF, Newsletter, No.3, 1981, pp.1-7.

总是在决定着取舍什么,那么,谁来决定何种本土的与外来的传统是好的与可展演的? 人们保护的是谁的民俗,以何种方式,为谁保护? 是为了民族国家、本土群体、联合国教科文组织还是迪斯尼企业?① 无论哪一种情况都需要细致的观察以说明"权力"运作的细节。

20世纪70年代,挪威民俗活动呈现出复兴迹象,挪威民俗学家称之为"应用民俗学"(Applied Folklore),这主要表现在如下四个方面。首先,在地方层面,有许多机构在组织传统音乐、舞蹈与习俗的竞赛活动。在地方社区的传统节日期间,小型社区的民俗表演吸引了大量游客,成为社区旅游业一项重要的文化产业。其次,在国家层面,挪威人成立了民间文化基金会,其中设立了咨询委员会,为民间音乐与民间舞蹈的表演、重构与复兴提供了专业性指导。第三,在传统文化进校园活动中,挪威人把民族音乐与民间舞蹈纳入中学课程,一些民间文学材料也成为中学教学的内容。第四,民俗学家积极参与实践"应用民俗"。挪威的民俗学家们积极参与了研究、讲演与提供文化政策方案的活动,比如,如何展演民间舞蹈,民众的艺术在地方社区中的地位是什么样的,民俗的应用与民俗的表征应该如何具体实施等等。

在实践层面上,北欧民俗学家并没有直接借用"民俗主义"这一术语去研究"民众生活";但在理论层面上,北欧民俗学家们发现,民俗的矛盾性就在于:它们一般处于一个群体或社区文化认同的核心,但却总是为该群体之外的旁观者所发现;它们几乎总是口头性的或行为性的,但是为了认识的需要,它们总是要被转化成文字形式;在其自然状态中,民俗总是一种活生生的现象,总是处于不断变化中以适应于新环境与新情境,但为了能在一种文化中被感知,它只能被呈现为一些僵死的、化石化的记录。它们只能在其本真的、原始的情境中传达意义,但它们又总是被挪为他用,服务于其最初功能之外的其他目的。在北欧民俗学家看来,民俗主义、伪民俗、民俗的商业化与政治化以及民俗学

---

① 王杰文:《北欧民间文化研究(1972—2010)》,学苑出版社2012年版,第255页。

研究本身都是民俗的"第二生命"①，既然民俗研究不可能外在于"民俗主义"，那么，北欧民俗学家很早就积极自觉地、带着自我反思的意识投入到"民俗主义"的洪流当中去了，在这一方面，他们更接近思想开放的美国同行，而不像欧洲大陆的同行们那样畏葸不前。

"民俗主义"与"现代民俗学"

1990 年，日本民俗学者河野真从德文翻译了莫泽与鲍辛格讨论"民俗主义"②的论文，"民俗主义"概念正式传入日本。2003 年，日本民俗学会在其会刊《日本民俗学》上发表了"民俗主义专号"，展示了日本民俗学界对"民俗主义"的相关认识及其本土化的研究成果。

日本民俗学家比较完整地介绍了德语以及英语界同行围绕"民俗主义"的相关争论，"然而其问题的焦点并不在于梳理本身，而在于确认国外学者目前对民俗主义的理解，并使之成为日本民俗学者在今后讨论国内民俗主义现象或探索该概念有效性时出发的一个起点"③。

日本民俗学家对于"民俗主义"的界定是：

> 人们轻易挪用民俗文化的要素，通过只保存表面部分的表演和传统性的自我扮演，来满足那些生活在都市的观光客等人的怀旧心理或需求的状况与现象。它同时也指思考那些生活在都市的现代人为什么向往这种朴素

---

① 北欧民俗学界有关"民俗主义"的讨论可参见王杰文前引书，第 24、65、77、92、93、94、121、158、172、179、202 页。
② 西村真志叶在多篇论文中坚持把"Folklorismus"翻译为"民俗学主义"，但这种译法既不符合德国民俗学家的本意，也不符合汉语的表达习惯，有双重误解的嫌疑。
③ 西村真志叶，《民俗学主义：日本民俗学的理论探索与实践——以〈日本民俗学〉"民俗学主义专号"为例》，《民间文化论坛》2007 年第 1 期。

性的分析框架。①

从这一译文中,我们知道这里所谓"人们",既可以指向"民俗文化"的所有者,又可以指向外来者,他们是为了迎合外来人员的怀旧心理而选择、重组、更新民俗文化的要素。显然,与国际民俗学界对"民俗主义"的界定相比较,日本民俗学家更加窄化了其内涵,不仅把政治对民俗文化的操纵排除在外,把"过去的民俗主义"排除在外,而且把经济对民俗的开发利用也简化为"观光旅游"。②但问题在于,即使是"只保存表面部分的表演和传统性的自我扮演"给外来者观赏,如何就可以等同于"民俗文化由二手(second-hand)所中介、利用、展现",等于"二手对民俗的利用或商品化"或者"二手对民俗的利用和传达"?③更何况"民俗文化"的所有者也会创造性地、主动性地选择与展演自身的文化?事实上,据"民俗主义专号"中收录的文章看,至少像加原奈穗子、山田慎也的个案研究都充分说明,民俗主义并不能被简化为"二手对民俗的利用或商品化"。

西村真志叶在更早的一篇介绍"民俗主义"的文章中说:

> 民俗主义原为德文 Folklorismus,英文翻译是 Folklorism,主要指某种民俗文化事象脱离原来的生存空间,以新的功能、为了新的目的而得以再现,简言之,民俗主义便是第三者对民俗文化的利用。④

这里,有关"民俗主义"的认识,从"二手"被简单地替换为"第三者",

---

① 西村真志叶前引文,第63页。另见岩本通弥:《作为方法的记忆——民俗学研究中"记忆"概念的有效性》,王晓葵译,《文化遗产》2010年第4期。
② 当然,把"民俗主义"视为一种"分析框架",似乎又是日本民俗学家的创造。
③ 西村真志叶前引文,第63、64页。需要注意的是日本民俗学者给"民俗主义"所下的定义与德国民俗学家把"民俗主义"理解"第二手的传统"或"在其初始情境之外的民俗"并不完全相同,这里有着十分微妙但却十分重要的差异。这种差异可能是翻译所导致的。
④ 西村真志叶、岳永逸前引文,第70页。

这种有意无意间的替换，使得"民俗主义"形式与类型的复杂性被大大降低了，其本可挖掘的潜在意味也被淡化了，日本民俗学家似乎完全忘记了鲍辛格的忠告："把重点放在经济因素上导致对商业化的高估，这会妨碍我们对于这一现象之本质与功能的理解。"

事实上，日本民俗学家的"本土化实践"似乎远远超出他们自己所界定的"民俗主义"的范围。加原奈穗子、山田慎也的个案研究证明了"民俗主义"远不只是一个"二手对民俗的利用或商品化"的现象；森田真也的个案研究也说明"民俗主义"与观光旅游中文化、社会、政治、经济之间在具体的地域社会中的同调、连带、纠葛、抗拒的复杂关系[1]；岩本通弥更是直接考察了"民俗主义"现象背后的政治意味，倡导民俗学家关注"常民"的个人层面，在人际关系网络中对常民的"心性"与"生活目的"进行研究[2]；川村清志把民俗主义与媒体表象联系起来的研究成果说明，日本"民俗主义"的定义远远不能应对日本现代社会中的民俗问题：

> 川村批评了在日本民俗学者之间普遍存在的一种倾向，即坚信必定存在由人们传承的真正'民俗'，并把它作为前提，称除此之外的群体在除此之外的环境中所构成的现象为民俗主义。[3]

川村对这种狭义的"民俗主义"定义——事实上已经超出西村所介绍的日本民俗界所界定的"民俗主义"——十分不满，他提倡所谓广义的"民俗主义"，但他也不过是想把研究者或媒体的外部视角及其影响考虑进来，这在日本"民俗主义"本土化的讨论中是特异独行的举动。但事实上，正如上文所述，汉

---

[1] 森田真也：《民俗学主义与观光——民俗学中的观光研究》，西村真志叶译，《民间文化论坛》2007年第1期。
[2] 岩本通弥：《"都市民俗学"抑或"现代民俗学"？——以日本民俗学的都市研究为例》，西村真志叶译，《文化遗产》2012年第2期。
[3] 西村真志叶前引文，第65页。

斯·莫泽早已注意到这一点，可是德国民俗学家以及追随他们的日本民俗学家太过于专注当下的、商业开发化的"民俗主义"，不自觉地漠视了这些方面。

客观地说，日本民俗学家从德语界引进"民俗主义"这一术语，只是推动了固有的有关"都市民俗学"或"现代民俗学"的思考，加快了日本民俗学研究范式转型的步伐。事实上，日本民俗学家的研究实践远远超出他们为"民俗主义"所界定的范围。必须说明的是，在某种意义上，日本民俗学界有意忽略了"民俗主义"的政治性与传统性意味，客观上削弱了这一术语可能具有的分析性潜力[①]。

"民俗主义"与"公共民俗学"

1986年，美国民俗学家开始阅读德国同行在20世纪60年代至70年代撰写的有关"经典批评、传统的复兴、民俗主义之批判"的论文，詹姆斯·道乌有关德国民俗学与国家社会主义之间历史的研究；赫尔曼·鲍辛格有关技术世界中民间文化的研究；汉斯·莫泽有关民俗主义的研究尤其受到美国同行的广泛关注，他们的作品与以斯图亚特·霍尔、雷蒙德·威廉斯为代表的伯明翰当代文化研究中心的思想直接刺激了美国民俗学家去从事"学科的自我反思"，致力于"重新调整学科的主体"[②]。

美国民俗学的学科反思与其"公共民俗学"是并行不悖、相互促进着的。美国民俗学家把"人们的传统与文化产品呈现给其原生态之外的新观众称为'公共民俗'（public folklore）"[③]。早在"二战"前后，美国民俗学家已经充分地

---

① 当然并非没有例外，比如岩本通弥就清楚地意识到了这一点。参见岩本通弥：《以"民俗"为研究对象即为民俗学吗——为什么民俗学疏离了"近代"》，宫岛琴美译，《文化遗产》2008年第2期。

② Regina Bendix and Gisela Welz, "Preface, Cultural Brokerage: Forms of Intellectual Practice in Society", *Journal of Folklore Research*, Vol. 36, Nos. 2/3(1999), pp. 111-126.

③ Lee Haring and Regina F.Bendix, "Folklore Studies in the United States", in *A Companion to Folklore,* First Edition. Edited by Regina F.Bendix and Galit Hasan-Rokem, Blackwell Publishing Ltd., 2012, p.294.

注意到了文化知识生产模式的变化，20世纪60年代以来，美国民俗学家更是积极主动地应对着全球化文化产业潮流所引发的挑战。他们成功地在社会公共领域的机构建设中做出了贡献；成功地介入了学术领域之外民俗实践的评估工作，制订了具体性的指导方针；成功地参与了跨学科、跨文化领域的表征的政治。总之，美国公共民俗学家广泛而深入地介入到美国公民社会的各个层面，其中具体的工作包括博物馆的展览、公共节日、音乐会的策划、民俗在大众媒介中的呈现、档案馆的工作、口头与非物质文化遗产的申报与管理等。

尽管美国应用性民俗学成就卓著，但是，它与学术性民俗学之间却存在着长期的矛盾与斗争，事实上，美国民俗学学科建立的过程，即是自我区别于任何形式的应用、普及民俗活动的过程。但由于美国民俗学崇尚民族志的研究方式，它向来都关注当下的文化过程与表演实践[①]，因此，美国公共民俗学自然而然地会对组织及舞台化的节日活动进行民族志的研究，在他们的研究工作中，参与活动的民众与民俗学家自身都是这一民族志研究的对象及其理论建构的主题。通过返回到公共民俗领域，美国民俗学家们获得了学科的批判性知识及其应用性特征，了解了理论与实践之间可能存在的问题，促进了对自身作为文化中介的职业身份的反思。

美国民俗学家以"文化中介"（Cultural Brokerage）的身份介入"公共民俗"领域，显然属于"民俗主义"的范畴，美国民俗学家不仅公开承认这一点，而且对自己的介入行为给予了充分反思，他们把自己的实践称为"表征的政治"（the politics of representation），即民俗学家在公共领域从来都不只是"在场"，而且是在"发明"文化，他们的功能是生产性的，而不是复制性的。20世纪80年代以来，随着联合国教科文组织倡导的世界文化遗产项目的推广，美国民俗学家更是深深地介入了由国家与市场主导的"遗产保护"与"文化产业化"活

[①] 德国民俗学更强调历史的方法与研究焦点，德国民俗学更多地导致了民俗博物馆的繁荣，这又反过来导致民俗学家对博物馆实践的批评与反思。民俗博物馆虽然是面对过去的，但其目标是为当下创造意义的。

动。近 30 年来，美国公共民俗学获得的共识是：

第一，既然民俗学家及民俗学整个学科的研究、教学与公共实践都无法外在于全球化的政治、经济语境，既然市场与国家决定着学科的走向，那么，学科自然无法自我疏离于时代需要。基于这一逻辑，美国民俗学家认为，民俗学必须主动地把自身变成一个"知识生产"的领域，并对这一领域保持足够的警觉。民俗学家要采取高度卷入的方法与模式，把自身的专业知识投入到公共领域。

第二，既然民俗学家们关注的是"特定社会群体的日常生活经验及口头表达"，在晚期现代社会，这些地域的、民族的、少数群体的文化（作为"他者"）已经成为颠覆霸权性的"高等文化"的基础，它们模糊了文化与政治、文化产品与市场之间的界限。基于这一认识，美国民俗学家们倡议在社会公共领域应用民俗学的专业知识，并对专业知识被应用的方式与范围保持警惕，尽量把专业知识的应用限制于解释与理解层面，同时要防止把动态的民俗知识僵化为社会政治的重负。在相对主义原则指导下，密切关注不同语境下、不同群体对于特定事件的矛盾性态度，分析其潜在的"元文化"话语，在文化误解基础上产生的政策出台之前，打开干预的可能性。

第三，全球化的维度（多元文化、全球散居、跨文化交流、计算机网络文化、信息化与媒介化等）影响了民俗学的研究方式，传统上以单一民族文化作为唯一参照框架的重要性正在降低。民俗学作为一门学科的形成，与现代性过程中民族文化的增长有关，然而目前，民俗学正在承担一种新角色——把握与分析地方生活情境与全球化过程之间的关系。当代民俗学家可以被称为"后民族语境中的文化经济人"或"现代性的中介（brokering modernity）"[1]，他们不应该停留于在民族构成的社会中建构身份认同，而应该在把对自身学科传统的反思纳入到研究工作的前提下，思考如何使当下的生活更完满，而不是去悲悼遗失的黄金时代。这一立场也许并不能缓和矛盾冲突，但它可以赋予个体或群

---

[1] Regina Bendix and Gisela Welz, 1999, p. 125.

体以力量，给予他们建构身份认同的新的、创造性的可能性，极大地扩展可能性生活的社会想象力。

余论

仅仅把"民俗主义"定义为"第二手的传统"或"在其初始语境之外的民俗"似乎太宽泛、太简略了；或者把"民俗主义"消减为商业开发或政治操纵似乎也太嫌粗率。作为一个描述性的术语，"民俗主义"似乎已经完成了自身的使命，因为现在也许已经没有轻视"民俗主义"的职业民俗学家了。民间文化研究者当下的任务似乎应该从特定的"民俗主义"现象入手，关注特定的"民俗主义"过程，其中，官方的或政治的影响、商业策略、民俗学家个人与组织的介入、地方民俗文化群体及其亚群体、"民俗主义"的消费者群体等所有参与者需要一道被考察，尤其需要考察"民俗主义"的"发起人（initiating persons）"，他们经常是一些极具人格魅力的、具有高度创造性的艺术家，在小规模的面对面的社区中或在大众传媒覆盖之下的民族社区中活灵活现地表演传统。他们经常可以成功地抵制来自政府部门的诱惑，同时也没有从中获得经济利益。恰恰相反，当"民俗主义"的艺术家们获得了听众的广泛支持时，我们似乎不能按照英国历史学家提供的解构方法，把他们称为"伪造的传统"或"被发明的传统"[1]，其表演的"本真性"是无懈可击的，民俗学需要为这些艺术家建构一个位置。

重读"民俗主义"的历史不难发现，民俗研究以及"民俗主义"是全民性的传统，它是过去两个世纪的民族创立者创造的。作为这一民族活动的一部分，不仅仅是民俗文化自身，民俗学理论与方法也很快地在民众当中传播

---

[1] Hobsbawm, Eric and Terence Ranger(eds.), *The Invention of Tradition*, Cambridge: Cambridge University Press, 1983.

开来，成为民俗文化传统的一部分。20世纪60年代前后，针对这样一种现象——各地民众持续地复兴民俗传统以建构自身的民族身份，或把一个想象出来的历史连续性带进一个"博物馆化"的当下——保守的民俗学家们要么干脆忽略它们，要么鄙夷地称它们为民众传统的"污染"，好在当时国际民俗学界的少数先锋人物注意到这一现象，赫尔曼·鲍辛格把这一过程视为"昨天的应用民俗学"，或者简单地说，即是"民俗主义"①；理查德·道尔森视之为对民俗的"意识形态的操纵"或"伪民俗"②；阿兰·邓迪斯称这些"伪民俗"是"民族自卑感"（nationalistic inferiority complexes）③的产物。其他学科的学者也对这些"被发明的传统"或者对传统的干预、修复以及发明等现象做出了说明，整体的结论是：不仅民族传统是发明的结果，而且民族本身也是现代人晚近时期的发明，学者的知识生产活动本身深深介入了这一发明与创造过程。

在批判了民族主义者错误的历史说法（把发明的传统当作历史的事实）的同时，学者们也意识到"民族"事实上的确存在于现代世界当中。然而，作为一种"想象的共同体"，民族并不是一个错误的建构，而是指向于像任何其他群体一样的一群人，其群体成员创造性地阐释并承认他们与社区中其他人之间存在着共同的纽带。被发明的传统不应该因为不真实或错误就被忽视或者抛弃，正如霍布斯鲍姆告诫的那样，因为其中一些因素在普通民众当中已经产生了强烈共鸣④。既然那些"被发明的传统"已经被很好地接受，那它们自然就是民众认可的最有价值的民族民间文化形式了。⑤

---

① Hermann Bausinger, *Folk Culture in a World of Technology*, Trans. by Elke Dettmer. Bloomington: Indiana University Press,（1971）1990, p.114.
② Richard M. Dorson(ed), *Handbook of American Folklore*. Bloomington, 1983.
③ Alan Dundes,"Nationalistic Inferiority Complexes and the Production of Fakelore", *Journal of Folklore Research*, No.22, 1985, pp.5-18.
④ Hobsbawm, 1983, p.307; Bausinger, 1990, pp.152-153.
⑤ 正像赵世瑜所研究的那样，"大槐树移民的传说"的确无关乎"历史事实"，只是特定历史时期的一种话语建构，但既然它已深入人心，那么，它就不再单单只是一个"虚构"了。参见赵世瑜：《祖先记忆、家园象征与族群历史——山西洪洞大槐树传说解析》，《历史研究》2006年第1期。

在这个意义上，民俗文化就是个体与群体寻找身份认同的"文化超市"，特定的民族传统被人们自由地接受、维持或创造、更新，他们这样做的目的是建构或维持他们的身份认同。当人们共享特定的民俗文化元素时，他们可以体验到本尼迪克特·安德森所谓的"共鸣"（unisonance）或者维克多·特纳所谓的"交融"（communitas），这是一种被体验到的仪式感、一体感、归属感，它把个体的认同纳入到群体（民族、社群、团体等）当中。

因此，"'民俗主义'这个术语最好被定义为功能性的，即对作为民族的、地域的或国族的文化象征之民俗的有意识的应用"[1]。民俗学家既可以从批判的立场出发，直接面对民俗主义与政治、经济的关系，也可以从倡导的立场出发，关注地方民众创造性地应用民俗文化以建构身份认同的努力，或者甚至去考察民俗与"民俗主义"的同步性，考察政治操纵与经济开发的同步性[2]，然而，无论哪一种研究取向，都需要在具体的事件中予以研究，都需要对自身的"在场"保持充分的意识。这是作为一个学科的"民俗学"以及作为一种过程的"民俗主义"在国际视野中的大致图景。

---

[1] Guntis Šmidchens, 1999, p. 64.

[2] Dina Roginsky, "Folklore, Folklorism, and Synchronization: Preserved-Created Folklore in Israel", *Journal of Folklore Research,* Vol. 44, No. 1, 2007, p. 45.

中国民俗学：从民俗主义出发去往何方？*

王霄冰

问题的提出

先从我最近遇到的两件事情讲起。2015 年，受珠海市高新技术开发区社会发展局委托，我们开展了一个题为"唐家湾历史文化名镇保护开发模式探讨"的研究项目。一说起珠海，大家的印象就是从海边的小渔村迅速发展起来的一座现代城市，殊不知作为老珠海的唐家湾原本并非渔村，而是一个有上千年历史的"国家级历史文化名镇"。由于改革开放后当地政府更多地把注意力放在发展经济方面，古镇的景观日趋败落，核心区域几乎变成外来打工者聚居的城中村。我们的任务是对古镇中现存的物质与非物质遗产进行梳理，然后结合国内其他古村镇保护开发的经验，对当地如何保护和利用这些遗产提出对策性建议。在调查中我们发现，唐家湾因邻近澳门，近代以来发展起了独具特色的留学文化、侨乡文化、商业文化及买办文化，涌现出一批推动近代中国发展的风云人物，如开平矿务局和轮船招商局的创办人唐廷枢、中华民国第一任内阁总理唐绍仪、清华大学创办人唐国安、粤剧编剧家唐涤生以及中国共产党早

---

* 本文基于作者 2015 年 11 月 13 日在山东大学儒学高等研究院举办的一场讲座"民俗主义与民俗学的当代转型"，经王玉冰根据录音整理后，由作者本人补充、修改而成。

期领导人苏兆征等。在中心地带的唐家古镇，至今保留有三庙（圣堂庙、文武帝庙、金花庙）、十三座宗祠、唐绍仪故居（含望慈山房和共乐园）等古建筑群，以及唐家茶果、"金花诞"等丰富多样的民俗文化。每年农历四月十七日在金花庙举行的"金花诞"，在当地保存较好，2012年被列入珠海市第五批市级非遗名录。但我们在参加2015年"金花诞"的过程中却发现，虽然全村大部分家庭都有捐款，祭祀时还使用了三条烧猪——祭品的最高等级，但整个活动规模很小，现场只有二三十个妇女和老人参加，前后持续一个多小时就结束了。三庙平时一般都大门紧闭。古镇里的祠堂等古建筑，大部分也都处于闲置状态，有的里面长满荒草。"金花诞"那天，正好有个在唐家古镇租屋居住的美国人路过，看到庙门开着，里面香烟缭绕，他非常兴奋，说自己就住在离这个庙不远的地方，以前不知道这是什么建筑，原来这是座庙！对此我们课题组成员也多有感慨，像唐家三庙这样的古建筑和"金花诞"这样的传统民俗，能不能通过当地政府、社区和民俗学者的共同打造和经营，使之成为一种公共文化，让更多的人来共享呢？

另一件事是，2015年10月，我在北京参加了一个由中国音乐学院等单位主办的"城市化进程中节庆文化的变迁与发展"学术研讨会，会议是在"北京传统音乐节"系列活动的框架下举行，这个音乐节已举办了七届，规模很大，经济上主要依靠政府资助。所谓传统音乐，大约主要是相对于现代音乐和西方古典音乐而言，既包括中国古典音乐，也包括国内外各个民族的民间音乐。很多出身"草根"的音乐班子在此也有机会登上艺术的大舞台，向来自世界各国的人们展示风采。这样一个音乐界的活动，为什么也邀请我们民俗学者参与呢？原来主办者这些年来在收获成功的同时也受到很多批评。在研讨会上有学者就质问他们，你们这种音乐节其实就是一个人为设计的活动，根本不是一个传统意义上的节日，经济上也不能自足自养，一旦政府撤资，就搞不下去了。如果将来想要长久经营，最好是把它打造成一个真正的民间性质的节日。于是，如何让传统音乐节更加"节日化"就成了会议的一个中心议题。在场的民俗学者们纷纷建言，从节日的时间坐标性、神圣性、公共性、创新性等角度进行了讨论。

身处以上两种情境，我经常想，当我们民俗学者以专家或咨询者的身份，参与到唐家湾的保护开发、"金花诞"和"北京传统音乐节"这类社会文化实践中去时，我们其实不就成了德国学者所说的"民俗主义者"？假如不想被带上这样一项帽子，那么我们又该以怎样的方式介入其中，做到既能服务社会又不会丧失自身的学术立场呢？

民俗主义的概念

尽管先前已发表过相关文章，在此还是有必要先梳理一下民俗主义的概念。民俗主义概念是德国民俗学家汉斯·莫泽在1962年发表的文章"论当代民俗主义"中提出的。莫泽生于1903年，辈分上属于老一代民俗学家，但他活跃的时期却是在第二次世界大战结束后，即德国民俗学在经历了第三帝国时期的"繁盛"之后、处于战后反省和学术危机的时期。巴伐利亚政府自1938年始在巴伐利亚家乡文化保护协会内设置了一个民俗研究的专职岗位，莫泽从1950年开始担任这一职务。1962年该职位并入到巴伐利亚科学院下属的巴伐利亚地方史委员会所。这是个很小的研究所，一般只有两个正式编制的研究人员，主要工作是编辑《巴伐利亚民俗学年刊》(*Das bayersiche Jahrbuch für Volkskunde*)杂志，整理出版从民间搜集来的民俗资料，以及编辑出版一些民俗学研究的系列丛书。该机构官网对该研究所的学术定位做了以下简要介绍："挖掘从中世纪晚期直至今天的文化史证据。专门知识、文献和访谈的整体视角使得洞察我们祖先以及同代人的生活与思维方式成为可能。"[1] 由于莫泽和他的同事们特别强调民俗档案文献研究的重要性，所以被称为是民俗学的"历史档案学派"。

从"历史档案学派"往回看，德国民俗学到20世纪五六十年代，已经历了

---

[1] http://www.kbl.badw.de/ifv/ifv.htm，访问日期：2016年1月20日。

一百多年的发展史。19世纪初，在浪漫主义文艺思潮的直接影响下，应德意志民族国家文化建设的需要，民间文化的价值在德国被发现并被建构。从最早的搜集和加工民歌和童话等民间文学资料，到学院派的乡土研究，早期的德国民俗学可以说是一个浪漫主义理想和科学主义方法的结合体。其浪漫主义的一面主要体现在民俗学者旨在利用民俗资料来重构日耳曼民族作为一个文化共同体的整体性、一致性，证明其文化传统源远流长且绵延不断。20世纪上半叶德国民俗学所从事的一些大型研究项目，例如调查和绘制《德国民俗地图集》，以及第三帝国时期"祖先遗产"框架下的相关研究，都反映出这样一种潜在的学科目的。[1] 但不可否认，德国古典民俗学也有科学主义的一面，主要体现在对历史文献的考据和对文本真实性的探究上。例如，作为草创者的格林兄弟，本身就是语言学家出身，他们在记录童话时特别注重保存叙事语言的地方特色，在文本和文献研究方面也比较重视历史的真实性[2]。被称为德国"民俗学之父"的里尔（Wihelm Heinrich Riehl）强调民俗学研究应使用传统内务统计学的方法，以及新兴的人类学的田野调查法，虽然他本人所做的田野调查还是非常初级、采风式的，主要是到乡间走一走，搜集一些文物和民间资料。

德国民俗学最早的专业组织出现在1890年。当时柏林成立了德国第一个地方性民俗学会，卡尔·万侯德（Karl Weinhold，又译"魏侯德"）是发起人也是第一任会长。他在第二年（1891）创办了《民俗学协会杂志》（即今天的《民俗学杂志》）。万侯德在发刊词中提出一个要让民俗学研究更加专业化的问题，并以德国人特有的傲慢，抨击了英美folklore研究的业余性质，讽刺那些英国的"民俗学者们"（Folkloristen）干的是一种时髦的运动，不过是去采风和搜集古物而已。而德国的Volkskunde（德语原意：民学、人民学、民众的知识）应该是更为专业，是一门有关德意志民族历史、文化、精神和心理的堪称

---

[1] 参见王霄冰：《浪漫主义与德国民俗学》，《广西民族大学学报》2015年第5期。
[2] 参见 Regina Bendix, "From Experience to Representation: The Onset of a Scientific Search for Authenticity", in Regina Bendix(Ed.). *In Search of Authenticity: The Formation of Folklore Studies.* Madison: The University of Wisconsin Press, 1997。

"国学"的神圣学问，从事这项研究的学者需要"熟悉历史学和语言学，有（体质）人类学和心理学的知识，了解历史上的法律问题，熟悉国民经济史、技术史、博物学史、文学史、艺术史，最为重要的是要有天生清晰的理解力"[1]。可见当时的德国民俗学者们自认为很主流，他们的志向也很远大，把发掘和建构德意志民族精神文化的重任放到自己肩上，但这种浪漫主义的态度并没有影响他们对学术科学性的追求。相反，越是重要的学问就越需要提高它的专业性和科学性，正如万侯德所言："民俗学只有通过准确的研究和正确的方法才能把自己提升成为一门科学，而摆脱被'民俗学者们'（Folkloristen）卷入到业余主义（Dilettanitismus）中去的危险"[2]。

了解 Folklore 和 Volkskunde 在话语使用上的区分，对我们理解民俗主义的概念相当重要。从构词法角度看，"民俗主义"的德语原词 Folklorismus 应是从 Folkloristen（民俗学者）转化而来，因为那些业余从事与民俗有关的活动的人们往往特别喜欢标榜自己是"民俗学者"。[3] 莫泽在此不用 Volkskunde 而是使用 folklore 作为 Folklorismus 的词根，似乎大有深意。他在文章开头就大段引用了万侯德当年的论述，所秉承的显然是万侯德对德国民俗学的推崇以及对英美民俗学的偏见。不仅如此，莫泽在文章最后又一次把"大大小小的民俗主义先生们"与以资料研究和考证为基础的专业研究对立起来，强调万侯德"提出的要求在今天和以后都仍然是有效的"[4]。由此可见，虽然民俗主义的概念后来经过鲍辛格等学者的研讨而逐渐变得中性化，但它在莫泽最初的语境中带有明显的贬义。这也导致后来人的误解，以至于不少人干脆把民俗主义等同于"伪民俗"。

不过，作为一名以严谨闻名的学者，莫泽给民俗主义所下定义还是比较中

---

[1] Hans Moser, „Vom Folklorismus in unserer Zeit", *Zeitschrift für Volkskunde*, 58(1962), p.177. 译文参照鲍辛格、吴秀杰等著：《日常生活的启蒙者》，广西师范大学出版社2014年版，第2页。
[2] Hans Moser, „Vom Folklorismus in unserer Zeit", *Zeitschrift für Volkskunde*, 58(1962), p.185.
[3] 从这个意义上讲，日本学者把 Folklorismus 翻译成"民俗学主义"也有一定道理。不过汉语翻译讲究简洁，所以我们还是使用"民俗主义"。这是直译的结果。如果我们采用意译的手法，当然还可以把这个名词翻译得更加中国化些，比如"业余民俗学"或"应用民俗学"，等等。
[4] Hans Moser, „Vom Folklorismus in unserer Zeit", *Zeitschrift für Volkskunde*, 58(1962), p.209.

性和客观，即："这是一个覆盖面很广的名称。包括两个方面：第一方面，不断扩展的对当代文明的否定和不断增长的对'民间'的兴趣，首先是关于民间物的保留，在这里生活具有或者显现出独特的样式、初始形态、力量和色彩（译者按：德语比较绕，其实指民间物）。其二，尤其在实践方面，满足和加强这个兴趣，如果有必要就唤醒这个兴趣。在大多数情况下，这是在运用民俗精华的吸引力传播'民间传统'"[1]。如果用一句话概括，民俗主义就是对"二手民俗的传播和演示"。对此，莫泽在文中举了很多例子，包括欧洲各国民间音乐的舞台演出和唱片制作，俄罗斯民间舞蹈团队的成立和巡回演出，菲律宾高等院校保护和展演传统民间文化的活动，墨西哥芭蕾舞剧团对印第安人和西班牙民间舞蹈与仪式的阐释，等等。这些活动的共同之处在于被传播和展演的二手民俗都被当事人当成对民间传统的真实记录和表达，并且往往打着民俗学的旗号。尽管当事人的确怀着极大热情，他们也努力地利用各种文字/图画资料来重构民间传统，但由于他们的业余爱好者身份和非专业水准，他们根据自己拥有的半瓶子醋的民俗学知识、利用二手资料所建构的"民俗"，在莫泽看来简直就是对于民间传统的亵渎。

从莫泽对民俗主义现象的态度中可以看出，作为"二战"之后德国民俗学界一位承前启后的人物，莫泽的民俗观和学术思想既受到战前旧民俗学的影响，又带有现代民俗学的一些特点。一方面，他和传统的民俗学者们一样，十分强调民俗的民族性、古老性和本真性，把商业性的民俗展演活动看成对民俗的贩卖和炒作。在他看来，"民俗主义"的负面影响大致有以下几方面：首先，这种利用民俗元素的游戏传达并造成了片面与错误的想象，并且影响范围极大。特别是当这种二手的民间文化被当作民族文化的代表而在国际上展示时。其次，民俗主义的繁荣会造成真正的民间文化的压抑和荒芜。第三，民俗主义纵容了一批爱好炫耀的、作为新生—古老民间传统代言人的组织（如各种地方

---

[1] Hans Moser, „Vom Folklorismus in unserer Zeit", *Zeitschrift für Volkskunde*, 58(1962), S. 177-209. 译文参照简涛译：《论当代民俗主义》。

性的民俗协会），用他们半瓶子醋的知识，到处翻找和新创传统。第四，民俗主义对民俗学研究也有不良影响。因为学者们特别是学生们有时也会被他们骗过，把新造的民俗当成文化承续性的范例来研究。然而，在另一方面，莫泽在学术史上还是起到了一个把民俗学者的关注点从古代拉回到现代、从虚构的民族性拉回到眼前现实的作用。因为他所关注的实际已经不再是自古传承下来的文化传统，而是当代围绕着民俗所展开的各种社会活动，特别是旅游业和娱乐业对民俗资源的利用。正因为此，莫泽的文章才能在当时的民俗学界引起巨大反响[1]。但他在这一问题上的基本立场，包括应该回到民俗学草创时期重视文献研究与文献考证方法的提议（其中似乎也隐含着一层"告别田野"的意味），却没能得到同行们的响应。恰恰相反，莫泽之后的德国民俗学者们不仅没有回到书斋去钻研文献，而是大批地涌向田野，开始使用经验科学的方法去感受、记录和研究当代的民俗主义现象，把它作为一种客观存在的社会现实进行研究和分析，试图揭示其中的发生与运行规律。

德国民俗学的学术转型

20世纪50年代，德国正处于一个急剧变化的时期。"二战"以后德国人的意识形态发生了根本转变，原来被强调到极致的民族主义和国家主义受到极大抑制，很少有人在公共场合唱国歌，遇到公共庆典也没有人在家门口挂国旗，一说到德国和德意志民族就好像必须低头认罪，和此前德国人的傲慢形成了鲜明对比。在这样的背景下，国家主义开始让位于地方主义，基于小传统的地方认同得到加强。这就为莫泽所描述的"民俗主义"的发展提供了良好的土壤。另一方面，随着工业化程度的加剧，人们在生活水平不断提高的同时，也面临着失去乡土传统的威胁，"乡愁"情绪在社会蔓延开来。为满足市民阶层怀旧

---

[1] 参见王霄冰：《民俗主义论与德国民俗学》，《民间文化论坛》2016年第3期。

与原乡情结的需求,"民俗旅游"蔚然成风,乡土文化和民俗传统成为消费的对象。此外,在经济和文化全球化的推动下,国际交流日趋兴盛,世界各地都兴起了一股塑造与展示本民族文化的潮流,民俗在其中被推上表演的舞台,成为展示民族特色与地方文化的最佳窗口。

与此同时,德国民俗学也面临着一个历史性的转折。由于"第三帝国"时期与纳粹政治的密切合作造成了德国民俗学的"坏名声",以至于战后德国民俗学在国内外都颇受歧视。在1961年出台的全国科学顾问委员会的指导性文件中,Volkskunde(德语:民俗学)这一学科名称后面不仅被用括号加上了Folkloristik(英语:民俗学)作为代名称,而且没有被列入建议重点发展的专业。作为学科代言人的鲍辛格当年曾为此提出抗议。[1]学科的危机促使德国民俗者开始自我反思,以鲍辛格为代表的图宾根学派无疑是最具质疑精神的一群,被称为"批判的民俗学"(kritische Volkskunde)。鲍辛格本人曾发表过一系列讨论德国民俗学的历史、现状与出路的文章,对此户晓辉已有专文介绍[2],此不赘述。在此仅以他1969年发表在《民俗学杂志》上的一篇题为《传统的批判——对于民俗学现状的说明》的文章为例,分析当时德国民俗学者积极思变的内在动因与发展思路。

这篇文章有四个小标题:"意识形态的平行四边形"(Das ideologische Parallelogramm)、"客体化"(Objektivationen)、"相邻(学科)关系"(Nachbarschaftsverhältnisse)、"名字有什么关系?"(What's in a name?)。鲍辛格开宗明义表达了自己对旧民俗学的全盘否定态度:"民俗学危机的说法,在我看来不是非常有意义。这一诊断会给人一种印象,似乎很长时间以来都一切正常,病情只是局部的(=分别归属他人),而且快速的恢复是有可能的。但现实状况却并不是很快就能转入令人振奋的建设性的(局面)。所有人都不能逃

---

[1] Hans Moser, „Vom Folklorismus in unserer Zeit", *Zeitschrift für Volkskunde*, 58(1962), pp. 178-179.
[2] 参见户晓辉:《民俗学:从批判的视角到现象学的目光——以〈技术世界中的民间文化〉为讨论中心》,《安徽大学学报》2013年第3期。

避，学科的过去也无法提供任何补救的办法。"[1] 在鲍辛格看来，旧民俗学所犯的一个根本错误就是把学术研究功能化和意识形态化，他使用了一个"平行四边形"的意象来描述其框架：实体化的对象越来越小，补足性的附加物越来越大（参见图1）。民俗学者们把关注的焦点集中在有限的事物上，或局限在一些优先群体内。他们把"民"等同于农民，把口头传承看成是民俗的最主要媒介手段，并走火入魔般地力图通过人为主观的整体性设计去重构早已丧失的民族文化的统一性，以至于"人民"、"民族"、"共同体"、"真实性"、"原始性"等概念几乎成了民俗学的标签。

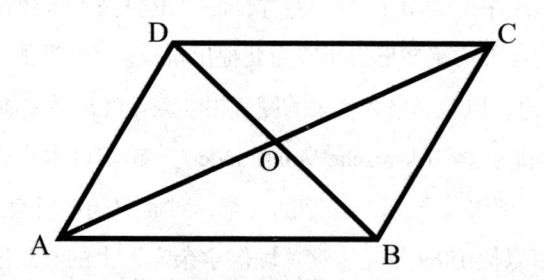

图1 意识形态的平行四边形：B-D：实体化的对象，A-C：补足性的附加物

民俗学在草创时期面对的是19世纪德国动荡不安、混乱无序的社会现实，于是这门学科从一开始就被当成是一种"保守性的救世学问"（konservative Heilslehre），与号称"进步性的救世学问"（progressive Heilslehre）的社会学相对应。这种对真实的、救世的、美好的民俗的追求在民俗主义的各种表现形式中可谓达到极致，因为在这里审美的视角已不仅仅来自外部，而是被直接注入到了展演活动当中；真实性也不再仅仅是旁观者的诉求，而是变成了当事人自己的宣传广告。[2]

---

[1] Hermann Bausinger, "Kritik der Tradition. Anmerkungen zur Situation der Volkskunde", *Zeitschrift für Volkskunde*, 65(1969), S.232.

[2] Hermann Bausinger, "Kritik der Tradition. Anmerkungen zur Situation der Volkskunde", *Zeitschrift für Volkskunde*, 65(1969), S.232-233.

在"客体化"一节中，鲍辛格继续批评旧民俗学仅仅把文化的客体化、把"财富"（Güter）作为唯一的关注对象。民俗学者们总是把目标对象锁定在前工业社会的传统上，一味寻求那些在人们心目中有文化价值的存在，因此一方面忽略了在传统日常生活中也扮演重要角色的其他方面，如劳动生产和工作方式；另一方面则完全忽略了工业化时代的日常生活。在对这些现象进行阐释时，民俗学者们往往会从历史性的、意识形态化的视角出发，将其笼统地解释为某某文化，或是将其视为一个个独立存在的文化子系统，从而不去关心它和整个时代与社会的联系。尽管功能主义的研究方法早已进入民俗学领域，但民俗学者在进行功能分析时往往存在简单化倾向，没有做到运用理论和经验相交织的综合分析方法，去解决诸如文化机制、功能与价值的关系、"共同体"的范畴及其在现实中的社会分化等疑难问题。[1]

假如功能概念能在民俗学界得到批判性的应用，那么，作为传统民俗学之出发点的"财富"的中心地位还能成立吗？"财富"不过是文化的客体化存在形式，因此，我们的研究也就不能仅停留在对于这些形式的描述上面，而是应该摸索出一套科学的方法去追踪人们在经营和使用这些"财富"时的特殊心态（Einstellung）。换言之，民俗学应该研究的不是民间文化的形式（Form），而是其内在的范式（Norm）。因此，在"财富"和"功能"之外，还应加上"心态"的概念，即当事人固有的价值观和意见看法，可用来解释其行为模式。"心态因而也是文化的客体化存在形式，可以与个人分离，经由社会文化的背景条件成为人的'次生环境'（sekundäre Umwelt）的特定组成部分。"[2] 鲍辛格在此借用社会学关于人的研究的相关理论，提出民俗学研究应更多地注重解读人们的心性与想法的观点。

民俗学的学科定位也部分地取决于它和相邻学科的关系。由于民俗学研究的问题经常与其他学科重叠，例如，上述的"心态"其实就是一个社

---

[1] Hermann Bausinger, "Kritik der Tradition. Anmerkungen zur Situation der Volkskunde", *Zeitschrift für Volkskunde*, 65(1969), S. 235-237 页。

[2] Hermann Bausinger, "Kritik der Tradition. Anmerkungen zur Situation der Volkskunde", *Zeitschrift für Volkskunde*, 65(1969), S. 239 页。

会心理学的概念，鲍辛格半自嘲式地写道："民俗学——人们也许会恶毒地说——是用许多其他学科的残羹剩饭来准备自己的丰盛大餐的。"[1] 寄生在各种学科边缘的民俗学有时甚至需要通过其他学科的认可来获得自身生存的合法性。不过，学科间的交叉也是现代学术发展的一个趋势，民俗学研究的文化客体化领域当然牵涉到不同的学科，但民俗学的研究更加关注其中的复杂性和差异性，这是它和民族学（Völkerkunde）根本不同的一个方面。民俗学和民族学相区别的另外两个方面是：首先，自从民俗学把自己从民族主义意识形态中解放出来之后，它就不再像民族学那样关心文化的整体面貌；其次，民俗学也不像民族学那样注重全面的理论建树和各种关系。当然这也可以说是民俗学的弱点。习惯于根据文化的客体化领域区分出许多子系统（如民间歌谣、民间艺术、工具等）的民俗学，今后也应朝向一门能将所有这些子系统总括在内的学科方向发展，并以社会文化体系为坐标建立起自己的理论和概念体系。对此，鲍辛格尝试性地提出三条建议：一是把"次文化"（Subkultur）作为民俗学的主要研究对象，即地方性的或特定社会群体的文化；二是以"大众文化"（populare Kultur）的概念替代"民间文化"，更多地强调民俗享有者的数量及其普遍性，而不是它所归属的社会阶层，以消除旧概念体系中民间文化与大众文化之间的对立；三是着重研究民俗的"扩散"（Diffusion），并把它作为一个动态的过程来考察。当然，鲍辛格也承认，这样的学科定义并不一定就能够确立民俗学的独立地位，因为"次文化"的研究也在社会学的关注范围之内，"大众文化"的概念本身带有较大的模糊性，而"扩散研究"又如何与传播学相区别？况且地理空间的"扩散"往往是针对文化"财富"而言，这样一来，民俗学岂不是又倒退回到之前那种简单肤浅的状态？为了解决这一矛盾，鲍辛格又提出使用"中介"（Vermittlung）一词代替"扩散"的想法。他最后给民俗学下了一个较宽泛的定义："对于各种

---

[1] Hermann Bausinger, "Kritik der Tradition. Anmerkungen zur Situation der Volkskunde", *Zeitschrift für Volkskunde*, 65(1969), S.239.

模式、心态和（文化）财富的中介、结构与功能的批判性研究"[1]。

那么，能不能把民俗学理解为是对"传统"的研究呢？鲍辛格并不完全否认这种认识的合理性，但却强调要对传统的概念进行重新梳理和定义，因为一般意义上的传统强调的往往是某种固化形态、它与"共同体"的关系并带有正面意义。如果要把民俗学理解为"传统"的研究，那么首先就要从"对传统的批判"出发，将"传统"的概念中性化并建立起一套相关的理论。[2]

鲍辛格在最后一节中谈到了民俗学是否应该改名的问题。这节的小标题用的是莎士比亚名剧《罗密欧与朱丽叶》的一句台词"What's in a Name?"，意即"名字有什么关系？"[3]，民俗学长期以来被理解成是对民族文化遗留物的研究，而且人们总是在追问何为"民"、何为"俗"，加之"民俗学"这一叫法也不能体现出这门学科特有的方法和学术理念，因此似乎有更名的必要。但更名也容易使一门学科丧失历史认同，而且会牵扯到一系列与之相关的机构的名称问题，如大学的研究机构、博物馆等。另外，如果更名的话，应该使用什么样的新名称呢？鲍辛格在此探讨了两个可能的方案："区域民族志"（Regionalethnographie）和"文化社会学"（Kultursoziologie）。显然，其中的民族志和社会学都道出了鲍辛格对未来民俗学在学科归属与研究方法上的设计。但他最后还是没有给出一个确定的方案，而是号召广大民俗学人都参与到讨论中来："对于在此发表的问题的讨论不应被推迟，而且也不应被搁置到课堂讨论的狭窄空间中进行。如果说该学科的中心会议有一个任务的话，那么首先就是要解决这些中心的问题。如果该学科有什么中心出版物的话，那么它们也同样

---

[1] Hermann Bausinger, "Kritik der Tradition. Anmerkungen zur Situation der Volkskunde", *Zeitschrift für Volkskunde*, 65(1969), S.239–244.

[2] Hermann Bausinger, "Kritik der Tradition. Anmerkungen zur Situation der Volkskunde", *Zeitschrift für Volkskunde*, 65(1969), S.245.

[3] 朱生豪的译文为："姓名本来是没有意义的；我们叫做玫瑰的这一种花，要是换了个名字，它的香味还是同样的芬芳；罗密欧要是换了别的名字，他的可爱的完美也决不会有丝毫改变。"引自莎士比亚：《罗密欧与朱丽叶》，朱生豪译，湖北教育出版社1999年版，第67页。

应该开放给这类基础性的问题。《民俗学杂志》邀请各位加入讨论。"[1]

这场讨论的结果，如我们所知，Volkskunde 一词被逐渐尘封，德国民俗学在 20 世纪六七十年代以后纷纷改名为"经验文化科学"或"欧洲民族学"。改名当然主要是和学术取向的转变有关，但很大程度上也是出于政治原因，是战后德国民俗学"去纳粹化"和去政治化的结果。民俗学者一反浪漫主义时期热情投入到打造民族文化运动中去的功利立场，转而追求学术的纯粹性和科学性，学院派民俗学自此成为主流。此后的民俗学者几乎很少与任何政治和社会力量合作，甚至不再参与各种文化保护行为，只以单纯的学术研究为己任，用批判性的眼光来解读日常生活[2]。在《技术世界中的民间文化》里，鲍辛格曾引用利奥波德·施密特的论述，阐明了自己对学术是否可以介入生活问题的看法。由于民间习俗的"传承是在无意识的特有状态中被接受和体验的"，"学术意义上的民俗学本来只能把这些东西当作它的对象来把握，但它不能作为行动的主体来参与"。他继而引用弗里德里希·迈内克的言论，继续阐述其对应用民俗学的理解："学术必须间接地、而非直接地服务于生活，通常，它越是精确而严格地封闭自己，就越能有效地做到这一点。"[3]

民俗主义与中国民俗学的转型？

让我们回到现实，今天的中国民俗学与当年德国民俗学的处境有哪些可比之处呢？事实上，自从进入 21 世纪以来，不少民俗学者也和当年的德国民俗学者们一样感觉到了学科的危机，或者对学科现状的不满，希望能在学术定位和

---

[1] Hermann Bausinger, "Kritik der Tradition. Anmerkungen zur Situation der Volkskunde", *Zeitschrift für Volkskunde*, 65(1969), S. 249–250.

[2] 参见吴秀杰：《文化保护与文化批评——民俗学真的面临两难选择吗？》，《河南社会科学》2008 年第 2 期。

[3] 赫尔曼·鲍辛格：《技术世界中的民间文化》，户晓辉译，广西师范大学出版社 2014 年版，第 159—160 页。

研究范式方面有所改变。民俗学是人文科学还是社会科学？民俗学和历史学、人类学、社会学有何区别与联系？民俗学的研究对象到底是什么？民俗学学科存在的理由又是什么？民俗学是一门基础理论学科，还是应用型学科？等等，都是当下学者们十分关心的话题。

我们应该首先探讨一下，这种危机感来自哪里？和德国民俗学不同的是，中国民俗学的危机感背后没有太多政治原因，其外部因素一方面在于国外民俗学的影响。由于20世纪六七十年代以后，德国、美国和日本的民俗学都放弃了早期民俗学以传统习俗、乡土文化和口头文学为主要对象的学术立场，转向研究当代社会中的民间文化，强调语境和表演的视角，并在方法论上更加注重经验性与实证性，这些新理念的传入对于长期以来处于封闭状态的中国民俗学造成了巨大冲击，引发了学者们的思变之心。另一方面，民俗学学科的模糊性以及在人文社会科学大家庭中的边缘位置，也是造成学科危机感的重要外部因素。这一点与德国民俗学当年的状况十分相似。尤其是在高校领域，学科归属会直接影响到该学科的生存和发展。在中国，民俗学传统上和民间文学一起同属于文学学科，但在1997年颁布的教育部学科目录中，民俗学开始与民间文学分离，获得了自身的独立地位，成为社会学一级学科之下的一门二级学科。尽管如此，由于历史的和现实的各种原因，据笔者统计，目前全国现有的近50个民俗学硕士点中，真正设置在社会学学科之下的不到三分之一。田兆元曾用十分形象的话语描述了民俗学学科在高校中的尴尬处境："中国有一些民俗学学科因为身处文学院或者中文系备受煎熬，摆脱不了民间文学的边缘性困境，因为民俗学不再属于文学学科，文学学科没有滋养民间文学的合法性了，能边缘生存在那里都要谢天谢地。也有一些学校明明知道社会学应该发展民俗学，却拼命顶住不给民俗学合法空间，固执地认为已经有了人类学，还要民俗学干什么？"[①]

从内部看，和德国民俗学一样，作为现代学科的中国民俗学虽然已经有了

---

① 田兆元：《民俗学的学科属性与当代转型》，《文化遗产》2014年第6期。

近一个世纪的发展历史，但长期以来没能形成一套相对稳定且行之有效的学术范式，除了民间文学之外似乎也没有其他更多专属于自己的研究领域，这也是令学者们深感不安的一个问题。正是由于自身营盘不稳，所以民俗学在面对当下社会的各种挑战时才不能及时做出有力的回应。郭于华在 2004 年发表的一篇文章曾批评道："面对社会主义文明的新传统，面对当前市场转型过程中的新民俗，民俗学应当是做出学术解释和分析的主力学科。然而，在 80 年代'文化热'的讨论中，在对当代社会转型过程的文化研究中，却几乎没有民俗学的声音。这种失语和失声是民俗学面临生存危机的主要原因。"[①] 新世纪以来，非物质文化遗产保护运动在中国得以蓬勃发展，同时也出现了许多现实问题，亟待学术界从理论上加以廓清，并从实际出发提出解决方案。无论是国家和地方的有关部门，还是民间的传承人和传承群体，都寄希望于民俗学的研究和指导。然而，民俗学与其说是主动成为"非遗"研究的主力军，倒不如说是被动地卷入到这场运动当中。有的学者害怕对社会实践的参与会影响到学术的纯粹性和科学性，宁可袖手旁观，选择一条与生活实践分道扬镳的道路；还有一些学者虽然偶尔发表一些和"非遗"有关的文章或言论，但也不愿意把主要的时间和精力投入到这方面的研究当中。民俗学者在"非遗"保护和研究任务面前的这种犹疑不决的态度，也能从一个侧面反映出民俗学之缺乏学科主体性。

当然，中国民俗学目前面临的不仅有"非遗"保护的问题，事实上它与 20 世纪五六十年代的德国民俗学相似，也面临着一个社会转型期人们的日常生活发生急剧变化的时代课题。改革开放以来出现的形形色色的民俗主义现象已经渗透到了中国人社会生活的各个领域，也对中国民俗学的学术分析与阐释能力提出了最大的挑战。尽管目前已有一些初步的研究成果，然而就总体而言，正如周星所指出的那样，"当代中国'无所不在'的民俗主义现象，绝大多数尚未得到中国民俗学的研究，与之相比较，现有民俗主义视角的研究成果尚显得不成比例，但这意味着中国民俗学的民俗主义研究视角尚有极大的发展空间和今

---

① 郭于华：《试论民俗学的社会科学化》，《民间文化论坛》2004 年第 4 期。

后继续成长的可能性"[①]。周星进而认为，民俗主义的研究不仅能为习惯于"眼光向后"的中国民俗学提供进入当代社会的最佳门户，有助于把民俗学的学术理念从传统研究转向当代的文化批评与社会评论，可以提高民俗学的分析能力和阐释能力，而且更为重要的是，民俗学可以发展成为一门公共性、实践性与学术性并重的学科，通过研究实践反思自身与行政权力、商业资本和学术话语权等的关系，明确这门学科在公共社会生活和学术共同体中的位置。

但问题是，民俗学到底应该怎样去研究民俗主义？民俗学在对待民俗主义现象时应持有怎样的立场与出发点？民俗主义的研究又将把中国民俗学带往何方呢？

回顾德国学界有关民俗主义的讨论和研究，我们发现，在从20世纪60年代到20世纪80年代的20多年时间中，随着民俗学的学术转型，德国同行在对待民俗主义的看法和态度上也发生了根本的变化。如果说，莫泽在60年代初发表第一篇批评民俗主义的文章时，多少还带有一些旧民俗学者对"民间"和"传统"的偏爱，以及对于真正的民间传统在现代社会几近消失乃至被肆意滥用之现实的不满的话，代表新民俗学的鲍辛格对于民俗主义的态度则要冷静和客观得多。后者从一个理论家的高度去俯视和解剖民俗主义，对其发生和发展的动态过程进行追踪，并试图从社会文化的综合视角出发给出合理解释。他在为1984年正式出版的《童话百科全书》撰写的"民俗主义"词条中，概括出了"民俗主义"的三种不同的使用范畴：一是指20世纪初以来，音乐、文学和美术中的先锋派试图将"原始文化"中的一些语言形式结合到自身创作中的艺术潮流；二是民俗学语境中的"民俗主义"，主要指涉由旅游业和大众传媒带来的对于民俗的表演及其形式的夸张；三是指民间文学意义上的民俗主义，即对民间文学作品的再情境化、表演和利用。民俗学领域的民俗主义讨论主要引起了人们对于以下四个问题的关注：一、民俗展演面对的观众发生了变化；二、民俗主义者所谓"真实的"的可信性，它常常正好代表了该事象的非真实性；

---

① 参见周星：《民俗主义在当代中国》，2015年，见本书。

三、民俗学（Volkskunde）在此过程中不自觉地帮了民俗主义的忙；四、通过展现美好的古老的过去而令人心安的民俗主义可被政治所利用。鲍辛格同时也指出，"民俗主义不是一个分析性的、而是一个带有批判意味的描述性的概念，它首先带有启发性的价值。"[1]

东德民俗学家斯特洛巴赫进一步从马克思主义的社会进化论和遗产观的角度出发，批评了民俗主义概念的不完善性和不实用性。他指出，在社会主义社会，主流文化与民间文化的对立已不存在，所存在的只有专业创作和业余创作之分。那么，我们今天所谓的"民俗保护"，指的是对于历史遗留的文化遗产的批判性融受和创造性内化，目的在于丰富今天的文化实践。这种融受和内化可称为"艺术性的民间创作"，是劳动人民在文化上的自我实现，并"在与专业艺术的亲密合作中得以展开"。也就是说，不仅不再存在上层文化与下层文化的区分，而且就连专业文化与业余文化之间也不是完全对立的。另外，任何一种文学和艺术形式，自古以来一直都是在利用各种各样的符号来媒介人类的精神文化，使用民俗符号只是其中的手段之一。因此，从维护传统及其原真性的立场出发批评民俗主义的做法，在斯特洛巴赫看来是完全不符合进步的社会发展观的。[2]

由此看来，民俗主义在德国不过是个过渡性的概念。它的历史任务就是启发民俗学者们去关注和思考当下发生的各种民俗主义现象，在对其进行学理化解释的过程中建立起一套民俗学研究当代社会的现代学术范式。在研究民俗主义这类当代文化现象时，德国的新民俗学主张使用"经验性的文化分析"方法，考察其发生、发展的动态过程以及相关的文化机制。用日本学者河野真的话来概括，即"现代民俗学不是把在现实中得以展开的事象作为用于揭示过去的线索予以评价，而是将现实本身予以接纳，进而追问其意义"[3]。这一点无疑是值

---

[1] 赫尔曼·鲍辛格：《民俗主义》，王霄冰译，2015年，见本书。
[2] 海尔曼·斯特洛巴赫：《民俗—民俗保护—民俗主义——趋势、疑点与提问》，林郁娴、李孟蓁译，王霄冰校，2015年，见本书。
[3] 河野真：《普遍存在的民俗文化》，周星译，2015年，见本书。

得我们借鉴的。然而，德国民俗学放弃学科本位和历史认同，直接更名为"经验文化科学"和"欧洲民族学"的做法，又让我们怀疑这样的转型是否真有意义，抑或无异于自掘坟墓？对于中国民俗学界而言，民俗学不是古代学而是当代学，它应以日常生活为研究对象，使用经验科学的方法，注重主体的感受等等，似已成为共识，然而，经验性的文化分析也是民族学和人类学经常使用的方法，而且这两门学科也同样关注特定民众群体的日常生活。如果使用区域性的概念，模仿"欧洲民族学"的定位法，把中国民俗学理解为"中国民族学"或"本土人类学"，这和国内的民族学、人类学等学科的学术定位存在冲突，显然也行不通。更何况，民俗学借用的并不只有人类学的方法，而且同时还有历史学的、社会学的和其他学科的方法。把民俗学等同于区域性的人类学研究的理解方式，也有其片面性。

当然，"名字有什么关系？"德国民俗学改名不等于中国民俗学也有这个必要。关键是名字背后的学术共识。近年来，不少学者都试图从学科史和中国国情出发来重新定义民俗学，但到目前为止，仍是仁者见仁智者见智，意见难以统一。如赵世瑜主张民俗学应坚持以"传承"为核心概念，以"记忆"为切入点和方法。[1]刘晓春在批评民俗学"盲目借鉴其他学科的理论与方法"，以至于在与其他学科对话过程中"湮灭了学科自身的研究传统"的同时，认为民俗学应从资料之学、阐释之学和实践之学这三个维度出发形成自己的学科边界。[2]田兆元则认为，民俗学应力争成为有用之学，发展经济民俗学、政治民俗学等分支学科，解决切实的社会现实问题。[3]在学科设计方面，高丙中又为我们描绘了如下的愿景："民俗学在理想上是一个横跨人文学科和社会科学的独立学科，它被设计为国家体制里的一级学科才最有利于它的发展，才最有利于它的社会贡献。"民俗学暂时被置于社会学之下，对于学科发展来说是一

---

[1] 赵世瑜：《传承与记忆：民俗学的学科本位》，《民俗研究》2011年第2期。
[2] 刘晓春：《资料、阐释与实践——从学术史看当前中国民俗学的危机》，《民俗研究》2011年第4期。
[3] 田兆元：《民俗学的学科属性与当代转型》，《文化遗产》2014年第6期。

个有益的机会，但长远来看，"民俗学的完整属性不能在社会学下得到全面生长"，因此在他看来，现阶段民俗学以各种变体存在于文学、历史学、艺术学、民族学之下也是合理的现象，"以便今后有机会成为一级学科之后再重新整合为一"。[①]

在此，我不想再多加一种想象或方案，而只想回到本文开头提出的问题，即民俗学在面对像珠海唐家湾的保护开发、"金花诞"和"北京传统音乐节"的节日化这样一些现实问题时，应从怎样的立场出发、做出什么样的学术回应呢？毫无疑问，这些都是发生在当代的活生生的"民俗主义"，但作为民俗学者，难道我们除了冷眼旁观之外，就只有以"民俗主义者"即行为主体的身份介入其中吗？还是可以有第三种选择，让我们既能实现服务社会的心愿，又不至于丧失自身的学术立场呢？

对此，我今天还不能提供最终答案，而是只能提供一种思路，留待在今后的研究实践中去尝试和证实。这种思路根本上来源于对其他实践性学科的学术范式的借鉴，即把社会实践本身包括学者的介入部分都作为一个整体的研究对象来看待，从中发现学者、生活、学术三者之间的关系。也就是说，当我们参与到社会文化的建构实践当中去时，我们和被研究者的关系就像医生和他的病人，二者之间的互动也是医学社会学或医学心理学所应该观察和分析的内容。从某种意义上讲，民俗学者参与社会实践的活动具有科学实验的性质，本身也带有学术意义。在这个基础之上，我们可以通过运用跨学科的研究方法建立起一系列的分支学科，例如，从民俗主义的各种存在形式出发，可以发展出公共民俗学、经济民俗学、政治民俗学、艺术民俗学和宗教民俗学等。这样也能促成民俗学的多元化发展和学科体系的建构。

以经济民俗学为例，田兆元就曾提出过以此代替民俗主义概念的建议。他在"经济民俗学：探索认同性经济的轨迹"一文中指出，"民俗主义"传入中国后多被用来辩护民俗资源利用的合法性，但"在民俗资源应用已经天经地义的

[①] 高丙中：《民俗学的学科定位与学术对象》，《温州大学学报》2011年第6期。

时代，再也没有必要为民俗资源开发需求合法性了，而应该直接以经济民俗学的思路来讨论经济民俗现象与民俗经济发展问题"。他认为，"中国描述性的经济民俗学研究，西方思辨式的习俗与市场研究，以及'民俗主义'的讨论，可助力经济民俗学的发展。"[①] 对此我也比较认同。与其总是站在外部去批评旅游业和商业界对于民俗元素的滥用，还不如以专家的身份真正介入其中，从经济民俗学的视角出发，对民俗与经济的关系展开研究，为现实中的民俗经济或民俗旅游提供必要的理论指导。

和经济学、政治学、艺术学、历史学、宗教学等有所不同的是，经济民俗学、政治民俗学、艺术民俗学、历史民俗学的根本立场应仍然是民俗学的，即围绕"传承"、"认同"、"公共性"、"民间性"、"民众立场"、"日常生活"、"地方性知识"、"大众文化"等核心概念，以造福民众、发展文化为社会理想，以经验性和实证性的微观研究为基本方法。如果民俗学能由此出发，与相关的学科形成平等而富有建设性的对话，那么，我们在人文社会科学大家庭中的地位自然也就能得到提升了。

---

① 田兆元：《经济民俗学：探索认同性经济的轨迹——兼论非遗生产性保护的本质属性》，《华东师范大学学报》2014 年第 2 期。

创意与"变脸":创意产业中民俗主义现象阐释*

刘爱华　艾亚玮

在今天,创意产业已成为拉动经济发展的重要引擎,各国先后都纷纷出台了文化立国的发展战略。针对国际创意产业迅速发展的趋势,2011年10月中共中央在北京召开了中国共产党十七届六中全会,及时作出了推动文化产业成为国民经济支柱性产业的重要部署。从创意产业发展来看,无论中外,优秀的创意产业设计,都必须植根于深厚的传统文化,或者说植根于广大民众所认同的民俗文化。[①]对于创意产业发展的这一特质,民俗学界的反应是迟钝的,学者们往往拘泥于真民俗或伪民俗、新民俗或泛民俗之辨,对民俗文化在创意产业中的这一微妙"变脸",或者说民俗主义现象,往往采取无视或漠视的态度。无疑,这样一种态度,对民俗学的发展来说,显然弊大于利。

陌生的熟悉:创意设计中民俗主义现象的渗透

创意产业(creative industries)概念是1994年由澳大利亚政府提出,但作

---

* 本文原载《民俗研究》2012年第6期。
① 这里所指的传统文化或民俗文化是超越国界的,不限指本国传统文化或民俗文化,如美国对其他国家传统文化或民俗文化的利用。

为一种国家产业政策和战略而明确提出则是英国政府。1997年，工党领袖布莱尔就任英国首相，为振兴英国经济，他提议并推动成立了"创意产业特别工作小组"，并进行了两次创意产业规划（CITF，1998，2001）。在1998年发布的题为《英国创意产业路径文件》的报告中，把创意产业定义为："源于个体创造力、技能和才华的活动，而通过知识产权的生产和取用，这些活动可以发挥创造财富和就业的潜力。"[1]

创意产业是知识密集型的新兴产业，门类众多，包括文化艺术，如表演艺术与视觉艺术；设计，如服装设计、广告设计、建筑设计、软件设计等；媒体，如电视与广播、电影、网络游戏等；出版，如书籍出版、数字读物，等等。"创意产业"概念与"文化产业"、"内容产业"紧密相关，一般意义上，文化产业和内容产业可以被视作创意产业的一部分。[2]文化产业侧重以无形、文化为本质的内容，经过创造、生产与商品化结合的产业。内容产业是依托数字化技术对文化制品的复制、再生与传播，是传统文化产业在技术方面的升级与提高。[3]创意产业则是两者的结合和综合发展。

20世纪90年代以来，各国政府都先后把创意产业确立为21世纪战略产业，纷纷出台了一系列发展措施，发展成效明显。据联合国教科文组织统计，1998年全球有关文化创意产品方面的国际贸易额已经占当年全球总商品贸易量的7.16%，从1980年的953.4亿美元一跃到1998年的3879.27亿美元。另据统计，2002年美国创意产业产值达到5351亿美元，占GDP比重为5.24%；2001年英国创意产业的产值达到1125亿英镑，占GDP的5%；2001年日本创意产业总产值约占GDP的18.3%，成为仅次于制造业的第二大产业；2003年韩国创意产业总产值占GDP的5%，等等。[4]

---

[1] 斯图亚特·坎宁安：《从文化产业到创意产业：理论、产业和政策的涵义》，载林拓等主编：《世界文化产业发展前沿报告（2003—2004）》，社会科学文献出版社2004年版，第134—135页。
[2] 这里涉及的相关概念统一用创意产业表述。
[3] 褚劲风：《世界创意产业的兴起、特征与发展趋势》，《世界地理研究》2005年第12期。
[4] 上述数据采自张胜冰等著《世界文化产业概要》，林拓等主编《世界文化产业发展前沿报告》及网络资源，参阅的各种统计数据有较大出入，仅供参考，笔者以后会另文辨别、分析。

与西方发达国家相比，我国创意产业起步较晚，在国民生产总值中的比重仍较低，但近年来，在政府的大力支持下，创意产业发展十分迅速。根据国家统计局数据，2009 年中国创意产业增加值为 8400 亿元左右，比 2008 年增长 10%，占同期 GDP 的比重为 2.5% 左右。①2011 年，我国创意产业总产值预计超过 3.9 万亿元，占 GDP 比重将首次超过 3%。

透过创意产业的发展，我们可以发现，即便是这样一种新兴产业，在其创意设计中，民俗元素经常被剪辑、重构，成为孕育创意、策划构思的原型或胚体，简洁地说，民俗主义现象在创意设计中随处可见。

在影视作品方面，诸如张艺谋导演的电影，随处洋溢着民俗文化的气息。如《红高粱》祭酒神仪式，场面细腻完整，热烈兴奋。"颠轿"习俗，粗犷、鄙俗，野性盎然，展现了山东高密东北乡悠远的民俗镜像。如《菊豆》中触目惊心的"挡棺"习俗给观众留下了深刻印象。长长的送葬队伍，强烈的黑白对比画面造成了出人意料的视觉冲击力。《大红灯笼高高挂》里的妻妾争宠，闹得不可开交，是因为封灯点灯习俗将女人的全部幸福、理想系于一盏灯之上。民间性小成本电影《疯狂的石头》2006 年上映后获得了极佳的票房成绩，此后一系列小成本喜剧电影《十全九美》、《疯狂的赛车》、《倔强萝卜》、《夜店》纷纷上映，成为当今影视界的一大亮点。这些作品挖掘民间笑话、漫画、相声等民俗艺术形式，将喜剧精神发挥得淋漓尽致，使观众在观赏影片时体验到无比的轻松、愉快、欢乐。《让子弹飞》里的鹅城布景，展示的是江门侨乡民俗建筑碉楼，还有城外击鼓跳舞、衙门击鼓鸣冤、切腹等习俗，较好地糅合了中外习俗，冲击着观众的视觉神经。《杀生》展示长寿镇森严的祖训族规、清规戒律，残忍的陪葬习俗，封闭的村落生活及俚语、农谚等，凸显了封闭的保守的村落文化对外来文化的排斥，民俗元素的大量运用，强化了影片的主题，使影片充满张力。近年热播的乡村题材电视剧《乡村爱情》、《刘老根》、《马大帅》等，将日

---

① 张晓明、胡惠林、章建刚主编：《2011 年中国文化产业发展报告》，社会科学文献出版社 2011 年版，第 2 页。

常生活搬上荧屏，淋漓尽致地展现了东北农村的方言俚俗、民情风俗，还原了生活的质感和真实感。其他如《闯关东》、《大宅门》、《乔家大院》等电视剧，都较好地展现了当地的民风民俗。

在动漫作品方面，如《大闹天宫》对《西游记》的神话故事进行了改编，并根据儿童的欣赏心理来进行情节的编排和形象的刻画。如《哪吒传奇》对"日中有乌"或"日载于乌"以及"夸父追日"等神话，加以剪辑和重构，进行陌生化处理，产生了很好的效果。再如《封神榜传奇》、《宝莲灯》等，都汲取了神话传说等民间文化元素，并进行了选择、吸纳与重构，走出了一条现代化、民族化的创新道路。当然，民俗文化利用方面，不能不提到美国迪士尼公司所拍摄的中国题材动画电影《花木兰》和《功夫熊猫》。前者取材于南北朝时期"花木兰替父从军"的传说故事，1998年被美国迪士尼公司拍摄成动画以十多种语言向世界发行，广受欢迎，仅影院票房一项就带来2.97亿美元的收入。后者则是中国元素的组合，影片不仅展现了中国秀丽淡雅的山水风景，还描绘了一幅幅具中国风俗的生活画面。大到阿宝家祖传的面馆、中国北方常见的小推车、四人抬的轿子原型，小到华味十足的家私如筷子、青釉瓷碗、斗笠、卷轴、擀面杖、面板、颇具质感的貌似中国绸缎缝制的衣服，还有神龙勇士选拔大赛时燃放的鞭炮和天空盛开的礼花、螳螂为阿宝疗伤时使用的针灸、浣熊师傅训练阿宝所教的太极拳，以及诸多中国特色的食物如饺子、包子、馒头、豆腐和阿宝家传的"秘制汤面"等，这些细节无一不体现着浓郁的华夏民俗风情。在2011年上半年国内院线公司票房收入中，《功夫熊猫2》以5.9675亿元的票房独占鳌头。

在民俗旅游方面，近年来风靡海内外的歌舞集《云南映象》就是民俗文化成功运作的一个典型范类。它由著名白族舞蹈家杨丽萍担任艺术总监和总编导，并领衔主演。杨丽萍通过15个月的艰苦采风，把表现云南各少数民族远古流传下来的丰富民间舞蹈资源加以提炼，运用现代科技手段，演绎出现代艺术精神。在100多人的演员队伍中，70%以上属于世居山寨的"土演员"，他们把来自混沌洪荒时代的民俗文化带到了现代舞台，在海内外成功地进行巡回演出,在舞蹈界引起极大的震撼,在高雅的舞蹈艺术市场创下了一场演出收入超过 60 万元的纪录。这说明了民俗文化产业在现代文化和经济建设中具有广阔的发展前景。又如《印象·刘三姐》,是一部比较独特的广西少数民族风情"山水实景演出",它的特色是在优美的自然风景中,由土生土长的当地民众用歌舞演绎自己的生活情景,并辅以现代声、光等表现手段。这一演出具有浓郁的少数民族特色,集漓江山水风情、广西少数民族文化和中国精英艺术家创作之大成,实现了山水实景、传统文化与高科技的完美结合,自从投放市场以来受到了中外游客的好评。到 2008 年底,《印象·刘三姐》演出总场次近 2000 场,观众约 300 万人次,票房收入约 6 亿元。2008 年全年,《印象·刘三姐》观众量约达 100 万人次,仅门票收入就达 1.8 亿元。同时,也为桂林带来了可观的旅游收入,从 2003 年的 2.41 亿元飙升到 2005 年的 6 亿多元。

在电脑游戏方面,《天之痕》、《轩辕剑》、《黑暗破坏神》都积极汲取神话、巫术及民间文学的叙事技巧。在广告创意、民间歌节等方面,民俗元素也不断被采用,加以选择、剪辑和重构,在为国家带来可观的经济效益的同时,也很好地丰富了人们的精神文化生活,弘扬了传统文化,在潜移默化中塑造了国民积极、健康的人生观、价值观。

民俗主义:创意产业中民俗文化的微妙"变脸"

民俗主义现象在创意产业中大量存在,通过对日常琐细的民俗文化的选择、剪辑与重构,并运用高科技手段进行制作,形成新的创意产品。什么是民俗主义?这是一个目前尚有争议但又不可忽略的概念。提起民俗主义,自然让人联想到"伪民俗"、"新民俗"、"泛民俗"等概念。

民俗主义是德国民俗学界探讨的一个重要理论概念,或者说是一种重要现象,促发民俗学者思考民俗文化商业化对民俗学发展的反思,从而引发了各国民俗学界的争论和讨论。对民俗主义的关注和探讨成为20世纪民俗学重要的研究课题之一。

德国民俗学家汉斯·莫泽在1962年发表了《论当代民俗主义》一文，指出民俗主义通过各种策略，向观众展示感人的、将真实与伪造的民间文化素材相混合的产物，并区分了民俗主义的三种形式，其中之一就是在任何传统之外对"类似民间的"（folklike）要素的有意发明和创造。赫尔曼·鲍辛格认为民俗主义是"对过去的民俗的运用"。它是现代文化工业的副产品，它表示了民俗的商品化，以及民俗文化被第二手地经历的过程。① 鲍辛格批判莫泽对民俗主义研究停留于现象的罗列的同时，也倡导德国民俗学界进行对民俗主义进行进一步探讨。随后，德国民俗学者乌尔里希·托科斯多夫（Ulrich Tolksdorf）、康拉德·科斯特林（Kon-rad Köstlin）、海尔曼·斯特洛巴赫（Hermann Strobach）等对民俗主义的功能机制、民俗主义理疗功用、民俗主义论的缺陷等进行了研究。在美国民俗学界、日本民俗学界，也都有过类似的相关探讨和质疑。

简单地说，民俗主义是当代社会民俗文化的利用和开发现象。这种利用和开发，不是按照日常生活逻辑进行的自然呈现，而是民俗元素有选择性的组合与重构，是基于消费主义和功利主义的立场，对民俗元素进行艺术加工的一种民俗现象。民俗主义是对民俗文化概念本身的一种反动和疏离，一直以来饱受争议，同时这个概念与伪民俗、新民俗、泛民俗等概念联系密切，因而在使用过程中产生不少歧义。

民俗主义是否等同于伪民俗？如何看待伪民俗？ 1950年，美国民俗学家理查德·道尔森（Richard M. Dorson）发表《民俗与伪民俗》一文，创造了一个新名词"伪民俗"（Fakelore）。道尔森认为，伪民俗是打着地道的民间传说的旗号，假造和合成出来的作品。他还对"伪民俗"和制造"伪民俗"的人们

---

① 杨利慧:《"民俗主义"概念的涵义、应用及其对当代中国民俗学建设的意义》，《民间文化论坛》2007年第1期。

进行了反复的批判和近乎尖刻的批评。但何为真民俗,何为伪民俗,两者之间并没有截然的区别。邓迪斯对伪民俗的态度有所保留,并对之进行了深入探讨。在确认伪民俗与民俗的遗存(survival)和复兴(revival)有所不同的基础上,认为从民俗学研究的开端18世纪末开始,伪民俗的存在就与民俗研究产生了复杂的不可分割的联系。他以18世纪60年代出版的詹姆斯·麦克菲森的《莪相诗集》、德国格林兄弟1812年至1815年出版的《儿童与家庭故事集》和1835年出版的芬兰民族史诗《卡勒瓦拉》为例进行详尽分析,指出这些伟大的民间文学作品有伪民俗之嫌,也都是"地道的民间传说的旗号,假造和合成出来的作品"。但从文化政治学的角度来看,却又起到了维护一个民族的身份、增加民族自豪感的作用。最后他旗帜鲜明地指出,对伪民俗批评与争论没有多大意义,不如去接受它。伪民俗如同民俗一样同为文化必需的组合成分,与其先入为主地把伪民俗看作不纯不实之物加以抵制,不如运用民俗学方法来研究它。[①]

民俗主义与"泛民俗"概念也密切相关。对泛民俗的概念,相关的论述不是很清晰。徐华龙认为,泛民俗是指在当代社会由于人们强烈实用性的驱使,往往使民俗离开传统,游离其固有的发展轨迹,从而发展出的一种具有民俗特点但又不是真正意义上的民俗,这种民俗只有一个外壳,其实质已经发生根本的变化,这是一种变异的民俗。[②]这种泛民俗现象广泛存在于城市乡村,在文化生态变异迅速的城市尤为突出,因而在研究中又逐步发展出城市泛民俗的阐述。"所谓的城市中的泛民俗现象,是指那些并非都市人所共同遵守的、长期形成的民俗文化,而是由于某种需要而刻意制作出来的具有一定民俗意味的文化现象。"[③]也就是说,泛民俗不是传统意义上的民俗,而是旧民俗基础上经过一定变革或者说商业化了的新民俗。泛民俗也不等同于伪民俗,它是出于服务现实的目的,在传统民俗基础上的延伸和发展,不是个人根据主观意志进行的乔

---

① 阿兰·邓迪斯:《伪民俗的制造》,周惠英译,《民间文化论坛》2004年第5期。
② 徐华龙:《泛民俗学》,黑龙江人民出版社2003年版,第4页。
③ 徐华龙:《现代都市的泛民俗化问题》,《民俗研究》2000年第4期。

装改扮。

当然,伪民俗、泛民俗、新民俗及传统民俗之间并非是截然分开的,它们之间存在着丝丝缕缕的关系。在一定的条件下,它们之间还可以相互转化。即便是伪民俗,只要进入民众的日常生活,为广大民众所接受,也可以转变为新民俗或真民俗,如阿兰·邓迪斯所述的苏格兰诗人詹姆斯·麦克菲森的《莪相诗集》、德国格林兄弟的《儿童与家庭故事集》和荷兰民族史诗《卡勒瓦拉》,都是伪民俗转变为真民俗的范例。"'泛民俗'可能由新的文化元素自发形成,也可能来自于传统民俗的自然变化。而'伪民俗'则是出于消费主义、功利目的、政绩需求等其他需要被人为创造或人为恢复的。一部分'泛民俗'和'伪民俗'最终被民众生活所淘汰,走向消亡。但也有一部分'泛民俗'和'伪民俗'进入日常生活,被群众所选择而成为'新民俗'。经过一段较长时间的发展以后,这些'新民俗'又会演变为'传统民俗'。再经过一段较长时间以后,这些'传统民俗'中的一部分由于不适合时代的需求而消亡,另一部分则重新进入此循环系统,被人为恢复为'伪民俗'或与新时代结合形成'泛民俗'。"[1]

与上述概念不同的是,民俗主义是一种现象,与泛民俗现象关系密切,都是从现实价值和功利角度出发,注重对传统民俗进行改造和利用,或者说是传统民俗在当代社会的变异和创新。但两者又有所不同,民俗主义现象不一定源自日常生活,其出现也不一定与民俗文化的整体变迁或新民俗元素的自发形成相关,它也可能是民俗元素的剪辑、组合,它和泛民俗现象和伪民俗现象都有交集。另外,民俗主义现象虽然可能脱离日常生活,但一定符合生活逻辑和艺术真实,而泛民俗现象的发生却是传统民俗的当代发展,和民众的日常生活紧密联系。与伪民俗现象不同的是,民俗主义也源自民俗文化,是民俗文化的艺术化,如果说民俗文化是生活本身的话,那么民俗主义就是

---

[1] 毕旭玲:《流动的日常生活——"新民俗"、"泛民俗"和"伪民俗"的关系及其循环过程》,《学术月刊》2011 年第 6 期。

生活的表现，是民俗文化的艺术化。因而，不管民俗主义如何脱离日常生活，其现实表现无论如何都离不开民俗文化的发展，离不开民俗文化的丰富性和多样性。

在全球化时代，民俗文化的地位和作用更加突出，成为全球化、反全球化互融共生的一种根部文化，但民俗文化的彰显并非所谓的"原生态"，而是注重现代社会的适应性，在创意产业中民俗文化的这种"变脸"更加突出，或者说民俗主义更为明显。亦即民俗文化经过创意者的设计，琐细的日常生活被剪辑、挑选和重构，再融入现代科技元素，使民俗文化发生微妙的"变脸"，更加艺术化、审美化，从而形成创意新颖、形式多样、生活气息浓郁的民俗文化产品。在影视作品中，民俗文化往往成为吸引观众进入语境、烘托环境气氛的宏大背景和叙事手段。有学者认为影视艺术对民俗文化的整合包括复制式、点缀式和点化式三种类型。其中点化式是一种更高的形式，"民俗事象经过艺术点化，晶化为一种饱含创作者情感、想象、理性等诸多主观成分的审美意象，并且不再处于陪体位置，而上升为影视表现的主体"[1]。也就是说这种点化式，蕴含了创意者的主观意识和思想观念，是对民俗文化的一种改造和创新，是原有民俗文化基础上的一种扭曲变形。"影视创作者在点化过程中往往充分运用自己的想象、联想乃至幻想，在已有民俗事象的基础上'幻化'出具有审美价值的民俗虚像，或称幻象。这种幻象已与原来的民俗事象自然脱离关系，同时达到一种高度的自我完满，并且包含了比现实某种民俗事象更多的意蕴。"[2]《杀生》中的殉葬、裸浴、长寿镇，《让子弹飞》中的鹅城、马拉的火车，《大红灯笼高高挂》中的"大红灯笼"以及"点灯"、"灭灯"、"封灯"的一套程式，都是民俗虚像，或者说民俗文化的艺术化处理。它们不是实体性的民俗生活，而是一种浪漫的虚构和创作，是一种艺术真实，一种叙事策略。

---

[1] 申载春：《民俗的影视整合及审美价值》，《山西师范大学学报》2003 年第 1 期。
[2] 申载春：《民俗的影视整合及审美价值》，《山西师范大学学报》2003 年第 1 期。

在电脑游戏中，民俗元素的运用也十分明显。如美国暴雪公司发布的《黑暗破坏神》游戏，框架建立在天堂、人间和地狱三重结构之上，以神、人与魔鬼的斗争为主线。游戏中遵循民间文化类型化的叙事策略，将东方大陆的拯救者分为亚马逊、野蛮人、圣骑士、德鲁依、女巫、刺客和男巫七种原型。游戏包括以下几类母题：造物主，神，人类生活的创造与秩序的形成，世界性的灾难。游戏的展开又遵循"通向下面的世界的旅行"、"居住着食人魔鬼的城堡"、"英雄在魔法城堡里找到了少女"等神话母题，与坎贝尔的神话母题研究和荣格的神话人格研究相对应。但民俗主义并非源自民俗生活，而是其基础上的一种微妙"变脸"，因而，《黑暗破坏神》虽然有很多民俗元素，如神话母题、人物原型、魔法，但它们多半是为表现主题而进行的创造，或者说是一种民俗虚像。在游戏情节的展开方面，母题的出现也并不遵循模式化的过程，而是随机的，它只是民俗文化的再创造和重构。

综上，民俗主义在创意产业中大量存在，它们不是民俗文化本身，而是民俗文化的微妙"变脸"，是一种民俗虚像，但是，民俗主义的存在又不能完全脱离民俗文化本身，它必然有所遵循和依归，它是在生活真实基础上的民俗文化的审美化和艺术化。

美丽的邂逅：创意产业大潮中民俗学的发展契机

中国现代民俗学肇始于北大歌谣运动，至今走过了九十多年的发展历程。作为一门致力于民间文化研究的社会科学，民俗学（包括民间文学）在过去漫长历史中取得了丰硕的成果，从一门乡野的学问演变成学科体系中的正式学科，但由于意识形态和政治运动的影响，民俗学的研究活动几经中断或目标发生转移，同时由于自身的"先天不足"和发展目标的不清晰，相对邻近学科的发展，民俗学的发展还明显不足，还存在不少问题。

从学科发展来说，由于研究人员专业的驳杂性和民俗学研究范围的广阔性，使民俗学在民间文化研究领域丧失了自己应有的价值和地位。民俗学的研究最早是从文学切入的，在那时民俗学更像一朵野花，成为文人学者们业余的爱好，"我国早期致力民俗学的学者，他们原来的所从事的专业，基本上是各不相同的。有的是搞文学的，有的是搞史学的，有的是搞语言文字学的，有的是搞社会学的。自然，也有人一开始就搞民俗学，但那只是众多学者中的极少数人而已"。[1]研究人员的多学科背景，一方面使民俗学研究异彩纷呈，众声喧哗，热闹不已，另一方面也导致民俗学研究方法、理念及研究领域的驳杂和旁出，甚至民俗学被很多学者视为可有可无的"副业"。多学科背景研究者的参与，导致民俗学迷失了自己的"园地"，"各种学科归属的学者们的民俗研究实际包括民间文学、民间艺术（民间音乐、民间舞蹈、民间美术）、风俗习惯、民间信仰、民间结社等诸多方面，由于没有在学科设置上整合起来，所以专业人才以及学生的培养分散在众多的大学院系和科研单位，如文学院、社会学系、民族学院、艺术院系"[2]。民俗学研究范围的延伸，在影响力拓展的同时也等于消解了自己的研究特色，对学科对话和人才培养来说，也是极其不利的。

从研究范式来说，民俗学早期研究多立足于文本研究，研究神话、传说、故事、谣谚等文体的内涵、类型、结构、异文、流布等，这种研究取向往往将民俗文化视为"传统的"、"过时的"、与"现代文明"相对立的文化现象。即便是调查，也不过是"采风式"的，去调查地搜集一些资料而已。民俗学的这种以文本为主的研究方法，"使民间文化只是由文献资料来重构其历史过程，将丰富复杂的生活文化概括为一些有限的文献资料，忽略了作为民间文化传承主体的人群在具体的时空坐落中对民间文化的创造与享用"[3]。从20世纪90年代中期以来，民俗学研究开始以民众的日常生活世界作为研究对象，致力于语境

---

[1] 钟敬文：《从事民俗学研究的反思与体会》，《北京师范大学学报》1998年第6期。
[2] 高丙中：《中国人的生活世界：民俗学的路径》，《民俗研究》2010年第1期。
[3] 刘晓春：《仪式与象征的秩序——一个客家村落的历史、权力与记忆》，商务印书馆2003年版，第32—33页。

中的民俗研究[1]，这一研究范式的转型使得民俗学研究者纷纷走向田野，在与研究对象的互动中探讨民众的生活世界，取得了一系列丰硕的成果。但同时也带来了一系列问题，如民间文学领域，导致了一些青年学者对田野作业原则的质疑，推动了一场广为深入的关于田野作业的学术论争[2]。民俗学者走向田野，探讨"语境中的民俗"，使得民俗学社会学科化，与社会学、民族学、人类学的区别进一步模糊，尤其是与人类学的差别，成为民俗学界尽量回避、无法道清的一个"难题"。"无论是谁的界定、如何界定，都很容易被各种各样的理由推翻。一个貌似极简单的问题，却是谁也给不出答案，这本身就是一个悖论。"[3]当然，这里面的原因很复杂，并不完全是研究范式带来的，可能与理论建构、学科传统、时代背景等各种因素都密切相关。但研究范式的转换，在促进民俗学科走向民众日常生活的同时，是否也导致了民俗学在学科对话中的"失语"与在国家事务参与中的"无为"？民俗学走进田野，在参与个案调查的同时，是否有点"自娱自乐"，迷失在浩渺的田野，丧失了对学科理论和学科发展的宏观建构能力，丧失了对普遍社会问题、学术关注焦点的批判能力、审视能力和参与能力？

此外，在社会参与、学科认同、人才培养、人才就业、课题申报等等方面，由于国家教育体制、学科规划体系及民俗学自身的问题，导致民俗学在发

---

[1] 相关著述参见高丙中：《民俗文化与民俗生活》，中国社会科学出版社1994年版；高丙中：《中国民俗学的人类学倾向》，《民俗研究》1996年第2期；杨利慧：《从"自然语境"到"实际语境"——反思民俗学的田野作业追求》，《民俗研究》2006年第2期；杨利慧：《语境、过程、表演者与朝向当下的民俗学——表演理论与中国民俗学的当代转型》，《民俗研究》2011年第1期；刘晓春：《从"民俗"到"语境中的民俗"——中国民俗学研究范式的转换》，《民俗研究》2009年第2期；刘铁梁：《村落——民俗传承的生活空间》，《北京师范大学学报》1996年第6期；安德明：《天人之际的非常对话》，中国社会科学出版社2003年版；吉国秀：《婚姻仪礼变迁与社会网络重建》，中国社会科学出版社2005年版；郑土有：《吴语叙事山歌演唱传统研究》，上海辞书出版社2005年版；王杰文：《仪式、歌舞与文化展演——陕北·晋西的"伞头秧歌"研究》，中国传媒大学出版社2006年版；詹娜：《农耕技术民俗的传承与变迁研究——以辽宁东部山区山河沟村为个案》，中国社会科学出版社2009年版；西村真志叶：《日常叙事的体裁研究——以京西燕家台村的"拉家"为个案》，中国社会科学出版社2011年版，等等。

[2] 施爱东：《中国现代民俗学检讨》，社会科学文献出版社2010年版，第95—101页。

[3] 施爱东：《中国现代民俗学检讨》，社会科学文献出版社2010年版，第203页。

展中有点"不适"，呈现外热内冷、虚热实冷，在很多人的眼中，甚至相关学科研究者中不少人都对民俗学这门学科所知甚少，更难谈学术认同。这样一种发展态势，固然不完全是民俗学自身发展导致的，但如何定位自己、如何发展、如何参与主流学术的学科对话，却是值得每一个民俗学研究者值得深思和反省的。

"一个学科在国家事务中的参与分量和在学科结构中的位置造就这个学科的机会结构。"[1]民俗学今天的发展，一方面由于意识形态、政治运动等外在客观因素的影响，另一方面也和自身发展局限有关，这种局限在一定程度上得归咎于对发展机会缺乏把握能力。比如世界范围兴起的非物质文化遗产保护运动，某种意义上来说是政府、社会对民间文化或民俗文化价值的重新审视或再肯定，虽然不免打上文化政治的烙印及带来一些其他问题，但民俗文化的变迁是不争的事实，在尊重文化持有者价值观的基础上积极批判、研究并参与非物质文化遗产保护则无可厚非。"在把文化进行保护或者进行活用的时候，我们必须把地方居民的知识、想法、价值观以及利害关系作为最主要的内容加以尊重……在具备这样的生活文化主义的思想的前提下，在今后，民俗学者应当积极地参与到文化保护政策的实践之中。"[2]不少民俗学者固守本质主义（essentialism）民俗观，对学科发展来说，无疑则会使其背离主流社会、弱化对国家事务的参与。"同一个国际性的学科在不同国家的位置都是有差别的，这既是大的时事使然，所谓形势比人强；但另一方面，也是社会科学界的内部竞争的结果。这就是学科发展的机会结构在起作用。"[3]所以民俗学今天发展的状态，固然有意识形态、国家学科设置的问题，但在强势学科纷纷主动出击的形势下，自身不作为或作为甚微，是否也是重要的原因呢？

今天，国际竞争激烈，各国文化产业迅速发展，为了推动社会主义文化

---

[1] 高丙中：《中国人的生活世界：民俗学的路径》，《民俗研究》2010年第1期。
[2] 菅丰：《日本现代民俗学的"第三条路"——文化保护政策、民俗学主义及公共民俗学》，陈志勤译，《民俗研究》2011年第2期。
[3] 高丙中：《中国人的生活世界：民俗学的路径》，《民俗研究》2010年第1期。

的大发展大繁荣，中共中央已经作出了加快发展文化产业，推动文化产业成为国民经济支柱性产业的战略决策，在这样一种大的发展潮流下，民俗学者应该如何作为呢？面对这样一种大的发展契机，不少民俗学者在自己的研究中，自觉或不自觉地开始涉足创意产业领域，把民俗文化与创意产业联系起来进行研究，研究民俗主义、民俗元素包装、民俗旅游、民俗影视，等等。如杨利慧的《全球化、反全球化与中国民间传统的重构——以大型国产动画片〈哪吒传奇〉为例》、《神话的重建——以〈九歌〉、〈风帝国〉和〈哪吒传奇〉为例》，刘晓春的《谁的原生态？为何本真性——非物质文化遗产语境下的原生态现象分析》，王杰文的《表现与重构——反思人类学电影的"真实性"》、《动画电影的叙事结构〈灰姑娘〉的形态学分析》、《民间魔幻叙事与电视广告的招徕术》、《巫术思维、魔幻叙事与电视广告》，徐赣丽的《民俗旅游与"传统的发明"——桂林龙脊景区的个案》、《民俗旅游开发中的类民俗化与文化真实性——以广西桂林龙脊景区为例》、《民俗旅游的表演化倾向及其影响》、《广西龙脊地区旅游开发中民俗文化的价值化》，等等。尤其值得提出的是陈建宪教授，在近年来的研究中，他开始自觉地从创意产业的视角来研究民俗文化，先后发表了《民俗文化传统的创造性转换——关于长阳廪君神话复活的理论思考》、《文化创新与母题重构》、《非物质文化遗产与创意产业》等论文，并指导一批本科生、研究生从事相关研究，相关成果以《民俗文化与创意产业》为名结集出版。

面对创意产业发展的大潮，针对这样一次发展契机，相对其他学科的学者，民俗学者共同体反应还不够热烈，缺乏应有的热情和学术兴趣，但少数学者有较强的学术敏感，已经开始意识到这种危机对民俗学发展的负面影响。针对民俗学在学术对话中的"失语"，杨利慧认为重视民俗主义研究可以充当当代中国民俗学转型的媒介，"它能够拓宽民俗学者的视野，使大家从'真'与'假'的僵化教条中、从对遗留物的溯源研究中解放出来，摆脱'向后看'、从过去的传统中寻求本真性的局限，睁开眼睛认真看待身边的现实世界，从而将民俗学的研究领域大大拓宽，也可以促使民俗学直接加入到文化的重建、全球化、文化认同、大众文化、公民社会等的讨论中去，从而与文化人类学、民族学、社会学等社会科学更好地对话，加强民俗学与当代社会之间的联系，并对当代社会的研究有所贡献，对当前重大而剧烈的社会历史变迁过程有所担当。"[1] 西村真志叶、岳永逸也认为民俗主义的研究可以激活民俗学者的思考，正视当今社会现实和既成的民俗事实，从而促进研究的新突破，"民俗主义的引入或者能将研究真正地与当今的旅游业、社会发展、经济发展和民间文化的保护有机结合起来，从而改变在一定意义上中国民俗学仍然故步自封的局面，改变理论建构与实证研究和应用研究的断裂、凝望"[2]。针对民俗学在创意产业研究方面的"虚脱"，陈建宪指出，中国是一个民俗文化资源大国，无论数量还是质量都在世界上首屈一指，但在目前的产业化实践中，却存在诸多问题。"除了争抢遗产、破坏性的开发和无知的滥用、重开发轻保护、不能正确处理继承与创新之间的关系等具体技术性问题外，甚至连民俗文化与创意产业之间的关系，也没有引起人们的足够重视，更遑论专门的研究论著了"[3]。

总之，创意产业的发展是全球化背景下世界各国未来发展的战略重心和潜在趋势，也是文化社团、研究机构参与文化建设、增强自信、扩大影响的重要发展机遇。某种程度上来说，也是民俗学充分发挥学术优势，参与国家事务、融入主流社会与主流学术的一次重要发展契机。在民俗文化与创意产业的这次美丽的邂逅中，民俗学能否"曲径通幽"、抓住机遇，积极参与文化建设，贡献自己应有的学术主张和学术思想，还需民俗学同仁在共同目标指引下锲而不舍地持续努力和奋斗。

---

[1] 杨利慧：《"民俗主义"概念的涵义、应用及其对当代中国民俗学建设的意义》，《民间文化论坛》2007 年第 1 期。
[2] 西村真志叶、岳永逸：《民俗学主义的兴起、普及以及影响》，《民间文化论坛》2004 年第 6 期。
[3] 陈建宪等：《民俗文化与创意产业》，华中师范大学出版社 2012 年版，第 1 页。

结语

民俗主义是当代语境下民俗文化的利用和发展，与泛民俗现象紧密相连，都是服从于消费主义和现实价值需要的，民俗主义不一定都是日常生活的反应，但它符合生活逻辑和艺术真实性。民俗主义是一种世界普遍的现象，对于民俗学研究视域的拓展和激活民俗学者对现实的关注都具有积极意义，可以说它是民俗学积极参与文化建设、进行学术对话的一个媒介和平台，民俗文化与创意产业的联姻，为民俗学的发展注入了新鲜活力和提供了展现自我的良好契机。

民俗学者对创意产业大潮下的民俗学发展仍缺乏应有的关注与研究，不少学者甚至排斥和抵制民俗主义，对民俗文化的这种"变脸"难以接受，不能正视。其实，创意创业中的民俗主义现象，或者商品化的民俗文化，并没有违背民俗文化的发展规律，因为它不是日常生活的民俗文化，而是民俗文化的一种虚拟镜像，是民俗元素选择、组合和重构的产物，一句话，民俗主义现象创造的是民俗文化产品，这种民俗文化产品倾注了创意者的构思和设计，亦即凝聚了人类无差别的劳动，具有了使用价值，因而在交换过程中能够进行交换，具有交换价值，具有商品的属性。它不是民俗文化本身，而是民俗文化形式，是民俗文化的微妙"变脸"，或者说是民俗文化的延伸和发展。

因而对于创意产业中的民俗主义现象，我们不能一味加以排斥，而要正视并进行相应研究，拓展民俗学学术交流平台，加强民俗学的文化建设力度，这对于仍处于边缘化地位的民俗学来说，或许是其融入主流社会与主流学术、发挥更大价值的一个重要发展契机。

"农家乐"与民俗主义[*]

周星

30多年持续的高速经济增长为中国社会结构带来了巨变，也带来了堪称"生活革命"的生活方式大变迁。在为数众多的变迁中，近20多年来全国范围内普遍兴起的"农家乐"现象显得格外醒目。截至目前，"农家乐"主要是在旅游产业、城乡一体化、发展农村经济或扶贫、西部开发[①]、新农村建设等政府工作的文脉之中得到关注、研究和推动的。中国民俗学在为数不多的"民俗旅游"研究中，偶尔也涉及"农家乐"，或将其视为民俗旅游的一部分，或认为它属于乡村旅游，是比民俗旅游较为低端的旅游形式。然而，全国各地的"农家乐"均程度不等地内含着很多将民俗文化作为资源予以利用的实践，也深刻地反映着地方乡土或"传统"的民俗文化，在当代中国社会中的基本遭遇和新的发展的可能性。中国民俗学对"农家乐"现象的轻视，在某种意义上，可以说明其对当代现实社会中涉及民俗文化的事象常反应迟钝。

本文试图从民俗主义视角探讨"农家乐"的相关问题。近十多年，笔者有多次机会接触各地的"农家乐"，其中既有作为研究者从事相关课题（但并非

---

[*] 2014年7月12日，笔者在爱知大学国际中国学研究中心组织并主持了以"乡村旅游的中日比较"为主题的文化研究会，徐赣丽教授以"'农家乐'：中国的乡村旅游"为题，田村和彦教授以"日本的乡村观光与'故乡'"为题，相继做了研究发表。笔者此文亦受到两位学者的启示，谨此鸣谢。

[①] 徐国才：《西部旅游开发新模式——农家乐》，《中国旅游报》2000年9月15日。

"农家乐")调查的情形,也有被亲友款待或自己作为消费者前往体验和度假的情形。本文依据笔者亲身体会过的"农家乐",诸如陕西省韩城市党家村、户县东韩村、丹凤县王塬村、万湾村,天津市蓟县的西井峪村,北京市的高碑店村,甘肃省兰州市的仁寿山"农家乐",以及四川成都市三圣乡的"农家乐"等,同时参考相关研究文献对其他一些地区"农家乐"的描述等展开分析,虽然这些文献多不被认为具有民俗学的专业属性。

城市化大背景下乡村生活与民俗文化的再认知

中国在20世纪50年代至20世纪70年代,由于"剪刀差"政策和以城市为中心的社会主义建设,以及壁垒森严的户籍制度,导致城市和农村之间形成了巨大的鸿沟,甚至形成了"准身份制"的二元社会结构。与此同时,社会主义意识形态和以工业化为核心的现代化战略,也始终把农村和农民视为文化落后、封建迷信盛行,是需要加以改造的对象。这在相当程度上部分地构成了当前农村、农民和农业,亦即所谓"三农问题"的历史根源。与上述时代背景相呼应的是地方乡土的民俗文化受到压制,农村的日常生活频繁受到干扰,农民动辄得咎,无所适从,甚至连种庄稼也被纳入国民经济的僵硬的计划体制中。结果是农村经济濒临破产,农民饱受城市居民(干部、职工和市民)歧视。二元社会结构限制了城乡间的社会流动,跳出"农门"成为农村青年可望不可即的梦想。虽然特定时期的上山下乡(1968—1976)和居民下放运动曾具有一些反城市化的倾向,但其完全无法改变城乡对立的基本格局。

20世纪80年代的改革开放率先从农村开始。农村经济的再生迅速改变了农民生计,同时促成大批剩余劳动力的进城。城市各项建设事业对劳动力的需求,同时也伴随着户籍制度的渐进性改革,带来人口流动的激活,导致出现全国范围的青壮年"农民工"现象。农民工为改革开放以来的中国社会发展和城市建设做出了巨大贡献,但正如其称谓所反映的尴尬处境一样,他们依然是饱受白眼的人群。不能够被城市接纳的农民工群体，候鸟般地在城市和乡村之间漂泊，钟摆似地迁徙往返，从而构成现当代中国人口周期性大流动的奇特景观。

另一方面则是城市化规模持续扩大，城市扩容不断把周边的城郊农村卷入其中。小城镇的全面发展和乡镇企业的崛起、户籍壁垒的松动等诸多因素，以及国家明确的城市化政策，均导致城市人口持续猛增，除了城镇常住人口，几乎每个城市均有大量的流动人口。20世纪70年代末，中国的城市化率约为17%，2011年猛增到52%，城镇居民人口净增5.2亿人。2014年年末，中国的城镇常住人口达7.49亿人，占全国总人口的54.8%。除过城镇人口的自然增长之外，至少有大约4亿多以上的农民进城成为市民。同时，农业在国民经济中的比重逐渐下降，到2011年仅占全国GDP的10.1%，2014年进一步降至9.2%。2005年，中央政府决定废除已有数千年历史的农业税，这意味着中国社会在相当程度上已经初步实现了从农耕社会朝向城市工业社会乃至于后工业时代的信息社会的转型。2013年和2014年，中国政府相继颁布了《全国促进城镇化健康发展规划（2011—2020年）》和《国家新型城镇化规划（2014—2020年）》，所谓新型城镇化，其实就是要进一步缓解城乡间的各种问题，力争让更多农民在城市落地生根，转化成为市民。

虽然中国依然存在着不能掉以轻心的"三农问题"，城乡间各项差距的严峻性依然如故，但广大农村的社会与经济面貌发生了深刻的进步性变化却是不争的事实。各级政府在持续地致力于解决"三农问题"过程中，"农家乐"成为一个颇有吸引力并具有实践可行性的思路。与此同时，急速和大规模的城市化也引发了大面积的怀旧情绪和文化乡愁。城市中拥挤的空间、窘迫的环境、激烈的竞争、超快的生活节奏，以及社会人际关系的稀薄化等因素，均不断滋生着短暂或象征性"逃离"的出行动机。当然，还有双休日、黄金周、小长假等国民节假日体系的改革与完善，也持续促成了城郊型乡村旅游项目的快速增长。于是，在各大中城市周边，或者就以小型城市或古村镇等为基础，开发出各种旅游服务设施，以便满足城市人暂时逃离，或修养"充电"的需求。这其中，以"农家乐"最为突出，也最为适宜成为民俗学的考察对象。

改革开放的成果和中国现代化的初步进展，带来了国民社会意识形态的大转型。自从"五四"以来将以农村为大本营的传统乡土文化视为"革命"对象的意识形态，逐步让位于珍视传统、守护乡土的新文化观，这尤其在近十多来全国范围内风生水起的非物质文化遗产保护运动中表现得颇为突出[1]。诚如"农家乐"这一用语所喻示的那样，乡村、农家、广义的农业（包括林、牧、副、渔、果、蔬等）在现当代中国的媒体话语体系中，不知不觉至少部分地改变了以往那些负面的印象，逐渐成为怡然自得、天然、从容、健康、质朴，以及亲情温暖、民风淳厚等正面的印象。这固然只是媒体和部分市民浪漫化的憧憬和想象，但也正是在上述诸多背景下，乡村风情、小农人家、慢节奏生活、田园风光等，作为中国现代旅游产业发展格局中一个新兴支脉，亦即乡村旅游的基本资源得到了明白无误的确认，而"农家乐"作为乡村旅游的一类尝试性实践，现已取得巨大成功。

"农家乐"只是中国当下乡村旅游的形态之一，类似的还有"古镇游"、"古村游"、"民族村寨风情游"以及"生态农业游"等等，它们大体上都可在上述的时代脉络中得到理解，亦即都是在城市化进程中对于古村镇，以及乡土传统和民间农户生活的"再发现"、再认识和再建构。[2] 与其说这意味着村民或乡村为城里人提供了什么，不如说是城市人重新发现了乡村。这当然不是真正的"回归"，只是暂时的"逃离"和休憩，为的是获得一时的身心放松；或许对于部分城市知识精英而言，还是他们一种基于后现代主义理念的消费行为[3]。上述旅游项目最表层和显而易见的共同特征在于，它们都位于大中城市的周边，所在具体地点均是交通便利之处，大多可以当天往返；或分布于大中城市的郊区型景点、著名旅游景区或县级景区的周围，距离市中心一般为1—2个小时车

---

[1] 周星：《非物质文化遗产与中国的文化政策》，周晓虹、谢曙光主编：《中国研究》2009年秋季卷，社会科学文献出版社2011年版。

[2] 周星：《古村镇在当代中国社会的"再发现"》，《温州大学学报》2009年第5期。

[3] 吴巧红：《后现代视角下的乡村旅游》，《旅游学刊》2014年第8期。

程。几乎所有"农家乐"都以城市居民为目标人群。此外，城市郊区的扩张和道路交通革命的发生，导致城乡间的交通情况有了极大改观，于是，以前距离城市较远的那些山清水秀的乡村，如今也终于有可能成为方便"进出"的观光目的地了。

多种力量形塑的乡村旅游模式

"农家乐"不是一个有着清晰定义的学术概念，而是一个约定俗成的公共用语。按照目前较多认同的定义，狭义的"农家乐"是指从消费者立场而言，来自城市的游客在农家田园寻求乐趣，体验与城市生活不同的乡村意味；从经营者的立场而言，主要是指乡民农户利用自家庭院和周围的田园景观，以较低廉的价格吸引市民前来吃、住、玩、游、娱、购的旅游形式。广义的"农家乐"与广义的农业概念相关联，可将"渔家乐"以及林业户、牧业户等也包括在内。[①] 由此可知，"农家乐"主要是指来自附近城市的游客，到乡村农家用餐、体验农家生活，以及欣赏农村田园风光的一种短距离旅游项目。但稍微检索一下文献，便不难发现"农家乐"这一用语的内涵灵活多变，从简单招待游客就餐的接待点（户），到可以提供吃住、游乐、购物、体验、娱乐、度假、疗养等服务的综合性设施或景区，以及介于上述两者之间的无数中间形态。

"农家乐"大约起源于20世纪80年代后期，但要确凿考据却有困难，这主要是由于"农家乐"的概念太过含混和多义。有人认为，浙江省富阳县（今杭州市富阳区）新沙岛是"农家乐"起源地，1985—1986年间，该县旅游局策划过"外国人做一日中国农民"的项目，后来慢慢发展；到1987年5月，当时的国务院副总理谷牧曾为其题词"农家乐，旅游者也乐"。另一说是把成都作为

---

① 田喜洲：《休闲旅游"农家乐"发展探讨》，《北京第二外国语学院学报》2002年第1期。

"农家乐"的起源地[①]，说在20世纪90年代初，郫县的友爱镇农科村先是以花农苗圃作为旅游资源吸引游客，后出现了餐饮接待；1992年，有省里领导为其题词"农家乐"。还有人把1987年成都郊区龙泉驿书房村举办的桃花节视为以"农家乐"命名的乡村旅游的肇始。其实，全国其他地方应该也有类似的过程，例如，北京在20世纪80年代后期，率先在昌平十三陵一带出现了观光桃园，后发展成郊区农村观光，吸引了很多市内青年学生前去体验农村生活；1995年以后，出现了民俗旅游的接待专业户，接待内容主要包括吃农家饭、住农家院、体验传统生活习俗、采摘果品菜蔬，以及垂钓等，可以说具备了"农家乐"或民俗旅游的一些基本特征。因此，对上述各种关于"农家乐"起源地的说法不必认真计较，我们将"农家乐"理解为是在城市化大背景下，中国乡村旅游大约在20世纪80年代后期开始起步就足够了。更有论者将"农家乐"一词上溯于唐宋诗人孟浩然及陆游等人的作品，可知该用语原本内涵着文人学士对富足乡村农家生活的美好想象。就此而言，当代"农家乐"距离其古意依然没有多大变化。

"农家乐"很快发展成为城市居民新兴的休闲度假方式，并被总结为"吃农家饭、品农家菜、住农家院、干农家活、娱农家乐、购农家品"等，成为一种富于中国特色的乡村旅游模式。对"农家乐"的分类也有各种尝试，若就其依托的资源而言，如农家田园型、观光果园型、季节采摘型、自然景区旅舍（类似于日本的民宿）型、农事体验型、传统民居型等[②]。其实，如此分类的意义并不是很大，因为"农家乐"大都因地制宜，并尽可能彼此兼顾，故很难有非常清晰的分类依据。进入21世纪，"农家乐"在全国遍地开花，进入到提升品质、规模经营的阶段。2010年10月12日，"首届全国农家乐生态旅游论坛暨中国农家乐协会成立大会"在北京举行，会后成立的中国农家乐协会（China

---

[①] 何景明：《成都市"农家乐"演变的案例研究——兼论我国城市郊区乡村旅游发展》，《旅游学刊》2005年第6期；刘德谦：《关于乡村旅游、农业旅游与民俗旅游的几点辨析》，《旅游学刊》2006年第3期。
[②] 刘娜、胡华：《成都市郫县农家乐现状剖析与发展思路》，《国土经济》2001年第1期。

Country Retreat Association），是一个由国内外从事"农家乐"行业及相关企业、家庭、单位、部门、科研、院校等人士自愿发起组成的行业性、非营利性民间社团，职能主要是为全国"农家乐"提供各种信息交流服务，现已设立了学会网站和开始出版会刊。近年来，各地"农家乐"的发展在极力发掘和维持各自的地方性和乡村性的同时，也出现了大面积的雷同趋向，例如，有学者比较了四川和北京的乡村旅游，发现其模式和路径惊人相似①。全国性交流平台的形成，以及政府或其相关部门（如旅游部门）推进"农家乐"的理念、方式和路径等，经由相互的借鉴与模仿而显得非常近似，因此，"农家乐"的模式化或千篇一律化将是今后一个重大的问题。但无论如何，伴随着国民出境游、国内长线游的繁荣，郊区近距离的"农家乐"也被视为是一种更加合理、便捷的旅游消费选项，与此同时，它还被寄托了诸如发展乡村经济、缓解城乡对立，以及提升国民幸福指数等多方面的期许。

在当代中国社会，"农家乐"作为乡村旅游的一个较成功的模式，其实是被多种力量形塑的。至少有以下几种力量参与了"农家乐"观光模式的创造。

一是各地基层的政府或其相关的部局委办，诸如旅游局、农委、文物部门或文明办等，来自政府部门对"农家乐"的强力推动（往往作为扶贫任务或农村工作的一环），当下仍持处于"现在进行时"。例如，2015 年 4 月 2 日，北京市门头沟区召开了促进"农家乐"发展座谈会，邀请一些"民俗户"代表参加，区旅游委汇报了区内民俗旅游发展的基本情况，区长讲话要求规范化经营、打造品牌，一手抓景区旅游，一手抓民俗旅游，使民俗旅游成为拉动门头沟区经济增长的新亮点。这当然只是现在进行时的一个小片段，多年来，北京市各级政府一直是把乡村旅游作为扶贫与促进乡村发展的中心工作来抓的，实施了大量优惠政策，经过多年努力，现已建立起所谓四级管理体系（区县、旅游管理部门、乡镇和民俗旅游村）。2002—2003 年，北京市农委会、市旅游局相继

---

① 邹统钎：《中国乡村旅游发展模式研究——成都农家乐与北京民俗村的比较与对策分析》，《旅游学刊》第 20 卷，2005 年第 3 期。

联合推出《北京市郊区民俗旅游接待户评定标准》（试行）和《北京市郊区民俗旅游村评定标准》（试行），在全市评定出首批计 4166 个挂牌的"民俗旅游接待户"和首批计 35 个"民俗旅游村"。由北京市农村工作委员会主办（北京观光休闲农业行业协会承办）的北京乡村旅游网（http//ly.bjnw.gow.cn），也是其诸多努力中较见成效的一项。

远隔数千公里之外，在位置偏僻的陕西省丹凤县，近年来政府也是努力推动"农家乐"旅游项目，几年前曾制定《丹凤县农家乐建设实施方案》，出台系列优惠政策，鼓励农户参与"农家乐"旅游餐饮服务。卫生部门对经营户的健康证、卫生证、防疫检验证等予以统一办理；文化旅游部门组织卫生知识、旅游知识、礼仪知识、餐饮技能等免费培训；城建部门为"农家乐"建房免费提供规范设计图和技术服务等。2015 年 1 月，更在《丹凤县精品旅游景区建设实施方案》中提出"旅游活县"战略，在突出强调"商鞅封地、丹凤朝阳"之地域旅游品牌的同时，也非常重视乡村旅游，突出风土民俗等地方特色，例如，将发掘丹凤商芝肉、苜蓿肉、豆腐宴、莲菜宴、山珍宴及"八大件"、"十三花"①等地方民俗饮食也纳入精品菜系的开发计划。"农家乐"在此已经是旅游规划的重要组成部分，是在重点景区及其周围发展起来的农家旅舍、农家饭馆、农家作坊等服务设施的总称。除了乡村风情、商山地域文化、古驿站等标签之外，政府还明确、具体地要求大力开发魔芋、粉条、柿子醋、包谷酒、核桃，以及南北二山的吊挂面、杂粮，以及丹凤葡萄酒、山茱萸果酒、商字瓦当、竹林关青铜器、刺绣、十字绣、竹编草编等以特色农产品、手工艺品为主的旅游商品。当然，还有农田景观营造，建设优美小镇，创建"秦岭美丽乡村"，希望通过保持传统乡村文化和民俗风貌确立可持续发展的基础。政府的努力在万湾村等"农家乐"示范点得到明确体现，只是这样的示范点往往不只是为了旅

---

① "八大件"一般是指称山阳、镇安、柞水等地民间待客筵席的菜品组合。"十三花"一般是指商州、丹凤一带民间待客筵席的菜品组合，又有"商州十三花"或丹凤"九碗十三花"之称。此外，也有用"八大件"特指商洛山区土特农产品的组合，一般包括板栗、核桃、香菇、肉羊、土鸡、土猪、高山蔬菜、木耳。

游，它同时还承担旅游接待以外许多其他各种功能，诸如，"生态农业"的示范或社区建设等①。

在"农家乐"较发达的成都市及很多其他地方，"农家乐"往往是作为传统农业结构的调整方向、作为传统农业的替代产业而出现的。有时它是郊区失地农民迫不得已的选择。有些地方，"农家乐"若发展较好，就有可能促使农村社区由农业生产组织朝向旅游企业转变，更多的情形当然是只把"农家乐"视为多种经营中的一项。成都市在发展"农家乐"过程中，政府不收管理费，经营者在1—2年内不缴税，对中低收入农户免征各种证照费用，土地承包30年不变，卖地经营则10年不变等，这些都是政府深度介入"农家乐"的基本情形。

二是外部资本的注入。此处所谓"外部"，主要是就乡村农户而言。大多数"农家乐"项目并不需要巨额投资，但如果是作为旅游企业经营的"农家乐"，尤其是那些作为综合性旅游服务基地的"农家乐"，外部资本的介入往往难以避免，其影响力也不容忽视。一般来说，乡村旅游中外来资本的"飞地化"，容易带来促使乡村性消失或变色的危险。② 2015年6月，由龙桥集团投资的"金山公园、龙驹山庄"在丹凤县举办了开园仪式，这个集观光旅游、休闲度假、养生保健、运动娱乐为一体的生态旅游度假区，也包括"农家乐"的概念与设施在内，但它很可能成为资本介入彻底提升或改变"农家乐"内涵的例证。这类例子在全国各地比比皆是，2009年4月，"华声天桥民俗文化园"入驻北京市高碑店村，促使高碑店村从展示本村生活文化的民俗旅游，一变而成为展现老北京以"天桥"为标签的市井文化的基地。一方面，固然可以说这是对本地民俗旅游资源的一种丰富，但同时也潜在着因外来"飞地"嵌入导致本地本村民俗文化被稀释的危险。据说高碑店村与"华声天桥"是招

---

① 李悦、侯熠芃:《陕南山区"农家乐"的社区建设研究——以商洛市丹凤县万湾村为例》，《改革与开放》2014年第15期。
② 邹统钎:《中国乡村旅游发展模式研究——成都农家乐与北京民俗村的比较与对策分析》，《旅游学刊》第20卷，2005年第3期。

商关系，后者向村里缴纳租金，但实行自我管理，恰如外来资本的一块经营"飞地"。

各地"农家乐"或民俗旅游能否坚持本地化及其特有的乡村性，将是它能否实现可持续发展的关键。本地化和乡村性的实质是旨在满足当地乡民幸福感的旅游开发。乡村旅游经营者与劳动力的本地化，是乡村旅游可持续发展的根本保证。绝大多数"农家乐"经营者均属于"农、游两栖"，"农家乐"只是其农业等其他营生之外一种副业，这与笔者在贵州苗寨观察到的村寨旅游颇为类似[①]。尽管"两栖性"有可能不够规模和不够所谓档次，却是体现本地居民参与的最重要特点，也正是这一点可以保证其乡村性。相比之下，外来资本导致的"飞地化"反倒容易让城市投资者反客为主。

三是游客及他们带来的购买力或消费趋好。一般来说，城市居民对"农家乐"的想象与期待，总是会直接或间接影响到"农家乐"的品位。游客带来城市的新观念，在体验"农家乐"的同时，也会要求比较接近于城市的卫生、道路、环境等基本条件，有时甚至会对此斤斤计较、吹毛求疵，这便内含着深刻的悖论。就目前各地"农家乐"的实际客源看，"农家乐"的旅游消费者多是城市里的核心家庭、生活无虑的中老年人、追求新奇体验的年轻人等，这些人群的受教育水平以中上程度居多。应该说"农家乐"体验有助于来自城市的人群获得对乡村的新认识；使他们体验到一般在城市里较为稀缺的乡民的友善、热情与淳朴的姿态。

上述这些影响"农家乐"旅游项目的力量，在现实社会中各有其代表人，例如，地方基层政府的干部；多少是在政府的担保、鼓励和优待下，愿意投资"农家乐"的经营者，以及一波波潮水般涌来的游客。根据一些经验研究，在某些成功的"农家乐"项目中，还可见到致力于促成上述诸多要素彼此结合的类似"文化中介"（或文化掮客）之类人士的身影。

---

① 周星：《村寨博物馆：民俗文化展示的突破与问题》，（台湾）《博物馆学季刊》第 14 卷第 1 期。

"农家乐"的在地实践：灵活变通的民俗主义

尽管"农家乐"旅游模式受上述诸多力量的影响和形塑，也无论来自外部的推动或期许多么强大，所有的"农家乐"项目均必须有在地化的落实。正是在"农家乐"在地实践的过程中，发生了诸多灵活变通的民俗主义。分别对应于上述那些形塑"农家乐"的力量，民俗主义也就有了诸多不尽相同的表现。

按照德国民俗学家汉斯·莫泽与赫尔曼·鲍辛格的定义，所谓"二手性地对民俗文化的继承与演出"，或使某种民俗在原本的时空脉络之外予以重置，由此获得新的功能，或是在新的目的下得以展开的现象，便是"民俗主义"。[1] 如此看来，所谓民俗旅游或在旅游产业中利用民俗文化资源的所有相关作为，均可从民俗主义这一视角去理解，"农家乐"当然也不例外。事实上，德国和日本民俗学对民俗主义的相关讨论，最多集中的课题领域正是与旅游观光密不可分的民俗主义，但在中国民俗学对民俗旅游的研究中还很少如此看待问题。笔者在此将"农家乐"及民俗旅游整体上置于民俗主义视角之下予以审视，因为"农家乐"首先面临的就是一个时空脉络的重置。包括陕西、北京和成都的例子在内，但凡开展"农家乐"旅游项目的村落或农户家庭，无一例外均有对村容、村貌或家庭卫生环境的整理程序；事实上，很多地方需要由地方政府提供可供游客"进出"的基础设施（道路、通讯等）；大多数这样的村落和农户都是被筛选出来，并经过了某种程度的培训，例如，对"农家乐"从业人员进行的以餐饮、礼仪、安全、外语为主要内容的培训，其实是全国各地的普遍

---

[1] H・モーザ：「民俗学の研究課題としてのフォークロリスムス」上・下（河野真訳）、『愛知大学国際問題研究所紀要』第 90・91 号、1989・1990 年、第 63-95 頁、第 1-38 頁。H.Bausinger,(E. Dettmertrans.), *Folk Culture in a World of Tecknology*, Indiana Univ. Press, 1990, p.187. 河野真：「フォークロリズムからみた今日の民俗文化―ドイツ民俗学の視角から―」、『三河民俗』3 号、1992 年、第 94-112 頁。

现象。

"农家乐"开张的最初步骤是选择出合适的"接待户"。例如，在陕西省户县甘亭镇的东韩村，246户人家中约有70多户成为"接待户"，成为接待户有若干条件，比如，待人热情，家庭各方面条件较好，尤其是饮食、住宿和如厕的卫生条件得到大幅度改善。若涉及接待外宾，接待户的遴选就更加重要。东韩村有些接待户就被要求达到能接待外宾的水平，这由旅游部门具体指导，例如，能接待外宾的接待户家里，有时还会在厨房、卫生间、客房等设施上标有中英文。村里还为此组织过简单的英语交流培训，要求农妇也能用简单的英语与客人沟通。

北京市高碑店村曾经以"国际民俗旅游"为卖点，其接待户的遴选，据杨利慧等人的调查，一般要求"三世同堂"，为的是给"老外"展示中国人的家庭价值观；家庭成员中老人要有明确的文化与民俗意识，愿意和客人说话，聊聊中国的民俗；家庭要体现尊老爱幼的传统美德，且在日常生活中能付诸实践，比如，吃饭时请老人先入座之类。当然，家庭中要有厨艺较好的成员，最好同时掌握一点传统的手艺（剪纸、扎风筝、书法）。值得一提的是，室内装饰也要求"传统化"（traditionalization），有意识地凸显中国传统文化的一些特色，诸如悬挂"中国结"或张贴年画、书法、国画，或摆放全家福照片、中国特色的花瓶或工艺品[1]。这些皆意味着"农家乐"及民俗旅游场景中的民俗文化，已被置于一个重新建构的时空脉络，与其先前没有外来游客打扰时的状况程度不等地有所不同。在当代中国社会，政府及业务部门强力介入的事业一般均具有民族国家之现代化诉求的属性，以及强烈的中华文化意识形态渗透，上述对"农家乐"和民俗旅游的具体指导，正是权力和意识形态促使民俗文化脱离先前语境而被彻底仪式化的情形[2]。这也正是民俗主义的主要类型之一，亦即政治性

---

[1] 杨利慧、祝鹏程、张荣:《北京市民俗旅游的发展状况（2008—2009）——以高碑店村和涧沟村的田野调查为个案》，北京文化发展研究院编:《2008—2009年北京文化发展报告》，文化艺术出版社2009年版，第336—350页。

[2] 刘晓春:《民俗旅游的意识形态》,《旅游学刊》2002年第1期。

地利用民俗文化的典型例证。

"农家乐"中被认为较易保持原汁原味的可能是饮食，除一般农户不能做出城里饭店那么多花样之外，接待户们大都清晰地意识到游客前来欣赏的就是地道的本地农家饭。对游客来讲，可能是特色的农家饭；对接待户而言，则有可能是他们日常饮食的稍微豪华版。笔者在东韩村体验的农家饭是20元一人，主要是当地的特色面食，诸如裤带面、软面、臊子面、摆汤面、手擀面、浆水面，以及锅盔饼、手撕饼之类。即便如此，这样的农家饭依然和主人的日常饮食形成一些重要的差异，例如，比较注意饭菜品相、提供菜单供客人点选、客人也可进入厨房观察料理过程等。笔者在天津蓟县西井峪村和房东大叔闲谈得知，他隔几天就得去县城购买蔬菜，进几箱啤酒。自家菜园其实是不够接待蜂拥而至的游客，有些游客特别点明需要啤酒。饮食和住宿（东韩村住宿一晚约50元，西井峪村住宿一晚约80元）都是"农家乐"明码标价的服务项目，这和他们日常的饮食起居以及款待亲戚的情形，即便看起来没有多大不同，但最大的差异就在于商业化，对于接待户而言就是生意。

"农家饭"之脱离乡民日常生活语境的另一个方向，恰好相反，亦即有可能过于特化。杨利慧等人的研究报告曾提到高碑店村在接待外宾时，食谱甚至也要由旅游局与农委统一确定，需要兼顾营养、卫生标准、外宾口味及传统饮食的中国特色或老北京特色。据说"爱吃硬菜（肉菜）"的外国游客来，必须做的两个菜是宫保鸡丁和京酱肉丝，这是为了突出民俗特色。旅游局还要求接待户尽量把包饺子、抻面条的过程表演给客人看。地处门头沟区妙峰山脚、故以国内游客为主要对象的涧沟村，其"农家饭"充满山野风味，柴鸡炖山蘑、玫瑰饼、野菜馅团子、卤水豆腐等，许多现在已不再被村民日常食用的传统饮食，又被重新发掘出来，曾经是苦难生活的记忆符号，如今被赋予了全新的功能和意义，以迎合城市游客的口味偏好。[1]类似情形也见于陕西商洛各地的"农家

---

[1] 杨利慧、祝鹏程、张荣：《北京市民俗旅游的发展状况（2008—2009）——以高碑店村和涧沟村的田野调查为个案》，《2008—2009年北京文化发展报告》，第336—350页。

乐",当地乡民的日常饮食和所谓"农家饭"总是有着这样或那样的不同。屡屡在旅游场景被特化的土特产品或乡土饮食,其在当地民众的日常生活里或许并没有那么普及和重要。"农家饭"不只是一餐饮食,它还内涵着与城市的麦当劳之类"快餐"形成对照的"慢餐"(慢节奏生活)的寓意。但旅游产业的发展又容易促使旅游产品的形式和内容出现标准化、模式化和同质化,亦即所谓"麦当劳化"趋势[①],因此,"农家乐"如果被用于大规模的旅游接待,就会背离它原本作为"慢餐"的意义,从而失去特有的魅力。

涉及"住农家院"的民俗主义现象也有若干个不同方向。一是改造成简易旅馆或城市常见的宾馆形式,改造农家厕所为抽水马桶等,从而脱离了农户居室生活的日常。二是特意突出"农家"特色,以突显与城市高层建筑之房屋的不同。例如,党家村利用传统四合院吸引游客,窗户贴了剪纸,屋檐下挂上红灯笼,以及玉米、辣椒等农作物。这是特意配置的旨在迎合城市游客想象的"农家院",其实在村民日常起居中一般很少如此布置。在有些地方的民俗旅游村,还频繁更换大红灯笼,为的是持续地维系红火和喜庆氛围。三是某些几乎已经消失了的居室设施,又得以"复原"或再现。如在北京涧沟村,特意强调"农家大炕"的特色,以迎合游客稀奇的消费心理。这可以说是民俗旅游使乡村土炕这种民俗起死回生,成为颇有些特别的文化资源。类情形也见于党家村。作为"农家乐"接待游客住宿的设施,较普遍的情形是外部形态多采取当地民居形式,尽力突显地方性或民俗文化特点,内部装修则适当追求现代化,兼顾客人对体验和舒适的双重需求。有些时候,对村落形貌的展示,由于迎合外部世界对中国美丽乡村的固定、刻板印象,还会特意做出一些匪夷所思的塑造。例如,2009年以来,在高碑店村,配合新农村建设而对该村西区进行的改造,据说是统一按"徽派风格"建成的,这样做的目的是为了与已有的古典家具街和民俗接待区相协调。这意味着整个高碑店村将

[①] 刘志扬、更登磋:《民族旅游及其麦当劳化:白马藏族村寨旅游的个案研究》,《文化遗产》2012年第4期。

成为一个"民俗"的大展示场，与此同时，其村落的历史与文化个性或将因此蒙受一定的损失。

体验农家生活的其他项目，例如，在东韩村，据说若赶上种麦子的时节，游客可跟随农户一起去田间地头，甚至参与劳动，但至少对国内游客而言，参与者寥寥无几。东韩村有一个"布坊"，专门用于让游客参观和体验当地农妇的"粗布"纺织工艺。主人坐在当地常见的老式织布机上，脚踩踏板、手投线梭，经纬线交替织就当地旧时乡村常见的"粗布"。曾有媒体记者将此场景描述为"唧唧复唧唧，木兰当户织"，虽不伦不类，却也算一种不无勉强的联想。曾经是农妇持家的基本女工技能，织布如今成为给游客演示的节目。与之配套的"陈列室"，有粗布床单、睡衣、衬衣、短袖等粗布制品，因做工细腻、触觉温暖和价格适中而很受游客青睐。农妇在织机上的表演成为这些粗布制品最好的广告。按照当地人的解释，一块粗布床单需要整整两天才能织成，大概能卖130元，看来得有更多的农家织女在家里劳作，把各自的产品拿到这里销售，就像是一个代销点的机制一样。由于市场销路不错，一些年轻姑娘也有意开始学习织布了。这是"农家乐"体验旅游拉动土特产品需求，促使社区内传统手工技艺的传承得以维系、不至于失传的案例。然而，织布演示和其他很多民俗体验、展演活动，都有策划或第三者导演的存在，因此脱离了先前的文脉，成为旅游场景下的民俗活动，而不是乡村自然就有的状态。除了果蔬采摘之类收费体验项目，大多数民俗体验活动是难以维系长久的，这是因为原先很多非日常的民俗活动，要在"农家乐"项目中隔三岔五地演出而又不易收费，其成本除非有特定的，例如来自政府或旅游企业集团的支持，否则，便是"农家乐"项目难以承受的。

各地"农家乐"项目的具体内容千差万别，共性是均强调甚至特化本地的民俗文化特色。若将极少数完全由外来资本打造的度假设施偶尔也打着"民俗村"或"农家乐"幌子的情形除外，绝大多数"农家乐"的设计均有将民俗文化、乡土风情视为资源的理念和逻辑。党家村以大面积地保存完整的古民居作为资源，这些古民居的外观大同小异，多为典型的窄长型四合院，结构紧凑而又和谐，被认为是富有看点的人文景观。因此，这里采取收取门票的方式，就和参观博物馆一样，只是在村里的饮食、住宿和购物消费，采取了"农家乐"的基本形态。在传统的四合院里住宿，算是一个不错的卖点。[①]在东韩村，被视为资源的民俗文化，其实是著名的户县农民画。农民画的视觉冲击力为东韩村带来很多游客，但它能否算得上是该村的民俗文化，其实大可怀疑。这里的很多"农家乐"接待户，似乎均有各自的民间艺术绝活，或是剪纸，或是十字绣，或是石头画，显示这里并不是自然状态的乡村，而是人为组合的文化园地。这里不定期地免费举办农民画、剪纸、织布、刺绣、秦腔等表演和学习活动，使东韩村"农家乐"更像是一个农村文化的传播基地，这与当地农家的日常生活及其民俗文化已经有了极大的距离，因为当地农民基本上不消费农民画，农民画主要就是"卖给人看"的创作。

在"农家乐"的旅游场景中，如何讲故事或"叙事"也显得非常重要。例如，在党家村，涉及古民居的叙事既有可能围绕着风水展开，也有可能围绕某个院落先前主人的科举成功故事展开，甚至还会具体到前朝状元曾经睡过哪个土炕之类。在东韩村，似乎人人都是民俗艺术高手，很多新创的艺术形式也被"说成"是本地固有的、传统的、具有中华文化之基因的等。由此可知，通过对民俗旅游之"导游词"文本的研究，将有可能揭示民俗被重置文脉之后具备的全新的功能与意义。

"农家乐"的卖点还有乡村的环境，亦即田园风光。农田、菜地、果园、林地、村头小溪、竹编篱笆或小桥流水人家，田园风光的具体形态多种多样，但都与城市里的"水泥森林"形成鲜明对照，当然，还有乡村清新的空气也总是被反复强调。但几乎所有吸引游客前来"回归自然"的田园风光，无一例外均是人为建构的文化空间，事实上也都程度不等地因为"农家乐"的开办而经过打造甚或雕琢。在陕西省丹凤县商镇王塬村，村委会为开展"农家乐"，就

[①] 周星：「古村落の観光資源化-陕西省韓城市党家村を事例として-」，愛知大学現代中国学会編：『中国21』第34期、2011年3月、第243-264頁。

曾提出过"旅游田园化"的理念，试图利用山清水秀的田园风光，发展特色经济。万湾村的 20 多个开展"农家乐"业务的农家小院，散布在成片的李梅和苹果园附近，据说为打造良好的观光环境，万湾村曾先后投入 2500 多万元，实施了新农村建设、环村道路硬化和环境保护等工程，使村容村貌焕然一新，成为全省的"旅游示范村"。兰州市安宁仁寿山公园的同乐园山庄，其实是依托于千亩桃园、百年枣园和仁寿山绿化景区，从而成为兰州市民理想中的"城郊田园"；同在兰州的皋兰什川景区，依托"百年梨园"和黄河景观，开发"农家乐"和度假村，故有"兰州后花园"之称。上述这些案例均是把人为建构的田园景观作为资源并赋予意义。

"农家乐"与民俗旅游研究

在东韩村，潘晓玲画室以"关中八怪"为主题创作的农民画，标出了 10 万元的天价，因为它据说曾经获得 2002 年全国农民画一等奖。户县东韩村所在的关中民间素有"八怪"一说："手帕头上戴，面条像裤带，盆碗分不开，房子半边盖"等等，这一类风土民情现如今也成为民俗旅游竞相开发的资源。重要的是，农民画成为民俗风情的载体，然后也作为旅游商品而风靡。[①]这意味着东韩村的村民和农民画家们均非常明确、清晰地意识到本地民俗风情的客体化，以及作为商品，是旅游消费者来看、买和体验的对象。在高碑店村，人们特意把那些精心挑选出来并获得培训的家庭称为"民俗户"，这可能是经过认定程序而在门楣上标出的"民俗接待户"的简称，总之，他们是一些有责任也有能力向外来游客展示本村或北京的民俗乃至优秀的中华传统美德的家庭。"民俗户"这一称谓意味着包括东道主在内，大家均心照不宣地将"民俗"对象化、

---

① 周星：《从政治宣传画到旅游商品——户县农民画：一种"艺术"传统的创造与再生产》，《民俗研究》2011 年第 4 期。

客体化了。于是,"民俗"就被与日常生活切割开来,在此已不同于一般乡民的生活文化,而是特化成为一些能够认定的内容或项目,就像在民俗学概论类著述中予以排比的民俗分类项目一样,诸如,踩高跷、包饺子、放鞭炮、新娘花轿、对唱山歌、腰鼓舞等,以及全国各地无数经过精心准备、筛选和训练出来的民俗游艺表演。

"民俗"的客体化同时伴随着各种形态的特化,以及进一步,连那些民俗的承载者也被客体化。[1]民俗旅游和"农家乐"项目的当事人、接待方,无一例外地意识到此种自己也被客体化了的处境。这反倒可以说明他们并没有完全丧失主体性。参与"农家乐"项目或民俗旅游,对他们而言,不仅是一个有利润和价值的营生,也是他们表象自己人生的机会。所以,研究者不仅需要看到形塑"农家乐"和民俗旅游的诸多外在的力量,还应当看到当事人的主体性与积极能动性,他们作为当地的生活者、作为民俗文化的承载者,作为"农家乐"项目和民俗旅游的利益攸关方,总是能在其生活和生意的实践中创造出各种花样。例如,有很多单干的"农家乐"通过网络招揽生意;通过游客口碑而致力于维系回头客;在接待游客的同时,也出售自家的农副产品;精心打造有机的庭院经济或果园、菜园的营生,作为吸引客人的资本;相互串联、为客人推荐其他去处等等。在主场的"旅游场景"中,他们多会积极主动地和客人交流,有意识地管理和建构可能会给游客留下的印象。[2]从"农家乐"当事人的主体性去看民俗主义的界说,不难发现所谓的"二手民俗"其实很难一概而定,因为至少有一些被重新置于新的时空脉络当中的民俗文化事象,最终也是通过当事人予以落实的。

长期以来,民俗学和旅游的关系颇为疏远,这并不稀奇,因为从民俗学的传统理念出发,民俗旅游导致产生的"伪民俗"现象(即本文所谓的民俗主义)有悖于他们固守的本质主义方法和对本真性的追寻。而且,和民俗的稳定性相

---

[1] 太田好信:「文化の客体化―観光をとおした文化とアイデンティティーの創造―」,『民俗学研究』57卷4号、1993年、第383-410頁。
[2] 周星:《旅游场景与民俗文化》,《西北民族研究》2013年第4期。

比，旅游总被认为是较为表皮或转瞬即过的事象。① 大约到 20 世纪 80 年代中期，才有学者逐渐将民俗与旅游联系起来思考②；1990 年，西敬亭、叶涛提出了"民俗旅游"的概念，认为它"是以民俗事象为主体内容的旅游活动"。③ 此后，中国民俗学开始逐渐地将"民俗旅游"纳入到研究视野，这一方面反映了民俗学者注意到现实社会中民俗旅游相关事象的大面积存在，出于民俗学原本具有的应用和实践的理念予以关注；但另一方面，"民俗旅游"这一范畴却也透漏出固守对"民俗"的界定，只是将和"民俗"有关的旅游事象才视为研究对象的意向。尽管在现实的旅游场景中，"民俗"和生活、"民俗"和其他各种事象之间实在是难以泾渭分明地区分开来，但通过将"民俗"予以特化，既能维系固有的民俗学的框架体系，也能够宣示自己在旅游研究中的存在感。

"民俗旅游"的定义大同小异，或强调以民俗事象作为旅游资源④，或强调借助民俗来开发旅游项目、让游客可以去民俗的氛围中切身体验⑤；有的学者主张，民俗旅游是以"入乡随俗"为追求目标，营造旨在使游人亲历和参与的文化与生活空间⑥；也有学者指出，民俗旅游是指人们以观赏、了解、领略、参与乡土人情为主要目的的旅游⑦ 等。现在，"民俗旅游"已经成功地与自然景观游、历史古迹游等类型形成鲜明的差别，实现了自身的类型化，它被认为可以满足游客对异地以及其他人群日常生活方式的直接体验和感知的需求。若按照这些界说去理解，以"吃农家饭、品农家菜、住农家院、干农家活、娱农家乐、购农家品"（此外，还有"观农家景、随农家俗"之类的归纳）为基本形态的"农家乐"，无非就是民俗旅游在农村的通俗性表述，或干脆就是最为基础性的

---

① 川森博司：「民俗学と観光」、江信清、藤巻正己編：『観光研究レファレンスデータベース：日本編』、第 2—10 頁、株式会社ナカニシヤ出版、2011 年 3 月、第 2—10 頁。
② 莫高：《民俗与旅游》，《民俗研究》1985 年第 1 期。
③ 西敬亭、叶涛：《民俗旅游——一个尚待开拓的领域》，《民间文艺季刊》1990 年第 3 期。
④ 李慕寒：《试论民俗旅游的类型及其区域特征》，《民俗研究》1993 年第 2 期。
⑤ 刘其印：《让游客到民俗气氛中去感受异域风情》，《民俗研究》1995 年第 1 期。
⑥ 陶思炎：《略论民俗旅游》，《旅游学刊》1997 年第 2 期。
⑦ 参见邓永进、薛群慧、赵伯乐：《民俗风情旅游》，云南大学出版社 1997 年版。

民俗旅游。民俗旅游的概念也有可能涵盖到城市（若以北京为例，则有"北京胡同游"之类）[1]，"农家乐"仅限于乡村农户。在这个意义上，将"农家乐"视为民俗旅游的一种，至少就眼下在现实社会中的实践而言较为适宜。

有的民俗旅游的研究者认为，不应该把民俗旅游简单归结为"农家乐"，因为"农家乐"的内容仅限于吃农家饭、住农家院、干农家活（如推磨、担水、采摘等）。在他们看来，民俗旅游似乎要更为高级一些，必须是欣赏到某些可被认定的民俗项目（例如，各种富于表演性的民俗游艺，如扭秧歌、踩高跷、张灯结彩之类）。还有些研究者反对把民俗旅游理解为只是泛泛地展示老百姓怎么过日子，因为那样就与普通的"乡村旅游"混为一谈了。笔者认为，把"农家乐"视为民俗旅游的低端形态予以贬低，把"民俗"特化地区别于当地民众的日常生活，这类观点其实有悖于民俗学的基本立场，因为在民俗学看来，衣食住行之类的日常生活恰是民俗学最基本的对象范畴。若从旅游产业的经济效益去讨论，较为初级的"农家乐"，由于一般只是提供餐饮、茶座或棋牌之类的娱乐服务，比起能够有更多收费的旅游项目而言，确实是处于低端；但若从民俗学的民俗旅游研究来看，低端论却值得商榷。因为"吃农家饭、住农家院"之类的体验，无论在理论上还是实践上，都不比更显热闹、稍微能聚集一些人群的其他民俗游艺类旅游项目为低级。事实上，"农家乐"恰恰因为更有草根性而具备顽强的生命力，而那些需要花费巨大的社会动员，以及投入大量资源和人力的民俗演艺类项目，却由于成本高、难以收费而无法维系长久。在全国各地，类似的民俗旅游策划每每归于失败的例子比比皆是，而提供基础性服务的"农家乐"却如野火般蔓延。在这种情形下，眼下中国民俗学的民俗旅游研究对"农家乐"的轻视，反倒凸现了"民俗旅游"范畴的某些局限性。

对于中国民俗学而言，民俗旅游研究乃是新兴、朝气蓬勃和有重大贡献的课题领域。因为它通过现场的实证性研究，可以和那些认为旅游导致民俗变质

---

[1] 刘德谦：《关于乡村旅游、农业旅游与民俗旅游的几点辨析》，《旅游学刊》2006年第3期。

或堕落,或成为"伪民俗"的看法形成讨论①。研究者们可以证明民旅游对于村民农户的收入、对于地方经济均有正面影响,至于它对民俗文化及其传承的影响则较为复杂。一方面,民俗旅游的确能够促使当地社区的居民重新认识他们自身的生活文化,并关注自身生活中的民俗及有关传统,甚至不排除一些已经濒临消亡的民俗事象借此契机得以延续或起死回生的可能性。换言之,民俗旅游有可能促进民俗传统的复兴或延续,更准确地说,应该是传统的"发明",因为它们大多是在新的时间脉络中对民俗文化的再创造。②另一方面,民俗旅游也促使民俗发生各种变化,包括一些不愿为民俗学者看到的变化,例如,过度商业化,或任意的拼接组合等。事实上,就民众的在地实践来看,很多场景下,人们多是把他们能够为游客提供服务的"民俗"项目和自己的日常生活加以区隔,以便维护生活不受游客的过多骚扰。至于那些借由民俗旅游而复兴的民俗传统,以后在多大程度上能够复归于生活当中,今后尚需做持续性的观察。

只要民俗旅游的研究者不固执于自己头脑里可能事先秉持的"真/伪"二元论的思维理念,那么,在田野中观察到的事实和现象,也就既不存在纯粹、真正的民俗,也不存在伪劣、捏造的民俗,有的只是人们的各种试错与尝试,并最终在各相关方面均可接受的范围或层面,达成一个真正具有混合性的文化展演形态。在这个状态下,当地居民认领其为自己村落、家族或地方性的民俗或文化传统,游客也相信他们欣赏、消费到值得为之前来的乡土文化,或他们看到的场景还是较为符合他们意象中的乡村或传统。这意味着在游客、东道主、两者之间的中介者彼此之间,可以形成微妙的平衡③。换言之,民俗旅游产品和当地的民俗文化,以及在地的日常生活,是属性不同而又彼此关联的存在。的确,在"农家乐"和民俗旅游的场景下,有可能会出现"本真性"与"商

---

① 陈勤建:《文化旅游:摈除伪民俗,开掘真民俗》,《民俗研究》2002 年第 2 期。
② 徐赣丽:《民俗旅游与"传统的发明"——桂林龙脊景区的个案》,《文化遗产》2009 年第 4 期。
③ 森田真也:《民俗学主义与观光——民俗学中的观光研究》西村真志叶译,《民间文化论坛》2007 年第 1 期。

品化"之间的张力关系①，民俗旅游研究者的立场，应该是要超越它们之间的悖论。

正如我们已经指出的那样，包围着"农家乐"和民俗旅游的那个巨大的时代背景，亦即城市化也会随着游客的蜂拥而至悄悄降临。例如，用于接待城市游客的建筑物的城市化与相关设施的标准化，就是一个值得注意的倾向。除了城市游客们自相矛盾的旅游需求，还有当地以各种方式迎合游客口味的城市化倾向②。围绕着"农家乐"、民俗旅游和乡村旅游，事实上存在一种堪称是"围城"的双重心理趋向，不只是城市游客憧憬和浪漫地想象乡村生活，乡民农户也自然而然地会向往和羡慕城市人的生活方式③。眼下，在少数"农家乐"旅游的目的地，已经出现了明显的城市化④，一旦这些地方也被彻底地城市化了，城市游客们便会毫不犹豫地弃之而去。

由于游客增多和外来文化因素的过度流入，以及过度商业化等，"农家乐"也有可能导致出现可持续性难以维系的问题⑤。当过度商业化导致淳朴的民风发生变异，就会使那些有关乡村农家的美好意象逐渐消失或恶化，游客们会因此背离而去，并寻找新的心灵绿地。所以，包括"农家乐"在内的民俗旅游，乃至更为宽泛的乡村旅游，最为重要的是如何维系其旅游资源的可持续性。如果说乡村性（rurality）是乡村旅游的生命线，那么，民俗的传统性和地方个性，则是民俗旅游的关键，农家生活的质朴性和乡土田园性则是"农家乐"的根本。保持"农家乐"与民俗旅游健康发展的关键，与其说是上档次、上规模或高投入，不如说是小本经营、在地经营、社区参与、及其农家生活文化环境的可持续。

---

① 李正欢、黄远水：《解读民俗旅游本真性与商品化的内在张力》，《哈尔滨学院学报》2002 年第 11 期。
② 马彦琳：《环境旅游与文化旅游紧密结合——贵州省乡村旅游发展的前景与方向》，《旅游学刊》2005 年第 1 期。
③ 吴巧红：《后现代视角下的乡村旅游》，《旅游学刊》2014 年第 8 期。
④ 赵煜：《"农家乐"休闲热的社会学分析——对团结乡生态休闲旅游业的调查》，《昆明理工大学学报》2003 年第 4 期。
⑤ 何景明：《国外乡村旅游研究述评》，《旅游学刊》2003 年第 1 期。

民俗主义视野下的信阳民歌[*]

胡慧

引言

在全球经济一体化、文化趋同化的今天,许多非物质文化遗产因其生存环境发生变化,正在逐步消亡和变异。如何能使濒临灭绝的传统文化更好地适应当代社会,走出一条保护和发展双赢的道路,是一个值得深思的问题。

信阳地理位置独特,处于南北过渡带,民歌兼有南北方民歌的特点,种类十分丰富。信阳民歌作为我国民歌的一个重要分支,有浓郁的地方特色和独特的审美价值。信阳民歌历史悠久,《诗经》、《楚辞》中都收录有信阳民歌。《诗经》中《风》的重要组成部分《南召》,有人认为是河南与湖北之间的民歌,即大别山和桐柏山周边的民歌。信阳民歌的发展,经历了上古的产生形成期,历朝历代的发展变化期,清末至民国的成熟兴盛期,新中国成立初至"文革"前的新生繁荣期,"文革"期间的消沉冷落期,20世纪80年代普查修纂集成的抢救复苏期,以及新世纪实施"非保"工程的弘扬振兴期。

信阳民歌属于典型的汉族民歌。主要由两大类组成:小调和劳动歌曲。其

---

[*] 本文是在笔者的硕士学位论文的基础上精简修改而成,论文在河南大学文学院吴效群教授指导下完成,在此向吴教授致谢。

中又可根据演唱内容和产生时代分为情歌、小调、叙事歌、革命历史民歌、新民歌、时政歌、仪式歌、号子、山歌、田歌、灯歌、会歌、儿歌、叫卖歌以及其他种类，涵盖了从古至今不同历史时期、不同文化背景的广泛题材，深刻、生动地表现了当地人民的生活、思想、感情、意志和愿望，真实记录和反映了信阳不同地区、不同时代的社会生活实践活动，蕴藏丰富，影响深远。

面对如火如荼的民俗旅游、古建筑重修、民族风情表演、民族服装展示、民歌新唱等现象，许多人嗤之以鼻，不屑一顾。但一些学者的研究却展示了不同看法。霍布斯鲍姆在《传统的发明》一书中提到"为了相当新近的目的而使用旧材料来建构一种新形式的被发明的传统"[1]，他指出，传统并不是古代流传下来不变的陈迹，而总是当代人活生生的创造。面对社会的急剧变化，信阳民歌同样面临重新适应现代生活的命运。

笔者自幼在罗山农村长大，对家乡的民风民俗耳濡目染。随着现代化进程，信阳民歌也像其他传统文化一样面临消亡的命运，如果不对这些曾经有过辉煌历史但已逐渐远离现代化生活的传统文化加以研究和探讨，那么，或许有一天真会"人亡歌息"。所以，将信阳民歌置于民俗主义的视野下考察其在当下的生存状态，探讨传统文化与国家政治、经济及民众生活的关系，站在非物质文化遗产保护的高度对其现状进行深层次剖析，进而提出可行性的保护策略十分必要。

难以为继的传统形态

正月社火是一种延续至今的习俗，届时信阳的大街小巷、乡村田间都有玩船、玩狮子的。玩船舞狮少不了要说些吉祥话，这些吉祥话大多为信阳民歌中

---

[1] E.霍布斯鲍姆、兰格：《传统的发明》，顾杭、庞冠群译，译林出版社2004年版，第6页。

的小调。据罗山县万玉英老人介绍①，玩船、玩狮子的过程中总是锣鼓喧天，要唱些民歌，这些民歌大多是"活词"，就是见到啥便唱啥，有很大的随机性。比如，见到主人家门口有口井，便唱："旱船玩得喜洋洋，左边有真龙井，右边有念书房，真龙井里吃好水，念书房里状元郎"。这样，主人家就比较高兴。但近年来，由于人们娱乐生活方式的多样化，再加上许多民间艺人年龄较大，像玩船、玩狮子这种活动也渐渐少了。笔者记得小时候，豫南农村每逢正月听到锣鼓声和鞭炮声，便知道外面有玩狮子或玩船的，他们每到一处，围观的人们便跟随他们到一处。据观察，现在绝大部分人平时在外面打工，过年回家往往聚在一起打牌或看电视，由民间艺人自发组织的文化娱乐活动就越来越少，除非很偏僻的乡镇，春节期间偶尔会有这些传统表演活动。据调查，春节期间玩船、玩狮子的民间艺人大都是五六十岁以上的老人，他们因为本身爱热闹再加上正月出去表演一般会有比较可观的收入，所以趁村民都在家，便自发组织一班人出去表演。民歌借助这些传统的民间文化活动存在和发展，如果这些传统民俗文化活动不存在了，民歌的发展和传承就会显得更加步履维艰。

党和政府非常重视民歌的搜集和整理工作。1984年国家开始组织编纂《中国歌谣集成》，信阳市政府和各级文化部门响应号召，组织各级文化部门搜集记录民歌。据统计，在《中国民间歌曲集成·河南卷》中收录的信阳民歌有224首。由于当时条件所限，大部分只留下了记谱稿，声像资料保存极少，2003—2004年间，信阳市文化局两次拨款调集原生态民歌手摄录了原生态民歌；2004年，市财政拨出专款，刻录出版了信阳民歌光盘专辑。2010年3月，由信阳市非物质文化遗产保护中心编的信阳民间歌舞系列丛书《信阳民歌》②，是在20世纪80年代初编写的《民间音乐选集（信阳地区一、二、三卷）》的基础上重新整理、加工、编纂而成的。这本书将信阳民歌分为号子、田歌、山歌、灯歌、小调、革命历史民歌等几大类。各县、乡（镇）也都建立了民歌手

---

① 被访谈人：万玉英；访谈人：胡慧；访谈时间：2011年8月25日；访谈地点：罗山县万玉英家中。
② 信阳市非物质文化保护中心编：《信阳民歌》，河南大学出版社2010年版。

档案,搜集整理了许多原生态民歌。通过记录、录像等方式保存的民歌有效地保存了民间传统文化,但也有其局限,仅仅依靠文字和声像记录,并不意味着它必然会得到传承。

传统的"发明"

随着非物质文化遗产保护运动的展开,信阳民歌也像其他传统文化一样迎来了其艺术生命的春天。信阳历届政府和文化主管部门对信阳民歌的保护、抢救、发展十分重视。2008 年,原河南省委书记徐光春在全省文化产业发展和文化体制改革工作会议上指出,以 3 个至 5 个县或有特色的乡镇,如信阳的新县,像国家搞经济特区一样搞几个"文化发展试验区"。后来,新县作为文化改革发展试验区,充分利用了政策优势,将规划定位为"鄂豫皖红色圣地,大别山休憩家园",为此,于 2009 年根据地域文化特点,将八里畈镇南冲村打造成为"民歌村"。

下面,我们分析一下这个民歌村的制造过程。

八里畈镇南冲村的自然地理概况及文化艺术氛围

八里畈镇位于新县东北部,省道南信叶公路横贯全境,全镇总面积 94 平方公里。茶叶是该镇支柱产业,全镇茶园面积 1.6 万亩,年产干茶 60 万公斤,产值 3000 万元,产品远销东南亚及全国大部分省市。以千年茶史、万亩茶园和丰富的茶文化底蕴被李德生将军题名为"中原茶叶第一乡"。这里有众多的茶叶加工企业,建有中原最大的茶叶专业批发市场之一;还开辟了赛山、韩皋墓葬和大庙冲新石器遗址等旅游景点。

南冲村位于八里畈镇东北部,有 25 个村民组,603 户 2029 人。村里大部分人家都姓李,所以该村又叫"李南冲村"。南冲民歌渊源源于"赛山樵唱",据民国时晏兆平编的《光山县志约稿》"山川志"条目记载:"赛山,在县东南七十里上有三井。元陈老于此立寨游兵（州志做寨山误）。旧传山外人恒闻山中有声如樵歌。旧志八景有赛山樵唱即此。"①"赛山"就在今南冲村境内。据县志记载，"赛山樵唱"源于唐朝，南冲民歌从那时起至今已有1300多年历史。

据村支书李保坤介绍："1947年，刘邓大军千里跃进大别山，司令部曾驻扎在南冲村，那时部队文工团经常与当地老百姓一块表演节目，群众文化活动空前繁荣起来，南冲民歌发展由此进入鼎盛时期，并长久不衰。现如今，全村60%的人会唱上2—3首民歌，其中会唱80首以上的民歌艺人达200多人。村民经常利用农闲的时间自编自演开展娱乐活动，南冲村唱民歌的氛围是非常浓厚的。唱民歌是当地老百姓自娱自乐的一种生活方式。"②2009年2月，八里畈镇因民歌被省文化厅命名为首批"河南省民间文化艺术之乡"。

南冲村的文化艺术氛围浓厚，据当地老百姓回忆：过去村里玩旱船的多，有六个旱船队。每年正月十五，一帮唱皮影戏的，一帮唱花鼓戏的，都活跃在大街小巷。唱花鼓戏的那一班人都不在人世了，后来也没有人学，所以，花鼓戏就失传了。但玩旱船的传统在南冲村得到较好的保留。尤其是玩旱船时唱的民歌更是成为村里人日常生活不可或缺的调味品。平时干活为缓解劳作的辛苦，便会哼上几句民歌，这样使艰苦乏味的劳动变得有些情趣。据村妇联主任刘红霞介绍："每逢谁家有喜事，比如房子上梁、孩子结婚、老人过生等重人人生礼仪，都会请人来唱民歌以烘托热闹气氛。不止如此，有时劝善、对骂、讲谜语也会哼上几句民歌。"③总之，民歌活跃在南冲村村民生活中的方方面面。

新县文化馆馆长对民歌的挖掘和保护

文化馆长在传承和保护非物质文化遗产的过程中肩负着文化中介人的作用，

---

① 晏兆平编：《光山县志约稿》，1936年铅印本影印，成文出版社印行。
② 被访谈人：李保坤；访谈人：胡慧；访谈时间：2011年10月2日；访谈地点：八里畈镇南冲村赛歌园度假村。
③ 被访谈人：刘红霞；访谈人：胡慧；访谈时间：2011年10月2日；访谈地点：八里畈南冲村赛歌园度假村。

他是介于精英文化与草根文化之间、大传统与小传统之间的一个关键人物。提起新县民歌和八里畈南冲民歌，人们提到最多的便是新县文化馆长兼歌舞团团长陈世松。他对新县民歌的挖掘和整理起到了重要的作用。尤其对南冲村民歌的整理和改编，引起政府和专家对八里畈的关注，使八里畈民歌走出新县，走出河南，走进了中央人民广播电台，走向了世界。

走进新县文化馆，只见二楼两边墙壁上写着标语："坚持先进文化前进方向，坚持'二为'和'双百'方针；贴近群众、贴近生活；努力打造文化品牌，为新县经济建设服务"和"以科学的理论武装人，以正确的舆论引导人，以高尚的情操塑造人，以优秀的作品鼓舞人"。据陈世松介绍，这也是文化馆的宗旨。文化馆就是围绕上述宗旨，开展文化娱乐活动，搜集、整理民间文艺作品，指导各乡文化站的工作。馆长告诉笔者，文化馆的歌舞团每个月都会下到各乡镇为当地老百姓进行义务文化演出。这种公益性演出每年至少上百次，演出内容多以民歌为主。[①] 民歌已成为新县文化馆服务基层、政府接待和对外文化交流的一个主打品牌。据悉，新县还先后发掘并培养了民间演唱队10余支，扶持发展"杨摆柳"等民间艺术团体36个。与此同时，文化馆还定期举行民歌大赛，这在一定程度上都有助于民歌的传承和发展。

新县歌舞团组建于2005年，当时陈世松刚担任文化馆长，面对已处瘫痪状态的歌舞团，他一边召集原来的骨干，一边去周边艺校召集新人，短短三个月，歌舞团便重新建立。新县歌舞团承载了服务基层、送文化下乡、进校园、进景区、政府接待演出等活动，演员唱的民歌都是经馆长加工改编后的歌曲。民歌通过歌舞团这一模式得到很好的宣传，在社会上形成广泛影响和良好口碑。新县是一个红色旅游胜地，每年都有大量游客来参观，政府搞接待，必请歌舞团表演民歌。

陈世松对新县民歌的发掘、保护和传承做出了很大贡献，南冲村民歌的发掘和保护就得益于他。陈世松多年扎根基层，到各乡镇搜集民歌，并根据搜集

---

① 被访谈人：陈世松；访谈人：胡慧；访谈时间：2011年12月22日；访谈地点：新县文化馆。

的民歌进行改编和重新创作，使之走向舞台。他在南冲搜集的《青枝柳叶》，经艺术改编和再创造，在中央电视台《民歌中国》栏目上演出。改编后的《青枝柳叶》经演员们表演，有些方言变成了普通话，便于更多的听众理解其中的韵味。

陈世松是 2005 年进行民歌调研时发现南冲村的，经多次搜集和整理，他发现南冲村不仅保留的原生态民歌多，而且会唱民歌的人也挺多，于是便多次到南冲村搜集民歌，据陈世松统计，他一共在南冲村搜集到五六十首原生态民歌，但有的报道说是 100 多首，或 200 多首。经陈世松本人证实并不像新闻媒体报道的那么多，但五六十首在当地已算得上比较多了。2010 年 3 月 23 日，受中央人民广播电台邀请，陈世松带领新县歌舞团和南冲村农民歌手共 13 人进京录制新县民歌，南冲村去了 4 人，分别是雷全枝、付宝秀、刘光梅、张桂荣，她们演唱的原汁原味的新县民歌分别在中央人民广播电台、中国之声、音乐之声、经济之声、华夏之声、海外台同时播出，受到广泛赞誉和专家好评。随后，中央人民广播电台到南冲村为该村颁发了"民歌采风基地"的牌子。从此，南冲村一鸣惊人。据村支书李宝坤介绍，常有省市县级领导到南冲村调研，省歌舞剧院院长周虹也到过他们村；南冲村民歌手唱的民歌在中央人民广播电台播出后，一些新闻媒体也纷纷来采访，为他们做宣传。报社、电视台、广播电台、新华社都来过。

由此可知，民歌村的形成和声名远播不是偶然的，它是由当地政府、当地文化工作者、媒体和当地民众共同作用的结果，并使南冲村村民喜好唱民歌这种生活习俗成为一种地域文化的特征。

赛歌园的成立

深厚的文化内涵和悠久的历史让开发商也嗅到了商机。2009 年，河南昆仑公司董事长徐明山决定投资开发赛山风景区，这是一个聚集历史、革命斗争、诗书、民歌、茶艺欣赏和佛教文化为一体的旅游观光、休闲度假和文化娱乐的风景区。最先尝试把南冲民歌变成产业并付诸实施的民间投资商是李勇，李勇是南冲村本地人，据介绍他从小就比较喜欢民歌，当家乡发展起文化旅游产业，多年在外奔波的他觉得是回报家乡的时候了[1]。2010 年，他在南冲村投资了一座赛歌园。赛歌园坐西北朝东南，左侧的广场上有一座舞台，舞台上写着"茶香歌甜赛歌园"七个大字。李勇告诉笔者，赛歌园占地面积 50 余亩，总投资 300 余万元，是集旅游、餐饮、娱乐为一体的综合项目，已申请注册成立河南赛歌园发展责任有限公司。现在是初步阶段，各方面发展很不成熟，主要有一家农家酒店和 10 套标准客房。目前还在盖房子，预计春节过后从湖北黄冈音乐学院招 16 个专业演员来赛歌园长期居住，为游客表演民歌。

陈世松告诉笔者："自从南冲村建立赛歌园以后，各级民歌协会会长、民歌创作者、民歌演唱者多次去采风。我本人也为赛歌园写了一首歌，名字就叫《赛歌园，歌的故乡》，优美动听的歌声配以婀娜多姿的舞蹈，老百姓看了都很喜欢，我们歌舞团也多次以这首民歌为素材表演舞蹈。赛歌园现在还是初步发展阶段，许多设施需要进一步完善，需要我们文化工作者和当地政府的帮助与支持。赛歌园估计到 2012 年下半年差不多完成产业链条，成为南冲村一道亮丽的风景线。"[2]

赛歌园度假村自营业以来备受广大音乐创作者和民歌爱好者推崇，多次接受中央电视台、新华网、人民日报、河南日报、河南电视台、信阳电视台等数十家新闻媒体的采访报道，这对对赛歌园的发展起到添翼加力的作用。

南冲村原生态民歌手 —— 民间传统文化的守护者

笔者利用 2011 年假期深入南冲村，走访了该村 10 余名民歌手，与她们进行了接触和交流，通过录音、录像和拍照等形式，掌握了她们的生存现状及其与民歌的特殊情感。这些民歌手中文化程度最高的是高中，其余要么是小学程

---

[1] 被访谈人：李勇；访谈人：胡慧；访谈时间：2011 年 10 月 2 日；访谈地点：八里畈南冲村赛歌园度假村。
[2] 被访谈人：陈世松；访谈人：胡慧；访谈时间：2011 年 12 月 21 日；访谈地点：新县文化馆陈世松办公室。

度，有的甚至没上过学，学习民歌全凭借记忆力，用她们的话说，听别人唱几遍自己就会了。她们的基本情况如下：

表 1 民歌村民歌手基本情况表

姓名	出生年	性别	文化程度	职业	学艺时间	居住地
胡宝梅	1967	女	小学	农民	不详	八里畈南冲村
刘福荣	1972	女	高中	农民	不详	八里畈南冲村
陈明英	1966	女	高中	农民	不详	八里畈南冲村
刘光梅	1962	女	文盲	农民	不详	八里畈南冲村
付宝秀	1965	女	初中	农民	不详	八里畈南冲村
雷全枝	1954	女	文盲	农民	不详	八里畈南冲村
张桂荣	1953	女	文盲	农民	不详	八里畈南冲村
刘红霞	1973	女	初中	农民	不详	八里畈南冲村
吴为银	1945	男	小学	农民	不详	八里畈南冲村
刘时银	1946	女	文盲	农民	不详	八里畈南冲村

通过上表可知，南冲村的民歌手大都是女性，男性民歌手很少。调查时村支书告诉笔者，男的也有会唱的，但差不多都年龄比较大。他们多因从小比较喜欢唱民歌，尤其是正月十五夜晚玩灯时，听到先辈们唱，便跟着学，听个一两遍基本上就会了。歌手刘福荣告诉笔者："以前干活时也唱民歌，随着农村物质生活和精神文化生活水平的提高，现在很少唱了，由于长期不练和不唱，许多民歌都忘记了，但人们夏季乘凉聚到一起时，也会唱上几首。"[1] 因为民歌是口耳相传，加上该村民间文化活动丰富，所以，传承模式多为扩散型而非线条型。在南冲村，几乎找不到家族传承和师徒传承这两种传承方式，歌手们都说因为喜欢，听别人唱，自己便也会唱，谈不上拜师之类。随着南冲村民歌的声名远播，民歌手也出名了，尤其是刘光梅、付宝秀、雷全枝、张桂荣这 4 位，

---

[1] 被访谈人：刘福荣；访谈人：胡慧；访谈时间：2011 年 12 月 22 日；访谈地点：新县八里畈南冲村村民陈明英家中。

曾到中央人民广播电台、河南省群艺馆、信阳民歌大赛多次参加表演，文化馆也多次邀请她们去演唱。有时候，政府领导到南冲村调研，村支书也组织她们到赛歌园去唱，虽然报酬很低甚至没有，她们都乐意参加，因为唱歌已是她们生活中不可或缺的一部分。

刘光梅是这些民歌手中的佼佼者，用当地人的话说："她满肚子的歌"①。刘光梅告诉笔者："我小时候就比较喜欢民歌。每逢正月十五玩灯时便跟随那些玩船的一块，他们到哪我就跟到哪，听他们唱歌。时间长了，自己也会唱了。后来嫁到南冲村，村里人也有许多人会唱民歌。刚开始家里穷，每逢正月便干起玩船的营生以贴补家用。我们这个村地理位置比较偏僻，也不兴到外面打工，所以一到正月，村民就自发组织旱船队，挨家挨户去玩船，有时候还到光山那边去玩，算下来一个正月的收入是相当可观。最近几年，由于村民都外出打工，留在村里的都是些老年人和小孩，加上我们这些玩船的年龄也大了，有的还要在家带孙子，有好几年都没玩了。大家现在的日子过得一年比一年好，也不指望在外面玩船来养家了，村民们聚到一起不是打麻将就是看电视，很少有人再去干这营生了。"②

通过刘光梅的讲述，我们知道在物质生活和精神生活都匮乏的年代，唱民歌可以缓解劳作的辛苦，成为谋生的手段，也可以成为贫穷地区固定节点人们喜闻乐见的民间表演形式。通过和这些民歌手交谈，笔者发现，她们虽然并不懂什么是非物质文化遗产，但都意识到保护和传承民歌的重要性。大部分民歌手都是小时候喜欢上民歌的，她们的学历都不高，有的甚至没进过学堂，但凭借着对民歌的热爱，民歌伴着她们走过生活的困难时期，也许在一定时期曾成为她们谋生的手段。但现在不同了，民歌成为歌手们谋取名利的一种方式。像这些参加民歌大赛的民歌手，都希望能拿大奖，渴望受关注，受重视。

---

① 被访谈人：李刚；访谈人：胡慧；访谈时间：2011年12月22日；访谈地点：新县八里畈南冲村小卖部。
② 被访谈人：刘光梅；访谈人：胡慧；访谈时间：2011年12月22日；访谈地点：八里畈南冲村刘光梅家。

形式的创新

　　民间传统文化要在当代社会传承和发展，必须依托一定的载体。信阳民歌也一样需要专业团体的推介和宣传，新县歌舞团自成立以来，一直以当地文化为主题，充分利用当地文化资源优势，将民歌元素巧妙地融进各种表演中，受到当地老百姓和游客的一致好评。

　　民歌是传统农业社会的产物，是老百姓用来抒发内心感受的一个途径，但随着社会不断发展，民歌也失去了赖以生存的土壤和载体。以往，信阳人干活时唱，休息时唱，过节时唱，有重大人生仪礼时也唱，唱民歌是很随意的。现在，随着条件改变，玩船、玩狮子的团体逐渐减少，加上文化生活的丰富和完善，传统的表演形式已很难满足人们的审美需求。通过对南冲村的民歌现状调查，可以看出民间文化如果不加以改造，那么，就会被其持有者抛弃。

　　新县政府利用"文化改革发展实验区"的机遇，使民歌作为当地一种文化资源，进而成为当地文化产业的一张靓丽名片。尤其是歌舞团近几年承载着发展和传承当地民歌的重要作用，民歌已不再是老百姓自娱自乐的生活方式，而是成为当地发展文化产业的一个链条。歌舞团也将民歌作为政府演出、接待游客、送文化下乡的主打节目。改编后的民歌通过演员们的歌唱或舞蹈表演，在保留方言特色的基础上又配以普通话，给人一种清新、明快的感觉。陈世松曾对笔者讲："民歌是好东西，如果不是好东西，也不可能流传到现在。它经过一代代人不断完善，不断发展，才成为今天这样。新县作为红色革命老区，我们不仅要将民歌同红色旅游结合起来，还要把民歌运用到所有的文化活动中，包括我们的民歌比赛。新县歌舞团近几年通过民歌这种艺术形式多次在大赛中获奖。2011年9月6日，在'中国·呼和浩特第二届民歌合唱会演'中，歌舞团合唱的新县民歌《秧麦》和《豫南情调》凭借新颖的艺术处理、优美的旋律夺得大赛二等奖。这也是全国合唱艺术最高规格的赛事之一。现在，如果还靠传统方法演唱民歌，很难满足人们的审美需求，现代人生活是快节奏的，所以表演形式上一定要推陈出新，这样才能使传统迸发出新的活力，大家才会喜欢。"①

通过观察，笔者发现新县歌舞团在展示民歌表演过程中，往往借助道具，注重音响效果和舞台效果。传统的信阳民歌像小调之类，演唱时多为无伴奏清唱；灯歌会歌则配以大锣、小锣之类乐器。据陈世松介绍，传统民歌经过艺术加工，再配以现代的伴奏乐器，会将其展示得非常美妙和大气。歌舞团表演节目使用的道具，还有帽子、扇子之类，力图使民歌所表现的内容形象逼真。

新县歌舞团还培养了一大批年轻人，这些人大都毕业于附近的艺术学校，本身对艺术有强烈的兴趣和爱好。由于具备专业的音乐知识，许多民歌一学就会。歌舞团的演员年龄都比较小，大部分是90后，对生活和艺术充满热情，为表演好一场节目，会不辞辛劳一遍遍排练。陈世松告诉笔者："民歌要传承和发展，必须要有年轻一代的参与和学习，像歌舞团这些小孩子，刚开始对民歌并不十分热衷，但经过多次参加表演和比赛，尤其是比赛中获奖，使他们感到光荣和自豪，后来就都热衷于学习民歌了。"演员张兰兰曾向笔者透露："民歌伴我度过如梦如幻的美好童年，现已渗透到我的血液里、灵魂里，尤其是每次下乡表演，当地民歌手和我们同台演出，从他们身上又吸取了不少知识和营养。"②新县歌舞团调动年轻人热爱、学习民歌的激情，通过民歌来展示地域文化特色，其对表演形式的创新包括借助道具以及培养年轻人等，都是信阳民歌未来持续发展的基础。

为响应党和国家的方针政策，歌舞团还不定期地组织民歌大赛，请原生态民歌手到县文化馆表演节目，激发原生态民歌手的热情。团长陈世松有时还带

---

① 被访谈人：陈世松；访谈人：胡慧；访谈时间：2011年10月2日；访谈地点：新县文化馆陈世松办公室。
② 被访谈人：张兰兰；访谈人：胡慧；访谈时间：2011年12月22日；访谈地点：新县文化馆歌舞团排练室。

这些原生态民歌手参加省里的"非遗"展演和市里举行的民歌大赛，久而久之，歌舞团也因为民歌而在河南省小有名气。经由歌舞团这个平台，新县民歌才走进了中央人民广播电台、中央电视台、湖南卫视、江西卫视、河南卫视等。可见民间文化要想在现代社会占据一席之地，就必须有一个好的发展平台，在表演形式上有所创新，并借助媒体的作用。

利用现代数字化媒体宣传推介

除了表演形式的创新，歌舞团还充分利用现代网络媒体宣传和推介新县民歌，将改编的民歌通过县电视台的设置编辑，以专辑形式在土豆网、优酷网、56网上供爱好者了解和欣赏。这是让更多的人了解和喜爱信阳民歌的一个途径。

陈世松指出，民歌要想在当代社会生存发展，必须依靠现代科学技术。时代变迁，人们的生活方式不可能一成不变，唱民歌的习惯也不可能没有变化。像八里畈南冲村，以前民歌活跃在村民们生活的方方面面，可以说是无处不歌，但现在绝大部分人山外打工，留守在家的都是老年人和儿童，唱民歌的文化氛围自然没有以前浓厚，加上电视网络媒体出现，人们越来越热衷于新兴的文化娱乐资源，所以，歌舞团将当地民歌制成简易的 MTV，在当地电视台播出。这种传播途径受到当地城乡居民的一致好评。他表示退休后，想自筹资金，将当地民歌制成光盘在市场发行，相信会有更多的人喜欢上新县民歌的。

罗远玲在《壮族歌咏文化传承与区域人文重建——以巴马盘阳河流域壮族歌咏文化传承为例》一文中指出："现代科技和传统文化并不矛盾，现代科技的合理运用，可以为传统文化的发展提供可能性的空间，延续民族文化的精神脉络，从而创造一种身心健康的生活。"[1] 众所周知，南宁国际民歌艺术节就是通

---

[1] 罗远玲：《壮族歌咏文化传承与区域人文重建》，《广东技术师范学院学报》2011年第4期。

过运用现代化科技手段打造当地民歌，使其走上产业化道路。通过观看网上视频，笔者发现新县民歌展示了当地独有的地域文化特色，包括歌词和画面情景，都是当地老百姓喜闻乐见的。这不仅让外地人感到新鲜，还让当地人感到亲切和自然。据陈世松介绍，每当县电视台播放民歌节目，老百姓都不会换台，因为电视展示的民歌是当地老百姓熟悉的，能增强其自豪感。[①]数字化媒体的参与使人们对熟悉的民歌传唱有了新的审美体验，但这并不能掩盖或影响歌咏文化诗性思维的外扬和诗性智慧的发挥。现代科技的参与不仅是形式上，其对社会生活的改变，以及它的作用和意义也随着民歌的内容进入民众的脑海。比如，新县当地民歌手经常会编一些歌颂改革开放、歌颂现代科技给生活带来便利的民歌，通过这些民歌的演唱来表现现代生活的美好。

利用现代数字化媒体宣传和传承民歌，是当今社会的一种趋势，传统文化与现代传媒联姻，在不少地区取得了好的效果。例如，广西不少地方都将民歌刻成光盘出售，老百姓也乐于购买。这就改变了若想听民歌还得到固定地点，等到固定的时间的不便，将民歌刻成光盘后，老百姓只需花几块钱便可在家随时随地听，随时随地学，这便是现代科技给生活带来的好处。笔者也发现，新县歌舞团在56网上的民歌表演视屏点击率非常高，这些都有利于民歌的传承和发展。

功能的转变

为更好地发展旅游经济，许多地方官员都利用当地传统文化打造政绩，于是便出现了所谓"文化搭台，经贸唱戏"的热潮。由于传统面临的生存语境发生变化，所以，在政府和民众合力打造下，传统文化获得了许多新的特性和功

---

① 被访谈人：陈世松；访谈人：胡慧；访谈时间：2011年12月22日；访谈地点：新县文化馆陈世松办公室。

能。信阳民歌也不例外，为更好地适应现代社会，其在功能上也难免发生一些改变。例如，这里的民歌已不再是只由本地人维持的"存在的文化"，而是由与当地有关的人或机构所"表述的文化"。① 随着经济发展，各地农村也相继走向现代化，在生活方式更接近城市居民，传统民歌生存的背景已不存在。例如，在豫南农村，房子上梁时会唱仪式方面的民歌，但现在盖房都是钢筋混凝土，根本不用上梁，也不会唱上梁歌了。各地出现的民歌节、民俗村，其实都是为了商业或政治的目的对传统文化的利用和再造。

中国改革开放以来，经济飞速发展，传统民俗多与现实生活脱钩，离开了原先的"自然环境"，面临着被人重新利用进入现代社会生活的命运。调查发现，信阳民歌的娱乐、教育、仪式功能已不断弱化，代之以出现的是作为当地政府和民众发展旅游经济的一种手段，歌舞团在民歌功能转变过程中发挥了桥梁和依托的作用。2009 年新县被确定为第一批"河南省文化改革发展实验区"之后，当地加大力度，将南冲村打造为民歌村，开发商也在这里投资兴建了赛歌园。在民歌村的打造过程中，新县歌舞团发挥了重要作用。歌舞团将南冲村的原生态民歌经改编后搬上舞台，对当地民歌发挥了宣传作用。

南冲村多方努力以吸引媒体和外人的关注。支书李宝坤总结南冲村有四大特色的文化：佛教文化有赛山寨，民俗文化唱民歌的人比较多，红色文化有大军南下时刘邓大军在村里住过并在这里召开过干部会议，取得了千里挺进大别山的胜利。此外，还有茶文化，这里的茶叶质量最好，有 53 户农户加工厂，年收入比较可观。② 民歌村建在南冲村，与当地独特的历史文化资源分不开，现在他们想通过赛歌园的开发带动本村经济发展。开发商李勇表示："要让南冲村民歌走上产业化道路，目前还处于开发阶段，等时机成熟，赛歌园会形成吃饭、住宿、娱乐一条龙服务，我们会招一批专业的民歌手在这里表演民歌。新县歌舞团也多次到赛歌园表演民歌，得到当地民众好评，我对赛歌园的前景非

---

① 於芳：《民俗主义的时代——民俗主义理论研究综述》，《河南教育学院学报》2007 年第 3 期。
② 被访谈人：李宝坤；访谈人：胡慧；访谈时间：2011 年 12 月 23 日；访谈地点：新县八里畈南冲村赛山寨寺庙。

常看好。"① 如今，新县歌舞团已将赛歌园作为民歌培训基地，在文化馆长兼歌舞团长带领下，常到那里去表演。若上级有民歌调研活动，也会请歌舞团演员到赛歌园和当地民歌手一起表演。南冲村民歌手大多是四十岁以上的中年人，歌舞团正好弥补了当地年轻歌手少的缺陷，满足了观众的审美需求。

通过和民歌手交谈，笔者发现民歌已成为当地地域文化认同的标志。村民们为能引起外界注意，尤其是媒体关注，平时在家也纷纷练习民歌。近年来，民歌表演由原来主要在春节期间玩灯时用来调节气氛的民间习俗，演变为各种民歌大赛、艺术展演中必不可少的节目，并为当地居民引以为自豪。从县政府到镇政府，再到村支部，都想通过民歌增强知名度，发展旅游。2010 年 5 月 20 日，中央人民广播电台《广播歌选》在新县举行"民歌采风基地"授牌仪式。县委书记、县长、宣传部长都出席了。县委书记詹玉锋在致辞中说："'民歌采风基地'的建立，为新县搭建了民歌走向全国，走向世界，对外宣传交流的平台。"

2009 年，八里畈镇被确定为河南省民间文化艺术之乡，镇政府为响应上级号召，注册成立了"赛山樵唱民间文化艺术协会"，由南冲村支书李宝坤担任会长，村妇联主任刘红霞担任副会长。镇政府拿出两万元为民歌队伍统一配备服装。为让南冲民歌能得到有效保护和传承，村支书在商人和新县老年诗词研究会的帮助下，编写了《赛山樵唱》一书，也是想通过民歌来提升知名度，借民歌之名发展当地旅游经济。

这种现象在全国各地都很普遍，在全球化时代的今天，各地都在挖掘当地的本土文化，因此传统文化与旅游联姻，变成了旅游商品。有些人类学家认为，文化在旅游业中可被看作是一种商业资源或旅游产品，因为它被当作商品出售给了游客。游客不仅花钱购买"他人"的文化，也"消费"这些文化。通过对新县当地民歌的调查研究，笔者发现民歌已不再是传统的民歌形态，它已

---

① 被访谈人：李勇；访谈人：胡慧；访谈时间：2011 年 12 月 23 日；访谈地点：新县八里畈南冲村赛歌园。

成为当地政府和群众文化认同的一种象征，成为供游客"购买"和"消费"的商品。这也是传统文化变迁、文化转型的一个实例。霍布斯鲍姆在《传统的发明》中曾指出："发明传统"有着重要的社会与政治功用，如果它们不具备这些功能，就既不会存在，也不会得以巩固。① 信阳民歌作为一种传统的民间文化在当下语境中被提及与这种社会和政治功用是分不开的。

结语

文化随着社会的发展而变化，民歌作为信阳独特地域文化的象征也受大时代背景的影响而不断完善和创新。要更好地保护民歌，就不应该一味强求"原生态"，而应以发展的眼光，通过创新使之更好地适应当代社会的发展和变化。通过对信阳民歌现状的分析，笔者认为，南冲村通过组建民歌村，发展文化旅游，走产业化道路的模式，在保护和传承非物质文化遗产的方法上很值得借鉴，这也是活态保护传统文化的一种最佳方法。也许有人担忧，利用民歌发展旅游，民歌势必会成为一种商品，用生产商品的模式去生产民歌，用销售商品的方式推广民歌，就意味着民歌将要与流行歌曲竞争。流行歌曲是工业社会的产物，民歌真的能在当代社会占据一席之地，走出一条阳光大道来吗？但如果不这样做，民歌又该如何延续呢？

有学者指出，从"非遗"保护、传承的实践探索看，主要有四种模式：政府供养（或补贴传承人）模式、教育传承模式、原生态保护模式、旅游模式。② 通过比较分析，认为"旅游化生存模式"最有效。笔者也赞同这个观点。中国有举不胜举的传统民间文化，仅依靠政府输血来传承保护，试想得需要多少资金去帮扶那些生活在底层的民间艺人呢？通过教育传承，如果学的人没有兴趣，

---

① E. 霍布斯鲍姆、兰格：《传统的发明》，顾杭、庞冠群译，第394页。
② 王德刚、田芸：《旅游化生存：非物质文化遗产的现代生存模式》，《北京第二外国语学院学报》2010年第1期。

那也会是事倍功半。通过原生态模式的静态保存，其实只是一个幻想。唯独通过旅游开发这种活态的保护和传承方法，才能使民间传统文化在当代社会更好地生存下去。

面对各种依靠传统文化而兴的民俗旅游，许多人嗤之以鼻，或徘徊在"真民俗"、"假民俗"、"伪民俗"、"仿民俗"等概念的探讨中，但如果仅关注这些概念，不考虑当下的时代语境，那么，许多民间文化若干年后也许连影子都捕捉不到了。从民俗主义的视角看，探讨民俗的真假没有意义，因为民间文化从来不是一成不变，而是在与主流文化的互动中，以各种方式进行着重构，这种重构有时甚至是潜移默化地进行以至难以察觉，直至新的功能在社会上重新产生影响力。

有一些早已淡出人们视野的传统文化，又被当地政府和民众重新"创造"出来，成为地域文化的象征。例如，广东番禺黄阁镇麒麟舞在政府、学者、媒体和民众的合力打造下，已由一种传统习俗转变为一种地域传统文化的象征。这种现象在世界各地都很普遍。面对这些"传统的发明"，没必要苛求什么是"真民俗"，什么是"假民俗"。一味追求民俗文化的原汁原味的想法，最终不会有助于它的传承和发展。民俗文化具有活态流变的特性，不可能一成不变地保持原样，在这个流变过程中，应顺应时代，推进传统文化的发展创新，使之更好地适应当代社会，因此，适度合理的开发是可行的。

今天如果还让人们像农耕时代一样去唱民歌，已经不可能了。将民歌推向舞台，将民歌作为地方文化资源来发展旅游经济，已是大势所趋。实践证明，经过改编的民歌走向舞台，更受观众欢迎。信阳民歌作为国家级非物质文化遗产，在传承和发展过程中，也应借助政府、学者、当地民众的力量，适当创新以使之更好地适应当代社会的发展。当然，创新不能以颠覆传统艺术、迷失文化精神为代价。在这个过程中，发挥当地民歌手的主观能动性，使他们真正做到"文化自觉"，亲身成为民间文化保护的主体，至关重要。

浙江绍兴大禹祭祀文化的民俗主义考察*

杨曼

浙江绍兴大禹祭祀文化

大禹被视为中华民族文化创造者之一,也是极为重要的文化资源,具有深刻的内涵与精神意义。大禹文化精神是大禹文化中深层次的、最具核心价值的部分。在大禹的丰功伟绩与其蕴含的精神力量的推动下,逐渐形成了大禹祭祀文化。说到大禹祭祀活动,就必须提到浙江省绍兴市。因大禹葬在会稽的史料记载的确定性,祭禹活动在绍兴已经成为常设节会,形成了独具特色的浙江绍兴大禹祭祀文化。

"族祭"与族群认同

大禹陵所在地会稽山麓下有一个被外界称为禹陵村的村落。据说早在四千年前姒氏尊启之命来到此地。大禹被葬百年后,为守护大禹宗庙,便有了这个村落。在禹陵村,生活着大禹姒姓后裔的子孙。"关于大禹治水之地没有形成定论,但大禹葬在会稽确毋庸置疑。所以,会稽山的意义也因此不同,"绍兴姒族研究会会长姒大牛骄傲地说。至于为什么叫禹陵村,一位土生土长的禹陵

---

* 本文是在笔者硕士论文的基础上改写而成。

村村民给笔者讲述了其中缘由。禹陵村住有三种姓氏的人：周、姒、谢。周、姒姓的人称禹陵村为牌轩头，谢姓的人称禹陵村为大地头。他们以守护大禹陵为己任，外界便将其称为禹陵村，据说这里是中国唯一的王陵守陵村。

姒姓宗族每年农历大年初一族祭大禹。除居住在禹陵村的大禹后裔参加族祭活动外，还有外地姒姓后裔从杭州、上海等地赶回绍兴族祭大禹。姒姓在绍兴的四大支系也有近两百人一起参祭。姒大牛介绍说："族祭大禹一定要在早上举行。大年初一9时，全族集中于禹庙大殿。现在，先集中于姒族研究会办公室门前，提前准备好祭祀用的花篮。一支花篮代表一支队伍，10点左右鸣锣开道到正大殿，也就是禹庙大殿，向大禹像敬献花篮。以前女子不能参加祭祀，但新媳妇作为特例第一年可参加祭祀，目的是祈求始祖保佑延续血脉、人丁兴旺。这两年有所变化，女子亦可参加族祭。祭礼由族长亲自主持，族长入殿时鸣铳。祭品由五牲（猪、羊、鸡、鹅、鱼）、五谷（稻、黍、稷、麦、菽）和春粮组成。祭祀仪式开始，族中男左女右，分两边站，鸣铳，放鞭炮，然后由姒姓宗族会会长读祭文；随后由族长带头按辈分顺序依次逐个向大禹塑像行大礼，按照辈分祭拜。现在祭拜的顺序从141代到146代。行礼有严格要求，必须四跪、四叩首，双手抱拳而合十。拜完后，族人相互拜年。"

随着时代发展，族祭也发生一些变化，不仅是对家族传统的简单继承。姒大牛告诉笔者，新中国成立以前，姒族子孙世世代代的任务就是守护大禹陵，政府会给一些补贴，成为他们的生活来源。新中国成立后，尤其在改革开放后，很多姒姓子孙不再以守陵为工作，开始出去谋求别的生计。但族祭大禹习俗并没有因此而改变，一直延续至今。姒卫刚说："以前是姒姓子孙按照大房、二房、三房的顺序轮流经营20亩田，经营得来的钱用来轮流举行族祭。如有结余，就归出钱办祭祀的人。如果钱不够，由族人共同凑齐。现在祭祀的钱是通过绍兴姒族研究会理事的捐款和收取的会费来承担。"

缅怀先祖的祭祀活动并不局限在农历大年初一的绍兴禹陵村，而是可以超越所由生根的场所，在新的场所通过新的方式达到祭祀家族始祖的目的。这其中值得一提的是台湾夏姓后裔。他们跳出原有的固定祭祀场所，在不同场合通过成立夏氏宗亲会、网络、修订夏氏宗谱等不同途径表达对祖先的缅怀。

动态的民间祭祀

虽然祭禹是权威力量的体现，但我们不能忽视大禹治水在民间广泛流传及其广布的社会基础。绍兴民间，流传农历三月初五为禹王生日，此日在当地被称为"嬉禹庙"（实为"祭禹"）。但据采访，绍兴人认为：三月初五为大禹生日并不成立，而只能是农历六月初六。现在的民祭大都在农历六月初六前日和冬至前夜举行，主要由原禹陵村人（有姒姓，但不是族祭）和其他一些民间人士组织。民祭大禹活动使大禹文化深入到民众生活，成为一种广为流传的民众认可的文化提供了一个有效的途径。

1995年1月1日，以大禹陵周围环境整治和建设为主要内容的"祭禹一号工程"开工。该工程需拆迁5000平方米旧房，当地村民积极响应，春节不休息，自动拆除房屋，表现出对大禹陵开发及公祭大禹活动的支持。1995年祭禹活动共有两万余人参加。2001年4月20日，由大禹后裔绍兴姒氏、中国台湾夏氏、韩国禹氏等"三姓代表"联合举行民祭大禹陵活动。祭祀典礼开始，披发文身的擂鼓手击鼓三十四下，代表全国三十四个省、自治区、直辖市及港澳台地区炎黄子孙对立国始祖的深切缅怀。腰围虎皮裙、足登草履的钟手撞钟二十一响，传递了21世纪人们对民族英雄的绵绵追思。原浙江工业大学副校长姒承家向先祖大禹敬上百年佳酿、恭读祭文，全体参祭、陪祭人员向大禹像鞠躬致敬。数十名手执木锤、身着原始服饰的少男少女跳起粗犷豪放的民间祭舞，以古典舞姿表达对大禹的由衷赞美。祭典结束后，全体参祭人员列队至大禹陵碑亭前敬献花篮、鞠躬拜谒大禹陵，并登上180米高的会稽山别峰石帆山顶，参加了大禹铜像揭幕仪式。近80家国内外新闻媒体报道了这次祭典大禹陵活动。

2005年7月10日（农历六月初六），以禹陵村为主，由绍兴当地1000多人举办了民祭活动。这次民祭规模较大。7月8日上午，整个大禹陵景区张灯结彩，广场搭起戏台，禹庙内人山人海，热闹非凡。7月10日，从早上6点开始自发前来民祭大禹的群众就陆续赶到大禹陵。9点多钟，禹庙前，老年舞蹈队跳起舞蹈。11点左右，从市区和绍兴县赶到大禹陵参加民祭的群众已超过一千多人。下午3点，广场上演越剧、莲花落等多场好戏。大禹陵景区负责人向笔者介绍，大大小小的民祭活动有不少，但他对2005年的民祭印象尤为深刻。尽管2005年的民祭不如公祭正式，但像2005年7月10日规模这么大的还是第一次，而且持续时间长，从7月8日早上开始一直到10日。相比公祭大禹陵，这次民祭完全是群众自发组织，经费也完全是群众自己筹措。禹陵村的村民告诉笔者，民祭活动从老辈手里传下来，如今能在大禹陵参加大型活动很难得的。

1995年、2000年的民祭在体现祭祀功能的基础上，突出显现了大禹祭祀文化的民间性、群众性。原有的祭祀功能非但没有因其民间性、群众性有所削弱，反而呈现强化的态势。民祭大禹陵是建立在民众对大禹认同的基础上形成的。民祭是民众自发组织的活动，没有固定流程，因此，也给民众以创造、发展的空间。

完整的官方祭祀

官祭大禹陵是指从"95浙江公祭大禹"开始，逢五、逢十年以及2007年荣升为"国祭"之后由政府主导的祭祀大禹活动。官祭大禹陵的活动在古代"禘礼"的基础上发展出新的形式。在发挥地方特色的同时，浙江绍兴公祭大禹的活动逐渐成为全国大禹祭祀的标志性、代表性、引导性官祭活动。

1995年4月20日（谷雨），由浙江省政府和绍兴市政府共同举办了"1995年浙江省暨绍兴市各界公祭大禹盛典"，当地政府把这第一次公祭简称为"95浙江公祭大禹"。这是自1936年以来时隔60年的官方祭祀。"1995年公祭祭典以公祭和民祭、礼和乐、传统和现代相结合，既古典庄严，又赋予改革开放的时代特点；既有省市党政的全面领导，又深得民间广泛热情的支持。"[①]

1995年公祭大禹陵活动是对历代大禹祭祀活动的继承。当地政府就如何

---

① 沈建中编著：《大禹陵志》，研究出版社2005年版，第90页。

摆放祭品、祭器,如何进行撞钟、击鼓、鸣铳等仪式,曾以《祀禹录》的记载和描述作为参考。虽然不是对祭典仪式的完全复原,但还是尽了最大努力进行复古仿古并加以发挥,以求恢复其历史性、传统性、民族性。自1995年第一次公祭开始,典礼就是按照古代最高的祭礼"禘礼"的规格进行设计,并明确了将公祭和民祭、传统和现代、礼和乐相结合的原则。所以,这个复古仿古的"禘礼"是经过创新、适应时代的现代版"禘礼"。除祭典仪式在形式上的发挥以外,内涵也进行了深入挖掘。整个仪式过程包括祭典开始、主祭人登拜厅、鸣铳、击鼓、撞钟以及奏乐、敬酒、行礼、献舞、谒陵等共16项议程。据沈建中编写的《大禹陵志》记载:1995年大禹祭典"在禹庙大殿大禹像前。祭以禘礼,行礼三鞠躬。礼典前,仪仗队180名男青年着特制古服、持古旗或古幡到位侍立;锣鼓队45名旁立待发;古乐队27名乐手把着仿古筝、笙及笛、箫和磬、编钟、九音锣侯令起奏《朝天子》、《哭皇天》曲调;祭祀舞队64名穿古装执锹锤、绿枝的男女青年,为演出反映大禹治水成功情景的祭舞而准备着。上午9时50分,公祭典礼开始。典礼程序(主祭、陪祭登殿、盥手就位后)鸣铳、击鼓、撞钟、奏乐、敬酒(一敬酒、亚敬酒、三敬酒)、向大禹像行三鞠躬礼、主祭恭读祭文、献舞,铳再9响,鼓乐齐鸣、谒陵(仪仗乐队前导),参祭人分队至大禹陵碑前敬献花篮,行三鞠躬礼、礼成。"①其中鸣铳、击鼓、撞钟的数量有明确含义:"鸣铳9响"、"击鼓33响"、"撞钟12响",喻示了体现全中国、全民族、全中华概念之意图,因为它们分别代表了九州岛、全国各个省、港澳台及12亿人民之意。其后几年的公祭基本上以1995年的公祭为参考,略微做些调整。当地导游如是说:"举行公祭的时候,参加的都是重要的国家领导、省部级领导,像是人大常委会副委员长、人大政协副主席。水利部和文化部参祭的领导比较多,又以水利部为主。一般的公祭司仪是浙江省省长或副省长。各界代表也有一些,姒姓的也只邀请一些。出于安保的压力,参加公祭的人不会很多,普通老百姓不能参加,只能在

---

① 沈建中编著:《大禹陵志》,研究出版社2005年版,第90—91页。

外面看。"

浙江绍兴的大禹陵祭祀活动并不是一味地继承历代祭禹，而是融入了时代的创造，多了一些国际化、现代化的元素，既采纳古制，亦融合新式，较之其他地方的大禹祭祀更为完善。这种创造性体现在仪式的现代化、景区的完善化、宣传的媒体化三方面。

首先是仪式的现代化。以前皇帝祭拜大禹实行三拜九叩之礼，现在采用国际化的鞠躬形式加敬献花圈来行礼。念诵的经文每年都不一样，也融入一些时代特色。1995年公祭的祭文中就有一段颇具时代气息："改革开放，擘划万端。图强大业，尚多艰难。励精图治，惩腐清埃。汲古鉴今，继往开来。民族团结，侨旅同心。河山一统，大旗共擎。凡我同胞，血浓于水。国运昌隆，举世称美。缅怀祖德，豪气如虹。艰苦奋斗，再创神功"。2010年的祭文顺应国策变化，加入了与和谐社会有关的内容："继往开来，发展创新。和谐稳定，同奔小康"。亲自观看过大禹祭典的导游告诉笔者，"随着国家行政机构的变化、国情的变化，祭典也产生相应变化，比如说97年重庆变为直辖市，07年国祭时就击鼓34响，代表全中国。95年，我国人口为12亿，05年13亿人口，07年国祭时就撞钟13下，代表13亿炎黄子孙。"

其次是景区的完善化。原来的大禹陵只有禹王庙、禹陵碑、禹祠和窆石。1998年，省政府投资两亿多元人民币，相继建成国内鸟类饲养品种和数量最多的百鸟乐园、水中树景、九龙坛、无极水道、祭祀神道、祭禹广场、守陵村等景点。景区总面积达到5平方公里，以大禹陵、百鸟乐园、炉峰禅寺为三大核心景区。景区建设也增加了一些人性化内容。导游说："牲房前的座椅是05年修建的，供游客在瞻仰大禹的同时品茗赏桂，颇为人性化。"

最后是宣传的媒体化。2011年4月20日公祭大禹陵活动，中国网、中国日报、中国旅游新闻网、中国新闻网、中国绍兴网、浙江省人民政府网、浙江电视台等多家权威电视、网络、报纸媒体进行了详细报道。这些权威媒体的宣传报道进一步传播了大禹精神，扩大了绍兴大禹祭祀文化的影响。

绍兴大禹祭祀文化的功能

民俗主义是指为了新目的，发挥新功能，将传统的民俗要素进行发展和变革的现象。作为传统民俗文化资源，在新的社会和文化环境中，大禹文化之所以有新的发展与变革，是国家与地方利用大禹这一传统民俗文化资源，并将其视为民族、地区或国家的文化象征而进行有意识应用的体现。就是说，作为民族、国家、地区象征的"大禹"、依托"大禹陵风景区"的"大禹文化"在当代被重构和利用，具有了商业性、文化性的功能，形成了商业建构与文化建构的双重建构模式。与此同时，国家话语明显成为强势力量，主导了大禹祭祀文化形式及意义的变化，以禹陵村姒姓家族为代表的民间力量则处于失语状态，这又给大禹宗族后裔的自身利益及传统民俗文化资源的发展带来一些负面影响。

商业建构——当代大禹文化的商业功能

旅游文化景点的开发离不开经济利益的驱动，因此才会有"文化搭台，经济唱戏"或"祭典搭台，经济唱戏"之说。在本案例中，商业性功能得到极大彰显，形成了依托"大禹陵风景区"的"大禹文化"的商业建构。

旅游业已成为绍兴经济发展的新增长点和第三产业的龙头。绍兴市政府在市"十一五"关于旅游业的发展规划中，根据绍兴旅游资源分布、旅游产业发展现状和旅游资源的开发潜力，提出了绍兴旅游"一心两带七区"的方案，对大禹陵这一文化旅游资源的开发进行扩展，不再仅依托大禹陵祭典活动，而是将整个大禹陵景区近一步延伸扩展到整个会稽山，包括建成会稽山大酒店、会稽山国际度假中心、会稽山民俗文化村、会稽山阳明洞天、会稽山南镇庙、会稽山国际高尔夫俱乐部、会稽山洞涌湖休闲园等。大禹文化资源与旅游业的融合将给绍兴市带来丰厚的经济回报。"十五"期间，绍兴全市入境游客、外汇收入、国内游客和旅游总收入年平均增长率分别达到30.26%、24.48%、13.94%

和14.31%。2002年，全市接待境内外游客首次突破1000万人次，旅游总收入78亿元。2005年，全市入境游客、国内游客和旅游总收入也分别达到20万人次、1500万人次和115亿元。2010年，绍兴市实现国内旅游收入200亿元，旅游外汇收入1亿美元。数据说明了绍兴市旅游业所蕴含的蓬勃生机。

会稽山大禹陵旅游风景区的经济功能从逐年增长的旅游收入中得到彰显。该风景区的经济来源有以下四种：一是门票与讲解的销售收入；二是地方特产的销售收入；三是个体经营者的经营收入；四是旅游度假村的经营收入。会稽山大禹陵风景区的主要经济收入，主要依托门票收入、导游的讲解收入、绍兴黄酒的销售收入以及度假村的经营收入；个体经营者的营业收入并不理想。总体来说，会稽山大禹陵风景区依托大禹陵的历史文化景观、融当地山水田园风光于一体，结合绍兴的特色酒文化，凸显了大禹祭祀文化的商业功能，形成了大禹祭祀文化的商业建构。

文化建构——当代大禹文化的文化功能

大禹祭典的逐步完善是国家为了强化民族认同、国家认同的需要。国家通过祭祀大禹，弘扬民族精神、加强爱国主义教育，这彰显了大禹文化的文化功能。大禹文化的功能彰显依托于祭祀主体性格的演变。"以前官方祭祀是仰慕先帝之恩威、先王之神功而进行祭祀，这从历代和民国时期祭夏禹王文中可以知晓。"[1]但在构建地方文化的运作过程中，公祭虽是"禘礼"式的帝王仪式，祭祀主体的性格被定位于治水英雄、民族英雄，更多的是将大禹视为一位历史人物，"大禹治水有功，成为禹王，被当作神来祭拜。现在，我们越来越多地将他看成一位历史人物"。大禹陵下小卖部的阿姨这样告诉笔者。可以说正是由于大禹从先王到民族英雄的主体性格演变，才使大禹文化的文化功能得以凸现。

大禹的文化功能在当代的重要表现，就是独立于经济因素的爱国主义教育

---

[1] 沈建中编著：《大禹陵志》，研究出版社2005年版，第124—131页。

活动。浙江省通过对大禹的弘扬，加强了当地的爱国主义教育。1995 年第一次公祭大禹陵，绍兴市委、市政府确定了祭禹活动的总体指导思想。当时的市委副书记沈才士在公祭活动的汇报提纲中提出，要通过祭禹弘扬民族精神、推动旅游事业发展。当时的省委副书记刘枫在 1995 年为《公祭大禹陵》作的序中，更明确地把类似内容表达出来：祭祀大禹是要"弘扬优秀民族传统，振奋爱国主义崇高精神"，"通过祭禹进行爱国主义教育，凝聚人心，同时促进旅游和经济的发展"[1]。可见当地政府借公祭大禹强化民族意识、加强爱国主义教育，凸显其文化价值的意图非常明显。

大禹庙门口挂着 18 块牌子，其中有 8 块是关于爱国主义教育基地的，如"全国中小学爱国主义教育基地"、"培育爱国之情、激发报国之志，全国爱国主义教育示范基地"、"绍兴市爱国主义教育基地"、"浙江省爱国主义教育基地"、"绍兴市秀水小学爱国主义教育基地"、"绍兴县鲁迅中学德育基地"、"绍兴市廉政文化教育基地"、"绍兴经济开发区鹤池苑小学德育实践基地"等。景区游客中心明确规定：大、中、小学生以学校为单位集体参观大禹陵需提前预约，经景区同意，凭学校介绍信半折优惠。

据大禹陵风景区游客中心主任介绍："每年都会有很多老师带着学生来参观大禹陵，她们也经常会接到一些老师的要求请她们做讲解，并与越秀外国语学院、秀水小学建立对口爱国主义宣传关系。会稽山大禹陵风景区还特别针对小学生举办了《治水英雄，立国始祖——大禹故事展》。风景区会安排导游到学校进行宣传。导游在宣传中不光会给学生讲大禹治水的故事，也融入时代要素，比如 2009 年新中国成立 60 年，她们用展板展示了大禹的丰功伟绩与其蕴含的精神。这些活动大大提高了景区知名度。从 2007 年至今，景区已免费接待学生 20 万人次，有省内的和上海的，江苏省也有，但比较少。上海华东师大二附中、上海洋泾中学、绍兴建功中学等学校每年都会到大禹陵举行学生成人仪式、社会实践等活动。"举办这些活动的原因都无关经济因素，景区并没有

---

[1] 刘枫："序"，沈才士主编：《公祭大禹陵》，浙江人民出版社 1996 年版。

从经济收入角度考虑，而是从文化建构的角度出发。

值得一提的是洋泾中学的高一学生社会实践活动。据该校专管德育的盛主任介绍："从2007年起，我们每年3月份都会组织高一学生到绍兴进行社会考察活动，大禹陵是我们必去的一个地方。洋泾中学的师生齐聚在大禹陵，参加了庄严肃穆的'树民族精神之根，立爱国主义之魂'仪式。老师与学生代表相继发言，在国旗下庄严宣誓，并在写有仪式主题的横幅上签名，以此激发我们这些炎黄子孙浓厚的民族之情。千年之前，大禹三过家门而不入，最终战胜洪水；如今，我们炎黄子孙面对非典、地震、海啸等灾害，依然能够发扬大禹精神，众志成城，共渡难关。我们青年要去寻根，要有爱国主义之情！老师与学生的发言将大禹不怕艰难险阻的精神与当今多灾多难的环境相结合，坚定了学生们'报效祖国'的远大志向。"

大禹陵的文化价值，尤其是依托大禹陵举行的爱国主义教育活动，使我们感觉到文化精神发挥的主导作用，而这样的主导作用无关经济。因此，在对传统民俗文化资源进行开发与应用过程中，不能一味强调经济，而应重视独立于经济因素的文化因素，将文化与经济综合起来考虑。

建构还是破坏 —— 禹陵村村民利益的保护

笔者调查发现，禹陵村村民正处在一种既自豪又委屈的尴尬的身份状态。自豪的是他们是禹陵村的人，尴尬的是他们现在似乎成了禹陵村的编外人员、弱势群体。禹陵村的村民以自己是大禹后裔而特别自豪。姒大牛是大禹第142代后裔，也是姒族中唯一在大禹陵风景区工作的大禹后裔，同时身兼绍兴姒族研究会会长。禹陵中大禹塑像的相貌是以他的脸形为原型塑造的。从1995年起，他就参加各种公祭大禹陵的活动。他告诉笔者："当时成立研究会的目的很简单，就是希望通过姒族研究会的形式将族人凝聚在一起，将族谱承继下去，让下一代不要忘了自己是谁。认祖实质上就是强化对祖先的认同。这种感情认同蕴含着巨大的力量。民族强大的凝聚力、向心力正萌发于此。"姒大牛说，"世界各地的大禹后裔不远万里来绍兴寻根问祖，不仅是姒族人的光荣，也是绍兴的骄傲。"副会长姒卫刚告诉笔者："成立绍兴姒族研究会的目的有两个。一是为举行族祭。作为大禹后裔，即使遭遇贫困都不能离开大禹陵，必须聚居左右，陪护陵祀，秉承先祖遗志。我们要求后裔在大禹陵地坚守守陵之志，不可轻移！二是为与其他的大禹研究会交流，提高姒姓的知名度。通过族祭与一些新闻媒体的宣传，很多人知道了姒姓这个姓氏，知道了姒这个姓氏的读音。"

但在姒族人心中又存在一定的自卑感，觉得似乎已被大禹陵风景区边缘化，不属于这个村子了。

首先是守陵人缺少足够的经济来源。"自古以来，在姒族人心里藏着一份难以启齿的自卑感。在大禹陵景区，有一块《禹庙捐田碑记》，碑文中有一句话，'仕不登一命，商罕得千金，既贫且贱，由来久矣！'意思是长久以来，姒姓家族中没有做官发达、经商致富的人，普遍比较穷，因此被人瞧不起，"姒卫国告诉笔者，"绍兴姒族研究会的成员去年是7个，今年是18到19个。去年到山西、绍兴平水，与全国各地的大禹后代相互联系，保持交流、沟通。虽然想通过与外界交流扩大姒姓影响，提高姒姓的认知度，但集资的钱只能勉强举行族祭，没有足够的经济支撑，很难与外界进行深入交流。"

其次，历史上大部分姒姓人受到生活困顿、人丁不旺的困扰。姒卫国说："禹陵村只有70多户姓姒，大概有130人。世界各地加起来不超过1000人。据《姒氏世谱》记载，1683年，姒姓132世只留下后裔7人。"姒大牛分析了人丁不旺的原因："夏朝灭亡时，作为皇族的姒姓要么惨遭杀戮，要么沦为没有姓氏的奴隶，另外一些纷纷改为他姓，以求躲避灾难。多年战乱加上南方的疾病、瘟疫，导致姒姓人丁不旺。"

最后是禹陵村的居民没有得到好的政策保护。姒大牛告诉笔者："如今大禹陵景区工作人员中已没有一个真正大禹的后人，真正意义上的守陵人事实上已不复存在。甚至禹陵村的姒姓后人，进大禹陵也一样要买门票。"姒卫国对笔者说："本来就是村里人，进自己的家还要花50元买门票，简直不可想象。"姒卫国觉得，政府的行为需要更人性化一些。比如说，可以像山东孔子祭祀一样，免收孔子后裔的门票费用。旅游门票的收入拿出一定比例给孔子世家。周水虎抱怨说："现在大禹陵工作人员都用城里的下岗工人，但我们禹陵村本身也有劳动者，为什么不用我们？"姒大牛的抱怨与周水虎一样："现在景区都不用我们姒姓的人，我们事实上已经丧失了守陵人的资格！"周水虎告诉笔者："守陵村从02年开始拆迁，至04年拆迁完成后禹陵村就没人住了。现在出租给开元大酒店。原来的地、田、山都没有了。国家只给了一点补贴：地补贴几百块一亩，不超过1000元，山补贴5000元一亩，田补贴13000每人。公家给交失地养老保险3500元，自己交3500元，现在每个月300多元。以前自己拥有两个楼房、两个平房，有230平方，现在变成鸟笼，只有200个平方。拆迁时当地政府让禹陵村的居民与其他地方的居民混住，他们不愿意。最后虽然争取到原来村子里的人住在一起，但总的来说是亏的。"笔者认为：村庄的拆迁、村民的搬迁和守陵身份的改变，给禹陵村的村民们造成了一些不适应性的状况。

笔者注意到姒姓态度的冷淡，以及对相关政策的不满。广场上的清洁工姒老太太，说她虽姓姒，但没有受到很好的待遇。绑篱笆的姒姓后裔根本不愿意搭理笔者。射箭场姒姓家族的媳妇也不愿意多交流，还问笔者为什么政府不保护姒姓后裔。周水虎一直觉得自己的房子被拆迁是亏的。姒大牛也不太愿意接受笔者访问，一直说他该说的都已经告诉记者了，感觉自己像个道具。

为什么禹陵村的村民会面临如此尴尬的身份地位呢？姒卫国的话引起笔者的思考。他说："近年来大禹景区逐步扩展开发，大禹逐步由姒姓家族的祖宗变为国家的祖宗后，姒姓家族一来被迫迁移出禹陵村；二来不能随便进入景区，实际上是已经靠边站，成为弱势群体、编外人员。我们很无奈，别无他法，只能靠自发成立起来的'绍兴姒族研究会'，凭借自己的力量让政府来重视姒姓，以达到对姒族的认可。"可以说在依托绍兴大禹陵对大禹文化的发展过程中，国家话语明显成为强势力量，主导大禹文化之形式与意义的变化，以禹陵村姒姓家族为代表的民间力量则处于失语状态。

大禹由姒姓家族祖宗升为国家的祖宗之后，姒姓后裔的利益与国家话语权之间产生了矛盾。表面看，国家或是地方仍然重视姒姓，将他们迁至集体公寓，让他们从农民变成城市居民，但其实他们的利益并没得到很好的保护。国家话语的强势与民间力量的失语形成强烈反差。市政府借助大禹陵提升地方文化内涵,促进当地经济发展无可厚非,但同时,仍应重视禹陵村以姒姓家族为代表的民众的利益。政府在开发大禹陵的同时,也应将以守陵人身份居住在禹陵村的大禹后代保护起来。政府相关文化部门在开发旅游资源、文化资源的同时,也要考虑到相关政策当地民众实际生活的影响,将当地民众的实际利益考虑在内,以免造成禹陵村村民搬迁之后出现各种不适应的状况。

基于民俗主义的思考

德国民俗学者一致认为:"民俗主义现象推翻了传承的连续性、固定的共同体,以及以此为基础孕育和传承的民俗这些民俗学的根基,让民俗研究者看到了民俗由于第三者的介入被利用的现象,使他们认识到动态性地把握文化过程的必要性。"[1] 当代大禹文化在新的社会和文化环境中不可避免地被国家、地方、民间所介入。当代大禹文化作为一种传统民俗文化资源,在不同的场域,包括国家、地方、民间等进行着传统的"再生产"、"再创造"。出于商业性、文化性的考虑,大禹祭祀活动经历发展与变革,依托于"大禹陵风景区"的"大禹文化"的商业性、文化性功能进一步得到彰显。但同时,国家话语明显成为强势力量,并忽略了对民众利益的保护,这引发了笔者对传统民俗文化资源在不断变化的环境中如何求得自身发展的思考。

接受传统文化被利用、创造的事实

从大的趋势看,日本、欧美学者对传统的创造、民俗主义,以及有关传统民俗文化资源的保护与利用等课题的研究经历了两个阶段:第一个阶段是对

---

[1] 法桥量:《德国民俗主义讨论的去向——展现的领域与局限性》,转引自杨利慧:《"民俗主义"概念的涵义、应用及其对当代中国民俗学建设的意义》,《民间文化论坛》2007 年第 4 期。

"传统"的否定认识，揭示"传统"的危险性；第二个阶段是对"传统"有了肯定的认识，认为在政治、社会、文化等方面发展不均衡的情况下，可以探讨"传统"在现代社会中的意义和作用。这两种不同认识形成了两种不同的研究趋势。我们现在看到的传统文化是在历史进程中不断被传承下来，此种传承又在各种环境影响下不断发生着变化。在探讨过去的"传统"被创造的同时，新的"传统"也正在被不断创造出来，所以，对"传统"的反思应是一个长期的研究课题。对这样的"传统"的"是"或"非"、"肯定"与"否定"的认识，最终会形成不同的研究方法和得出不同的结论。笔者认为，在现代社会，传统民俗文化资源被国家、地方、民间利用不可避免，搞清楚其利用的"是"或"非"并不重要，重要的是应该探讨如何以更好的方法加以利用。我们必须认识到仅仅揭示社会如何创造"传统"以及"创造传统的过程"是不够的，还需要从不同视角探讨其创造的结构、意义、功能及其价值，不断地对现代社会创造的新"传统"进行反思。我们有必要更为深刻地认识和理解国家及地方政府实行的文化政策，使当地人民的见解和价值观在相应的文化政策上能有所反映，并对具体的文化政策进行深入研究。

重视地方文化产业的发展

当地方文化由单纯的族群认同、民族认同逐渐上升至国家认同以及复杂的中华文化之后，它就具有了特定的价值。此种价值与产业发展结合，便形成地方文化产业。地方文化产业具有以下特性："一是要有独特性和本土化，具有地方的传统文化历史根源及特殊性，独特性和本土化的协调发展是地方文化产业发展上很重要的动力因素；一是内生性发展，以地方为主题来自发自主地创造。"[1] 就是说，地方文化产业是将地方生活文化、生产文化及生态文化等加以发挥应用而形成的产业，是应用并生产具有地方特色文化的产业。文化和产业既有对立的一面，又有互补的一面。一方面，产业可以对文化进行宣传和推

---

[1] 郭鉴：《地方文化产业》，浙江大学出版社 2007 年版，第 3—4 页。

广，有利于扩展文化的保存性、延续性、继承性的一面；另一方面，文化使得产业更具文化、地方卖点，使产品更具地方、文化特色。

最后，应该指出的是，传统民俗文化资源的保护要注重全面性。绍兴市政府在借助大禹陵提升地方文化内涵、促进当地经济发展的同时，应该重视保护当地姒姓的利益。政府在开发大禹陵的同时，应该将以守陵人身份居住在禹陵村的大禹后代也予以保护。如果开发旅游资源、文化资源时，对当地民众的实际生活产生了负面影响，或忽视了当地民众或相关群体的利益，那么，这样的开发就会适得其反。

民俗主义在当代中国

周星

引言

20世纪50年代至80年代，美国民俗学发生了对"真/伪"民俗的讨论；60年代至80年代，德国民俗学发生了对"民俗主义"现象的讨论；20世纪90年代到21世纪前10年，日本民俗学致力于引进、消化和实践运用民俗主义的视角，重新审视其国内的各种民俗文化现象。上述各国有关"真/伪"民俗及民俗主义的学术讨论，虽然各有其社会及时代的背景，但均与其各自国家民俗学的研究对象、民俗学的基本理念，以及促使民俗学升级换代成为现代民俗学的转型过程密切相关。

根据国内外民俗学的有关探讨，所谓民俗主义，简单而言，主要就是指"二手性地对民俗文化的继承与演出"（莫泽）或"某种民俗性的文化现象，在其原本安居的场所之外，拥有了新的功能，或是在新的目的下得以展开"的情形（鲍辛格）[1]。有关的学术讨论还出现了对民俗主义现象进行分类的尝试[2]，区分出了政治权力利用民俗文化的民俗主义，例如，在选举活动中利用民俗文化要素，进行

---

[1] H・モーザ：「民俗学の研究課題としてのフォークロリスムス」上・下（河野眞訳）、『愛知大学国際問題研究所紀要』、第90・91号、1989・1990年、第63-95頁、第1-38頁。H. Bausinger(E. Dettmer transl), *Folk Culture in a World of Tecknology*, Indiana Univ. Press, 1990, p.187.

[2] 王霄冰：《民俗主义论与德国民俗学》，《民间文化论坛》2006年第3期。

社会动员等；意识形态渗透的民俗主义，例如，民族国家的意识形态对民俗文化的征用和采借等；商业化的民俗主义，例如，开展民俗旅游，开发具有民俗文化色彩的旅游商品等；此外，还有大众媒体参与的民俗主义，例如，媒体制作节目常借助民俗或传统文化的要素，以便拉近和视听观众的距离等；甚至还有学术研究影响之下的民俗主义，例如，民俗学者通过编纂他们调查获得的口头文学资料，通过将其文本化来创造地方、族群甚或国家的"传统"等。

显然，上述民俗主义现象也大面积地存在于当代中国社会。本文拟对改革开放以来，尤其是近年中国较为突出和典型的民俗主义现象作一初步扫描和梳理，由于涉及面向非常宽泛，相关事象只能点到为止，停留于提示而不作深入分析。中国在20世纪90年代以后，曾相继有过对"泛民俗"、"伪民俗"等问题的探讨；21世纪初引入民俗主义概念以来，中国民俗学者采用民俗主义研究视角对国内各相关民俗文化事象开展的学术研究也取得了一定的成绩，本文亦将对此做一番初步的巡礼和综述。然后，在上述基础之上，进一步深入思考现代民俗学在中国的发展所面临的基本课题。

正如 folklore 一词有"民俗·民间知识""民俗学·民俗研究"这样两层意思一样，folklorism 一词即可译为"民俗主义"，也可译为"民俗学主义"[①]。本文同意采用"民俗主义"的译名，但认为它也有两层含义，亦即民俗主义现象和民俗主义研究视角。下面将对其分别展开叙述。

一、民俗主义现象在当代中国

1. 国家权力和政治意识形态影响下的民俗主义

当代中国的国家权力体系和执政党的意识形态具有密切结合的特点。政府

[①] 西村、岳永逸和陈志勤等人曾将 folklorism 译成"民俗学主义"，意思就是想强调该用语的"民俗主义研究视角"的内涵，认为它不只是指一类现象而已。

在以现代化为目标推进各项工作之际，经常会借助民俗文化的某些形式和要素，尤其是在进行社会动员和宣传其方针和政策时，更加倾向于如此。在这类过程中，除了存在以权力界定文化的嗜好之外，往往还有复杂的意识形态渗透，例如，民族主义和民族国家的意识形态、大一统的天下意识形态、革命与阶级斗争的意识形态、科学主义的意识形态，以及源于西方的现代化意识形态等。下面择其突出例证，以为说明。

庙会："文化搭台，经济唱戏"

中国各地的传统庙会在 20 世纪 80 年代初，出现了全面复兴趋势。从极左意识形态的束缚中脱身不久的各级政府，对于管辖区域内的民间庙会采取了"文化搭台，经济唱戏"的策略。最典型的是与庙会同时，举办各种名目的"物资交流会"，展开各种搭车性的其他活动，例如，宣传法制、科普、计划生育等。政府权力对庙会活动的参与或介入，虽然具有淡化其信仰属性的可能，却也使庙会及其传承获得了某种默契般的正当性。

"文化搭台，经济唱戏"的表述因为有贬低文化、并将其工具化之嫌而遭到部分文化界人士的批评，但基层官员和媒体至今仍常常使用，并将其付诸实践。例如，2015 年 4 月，河南省漯河市后谢乡河西张村的传统庙会，同时也被当地说成是"物资文化交流、旅游娱乐大会"。媒体报道庙会时，一般不大提及庙会上的信仰活动，主要是强调在庙会上有农器家具、衣服布匹、鞋帽百货和各色小吃，以及主办方请来的剧团演出等。这便是典型的"庙会搭台，经济唱戏"。伴随着庙会的脱敏化（例如，被列为非物质文化遗产项目或名录），一些地方政府借助传统庙会、兴办民俗文化节的举措也很引人注目。例如，河南省鹤壁市自 2009 年以来，以其"浚县正月古庙会"为依托，连续举办了五届"中国（鹤壁）民俗文化节"，吸引了大批省内外游客。

中国基层乡村的庙会多为民间自发形成，除了要举行一些民俗宗教的活动之外，由于存在轮值性的庙会祭祀圈，所以，民间又有邀约亲朋好友来逛庙会，或接待邻村香会组织等习俗。庙会一般多是由所在地的村委会管理的，地方政府经常利用庙会聚人的特点，开展涉及当前中心工作的宣传活动，或倾向于把庙会办成一个兼具文化交流和物资贸易的盛会，故又有庙会即"微型会展经济"的说法。

政府办节

中国各级政府均热衷于办节。政府所办节日的类型花样繁多，既有依托地方资源，旨在推动本地经济的功利性节日或曰"经济性节庆"，诸如时装节、啤酒节、西瓜节、荔枝节等；也有顺应时令、丰富民众生活情趣的文化类节日，诸如桃花节、梨花节、牡丹节、冰雪节等；更有直接组织或间接（例如，与行业协会、企业等合办）参与组织的一些民俗类节日，诸如山东潍坊的国际风筝节、广西南宁的民歌艺术节、凉山的火把节、贵州的姊妹节、上海嘉兴端午民俗文化节等等。节日期间，一般均会同时举办旨在招商引资的博览会、展销会、招商会、论坛等各项其他活动，借以提高本地知名度、彰显政绩、显示官员"与民同乐"和推动地方社会经济的发展。

近些年来，以民俗文化为主旨的节日有持续增加的趋势。典型的例子，如2010年5月7日，由安徽省文化厅和铜陵市人民政府共同主办的首届安徽省民俗文化节在铜陵江南文化园开幕，该节以"守望民俗，相约铜都"为主题，由十大民俗表演、百戏百乐展演、百工百品展示和民俗文化论坛四大板块、100多项活动组成。据地方媒体报道，活动旨在荟萃中华民俗精华、弘扬优秀民族文化传统，打造新的地方文化品牌，营造传承记忆、全民同乐、共享成果的文化氛围。

2014年2月12—13日，"2014年海峡两岸民俗文化节"在福建省福州市闽江公园南园开办。据报道，共有26项传统民俗项目的展示，汇集了20多项非物质文化遗产项目的手工技艺集市，35个两岸美食项目登场。来自福州各区县及台湾的民间艺人相继为市民表演了肩头戏、花样腰鼓、藤牌操、喜娘仪式、海族舞等民俗节目，展现了两岸同根同源的历史文化底蕴。这次民俗文化节上最隆重的节目是民俗巡游表演，有21支近千人的巡游队伍依次亮相，带来了大头娃娃、旱船、三十六官婆、琅岐肩头戏、琴江阁台、迎亲锣鼓、马祖电音三太子等精彩表演，让广大市民大饱眼福。

2014年4月12—20日，一年一度的上海民俗文化节在三林古镇举办，共有水上花船巡游、民间行街表演、古镇文艺专场、民俗风情展示、会展游艺互动、主题文化论坛、道教文化展示等板块，有60多场文化演出，会展项目多达300多个。节日期间，三林老街每天下午均有西庙城隍出巡、水乡风情行街、花轿风情行街、戏曲雅韵行街、旗袍风韵行街等不同的行街表演。此外，三林舞龙、奉贤滚灯、崇明扁担戏、新场锣鼓书、上海独角戏等上海地方非物质文化遗产项目也逐一登台亮相。

福建省长乐市于2015年3月6日在其人民会堂广场举办了第八届民俗文化节，此次活动以"民俗乡风记乡愁"为主题，来自18个乡镇的美食展示和手工技能（剪纸、竹编、草鞋等）展示，据说勾起了一代人的集体记忆。

再比如，海南省白沙黎族自治县2015年4月19日至22日，举行了2015年海南·白沙乡村旅游暨民俗旅游文化节（三月三）系列活动。"三月三"本是黎族、苗族的传统节日，这次系列活动包括"三月三"篝火狂欢晚会，以该县黎族和苗族的民乐、民舞、民歌及现代歌舞组成；黎族、苗族特色产品一条街及长桌宴，由各乡镇组织本乡镇的民间美食、民族特色工艺、土特产到美食一条街展销，各乡镇自备本地参与人员的风味美食，并选定五名黎族歌手，在长桌宴上相互对歌；民间趣味性体育比赛；黎族非物质文化遗产实物展（织锦、服装、头巾、龙被、藤编、牛皮凳、独木凳、织布机、纺线机及相关木制生活用品）；以及醉氧白沙"三月三"民俗旅游狂欢节等。

2015年6月13—14日，"中国·绩溪第八届安苗节暨民俗文化旅游节"在安徽省绩溪县上庄镇举办，节日主题为"记住乡愁之文化上庄"，活动内容有"民俗上庄"系列活动——安苗祭祀、汪公看稻、鱼舞、火马、跳五猖等民俗表演，徽剧、黄梅戏等戏曲表演，插秧比赛，走进宅坦村博物馆体验宗族文化等。安苗节本是绩溪一代的农业传统习俗，主要是祭祀神灵汪公，祈求丰收和平安。自2007年以来，每年一届由政府介入的安苗节已逐渐成为绩溪文化旅游的一个重要品牌,对该县作为"全国休闲农业与乡村旅游"示范县的知名度发挥了重要作用。

甘肃省庆阳市于 2015 年 6 月 15 日至 6 月 21 日 (农历四月二十九至五月初六) 举办了第十三届中国·庆阳端午香包民俗文化节。该节以促进香包民俗文化产业开发,搭建文化企业和生产大户集中展示展销的平台为主旨,具体活动有文艺戏曲演出、香包展、工业产品展和特色小吃展等。

起源于 1998 年的浙江省象山"中国开渔节",原本是当地渔民的"拜船龙"、"出洋节"、"谢洋节"、"祭小海"、"太平节"等祭海祈福活动,经政府部门挖掘整理、大胆扬弃,中国开渔节的祭海活动在形式上从渔民个人祭祀改为公祭,在主题上也不断淡化"迷信"成分,除了祈求平安丰渔,还增添了感恩大海、倡导生态保护和可持续发展的理念。现已被国家旅游局列为全国十大民俗节庆活动,象山也获得了中国渔文化之乡称号。

全国类似上述民俗文化节的例子,不胜枚举;其民俗主义属性也不言而喻。

国民节假日体系的建构与完善

国民节假日体系是国家基本的时间制度,其中自然有对传统的年节岁时习俗的汲取和温存。春节、清明节、端午节、中秋节相继被纳入当代中国的国民节假日体系之中,每逢其时,国民可以享有法定假期,以从事相应的民俗活动,国家也会适时地施加各种影响。有一些传统节日,虽然没有列入全国性的国民节假日体系,但对其地方却具有重要意义,例如,河南上蔡被认为是重阳节的起源地,故在当地每年都要隆重举办以尊老敬老为主旨的节日活动。由于中国人口构成的民族多样性,在一些少数民族分布较多的地区,实行"民族区域自治"制度,地方自治政府多根据本地实际情形,在全国性的国民节假日体系制之上,又追加确定本地区特有的节假日。例如,1986 年 8 月 29 日,云南省丽江纳西族自治县第八届人民代表大会通过决议,将农历二月初八确定为"三多节";现行的《玉龙纳西族自治县自治条例》规定,"三多节"放假三天。再以贵州省黔南州为例,其 2015 年的 5 月 25 日为星期一、农历四月初八,是苗族传统节日"四月八",可与周末连休;7月21日为星期二,农历六月初六,为布依族传统节日"六月六",放假一天。此外,8月8日为星期六,是该州"州庆",也与周末连休。宁夏回族自治区2014年的节假日安排,除了全国一致的节日之外,还有7月29日开斋节、10月5日"古尔邦节"。若将此类情形全部纳入研究视野,则不难发现中国的节假日制度会显得更加丰富多彩。

公祭典礼

历史上一些著名的官办祭典,亦即公祭,在20世纪80年代以后亦逐渐得到恢复,例如,陕西黄陵祭祖、山东曲阜祭孔等,现已升格为国家公祭。2014年4月5日清明节,陕西省人民政府会同国务院台湾事务办公室、国务院侨务办公室联合举办的"甲午年清明公祭轩辕黄帝典礼"在黄陵祭祀广场举行,除了隆重的官方典礼之外,还依据当地民俗传统,将公祭黄帝活动的鲜花、水果和面花等供品,有序分送群众;组织群众谒陵,以及举办非物质文化遗产展演等活动,分别有安塞腰鼓、黄陵面花、陕西剪纸等项目登场。

近年来,公祭的范围进一步恢复并有所扩展,例如,甘肃省天水市举行的省级公祭伏羲大典活动、浙江省绍兴市的公祭大禹祭典、湖北省十堰市竹山县的女娲公祭大典、福建省莆田市的妈祖祭典仪式、湖南省宁远县在九嶷山舜帝陵举办的"世界舜裔宗亲联谊大会暨永州市社会各界祭舜大典"、湖南新晃侗族自治县举办的"竹王祭典"、云南省玉龙县举办的"三多节"(三多为纳西族信奉的保护神)祭典活动等等。这些祭典有的原本是民间祭祀活动,后来被官方接管、提升,或由官民合办,或官祭和民祭共存。政府在举办公祭活动时,除了传统上的一些意义之外,还会搭车当前的意识形态宣传、爱国主义、旅游、招商等多方面的意义。有些祭典可能是相关节日活动的组成部分,例如,祭祀"三多"神,就是"三多节"中最为重要的环节。

各级地方政府的民政部门,往往要在清明节前后,组织公众或青年学生,在烈士陵园或革命公墓等处,举办祭祀革命先烈的公祭活动。尤其是清明节被列入国民节假日体系之内,有助于民众自发地参与各种慎终追远和缅怀先贤、祭奠先烈的活动。2014年3月31日民政部部务会议通过《烈士公祭办法》，对有关仪程作出了明确规范。

文艺会演机制

新中国建立后，在政府文化主管部门和意识形态主管部门的双重领导下，逐渐形成了"文艺会演"（亦称文艺会演）的文化艺术的创作、发展与管理机制。所谓文艺会演，亦即各级政府定期或不定期地举办由辖区内各相关单位出具节目、集中汇报展演的文艺成果检阅制度。基层地方和各部门竞相拿出过硬的、能够代表本地区、本单位最高水平的文艺节目，晋京或上省里演出，然后拿回各种奖项，以作为文艺工作的成绩。为突出地方特色，各地对民间艺术和民间文化也多有汲取和改造，使得文艺会演机制同时也为民间文化、民间艺术提供了"舞台化"的机遇和场景。

文艺会演既有全国规模的，如全国少数民族文艺会演；也有基层政府举办的。全国少数民族文艺会演是由国家民委、文化部、广电总局和北京市政府联合主办的国家规模的大型公益性文化活动，自从1980年9—10月成功举办了第一届全国少数民族文艺会演以来，迄今已举办了四届，来自全国55个少数民族和尚未最后确定民族身份的苦聪人、夏尔巴人、僜人均派代表参加。演出节目多为新近创作，或利用传统形式表现新内容，以及经过整理加工节目但被认为是"原生态"的传统艺术，节目大都具有鲜明的本民族艺术特色和地方色彩。地方基层政府主办文艺会演的例子，如2009年山东省青州市王坟镇政府，为活跃农村文化生活，于农历正月二十在镇政府前的腾飞广场举办了民间文艺汇报演出，经镇文化站精心组织，据说有20多支文艺代表队共29套自编自演节目参加，演员来自各村自发的文艺宣传队、幼儿园老师和文艺爱好者，节目形式有舞蹈、歌唱、京剧、吕剧、快板、秧歌、跑旱船等。

中国原生民歌大赛

中国原生民歌大赛是由文化部主办、被认为是国内最高水平的民歌比赛。

其前身为文化部民族民间文艺发展中心相继于 2002 年在浙江仙居、2004 年在山西左权、2005 年在北京宋庄举办的"南北民歌擂台赛"。大赛的目的是为了促进各民族民间音乐的交流、创新与发展，展示各地各民族的原生民歌，推动民族民间文化的保护、传承与传播，弘扬中华民族优秀文化，丰富人民群众的文化生活，推进我国音乐事业的发展和社会主义精神文明建设。于 2007 年 12 月在陕西省西安举办了第一届，截至目前已经举办了七届。因号称"原生民歌"，所以有较多的地方和民族独特的乡土民歌被搬上了舞台。

中国民间文化艺术之乡

1987—2003 年，文化部在全国命名了 486 个"中国民间艺术之乡"和"中国特色艺术之乡"。2008 年，文化部制定了《中国民间文化艺术之乡命名办法》，将名称统一为"中国民间文化艺术之乡"，并在全国组织评选，共有 963 个县（县级市、区）、乡镇（街道）和村（社区）被命名为"中国民间文化艺术之乡"。2011 年，文化部重新修订《中国民间文化艺术之乡命名办法》和《评审规则》，明确了"中国民间文化艺术之乡"的定义：运用民间文化资源或某一特定艺术形式，通过创新发展，成为当地广大群众喜闻乐见并广泛参与的群众文化活动和表现形式，并对当地群众的文化生活及经济社会发展产生了积极影响的县（县级市、区）、乡镇（街道）。从 2011 年起，每三年评选、命名一次。2011—2013 年度，共命名了 528 个"中国民间文化艺术之乡"。2014—2016 年度，又命名了 442 个"中国民间文化艺术之乡"，涉及民间文化资源或艺术形式 550 种，涵盖表演艺术、造型艺术、手工技艺、民俗活动等多种艺术门类，集中展示了中国民间文化艺术的发展现状。

少数民族传统体育运动会

少数民族传统体育运动会全称为"中华人民共和国全国少数民族传统体育运动会"，它是由 1953 年 11 月在天津市举办的全国民族形式体育表演和竞赛大会的基础上发展而来，在 1981 年 9 月召开的全国少数民族传统体育工作座谈会以后，国务院批准全国少数民族传统体育运动会由国家民族事业委员会和原国家体育运动委员会主办，由地方承办，每四年举行一次。1984年把1953年在天津举行的全国民族体育表演及竞赛大会追定为第一届全国少数民族传统体育运动会。该项赛事以民族性、民俗性、广泛性和业余性为特色，现已成为全国较有影响的大型综合性体育运动会之一。截至2014年，已经举办过10届，并从1953年的5个竞赛项目、22个表演项目，发展到1999年的13个竞赛项目和161个表演项目，再到2015年的17个竞赛项目和140个表演项目。

工艺美术大师与中国传统工艺大师

"工艺美术大师"是中国政府授予在传统工艺美术领域具有重大成就的老艺人的国家称号与荣誉，可以说是中国的"人间国宝"。从1979年起，开始由轻工业部进行评选，条件是要有百年以上的历史传承、世代相传、自成风格，以天然原材料为主，采用传统工艺和技术，主要以手工制作，作品有鲜明的民族风格和地方特色等。1996—2006年中断评选，2007年恢复评选，改由国家发展改革委员会组织相关部委联合，举办了第五届工艺美术大师评选工作。2011年，根据国务院颁布的《传统工艺美术保护条例》规定，由工业和信息化部、文化部、人力资源社会保障部，会同国家民委、民政部、财政部、国土资源部、国资委等，联合中国轻工业联合会、中国珠宝玉石首饰行业协会两个行业组织，共同开展了第6届评选活动。自1979年以来，国家共授予365人为"中国工艺美术大师"。2013年，该评选活动由官办转为民办，主要由中国轻工业联合会进行评选。国家通过这种评选和颁布荣誉头衔的制度，引导着传统工艺美术的发展方向。

另据报道，自2014年3月起，在国家有关部委指导下，为提高中国传统工艺大师的群体地位，确立其在"民间文物"传承中的重要作用，由中国民间文物传世工程组委会、全国工商联民间文物艺术品商会联合举办的"中国传统工艺大师"评选活动，在全国十省市试点启动。这一活动的学术性、权威性和公平性，以及如何和国家的有关评选制度进行区别或接轨，值得进一步观察。

非物质文化遗产行政

21世纪初，中国通过加入联合国教科文组织主导的"保护非物质文化遗产公约"，在相当程度上成功地调整了国内文化政策。与此相应，政府的"非物质文化遗产行政"得以顺利展开，包括全国各级非物质文化遗产代表作名录的建立，非物质文化遗产传承人名单的公布，国家文化遗产日的设置，以及依据《非物质文化遗产法》开展的各种非物质文化遗产行政。于是，全国各地方、各族群的民俗文化，也都程度不等地相应出现了为"申报"和"登录"以及应付随后的检查，而被等级化、舞台化、映像化、博物馆化等过度包装的现象，同时还出现了"民间信仰遗产化"等各种复杂的趋向。伴随着非物质文化遗产保护运动的深入，各地有大量的民俗艺术被发掘、复活以及再生产出来，相关的展演、展示活动层出不穷。被列入非物质文化遗产保护各级名录的地方民俗文化项目，也因此面临着忠实地"保护原貌"，抑或积极地予以传承与创新等颇为复杂的局面。

2005年12月22日，中国政府决定自2006年起，每年6月的第二个星期六为国家的"文化遗产日"。每逢文化遗产日，各级政府主管文化遗产的部门均要组织各种相关的活动。2014年6月14日，第9个文化遗产日活动的主题为"让文化遗产活起来"；2015年6月13日，第10个文化遗产日的活动主题为"保护成果，全民共享"。

APEC会议与民族服装建构

2001年上海APEC会议期间，国家推出了"新唐装"作为中国人的"民族服装"，引起了此后一系列连锁反应：先是唐装的全国大流行，有关民族服装尤其是"国服"问题的大讨论，然后，则是一些"汉服"爱好者部分地是基于对唐装的不满而掀起了"汉服热"，进一步还逐渐发展成为初具全国规模的"汉服运动"。即便如此，旗袍和唐装作为典型的中式服装的地位却依然如故，其在全国各地的大中型商场的"民族服装"柜台里，依然是不易的主角。2014年北京APEC会议期间，又有一套"新中装"或曰"特色中式服装"应运而生，并一时成为街谈巷议的话题。两套服装均试图创新和建构中国人的身体印象，也都较多地采用了传统服饰文化的各种要素，诸如丝绸的面料（织锦缎、宋锦）、吉祥的纹样（团花、万字纹、海水江崖纹），以及某些传统的款式和工艺（立领、对开襟、盘花纽、连肩袖、盘扣、镶边、滚边）。

用民俗形式宣传社会主义核心价值观

2014年4月25日，由中宣部、中国文联、中国民间文艺家协会联合在北京召开了"用民俗形式开展社会主义核心价值观宣传工作座谈会"。有关单位官员和在京部分民俗学者参与了此次座谈会。会议认为宣传核心价值观，需要根据中国人传统的思维方式和行为特点"顺势而为"，与会学者们围绕了解运用民俗，关注传统节日，增强文化自觉和文化自信等问题发言，一致认为培育和践行社会主义核心价值观，要以优秀传统文化为根基。专家们的建议包括：发掘利用好节日文化体系、祭祀文化体系、人生礼仪体系；弘扬民间艺术、民间故事、传统节日中的抑恶扬善精神，并进行科学的解释和应用；讲求乡土教育，引导青少年享受民俗生活等。政治性地利用民俗和传统文化并非始于现在[1]，它其实也是当代中国政治文化的重要特征之一。由此开展的爱国主义和热爱乡土等方面的宣传教育，也是当代中国社会之国家与民俗、权力与文化之关系的基本形态。

中国梦的形象化和"中华福爷爷"

和复杂的理论陈述相比较，现国家领导人有关"中国梦"的口号与目标显得颇为感性。但要说明中国梦的内涵并引起国民共鸣，并非易事。近几年来，

---

[1] 艾伯华：《中国对民俗的使用》，岳永逸译，《民俗研究》2014年第2期。

在北京、上海、西安、成都等国内大中城市的机场、地铁、繁华大街、城市广场和市民较多聚集活动的公共空间，一大批精心设计的以温暖、亲切、祥和为基调的公益性广告，旨在图示和宣传中国梦的农民画、漫画、文人画和吉祥图案等，异常醒目地展现在各处，或在电子屏幕上反复滚动，吸引了无数市民驻足欣赏。中国的传统吉祥图案内涵着民众心理深层的幸福感，农民画里也寄托了人们对于幸福生活的憧憬和想象，它们均和政府所要达成的中国梦存在着契合关系，因此，这可以说是一次成功的运用民俗文化要素或传统艺术形式，实现政治宣传目标的尝试。类似的成功案例，还有2008年奥运会的吉祥物"福娃"[①]，2013年"中华福爷爷"的卡通形象在北京太庙发布等，国家大型公共事业对于民俗文化资源的汲取，正日益成为常态。如果说以吉祥图案和农民画表象中国梦是属于"借用"，那么，中华福爷爷的造型则是糅合多种元素之后的"创新"。身着汉服、手持福袋、笑容可掬、慈眉善目的"中华福爷爷"的卡通形象，被认为是"中华民族自身的文化符号"，由专家们从创意、文化内涵以及专业设计等角度进行评审，最终确定的8幅作品，据说既借鉴了剪纸、传统戏曲的造型，又内涵着五行等民俗寓意，并且还具有现代写意的风格。作为中华福文化的使者，这些卡通形象被认为凝结着中华民族祈福纳祥、追求美好生活的愿望。

在上述粗线条的素描之外，还可以举出很多类似的现象：由住房和城乡建设部、文化部和财政部组织的2012年全国首次传统村落摸底调查，最终评审确认了646个中国传统村落，2013年又有915个传统村落进入该名录；由共青团组织主导推动的"十八岁成人仪式"教育活动；一年一度由中央电视台着力推出的春节联欢晚会，以及类似的元宵节晚会、中秋节晚会等；由中国舞蹈家协会主导，并与青岛市人民政府联合主办的中国秧歌节；由国家体育总局推出的

---

① 李修建：《奥运"福娃"的审美形象与民俗文化蕴涵》，《河南教育学院学报》2006年第2期。周星：「北京オリンピック開会式とイメージング・チャイナ」，铃木規夫编：『イメージング・チャイナー—印象中国の政治学』，国際書院，2014年4月，第13-58頁。岳永逸：《民俗学视野下的人文奥运》，《民俗研究》2005年第2期。

多套健身秧歌；由国家体育总局主导的全国传统武术比赛和全国广场舞大赛；由中国文学艺术界联合会与中国民间文艺家协会主导，并相继和各地政府联合主办的中国民间艺术节和中国民间工艺品博览会；由民政部主导的以推广火葬为核心的殡葬改革；等等。举凡政府及有关公共部门的工作，若牵涉到国民生活和民俗文化，均容易有民俗主义的基本逻辑存在。

2. 商业化背景下的民俗主义

在1949—1978年间的计划经济时代，虽然政治性地利用民俗文化的民俗主义现象并不罕见，但与之形成鲜明对照的是，当时的中国很少存在商业性地利用民俗文化的情形。改革开放以降，国家确立了社会主义市场经济的原则，伴随着商品经济的全面发展，国民生活实现了质的提升，与此同时，各种利用民俗文化因素的商业消费行为，或直接将民俗文化商品化、商业化的尝试纷纷涌现。民俗文化除了意识形态的意义，还被认为具有商业性的价值。文化消费已经成为当代中国的一大领域，将文化作为商业、产业来对待的理念日益普及，对此，尽管有各种批评，但文化的商品化和产业化已是当代中国的基本现实。

当前中国的文化产业中，有一部分是直接把传统的民俗文化或其部分元素视为资源予以开发的。商业资本对民俗文化的介入或利用，就是典型的民俗主义。这方面的例子很多，较为典型的，例如，对民俗食品（元宵、粽子、月饼等）、民俗用品、民俗文物、民俗礼品、民间工艺品等的商业开发，以及"旧货市场"的兴起等，均促成了很多独特的商业机遇。民俗用品的"文物化"、民俗食品的礼仪化、民间工艺品的礼品化等现象，均非常值得关注。

和文化的产业化密切相关，民俗旅游、古村镇游、民族风情村寨游，以及"农家乐"等多种形式的旅游开发，均是将民俗风情和传统文化视为观光资源，将其视为客体予以开发。无论是把民俗艺术或地方文化直接转变为旅游产品，抑或是对民俗加工改造，或是恢复富有特色的传统民俗，以及借用他者的民俗加以展示等，各种尝试均会导致形成"类民俗化"[1]，亦即民俗主义现象。全国各地推出的不胜枚举的民俗旅游项目和路线，或利用民俗文化要素组合而成的旅游商品、旅游节庆，以及在几乎所有景点、景区均有大量陈列的旅游小商品和纪念品等，大都可以从民俗主义视角去理解。但在现代社会的大量生产、大量消费的机制中，民俗主义现象也伴生着明显的"均质化"趋势，相互的模仿导致地方性衰减和民俗性的流失，从而影响到其自身发展的可持续性。北京、天津、上海、成都、西安、广州等，几乎在所有大中城市，均有以"仿古"建筑和"风情"为卖点的街区，那里的建筑和风情充斥着民俗主义。据调查，约高达七成的游客去外地旅游时会把当地的"风情街"视为必游的一站，但约有近六成的受访者直言，它们看似各具风情、实则"千街一面"[2]。风情街原本应与当地的人文风俗相关联，各地特色不同，自然就会风情万种，但现实是从建筑风格到街内的风貌，甚或观光商品的种类，以及连营销方式也都大同小异。这种现象恰恰是忽视地方性所导致，可以说是过度商业化的民俗主义容易失败的例子。

在各级政府热衷于举办的节日类型当中，还有一种"民俗美食节"大行其道，以宁夏回族自治区银川市为例，银川市多年来不断致力于推出清真美食节活动，并打造中国清真美食之都。类似情形见于全国各地，目前在几乎所有的大中小城市，均有了本地风味"美食一条街"之类的商业性营运。传统形态的老茶馆几乎是一夜之间就迅速让位于起源于台湾、流行于香港，进而在大陆各大中城市内如雨后春笋般涌现的"茶艺馆"。茶艺馆崛起的秘密武器之一，就是商业化的民俗主义，它所营造的消费空间充斥着各种民俗符号，通过在新的空间中建构了迎合都市中产阶级品位的各种意义而大获成功。

提及商业消费领域的民俗主义，自然就会涉及广告创意中的民俗主义。为

---

[1] 徐赣丽：《民俗旅游开发中的类民俗化与文化真实性——以广西桂林龙脊景区为例》，《旅游论坛》2009年第6期。
[2] 孙震、尧强：《62.0%受访者直言全国各地风情街"千街一面"》，《中国青年报》2015年8月24日。

了和川菜、粤菜相抗衡，昆明一家大型滇菜餐饮企业"昆明印象"，曾经打出"文化美食"和"新民俗主义餐饮"的旗号，极力营造独特的餐饮文化氛围。其就餐环境既有庭院、流水、小桥、丛林等体现自然与人文交融的场景，也有以乡村、老井、酒坛等来营造的温情与怀旧的氛围，其中就大量采用了民俗主义的表现手法。由广告商精心策划的"昆明印象"，被定位为地方的、民俗的、闲适的、怀旧的、寻根的、情调的、美味的、富于时尚气息和高雅情调的，把所有这些看似不搭调甚或有些矛盾的元素整合在一起，据说就是珍视乡土、眷恋传统的文化餐饮。这组广告先后在昆明《都市时报》、《生活新报》和《云南信息报》等媒体上发布，一经推出，旋即获得好评，自然也带来了利润丰厚的商业回报，一时间，"昆明印象"5000多平方米的空间，连日座无虚席。

　　类似的民俗主义寻根广告，或借用民俗符号、民间工艺和技艺、民俗艺术、汉字、民俗节日、日常生活场景、民间故事和传说、神话、儿歌、谚语等各种元素，将其程度不等地表现在现代商业广告里，往往会产生独特的效果。[①]这类民俗主义现象近年来，已成为商业广告一个颇为突出的新动向。在设计上，例如，将新鲜蔬菜和古旧饰物相组合，让时装模特与乡村古镇相组合等等，通过多种视觉元素的冲突与调和，酝酿全新的氛围。在商品的造型或款式设计中，采借民俗文化元素，其实也是世界范围内普遍的手法和策略。民俗主义在时装设计领域，也被称为"民俗风"，甚至有"越是民族的就越是世界的"，"越是民俗的就越是时尚的"之类说法。中国服装设计师祁刚为影视明星设计的服装，就是大胆汲取了"喜上眉梢"、"年年有余"诸多民俗元素的民俗主义风格的作品。中国少数民族服饰的某些元素、中式服装的某些特点，时不时就会在国际时装界掀起一阵潮流，事实上，世界范围内任何民族或任何地方的服装元素，均可以成为设计师创意的资源，或将传统服饰演绎成为现代的时髦衣裳，或在时装中混合采用民俗元素，以凸显质朴、温暖的感觉。这便是文化越境混搭的民俗主义。中国时装界也不例外，除了对中国传统文化的要素予以汲取之

---

① 杨嵘：《民俗与广告》，《文化遗产》2010年第2期。

外，往往还有追求异国情调的民俗主义。

3. 依托大众媒体的民俗主义

广播电视、新闻报纸等传统的大众媒体自不待言，包括新兴的互联网媒体在内，当代中国社会依托媒体而形成的民俗主义现象也非常引人注目。伴随着互联网媒体的日益强大化和无所不在，网络民俗主义将会更加盛行。电视媒体制作的各类节目，采用最多的技巧之一，便是民俗主义；其制作和放映的民俗类节目，例如，中央电视台推出的《中国年俗》、《记住乡愁》等大型文化影视节目，更是民俗主义风格作品的典型标本。网络民俗主义较为典型的例子，例如，以互联网为载体而兴起的"汉服运动"。有关"汉服"的知识，汇聚并再编于相关的网站或网络论坛，并形成传播和传承的基本形态，汉服同胞们在网络上相互交流信息，相互鼓励，获得各种有关汉服和汉服运动的文化资源。再比如，近些年来，有意无意地与西方传来的"情人节"形成对峙和参照，传统的七夕正在被中国的各类媒体和商家建构成为"中国情人节"。每逢七夕，无论是平面纸张媒体，还是网络虚拟空间，有关七夕的各种演绎层出不穷。和目前尚在一些乡村仍有所保留的以"乞巧"为基本形态的传统七夕有很大的不同，可以说目前正在以城市青年男女为主体，以各种大众媒体为平台，并且在一些商家的推波助澜之下，形成全新的七夕民俗。此外，网络上的灵堂和祭祀，网络上的笑话、谣言、各种"段子"，以及网络花儿、网络民歌等，均是毋庸置疑的例证。

4. 文学和艺术创作中的民俗主义

早在"歌谣运动"发生之初的时代，就有知识分子把搜集民间歌谣看作自己新诗创作的参考和借鉴，可知文学艺术的创作活动之借鉴民间文化资源或民俗文化要素的做法由来已久。老舍、莫言、贾平凹、冯骥才等一大批当代作家，其作品中采集或汲取地方传统民俗文化的情形令人印象深刻，不用说这可被理解为一种民俗主义。更为典型的例子，可能是张艺谋的电影。张艺谋电影由于大量采借传统民俗的场景而引起了国内外的普遍关注，以至于有研究者将其电影直接称为"民俗电影"[①]，认为他的电影在海内外的成功部分地正归功于此。张艺谋导演的 2008 年奥运会开幕式，以及他的"印象系列"（《印象·刘三姐》、《印象·丽江》、《印象·西湖》）等作品，无不浸透着民俗主义的基本手法。当然，在更为广泛的意义上，民俗在影视作品中的"在场"，其实是始终发挥着重要作用，有时作为背景，有时作为象征，有时则是作为隐喻[②]。

当代中国和民俗学及民俗主义最为密切相关的艺术创作，当为"民俗摄影"。成立于 1993 年的中国民俗摄影学会，在全国拥有 4 万多名会员，活跃于全国各地无数的民俗活动现场，记录了大量的民俗文化场景，据说现在已经拥有 40 多万幅涉及全球 150 个国家民俗的专题图片库。但民俗摄影的目的，并非只是忠实地记录民俗，由于它同时也强调表现，强调摄影者的目光和创意，强调作品的艺术性，于是，包括抓拍、摆拍和创意性的民俗摄影作品，自然也就无法摆脱民俗主义的色彩。

在民歌音乐领域，新中国成立以来的"新民歌运动"曾经涌现出大量作品，其形式是民族的或具有民俗性，内容则是革命的，富于时代感和政治情怀。这个创作思路影响深远，至今仍有实践者乐此不疲。新时期的乐坛更加百花齐放，其中总有一股"民俗风"绵延不绝。最近，号称"新民俗主义"的一些摇滚乐队非常活跃，例如，来自东北的"二手玫瑰"乐队，将摇滚与"二人转"相互连接，通过"二人转"较为夸张的表演形式，唱出朴实、戏谑的歌词，从而广受乐迷瞩目。对于改革开放以来的一部中国流行歌曲或流行音乐史，很有必要从民俗主义研究视角去做一番梳理。

在美术领域，新中国成立以来逐步形成了意识形态化的"群众美术"（在此，可将"大众美术"、"通俗美术"等含义包括在内），以通俗性、革命性、对民间民俗美术的汲取，以及容易被工农兵大众所接受和欣赏等为特点。当

---

① 张祎星：《透析张艺谋电影中的民俗事象》，《语文学刊》2005 年第 3 期。
② 郭然：《影视作品中的民俗"在场"》，《电影评介》2006 年第 18 期。

然，还有对民国时期商业化美术（连环画、漫画、月份牌之类）的改造和扬弃，以及对民间美术（年画、剪纸、皮影等）的借鉴和拒绝。相继开展的新年画运动和农民画运动，无论在题材还是形式上，大都遵循革命文艺的基本指导原则：形式的民族性与内容的时代性相结合。改革开放以来，美术各品类的创作活动，也有乡土题材、传统形式，以及借用民间美术资源和样式的各种尝试。

中国的城市建筑因千篇一律的风格而饱受诟病，即便如此，仍有为数众多的民俗主义实践值得关注。例如，北京市以北京西站为典型，若干公共建筑均被戴上一个亭台楼阁的帽子，这便是典型的民俗主义手法。建筑家吴良镛于 1987 年开始设计的北京菊儿胡同住宅群，使用传统四合院的构造，再予以重叠、反复和延伸处理，被认为扩展了传统及地方性建筑的特征，并使之具有现代的功能和内容。苏州博物馆是将江南地方建筑的一些元素纳入现代公共建筑的另一个成功的尝试，可以说是具有地方主义、民俗主义特色的后现代主义建筑。

5. 学校教育与博物馆的民俗主义

把地方、乡土的文化、民俗或传统，也纳入到国民教育的教材之中，一直以来始终是很多教育家的理想。在这个思路上，中国各地也有一些实践，例如，在贵州和其他一些少数民族地区，民族文化往往构成小学、中学之乡土教材的部分内容，从而为少数民族的民俗文化的传承，形成了一条通过学校教育而延续的路径。广而大之，北京舞蹈学院对少数民族舞蹈、各地民俗舞蹈的教学、研究与实际演练，中央美术学院的民间美术、工艺美术等专业，对于传统的乡土美术和手工技艺的继承、借鉴与发展，以及将其纳入教学环节的实践，还有音乐学院对民间音乐、民歌、山歌、信天游、花儿、二人转等传统音乐资源的汲取和吸收，以及戏剧学院对传统戏曲资源的发掘、继承和参鉴等等，应该说这些公共性的教育机构都是在为乡土、传统的民俗文化提供了传播和传承的全新机制的同时，也都无一例外地实践着民俗主义风格的创新。但由于中国的艺术院系通常是按照西方体系将艺术进行了未必恰当的分类，它们各自对于中国传统艺术以及民间民俗艺术的汲取、借鉴也就只能是片段的。

中国现有的公共博物馆基本上均是官办的，近些年来，民办博物馆也有所增加。中国的博物馆多以国家或地方的历史文物为主要陈列内容，其中也包括对地方民俗，以及各族群文化的陈列。由于所有主题陈列的设计本身，都是将以实物为主的各种资料（民俗文物、民具和民间器物），按照主题构想予以再编、重构而形成新的叙事脉络，因此，颇与民俗主义的定义相吻合。眼下中国约有数百所民俗（民族）博物馆，以北京民俗博物馆（东岳庙）为例，除了通过陈列展示北京尤其是朝阳区的民俗之外，它还承载很多其他功能，经常举办其他各种属性的大型活动，例如，先后挂牌"中国民俗学会民俗博物馆专业委员会"、"市级爱国主义教育基地"、"北京市社会科学普及试验基地"、"北京市校外教育活动基地"等。诸多功能相互影响、相得益彰，自然会使民俗陈列的逻辑发生很多调整，以分别适应于社会教育的、学术交流的、政治宣传的、意识形态的等多种需求。这意味着它必须在地方的（北京朝阳区）和"中华"的、静态的陈列与动态的节日，以及在以"展览、庙会重现旧日北京"和当前的宣传任务之间寻找妥协和平衡①。类似这样，对于中国各地为数众多的民俗（民族）博物馆的陈列及相关活动之与它们所应反映的本地民众的生活文化之间的关系究竟如何，应该从民俗主义的研究视角予以必要的审视。

6. 学术（民俗学、民间文学）研究导致的民俗主义

和民俗文化、民间艺术最为密切相关的学术领域为民俗学、民间文学，以及文化人类学等。经由学术研究而有意无意地导致民俗主义的情形，近年来逐渐引起了相关领域学者们的自觉和反思。这方面的案例，其实并不鲜见。

---

① 曹慧：《几多民俗几多乐——走进北京民俗博物馆》，《中国航班》2015年7月号。

民间文学和民俗文化的调查者们，将其通过"采风"获得的素材或资料，予以文学性的（有时只是个人趋好性的）加工、改编和再创作的情形，几乎是古今中外概莫能外的惯例。这些经由被研究者主体与研究者主体之间的互动①而得以"再生产"出来的文本，却往往由于话语权和政治，以及意识形态权力的结合而具备了不可置疑的"本真性"。新中国成立以来，辛勤的民间文学工作者采集，并再生产出来了大量文本，尤其是 1984 年 5 月，由文化部、国家民委和中国民间文学研究会联合发起的三套集成（《中国民间故事集成》、《中国歌谣集成》、《中国谚语集成》），到 2009 年陆续出版省卷本 90 卷，另有地县卷本（内部出版）4000 多卷问世。民间文学三套集成的确为中国民间文艺的传承和发展做出了巨大的贡献，但同时也导致了民俗主义现象的大面积发生。口承民间文学的文本化，很少有像陈永超对常熟白茆山歌所做的那样，在方言和标准国语之间生成可以对译的版本，所以，民间文学的标准国语文本化，自然就难以避免出现去方言化、脱地方化之类的问题。由于参与搜集、整理者的价值观和审美意识等的影响，民间文学里大量涉及猥亵的部分几乎被彻底地过滤、净化掉了。如今在各地掀起非物质文化遗产保护工作热潮的过程中，这些文本又多有可能反馈给它们所由来自的地方和族群，成为其传承和创新的依据。

成立于 1950 年 3 月 29 日的"中国民间文学研究会"于 1987 年改名为"中国民间文艺家协会"，这不仅是从"民间文学"朝"民间文艺"的扩容，其工作重心从对民间文学的搜集、整理、翻译和出版等，发展扩大为民间文学、民间艺术、民间工艺、民俗文化等，但这同时也意味着民间文化艺术的研究者（包括翻译、教育、出版）和承载者（民间文艺家）的身份和角色往往暧昧不清，难以明确界定。该会致力于组织、规划和指导全国性的民间文学、民间艺术及民俗的考察、采集、保护、传承、人才培养等，以及组织有关的学术、展览、演出等活动，这自然也就意味着研究者或知识界深度介入各地民间文化的

---

① 吕微：《反思民俗学、民间文学的学术伦理》，《民间文化论坛》2004 年第 5 期。

传承过程，并对其产生复杂的影响。浏览中国民间文艺家协会2012—2014年度"中国民间文艺发展报告"①，可以发现有把民间文艺传承"纳入国民教育体系"、"还艺于民"、"着眼于系统的传统节日的文化重建工作"、"旧瓶装新酒，实现传统与现代的结合"之类的表述，反映了研究者或第三方积极介入民间文艺的传承和创新过程的实际情形。在此，传统民俗或乡间艺术，在保护、继承和创新的名义下，其实被赋予了新的功能和意义，将其在新的目的之下予以重新编排和再现的，正是典型的民俗主义。由中国民间文艺家协会组织的全国性民间艺术展演活动、全国性的民间艺术类评奖，例如山花奖（分别有民俗摄影作品、民间文学作品和民间文艺学术著作）等，也都程度不等地存在着类似的问题。

在看似纯粹的民俗学领域，其实也不例外。例如，民俗学者对于把中国"四大传统节日"纳入国家法定假日的建议②；对于防风氏古神话的发掘、研究和重新编排叙事，是因为需要在全新的文脉中为地方文化增添特色资源，甚至也可以直接和旅游产业的开发相关联。③现已成为中国的国家级无形文化遗产，乃至于世界无形文化遗产的"羌历年"，其实在20世纪80年代尚不存在此一称谓。它其实是在阿坝藏族羌族自治州的体系之内，由意识到"藏历年"的部分羌族出身的干部、学者及知识分子，有意识地将羌族原先的"祭山会"改造而成为"羌历年"的，其历史最长不过30年左右。④类似情形在国内其他少数民族的文化建构中并不鲜见。更为典型的例子是河北省赵县范庄的"龙牌会"，在这个被中国民俗学会目为"调查基地"的华北乡镇，传统的龙牌会却令人意

---

① 中国民间文艺家协会：《以文明理想守望民间中国——2012年度中国民间文艺发展报告（摘编）》，中国文艺网，2013年4月15日。安德明等：《在守望传统中开拓创新——2013年度中国民间文艺发展报告（摘编）》，中国民俗学网，2014年4月30日。安德明等：《记住乡愁，守望家园——2014年度中国民间文艺发展报告（摘编）》，中国民俗学网，2015年6月29日。
② 刘魁立等：《四大传统节日应该成为国家法定假日》，《河南教育学院学报》2007年第2期。
③ 樱井龙彦：《被发掘的与被利用的"神话"》，於芳编译，载周星主编：《国家与民俗》，中国社会科学出版社2011年版，第261—276页。
④ 松冈正子：《羌历年和国民文化》，李昱译，载周星主编：《国家与民俗》，中国社会科学出版社2011年版，第219—230页。

外地发展成为一个"双名制"的"龙文化博物馆"[①]。这一演变过程内含着民俗学者若隐若现而又不绝如缕的参与，以及村民的努力和政府机构的通融，高丙中认为，其中也包含着传统的"双名制"得以激活，并被现实运用的文化技巧。这是民俗学者作为调查者和第三方发挥了话语权的影响力，并引起调查地民俗文化发生变化的例子，当然也可以说是民俗学家参与了这个"传统"的创造[②]。

近几年，由张士闪主持的2012—2014年《中国民俗文化发展报告》[③]，更是明确地反映了中国民俗学者积极入世、参与民俗应用实践活动的基本姿态。2012年的报告在第一手田野调查资料的基础上建言献策，对于政府如何更好地利用民俗文化改善民生、贴近民心，具有重要意义。2013年的报告关注民俗文化在国家建设中的作用，并提出一些建议，如在构建中国特色的话语体系时充分汲取民俗文化；明确民俗文化在地方文化建设中的意义，以及强化民俗文化在城乡文化交流中的作用等。2014年的报告以"多主体的民俗运用"为主题，从国家主流话语中的民俗运用、知识分子对传统民俗智慧的挖掘提炼与济世致用、社会催生与主体建构的"城乡民俗连续体"等维度，观察与理解民俗文化发展的年度态势，提出了"政府应探索当今礼俗互动的有效模式，优化社会治理方案"，"灵活运用各级非物质文化遗产，建立区域共享机制与全社会公共服务体系"等建议。

民俗主义现象并非只产生于民俗学和民间文学领域。在广义的中国知识界，民俗主义现象还经常以科学的名义出现。例如，风水知识体系被重新表述成为中国特色的环境科学；"养生"的理念和实践，被冠以生命科学和营养学的名义；"坐月子"的习俗，以及涉及孕妇和产妇的各种禁忌，经由妇产科医生的劝告而显得更加理直气壮。如此这般，民俗主义现象在当代中国，可以借用赫

[①] 高丙中：《一座博物馆—庙宇建筑的民族志——论成为政治艺术的双名制》，《社会学研究》2006年第1期。
[②] 王杰文：《"传统"研究的研究传统》，《民族文学研究》2010年第4期。
[③] 张士闪主编：《中国民俗文化发展年度报告（2012）》，北京大学出版社2013年7月；张士闪主编：《中国民俗文化发展年度报告（2013）》，待出版；张士闪主编：《中国民俗文化发展年度报告（2014）》，待出版。

尔曼·鲍辛格在其《技术世界中的民间文化》中表述的那样，确乎具有"无处不在"的普遍性。

上述分类描述只是为了罗列事象时的方便，必须指出它们彼此之间往往是密切地纠葛在一起的。政治性地利用民俗往往需要借重媒体，民俗学者有时也会介入民俗文化的商业化实践，诸如此类的现象，还需要有更为具体和实证性的调查研究来揭示。此外，上述描述也不涉价值研判，对于民俗主义现象在当代中国的各种表现，不能简单地予以好坏、正误、真伪、高低、优劣之类的评价。重要的是，它们是当代中国社会的基本事实，中国民俗学目前尤其需要直面这样的现实。

二、民俗主义研究视角引进当代中国及其消化的过程

前已述及，本文中的民俗主义一词，除指称上文罗列的诸多事实和现象之外，还有民俗学领域中的民俗主义研究视角这样一层含意。如果把明确意识到民俗主义概念的内涵，以及运用或借助这一概念观察和分析各种民俗主义事象的研究视角称之为"民俗主义研究视角"的话，那么，可以说在本世纪初之前的中国民俗学领域里基本上不存在这一研究视角。但这并不意味着中国民俗学者对现在被我们称之为民俗主义的诸多现象完全熟视无睹。

2000年，徐华龙提出"泛民俗"的概念，指"那些并非都市人所共同遵守的、长期形成的民俗文化，而是由于某种需要而刻意制作出来的具有一定民俗意味的文化现象"[①]。泛民俗与"传统民俗"相对应，是"固有民俗的衍生态"，其和传统民俗的关系犹如月亮与月晕的关系。作者对泛民俗的描述范围非常宽泛[②]，认为各种商业性的节庆活动、现代体育运动以及外来文化影响等，都会产

---

① 徐华龙：《现代都市的泛民俗化问题》，《民俗研究》2000年第4期。
② 徐华龙：《泛民俗研究与学科的建设——当代民俗学的发展趋势》，《浙江学刊》2002年第3期。

生层出不穷的泛民俗文化现象，当代民俗学的发展离不开对这些现象的研究。徐华龙后来出版了《泛民俗》一书，提倡对"泛民俗主义"的研究。所谓泛民俗主义，是指非自发形成的、具有一定人工创造因素的民俗现象，其特点是具有强烈的实用性；它们具有一定的民俗特点，但又不是真正意义上的民俗。① 虽然泛民俗与泛民俗主义之间的关系如何，以及它们和本文讨论的民俗主义关系如何等问题一时尚难以确认，但应该说它们反映了中国民俗学者在国外民俗主义研究视角引进之前，已有对类似现象的关注与思考，也意识到传统民俗概念的局限，并试图将其扩容。国内一些民俗学同行也注意到徐华龙的观点，但诚如有论者指出的那样，涉及泛民俗的论述不很清晰②，有关学术讨论的影响也就未能波及开来。

另一个路径是对"真/伪"民俗，以及"本真性"问题的讨论。民俗的"真/伪"话题得益于对美国民俗学类似讨论的翻译借鉴，并在探讨国内有关实际问题时有所展开。但对伴随着文化产业化和旅游场景的民俗文化的"真/伪"问题，中国民俗学和中国知识界远未达成共识。③ 一部分认同本质主义方法论的民俗学者强烈抵制"伪民俗"，坚持相信有更加地道、纯粹、本真和"原生态"的民俗存在，另一部分奉行建构主义的民俗学者则试图走出本真性和原生态之类表述的困境。

还有一些中国民俗学者采用"民俗应用"或"变迁"之类的范畴处理上述那样的民俗主义现象，将其理解为某种主体对民俗文化的应用，或是在新的时代背景下民俗文化顺应时势的变迁。但对此类民俗应用或文化变迁之在当代中国社会的意义深究不够，也往往欠缺批评性的立场，同时对研究者介入变迁或导致民俗主义现象的问题，通常也较为欠缺自觉与反思。相比较而言，更多的

---

① 徐华龙：《泛民俗学》，黑龙江人民出版社2003年版，第4页。
② 刘爱华、艾亚玮：《创意与"变脸"：创意产业中民俗主义现象阐释》，《民俗研究》2012年第6期。
③ 陈勤建：《文化旅游：摒除伪民俗，开掘真民俗》，《民俗研究》2002年第2期；阿兰·邓迪斯：《伪民俗的制造》，周惠英译，《民间文化论坛》2004年第5期；参见林继富、王丹：《解释民俗学》第十章，华中师范大学出版社2006年版。

民俗学者则对不够纯粹的民俗主义现象不感兴趣，不屑一顾，或认为它不在民俗学的研究对象之内，甚或对民俗主义现象持抵制态度。他们大多固守民俗学教科书中对民俗事象的罗列分类，事实上秉持只应研究更为地道或真正、原生态的民俗的理念。

自从 21 世纪初，民俗主义研究视角被引入中国以来，民俗学界出现了许多重要的变化。大体上可以分为两个层面，一是对民俗主义相关文献的翻译介绍、引进以及消化，二是尝试运用这一视角研究当代中国社会中与民俗主义有关的事实和现象，并已经取得了相应的成果。

汉语民俗学文献最早提及"民俗主义"概念的是杨成志先生，他在 1986 年一篇介绍民俗学三大流派的论文中指出，就德国的 Folklorismus 和英国的 Folklore 两个民俗学专词，学术界曾经对真正的民间传统和系统的更生与那些仿造传统的区别有过辩论。[①] 但截至上个世纪末，中国民俗学除了对涉及美国"伪民俗"的相关讨论有所介绍之外，并没有对民俗主义有任何关注。日本民俗学者河野真应陕西省民俗学会和西安市社会科学院民俗文化研究所邀请，于 2001 年 11 月 9 日在西北大学进行了主题为"现代社会与民俗学"的学术讲演，重点介绍了德国民俗学者鲍辛格的现代民俗学理论，其中提及"民俗主义"[②]。2003 年，李扬翻译并发表了美国民俗学者丹·本-阿莫斯为鲍辛格《科技世界中的民间文化》[③] 英译本所写的序言[④]，丹·本-阿莫斯指出，鲍辛格把民俗研究引入当代社会，直面当下的社会变迁。鲍辛格的理论有三个突出的观念，亦即民俗的非民族化、扩展化和商品化。非民族化是指不需要在民俗中发现民族国家的伟大；扩展化是指城市背景和科技环境中的传统并非蜕化而是扩展；商品

---

① 杨成志：《民俗学三大流派的异同解释》，《民间文学论坛》1986 年第 3 期。
② 河野真：《民俗学与现代社会》，周星译，《民俗研究》2003 年第 2 期。作者在讲演中提到民俗主义，但最终发表的文章只保留相关案例而没有解释民俗主义概念，这是因为他想在集中说明了鲍辛格的理论之后，另文再对民俗主义概念加以介绍。
③ 后来户晓辉将此书名译为《科技世界中的民间文化》。
④ 丹·本-阿莫斯："《科技世界中的民间文化》序言"，李扬译，《民俗学刊》第四辑，澳门出版社2003 年版，第 20—22 页。

化是指民俗在当代社会的最终变体之一是成为适合销售的商品，这就是民俗主义。丹·本-阿莫斯在序言中提到鲍辛格的另一部著作《民俗学：关于古代文化的研究》（1971）和瑞吉娜·本迪克丝有关论文对民俗主义的揭示，认为有关民俗主义的评论，事实上是鲍辛格理论的后期发展，也是他前期思想的逻辑展开，与他对现代社会的民俗分析一脉相承。2003年11月在北京举行的中国民俗学会成立20周年学术讨论会上，河野真提交了题为"Folklorism 和民俗的去向"的论文提要，正式在中国民俗学学术讨论的场合介绍了民俗主义的概念，及其他对于现代民俗学的意义①。

2003年日本民俗学会机关刊物《日本民俗学》出版了"民俗主义"专辑，受此启发，西村真志叶和岳永逸在2004年合作发表了《民俗学主义的兴起、普及以及影响》一文②，首次对欧美的民俗主义、本土化的日本民俗主义进行了颇为系统的介绍，并特别提到与民俗主义"守望"相隔的中国民俗学。作者指出，中国民俗学缺少将现代社会中各种利用民俗文化的现象和既成事实结合起来的理论建树，尽管有了应用民俗学、生态民俗学、泛民俗学、都市民俗学、社会民俗学、旅游民俗学等多种民俗学的称谓及相应的著述，但民俗主义研究仍处于缺失状态。既然中国也存在第三者对民俗利用和再造的事实，中国民俗学也一直在反思自己的研究对象，并有类似的实证研究，那么，对民俗主义的介绍和引入就显得十分必要。该文以中国民俗学者的"龙牌会"研究为例，认为其明显具有更多民俗主义的因素，但因为与民俗主义的探讨擦肩而过，从而缺失了进一步提升以及与国际民俗学研究可能展开的对话。

2006年，简涛的长篇论评《德国民俗学的回顾与展望》，全面地介绍了德国民俗学，其中提及慕尼黑学派学者汉斯·莫泽的学术思想，以及由他发起

---

① 河野真：《Folklorism 和民俗的去向》，周星译，中国民俗学会秘书处编：《中国民俗学会成立20周年学术研讨会论文集》，2003年，第80—81页。当时，周星根据河野本人的说明，把 Folklorism 理解为是将民俗应用于不同的场所，使之具备新的功能和意义，故曾将 Folklorism 译为"民俗应用"。
② 西村真志叶、岳永逸：《民俗学主义的兴起、普及以及影响》，《民间文化论坛》2004年第6期。两位学者曾将 Folklorism/フォークロリズム译成"民俗学主义"，但他们也可以接受"民俗主义"这一译名。

的"民俗主义论争",指出莫泽发现所谓传统有很多其实就是"民间文化的二手货",而在民俗学者发现的"传统"中,有一部分就是民俗学者自己的创造。简涛指出,由于"民俗主义论争"涉及对于民俗学的基本理解,自然也就为民俗学打开了新的可能性。[①] 与此同时,宋颖翻译了德国学者瑞吉娜·本迪克丝的专题论文《民俗主义:一个概念的挑战》[②],该文集中地探讨了民俗主义概念在德国的兴起以及在东欧各国的讨论,特别强调了民俗主义概念之内涵的复杂性,包括它所指称的社会实践以及它所涉及的意识形态的全部复杂性。由于中国曾经有过和东欧类似的意识形态背景,因此,该文提供的学术信息对于中国民俗学领域的读者而言,更有值得认真参鉴的价值。《民间文化论坛》2006年第1期刊登了德国民俗学家瑞吉娜·本迪克丝的短文"本真性"[③],她指出民俗学把本真性视为一个重要标尺,部分是由于材料的政治因素,部分是由于19世纪—20世纪早期,民俗学需要建立科学的标准;但后来关于伪民俗和民俗主义(或二手民俗)的讨论,加剧了民俗学内部的观点对立。正如赫尔曼·鲍辛格所言,学者对本真性的裁断将"民俗的真正范例"置于不断缩小的飞地上,使之从动态的文化进程中隔离了出来。她提醒道,从国际民俗学的角度看,了解诸如本真性这样的观念在何种程度上适用于中国社会和学界尤为重要。2006年3月,王霄冰在中国民俗学会第六届代表大会暨"新世纪的中国民俗学:机遇与挑战"学术研讨会上,提交了题为《民俗主义论与德国民俗学》的论文[④],进一步专题性地全面介绍了德国民俗学有关民俗主义的学术讨论及其成果和存在的问题,尤其是揭示了民俗主义讨论在德国现代民俗学的转型过程中所发挥的

[①] 简涛:《德国民俗学的回顾与展望》,周星主编:《民俗学的历史、理论与方法》,商务印书馆2006年版,第808—858页。简涛此文写于2001年前后,由于文集出版的延误,到2006年才和中文读者见面。
[②] 瑞吉纳·本迪克斯(本书统译为"瑞吉娜·本迪克丝"):《民俗主义:一个概念的挑战》,宋颖译,载周星主编:《民俗学的历史、理论与方法》,商务印书馆2006年版,第859—881页。
[③] 瑞吉娜·本迪克丝:《本真性》,李扬译,《民间文化论坛》2006年第4期。
[④] 王霄冰:《民俗主义论与德国民俗学》,中国民俗学会秘书处编:《中国民俗学会第六届代表大会暨"新世纪的中国民俗学:机遇与挑战"学术研讨会论文集》,2006年,第491—499页,该文后正式发表在《民间文化论坛》2006年第3期。

重要作用。

2007年2月在北京召开的"文化空间：节日与社会生活的公共性"国际学术研讨会（第三届东岳论坛）上，叶春生等学者以自己的实践体验，在讨论现代社会种种复杂的民俗现象时涉及了民俗主义的相关话题。德国慕尼黑大学教授克劳斯·罗斯对德语国家民俗研究者的研究方法和视角进行了分析，特别对民俗主义的取向进行了阐述。吕微则指出，"民俗主义"是基于科学主义的立场，故需要对其概念本身进行反思。

2007年由杨利慧主持在《民间文化论坛》第一期推出了"关于'民俗主义'"的专题研究，四篇论文的组合成功地把民俗主义提升为中国民俗学的最新课题。吴秀杰翻译的德国民俗学者沃尔夫冈·卡舒巴的《面对历史转折的德国民俗学》一文[①]，介绍了推动德国民俗学实现转型的慕尼黑学派和鲍辛格的理论，提及引发民俗主义大讨论的汉斯·莫泽对"二手民俗"的发现，揭示了民俗学者曾经参与制造这些民俗或民间文化的运作程序，这意味着民俗学者在"发现"传统的同时，也部分地"发明"了传统，从而使民俗学自身成为传统性的制造者。应该说这一重要揭示构成了民俗学反思的重大契机。西村真志叶的论文《民俗学主义：日本民俗学的理论探索与实践》[②]，全面介绍了日本民俗学对德国和美国有关民俗主义研究成果的梳理和汲取，也介绍了日本学者展开的一些"本土化的实践案例"。西村指出，民俗主义在20世纪90年代由河野真等人介绍到日本民俗学界，经多年努力到21世纪初，民俗主义逐渐成为日本民俗学新的发展方向之一，2003年推出的民俗主义专号，正是日本民俗学界十多年来积极从事相关学术探讨的阶段性成果。西村认为，此次民俗主义专号提供的10个本土化研究案例，具体、实证和多层面地讨论了现代日本社会中广泛存在的民俗主义现象，这些个案研究涉及饮食民俗、民间文学、旅游、丧葬仪

[①] 沃尔夫冈·卡舒巴：《面对历史转折的德国民俗学》，吴秀杰译，《民间文化论坛》2007年第1期。
[②] 西村真志叶：《民俗学主义：日本民俗学的理论探索与实践——以〈日本民俗学〉"民俗学主义专号"为例》，《民间文化论坛》2007年第1期。

式、岁时节日、文化产业、民间工艺、玩具、媒体、展览、文化政策、乡愁和地域意识等很多方面，很好地说明了民俗主义的显著特点，亦即它的"无所不在"。西村真志叶翻译的森田真也"民俗学主义与观光——民俗学中的观光研究"[①]是该专号中的一篇，森田指出，如今民俗学所调查研究的对象几乎大都成为观光的对象，以"传统"和"民俗"为主题的观光活动的现场，吸引着众多的消费者（游客）、商家（接待方）以及试图借此重振地域传统的人们，他们彼此之间基于各自的立场形成了微妙的平衡，在这种情形下，事物的本真性就会变得模糊。只要对民俗主义和观光现象之间的关系进行深入探讨，就必然会涉及"何谓民俗"的根本性学理问题，亦即不应再把"民俗"视为自始至终均是纯粹、固定之物，而应将其视为是可以能动地获得意义之物。杨利慧的主题论文"'民俗主义'概念的涵义、应用及其对中国民俗学建设的意义"，对民俗主义概念的涵义做了梳理，指出民俗主义并非当下的一种时新理论，不能盲目搬用。[②]她指出，民俗主义指的是一类现象而非理论框架，许多有关民俗主义的论述大都集中在对有关"新民俗"或"伪民俗"事象的描述上，或集中从宏观的理论基础上反思民俗学的学科范畴、性质和研究方法，而使用民俗主义概念进行深入、细致的个案研究的成果较少。但杨利慧也承认民俗主义概念的兴起及其相关讨论对于民俗学的学科建设曾经起过重大作用，对于中国民俗学而言，这个在国际上已经"过时"的概念仍有重要的建设性，能够拓宽民俗学者的视野，能够冲击民俗学者固守的一些传统的观念，有助于推动中国民俗学者介入此前曾经不屑一顾的很多课题领域。在她看来，有关民俗主义的讨论，某种程度上正可充任当代中国民俗学转型的媒介，将民俗学从对遗留物的溯源研究中解放出来，摆脱向后看、从过去的传统中寻求本真性的局限，睁开眼睛认真看待身边的现实世界，从而将民俗学的研究领域大大拓宽，并对当前重大而剧烈

[①] 森田真也：《民俗学主义与观光——民俗学中的观光研究》，西村真志叶译，《民间文化论坛》2007年第1期。
[②] 杨利慧：《"民俗主义"概念的涵义、应用及其对当代中国民俗学建设的意义》，《民间文化论坛》2007年第1期。

的社会历史变迁过程有所担当。

和杨利慧的冷静形成对照的是于芳的热情。同在 2007 年，於芳发表了《民俗主义的时代——民俗主义理论研究综述》①一文，分别介绍了德国、美国和日本的民俗主义研究的基本要点，在指出各国均有独特的研究成果的同时，她认为民俗主义已经成为一个国际民俗学界共同的学术用语，民俗主义概念之所以能够在世界各国均引起共鸣和普及，乃是由于各文化圈的民俗文化均出现了全球规模的均质化过程，各国对民俗主义现象的研究大都兴起为相似的社会背景，亦即社会状况的改变导致民俗主义现象的产生。於芳倾向于认为，民俗主义不仅是一个概念，它已发展成为一种理论，可用于研究当今广泛存在的民俗主义现象，而我们当前已经是处于民俗主义的时代。2007 年 11 月 10 日，浙江师范大学民俗学学术沙龙第 1 期，以"民俗主义、民俗消费与现代民俗研究"②为题，主讲人赵映捷认为，对于民俗的消费实践是消费社会中民俗主义的集中体现。自 20 世纪 90 年代以来，很多与民俗有关，但实际上是被重新开发、建构、再造的民俗日益普及，例如，民俗观光旅游、民俗旅游纪念品、民俗商业街、土特产商店、一些新的民俗节日，以及民俗餐馆、民俗表演，还有大量方言类节目在大众传媒领域出现等等，民俗主义概念恰好可以较好地解释这些现象。她指出，消费社会和消费主义是民俗主义产生的新文化背景，它为民俗主义提供了可行的经济背景和发展空间，因此，消费视角可以成为延续民俗主义研究的一个切入点。

2011 年 11 月 28 日，王霄冰在上海大学社会学院以"德国民俗学的当代转型"为题发表讲演，介绍了战后德国民俗学中兴起的历史 - 档案学派（慕尼黑学派），指出其采取传统史学的方法，力图使民俗学"去纳粹化"，以重建学科主体性。正是该学派的代表人物莫泽提出了"民俗主义"概念及对此类现象的批评，进而在民俗学界引发了一场大讨论。王霄冰认为，虽然民俗主义及民俗

---

① 於芳:《民俗主义的时代——民俗主义理论研究综述》,《河南教育学院学报》2007 年第 3 期。
② 陈映捷:《民俗主义、民俗消费与现代民俗研究——浙江师范大学民俗学学术沙龙第 1 期》, 中国民俗学网, 2007 年 11 月 15 日。

的"本真性"问题最终没有得到解决，但相关的讨论却促使德国民俗学彻底走出历史，迈向了现代社会。其借助人类学（民族学）的"文化"概念，使当代民俗学的研究领域得到极大扩展，研究对象不再只是民间文学或历史遗留物，而是当代的日常生活。德国学者还提出了"文化分析"的方法，这其实是一种糅合了史学、文学、社会/文化人类学的综合研究方法。

2011年，陈志勤翻译并发表了日本民俗学者菅丰的论文《日本现代民俗学的"第三条道路"——文化保护政策、民俗学主义及公共民俗学》[①]。作者在日本民俗学研究者中区分出关注民俗却不关心地方民众的"文化至上主义者"、毫无批判地推进文化保护政策的"文化保护主义者"，以及对文化保护政策持批判态度却只能隔靴搔痒的"民俗主义批判者"，认为他们都不能代表民俗学未来的方向。作者的理念是要超越民俗主义的批评性研究，而走向能够造福于当地民众的公共民俗学，这种见解对于中国民俗学而言，也应该是有重要的参考价值。

2014年，户晓辉翻译的鲍辛格《技术世界中的民间文化》[②]和吴秀杰翻译的《日常生活的启蒙》[③]同时出版，前者是鲍辛格为德国民俗学开创新局面、促使其从古文化研究转变为当代日常生活的实践研究亦即所谓经验文化学研究，故具有广泛国际影响的著作；后者是"日常生活的启蒙者"鲍辛格的对话体学术传记，内含有许多对学术思想史的回顾与反思。它们对中国读者理解民俗主义讨论的背景和意义均是重要的参考。但《技术世界中的民间文化》中文版里没有1990年由印第安纳大学出版社出版的该书英文版的第五章，据王杰文介绍，第五章的第二节"旅游主义和民俗主义"和第四节"民俗主义与文化工业"对民俗主义相关问题展开了专门讨论。英文版译者说明其第五章是选译自鲍辛格于1971年出版的《民俗学》一书的第三部分，它主要由对于民俗主义的延伸

[①] 菅丰：《日本现代民俗学的"第三条道路"——文化保护政策、民俗学主义及公共民俗学》，陈志勤译，《民俗研究》2011年第2期。
[②] 赫尔曼·鲍辛格：《技术世界中的民间文化》，户晓辉译，广西师范大学出版社2014年版。
[③] 赫尔曼·鲍辛格等：《日常生活的启蒙者》，吴秀杰译，广西师范大学出版社2014年版。

性讨论构成，而这一概念正逐渐为美国民俗学家所注意。在初版于2006年的《日常生活的启蒙者》中，鲍辛格也只是在回忆到其学术研究的"跨境"属性时，提及20世纪70年代末参加匈牙利"关于民俗主义"的研讨会，以及20世纪60年代末在《民俗学杂志》对"欧洲的民俗主义"的介绍，他指出，民俗主义是"民间文化元素的对外展演"，"民俗主义和对这一倾向批评式的观察在当时是一个共同的题目"①。译者吴秀杰指出，在鲍辛格看来，"民俗主义"和"现代化"都只是一些关键词性质的概念，而不是富有解释力的理论，其意义主要在于可以借助它来凸现一些细微的区别。②

三、民俗学经由民俗主义研究视角所取得的成绩

就在民俗主义的海外研究成果以各种渠道陆续被翻译、介绍到国内，中国民俗学者在对其进行消化的同时，也开始尝试采用民俗主义概念，应用民俗主义研究视角探讨中国国内的各种民俗文化事象。在短短十余年间，一大批富有新意的专题论文各有斩获，共同构成了中国民俗学中当前最为活跃的研究方向之一。若对其做一初步检阅，则有以下几类研究值得评述。

1. 通过民俗主义研究视角，探讨民俗学的基本学理及学科建设问题

2005年，王杰文发表了《文化政治学：民俗学的新走向？——兼论钟敬文先生的"民族文化学"》③一文，主要对美国民俗学有关民俗之"真/伪"的讨论进行了系统梳理，指出其经过长期争论，放弃了对工业化、现代化、商业化

---

① 赫尔曼·鲍辛格等：《日常生活的启蒙者》，吴秀杰译，广西师范大学出版社2014年版，第184页。
② 吴秀杰：《译者序"有一件东西，我看到了你却看不到……"》，赫尔曼·鲍辛格等：《日常生活的启蒙者》，吴秀杰译，第1—16页。
③ 王杰文：《文化政治学：民俗学的新走向？——兼论钟敬文先生的"民族文化学"》，《西北民族研究》2005年第4期。

的敌意，实现了研究范式的转换，极大地拓展了研究对象，包括都市民俗，工业化与旅游民俗，大众传媒与民俗，民俗学与民族主义、意识形态及政治的关系等，均成为现代美国民俗研究的主要范畴。例如，在旅游工业中，民间的节日、舞蹈与音乐以及手工艺品等都被有意识地商业化了，正是针对这种商业化的现象，才出现了民俗主义（Folklorismus）这一新的概念。作者认为，美国现代民俗学的方向是倾向于文化政治学的研究，可通过将其与钟敬文的"民族文化学"进行比较，来探讨中国民俗学发展的新走向。2010年，王杰文又发表了《"传统"研究的研究传统》一文[①]，在把"传统"作为民俗学的关键词之一追索其学术史的过程中，指出涉及"传统"的本质主义观念朝向建构主义思潮的转变已经成为国际民俗学界的一种共识。作者认为，在这个转变过程中，关于"本真"的传统、伪民俗与民俗主义的争论发挥了非常重要的作用。正如鲍辛格认为的那样，民俗学家自身生产的民俗知识也是民俗主义；把所谓"本真"的民俗和民俗主义对立起来，只能产生更多的民俗主义。王杰文指出，由于民俗主义并非现代社会特有的现象，所以，民俗学家也就没有理由鄙视民俗主义，相反，其任务之一就是要去发现民俗主义对于不同参与者的意义和功能。民俗主义和民俗相互补充，民俗主义就是民俗。在民俗学的建构主义者看来，所有的传统与民俗，包括民俗主义均是以某种方式建构而成，而无论此种建构是否有意为之。

2014年，王杰文又发表了《"民俗主义"及其差异化的实践》一文[②]，它标志着中国民俗学者的民俗主义研究已经达到了一个新的水准。作者指出，民俗主义作为国际民俗学及民间文化研究领域的关键词之一，与其相关的学术讨论直接推动了相关的学术研究领域的范式转型，但在不同的国家由于各自的历史与现实环境有所不同，故在面对自身传统文化时采取的态度也不尽一致，于是，各国民俗主义的情形及其相关研究亦自然地呈现出国际性的差异。该文喻示了

[①] 王杰文：《"传统"研究的研究传统》，《民族文学研究》2010年第4期。
[②] 王杰文：《"民俗主义"及其差异化的实践》，《民俗研究》2014年第2期。

中国的民俗主义及其研究可能具有的个性特征,同时也表现出对国际性的民俗主义话语之霸权的警惕。

由于近年来中国民俗学积极介入非物质文化遗产的相关工作,一些学者的理论思考往往就围绕着非物质文化遗产的相关问题而展开。2004 年 12 月 31 日,刘铁梁在接受罗树杰的访谈中提到民俗主义。[①]他认为,旅游业、文物贩卖者和一些创作者都说是在参与民间文化的保护,其实是把活态传承的民间文化撷取过来,把它们变为死的或假的东西。我们不能阻止这种事情,所以,西方已有民俗学主义(Folklorism)的研究,但必须明确保护的目的是为了让它得到传承。民俗学在抢救和保护民间文化遗产的潮流中,除了提供理论认识上的指导,为民间文化遗产的调查、认证、说明和解释做一些实际工作之外,还有文化批评的责任,亦即批评那些可能是在歪曲和破坏民间文化的行为。高丙中在《非物质文化遗产:作为整合性的学术概念的成型》[②]一文中,把民俗主义视为学术界讨论本真性问题的另一个研究路径,他认为近年引入的民俗主义概念被用于中国社会现象的分析,但更多的是涉及对于民俗旅游相关问题的批评。高丙中承认对于大众传媒、旅游开发中产生的二手民俗、再造的传统等,研究者究竟该持何种态度,如何使用本真性的尺度等,目前仍是复杂的社会现实带给学院派民俗学者的难题。

2008 年,针对部分民俗学者在介入国家非物质文化遗产保护运动的过程中感到的困扰,吴秀杰发表了《文化保护与文化批评——民俗学真的面临两难选择吗?》[③],该文结合德国民俗学过往的经验,指出民俗主义讨论的兴起可以成为民俗学之现代化发展的重要契机。作者认为,中国民俗学对民俗主义反应敏感是积极的征兆,因为它有助于民俗学明确其在当代社会中的学科取向以及学

---

① 刘铁梁、罗树杰:《民俗学与人类学——北京师范大学刘铁梁教授访谈录》,《广西民族学院学报》2005 年第 3 期。
② 高丙中:《非物质文化遗产:作为整合性的学术概念的成型》,《河南社会科学》2007 年第 2 期。
③ 吴秀杰:《文化保护与文化批评——民俗学真的面临两难选择吗?》,《河南社会科学》2008 年第 2 期。

科的自我认同。吴秀杰指出，对于文化连续性和文化变迁力量的探讨，应是中国民俗学的根本性任务，尤其在社会、文化发生急速转变的当今，中国民俗学首要的任务应该是文化批评而不是文化保护，为此，民俗学科的社会科学取向便是一种顺时应变的睿智选择。蔡磊在其提交给中国民俗学会2014年年会的论文中指出，文化多样性和文化相对论可以为非物质文化遗产的价值评判提供基本理念；文化生态论和民俗主义则有助于理解非物质文化遗产本体的特征、功能和变迁规律；本真性和整体论又为非物质文化遗产保护提供反思、批判和方法论的指导[①]。她的另一篇论文还指出，非物质文化遗产有其传承母体和文化生态，亦会在发展和变迁中形成民俗主义。[②] 这表明作者是努力将民俗主义概念纳入其民俗学（非物质文化遗产）的理论建构之中。

还有一些学者将民俗主义和"伪民俗"问题结合起来思考。李灵灵在其论文《民俗形态与文化传统的活态保护》[③]中指出，对伪民俗的激烈批评反映了民俗学长期秉持的一个根本观念，亦即民俗传统有一个原生态，它是固化的、静止的，不能有任何改变，非物质文化遗产保护也是基于这个观念。她认为，美国民俗学家邓迪斯对伪民俗指责的批评，其实是和民俗主义的立场相契合的，伪民俗也就是民俗主义的一种表现。民俗主义的观念不仅使学者对伪民俗有了较为中性的称谓，还促使民俗学者的眼光移向现代社会的多样性。作者指出，民俗主义现象诞生的背景是伴随着世界工业化和全球化的进程，农村不断纳入城市的庞大体系，民俗传统依托生存的空间格局发生了改变。但李灵灵将"民俗形态"划分为原生态民俗、仿民俗、伪民俗和新民俗，显示她试图在原生态的观念和民俗主义立场之间作出某种调和。针对时下中国社会伴随着民俗文化产业化而出现的对"伪民俗"的指责，毕旭玲的论文《"伪民俗"判断之判断》[④]提出，"伪民俗"其实只是一种进行时态而非完成时态，它既可能发展为

---

① 蔡磊：《非物质文化遗产保护理论体系探究》，中国民俗学网，2014年9月30日。
② 蔡磊：《非物质文化遗产价值特征与保护原则》，《理论与改革》2014年第5期。
③ 李灵灵：《民俗形态与文化传统的活态保护》，《文化遗产》2009年第4期。
④ 毕旭玲：《"伪民俗"判断之判断》，《中原文化研究》2013年第4期。

真民俗，也可能趋于消亡，对它作真伪判断，既涉及民众、学者与地方文化工作者，也涉及学术、生活与生产等领域，还涉及求真与求善等不同的动机和目的。作者引鉴德国的民俗主义大讨论，认为民俗主义与民俗文化产业非常相似，而民俗文化产业也自有其独特的文化功能。

和上述学者的思路殊途同归，王霄冰主要是从对"本真性"问题的追问当中涉及民俗主义。2013年4月19日，她在湖北民族学院南方少数民族研究中心所做题为"民俗主义和本真性"的学术讲座中，论述了民俗主义的由来和主张，并由此探讨了"本真性"的现实意义。

2. 通过民俗主义研究视角，进一步探讨民俗学的一些传统性课题

对一些民俗学较为熟悉的传统研究课题，例如，庙会与民间信仰，神话、祭祀与节日，花儿、传说与民歌等口承文学，通过民俗主义研究视角进行的重新审视，分别均有新的收获，其中尤以岳永逸、杨利慧等人的研究较具分量。

2005年，岳永逸发表的长篇论文《乡村庙会的多重叙事——对华北范庄龙牌会的民俗学主义研究》[1]，可以说是中国民俗学者发表较早且分量较重的民俗主义相关研究的重要成果。该文发表于2007年《民间文化论坛》推出"关于'民俗主义'"的专题研究之前，并且也是杨利慧所期许的使用民俗主义概念所进行的深入、细致的个案研究。岳永逸的这项研究之所以重要，还因为他研究的范庄龙牌会是新时期中国民俗学的调查研究基地（已接近于和妙峰山一样的"圣地"）。作者本人持续多年对此案例进行过参与观察，同时也经验了采用民俗主义研究视角之前和之后的不同。在对仪式过程展开详细描述的基础之上，论文分析了"龙牌"这一象征如何被不同人群在不同层面上认同并利

---

[1] 岳永逸：《乡村庙会的多重叙事——对华北范庄龙牌会的民俗学主义研究》，《民俗曲艺》总147期，2005年。本文的部分内容曾于2004年8月提交北京"民间文化青年论坛"第二届学术讨论会，并引起同行讨论。作者后又根据2005年以后的考察资料对论文作了增补修订，并改名为"乡村庙会的政治学：对华北范庄龙牌会的研究及对'民俗'认知的反思"，刊于黄宗智主编：《中国乡村研究》（第五辑），福建教育出版社2007年版，第203—241页。

用，从而大家都参与并整合到"龙牌会"这一"文化传统和文化再生产"的过程当中。岳永逸是从"第三者"对民俗的改造和利用的意义上，界定和使用民俗主义概念的，他所谓的第三者包括了与龙牌会民俗事象相关的所有人：利用该民俗事象提升政绩、发展经济、丰富文化等多重目的官员，发财致富的开发商，前来调查研究的学者、新闻工作者等外来人，以及这些民俗的当地传承者（当地传承者可否被称为第三者，值得商榷）。所有这些第三者均在该民俗事象的渐变过程中，互为主体性的同时在场，共同参与了对以往民俗的再生产，也都程度不等地被其再生产出来的民俗所塑造。岳永逸指出，民俗主义在西方虽然已受到一些批评，虽然它也不能涵盖中国民俗传承的复杂性，但民俗主义仍然可以作为研究当下中国民俗传承的一个基点。但民俗主义不能支配田野研究，而应该是服务于田野研究，来自中国民俗学的田野研究将会丰富民俗主义的内涵。

张禾的《民俗主义下的当代晋祠庙会研究》[1]，集中分析了山西省的晋祠庙会是如何从曾经的以晋祠为载体、以祭祀圣母为主要内容的赛神会，逐渐地发展成为观光对象的资源化过程。新中国成立后，晋祠庙会的祀神仪式逐渐淡化直至隐退，演戏从酬神转为娱民，庙会重心渐渐转移到集市贸易上；20 世纪 80 年代以来，由于晋祠所处的村落成为太原市"城中村"的重点改造对象，于是，政府进一步明确了以晋祠为主要资源发展旅游产业的目标，于是，晋祠庙会逐渐成为晋祠旅游业的附属，当地政府通过"加工"、"处理"传统庙会来吸引游客并为本地旅游及其文化做宣传，这种趋势直接导致了晋祠庙会的民俗主义化。

杨利慧于 2006 年发表的论文《神话的重建——以〈九歌〉、〈风帝国〉和〈哪吒传奇〉为例》[2]，对现有三种研究神话的观念和方法进行了批评和修正。她认为，神话总是处在被不同个人，出于不同的目的、需求和旨趣而不断加以重

---

[1] 张禾：《民俗主义下的当代晋祠庙会研究》，《山西经济管理干部学院学报》2011 年第 2 期。
[2] 杨利慧：《神话的重建——以〈九歌〉、〈风帝国〉和〈哪吒传奇〉为例》，《民族艺术》2006 年第 4 期。

建的过程当中，其间自然会有多种复杂因素的影响。所以，神话学者和民俗学者应该关注神话和民俗被反复重建的现象，不应再把神话和民俗看成"遗留物"，而应视其为"不断变动着的现实民俗"，并且与人们的现实生活息息相关。如此这般对在中国最易被目为远古"遗留物"的神话重建过程进行民俗主义式的揭示，自然就会得出颠覆性的结论。

长期从事中国神话研究的杨利慧，近年来发表了一系列有关"神话主义"（Mythologism）的论文①，她对神话主义给出的定义是指现当代社会中对神话的挪用（appropriation）、重述（retelling）和重新建构，神话被从其原本生存的社区日常生活的语境移入新的语境中，为不同的观众而展现，并被赋予新的功能和意义。显然，读者完全可以将神话主义视为民俗主义的一类表现。在当代中国，将神话作为地区、族群或国家的文化象征，对其进行商业性、政治性或文化性的整合运用，当然也就是神话主义的表现形态了。在《遗产旅游语境中的神话主义——以导游词底本与导游的叙事表演为中心》一文中，杨利慧以河北涉县娲皇宫景区对女娲神话的整合运用与重述为个案，基于田野调查，以导游词底本和导游个体的叙事表演为中心，详细展示了遗产旅游语境中神话主义的具体表现，归纳出其四个特点：口头传统与书面传统有机融合；叙事表演以情境和游客为中心；神话更为系统化；神话的地方化更加突显。由于这样的神话主义为神话带来了"第二次生命"（劳里·杭柯 [Lauri Honko] 语），因此，研究者应将其纳入研究范畴，以便对神话的整个生命过程能够进行综合和整体性的研究。在《当代中国电子媒介中的神话主义》一文中，杨利慧对中国神话在当代电子媒介中的主要承载形式（动画片、真人版影视剧和电子游戏）进行了考察，她根据电子媒介对神话传统的采纳、改动的方式与程度，将其文本类型分为援引传统的文本（Tradition-quoted Text）、融汇传统的文本（Tradition-gathered Text）和重铸传统的文本（Tradition-rebuilt Text），认为其中的神话主

---

① 杨利慧：《遗产旅游语境中的神话主义——以导游词底本与导游的叙事表演为中心》，《民俗研究》2014年第1期。杨利慧：《当代中国电子媒介中的神话主义》，《云南师范大学学报》2014年第4期。杨利慧：《"神话主义"的再阐释：前因与后果》，《长江大学学报》2015年第5期。

义不应仅被视为技术发展、媒介变迁的产物，它的产生更与中国当下的政治、意识形态、市场经济和社会文化语境密切相关；此种神话主义本质上是一种以过去为资源的当下新型文化生产模式。杨利慧在最近一篇题为《"神话主义"的再阐释：前因与后果》的论文中，明确承认自己的神话主义概念受到国际民俗学界的"民俗主义"和"民俗化"概念的启迪和深刻影响，但她确实也是在自己的学术研究实践当中达致这一认知的。她对神话主义概念的重新定义和论证，旨在促使研究者扩展其探究的视野，关注神话在当下中国社会存续的状态和意义。通过自己的学术研究经历，她认为，民俗主义概念虽然在国际民俗学领域已是"过去时"了，但它对中国民俗学而言，却仍有重要的启示意义。

王霄冰对浙江衢州"九华立春祭"的研究[1]，试图讨论民俗文化的遗产化、本真性和传承主体彼此之间的关系。在这个典型的研究案例中，她指出生活中的民俗一旦成为非物质文化遗产，必然会受到官方和媒体等外力影响，变得官方化、商业化，表演色彩也会强化。但遗产化之后，民俗文化能否本真和活态地传承，关键在于是否有一个实实在在的传承主体。在"九华立春祭"的民俗活动中虽然有官方介入，或多或少为地方政治所利用，但情形与德国学者批评的"民俗主义"现象不能同日而语，因为它的传承主体并未发生转移，村民们主体性地实在拥有着他们的传统。杨曼的硕士论文《民俗主义视角下的绍兴大禹祭祀文化》[2]，揭示了"大禹文化"在绍兴当地作为传统的民俗文化资源而经历的传承、发展、变革和应用的全过程。论文以"大禹陵风景区"为分析空间，探讨了"族祭"、"民祭"和"官祭"三种不同形态的大禹祭祀文化，及其背后的经济性功能与文化性功能。作者指出，当代绍兴的大禹祭祀文化在国家、地方政府和民间力量的介入下经历了应用与发展的动态变化，但却置"禹陵村"的村民以尴尬的处境，造成了他们的利益缺失。

叶春生在《民俗主义视角下春节民俗的"真"与"伪"》一文中指出，民俗

---

[1] 王霄冰：《民俗文化的遗产化、本真性和传承主体问题——以浙江衢州"九华立春祭"为中心的考察》，《民俗研究》2012年第6期。
[2] 杨曼：《民俗主义视角下的绍兴大禹祭祀文化》，华东师范大学2011年硕士学位论文。

主义的概念不够严谨,"二手民俗"的提法也欠科学。① 通过春节民俗的案例,他指出民俗的"真"与"伪"应从其在现实生活中发生、发展的状态去分析,从实际生活的需要出发去理解。叶春生是少数对民俗主义概念不以为然的中国民俗学者,他认为这是一个模糊概念,引发的世纪纷争也只能是得出模糊的结论。他不无正确地指出,传统的"真"民俗为了适应现代生活的需要,很容易沦为"民俗主义"(二手民俗);而"伪"民俗经过包装,也会得到族群的认同而转化为"真"民俗。但同时,他又反对为了商业或政治目的去"打造"某一民俗的做法。

宋颖 2007 年提交的博士学位论文《端午节研究:传统、国家和文化表述》②,与以往在图腾主义、功能主义、结构主义等理论影响之下的端午研究不同,主要是立足于象征符号论、民俗主义等理论,试图从传统与现代、传承与变迁、民间与官方等颇具张力的关系当中探讨端午节的源流和发展。宋颖尤其关照到现代国家的意识形态、大众传媒和学术研究对端午节的文化表述,她指出,端午节经历了从传统到现代的发展过程,在民间活动体现出宗教性和信仰观念的基础上,官方的介入还体现出了颇具特色的政治性,以及由此衍生出来的公共性。因韩国江陵端午祭申报并成功登录世界非物质文化遗产名录,引发了中国媒体和一般社会公众对端午节的格外关注。在媒体对端午节的报道中,民俗主义也成为一个关键词。由记者黄璐、周正阳采写的报道《民俗主义:几个"文化异类"的端午新想象》③,颇为准确地提出了民俗学关心的基本问题:民俗在当今这个时代下如何存活?它能否借力多媒体、网络及其他电子媒介实现新的复兴?它与当代社会的联系何在?以端午节为例,一些评论家感叹"民俗"凋零,认为只有纯粹使用传统民俗道具、衣服,彻底遵循民俗传统、礼仪和运作规律的"民俗",才是中华泱泱大国的文化佐证,因此,不认可民俗的

---

① 叶春生:《民俗主义视角下春节民俗的"真"与"伪"》,《河南社会科学》2007 年第 4 期。
② 宋颖:《端午节研究:传统、国家和文化表述》,中央民族大学博士学位论文,2007 年。
③ 黄璐、周正阳:《民俗主义:几个"文化异类"的端午新想象》,南方网(http://news.gd.sina.com.cn),2012 年 6 月 23 日。

"改造",也不承认民俗的"变形",更对被商业元素包装的"新民俗"嗤之以鼻。但与"旧派"民俗研究家们的愿望相悖,人们在"吃粽子"和"划龙舟"之外,正发展出新的过节方式,例如,利用小长假去旅游,把"粽子"当作同性示爱的礼物(基于屈原和楚怀王的关系)或辟邪用具等,端午元素正在悄然变化,催生着"新民俗"。另一批新生代文化人则不再纠结于"民俗"的纯粹性、传统性,更看重民俗与当下生活的结合,看重传统节日对现代居民的实惠价值。记者认为,传统节日要在当代社会下存活,或许要靠"新民俗"的支撑,以便获得其对当下世界的价值和意义。

柯杨《民俗主义对"花儿"研究的启迪》[1]一文,在肯定中国民俗学的花儿研究取得了巨大成绩的同时,指出其尚存在"学术观念比较保守,学术视野比较狭窄,研究方法比较陈旧,对现实需要比较忽视"等问题。他认为,通过引进民俗主义这一国际性的学术概念,可以将现实存在的与花儿有关的各种民俗主义现象均纳入研究视野。由于民俗主义概念对"传统的当代形式"和"小人物的真实世界"的强调,以及对外部力量(如政府、企业等)干预、利用、再造民俗文化的倾向和对民俗旅游资源的开发等的特别关注,故可助力花儿研究实现面向现实的转变。柯杨在另一篇文章《剪纸艺术的创新之路》中[2],提到民间文化研究家需要更新学术观念,不能再把民俗文化看成"过去时代的遗留物",只愿充当"救亡者和保存者"角色,而应积极对待具有创新性质的民俗事象。他建议这部分文化研究家有必要研究一下民俗主义这一学术概念,它因重视"传统的当代形式"和前瞻性、应用性而在国际民俗学界产生了重大影响。这样,才能更好地理解国家针对民间文化提出的"保护为主、抢救第一、合理利用、传承发展"的重要方针。

周春2008年提交的博士学位论文《口头传统的现代命运——民俗主义视

---

[1] 柯杨:《民俗主义对"花儿"研究的启迪》,中国民俗学网,2008年10月5日。
[2] 柯杨:《剪纸艺术的创新之路》,观复草堂——柯杨的空间,2007年8月1日,copyBookmark http://www.chinesefolklore.org.cn/blog/?keyang。

角下的刘三姐传说研究》①，从民俗主义视角出发，以著名的刘三姐传说为案例，描述了近百年来它从地方传统逐渐演变成为民族经典的全过程，揭示了在不同的社会条件下，口头传统之被各种社会力量利用和重建的过程，以及在这一过程中口头传统自身所做的各种应变。通过对其演变过程的系统性考察，作者还对这一叙事之与地方传统之间的互动关系进行了归纳。涉及口头传承的研究，还有胡慧的硕士论文《民俗主义视野下的信阳民歌研究》②。通过对家乡的"民歌村"进行的田野调查，胡慧从民俗主义视角探讨了信阳民歌当下的生存状态。她指出，信阳民歌目前有三种表现形态：一是难以为继的传统形态——玩船、舞狮、唱民歌；二是通过文字图像保存的民歌；三是以"民歌村"和"歌舞团"的形式存在的民歌。基于实证调查，作者发现信阳民歌现在已经不再是由本地居民维持的"存在的"文化，而是成为由与当地有关的人们或机关讲述的"表述的"文化了。与此同时，她还发现民歌作为信阳独特的地域文化的象征，是受到时代背景的影响而被不断完善和强化的。

3. 对曾经被民俗学视为边缘的一些课题进行的民俗主义视角的研究

长期以来，中国民俗学事实上形成了以神话、史诗、口承文学、民间文艺等为核心的颇为固定的课题意识，也因此而将其他一些诸如民俗旅游、物质文化等课题领域视为边缘。但经由民俗主义研究视角的探讨，可知这些课题领域对于中国民俗学而言，也具有非常重要的意义。

代改珍的硕士学位论文《旅游与传统文化的再生产——对河南开封清明上河园的田野研究》③，通过对20世纪90年代开发的以"宋文化"为主题的现代旅游主题公园进行的田野工作，考察了所谓"宋文化"是如何以《清明上河图》

---

① 周春：《口头传统的现代命运——民俗主义视角下的刘三姐传说研究》，中国社会科学院研究生院2008年博士学位论文。
② 胡慧：《民俗主义视野下的信阳民歌研究》，河南大学2012年硕士学位论文。
③ 代改珍：《旅游与传统文化的再生产——对河南开封清明上河园的田野研究》，北京师范大学2006年硕士学位论文。

为蓝本进行再生产（复原、再现）的方式、过程以及其中体现出来的特征，堪称是对民俗主义研究视角的一次具体应用。陈映婕与张虎生的论文《异化与共享的"传统"——走进市场的西藏面具》，探讨了"面具"这一西藏传统文化的符号如何在大众旅游中变成了消费的符号，从而使其传统的神圣性被迅速解构的过程。[①] 作者指出旅游业促使手工技艺等民间文化纷纷脱离了传统生活的日常情境与文化功能，成为由官方、商家、媒体与当地居民联合策划、包装与销售的文化消费品。这些被精心挑选出来的地方文化要素，游离于原来的文化语境，被赋予了新的意义，以满足大众的新需求，并创造经济收益。这类在全球具有普遍性的文化-经济现象，亦即民俗主义，是诸多转型社会的大众思潮之一，也是应对快速变迁中大众特定心理需求的重要对策，是时代语境下的综合产物。

施爱东在《郭德纲及其传统相声的"真"与"善"》[②]一文中，将相声演员郭德纲的"传统相声"的火爆视为2006年最引人瞩目的新闻事件。作者指出，郭德纲以传统相声为旗号，调用各种"传统"手段，对自己进行了全方位包装并取得了成功。但郭德纲的传统相声本质上是一种迎合流行话语的市场策略。施爱东认为，传统话语的流行有其民俗主义与民族主义的背景，当传统的弘扬与民族情绪结盟时，许多想象的民族传统就被挖掘、修正和发明出来。他认为，郭德纲的成功只是个人的成功，不是相声的成功；所谓相声"回归剧场"并非草根阶层的胜利，而是愤青和有闲阶层的胜利。因为聚焦于"传统相声"的具体传承人展开论述，这篇论文读来引人入胜。

饮食民俗虽然是民俗学的传统课题，但却很少有民俗学者去认真研究各个地方的餐饮企业。陈超颖和黄涛的合作论文《民俗主义视角下的"天一角"温州小吃营销策略分析》[③]，探讨了经营温州小吃的连锁餐厅品牌"天一角"的营

---

① 陈映婕、张虎生：《异化与共享的"传统"——走进市场的西藏面具（二）》，《西藏大学学报》2011年第3期。
② 施爱东：《郭德纲及其传统相声的"真"与"善"》，《清华大学学报》2007年第2期。
③ 陈超颖、黄涛：《民俗主义视角下的"天一角"温州小吃营销策略分析》，《温州大学学报》2011年第2期。

销策略对诸多民俗元素的运用，认为它堪称是民俗营销策略。正是这种民俗商业化的策略，使它既可满足本地食客追忆和怀旧的需求，又能满足外地食客体验本地风味的需求。作者认为，"天一角"成功的秘诀在于它全面发掘地方民俗饮食的资源，采用现代化的手段予以包装，同时在营销过程中积极配合政府的各种活动。

近些年来，古村镇的保护成为一个热闹的话题，周星的论文《古村镇在当代中国社会的"再发现"》[1]，讨论了古村镇的日常生活与民俗主义的关系。周星认为，由于外部世界对古村镇的定义、需求和期待，它似乎就应保持传统的生活方式，成为一个在外部的人们看来是非日常的生活世界，但当它无法保持或具备那种非日常性之时，其社区居民就得学会以表演方式展现那样的生活方式。正是在此类文化展示之中，必然会出现各种民俗主义的动向。所谓民俗主义是指传统民俗文化或其要素在当代社会得以存续的方式或状态，那些被认定为传统的要素，在脱离原先"语境"与"脉络"之后，被任意组合或"嫁接"进当代日常生活的各种场景。在这些组合中，传统的民俗要素被认为传递了某些意义，并由此在古村镇酿就了乡土、乡愁或怀旧的氛围，但它们无一例外同时又都是现代或后现代生活的要素。

或许是对柯杨有关采用民俗主义视角研究"花儿"这一呼吁的响应，王文业的《"网络花儿"民俗主义评析》[2]，对时下颇为流行的"网络花儿"进行了探讨。花儿本是西北地区的一种民间口头文学形式，是当地各族百姓使用汉语方言演唱的一种以情歌为主的民歌，但它在新的社会、文化、政治、经济等语境中发生变形，被利用和改造，被刻意地赋予了新的形态、内容、意义和功能。花儿从乡间田野走向网络便是如此。花儿是民俗学的传统课题，网络此前一直和民俗学无关，对"网络花儿"这种"新民俗"的民俗主义视角的研究，意味着民俗学扩大了自己的视域。

---

[1] 周星:《古村镇在当代中国社会的"再发现"》,《温州大学学报》2008 年第 5 期。
[2] 王文业:《"网络花儿"民俗主义评析》,《青海师范大学民族师范学院学报》2008 年第 2 期。

基于建构地方文化认同或发展旅游产业等多种考量而形成的"新节庆"，也是民俗主义视角可以大有作为的研究新领域。姚尧的论文《民俗主义视觉下的南宁国际民歌艺术节》①，讨论了这个民歌节的基本特征。作者指出，它不仅有促进经济的考量，也有提升广西地方的文化影响力（所谓品牌效应）的考量，是经过精心策划而形成的文化品牌，其特点就是民间文化与大众流行文化的合流。因此，民歌节上唱的民歌，已经和它原先的形态有所不同。作者认为，民歌节对于广西的文化战略和保护本地的民族民间文化均发挥了巨大的作用，现在已经成为一个有形资产和无形资产的综合体系。

李柳赟和许燕滨的合作论文《论南宁民俗节庆文化中民俗主义问题——以香火龙民俗文化旅游节为例》②，以香火龙民俗文化旅游节为个案，探讨了南宁民俗节庆中的民俗主义现象，尤其是揭示了本地"原生态"文化与当代文化资本之间的关系。两位作者指出，民俗主义与我国当下大行其道的消费主义共存于社会生活的各个领域，在现代消费观念的刺激下，各种民俗节庆以其"传统、文化、民族"等特点，成为"经济搭台，文化唱戏"的重要文化叙述模式。在旅游及文化产业大发展的背景下，民俗主义的存在能否为民俗节庆的可持续发展提供相应范式，值得深思。

王咏的《从"玉龙雪山彝家火把节"思考民俗主义》③，以"玉龙雪山彝家火把节"的综合晚会为个案，对原生态及民俗主义相关问题进行了理论思索。作者认为，由这台晚会所体现的"新民俗"或"民俗公共展示"，应该被纳入值得民俗学去认真研究的"社会事实"之中，此类由现代模式和传统模式相互结合而形成的晚会，具有"对外"展示的功能，反映了村庄权力扩展其外延的策略，以及社区居民身份由传统型农民向现代型公民的转换。

---

① 姚尧：《民俗主义视觉下的南宁国际民歌艺术节》，《传承》2008 年第 20 期。
② 李柳赟、许燕滨：《论南宁民俗节庆文化中民俗主义问题——以香火龙民俗文化旅游节为例》，《文学界》2012 年第 5 期。
③ 王咏：《从"玉龙雪山彝家火把节"思考民俗主义》，《民族艺术研究》2009 年第 4 期。

4. 拓展了一些以往几乎不被视为民俗学研究对象的课题领域

由于民俗主义现象的"无所不在",一些传统上并非民俗学研究对象的领域或事象,经由民俗主义研究视角的审视,也有可能成为民俗学新的涉猎范围。例如,彭伟文提交给中国民俗学会2014年年会的论文《从具象到抽象,从市井到民族——黄飞鸿电影中民俗元素的民俗主义考察》①,是聚焦于黄飞鸿电影系列中的民俗元素,分析了其作为文化记忆的载体,是如何随着社会文化、政治、经济的变动而经历了从具象(20世纪五六十年代)到抽象(20世纪90年代)的变化,主人公也从市井武师逐渐演变成为民族英雄,进而体现了制作者和观众的文化认同。

李富祥的论文《民俗主义视角下日本动画对于民俗素材的利用——以〈火影忍者〉为例》②,指出日本动画形成了利用民俗素材的传统,在处理民俗素材时表现出很好的技巧,这对于中国动漫产业是很有借鉴意义的。作者透过民俗主义的研究视角,通过对《火影忍者》这一具体作品的分析,探讨了民俗在当今社会的开发利用问题。包媛媛在《中国神话在电子游戏中的运用与表现——以国产单机游戏〈古剑奇谭:琴心剑魄今何在〉为例》③中指出,电子游戏中的神话,是作为具有民族传统指向的叙事资源和文化象征而被重新运用的,它可被视为是对杨利慧神话主义研究的呼应。

刘爱华和艾亚玮的合作论文《创意与"变脸":创意产业中民俗主义现象阐释》④,更是进一步把研究的触角伸展到了产业创意的范畴。作者指出,民俗文化在创意设计中往往承担类似胚体的作用,民俗文化的元素经过剪辑、重构、

---

① 彭伟文:《从具象到抽象,从市井到民族——黄飞鸿电影中民俗元素的民俗主义考察》,中国民俗学网,2013年11月6日。
② 李富祥:《民俗主义视角下日本动画对于民俗素材的利用——以〈火影忍者〉为例》,《牡丹江教育学院学报》2012年第2期。
③ 包媛媛:《中国神话在电子游戏中的运用与表现——以国产单机游戏〈古剑奇谭:琴心剑魄今何在〉为例》,《云南师范大学学报》2014年第4期。
④ 刘爱华、艾亚玮:《创意与"变脸":创意产业中民俗主义现象阐释》,《民俗研究》2012年第6期。

再融入现代科技，便可形成类型多样、新颖独特的创意产品。但对此类民俗主义现象，中国民俗学并未予以足够关注。虽然这种艺术加工导致民俗文化的"变脸"，但却不是虚构，而是一种源自民俗文化本身的艺术真实。因此，对于创意产业中的民俗主义现象，不应予以排斥，而应正视它并开展相应的研究，这甚至可能成为民俗学逐渐融入主流学术、发挥更大价值的重要契机。

此外，值得提及的是不久前，杨利慧组织和策划的"遗产旅游：民俗学的视角与实践"，也可被视为是民俗主义的概念和视角有助于中国民俗学拓展研究新领域的有益尝试。

四、民俗主义与中国现代民俗学

上文不带偏见、不作价值评判地概观了当代中国各种民俗主义现象，主要是想说明这已经是中国社会的基本常态，同时，还通过对中国民俗学现有的民俗主义视角的研究成果进行巡检，揭示了不仅在一些传统的民俗学课题当中，民俗主义研究视角能够带来新的发现甚至突破，而且在一些曾经是边缘性的课题领域这一视角也带来了新的可能性，甚至可以极大地拓展民俗学的涉猎范围。我们认为，有关民俗主义现象和民俗主义研究视角的讨论，能够为中国民俗学的学科建设带来积极的刺激，有助于推动中国民俗学扩大视野、拓展研究空间，摆脱本质主义的束缚。正如鲍辛格曾经总结的那样，民俗主义的提出至少可以促进对民俗在不同发展阶段的变异的研究，同时也将强调传统之在真实程度上的相对性。

早期的中国民俗学曾经是思想和学术革命的一环，通过"眼睛向下看"而为中国知识界带来了许多新的发现。此后，它时而被当作是动员和鼓舞民众的方法，时而又被视为是资产阶级的学问，或者又被作为研究及讴歌劳动人民的学科。中国民俗学一直以来有一个持续扩展研究对象的轨迹，例如，从20世纪20年代采集歌谣开始，很快便发展到研究风俗和方言、历史等。但中国民俗学也由于一些长期以来形成的固定观念，而使它无法在国家的政治、学术以及社会文化生活中发挥更大的作用。20世纪80年代中国曾经出现过"文化热"的大讨论，民俗学几乎没有任何声音，便可说明它的羸弱。

钟敬文作为中国民俗学的指导者和领路人，一直坚持并延伸了不断扩展民俗学研究范畴的轨迹，他主编的《民俗学概论》事实上已经把民俗学的领域尽可能地扩大化了。不仅如此，钟敬文还明确提出民俗学作为"当代学"而非"古代学"的学科理念，以及提出建设中国民俗学学派的大思路。20世纪90年代，高丙中等人批评把民俗视为"残留物"的传统民俗学的观念，提倡民俗学应该研究当代的民俗生活与民俗文化。这些努力已为中国民俗学发展成为现代民俗学奠定了基础。进入21世纪，国家非物质文化遗产保护运动的兴起，为中国民俗学的大发展提供了很好的机遇，由于此前的学术储备和积累，民俗学者在介入相关工作时确实做出了很多重要的贡献。但与此同时，参与非物质文化遗产保护工作的民俗学者们也时不时会面临力不从心、捉襟见肘的窘境。这除了扎实的学术研究积累较为有限之外，民俗学的那些看起来颇为陈旧的理念也往往构成了严重的障碍。

例如，虽然中国民俗学号称拥有颇为宽泛的研究领域，但却始终是以民间文学研究为核心的，为数众多的民俗学者的教育背景和职业训练是以文学为主，可是他们所要面对的民间文化、民族文化、非物质文化遗产等范畴，却远远不能为文学研究的范式所涵盖。不仅如此，民俗学内部事实上还长期存在着对于民间文学之外其他课题领域，例如，物质文化、民俗旅游、民俗文物等的偏见，显然，事实上存在的核心与边缘、正统与异端之类的课题分类，妨碍到民俗学全面应对现实生活的能力。

中国民俗学缺乏对"家乡民俗学"之属性的深刻反思，把家乡、乡土、传统几乎是不加思索地浪漫化。民俗学者倾向于礼赞过去，并推动社会上弥漫的乡愁，其抒情式文学笔法无法准确地描述现实社会的基本事实和现象。很多民俗学者的"民俗观"更多的是面向过去而不是当下，经常倾向于向后看、致力于从旧时"传统"中发现更加本真的文化，经常任由怀旧或乡愁的情绪泛滥，而热衷于"丧失性叙事"①，或经常是以"传统"守护者或解说者自居的悲情意识，妨碍了民俗学者面对当下不断变动着的社会现实生活的勇气。正如杨利慧指出的那样②，中国民俗学长期形成的"向后看"、关注遗留物的传统，是阻碍民俗学者投身现代生活的关键，因此，民俗学界有关民俗本质及民俗学学科范畴的讨论，包括中国民俗学界对民俗主义等一系列西方理论的译介和讨论，有助于促使研究者拓宽视野、开放胸襟，以积极态度关注身边急剧变迁的当代社会。

中国有为数不少的民俗学者不大明白现代社会本质上就是商业消费社会，一直以来极力反对传统和民俗的商业化。其实，现代社会的民俗文化未必就一定是和商业文明及消费主义水火不容，恰恰相反，民俗文化要在现代社会的日常生活中生根存活，反倒是需要借助商业消费的路径才较有生机与活力。中国目前秉持着民俗的纯洁性、正统性和特化之类理念（例如，通过教科书的民俗分类而定义研究对象）的民俗学者尚为数众多，因此，很多自称民俗学者的人，经常热衷于指导民众如何过节，或者应该如何守护传统，如何保卫其纯洁性。缺乏反思和批评的精神，使得一些学者在"应用"的名义下，毫无保留地与行政权力合作，同时却对权力侵蚀学术的危险性没有警惕。这种状况当然妨碍到民俗学，使它难以形成能够理性地开展文化批评的底气。

正是在上述诸多背景之下，民俗主义的概念和研究视角被介绍到中国，就其初步的研究实践来看，我们有理由期待它能够成为促使中国民俗学克服上述刻板观念的重要契机。虽然这个概念在它的发祥地现在已经不再使用了，但它指称的现象在德国却丝毫没有减退，民俗主义的场景化仍旧随处可见，只是人们目前对其已经有所认识、能够分辨了而已。③重要的是，民俗主义的概念和研究视角已经和正在对中国民俗学的基本观念，甚至对其现有的学科

---

① 刘正爱：《谁的文化，谁的认同？——非物质文化遗产保护运动中的认知困境与理性回归》，《民俗研究》2013 年第 1 期。
② 杨利慧：《中国民俗学如何推进"朝向当下"的转向？》，《民俗研究》2014 年第 1 期。
③ 王霄冰：《德国巴伐利亚家乡文化保护协会负责人访谈录》，《文化遗产》2012 年第 2 期。

体系和方法产生影响，并形成一定的冲击。这些影响和冲击将是非常深远的。除了国际民俗学的学术交流导致民俗主义的导入之外，中国社会和当下时代的需求，则是更为重要的依据。中国社会的基本现实是经济高速增长带来了国民生活的大幅度改善，生活革命在几乎所有面向已经或正在改变着国民日常生活的形貌，民俗文化在已经确立的消费社会中正在全面地"民俗主义现象化"。

虽然民俗主义现象的弥漫已是当代中国的基本现实，但诚如西村和岳永逸指出的那样，中国民俗学却缺少将现代社会中各种利用民俗文化的现象和既成事实结合起来的理论建树[①]，也因此，民俗主义视角的介绍、引入和研究实践就显得十分必要。本文粗线条描述的当代中国"无所不在"的民俗主义现象，绝大多数尚未得到中国民俗学的研究，与之相比较，现有民俗主义视角的研究成果尚显得不成比例，但这意味着中国民俗学的民俗主义研究视角尚有极大的发展空间和今后继续成长的可能性。笔者之所以看重民俗主义这一概念和民俗主义的研究视角，是期待它能够成为促使中国民俗学升级换代、转型成为现代民俗学的一块颇有力度，也恰到好处的"敲门砖"。正是基于以下几个民俗学的理念，笔者相信民俗主义的相关研究对于中国民俗学的建设性。

首先，中国的现代民俗学必须直面现当代中国社会的现实日常生活，而不是那些特化的、被挑选出来的民俗。民俗学被认为是当代学，但它并非只研究当代社会里"传统"的温存。民俗主义现象全面渗透到现当代中国民众日常生活的方方面面，它甚至就是生活本身。对于这些民俗主义现象展开研究，恰是民俗学克服过往那些固定观念，而接近现代社会之日常生活的捷径。民俗主义现象或传统的重新建构和民俗的商品化等，说到底乃是现代社会的寻常状态，民俗学要理解现代社会，舍此别无法门。

其次，中国民俗学应该不断扩大自身的解释力，努力应对中国民众非常具有多样性的社会生活和文化实践，并朝向能够展开文化批评和社会评论的

---

① 西村真志叶、岳永逸：《民俗学主义的兴起、普及以及影响》，《民间文化论坛》2004 年第 6 期。

方向发展，这样才能最大限度地发挥民俗学的社会价值，造福于国民。民俗主义现象既涉及公共权力，也涉及商业化，事实上也可能与普通百姓日常生活中的任何问题发生关联，所以，加强对民俗主义现象展开的民俗主义视角的研究，就有可能真正显示出民俗学作为文化批评之学的潜力及现实的可行性。伴随着民俗主义研究视角之成果的不断积累，以及持续开展对诸多民俗主义现象的研究实践，中国民俗学对于中国社会与文化的解释力也将得到空前的提高。

第三，中国现代民俗学必须是公共性、实践性与学术性并重的民俗学。大面积地研究当代中国的民俗主义现象，正是民俗学之公共性的要求，也是其实践性与学术性所追求的目标之一，只有这样，它才能够获得对于现代中国社会之民众日常生活，及其文化创造的深刻理解。由于经由政府及各个部门介入而形成的民俗主义现象，换个角度也可以说，就是一些"公共民俗"，那么，通过对民俗主义概念及相关现象的检讨，也就为中国民俗学中"公共民俗学"的发展方向开拓了新的可能性。

第四，现代民俗学要求民俗学者不断反思自己置身其中的状况，包括与行政权力的关系、与商业资本的关系、与学术话语权的关系等等。民俗学的成立和近现代民族国家及其文化的形成密不可分，因此，民俗学具有显而易见的政治性，对此，民俗学者应该该有所觉悟。与此同时，民俗学者对于自身作为调查者、研究者、批评者、政策建言者、文化表象者、生活解释者的立场，亦应时常心怀警惕、谦恭之心和内省、反思之念。显然，透过民俗主义视角的研究，民俗学者才能意识到由于自身的存在和作为所可能引发的各种后果，从而有助于民俗学者正确地处理好自身与民众、与国家，以及与置身其中的学术共同体的关系。

总之，对于弥漫全国而无所不在的民俗主义现象，如果没有深入和大量的研究实践的积累，中国民俗学就难以实现它指向当下的现代转型，自然也就无法承载起它理应扛起来的时代性的担当。